지은이 ¦ 아비탈 로넬Avital Ronell

해체론의 창조적 계승자로 손꼽히는 미국의 철학자, 비평가, 번역가. 관념론과 해석학, 정신분석학과 페미니즘을 비롯한 다양한 이론적 바탕 위에서, 문학과 철학, 대중문화와 기술사회, 기독교와 이슬람 문제 등 문명사의 폭넓은 사안을, 독특한 글쓰기를 통해 숙고해온 우리 시대의 독창적 사상가다.

1952년 체코 프라하에서 태어난 로넬은 이스라엘 외교관이던 부모를 따라 네 살 때 미국 뉴욕으로 이주한다. 미들베리 대학을 졸업한 뒤, 베를린 자유대학에 유학해 야콥 타우베스와 한스게오르크 가다머가 운영하던 해석학연구소에서 수학한다. 1979년 스탠리 콘골드의 지도 아래 프린스턴 대학에서 독일학 박사학위를 받고, 그해 6월, 한 학술대회에서 평생 스승이 될 자크 데리다와 만난다. 데리다에게 도전적인 질문을 던졌고 이에 데리다가 이름을 묻자 "형이상학Metaphysics"이라고 대답한 일화는 매우 유명하다.

1980년 데리다의 에세이 「장르의 법칙」을 영어로 번역해 소개한 이래, 데리다 저술의 영어 번역자로 학계에 이름을 알린다. 이듬해 훔볼트 재단의 연구원으로 3년 동안 베를린에서 지내며 데리다, 엘렌 식수, 폴 드 만 같은 학자들과 교류한다.

1984년 버지니아 대학에서 잠시 교편을 잡았으나 부당한 사유로 해고된 뒤, 캘리포니아 대학(버클리) 독문학과와 비교문학과 교수로 부임해 10년 남짓 재직한다. 이곳에서 필리프 라쿠라바르트, 장뤽 낭시, 주디스 버틀러 등과 함께 연구하고, 캐시 애커 등의 작가들과 교류하며 행위예술가로도 활동하면서, 문화운동과 페미니즘에 헌신한다.

1995년 뉴욕 대학 비교문학과와 독문학과로 자리를 옮겨 현재까지 재직중이며, 유럽대학원에서도 정기적으로 강연하고 있다. 데리다와 폴 드 만 이후 해체론 철학을 가장 활발히 연구하는 학자이자 현대 사상의 최전선에 있는 이론가로 평가된다.

2009년 파리 퐁피두센터 주최로 '아비탈 로넬에 따르면'이라는 제목의 컨퍼런스가 개최되고, 같은 해 제자 다이앤 데이비스의 주도로 낭시, 버틀러, 베르너 하마허 등이 필진으로 참여해 로넬의 사유를 정리한 책 『로넬 읽기』가 발간된다.

주요 저서로 『받아쓰기: 신들린 글쓰기』(1986), 『전화번호부: 기술, 정신분열증, 전자 연설』(1989), 『마약 전쟁: 문학, 중독, 조증』(1992), 『유한성의 악보: 밀레니엄의 종말에 관한 에세이』(1994), 『어리석음』(2002), 『테스트 충동』(2005), 『패배한 자식들: 정치학과 권위』(2012)가 있고, 그밖에 논문 선집 『위버리더』(2008), 프랑스에서 출간한 인터뷰집 『아메리칸 필로』(2006)[영어판 『투쟁하는 이론』(2010)]가 있다.

옮긴이 ¦ 강우성

서울대학교 영문과와 동 대학원을 졸업하고 미국 뉴욕 주립대(버펄로) 영문과에서 19세기 미국문학과 데리다에 관한 논문으로 박사학위를 받았다. 현재 서울대학교 영문과에서 미국문학, 영화, 비평이론을 강의하고 있다. 지은 책으로 『미국문학사』, 『미술은 철학의 눈이다』, 『Translated Poe』(이상 공저), 옮긴 책으로 『미국, 변화인가 몰락인가』, 『이론 이후 삶』(이상 공역) 등이 있고, 「해체론과 문[illegible]학비평의 정치학」, 「미지의 글쓰기: 데리다와 시」, 「폭력과 법의 피안: [illegible]했다.

어리석음

Stupidity
by Avital Ronell

Published by arrangement with the
University of Illinois Press through
Bestun Korea Agency.

문학동네
인문 라이브러리
10

어리석음

아비탈 로넬 | 지음 | 강우성 | 옮김

문학동네

일러두기

1 이 책은 Avital Ronell, *Stupidity* (University of Illinois Press, 2002)를 완역한 것이다.

2 원서의 주는 책 뒤에 미주로 실었고, 본문 하단의 각주는 역주이다. 본문 중간의 [ ]는 역자의 첨언이며, 인용문에서 〔 〕는 저자의 첨언이다. 원서의 강조 부분은 고딕체 또는 밑줄로 표시했다.

3 단행본과 잡지는 『 』, 시와 단편소설, 논문 등은 「 」로 표시했다.

4 영어의 Stupidity(어리석음)에 해당하는 프랑스어 Bêtise는 '우매함'으로, 독일어 Dummheit는 '우둔함'으로 옮겼다. 저자는 이 세 단어의 어감 차이를 감안하고, 또한 인용하는 작품/저술의 원어를 존중하는 차원에서 이 세 단어를 혼용하고 있는데, 우리말로도 이를 편의상 구분하기 위해서이다.

한국어판 서문

이 책이 한국에서 이루어지는 일련의 전망과 논쟁에 참여하게 되어 얼마나 영광스러운지 마땅하게 표현하기가 어렵습니다. 지칠 줄 모르는 수고를 아끼지 않은 번역자 강우성 교수에게 가장 큰 찬사를 보내며 감사의 마음을 전합니다. 또한 꽤나 발칙한 이 책을 선뜻 그리고 흔치 않은 너그러움으로 맡아준 출판사에도 고마움을 표합니다. 한 권의 책이 찬란한 문화와 복잡한 가치체계를 지닌 성찰의 과정 속에 생경하고 갑작스럽게 등장하여 재탄생되는 단계에 이르기 위해서 얼마나 많은 물질적, 정신적, 지적 헌신과 노력이 요구되는지 나는 모르지 않습니다. 아마도 모든 책은 이러한 운명을 똑같이 겪을 터이고, 그 고된 과정의 자투리에 불과할 저자들은 로켓이 발사된 뒤 중력을 잃고 버려지는 추진체처럼 내팽개쳐질 것입니다.

그렇지만 내가 나 자신을 어떻게 표상하거나 훼손하는지—로켓 발사 장비로 여기든, 저 먼 우주공간을 떠다니는 폐기된 (푸코식) 저자기능author-function으로 보든—와 상관없이, 나는 갈 길을 밝혀줄 몇 마디 말을 거들어서 이 번역이라는 사건이 전개되는 데 미력이나마 보탬이 되고자 합니다. 잠시 멈추겠습니다. 계속하기 전에 양해의 말씀을 드려야만 하겠습니다. 벌써 실수를 저질렀습니다. 꽉 막히고 굼뜬 내가 이 작업의 이론적 차원에 결부된 계약을 잠시나마 잊었던 듯합니다. 정말이지 내가 어떻게 이런 맥락에 놓인 어떤 것에 대해 빛을 비추어 해명을 도모할 수 있겠습니까? 지금부터는 어느 누구라도 전모를 '밝히는' 혹은 빛으로 향하는 상승의 궤적을 추진하려고 쉽게 도모할 수 없을 것입니다. 그 이유의 일부는 어리석음을 상대하는 일이 태양—전통적으로 인식과 연관되어온 형상이자 비유—의 일식日蝕 현상을 적절하게 해명할 수 없고 그 가려짐을 감내해야만 하기 때문입니다.

이 책을 새롭게 자리매김하기 위해서는 지식이 태양, 즉 로고스를 지향했던 위세를 포기해야만 합니다. 발견되지 않았거나 억압된 사유의 영역에 빛을 비추자는 주장들은 당분간 유보되어야 합니다. 수사적 설득이 담론의 장場을 밝히고 관장하는 일종의 안전지대에 이런 주장들이 속한다 할지라도 말입니다. 우리는 다른 형태의 비유 감각을 가지고 나아가야 합니다. 너무나 쉽게 광휘와 빛나는 진리의 상징들에 휩싸여온 지식 영역과 확연히 다른 편에 다다르기 위해 우리는 우리에게 주어진 엄청난 분량의 빛-은유에 의존하는 대신 이제부터 어둠 속으로 길을 헤쳐나가고 암흑과 대면해야만 합니다. 빛의 은유법 속에 더이상 거주할 수 없게 된다면 어떻게 될까요? 지크문트 프로이트는 근대의 사상가들 중 '알고 있는 주체knowing subject'를 끝장낸 협소한 영역들, 그 어두운 공간들로 우리를 이끌고 간 최초의 인물임에 틀림없을 것입니다. 그의 작업은 우리에게 빛의 이울어짐을 파헤치고 지성의 밝은 면에만 약속된 확실성에 의문을 품으라고 촉구했습니다. 니체도 이러한 전도顚倒 과정을 이끌어내는 데 그리 뒤처지지 않았고, 자신만의 근본적 방식으로 황혼을 꼼꼼히 살펴보았습니다. 두 돌파의 사상가는 더 어두운 광채를 요청했고, 가차 없는 비틀거림의 행보, 무의식의 으르렁거림, 그리고 암흑 언저리의 끊임없는 휘청거림에 우리가 대처할 수 있게 했습니다.

이제까지 빛의 소멸에 대해 몇몇 사유의 움직임이 느꼈을 필연성을 강조했고 태양비유법의 시대와 그 약속을 기념할 그저 하나의 희미한 불빛만을 남겨두었으니, 어쩌면 나는 비로소 당면한 텍스트와 그 텍스트의 핵심을 이루는 분투들에 관해 한국의 친구들과 독자들에게 소개할 수 있을 것 같습니다. 시와 사유로 단련된 철학적 감수성이 어째서 어리석음이라는 볼썽사나운 모티프에 끌리게 되었는지 의아할 것 같습니다. 그렇지만 인식 불가능성의 가장자리에서 벌이는 이 씨름에는 긴 역사가 있고, 사유에 대한 역사적 설명에서 상당히 대안적 궤적을 밟아왔습니다.

18세기에 계몽주의의 흐름들에 맞서 글을 쓰면서 베르테르로 하여금 오로지 멈출 수 없는 자기파괴의 충동에 자극받아 '죽음에 이르는 병Krankheit-zum-Tode'을 터무니없이 갈구하도록 만들었을 때 괴테는 어둠의 심연에 몸을 던졌던 것입니다. 프리드리히 슐레겔의 에세이 「이해 불가능성에 관해」, 즉 우리의 이해를 벗어나고 무지non-knowledge의 태도를 요구하는 그 무엇의 필연성을 상대해야 함을 긍정적 가치평가를 통해 처음으로 해명한 그 글을 떠올릴 수도 있을 것입니다. 슐레겔부터 우리 시대의 바타유, 리오타르, 낭시에 이르는 사상가들은 세계가 의미를 산출함이 없이, 즉 의미 있는 결과를 향한 전체주의적 추동력에 함몰됨이 없이 구성되는 방식에 민감하게 반응해왔습니다. 기독교는 초월론적transcendental 형태의 무지, 지식과 믿음의 품으로부터 해방을 설파하는 데 이례적으로 몰두합니다. 물론 사정이 복잡해지긴 하지만 이 믿음은 또한 공인된 단순함의 양상들과 그런 지극히 단순한 존재의 벌거벗음에 내재하는 신성한 속성들과도 밀착하게 됩니다. 단순함의 가치는 우리가 알 수 없는 것과 맺는 다른 형태의 관계성을 기록할 요량으로 살펴보게 되는 그 무엇인데, 때로는 토대 없음을 거부하는 방식으로 세상과 연계된 모습을 드러내기도 합니다.

그러나 여기서 나는 너무 앞서가고 있습니다. 어쩌면 철학의 명제들과 그 역사적 개입들의 완전한 목록을 어리석음 및 그 유사품들을 염두에 두고 작성할 필요는 없을지 모릅니다. 이 작업은 존재의 신성하고 평범하며 산문적이고 공격적이며 모욕적인 차원들이 지닌 특질들을 한 줄에 세우는 일과 연관되어 있습니다. 어쩌면 체계성을 향한 그러한 편향—내게는 유혹적 행보—은 서문에 걸맞은 언설로는 어울리지 않을 것 같습니다. 우리 모두를 위해 사태를 좀더 간명하게 정리하고, 절충적인 빛의 수사를 용인하거나 개념적 도구들과 지나치게 균형을 유지하는 체계의 능력들을 동원하여 어리석음을 몰살시키지 않으면서 좀더 논의를 진척해보겠습니다. 나는 분명코 이 작업이 발 딛고 있는 조건과 관심사의 전체 목록을 제공할 수도 없고 이 책의 논점을 변증법적으로 정리하여 분석하는 일조차 할 수 없습니다. 그렇지만 바라건대 내가 그나마 도움의 손길을 제공하여 우리가 모종의 해석학적 공모의식을 함께 나누며 책장을 넘길 수 있으면 합니다.

여러분이 내가 하는 연구를 아직 잘 모른다면 이 책은 아마 충격으로 다가올 것입니다. 그러나 분명 입문서로는 안성맞춤입니다. 나는 철학 전통의 지배적 조류에 스스로 맞서 싸우는 편입니다. 이번 경우에는 철학 논제들과 그 두드러진 궤적들이 통상적으로 억압하는 것을 면밀하게 들여다보고 싶었습니다. 질 들뢰즈가 명시했듯 철학은 애초부터 어리석음에 대한 공포심을 조장해왔고, 더 어리석고 유치하고 우스꽝스러운 존재 양상들의 엄연한 사실성에 관한 불편한 함의들로부터 자신을 방어하기 위해 온갖 종류의 기피 전략을 양산해왔습니다. 이러한 체계적 기피 습관은 철학 담론들에서 복잡성과 사유라는 소중한 영역을 제거해버렸습니다. 우리가 어리석음의 효과들과 함의들에 무지한 상태에 머무른다면, 어떻게 우리가 훨씬 더 중요한 지성의 용어들과 목록들 및 그에 수반되는 인식의 형상들, 예컨대 명증성, 박식함, 판단형성능력, 정의를 수호하고 행동이 요청될 때 윤리적으로 확고한 입장을 취할 능력 따위를 이해할 수 있다는 믿음을 주겠습니까? 지금 이야말로 지식이 없는 경험, 즉 널리 인정되고 있지만 때로는 양가성에 뒤덮여 있는 경험을 추구해야 할 때입니다. 이 경험은 문학이 예시적으로 그 윤곽을 묘사해내며 알베르트 아인슈타인이나 좀 다른 각도에서 카를 마르크스 같은 과학자들이 자신들의 세계의 한계를 가늠할 때 염두에 두었던 바로 그것입니다.

* * *

문학은 주제, 대상 혹은 근본 허구로 나타나는 어리석음의 양상들에 몰두하는 데 두려움이 없었습니다. 문학은 멍청함의 형태들과 그 은밀한 통찰의 유형들을 파괴하는 일에서 즐거움을 찾습니다. 문학적 통찰에 깊이 빚지고 있는 정신분석학이 무의식으로 방향 전환을 이루어낸 이래로, 우리는 이해 불가능성에 묶여 있는 존재의 차원들을 탐색해야만 합니다. 그 이해 불가능성은 우리가 파악하거나 행하는, 혹은 우리가 습관적으로 취하거나 채택하는 규범적 미끼에 확신을 갖는 능력과 멀리 떨어져 있습니다. 내게 어리석음을 다루는 일은 마치 상상력 속에서 적어도 역사적 사건이라는 유구하고 성가신 열차를 멈추려고 시도할 때처럼 비상 제동장치를 당기는 일과 같고 윤리적 고군분투의 일환입니다.

정치학의 영역에서 벌어지는 너무나 많은 논의는 무지를 비난하면서도 강박적으로 반복하며, 당연시되는 지식의 토대에 근거를 두고 있습니다. 다시 말해 신뢰할 만한 것으로 여겨지는 인식의 지렛대들에 의해 시도되고, 시험되며, 승인되었을 공리들에 근거를 둡니다. 그러나 어리석음은 토대를 전제하는 언어의 습관들이 지닌 근본적 신뢰 불가능성을 초래하며, 특유의 갈팡질팡하는 방식으로 제멋대로 오락가락하는 전제들의 스캔들을 폭로하고 의미에의 약속을 훼손합니다. 어리석음을 하나의 이론적 도전으로 간주하지 않으려는 거부의 태도는 모든 사고와 사유과정 혹은 혼란을 초래하는 절차들, 즉 사고와 사유에 연계된 모든 것에 문제를 야기합니다. 규칙적으로 은폐되거나 망각되는 몽매의 지점들을 맹목적으로 지나쳐간다면 과연 어떻게 우리가 진실로 사유의 과제에 매진한다고 말할 수 있겠습니까? 하지만 주장컨대 어리석음은 사유의 대립물에 불과한 것이 아닙니다. 사유가 무지의 어둠에 뛰어드는 까닭에 광범위한 기습공격이 야기되고 우리를 압박하는 기제뿐 아니라 예상치 못한 희열délices, 즉 새로움을 촉발하는 감각의 떨림도 생겨나게 합니다. 그리하여 우리가 확신을 가질 수 없는 모든 것, 즉 에마뉘엘 레비나스, 자크 데리다, 장뤽 낭시가 제기한 것 같은 인지 불가능한 것, 미래, 존재의 변이들, 설명 불가능한 공격성, 끊임없는 근심의 황량함, 그리고 돌연한 어루만짐의 손길이 촉발됩니다.

사유는 자기회의의 극단적 형태들에 스스로를 내맡기는 성향이 있는 만큼 어리석음의 문서철에 한 자리를 차지합니다. 로베르트 무질, 롤랑 바르트, 토머스 핀천, 아인슈타인 등이 명시하듯, 어리석음은 어느 지점에서든 여러분을 명중시킬 수 있도록 여러분의 주소가 암호화되어 입력된 스마트 미사일처럼 작동하여 지적 발견 혹은 수사적 수완을 발휘하고픈 모든 희망을 앗아갑니다. 우리는 항상 어리석음의 진격에 시달립니다. 왜냐하면 어리석음은 우리를 무력하게 만들고 모든 사유 속에 감금되어 있으며 모든 글쓰기를 지배하기 때문입니다. 심지어 어리석음이 야기할 수 있다고 입증된 치명적 소란들과 아주 멀리 떨어져 있다고 여러분이 느끼는 경우에도 그러합니다. 때때로 여러분은 자신이 임무를 부여받았다고, 어리석음을 다루는 일에 능숙하거나 안성맞춤이거나 단련되어 있다고, 적절한 학습과 훈련을 충분히 거쳤다고 생각합니다. 그러나 프란츠 카프카가 그려낸 아브라함의 경우처럼, 여러분은 사실 그 일을 맡기에 벅차다는 것을 깨닫게 됩니다. 임무는 커녕 자신이 얼마나 조롱과 질책에 취약한 상태인지 발견하게 됩니다. 우스갯거리가 되고 비난에 직면한 채 여러분은 인생의 몇몇 가장 거대한 도전과 맞섰을 때 거의 능력을 상실하게 됩니다. 거만한 주제넘음 때문에 근거나 이성에 의거하지 못하는 우리의 모든 행보는 파탄에 이릅니다. 수많은 결정적 방식으로 어리석음은 인간 역정에 존재하는 가장 위험한 실패들과 연계되어 있습니다.

어리석음의 역사란 모름지기 파악하기 힘들고 전유 불가능하지만, 그 역사는 내 학문적 호기심과 투지를 부추겼습니다. 나는 어리석음이 우리의 공동존재Mitsein 혹은 우리가 지닌 함께-존재함의 형식들에 파탄을 초래하는 지점, 즉 순전한 어리석음이 윤리적 위반뿐 아니라 우리가 세계 및 세계가 담고 있는 고통스러운 존재와 대면하는 방식의 놀라운 개방성을 감당하게 되는 지점을 살펴보고자 합니다. 때때로 '무지는 축복'입니다. 나는 그 매혹적 일탈들, 즉 통제가 무너지고 허울뿐인 지배력이 허물어지거나 잠정적으로 중단될 때, 어쩌면 긍정적 의미에서 도대체 무슨 일이 벌어지는지 알지 못함의 상태에 우리가 노출되는 방식을 무시하고 싶지 않습니다.

여러분의 독서를 이끌고 북돋을 요량으로 쓰는 이 글을 맺기 전에 나는 여러분에게 나의 의표를 찔러서 얼빠지게 만들었던 한 사건에 대해 말씀드리고자 합니다. 데리다가 남겼던 마지막 선물 가운데 하나—그의 저작들이 앞으로 40년간 갈릴레 출판사와 그 자회사들을 통해 계속 출판될 것이기에 그는 여전히 선물들을 증여하는 셈입니다—는 2004년 유럽대학원European Graduate School에서 열렸던 세미나와 결부됩니다. 당시 투병중이던 그 철학자가 너무나 기진맥진하여 우리가 주로 모이곤 하는 저 숭엄한 알프스 지역으로 발걸음을 옮기기가 힘들었고, 그래서 그가 있는 파리로 우리가 모였습니다. 우리는 한 학생의 집에 모였고 데리다의 사유와 씨름하기 시작했습니다.

대학원 프로그램의 책임자와 데리다가 몇 마디 말을 주고받은 뒤 내가 짧은 발표를 했는데, 인사말의 격식에 맞게 이날의 모임을 소개하고 개괄했습니다. 한 천 번은 했을 발표였지만 나는 위대한 스승이자 사랑하는 멘토에게 합당한 경의를 표하고 싶은 마음에 긴장이 되어 떨고 있었습니다. 그러다가 모든 것이 침묵에 든 순간이 왔습니다. 모두가 하나되어 우리는 긴장되고 흥분된 상태로 그의 언어에 경도된 채 강의를 고대하고 있었습니다. 우리는 용서에 관한 강의를 대비하라는 지침을 받은 터였습니다. 용서 대신, 데리다는 다른 이야기를 꺼냈습니다. 그는 어리석음이라는 유사개념paraconcept에 대해 말하기로 작정했고, 이 때문에 솔직히 말하면 저는 당혹스러웠습니다. 왜냐하면 그것은 그 발칙한 주제에 관해 내가 막 출판한 책을 다루겠다는 뜻이었기 때문입니다. 어리석음에 대해 생각해보기로 한 데리다의 결정은 제게 참혹한 영광과 같은 어떤 것을 선사했습니다.(테이블에 놓인 내 카드가 완전히 까발려진 셈이었습니다. 편집증적 기질이 있었기에 나 역시 마음 깊은 곳에서 그가 저에게 대놓고 본때를 보여주어 외면할 수 없는 방식으로 저를 끝장낼 참은 아닐까 걱정했습니다.) 나는 내 스승과 매우 가까운 사이였습니다. 그분은 대체로 점잖게 가르쳤지만 자기 제자들을 한껏 띄워주는 것만 아니라 깔아뭉갤 힘도 갖고 있었습니다. 그분에게 자기 제자들을 욕보이거나 해 끼칠 의도는 없었습니다. 그분은 우리가 그 사유의 게임에 제일 능숙해 있었을 때 가장 번득였고, 고도의 기술과 강인한 집중력을 뽐내며 우리를 이끌었습니다. 그렇지만 그분의 작심이 가져온 결과가 항상 그의 뜻대로 되지는 않았습니다. 데리다는 트라우마가 과거의 상처 또는 앞으로 예상되는 상처의 결과일 뿐 아니라 행복과도 결부되어 있다고 가르쳤습니다. 그것이 대체로 데리다적 탐구의 지대에서 운이 좋은 동시에 엉망이 된 채 트라우마를 얻은 저의 소감이었습니다. 존경받는 스승이 자신의 글의 핵심을 읽고 밀착된 논평을 할 때, 그 논평이 제아무리 비판적이거나 혹은 감싸안을 듯 보살피며 관대한 것이라 한들, 미약한 현존재에 불과한 인물에게 어떤 일이 벌어졌을지 형언하기는 쉽지 않습니다.

그러나 내 두려움은 부풀려진 것이었습니다. 어떤 면에서 나는 또다른 관계들의 집합으로 향하는 통로에 불과했습니다. 내 생각에 그날 논의의 진짜 중심은 들뢰즈와 또다른 자크, 즉 라캉이었습니다. 하이데거에 대한 첨언도 더러 있었습니다. 그분 강의의 몇몇 주요 대목에서는 전체 형이상학이 소환되었습니다. 아마도 나는 동물성, 야수성bestiality, 그리고 약간 어긋나지만 영어의 어리석음stupidity에 해당하는 프랑스 단어 우매함bétise과 관련해 들뢰즈, 라캉(그리고 하이데거)이 주장하는 여전히 전통적인 전제들과 첨예한 대결Auseinandersetzung, 즉 일종의 담판 혹은 난투극을 벌이기 위한 시동엔진이었던 것 같습니다.

데리다는 어리석음에 관한 이 책을 자신의 책『야수와 주권자 *La bête et le souverain*』(2008)를 관통하는 주장들에 참여하도록 초대했는데, 그 책은 또한 그분이 매년 방문하는 뉴욕 대학에서 마지막 세미나의 주제로 삼기로 함께 기획했던 책이기도 합니다. 데리다가 어쩌다가!…… 나를 어리석음이라는 주제에 연루시켰나 하는 생각을 두려운 마음으로 떠올릴 때 내가 아이러니의 칼날을 벗어나기는 분명 힘들 것입니다. 대화중에 그분은 칸트에 의해 단초가 놓인 '우스꽝스러운 철학자'를 다룬 대목[이 책의 「칸트 위성」]을 떠올리는 것을 좋아했습니다. 그 대목에서 나는 어떻게 철학자가 필연적으로 대중에 노출되어 특정한 형태의 평가절하, 일종의 공적인 구설수에 휘말리게 되는지 서술합니다. 철학적 존재가 여성으로서 자기를 삭제하고, 스스로를 폄하하며, 쉼 없이 표변해야만 하는 방식에 관해서는 너무나 할말이 많습니다.

사유의 역사와 여러 면에서 결부되어 있는 이 사례 연구를 비틀거리며 맹목적으로 다시 펼쳐 보이려다 보니 어쩌면 나는 이미 너무 많은 것을 이야기했는지 모르겠습니다. 일독을 권하고 질정을 바랍니다.

뉴욕에서
아비탈 로넬

차례

서론 천천히 깨닫는 사람

우리는 어리석음이 마치 퇴치 가능한 대상이라도 되는 듯 싸움을 걸어보려는 유혹에 빠지기 쉽다. 마치 어떻게 하면 의미를 만드는 데 도움이 되거나 미래상을 제시할 수 있는 방식으로 싸움을 걸 수 있는지 안다는 듯이, 혹은 어떤 대상을 제압할 방도를 여전히 알고 있다는 듯이 말이다. 어떤 국가나 정부 당국도, 심지어 미합중국 정부라도 마약에 대해 전면전을 벌이는 식으로 어리석음을 겨냥해 싸움을 거는 상황을 떠올리기는 쉽지 않다. 마약과의 전쟁은 정치적으로 수상쩍은 일망타진식 조치이긴 하지만 그 싸움이 상정하는 대상에는 적어도 물리적 실체라도 있다. 어리석음은 그런 물질성을 초과하고 훼손하며, 멋대로 돌아다니다가, 몇 차례 승리를 거둔 뒤 퇴각하고는, 완강하게 거부하며 집으로 실려온다. 그러고는 복귀한다. 또한 어리석음은 본질적으로 소진 불가능한 것들과 연계되어 있기에, 지식을 피로하게 만들고 역사를 지치게 하는 그 무엇이다. 신이라도 어리석음을 퇴치할 수는 없다는 프리드리히 실러의 짜증 섞인 인정에서부터, 카를 야스퍼스에게 보내는 편지에서 아돌프 아이히만의 우둔함Dummheit이 지닌 정확한 상태와 정도를 가늠하기 힘들어하는 한나 아렌트의 절망스러운 노력까지, 그리고 (자크 라캉이 언급한 바 있는 백치 군주의 후계자인) 독재적 인물의 멍청한 내면세계에 대한 작금의 정신분석적 설명에 이르기까지, 어리석음은 정치적 시급함에 의뭉스레 저항하는 태도, 즉 설명 불가능한 윤리적 히아투스hiatus*의 계기를 표방해왔다.[1] 실제로, 자기확신에 차서 단호한 주장을 펼치는 어리석음은 자신이 만든 난공불락의 위계질서를 뒤흔들려는 거의 모든 것에 관해 입을 닫는다.

그 자체로 병리학이나 도덕적 파산의 지표도 아닌 어리석음은 그럼에도 인간적 노력의 가장 위험한 실패들과 연계되어 있

*본래 언어학 용어로 모음이 연속되어 충돌되는 현상을 가리키나 철학적 용법에서는 메울 수 없는 간극, 틈을 뜻한다.

다. 어리석음이 무엇이다라고 내가 여기서 말하길 머뭇거리는 까닭은 어리석음이 해설적 분석을 회피하는 식으로 표변하고 새로 편을 짜며 등을 돌렸다가는, 귀스타브 플로베르의 성 앙투안Saint Antoine [『성 앙투안의 유혹』의 주인공]을 매료시켰던 것처럼 심지어 매력을 뽐내기 때문이다.[2] 어리석음은 분명 "거기 있는 것"이지만 손쉽게 규정하거나 마땅하게 점수 매길 수 없다. 적어도 프리드리히 니체가 스위치를 당겨 어리석음의 대안적 중핵가치valence가 지닌 강력한 힘을 가동시킨 이래로는 불가능하다. 그 계보학자에게는 늘 그렇듯 어리석음 역시 결국에는 삶과 성장을 추동하는 힘으로 격찬된다. 도덕률은 과도한 자유에 대해 혐오를 설파하는 까닭에 제한된 지평들과 시급한 과제들의 필요성을 주입하며 관점perspective의 협소화, "그리하여 삶과 성장의 조건이 되는 모종의 어리석음"을 설파한다. 그 대가가 없진 않아서, 니체는 어리석음의 폭정과 규율을 노예의 도덕, 기독교적 가치, 그리고 학문 활동에 걸쳐 고르게 배당한다. 관점을 축소하고 자유를 제한하면서 인류의 역사를 폭압적이고 자의적으로 규제해온 이 역사적 계기의 동력들은 니체에 의해 "정신을 훈육해온 이 엄격하고 거창한 어리석음"의 사례들로 파악된다. 니체의 평가에 따르면 어리석음은 엄밀성의 결핍이 아니라 반대로 규율과 양육, 즉 훈육을 떠맡는다.("정신적 규율과 양육을 위해 필요불가결한 수단")[3] 니체는 자비로우면서도 경멸에 찬 어조로 이것저것 모두 고려한 끝에 삶, 규율, 훈육의 진영에 어리석음을 위한 자리를 마련한다. 아무리 평가절하되고 기독교적이어도, 아무리 거창하거나 예속되어 있어도, 어리석음은 강력한 결정권을 지닌 동력들 가운데 하나이며 우리 운명의 공동 양육권을 누린다.

어리석음은 너무나 많은 놀라운 모순을 만들어내기 때문에 철학이나 철학의 종언의 측면에서 볼 때 완전히 납득되지는 못해도 대접받아 마땅한 위상을 얻는다. 어리석음이 사유 혹은 사유와 연계된 지식 분과들이나 학문 활동과 무슨 관련이 있다는 말인가? 사유의 영역들을 경험론과 선험론의 분야로 끊임없이 나누는 정통철학의 지도 위에서 어리석음은 어디에 속하는가? 니체는 어리석음을 어디에 위치시켜야 하는지, 어떻게 읽어야 하는지, 철학이 군림하는 영역에 제대로 속하긴 하는 것인지 말하지 않는다. 니체는 문제를 제기하고 난 뒤, 마치 우산처럼 어리석음에 대해 이래저래 잊어버린다.* 하지만 그러고 나서 다시 기억해낸다. 니체가 기만과 자기회의에 깃든 방어적 가치들을 긍정하는 순간에 어리석음은 되돌아온다. "가장 절묘한 기만의 방식들 중 하나, 즉 가능한 한 오랫동안 어쨌든 훌륭하게 자기 본모습보다 더 어리석은 태도를 띠는 일—일상생활에서 종종 우산만큼이나 꼭 필요한 태도—을 우리는 열광enthusiasm이라 부른다."[4] 약삭빠른 행위 문법의 일부이자 일상성과 자기방어에 연관된 어리석음은 하늘을 향해 팔 벌린 채 억수로 쏟아지는 초월transcendence의 빗줄기를 맞이하거나 튕겨낸다. 열광의 의미를 포함한 어리석음은, 적어도 표면상으로는, 우리가 근사한 매일의 일상을 보낼 수 있게 해준다. 어쨌든 어리석음은 이제 저 유명한 니체적 태도의 레퍼토리, 곧 허구와 권력의지의 영역에 속한다.

내가 어리석음을 자리매김하는 문제를 뒤로 미루려는 까닭은 나 말고도 어느 정도 생각이 있는 사람이라면 누구나 어떤 식으로든 어리석음을 규정했고 기록해놓았기 때문이다. 요컨대 대부분의 경우 문제를 방치했다는 말이다.[5] 방기됐든 착수됐든 그 문제의 운명은 매한가지였다. 마치 어떻게 다루더라도 다 적절했다는 듯이 어리석음에 관한 조사는 종결되었다. 지금 시점에 이르러 그 조사의 추이를 보건대, 망설임과 미룸이야말로 가장 감정에 휘둘리

* 니체가 미발표 원고의 여백에 남긴 "나는 우산을 잊어버렸다Ich habe meinen Regenschirm vergessen"라는 메모와 관련된다. 데리다는 이를 '진리의 망각'에 대한 은유로 읽어낸다.

지 않고 어리석음을 대하는 방식인 듯하다. 미루면 미룰수록 앎에 관해 우리가 가지고 있다고 생각하는 앎은 더욱 미약해진다.(어리석음이 무엇인지 알지 못하는 한 내가 앎에 관해 알고 있는 것은 불확실하고 위협적이기까지 하다.) 현재 국면에서 파악 가능한 것이라고는 어리석음이 어떤 단순한 방식으로 스스로를 지식에 대립되거나 사유의 타자가 되도록 내버려두지는 않는다는 사실이다. 어리석음은 지혜의 길을 가로막지도 않거니와, 무지를 공언하는 일이야말로 현자들의 위장술이기 때문이다. 지금 할 수 있는 말은 오직 어리석음의 문제가 지식의 부정적 한계를 발견한다고 해결되지는 않는다는 것, 그 문제는 오히려 앎과의 관계가 부재하다는 사실에 놓여 있다는 것이다. 니체적 의미에서 이러한 관계의 부재(이는 모리스 블랑쇼의 "관계없는 관계rapport sans rapport"처럼 또한 하나의 관계다)는 적어도 두 가지 다른 유형의 가치평가, 즉 전쟁으로부터 추출된 항목들에서 소진 불가능하고 모순적 형태로 확인할 수 있는 가치평가를 요청한다. 어리석음과 전쟁을 불사하려 하거나 어리석음의 공격을 받아 포위되어 있다고 생각하는 사람들이 한편에 있고, 다른 편에는—전쟁을 피할 대안, 즉 전투 지역이 중립지대가 되어 잔디밭이나 해변으로 바뀌며 상어도 없고 오존층의 구멍도 없는 공간이 존재한다고 가정하는—전쟁의 타자, 바꿔 말해 돌연한 평화조약이라는 특이한 경험, 수동성으로 자체 해소되는 일종의 투항이 가능하리라고 믿는 사람들이 있다.

먼저 시인들을 살펴본 다음 전쟁으로 가보자.

시가 가장 순수한 형태의 분투라고 본 프리드리히 횔덜린의 암시를 좇아서, 이러한 지향점들이 두 가지 서로 다른 리듬을 제시한다고 생각하면 분명 위안이 될 터이다. 그렇지만 호메로스와 횔덜린 본인에게서 터득한 바 있듯, 우리는 시인이 되는 일이 종종 전쟁으로 가는 길과 연루되어 있음을 알고 있다. 전쟁학의 지도를 해독하든, 공격과 퇴각의 전략들을 고안하든, 적대 지역을 순찰하든, 항복 자세를 연습하든, 혹은 특정한 글귀나 바람의 변화로 인해 곤경에 빠지든, 시적 분투와 전쟁 분투는 자주 겹쳐진다. 행동의 맥락이나 공유하는 수사적 에너지의 측면에서 두 분투 간의 연계는 무엇보다도 항복과 퇴각이라는 이슈들, 필연적 쇠락에 순응하는 존재의 양상들과 관련되어 있다. 유한함에 대한 겸손한 경배, 말하자면 한계들이 압박하며 밀려오는 상황에 직면할 때의 용기를 뜻하는 겸손한 태도 말이다. 전쟁의 함성은 글쓰기/외침schreiben/Schrei*이라는 시적 고독을 감싼다. 즉 역사적 기록의 에너지가 급박한 허탈감에 휩쓸리면서 전투의 피로감, 완전한 마비상태로 해소된다. 시인은 어리석음에서 발화의 전제조건이 되는 본질적 무료함 혹은 나약함을 읽어낸다. 어쩌면 이것이 횔덜린의 두 시 「시인의 용기Dichtermut」와 「수줍음Blödigkeit」이 함께 등장하여 용기라는 비유를 마비상태, 곧 시인의 결정적 아둔함에 대한 비유와 연결시킬 처지에 놓인 채 하나가 다른 하나를 배태하게 된 이유일지도 모르겠다.[6]

내 논의의 중심을 차지하는 「시인의 용기」는 시를 위한 청사진으로 널리 인정되어왔다. 이 시는 횔덜린이 「수줍음」이라고 부르는 시와 모종의 신비한 계약관계에 묶여 있다. 하지만 이 두 시에서 시적 용맹과 정신의 순전한 위축—이는 어리석음의 한 양상이기도 하다—간에 아무리 수수께끼 같은 관계가 있더라도, 서로가 다른 하나의 왜상歪像anamorph†인 이 두 시의 혼란스러운 흐름은 실제로 특별히 횔덜린에게만 나타나는 것은 아니다. 가장 엄격한 시인들은 마치 어떤 초월론적 의무감에 촉발된 듯 어리석음, 백치성, 우둔함, 그리고 무지함의 다른 혈족들을 통해 언어가

*'글쓰다'라는 뜻의 schreiben과 '외침'을 뜻하는 Schrei는 동일한 어근을 지닌다.

†라캉의 개념으로 사물이 우리의 일반적 시각에 왜곡된 형태로 나타나는 현상을 말한다. 이 왜상을 보기 위해서는 우리의 응시를 그 왜곡된 사물에 맞게 교정해야 한다.

자신의 해체와 마주하게 되는 모종의 신성한 영역으로 헤쳐 나아간다. 특히 한 시인[워즈워스]이 백치성과 아주 치열하게 조우한 과정, 발화가 반복된 쿵쿵거림과 말더듬으로 전락한 곳에서 혼란스럽게 지속되는 사유과정이 우리의 특별한 관심사가 될 터이다.[뒤의 「워즈워스 위성」 참조] 물론 존재의 물러남, 즉 시에 떠맡겨진 무無에 관해 대화를 나눌 유일한 시인이 꼭 워즈워스일 필요가 없었긴 하지만 말이다. 아무 일도 벌어지지 않는("이리 좋을 수가 / 아무 일도 벌어질 수 없네") 라이너 마리아 릴케의 「백치의 노래Lied des Idioten」일 수도—실제로 그렇다—있었고, 하트 크레인의 「백치The Idiot」나 "백치 소년에겐 / 위엄이 있다"라고 갈파한 리처드 라이트의 「하이쿠 579번」일 수도 있었다. 게다가 조지프 콘래드의—"검은 대지에서, 말없는 대지에서, 시간 속에 잊혀 죽음이 거두기까지 오래도록 훼손되지 않고 살고 있는"—「백치들The Idiots」도 있다.[7] 여기서 더러 다루기도 할, 다른 곳에서 들려오는 신호들도 더 있다. 예컨대 표도르 도스토옙스키의 작품에서 백치성과 어리석음 사이에 대규모로 전개된 싸움을 다룬—플로베르와 니콜라이 고골 간에 인용을 둘러싼 다툼이 솟아났던—대목들도 있다. 아무것도 약속되거나 시험되거나 시도된 바 없는 곳에서 실패를 운운하기가 어렵긴 하지만, 인식의 실패는 문학 언어의 관할구역이다. 시의 언어는 순전한 약속으로 상존하며, 횔덜린이 보여주었듯 발설되지 못한 국외자의 목소리에 귀기울일 수 있다.

우리는 더이상 하이데거식 말투로 니체가 리하르트 바그너와 맞서 싸운 일—혹은 이 사람 저 사람이 싸웠느니 어쨌느니 말한 일—은 역사적 사건이다라고 말할 수 없다. 그렇지만 아무리 복잡하다 하더라도 횔덜린이 「수줍음」을 「시인의 용기」에 접붙였을 때 어떤 사태가 벌어졌다는 엄중한 사실을 암시할 수는 있다. 「수줍음」은 [「시인의 용기」에서] 영웅적 태도를 코드화했던 신화소mytheme를 폐기함으로써 마침내 자신의 임무를 감당하고 그 소임을 떠맡으려 하는 시인의 둔해지고 압박받은 존재감을 낱낱이 드러낸다. 어떻게 보더라도 위축임이 분명한 이 존재감은 또 한 번의 근육 단련으로서, 행위에 대한 인지력과 연관된 가치들, 즉 존재하는 것에 대한 총명한 파악을 저지하려는 내적 억제작용의 하나이다. 시적 용기는 정신의 소심함이라는 지독한 무기력을 감싸안는 일에, 정신박약이라는 기정사실을 견디는 능력에 놓여 있게 된다. 횔덜린의 송시頌詩 「수줍음」에 가해진 해석들과 번역들은 시인이 당혹스러우리만치 버젓이 어리석음을 적시했다는 사실을 지워버리고 싶어했다. 비록 그 어리석음이 핀다로스식 경외감, 즉 그리스적 의미에서 경이로움/망연자실을 현대적으로 옮겨놓은 것으로 재평가될 수 있다 하더라도 말이다. 발터 벤야민의 한껏 고양된 해석—게르숌 숄렘이 "지나치게 형이상학적"이라고 가름했고 벤야민 자신도 출판하지 않았던—에서는 의미론적 연쇄의 혼란스러운 순간이 생략되어버려서, 어떤 부적절한 발견적heuristic 불안감 없이도 「수줍음」이 「시인의 용기」의 극복을 표상한다고 주장할 수 있게 된다.[8] 그렇긴 하지만, 해독되지 않았던 그 제목[벤야민 글의 제목 '횔덜린의 두 시: 「시인의 용기」 「수줍음」']은 그의 논평에서 뒷심을 발휘하는데, 그 논평은 엄청난 종속 구문을 실행하며 "허접한 학술논문에서조차 들어본 적이 없을 정도의"[9] 수동적 목소리를 구축한다. 이러한 금욕, 즉 수동성을 고갈될 정도까지 극단적으로 추구하는 바람에 벤야민과 다른 평자들이 기피했던 해석이 작동된다. 이는 작가에게 자격을 부여하는 동시에 위축시키는 박탈행위라 부를 만한 것으로서, 시적 언어와 접촉하게 된 앎의 주체들을 무장해제하고 파산에 이르게 한다. 이 수동적 목소리는 시가 회피하고자 했던, 설명 불가능한 수동성을 뜻하는 시 제목과 은밀한 협약관계에 있음을 기록한다.

제목을 그 제목이 함축하는 혼란스러운 [수동성의] 함의들에서 떼어놓는 전통은 최근 '소심함timidity'이라는 용어—마이클

햄버거가 한 번역본에서 '망설임diffidence'으로 대체한—를 가치평가해야 할 이유를 제공한 바트 필립슨, 마이클 제닝스, 그리고 스탠리 콘골드에 의해 존중되기에 이르렀다.[10] 콘골드는 그런 선택을 숙고하게 된 것에 자부심을 표하면서, "벤야민은 그 혼란스러운 단어 Blödigkeit[수줍음]가 두말할 나위 없이 '소심함'을 뜻하긴 하지만 Blödheit처럼 근시안적 상태 및 맥락에 따라서는 어리석음 또한 암시한다는 사실에 마땅한 주의를 기울이지 않는다. 이 밋밋한 뜻을 제쳐둔다 해도, 이 제목은 벤야민이 이 시에서 찾는 온전한 시적 긍정을 수행하기보다 오히려 상대화하는 효과가 있다"[11]라고 명시한다. 궁극적으로 이 시는 그 제목을 변증법적으로 넘어서야만 할 것이고 그렇게 되어야 논란이 가라앉으리라. 그러니 횔덜린에 의해 시적 체험의 본질적 표식으로까지 이름붙여진 그 밋밋한 어리석음의 흔적을 밀쳐두는 그러한 조치가, 시인의 주장에 쉽게 알아볼 수 있는 신성한 의미를 부여하려는 비평가들과 철학자들이 수행하는 그 모든 일련의 제스처를 복제하는 일이라고 명시한다 해서 그리 놀라서는 안 될 터이다.[12]

어리석음의 행로를 재설정하거나 망각하려는 욕구를 해독해내기는 어렵지 않다. 왜냐하면 로베르트 무질이 철저하게 파헤쳤듯, 어리석음은 그 밋밋한 면모와는 달리 일단 우리가 접근하면 적어도 처음에는 스스로 생겨나기 때문이다. 횔덜린과 같은 입장에서 우리는 어리석음이 본성상 우리를 쩔쩔매게 할—소심하게 하고 겁먹게 할—뿐 아니라 해방시키기도 한다고 말할 수 있을 것이다. 이런 측면에서 「수줍음」은 「시인의 용기」와 대립된다고 볼 게 아니라 시적 용기에 관한 해석을 결정적으로 변형시키는 것으로, 어쩌면 시인이 부여받아온 신성한 임무를 이름짓는 또다른 방식을 제공하는 것으로 볼 수 있다. 횔덜린은 어리석음을 핵심 시적 기호로 삼음으로써 장자크 루소의 명령을 계속 받드는 셈인데, 그는 "자아를 다른 종류의 존재에 개방하는 자기헌신"의 사례인 "소박함"과 "기면상태"에 의지하는 루소를 지지한다.[13] 해방감의 상태를 북돋는 것으로서 수줍음이 지닌 특별한 울림은 그렇게 루소와 연결되며, 그에게는 게으름paresse과 "심지어 모종의 '어리석음'도 존재와의 합일로 가는 선행조건들이다."[14]

횔덜린의 수정과정을 보면 시적 태도가 문제된다. 일종의 청유請誘로서 이 시는 「시인의 용기」와 아주 흡사하게 시적 정신이 시간과 세계로 달음질쳐나갈 것을, 천상의 신에 의한 "시간의 전환"에 스스로 결박될 것을 요청한다. 잠에 빠져 사라져간 사람들도 "이끌려 세워진다. 황금빛의, / 우리를 이끌어가는 끈들 위에 아이들처럼." 시인의 용기를 말하는 시는 "살아 있는 모든 것이 그대와 이어져 있지 않은가?"라고 말문을 여는 반면, 나중의 판본인 「수줍음」은 "살아 있는 많은 것들이 그대에게 알려져 있지〔혹은 '친숙하지'〕 않은가?"[15]라고 물으면서 시작된다. 관계 혹은 친숙성과 앎에 관한 질문으로서 이 시초의 외침은 시적 정서를 살아 있는 것과의 관련 속에 자리매김한다. 시인은, 아니 좀더 정확히 말해 시는, 시간의 변천에 종속된다. 자기 유년의 정신을 옭아맨 것에 종속된 시인은 황금빛 끈들에 얽매여 있다. 벤야민은 「수줍음」의 이런 금지 명령이 "시인 특유의 성향die eigentlich Haltung des Dichters"[16]이 된다고 일갈한다. 시인의 이 태도는 그를 삶의 한가운데, 살아 있는 것들 가운데 위치시킨다. 그러나 이러한 자리매김은 "형체 없는 존재, 철저한 수동성das reglose Dasein, die völlige Passivität" (전집2의 1권 125쪽) 이외에는 아무런 중심, 아무런 경계, 그 아무것도 남지 않은 시인의 중핵을 제거한다. 벤야민에 따르면, 그런 자기 비우기는 용기의 본질로서, 완전한 굴복을 능히 이룰 수 있는 상태를 뜻한다. "능히 이룰"이란 말은 어쩌면 인식의 요소에까지 계속 영향을 미친다. "순전한 관계맺음에 몸을 맡겨als sich ganz hinzugeben der Beziehung" (전집2의 1권 125쪽) 시인은 완전히 굴복한다. 관계맺음의 상태는 시인과, 아니 오히려 시와 더불어 시작되고 끝이 난다.

이렇게 극단적 복종의 성향에 있어서 "시인과 시가詩歌는 시의 우주에서 분리되지 않기Dichter und Gesang sind im Kosmos des Gedichts nicht unterschieden"(전집2의 1권 125쪽) 때문이다. 시(인)는 삶에 맞서 세워진 경계, 순수한 무관심, 모든 관계의 범접 불가능한 중심일 따름이다. 시인은 하나의 형상이 아니라 형상화의 원리다. 「수줍음」에서 출현하는 시인은 하나의 중단, 일종의 휴지休止caesura로서 알맹이가 빠진, 생명 없고 멍청한 중심이다. 시적 용기는 이러한 분출, 그 에누리 없는 노출을 향해("발 디뎌 나갈 뿐 / 벌거벗은 채 삶을 향해" 1권 22쪽) 발걸음을 떼는 데 있다.

만일 시인이 살아 있는 것들 쪽에 끌릴 이유가 있고 이행과 소멸을 보장하는 까닭에 시간성에 매혹된다는 점이 드러난다면, 이는 부분적으로는 시가 살아 있는 것들을 다그치고 초대하고 추동할 때 시에 각인된 그 최초의 물러남이 생명 없음에서 시작되기 때문일 것이다. 극단적 수동성, 시적 태도를 특징짓는 마비와 다름없는 상태는 시를 고갈과 죽음의 영역에 이르기까지 위태롭게 가까이 가져가는바, 이는 시인이 기만적 약속에 의해 힘을 얻고 활기를 띠어야만 하는 까닭이 되기도 한다. "그러니 무방비인 채 그냥 떠돌며 / 삶을 거쳐 나아가라 아무런 근심 없이."(「시인의 용기」, 1권 21쪽) "그러니 내 정령이여 발 디뎌 나갈 뿐 / 벌거벗은 채 삶을 향해, 아무런 근심 없이!" 「수줍음」, 1권 22쪽)[17] 시적 정신은 아무런 보호막이나 근심 없이, 벌거벗은 채 호전적 비트에 발맞추듯 삶에 진입하도록 요청받고, 자아의 또다른 장소에서 발원하는 "북 울려라!"라는 명령을 따른다. 둘째 시편에서는 둘로 분열한 시인이 스스로에게 말을 걸어 수줍음에 거주하는 정신 혹은 정령을 불러낸다. 시인은 무방비인 채로 용감하게 마치 워즈워스의 백치 소년처럼 앞으로 나아가는데, 그 백치 소년의 모험은 설명 불가능한 안전지대를 거쳐 가지만, 희한하리만치 면역되고 보호받는 상태였던 그는 그곳에서 최대의 위험을 마주하게 된다.

위기를 헤쳐나가고 위험—어디로 향하는지 모르고 알려줄 수도 없는 위험—을 무릅쓰는 몸짓은 이 시들에서 재빠르고 임무에 충실하며 뚜렷한 목표를 지닌 액션 히어로의 형상보다는 두려움과 무관심에 얽매인 존재, 애초부터 마비상태에 놓여 존재감 없이 "늘 거기에 있는 것은 아닌" 고갈된 존재를 지칭한다. 시적 창안 과정에서 거기에 존재하지 않는, 실종된 무엇에 관해 설명할 수 있는 사람은 없었지만, 시인들은 그들 나름으로 은밀한 어리석음의 체험, 즉 본유적 글쓰기의 체험—어리석음이 노출의 구조를 뜻하기 때문에 이젠 그저 본유적이라고 할 수는 없지만—을 공언했고, 마치 도난당한 편지처럼 제목이나 벽난로 선반 같은 공개된 공간에 어리석음을 감출 수 있게 되었다. 자기 시를 「백치의 노래」로 이름붙였을 때 릴케는 껄끄러운 백치의 특징을 시적 영감의 제재로 삼아서, 마치 각 노래가, 각 시가 백치의 노래인 듯, 이 경우엔 「백치의 노래」를 부르는 릴케의 서명이 붙은 노래인 양 만든 셈이다. 시적 행위라고 흉겹게 불리던 것은 철회되고 고갈되었다. 백치는 한눈에 알아볼 수 있는 의도적 방식으로 행동하지 않는다. 숨이 막히고 일그러진 채, 그는 순전한 시심詩心, 말 없는 시심의 들리지 않는 행위를 예견한다.

물론 문학에는 굳이 백치 관계와 멍청함의 찌꺼기들을 내세우지 않고도 어리석음의 비밀을 드러내는 다른 방법들도 있다. 은밀함의 작가인 헨리 제임스는 어리석음에 대해 할말이 많지만 영리함에 대해서는 얘깃거리가 훨씬 더 많다. 블랑쇼와 제임스에 관한 논문에서 피에르 알페리는 제임스의 소설들에 나오는 지능의 소통 불가능한 비밀에 관해 다루었는데, 특히 『신성한 샘 *The Sacred Fount*』에서 뜬금없이 분출된 지적 능력 때문에 모든 사람을 황망하게 만든 멍청이 길버트 롱이라는 인물에 주목했다.[18] 여기에는 [사람들의 어리석음을 추동하는] 일종의 수압장치 같은 것이 작동하는데, [어리석은] 롱은 메이 서버가 완전히 지능을 탕진하는 경우에만 그녀를 상대하기에 그녀는 한때 자신이 지능을 뽐내던 곳에서 좀비의 껍질로만 남겨진다. 어리석음은 뱀파이어가 되어, 여자친구를 잡아먹고, 연인을 끝장내고, 스승을 멍청하게 만들기도 한다. "그는 정말로 어리석었으며 그 성격으로는 뉴마치에서 별 볼일이 없었다. 하지만 아무데나 분별없이 써먹었던 자기만의 체계도 분명 지니고 있었다."[19] 제임스에게 자주적 지능은 삶의 증진에 이바지한다. 삶의 형식 중 최상인 이 지능은 시간성의 박동을 촉진시키고, 사회적으로 쓰이게 되면 시간을 가속시켜서 재치와 재주를 항구적으로 변모시키고 리듬감 있게 끊임없이 이어지는 대화를 즉석에서 만들어낸다. 민첩하고 민감하며 존재감 있는 행위를 생산하고 침착함과 긴밀히 연관되어 있는 지능은 제임스의 작품에서 현존presence과 혼동되지 않아야 한다. 미묘함을 주제로 삼고 수행하기에 여기서 지능은 [현전하지 않는] 어떤 특정한 부재의 양상, 즉 겸양reserve으로 모습을 드러낸다. 집단적이고 비판적인 감수성을 촉진하는 와중에도 겸양은 제동작용을 한다. 드러나는 것을 꺼리는 겸양은 원인이 밝혀질 수 없는 사건들이 벌어지는 텍스트들을 돋보이게 한다. 겸양은 무지의 다른 일면을 뒷받침하면서 신중함이나 과묵함을 품은 듯 가장한다. 반면 어리석음은 신중함의 환상이나 확연한 물러남과는 선을 긋는 편이며 천박한 흔적만을 남긴다. 어리석음은 무방비상태로 노출되는 반면 지능은 숨는다.

어리석음이 그렇게 단순한 것이라면, 즉 어리석음이 그렇게 어리석은 것이라면, 나락과 깊이를 맞바꾸지는 않았을 것이고, 롤랑 바르트나 로베르트 무질이나 미취학아동들에게 엄청난 공포를 선사하지는 않았을 것이다.(어린이들이 받는 첫번째 금지 명령은 어느 누구도 '멍청해'라는 근원욕설로 불러서는 안 된다는 것인데, 이 욕설을 거부하는 것이 우리 문화에서 으뜸으로 치는 사회화이다.) 어리석음은 지능과 항상 길항하는 것이 아니어서, 길버트

롱이나 사회적 교감이라는 표준화된 테스트에서 고득점을 획득한 사람의 경우처럼 지능의 특성들과 의도적으로 호환되기도 한다. 지능 그 자체는 어리석은 사람들이 지닌 치유 불가능한 꺼려함의 태도와 어떤 경우 짝을 이루기도 하는 유보적 행동양식에 의존한다. 어리석음의 입장에서는 지능을 납치해 자신을 위장하거나 실제로 자기와 혼동되기도 하는 어떤 유형의 지능 형성에 관여하기도 한다. 작가가 보기에 어리석음의 문제는 고의적으로 잠복이 이루어지는 장소를 점거한다. 어리석음은 우리가 가장 취약한 순간을 노리고 어슬렁대며 또다른 기습을 준비한다. 우리가 무엇을 하고 있는지 확실히 알지 못한다면 바로 그때 어리석음이 눈앞에 떡하니 나타나 우리를 위압하고, 실제로 일말의 동정심도 보여주지 않는다. 어리석음은 자서전을 쓰는 우리의 노력을 장악하여 우리의 '나'를 대신하며, 그로 인해 소심해진 '나'는 수치심에 사로잡힌다. 그래서 바르트는 세심하고 조심스럽게 자기 이야기를 쓰면서 3인칭으로 자신을 지칭한다. "자기에 관해 얘기했던 한 작가가 어리석음이 마치 가장 두려운 자기내부의 사물이라도 되는 양 그렇게 어리석음에 사로잡혀 있는 일은 신기하다. 자기의 발언권을 주장하려고 언제라도 폭발할 듯 위협하는 것(왜 내게는 어리석을 권리가 없어야 하는가?), 다름 아닌 그것(사물)The Thing*말이다." 어리석음을 추방하려고 애쓰는 바르트는 '그것'을 두려워하는 라캉적 단계에서 바보를 연기한다. "그는 어리석음 안에 자신을 놓는다. ……어떤 의미에서 이 작은 책 전부는 기만적이고 순진한 방식으로 어리석음과 장난질을 친다. 타인들의 어리석음이 아니라(그건 너무 쉬울 터이다), 글을 쓰려고 하는 주체의 어리석음 말이다. 제일 먼저 떠오르는 생각은 어리석다."[20] 바르트가 자신을 3인

* 라캉의 용어 das Ding을 옮긴 것으로, 칸트의 '물자체das Ding an sich'처럼 상징계를 구성하는 동시에 그 한계를 드러내는 인식 불가능하고 표상 불가능한 어떤 텅 빈 중심을 가리킨다.

칭에 놓는다면 어리석음은 1인칭, 즉 그 시점이자 모든 순간들, 곧 '그것'이 유발한 병변病變을 치료하고자 상징적으로 애쓰면서 주체가 글을 쓰고자 하는 바로 그 순간에 제일 처음 일어난 것, 지금껏 끊임없이 발생해왔던 어떤 것이 된다.

어리석음은 아주 뿌리 깊게 널리 내부에 퍼져 있기에("폭발할 듯 위협적이어서" 바르트는 "어리석음 안에 자신을 놓는다") 주체의 형성에 선행한다. 글을 쓰고자 하는 또하나의 주체인 플로베르는 창작이 늘 어리석음으로 침잠하는 일이었다고 주장하며 글쓰기를 "완전히 우매한 행위l'acte pur de bêtise"라고 자인한다. 이것들이 새로운 사실인가? 플로베르가 결정적으로 주장했듯, 우리를 괴롭히는 단 하나의 것은 곧 우매함bêtise이며, 이 통찰과 체험은 바르트도 거듭 지적한다.[21] 어리석음은 모더니티의 지울 수 없는 표식으로서 우리의 증상이다. 주체의 근원적 굴욕을 표시하는 어리석음은 우리가 떠안고 살아가는, 동력이 약한 일상의 트라우마로 분해된다. 그것은 우리를 내팽개쳐버린다. 바르트가 지적했듯 어리석음은 자신이 요청하기도 하는 상징화 과정을 가로막는 까닭에 그것(사물)으로 기능한다. 플로베르에 따르면 어리석음은 삶 자체와 마찬가지로 요약되거나 제대로 이해될 수 없으며 오히려 돌멩이나 산 같은 자연의 사물을 닮았다. 우리는 돌멩이나 산을 이해할 수 없으며, 이것들에 관한 설명을 바꾸기 위해 비판을 제기하거나 열두 단계 프로그램[칸트의 열두 범주]을 들이댈 수도 없는 노릇이다.[22]

『캉디드』의 결말에 관해 플로베르는 다음과 같이 설파했다. "어리석음이 '삶 자체와 같다'는 저 침착한 결론은 내가 보기에 볼테르가 천재라는 가장 뚜렷한 증거이다. 멜로드라마도 아니고 종합도 아니며 비극도 아니고 성공도 아닌 그 결말은 평탄하고 무난하기까지 하다. 그 결말은 점차 의미를 상실하면서 최후의 사태에 관한 성찰을 단호하게 거부함으로써 그 현실성을 주장하며 '삶 자체와 같이 어리석다'는 문장에서 끝난다."[23] 어떤 종류의 삶이 이와 같을까? 그 삶은 니체나 제임스에 의해 통제되는바 생기발랄함과 미래의 동력들을 측정하는 일에 맞먹는 가치평가의 섬세한 도구들에 의해 평가되는 것도 아니고, 니체라면 퇴폐적이라고 보아 떨쳐내버릴 삶의 동력에 불과한 것도 아니다. 일종의 휴지, 즉 생명력 아니면 추락으로 조명되는 삶의 와중에서 머뭇거리는 상태로 자리잡은 그 삶은 어리석음을 완전히 물리칠 수도 없고 성공적으로 동화시킬 수도 없는 국외자의 신체로 확인된다. 플로베르는 어리석음이 우리 몸에 꼬리표를 달고 추념을 담은 기념비에 새겨지는, 삭제 불가능하지만 쓸모없는 비문이라고 보는 데까지 나아간다. 그의 편지들에 등장하는 표피성과 천박성의 놀라운 사례, 즉 어리석음의 자취가 판의 표면에 새겨진 문구는 그라피티graffiti의 볼썽사나운 편재성과 연관된다. 지하철의 그라피티가 한 사례다. 혹은 사례였다. 지하철의 벽면에 서명하는 일은 고대의 기념물에 있는 외계생명체의 소행인 듯한 서명이 주는 것과 흡사한 숭고함을 작동시키지는 못한다. 플로베르의 동방여행은 바로 이 다른 그라피티의 체험에 의해 거의 탈선 지경에 이른다. 폼페이 기둥에 커다란 글자로 자기 이름을 새기는 우매한 숭고함보다 더 멍청한 일이 있을까? 조너선 컬러가 언급하길, "'톰슨Thompson'이라는 이름은 그 자체로 전혀 무의미하지만, 우리를 정면에서 위압적으로 노려보며 우리가 그걸 어찌해야 좋을지 모르게 만드는 하나의 표면으로 등장한다."[24] 플로베르는 다음과 같이 불평한다. "그 낙서는 일 킬로미터 남짓 떨어져서도 읽을 수 있다. '톰슨'이라는 이름을 보지 않고, 따라서 톰슨을 떠올리지 않고 그 기둥을 볼 수 있는 길은 없다."[25] 자, 이 얼마나 어리석은가? 이 톰슨이란 작자는 플로베르로 하여금 자기를 떠올리게 만들고 그의 칼럼에 옮겨져 자기 이름을 재차 불멸의 것으로 만든다. "이 멍청이는 그 기념물의 일부가 되었고 그것과 함께 자기를 영속화한다"(2권 243쪽)라고 그 기념비적 플로베르는 적고 있다. 플로베르는 그 상황을 이렇게 평가한다. "그뿐 아니라 그 거대한 글자의 크기가 그 기둥을 압도한다."(2권 243쪽) 그 산업적 규모의 서명은 어리석음의 "태연자약함"을 증명한다. 색다른 유형의 오리엔탈리스트인 톰슨은 훼손행위의 막중함에 구애받지 않고 그 기둥의 본성을 변화시켰다. 반달리즘vandalism의 역사, 전유행위의 폭력에 의해 서명되고 치명타를 입은 채—다시 말해 역사에 인도되어—그 기둥은 이제 어리석음의 기념비가 되었다.

그 이야기는 석회처럼 굳어진다. 플로베르 자신은 메두사로 변해 굳어버렸다. 그는 어리석음을 돌멩이로 바꾼다.("그것은 단단하고 굳은 화강암의 본성을 갖고 있다." 2권 243쪽) 어리석음은 그 거석을 대체했다. 플로베르의 배설 정치학(「변비예찬Éloge de la constipation」을 필두로 한 작품들과 편지들에서 그는 그러한 신체작용들에 민감했다)에 발맞추어 표현하자면 '톰슨'은 한때 기념비가 있던 자리에 큼지막한 배설물을 남긴 셈이 된다. 잔여물이자 상형문자로서의 '톰슨'은 어리석음에 패배했다는 이 기호만을 품고 그 훼손된 기둥을 우뚝한 상태로 밀쳐두어버렸다. 이집트인들에 기생하는 이 허풍선이 톰슨은 자기의 보잘것없는 그 관광객의 시공간 감각을 시대를 초월하는 기념비에 새겨넣게 되고, 나아가 뜻하지 않게도 파라오들의 주검에 어떻게든 편승하게 된다. 허풍이 들어 우쭐대는 이 톰슨이라는 아무개가 그 기둥의 해독 불가능한 의미와 관련해 자기의 이름이 들먹여지고 미라로 보존되며 새겨질 만한 값어치가 있다고 느꼈다는 사실도 문제지만, 그 거대한 글씨가 옛날의 존 핸콕*의 서명처럼 보란 듯 자기 존재를 각인시킨다는 점도 문제다. 1852년 6월 26일자 편지에서 플로베르는 다음과 같이 쓴다. "바보가 아닌 다음에야 누구나 거의 언제나 자기 이름의 불확실성 속에서 죽는다."(1권 442쪽) 완전한 멍청이가 아

*미국 독립전쟁의 지도자로 독립선언문에서 자기 서명만 크게 부각시켰던 인물.

니라면 누구나 자기 이름에 확신이 없이 세상을 떠난다. 사람은 자기 이름의 운명에 관해서는 어리석은 상태로 남는 법이다. 톰슨, 그의 이름은 영원성을 확보했다.

이제 톰슨의 서명에 관한 이야기, 톰슨 씨가 영원성으로 향해 갔던 그날 무슨 일이 벌어진 것인지는 그 범위나 중요성에서 예화나 일화, 그 기둥이 우뚝 서 있게 될 우화의 수준에 한정할 수 없다. 엄밀한 의미에서 톰슨은, 전유를 목적으로 한 자신의 서명이 없었다면 그 기둥이 누릴 수도 있었을 맥락에서 그 기둥을 분리한다. 이는 마치 서명행위가 일종의 어리석음의 제유提喩로서, 기념물을 훼손하면서 제지할 수 없는 결과를 초래한 것과 흡사하다. 그리하여 그 기념물은 근본적으로 어리석음의 속성을 띠게 되며, 적어도 플로베르에게는 항상 어리석음의 속성으로 존재할 것이다. 톰슨은 그러한 속성의 실체화를 초래했으니, 기념물 없이는 어리석음도 없기 때문이다. 고대의 기념물에 표식을 함으로써 그는 호명되지 않은 부름에 응답했다. 아무런 응답도 요청되지 않는 곳에서 응답하기를 고집하는 철없고 무례한 그 거만은 기념비적 오만함의 결과이다. 자크 데리다는 마치 그 불쾌한 작태에 대해 신중하게 반박하듯 다음과 같이 괄호에 넣어 언급한다. "(플로베르에게 어리석음은 그 규모에 있어 비문들이 빼곡한 석조 기념비와 맞먹는 정도로 언제나 기념비적이다.)"[26]

아무런 응답도 요청되지 않는 상황에 응답하는 행위는 알렉산드리아 기둥에 큼지막하게 유치한 글자들을 새겨넣건 혹은 그와 엇비슷하게 신의 부름에 마치 자신이 소환된 것인 양 (카프카의 아브라함처럼) 응답하는 일이건 간에 모두 어리석음의 반사체reflexes다. 그런 경우 실행되지 않은 부름에 응답하는 일은—그런데 어떻게 대번에 불렸는지 아는 것일까?—플로베르에게서 어리석음의 행동영역으로 획정되며 일종의 말소적 개입으로 선언된다. 그 개입은 요청되지 않은 것, 웅대한 실수의 수행으로 이루어져 있다. 이 지점에서 카프카가 등장하는데, 그는 그 부름이 자신을 향한 것이라고 믿는 인물의 곤경을 가혹하리만치 꼼꼼하게 파헤치기 때문이다. 아버지의 원형인 아브라함은 기념비적 실수를 행하는 일에 자신의 이름을 각인시킨 일종의 톰슨 같은 인물로 탈바꿈한다. 예수의 주요 행적을 다룬 도스토옙스키를 상기시키면서 카프카는 아브라함이라는 인물을 그 우스꽝스러운 기원으로, 공통의 과거를 기리는 기둥에 새겨진 하나의 이름으로 바꾼다. 이 잊을 수 없는 이름들은 위대한 복종의 행위와 추적 불가능한 부름에 대한 응답과 관련되어 우리의 역사적 기억에 비집고 들어왔다. 도스토옙스키와 카프카에 의해, 예수와 아브라함의 추종자들은 에라스뮈스가 "우둔철학자foolosophers"[27]로 칭한 존재가 된다.

편재한 어리석음의 위력에 맞서려는 사람은 누구나 우둔철학자로 둔갑될 위험을 떠안는다. 철학자의 시인, 그 불굴의 사상가의 시인 횔덜린조차 그러한 철저한 굴욕에 무릎을 꿇었다. 실제로 무사유nonthought나 유사개념paraconcept, 혹은 궁극기표ur-signifier에 해당하는 유사 초월자인 어리석음에 치명적으로 얽혀들었던 사람은 거의 누구나 이 포착 불가능한 용어가 확증하는 대량참사를 막기 위해 액막이 굿판을 벌여야만 했다. 위험천만하고 외설적이며, 우스꽝스럽고 터무니없으며, 위력과 기념비의 속성이자 학대와 잔인함의 공모자이며, 굴욕을 뽐내는 어리석음은 모든 기념물의 파멸을 주문呪文하는 이름이다. 플로베르에게 있어 그 기념물이 '톰슨'에 의해 훼손됨으로써 이름이 사물을 애도하게 되었듯이 말이다. 이런 식의 몰락의 경우 그 신전은 [구약에 등장하는] 삼손이나 심지어 분노한 신의 바람에 의해 파괴된 것이 아니라 어리석음의 오점, 즉 끗끗하게 영원토록 대물림될 오물의 흔적에 의해 무너졌다. 그 오점의 무게에 눌려 기념물은 산산조각난다. 결론이 불가능한 이 일화를 플로베르는 다음과 같이 결론내린다. "어리석음은 요지부동한 어떤 것이다. 어리석음을 공격하면 필시 거기에 부딪혀 깨지기 십상이다. 어리석음은 단단하고 굳은 화강암의 성질을 갖고 있다."[28]

이 책에서 다루는 텍스트들이 언급하고 또 언급했던 지금 당장의 위험은 이러한 파탄의 공포에 근거하는데, 이는 어리석음의 막강한 위력을 물리치려는 사람들에게 닥쳐오는 분쇄화의 위협을 불러일으킨다. 바르트가 어리석음을 '그것the Thing', 즉 거기에 맞서는 모든 글쓰기를 헤집어 펼쳐놓을 핵심부의 완강한 저항이라 부른 이유가 여기 있다. '그것'은 '현존재'를 북돋아주기보다 세절분쇄morcellation의 공포와 환상에 대면시킨다. 아무리 똑똑한 친구라도 어리석음이 공격할 낌새를 감지하면 무너져버린다.

희한하게도 어리석음, 멍청함, 우둔함, 유치함, 우스꽝스러움 등과 같은 것이 발생시키는 의미론적 연쇄를 구축하는 데 몰두하는 많은 텍스트를 보면 사선射線의 제일 첫머리에 한 독일인의 형상이 전체 문서의 피해갈 수 없는 어릿광대 역할로서 거의 필수품처럼 등장한다. 학습 및 긴장과 연결된 그 독일인은 어리석음의 세계사적 연대기에서 가장 존재감을 빛내며 최하점수를 얻는다. 당연히 나는 이렇게 놀라운 정신의 기형성을 추적하는 일에 소홀하지 않을 것이다. 어찌되었든 멍청이Dummkopf라는 용어는 부제가 필요 없다. 예컨대 플로베르는 진지한 지적 노력의 상징으로 독일 수학자 하나를 문학적으로 동원한다. 『감정 교육』의 초판본에는 이런 구절이 있다. "샤후츠니슈바흐Shahutsnischbach(는)…… 언제나 수학에 전념했고 수학은 그의 삶을 소진시켰는데, 그는 수학에 대해 아무것도 몰랐다. 그보다 더 학구적이거나 더 어리석은 젊은이를 르노 씨는 본 적이 없다."[29]

자, 이제 전쟁 이야기를 해보자.

극단적이지만 평범한 어리석음의 위력은 경계가 없는 전선, 침탈의 신기루를 빚어내고 있다. 독일 낭만파 작가 장 파울은 『광시곡*Rhapsodies*』이라는 제목이 붙은 초기 작품군의 일부로 「우둔함에 관해Von der Dummheit」를 쓰는데, 이 짧은 논설은 그 주제 면에서 프리드리히 슐레겔의 이해 불가능성에 관한 에세이에서 결정적으로 영향을 받았지만 직접적 영감은 알렉산더 포프[영국의 풍자 시인]와 에라스뮈스의 작품들에서 얻는다.[30] 이 독특한 글은 위대한 인물들이 어리석음의 문제를 다루었지만 짜증이 날 만큼 관대한 어조로 대했다는 진술로 그 글의 필연성을 정당화한다. 장 파울 스스로 판단한 자기 임무는 어리석음의 제국을 인정사정없이 밀어붙여서 붕괴시키는 것이다. 그가 토해내는 당당한 논조는 어리석은 자들이 총명한 사람들의 힘을 망가뜨리기 위해 은밀한 작전을 도모해왔다는 주장으로 뒷받침된다. 그는 어리석은 자들과의 전쟁을 선포한다. 장 파울은 이 상황을 전시상황으로 진단하지만 그가 그려낸 대립구도가 그렇게 확고한 것은 아니다. 그럼에도 불구하고 목표를 정한 저자는 전쟁의 수사修辭를 동원하여 정치화된 싸움을 만들어내는데, 그 수사에 따르면 어리석은 자들은 무방비 상태로 고립되어 있다. 그들은 포로를 얻지 못하는 대신 약간의 즐거움을 얻는다. 우리는 멍청이의 즐거움이 개명된 인물들을 공격하는 데 있음을 알게 된다.[31] 이렇게 공격에서 즐거움을 얻는 멍청이들은 문제를 야기하는데, 왜냐하면 위대함이 위대함에 의해서가 아니라 지적인 난쟁이들에 의해 무너지기 때문이다. 그런 생명체들은 독자적이지 않기에 무리지어 움직이며 영리한 사람들을 향해 싸움을 걸라고 서로를 부추긴다.[32] 무미건조한 무리로 한데 모인 이 어리석은 자들, 이 폭력배들은 니체가 나중에 제기하는 원한ressentiment의 군대와 닮기 시작한다. 고귀한 사람들이나 영리한 사람들, 즉 가장 취약한 인물들이 되어버린 강자들은 어리석은 자들이 쉴 새 없이 모기처럼 쏘아대는 난폭한 공격에 쓰러진다.[33] 장 파울은 위대함이 어리석음을 조롱해서는 안 된다고 쓰는데, 왜냐하면 어리석은 자들은 비록 코끼리 같은 완력을 부리지는 못하지만 흰개미들처럼 웅대함의 권좌가 부서져 무너질 때까지 야금야금 갉아먹기 때문이다. 올라비데*가 제2의 올라비데에 의해 무너졌을까? 아니다. 종교재판에 의해서다.

어리석음은 모종의 교전상태이고, 어리석지 않은 사람들이 눈멀게 되는 전쟁 상황이다. 그들은 어리석음의 혁명, 그 영구 혁명의 맹목적 조종사들이 빚어내는 참극을 보지 못한다. 흥미롭게도 장 파울의 저서에서 어리석음은 그 반동적 태도 덕분에 의미를 획득한다. 애초부터 어리석음은 아버지(성부聖父)에서 유래하는 정치적 문제였던 것이다. 재생이나 극복의 능력이 없기에 어리석은 주체는 미약한 오이디푸스적 에너지를 보유한다. 그는 젊은 시절에 아버지에게서 전수받은 사상들, 유품들, 도그마들에 집착했다. 아버지를 넘어서거나 억압하려는 뜻이 없기 때문에 어리석은 인물은 죽음의 진영에 머문다. 모자라고 죽어버린 그의 머리는 마찬가지로 죽어 있고 왜소한 심장을 반영한다.[34] 어리석음과 동맹을 맺은—즉 장 파울에 따르면 아버지와 결탁한—인물들은 자기 선조들이 물려준 유산을 수호하기 위해 애국적 열정으로 투쟁하며 적들에게서 선조들의 권리를 지키기 위해 악의와 어리석음으로 채워진 온갖 무기를 동원한다. 그리하여 모든 새로운 발견은 어리석은 자들에게서 확신, 평화, 자부심을 빼앗고, 그들이 세운 지식의 체계를 파괴하며 혁신가에 맞선 분노와 싸운다. 그들의 옹졸한 정신은 하찮은 것들에서 자양분을 얻는바, 이는 거대하고 위대한 것들이 그들을 물리치려고 위협한다는 것을 뜻한다. 장 파울은 말머리를 돌려서 당신에게 말한다. 당신은 과거의 거미줄을 더러 파괴할 수 있다고 생각하는 모양이지만, 이 거미줄을 필요로 하며 그것을 먹고 자라는 어떤 존재들이 있다는 것을 알고 있지 않나요?

멍청이는 오로지 이미 알려진 것들만 상대한다. 아첨꾼에 불

*Pablo de Olavide. 18세기 스페인의 정치가 및 저술가. 가톨릭교회의 개혁을 주장했다가 이단으로 몰려 감금되었다,

과하고 모방을 일삼는 존재이기에 멍청이는 수동적이고 생명력조차 없는 상상력을 가지고 있다. 모든 것이 그에게 전수된다. 아버지는 그러지 말았어야 했다. 죽은 상태에서도 어떻게든 살아남은 아버지는 우리에게 압박을 가한다. 징징대며 반항하는 일조차 허락되지 않는다. 그리하여 장 파울은 어리석음의 중차대함을 무미건조한 존경심, 즉 아버지를 저버리거나 아버지에게서 이탈해야만 했던 적이 없었던 인물들의 복종심과 동일시한다. 정확히 표현하면 아버지(성부)는 상상력 속에 묻혀 있는 셈인데, 죽은 자라는 부담 때문에 그 앞에서 머리가 조아려지는 것이다. 멍청이가 알려진 것들만 상대하는 이유는 알려진 것, 혹은 우리가 파악할 수 있게 전승된 것이 도착시사망상태(DOA: dead on arrival)로 이미 죽어 있기 때문이다. 그는 정말 멍청하고 반쯤 죽은 목숨이지만 위험하다. 어리석은 마네킹은 "사물들을 생생하게 파악할 수 없기die Dinge nicht lebhaft sieht"(1권 268쪽) 때문에 지성이 결핍되어 있다. 사물에 대한 우리의 통찰은 사유의 기반이 형성되는 그 생생함과 활력에 의지한다. 지성이 잘 자라나기 위해서는 죽은 것들을 우리 등에서 떼어내버릴 필요가 있다.

흥미롭게도, 장 파울에게 있어 어리석은 주체는 모종의 독자, 즉 자기 자신의 사유를 생성하기보다 다른 사람들의 사유에 더 관심을 기울이는 인물이다.[35] 그 독자가 책을 읽는 방식은 어리석은 자들이 나라를 사랑하고 아버지를 흠모하는 성향에 비견된다. 우리가 여기서 다루고 있는 것은 파울의 에세이에 나타난 전투적 포효의 배경에 근접해 있는 일종의 괴테 콤플렉스Goethe complex*이다. 어찌됐든 그것이 괴테의 문제이건 우리 논문지도교수의 문제이건 간에, 우리는 그를(혹은 그녀를, 비록 우리가 이 시점에서 주로 가부장적 허구를 다룬다고 해도 말이다) 넘어서야만 한다. 장

* 철학자 한스게오르크 가다머의 용어로, 철학자들이 자신들의 입장을 정당화하기 위해 항시 괴테 같은 과거의 인물에 의거하는 경향을 일컫는다.

파울이 그려내는 멍청한 독자는 텍스트에 충실하다. 보충하거나, 변형하거나, 왜곡할 에너지가 없다. 예속적 독자에게는 전용하려는 충동이 없고, 단지 기억을 굳게 만들고 사유를 무디게 하는 치명적 반복강박만이 존재한다. 이 멍청이가 '차이와 반복'에 대해 읽었을 리 없다고 본다면 옳게 본 것이다. 어리석은 자들이 영리한 사람들보다 우위를 점하는 유일한 일은 기계적 기억이다.[36] 자신들만의 사유나 이미지를 생산할 필요가 없는 한 그들은 아무거나 기억할 수 있다. 자신을 위해 사유할 수 없는 인물은 그 누구도 타자에 대해 사유할 수 없고, 타인들이 생각하는 것을 파악할 수 없다. 장 파울은 바로 이런 이유로 멍청이가 자기 기억을 "우둔함의 저장소", 즉 가치 없는 품목들의 창고로 변화시킨다고 주장한다. 어리석은 정신은 많은 것을 보존하고—보유하며—기억하지 않고도 소유한다. 그것은 내면화하는 기억을 내세울 수 없거나, 뭐랄까 제대로 된 매장, 진정한 애도를 수행할 수 없다. 놓아주지도 내면화하지도 못하면서 모든 것에 매달린다. 멍청이는 부정과 변환을 통해 보유할 능력이 없다. 장 파울은 어리석음에는 모든 것이 존재하지만 오로지 "동시성의 법칙Gesezze der Gleichzeitigkeit" (1권 267쪽), 즉 부박한 현전의 형식을 따른다는 조건에서만 그렇다고 진단한다. 뛰어난 정신은 한번에 파악할 수 있는 것이 적지만 단 하나를 통해 수천 개의 다른 것들을 떠올린다.[37] 어리석은 자들은 단절이나 파격을 창출할 수 없다. 그들은 수사의 차원에서도 곤란을 겪는데, 문법적 도약이나 환유적 단절을 받아들이지 못하기 때문이다. 그들은 알레고리적으로 지칭하거나 의미의 연기延期를 포용할 능력이 없다.

충실한 독자, 장 파울이 멍청하다고 지적한 인물, 과거의 충실한 재연만을 제공할 뿐인 인물은 위선의 영역, 다시 말해 허가된 구역 내의 제한된 한계 내에서만 활동한다. 극도로 어리석은 감수성은 종교적 감수성의 일환으로서 장 파울이 보기에는 미신과 편견으로 꽉 차 있다. 이 에세이에서 그는 종교 및 단순한 정신을 높게 치는 종교의 공공연한 편애에 관한 좀더 복잡한 함의들과 싸우는 일은 피해가지만—알다시피 이런 싸움은 도스토옙스키에게서 강렬했는데, 그에게 예수는 당연히 우스꽝스럽고, 엄밀히 말해 백치이며, 거룩한 어리석음의 분출이다—"우둔한 성자聖者의 형상das Bild des dummen Heiligen"(1권 274쪽)에 자극받을 경우 확실한 싸움의 경계에 머문다. 음유적 성향의 장 파울은 많은 후기 낭만파들이 그러했듯 예수에 열광하지 않는다.(예컨대 저 유명한 「신은 없다는 죽은 예수의 천상 연설」 같은 그의 후기 작품들은 도스토옙스키를 미리 예견하는 방식으로 기독교의 악폐에 대해 고뇌한다.)[38] 이 텍스트에서 기독교를 인용하는 방식에 있어서는 니체와 더 가까운 파울은 어리석은 자들이 세상을 물려받았으며 그 실권 획득의 징표들을 과시한다고 본다. 그들이 자리를 차지하고 권력을 쥐고 있는 동안 세련되고 영리하며 사려 깊은 사람들은 극도로 궁핍한 처지에 놓인다.[39] 얼간이들의 형제애는 지능의 연약한 고귀함을 폄하하는 실용적 세상에 굳게 뿌리를 내리고 있다. 충성맹세를 통해 서로서로 보상을 얻으며 범지구적 평범성의 대의를 증진시킨다. 엎친 데 덮친 격으로, 얼간이들의 질서는 저 평온한 당나귀들의 영토에서 반항자가 될 만큼 충분히 개명된 인물이라면 누가 되든 추방해버렸다.[40] 니체의 동물형상들Zoomorphs이 전파탐지기에 출현하기 시작했다.

한 가지 사항, 한 가지 문제가 더 있다. 어리석은 자들은 자신들을 볼 수 없다. 그들이 자신을 비추어볼 수 있는 거울은 아직 발명되지 않았다. 그들은 부득이하게 성찰을 회피한다. 어떤 반사광학도 그들, 즉 가장 천박하고 가장 표피에 결박된 그 존재들이 예시하는 역사적 재앙을 되비쳐줄 수 없다. 전쟁의 선포는 장 파울이 광택을 낸 거울의 형상, 이 잘 닦여진 방패로 귀결된다. 그러나 저자는 곧이어 자기 텍스트가 투사하는 그 불가능한 반사행위에서 패배한다. 그는 실패를 기록하고 혼란을 인정하지만, 그것을 어리석은 자들 탓으로 돌린다. "거울은 거기 계속 있었으니 우리가 잘못을 저질렀던 것이다. 먼저 어리석은 인간에게 거울을 들여다볼 눈을 주어라. 즉 그를 영리하게 만들자!"[41] 파울은 이런 문구들로 결론을 내리는 바람에 자승자박을 만들고 그 사태를 전개했던 애초의 의도를 훼손한다.(다른 글 「사유를 연마하며」는 천재와 멍청이가 서로를 은폐하는 방식을 논한 다음에 돌연 끝나버리는데, 저자 측에서는 스스로가 자신이 언급한 그 바보가 되지나 않을까 저어했기 때문이다. "그리하여 바보에 관한 언급은 그만…… 두어야겠다.")[42] 글의 결말에서 성찰은 빛을 발하는 성찰자(반사경) 쪽으로 향한다. 장 파울은 반사광학기를 설치하는데, 이 장치는 일련의 오목거울을 이용해 빛을 모으고 하나의 광선에 반사해서 멀리서도 알아볼 수 있다. 거울이든 윤기 나는 몸이든, 이 검시경은 굴절을 통해 반사하며 멀리서도 자기를 가리킨다. 어리석은 자들을 위한 눈을 요청할 때 장 파울은 반사광학의 초점에서 벗어나게 되며 그는 이것을 엉뚱한 방식으로 인정한다.("인간은 잘못을 저질렀다." 2권 275쪽) 눈을 기증받으면 어리석은 자들은 영리해질 수 있다.(이 비종교적 저자는 누구를 향해 말하고, 간청하는가?) 그 자신의 응시야말로 회피된 것이 아닌가? 장 파울은 스스로 시선을 돌려 자기 자신을 바라보지 않는다. 그래서 광선의 논리를 따르자면, 본인의 시선은 어느 지점에서도 자기성찰적으로 확보된 바 없기 때문에 거울에 반사된다면 그가 집중조명을 받을지도 모르겠다.

반사광학이 여하한 형태의 자기성찰도 폐기한다는 사실보다 더 난감한 일은 어떤 공포영화 장르에서 종종 벌어지는 것과 유사하게 그 논설이 마감되는 방식이다. 그것이 응당 보증해야만 하는 거리를 붕괴시키고 서술된 사건들의 부침을 은밀하게 바꾸어서 위험에 처한 주인공의 무사 귀향을 방해하듯, 에세이의 결말이 부지불식중에 보여주는 바가 어리석은 자들—그들을 표피적 존재로 규정했던 흐리멍덩함과 천박함의 언어를 떠올려보자—은 결국 우리를 비추는 거울이라는 얘기가 아니라면 뭐란 말인가? 일종의 유인 상술 같은 수사적 책략으로 인해 투사 장 파울은 그가 공공연히 지목했던 타자와 벌인 전쟁의 결말에서 반사의 목표물이 된다. 그에게 어리석은 자들은 뜻하지 않게 갑절로 불어난 것으로 판명되며, 반대세력들이 유령처럼 근접해 있는 듯한 효과를 빚어낸다. 작가 장 파울이 도플갱어* 주제를 처음 창안하고 그리하여 분신화分身化doubling[자아의 복제된 형상]라는 언캐니†의 요소를 우리의 현대문학 용어에 도입한 장본인이란 사실은 어쩌면 적잖은 아이러니다.

장 파울에 있어 독자Leser로부터 어리석음의 광선laser에 이르는—독자의 형상에서 반사광학기의 형상에 이르는—생식불능의 반사경은 또다른, 어쩌면 '대안적' 윤리학의 시작을 가리키기도 하는데, 여기서는 그 윤곽만 그려보겠다. 그 파열적 힘이 여러 역사적 외양에서 확인되기는 했지만 한번도 언급된 적은 없는 어떤 하나의 공간, 좀더 정확히 말해 하나의 휴지caesura가 있다. 장 파울은 그의 뒤를 이은 무질처럼 자신이 계몽주의의 원리들을 정제하고 있으며 그 나름의 방식으로 저 유구한 "계몽이란 무엇인가?Was ist Aufklärung?"라는 질문에 답하고 있다고 느꼈다. 계몽주의가 승인한 주체와 분리해 고찰할 수 없는 어리석음은 우리의 주권主權과 자율성에 도전한다. 정치학이 윤리학과 교차하는 곳에서는 책임감의 경계를—만일 그런 게 있다면—어디에 그어야 할지에 대한 물음이 제기된다. 책임감이 책임감이기 위해서는 언제나 초과적이

*독일어 원어는 Doppelgänger. 장 파울이 소설 『지벤케스*Siebenkäs*』(1796)에서 처음 사용한 말. 살아 있는 인물을 처치하고 그 역할을 대신하는 존재를 가리키며 제2의 자아라는 뜻으로도 쓰인다.

†uncanny. 독일어로는 Das Unheimliche. '두려운 낯설음'으로 번역되는 프로이트의 용어. 친숙한 것이 주는 낯설고 공포스러운 느낌을 뜻한다.

고 경계를 넘어서며 철저히 미완성의 것으로 나타나야만 한다.[43] 우리가 아무리 해도 책임을 충분히 질 수는 없는 일이며, 1장에서 다룰 하이데거처럼 책임 있는 사유가 빠졌던 오류에 판결을 내리기 위해 "내가 멍청한 실수를 했습니다I made a stupid mistake"라고 말하는 것으로 충분할지도 분명치 않다. 그러한 책임의 극단적 한계를 파악하기 위해서 나는 능력미달의 주체, 내 판단에는 확실성이나 훈육이나 명증함이나 명시적 순종에 기반을 두지 못하는 윤리적 존재의 어리석고, 멍청하고, 유치하고, 더딘 몰락과정에 의탁했다. 이러한 이슈들은 고통받는 작가 도스토옙스키가 가장 설득력 있게 다루었는데, 타자에 민감하게 반응하는 그의 감각에 대해서는 에마뉘엘 레비나스가 자주 환기한 적이 있다. "우리는 모두 다른 모두에 대해 책임이 있지만, 다른 누구보다도 내게 더 책임이 있다."[44] 도스토옙스키는 책임감을 의식의 소멸에 가까운 것으로 자리매김해 윤리적 책임의 전제에 대해 가르친다. 그 경우 이런 질문이 절실해진다. 한계를 지닌 주체에게 어떤 일이 떠맡겨질 수 있는가? 인간적인, 너무도 인간적인 것의 영역은 계몽을 몽매함으로 위협하며, 『백치』에서 도스토옙스키도 제기한 바 있는 근원적 윤리성에 대한 모든 희망을 훼손한다.

악의, 잔인함, 혹은 진부함과 종종 동맹을 맺거나 혼동되기도 하듯 어리석음은 철학적 탐구의 선별 체계를 대체로 회피해왔다. 『차이와 반복』에서 질 들뢰즈는 초월론적 어리석음의 타성적惰性的 지평을 파악함으로써 그것의 성가신 사실성과 대면할 필요가 있다고 주장한다.[45] 대부분의 경우 어리석음은 오류 및 인식론의 부차적 관심사로 치부되어왔다. 어리석음을 오류의 형상으로 환원하는 일은 그 단조로운 개념의 잡종적 특성을 양산해왔는바, 그 개념은 그것이 어찌됐든 속해 있는 순수 사유의 내적 영역에서 추방된다. 들뢰즈는 어리석음을 다른 곳에서, 오류에 포괄될 수 있는 것이 아닌 다른 형상들 가운데서 추적할 필요가 있다고 언급한다. 어떤 면에서 철학자들은 그러한 임무의 필요성을 끊임없이 명시해왔다. 철학은 어리석음을 수소문하고 다녔던 것이다. 적어도 다른 종류의 판단을 통해 오류 개념을 풍부하게 해야 할 필요성은 거듭 표명되어왔다. 루크레티우스와 스피노자, 그리고 18세기에는 다른 누구보다 베르나르 퐁트넬에게서 핵심을 차지한 미신 개념은 교조적 사유에 의해 경험적인 것과 선험적인 것 간의 합법적 분할로 확립되어온 구분법의 한계를 초월해 나아갔다. 광기와 어리석음을 동시에 지칭하기 위해 몽매함stultia이라는 개념을 도입한 장본인은 스토아학파였다. 이성에 내재하는 내적 환상이라는 칸트식 개념조차 오류라는 외적 메커니즘과는 근본적으로 길을 달리한다. 게다가 들뢰즈가 상기하는바 헤겔식 소외의 문제가 있는데, 이는 진리와 허위의 관계에 관한 근본적 재조정을 전제한다. 옳지도 그르지도 않으며 전혀 다른 계약에 묶여 있는 어리석음은 교조주의가 그려낸 지도 위에는 자리가 없다. 그 지도는 철학자들이 어디서 오는지와 상관없이 그들이 가고자 하는 곳으로 데려다주는 데 여전히 쓰이고 있다.

오류는 철학자들이 자기들의 개념들을 앞으로 밀고 나아가는 데 필요한 컴퍼스 역할을 해왔다. 그러나 오류 개념은 어리석음과 잔인함의 결합이나 독재자와 멍청이의 관계를 설명할 수 없다. 들뢰즈에 따르면 어리석음이 초월론적 문제가 되지 못하게 막는 것은 사유행위cogitatio에 대한 부단한 믿음이다. "그렇게 되면 어리석음은 어떤 경험적 규정 이상이 될 수 없고, 이 규정은 심리학이나 숨어 있는 일화—아니면 더 나쁜 경우 논쟁과 욕설들—에 발 딛고 있으며, 특히 너무나 가증스러운 사이비 문학 장르인 우언집寓言集sottisier에 의존하고 있다."(영역본 151쪽)[46] 어리석음을 이렇게 발화행위의 비참한 지역으로 추방하는 일은 누구의 잘못인가? 들뢰즈가 묻고 있듯, 이것은 무엇보다도 임의적이고 최종적으로 무가치한 오류의 본성에 상관없이 그 오류 개념에 스스로 결박되어온 철학의 잘못은 아닐까? 가장 최악의, 가장 타락한 형태의 문학조차 어처구니없는 오류를 나열하고, 완성되다 만 인물들이나 자기만족적 서술자들이 택하는 우둔한 행로의 모든 형태를 직조해낸다. 또한 최상의 문학은 어리석음의 문제에 사로잡혀 있으며, 어리석음에 우주적이고 백과사전적이며 인식학적gnoseological 차원을 부여함으로써(플로베르, 보들레르, 블루아의 경우) 그 문제를 철학의 문턱으로 가져오는 길을 알고 있다. 철학은 문학의 선물을 그에 합당한 겸손함으로 받아들이며 어리석음이 결코 다른 것이 아니라 그야말로 초월론적인 물음, 즉 "(오류가 아닌) 우매함은 어떻게 가능할까?"(프랑스어 원본 197쪽, 영역본 151쪽)라는 물음을 대상으로 함을 이해하는 것으로 족하다. 비겁함, 잔인함, 비열함, 그리고 어리석음은 형체를 지닌 형상도 아니고(물론 다음 장들에서 무지의 다발을 읽을 필요가 있다는 게 밝혀질 테지만) 사회와 성격의 사실에 불과하지도 않으며 오히려 사유의 구조 그 자체다. 어리석음의 문제를 재정립하는 일은 "사유란 무엇인가Was heißt Denken?"라는 도전적 질문을 명시하는 또다른 방식이다. 무엇이 사유를 요청하는가, 혹은 왜 우리는 여전히 사유하지 못하는가?

그러나 행위로서의 혹은 행위의 불발miscarriage로서의 사유에 관한 생각과 결부된 다른 무엇도 마찬가지로 존재하며 이는 치열한 정치적 불안의 시대에 분명해진다. 어떻게 나치즘에 명증하게 대응할 수 있었을지에 관한 여전히 불안 가득한 물음에 대해 로베르트 무질은 1930년대 초반 「한 아둔한 인물에 관한 성찰Bedenken eines Langsamen」과 「우둔함에 관해Über die Dummheit」를 포함한 많은 독특한 에세이를 작성했다. 그는 1933년에 쓴 첫번째 에세이를 자신이 한때 편집했던 독일의 유력한 지식인 저널 『디 노이에 룬트샤우(새로운 전망)*Die neue Rundschau*』에 게재할 생각이었다. 출판하지 못하게 된 세세한 연유는 불분명하지만 그 논설은 지식인 공동체에 경종을 울리면서 당시 벌어지고 있던 일을 파악하려는 무질의 노력을 기록한다. 「한 아둔한 인물에 관한 성찰」에서 그의 관심사는 정치학과 집단 형성에 관련해 독립적 지성의 가능성을 탐구한다. 그가 보기에 그 사안은 생각보다 더 심각한데, 왜냐하면 국가사회주의(나치즘)는 “무엇보다도 지식인이 그 운동에 전적으로 동화되고 복종할 것을 요구하며”,[47] 따라서 정치학으로부터 모든 지식인의 독립을 방해하기 때문이다. 무질은 프랑스혁명이나 마르크스주의 혁명과 달리 이 독일혁명에서는 진지하게 다루어질 수 있는 저명한 작가들과 문학작품들이 먼저 출현하지 않았다고 강조한다.[48] 무질에 따르면 국가사회주의 혁명은 “독일의 지적 풍토에서 그 근원을 찾아서는” 파악할 수 없다. 새로운 정신을 창조했다고 주장하는 이 혁명은 지식인의 혁명이 아니었다. 그와 반대로 그것은 “무지함에 대항한 정신의 싸움”을 분명히 보여주며 지성이 그 위력을 포기했던 하나의 사례를 제공한다. “독일정신의 갱생”을 추구하는 이 불길한 기획을 두고 무질은 “지성을 위한 법칙을 규정하는 정치학, 이것이 새로운 것이다”[49]라고 적시했다.

이것이 얼마나 새로운지 나로서는 선뜻 납득이 안 될 뿐 아니라 지성인 혹은 이른바 지식인에 대한 무질의 믿음도 공유할 수 없는데, 무질의 작품에서 이 믿음의 확고함은 종종 그가 제공하는 사례들에 등장하는 여성들의 말살에 바탕을 두고 있다. 이러한 [여성] 사상자死傷者들은 보편적 주체에 근거를 둔 개념들을 다룰 때 흔하게 발생한다.[50] 지식인을 대표해 그가 행하는 이 엇나간 비판들은 그와 같은 주장의 정합성 유지라는 측면에서는 엄청나게 중요하지만, 이는 무질의 개인적 편견(이에 관해서는 어떤 식으로든 짚고 넘어가겠지만)으로 국한되지 않는다. 어찌되었든 간에 무질은 어리석음과 정치학 간의 이 맥 빠지는 결합, 오늘날까지도 논박 불가능하게 남아 있는 이 결합을 사유하는 데 피할 수 없는 도전을 감행한다. 이 책의 초반부에서 대면하게 될 사안들 중의 하나는 지성의 영역이 정치학의 영역에서 분리될 수 있다는 무질의 전제인데, 다시 말해 그의 작업은 정치학과 지성 간의 관계가 정치화되지 않는다고 본다는 것이다. 아마도 상황의 긴박함이 뒷받침했을 무질의 정치학에 관한 정의는 정치적인 것의 가장 협소한 의미를 바로잡기 위해 채택된 것이다. 그렇지만 그 주장은 더 깊은 성찰을 요청하는 일련의 배제들과 인본주의적 근거지들에 기대고 있다. 전체주의의 타락상에 대항해 울리는 경종이 정당한 정치학에의 희망을 사면초가에 빠뜨리는 데 불과할 만큼 그렇게 퇴행적 태도에 의존하는 것일 수는 없기 때문이다. 명심해야 할 점은 정치학이 위기에 빠졌을 때, 곧 정치학이 윤리적 불안을 가중시키고 정의의 저울을 파괴할 때 "어리석음!"이라는 외침(글쓰기/외침schreiben/Schrei, 외침/글cri/écrit)을 토한다는 사실이다.

훨씬 최근에 전혀 다른 상황에서 스탠리 커벨은 어리석음의 정치학과 그에 동반되는 권위실추에 대해 다음과 같이 일갈한다. "그것은 마치 우리와 세계가 우리 자신을 어리석은 상태로, 즉 멍청하고 어눌한 상태로 두는 데 공동으로 내기를 건 것과 흡사하다. 이는 철학에 특별한 어려움을 제기하고 사유에 대립하는 바로 그 조건들로부터 사유를 구제할 영감을 받아들이기 위한 철학의 비상한 기력을 요청하는바, 이는 마치 사유에의 의지가 건강과 자유를 향한 의지만큼 긴요한 것과 같다."[51] 이 문단의 첫머리는 어리석음에 대한 은밀한 투자의 가능성, 즉 "우리와 세계가" 어리석음의 활용에 뜻을 같이하는 공동의 내기를 걸었을 가능성을 화제에 올린다. 「희망 사항Wishful Thinking」—테오도어 아도르노가 영어로 제목을 붙임[52]—에 피력된 아도르노의 "범우주적 우둔함planetarische Dummheit"에 관한 염려와 공명하는 커벨의 잠정적 관찰은 더 심층의 성찰을 요하는 하나의 질문으로 우리를 이끈다. 즉 비밀 구좌, 공동 내기의 존재 가능성을 감안했을 때, 어리석음의 헤게모니로 은밀하게 이득을 보는 자는 누구인가? 좀더 프로이트적 용어로 말해보면, 무엇이 어리석음의 부차적 혜택으로 추정될 수 있는가? 커벨은 철학이 이 난관을 헤쳐나올 힘을 이러한 탐구 영역에서 요청되는 것보다 더 많이 지니고 있다는 확신을 보여주는데, 철학이 효력을 발휘하는 범위는 인용 대목이 가리키는 것만큼 이 탐구 영역과 그렇게 무관하지는 않을 것이다. 즉 어리석음은 (커벨이 철학과 연계시키는) 사유에 대립할 만큼 그렇게 어리석지는 않다. 자신이 배척하는 바로 그것에 자극받아 철학은 자신의 전제들과는 이질적인 영역에서 사유를 밀수密輸한다. 커벨이 보기에 철학은 사유에 이질적으로 남아 있어야만 할 것을 전유하려는 의지에 힘입어 추동된다. 그렇지만 만일 어리석음이 사유에 양보하고 굴복해 철학의 세력에 병합되는 것으로 느껴진다면, 이 특수한 상황은 어리석음이 사유에, 혹은 어쩌면 나아가 건강과 자유에 대적할 수 있는 실체로 포섭되거나 실체화되는 데 저항하는 방식으로부터 초래된 일임이 분명하다.(이 사례가 그러한 관념을 고발하기 위해 장착되었다고는 하지만 건강과 자유가 어리석음의 철천지원수인지는 물론 분명치 않다.)

철학이 사유를 단련해 어리석음에서 떨어져 나올 수 있다는 기대는 계몽주의에 그 뿌리를 두고 있다. 전쟁과 대량학살에 시달렸던 계몽주의의 최신 버전은 그 기본 궤적들을 강화했으며, 18세기의 광명이 약속했던 희망은 재탄생했다. 마치 교화의 진리는 잠시 가려지고 어두워지며 본질적으로 바로잡을 수 있는 하나의 일탈을 보였을 뿐이라는 듯이 계몽주의의 원리들은 재생되었다. 국가사회주의의 흥기에 맞선 무질의 대응에서 핵심을 이루는 자유, 국제주의, 그리고 "인간적인 것의 도덕성the morality of the humane"에 관한 지속적 관심은 프리모 레비의 『이것이 인간인가*Se questo è un uomo*』와 장 아메리의 『죄와 속죄의 저편*Jenseits von Schuld und Sühne*』 같은 결정적 증언들에도 반영되어 있다.(영어로 번역된 제목 『아우슈비츠에서 살아남기*Survival in Auschwitz*』와 『정신의 한계에서*At the*

Mind's Limits』는 정신이 무력화될 정도까지 수축되는 또다른 방식을 보여준다.) 아메리는 독일 비밀경찰의 고문과 아우슈비츠를 견디고 살아남았으며, '함부르크 레싱 상Hamburg Lessing Prize'을 받은 직후인 1978년 10월 17일 자살했다. 무질의 주요 업적 중 상당 부분에 대해 성찰하는 아메리의 수상 강연은 그 제목—「영원의 철학으로서의 계몽주의Aufklärung als Philosophia Perennis」—부터 그가 무질이나 레비처럼 "어떠한 시각적 환상도, 어떠한 환각상태도 아닌 고전 계몽주의의 빛"에 기대었다는 점을 나타낸다. "그 빛이 사라질 위협에 처한 곳에서 인간적 의식은 혼미해진다. 계몽주의를 거부하는 자는 모두 인류의 교육을 부정하는 것이다."[53]

계몽주의의 가치를 온전히 간직하려는 아메리의 입장은 명약관화하다. 그는 계몽주의의 부정을 단호히 금지한다. 그러나 어떻게 인종차별주의의 현대적 형태가 계몽주의 모티프들의 주요 주창자들에 의해 고안되었는지는 고려하지 않는다. 어쩌면 달리 의탁할 데가 없었을 수도 있고, 어쩌면 아메리는 폭력이 행사된 이후의 유일한 마지막 희망을 거부하고 싶지 않았을 수도 있다.(폭력은 결코 종식되지 않았으며 폭력에는 어떠한 "이후after"도 없었지만, 이는 또다른 사안이다.) 분명코 누구도 그의 글이 기대고 있는 계몽주의에 대한 절절한 호소에 반박할 수는 없다. 그 주장의 권위는 존엄성의 몰락으로부터 무언가를 재생시키려는 아메리의 노력에 대한 비판적 감찰을 상쇄시킨다. 계몽주의에 대한 그의 집착이 보여주는 우울증적 경도로 인해 그러한 이해를 옹호하는 일에 의문을 제기할 충동은 억눌린다. 그러나 세상이 무릎을 꿇었던 폭력은 바로 그 이해에 관한 것이다. 이해 자체가 관건이다. 존재의 궁핍을 구휼하거나 조명하기 위해 계몽주의가 넘어서 나아갈 수 없는 영역이 분명 존재하는 것이다. 이는 내가 왜 독일의 전통으로 통하는 다른 경로를 택하는지 그 이유를 일부 설명해주는데, 이 다른 전통은 불가해성과 몰이해에 관한 문서들을 펼쳐놓기 때문이다. 또다른 사유의 영역을 관통하는 이 전통은 인간의 이해에 착근될 수 없는 것에 관한 슐레겔의 성찰들에 의해 촉발되었고, 이는 항구적 곁말*의 위기를 특징으로 하는 하나의 언어, 즉 외설적이고 동화 불가능한 역사적 상처가 주는 치명적 타격에 응답할 수 있는 언어를 비타협적으로 추적한다.

계몽주의는 과연 어리석음의 영원한 반란을 봉쇄하거나 거부하거나 진정시킬 만큼 그렇게 강력한가? 우리가 역사 경험을 공유하는 지금 이 시점이야말로 어쩌면 교육과 존엄성, 인본주의와 정의 간에 동등가치를 부여하는 사유의 마약—이것이 아무리 강력하고 유혹적이라고 해도—에서 벗어날 때가 아닌가 싶다. 아메리가 미망의 혼령에 자극받아서 계몽주의가 결코 환각상태가 아니라고 주장해야만 할 때, 우리는 발설되기 힘든 위협이 그에게 덮쳐 있음을 이해해야 한다. 계몽주의가 환각상태, 즉 위안을 주는 기만의 그럴듯한 형태들과 관련되어 있을 위험성은 상존한다. 니체적 의미에서 우리는 전적인 투신을 급박하게 요구해왔던 선량한 양심이라는 모든 가면과 대면할 수 있어야만 한다. 반면에 정당화될 수 없는 엄청난 외설의 행위들을 은폐해온 것들에 대항해 맞설 임무가 우리에게 부여된다. 종종 그러한 대항 행위들은 정치학의 영역에서 어리석음으로 치부되어왔는바, 마르크스가 갈파했듯 이는 역사적 몽매화와 연루된 마약의 역사적 형태이다. 철학은 이 마약을 줄곧 잘 피해왔지만 역사는 우리에게 이 약물의 퇴치를 요구한다.[54]

비록 지금까지 언급한 것과 단절되지는 않지만, 윤리적 불안이라는 또다른 차원에서는 글을 쓴다고 마음먹은 모든 사람이 어

*파라바시스parabasis.(독일어로는 파라바제parabase) 고대 그리스연극, 특히 희극에서 관객을 향해 부르는 합창가로서 코러스와는 달리 극의 주된 주제에서 벗어나는 곁가지 이야기를 지칭한다. 이 책에서 곁말은 아이러니처럼 인식과 표상행위의 실패를 나타내는 창조적 불가능성의 표식을 뜻한다.

리석음에 괴롭힘을 당하는 분위기가 조성된다. 글쓰기가 언제나 너무 미성숙한, 아니 때로는 우리로 하여금 아무리 감추거나 떨쳐버리고 싶어도 공언된 자기애의 무질서를 떠안고 떠벌여대게 만들기 일쑤인 모종의 내적 타자성에 의해 차출되는 것으로 나타나는 한, 혹은 이와 동일하게 우리를 무기력하게 만드는 구조의 일부로서 우리 안의 발전소가 실제로 언어를 멍청하게 사용하기에는 너무 영리하고, 초자아의 저격을 받기에는 지나치게 성숙하며, [진리의] 말씀을 [세속의] 말들로 옮기기에는 극히 냉철해 보이는 한, 나아가 글쓰기가 우리로 하여금 거듭해서 완전히 상실되지는 않은 상실된 대상이 펼치는 드라마와 마주치게 하고 다시 한번 의미 없는 추격 장면들과 대규모 퇴행을 저지르도록 소환해서는 이 모든 짓을 선생과 동료와 우리를 차버린 사람들과 우리를 넘어서기 위해 앙심을 품고 애쓰는 비열한 대학원생들—가끔은 그들도 너그러워지지만 자주 그러지는 않는다—로 이루어진 악의에 찬 초자아의 법정 앞에서 행하도록 만드는 한, 글쓰기는 이런저런 이유들과 잠깐 동안이나마 우리를 미혹시키는 좀더 그럴싸한 이유들을 통해 우리가 우리 자신의 어리석음을 체험할 수 있게 내팽개쳐버린다. 우리가 써낸 글을 끝없는 결정에 내맡긴 채 출판하는 문제에 이르면 옥죔 틀의 회전이 한 번 더 추가된다. 우리 자신을 출발선—아무도 신경 안 써. 하이데거는 여전히 그 시구line에 대해 명상하지, 그러니 무슨 선line이라구?—에 세울 때 따라오는 철저히 멍청해지는 느낌과 결합되어 있는 출판과정의 어처구니없음으로 인해 우리는 늘 말해놓은 것의 정당성이 불확실해지는 구역들 안에서 배회한다.

자기 에세이의 출판을 준비할 때 폴 드 만은 B급 영화를 보는 죄의식에 사로잡혔다고 말했다.[55] 글쓰기에서 바닥 수준의 어리석음을 극복하지 못한 자신의(당신의 혹은 그들의) 실패작을 검토할 때의 우울함은 수많은 작가들이 느꼈고 피력한 바 있다. 그 윤리적 감정이 때로 학술출판에서 생겨날 경우에는 축소되어서 감사의 글로 밀려나는데, 거기서 감사의 인사를 받은 사람들은 곧 마주칠 논문의 어리석음에 책임이 없다고 언급되는바 이는 유언에 입각한 우애의 정치학이 선언하는 내용이다. 감사의 글이란 그들에게 진 빚을 철회하는—너무나 많은 친구들 가운데 하나로 자신을 분할해버림으로써 감사의 부족을 광고한다—하나의 방식이자 그 논문이 만들어내고 또 논문에서 기원하는 본질적 디폴트(채무불이행)가 발생할 여지를 그들의 이름으로 허락하는 것이다. 이는 마치 감사thanking와 사유thinking의 하이데거식 결합이 어떤 프로젝트가 지닌 두드러진 슬럼프에 이름을 붙일 필요성을 만들어주는 격이다.

토머스 핀천은 자신을 우울증적 자기책망의 계보에 위치시킨 사람이다. 초기의 글을 모아 의뢰받은 책자로 만드는 과정에서 그는 과거 작가로서 저지른 어리석음을 가차 없이 재검토한다. 자인自認의 괴로움은 『천천히 깨닫는 사람*Slow Learner*』의 서문격 의례 전체에 걸쳐 표현된다. "자기가 20년 전에 쓴 뭔가를, 심지어 무효수표 같은 것일지라도, 다시 읽는 일이 자기 자아ego에 얼마나 충격일지 여러분은 이미 알고 계실 것이다. 이 단편들을 다시 읽었을 때 내 첫 반응은 한마디로 아니 이럴 수가였고, 떠올리고 싶지 않을 육체의 증상들이 뒤따랐다. 그다음에 든 생각은 어떤 식으로든 완전히 개고를 해야겠다는 것이었다." 마침내 그는 사태를 어느 정도 수긍해서 글쓰기를 재개하고 출판까지 이어질 수 있게 될 평정심을 얻는다. "이 어린 친구를 내 인생에서 그냥 내칠 수는 없는 노릇이었기 때문이다."[56] 자, 나로 말하자면 20년 전에 쓴 뭔가로 인해 낡은 자아가 충격을 받을 만하다고 생각한다. 심지어 20분 전에 쓴 것에도 그렇다. 이는 우리 안에서 글을 쓰게 하고 살아서 글에 관해 언급할 수 있게 만드는 그 무언가에 대해 가차 없는 공격과 포격을 가하는 문제이다. 횔덜린에서 핀천에 이르기까지, 당신에게서 나에 이르기까지, 글을 쓰는 일은 우리에게 말을 걸지만 우리가 파악할 수 없는 누군가 혹은 무언가(이게 바로 무nothing가 아니라 무언가something가 존재하는 이유이다)로부터 도래하는 치명적 충격을 불러온다. 충격을 흡수하는 문제는 이미 우리의 이해력을 넘어선다. 누구의 명령으로 그런 생각을 하게 되었고 누구에게 말을 걸게 되는지 혹은 왜 그게 이런 방식이어야 하는지 우리는 모른다. 베케트적 의미에서 그냥 멍청하게 계속하는 것, 계속할 수 없는 것, 계속해야만 하는 것 이외에는 달리 어쩔 도리가 없다. 그 명령은 어리석음의 파도를 중단시키기보다 거기에 편승하며 어리석음이 파도를 집으로 이끌길 바랄 뿐이다.

핀천이 분명하게 밝혀준바 이 경멸스러운 사태의 한 측면은 어리석음을 클로즈업할 때 생겨나는 신체화somatization와 관계있다. 핀천은 현명하게도 그것들에 관해 심사숙고하지 않는다. 나는 그렇게 한다. 무슨 말이냐면, 발버둥치는 신체의 습관들에 대해 나는 핀천만큼 조심성이 없거나 나를 좀먹는 어리석음으로부터 충분히 거리를 두고 있는지 확신하지 못한다는 말이다. 말없는 질병의 만성상태에 빠진 포획된 몸은 어리석음에 관한 이 책에서 내가 다루려는 중심주제 중 하나이다. 여기서 나는 정신이 몸의 세포에 침투해, 즉 [내 것이 아니라는 뜻에서] 빌려온 몸이 신체의 고통을 각인시키는 표면에 침투해, 그 궤도에 전유 불가능한 텍스트를 남기는 공통영역을 탐색할 것이다. 만일 몸이 글을 쓰고—땀, 구역질, 돌연한 황홀경, 모종의 심장마비, 두통, 복부이상 같은—또 내 주장처럼 몸에 글이 쓰이고 나아가 "겹쳐 쓰인"다면, 그것은 자기비판의 궤적이 담긴 드라마에서 단순히 무시될 수 없다. 글쓰기는 (당신이 생각에 잠기거나 꽉 막히거나 화가 치밀어 물리적으로 글을 못 쓰는 경우라도) 매일매일 재시험을 치르는 일이며, 몸을 가다듬고, 충동을 다스리며, (존경심을 가지고) 초자아와 동승하는 일이자, 자아를 진정시키는 일이다. 우리가 "내가 누군지 알기에 내 독특함을 공유하고 싶어서 회고록을 쓰는" 완전한 멍청이의 하나가 아니라면 말이다. 자기 글을 검토하면서 핀천은 자기의 치기어린 태도, 멍청함의 위력, 그리고 "안 그랬더라면 공감이 갔을 등장인물에 슬그머니 스며들어 쉽게 망칠 수 있는…… 사춘기적 가치들"(9쪽)의 문제를 인정하는데, 그런 인정에도 불구하고 이 문제는 그의 시간감각에 모종의 발작을 불러일으킨다. "그것[발작]에 대해 지금 할 수 있는 최선의 말은 발작이 지속하는 동안에는 충분히 진짜라고 할 만하다는 것이리라. …… 한동안 일련의 억측과 차별이 아무런 이견이나 의심도 없이 팽배했고, 훗날 1970년대 텔레비전 캐릭터인 아치 벙커*를 통해 가장 완벽하게 포착되었다."(11쪽) 폴 드 만의 인물설정에서 원조폭로자arche-debunker†의 역할을 하는 인물은 초창기 이야기의 독자들이 "받아들이기 힘들 정도로 인종차별적이고 남녀차별적이며 친파시즘적 발언"(11쪽)이라고 간주했을 것에 미국의 문화가 어리석게도 집착했음을 폭로할 것이다. 어리석음은 때로 안성맞춤이기도 해서 시의적절성의 이음새로 기능하며, 부조화를 산출하거나 시대와의 불화에 대한 니체적 요청에 부응하지 못한 실패를 기록한다. 어리석음은 정각에 때맞춰 도착한 것으로서 일종의 역전된 조화를 충족시킨다. 여기서 다루는 텍스트들에서 나는 어리석음이 어떻게 인종차별적이고 남녀차별적이며 친파시즘적 충동들에 이름을 부여하는 동시에 그러한 담론 경향들이 상정하는 대상을 "어리석다"고 못박는 역할을 하는지 검토하겠다. 더이상 언어적 기호가 아닌 어리석음은 요컨대 [어리석음의 표식을 엉뚱한 대상에] 잘못 귀속시켜서 생긴 미끄러진 바큇자국에 신화를 함부로 덧

*Archie Bunker. 1970년대 미국 TV 시트콤 〈모두가 가족All in th Family〉과 그 자매 격인 〈아치 벙커네Archie Bunker's Place〉에 나오는 인물로, 가부장적이고 독선적인 백인 남성 노동자의 상징이다.

†'아치 벙커'를 빗대어 편견과 미신을 폭로하는 인물의 원형을 가리키기 위해 저자가 만든 말.

씌웠다. 파괴적이고 분명한 목표를 지닌 어리석음은 일종의 낙인 찍는 일로서, 거의 추적 불가능한 종족말살ethnocide 행위를 저지른다.(여기에는 그 구성원들이 맹목적으로 영리하거나 기계적으로 능숙한, 즉 어리석게 총명한 종족집단을 표적으로 삼는 일이 포함된다.) 오늘날에는 드러내놓고 인종차별적 어조로 공언하는 일이 더이상 받아들여지지 않는다. 하지만 여전히 우리는 어리석음을 재전유하고 장착해 다수의 공공기관들이 그러하듯 소수화된 주체를 겨냥할 수 있다. 어리석음의 낙인만큼 우리를 좌절시키는 것은 없다. 그렇긴 하지만 어떤 삶의 영역에서는 어리석음이 우리를 살아가게도 만든다.

핀천의 입장으로서는 할 수 있는 한 깨끗이 실토하고 사과를 한 셈이다. 사과를 통해 그는 변명이라는 수행적 자기만족의 범위 내에서 자신이 면죄받길 거부한다. 그는 우리가 얼마나 분열되어 왔고 그 결과 상대적으로 궁핍하고 무기력한지 성찰한다. "일단 이렇게 덧붙인다 해도, 여전히 여기서 이 단편 서술자의 목소리가 더이상 어쩌지 못하면서 시건방지게 우쭐대는 작자의 목소리임에는 변함이 없으니, 그 점에 대해 나는 사과한다."(12쪽) 그는 몸을 낮추어, 한창때의 무자비했던 치기, 자신의 학부생 분위기, "실제로 그런 것보다 엔트로피 주제에 관해 더 많이" 아는 듯 행세했던 태도를 고발한다. "평상시라면 잘 속아넘어가지 않을 도널드 바셀미조차 한 잡지 인터뷰에서 엔트로피에 관해 내게 모종의 전매특허권이 있다는 식의 암시를 했던 것이다."(12쪽) 자기의 어리석음을 용인했던 사람들도 함께 끌어내리고 바셀미의 사례처럼 자기부정의 행보로 그들의 허를 찌르면서 핀천은 계속 나아간다. "그러나 내 지성의 천박함을 과소평가하지 말기 바란다. …… 나는 원고지 위에 과잉기입overwriting하는 것과 같은 수많은 학대 행위를 저지르는 데 더 관심이 많았던 것이다."(13, 15쪽) 그리하여 그는 어리석음의 또다른 측면을 상기시킴으로써 어쩌면 상실의 경제 내지는 명확한 실패의 경제에 기인하는 것으로 보일 법했을 것의 비중을 높인다. 그의 글쓰기의 자기점검이 수립한 항목들에서 보면 어리석음은 결핍의 경험이 아니라 과도한 실험에서 발원한다. 너무 몰두하다 보면 과도하게 쓰기 마련이다. 혹은 어리석음에 관한 칸트의 사례를 따른다면, 우리는 지나치게 공부하기 마련이다. 맹목적 과잉행위overdoing—칸트의 용어로는 '능가행위outdoing'—는 어리석음이 향하는 속도를 촉진한다. 앞으로 치고 나가는 이 속도로 인해 과잉성취자의 강탈적 과속상태가 환기되며 누가 고속트랙을 달릴지 지목된다. 이로 인해 빠름에 대한 전통적 함의가 탈선해 그것이 영리한과 맺는 동격관계가 더이상 지지되지 않는 상황이 만들어진다. 불가피하게도 첨예한 논리의 굴곡을 거친 뒤 빠름은 느림을 뜻하게 된다. 서둘러 마감하고 성취하고 결론내기 위해 이 과잉성취자들은 자신이 빠르면서도 어리석을 수 있음을 증명한다. 누구나 조숙할 수 있는 것이지만 그다음엔 자신의 조숙함의 기록을 돌아보다가 통찰을 얻으며 무너져버린다. 자기 자신의 절차적 오류들에 관해 언급하면서 핀천은 "이게 어리석은 소리 같을까, 바로 그렇다"(15쪽)라고 쓴다.

핀천이 맞닥뜨린 어리석음의 과잉은 비록 오류의 개념과 어울리고 원칙적으로 교정 가능하지만 마치 자신을 과거로부터 해방하듯 성찰적 주체가 스스로와 맺는 역사적 화해의 지표 구실도 한다. 앞을 내다보거나 뒤를 돌아보면서 어리석음은 한갓 고통에 찬 주체의 지난한 분투—고독한 전투—로 축소되어온 역사의 전개과정에서 불연속성과 단절로 드러나는 하나의 과거로부터 유래한다. 아주 흔하게도 어리석은 실수를 인정하거나 새로이 발견된 우둔함의 비축물과 대면하게 된 사람은 마치 어리석음이 힘겨운 극복과정에 대한 복종을 강제해왔다는 듯 모종의 계몽적 위치에서 발언한다. 그 결과 아무리 느리게 진행되어도 학습과정에 계몽주의적 방점을 찍게 된다. 그렇지만 자기 자신의 어리석음의 구조는 지속적으로 출몰해 훼방을 일삼으며 진행중인 여타 과제에 몰래 기어들어와 미래에 대한 모호한 예감으로 위협을 가하기 마련이다. 어떠한 의지적 행위나 지나간 수치스러움의 발산으로도 어리석음을 안전하게 넘어서는 일, 또는 정말로 어리석음이 우리의 글쓰는 존재의 바로 그 핵심을 차지하지는 않는다는 점을 보증할 수는 없다. 매번 그리고 항시 우리가 무릅써야 하는 일은 횔덜린이 어리석음Blödigkeit이라고 부른 노출상태이다. 핀천이 갈파하듯이,

> 우리 모두는 자신이 아는 것을 쓰라는 말을 듣게 된다. 우리 가운데 상당수가 겪는 곤란은 인생의 초반기에 자신이 모든 것을 안다고 생각한다는 것, 혹은 좀더 그럴듯하게 말해 우리가 종종 자신의 무지의 범위와 구조에 대해 인식하지 못한다는 점이다. 무지는 한 인간 정신의 지도 위에 텅 비어 있는 공간에 불과한 것이 아니다. 무지에는 등고선과 일관성이 있으며, 모르긴 몰라도 작동법칙 또한 있을 것이다. 따라서 자신이 알고 있는 것에 관해 쓰는 일의 당연한 귀결로서 어쩌면 우리는 우리의 무지와 친숙해지는 과정을, 그리고 거기에 쓸 만한 이야기를 망칠 수 있는 가능성들도 있음을 덧붙여야 할 것이다.(15~16쪽)

앎의 필연적 귀결로서 무지는 자기만의 이야기를 지니고 있다. 귀기울일 필요는 있지만 어쩌면 오로지 파멸만을 가져올 수 있을 뿐인 이야기 말이다. 그렇지만 핀천이 다소 역설적으로 피력하듯 무지는 그저 텅 빈 공간에 불과한 것이 아니다. 무지는 빈 공간을 만들고 텅 비어 있게 만드는 일과 관련되어 있지만, 무지는 또한 유해하리만치 일관된 동시에 심각할 정도로 일관성을 결여한 채로도—이 상태 자체는 멸시의 대상이 아니다—우리가 여전히 [어

리석음을 통제하기 위한] 운전자 매뉴얼이나 그게 아니라면 모종의 작동법칙을 어디선가 찾을 수도 있다는 뜻에서 어리석음으로부터 저속기어로 속도를 늦춘 상태이다. 무지에는 희망의 조짐이 있으며 우리가 무지를 파악할 수 있게 되면 어쩌면 앞으로 나아갈 수도 있다. 어리석음에 관해서는 그만한 확신이 없다. 어리석음은 블랑쇼적 의미의 무효성nullity, 즉 전적으로 쓸모가 없는 것, 허무에 이르는 그 무엇에 더 가깝다. 그런 무효성에 긍정적인 면이 있다면 그것은 모든 작품oeuvre이, 그 작품의 본질적 가능성이 거기서 발원한다는 사실일 것이다. "디온이 늘 말허듯sez, 교훈은 서글프지만 진실인 게다."(13쪽)

나는 예전에 글쓰기에 관해, 글쓰기의 도착점의 불안정성에 관해, 내가 애도하는 글쓰기의 죽음에 관해, 특정한 죽음의 타이머에 맞추어 내가 지키고 성찰하고 투사하고 재조명하는 잔여물들에 대해 할 말이 있었다. 글쓰기는 내게 늘 다른 일이었고, 애칭과 환유, 구역질과 광증 같은 다른 형태의 경험들이 아니라면 그것을 어떻게 이름붙여야 할지 모르겠다. 한 친구는 자기에게 독서가 애도의 시간을 나타낸다면 글쓰기는 광증의 체험이라고 말했다. 나로 말할 것 같으면 글쓰기는 '없는 장소'이고 거기서는 누구나 방기放棄상태—무한히 내던져진 나(내 '난제들' 중 하나)—에 자신을 내던질 수 있다. 나는 항상 무언가 글을 쓰고 있고, 특히 내가 무너져 내릴 때, 아무 일도 벌어지지 않는 데서 불확실한 허무, 히아투스, 방해의 시간에 가로막혀 있을 때 글을 쓰는데, 그 시간은 텅 빈 시간, 갱생의 조짐이 없는 회복의 시간이다. 글쓰기와 트라우마: 탐구해야 할 결합체. 특히 트라우마가 경험적 표식을 수용할 가능성이 없는 것으로, 바로 경험의 분열로 나타날 때 그렇다. 내게는 글쓰기가 그러한 경험이 될 수 있다는 게 분명치 않다. 어쨌든 나는 항상 글쓰기와의 만남에 늦게 도착한다. 오늘날엔 상호소통의 요구에 응답하기 위해서 나는 누군가가 내게 말해준 그 무엇, 즉 자신들이 어리석다고 느낀다는 문제를 탐문한다. 그래서 나는 그 문제를 추적하고 진정한 어리석음의 경험을 기술한다.

드러난 바로는 그것은 아주 어려운 주제이고, 두 곳의 공존지대에서 접촉을 취해왔다. 첫째 것은 내가 뉴욕 시에 도착했던 그 가을에 다니던 태극권 수업이었다. 나는 내게 요구되는 가장 단순한 동작들도 재연하지 못하는 완전한 난독증 환자였다. 태극권 사범 앞에서 내가 느낀 멍청함과 수치심은 학교에서 겪은 어리석음의 장면들로 나를 되돌려보냈고, 그러다 불현듯 이 모든 침전중인 세월이 지나고 나니, 내가 얼마나 어리석은 아이였고, 분명 어리석은 학생이었는지 기억하게 되었다. 나는 스스로에게 보상이 될 만한 변명을 찾을 수 없었다. 내가 이민자였으며 영어를 이해하지 못했다는 생각이 들고, 또 그랬다고 말하지만, 나는 수학에도 멍청했으며, 여전히 쉬운 언어도 정확히 이해하지 못하고, 누군가 내게 말을 걸면 몸이 이끄는 대로 발작을 일으키며, 두드러기가 돋고, 별로 잘 알아듣지 못해서, 전화를 급히 끊어버리거나, 다른 사람 말에 끼어든다.

어리석음에 관해 성찰하게 된 또하나의 동기는 질 들뢰즈와 관계있다. 내가 태극권 용어들을 어지간히도 습득하지 못하는 와중에 들뢰즈가 생을 마감했다. 유작으로 남은 기록과 논문에서 들뢰즈는 어리석음에 관한 사유를 촉구했던 것으로 알려졌다. 누군가 기억하기로, 들뢰즈는 그 누구도 어리석음의 초월론적 원리들을 탐문한 담론을 생산한 바 없다고 말했다고 한다. 나는 이 요청을 하나의 과제로 받아들였다. 내가 항상 요청에 답한다고 쓸 때, 나는 다른 곳으로부터, 즉 나와 동시대에 속하지만, 정말로 죽은 자로부터 부름받은 셈이다. 니체와 레비나스 역시 아무도 타자와 동시대에 속할 수는 없다고, 정말 그럴 수 없다고 말했다. 그래서 어떤 의미에서 나는 들뢰즈로부터 계시를 받은 셈이다. 좀더 일상적 차원에서 보자면, 나는 버클리를 막 떠났던 차여서, 거기서의 경험이 내게 무슨 의미였는지 정말로 따져보고, 왜 거기 있는 몇몇 사람들과 기관들은 그렇게 대학 학문의 전국 순위표에서 말도 안 되게 높은 자리를 차지하는지 이젠 납득할 수도 있겠다고 생각했다. 어쨌든 들뢰즈로 다시 돌아가면, 그는 정말로 수수께끼 같은 자취들을 남겼는데, 거기에는 그가 반복에 관한 책에서 우매함bêtise을 "사유의 순전한 결정 불가능성l'indéterminé adéquat de la pensée"과 "사유의 생식능력genitalité de la pensée"[1]이라고 묘사한 것도 들어 있다. 이 말이 어딘가 섹시하게 들린다는 걸 인정해야겠다.

그런데 내 안의 소환대기 시스템에는 또다른 부름도 있었다. 바로 베케트였다. 지금은 아주 널리 알려진 인터뷰 하나를 읽은 기억이 있는데, 거기서 그가 제임스 조이스는 예술가로서 전지전능함을 추구하지만 자기는 무능력, 무지와 작업한다고 말했던 것이다. 그는 그렇게 말했다. 그 말은 정말로 내 마음에 박혀서, 실제로 엄청난 돌파구를 제시했다. 전체 집필일정을 단순화하는 동시에 복잡하게 만들면서, 그 말은 그가 "내가 이 얘기를 왜 한 건지 모르겠다"라고 말한 시절과, 또는 「아무것도 아닌 텍스트들Texts for Nothing」에서 했던 다음과 같은 고백과 한데 어우러져 있었다. "난 이해하려고 하지 않는다. 난 더 이상 이해하려고 하지 않을 것이다. 내가 여기 있고, 항상 그래왔고 항상 그러할 것인 한 그게 내 생각이다. 난 더이상 거대언어들에 주눅들지 않을 것이다. 그것들은 거대하지 않다."[2]

1 어리석음의 문제

나는 왜 시골에서 사는가

무엇이 어리석은 것인지 정체를 밝히는 일은 분명 누군가 떠맡아야 할 책무이다. 그리 멀지 않은 과거에는 마치 윤리적 요청에 응답하기라도 하듯, 어리석음을 고발하는 임무가 '지식인들' 혹은 언어를 그 개인이 처한 우연성의 영역을 넘어 관리하는 누군가에게 주어졌다. 이것은 적어도 판타지의 일부이다. 무엇이 어리석은지 줄기차게 폭로하거나 어리석음을 이해하는 데 실패한 몇몇 강단학자는 말할 것도 없고, 프랑스, 독일, 영국 작가들의 논조를 떠올려보라. 어리석음의 영역을 확정하는 일은 스스로 한자리를 꿰차고 자기 연구결과들의 영토를 표시하는 모든 영리한—아니, 결국 어리석은—활동을 한데 묶어주는 레퍼토리의 일부가 되어왔다. 어리석음과 총명함의 관련성 및 어쩌면 그보다 더 큰 중요성이 있을 어리석음 자체의 변조, 효용, 범죄, 가치평가는 대체로 오늘날의 탐구 관심사에 들어 있지 않다. 창궐하는 어리석음의 영향력에 조치를 취할 어떤 윤리학이나 정치학도 착수된 바 없다. 그런데 어리석음은 도처에 만연하다.

『정신현상학』 서문에서 프리드리히 헤겔은 존재의 기원에 어리석음을 두었다는 이유로 셸링을 꾸짖었다. 헤겔은 대번에 심기가 불편했다. 인간의 현존재에 시원적 어리석음을 귀속시키는 일은 헤겔에게 자신을 함정에 빠뜨리고 희대의 오독을 불러올 '골칫거리'가 분명했다. 셸링은 원초적이고 항구적인 카오스, 즉 지능을 생겨나게 하는 지능의 부재상태를 상정한다. 도도하게 구는 헤겔은 그러한 심연적 기원의 가능성을 받아들이려 하지 않고 도덕적 이성으로 자신을 변호하는 태도를 취한다.[1] 그러나 니체 정도를 빼면 모를까, 철학은 대체로 어리석음을 향해 너무 다가가지 않도록 스스로 자제해왔다. 두 쪽에 걸쳐 그 논제를 다룬 『계몽의 변증법』에서 막스 호르크하이머와 아도르노는 어리석음을 일종의 흉터로, "굳은살 같은 것이 박혀 감각이 없어진 부위"로 보았다. 나아가 어리석음은 "우리에 갇힌 사자가 끊임없이 축사 주변을 이리저리 서성댈 때의 절박함이나 전에 이미 실패로 판명이 난 방어행위를 재탕하는 노이로제 환자"를 떠올리게 하는 것으로 간주된다.[2] 딱딱한 모서리를 들이받게 된 어리석음 자체는 그 한계들을 확정하거나 제한해줄 해석학을 유인하지 못했다. 호르크하이머와 아도르노에게 어리석음은 신경증적 재연retake의 반복 메커니즘과 나란히 이루어지는, 고착화하는 힘과 제지할 수 없는 행보가 동시에 진행되는 과정으로 등록된다. 니체의 차례가 되어 걸음걸이를 확립하고 어리석음의 두 가지 가치를 제시했던 때를 빼면 본격 철학은 어리석음에 관해 더 할말이 별로 없다. 니체는 좋은 어리석음과 나쁜 어리석음을 나누어 명단을 갑절로 늘렸는바, 반항적 주체가 벌이는 불협화음의 파장을 그 등록부에 비추어보는 일은 필수적이다.

문학에서 어리석음은 하나의 주제, 장르, 역사로 발생한다. 그러나 미리 확립된 혹은 이미 정해진 틀을 통해서는 전혀 정체 확인이 불가능하다. 헨리 제임스의 『워싱턴 스퀘어』는 연인에 대한 캐서린의 무한한 충절을 어리석다고 봐야 할지 숭고하다고 봐야 할지 판단하지 않는다. 동방여행에서 돌아와 집필대에 앉은 플로베르는 샤를 보바리의 가망 없는 무감각hebetude을 아내의 파괴적 주이상스*와 대비시킨다. 어리석지 않은 사람들의 생애 주기는 위축되고 단축되어 확연히 사그라지지만, 약삭빠른 약제사를 포함한 가장 멍청한 인간들은 오래간다. 샤를 보바리는 처음엔 낙오자로 출발하지만, 적성 덕분에 [다른 경우이긴 해도] 높은 점수를 얻는 에마와 달리 상황을 모면하려 들지 않는다. 그는 둔하고 어리석은 방식으로 끈질긴 완력을 보여준다. 하지만 어리석음은 머리가 둔

*jouissance. 라캉의 정신분석에서 핵심을 차지하는 개념으로 흔히 희열, 향유로도 번역된다. 자아가 반복강박에 이끌려 쾌락원칙을 위반하면서까지 자학적 고통을 통해 어떤 극도의 쾌락을 맛보려는 충동을 뜻한다.

한 사람들만의 전유물이 아니다. 부바르와 페퀴셰*는 단기간에 의사와 기술자가 될 수 있다는 말에 설득당한다. 문학적인 것의 관할구역에서일지 혹은 심리학적인 것의 구역에서일지는 모르지만 어리석음은 측정 불가능한 것들의 소용돌이를 제공한다. 즉 어리석음은 환원 불가능한 완고함, 집요함, 옹골짐, 균열 불가능한 것으로서 꽉 찬 동시에 텅 비었고, 맛이 갔으며, 요즘 쓰는 말로 하면 끝없는 "헐duh!"이다. 완전한 실패자인 어리석음은 상투적 문구들에서, 순진함과 세상의 풍요로움 속에서 재생산되어 세상을 지배하는 무엇이기도 하다. 어리석음은 타격 불가능한 동시에 끔찍한 폭력의 대상이다. 한편에서는 어리석음의 존재 그 자체가 문제시될 수 있고 또 그래야 하지만—우리가 매번 상대하는 것들이 정교한 억압들, 실수투성이 행동, 오류, 맹목 아닌가?—다른 한편에서 어리석음은 폭로될 수 있고 또 그렇게 되어야만 한다. 그렇지만 어떤 의미에서는 어리석음에 관한 한 누가 과연 책임에서 면제될 수 있을지 의아스럽다. 어리석음에서 탈주한 우리가 (결국에는) 우리의 집을 겨냥한 모종의 스마트 폭탄에 맞을 위험에 처해 있는 것은 아닌가 하는 의구심, 불안감이 있지 않겠는가?

어리석음의 비밀 은닉처를 수색할 수 있느냐의 여부에 자기 수사修辭의 설득력을 기대고 있는 엄청나게 유능한 작가들이 있다. 이런 경우의 하나로 수많은 에세이에 나타난 자크 라캉의 논조가 모범이 될 만한데, 왜냐하면 여기 이 사상가는 자기 제자들을 두고도 아둔하다고 까발리는 일에 주저함이 없기 때문이다. '멜라니 클라인은 참을 수 없이 어리석지만 어찌어찌해 (운 좋게도) 정신을 차린다. (자아 심리학자들인) 미국인들은 어찌할 도리 없이 멍청하다.' 필리프 라쿠라바르트와 장뤽 낭시는 라캉을 다룬 공저를 통해, 너무나 멍청해서 라캉의 프로이트로의 복귀가 갖는 진정

*플로베르가 '어리석음에 대한 백과사전'이라는 부제를 붙였던 미완성 유작 소설 『부바르와 페퀴셰*Bouvard et Pécuchet*』의 어리숙한 두 주인공.

한 명분을 파악할 수 없었던 그의 제자 누구도 해내지 못한 성취를 이루었다. 클라인의 유산으로 돌아가보자. "〔클라인의 범주들을〕 포괄적으로 받아들인 임상학자들은 아테라피*라고 부를 수 있는 다소 제한적이고 유치한 개념에 귀착—여기선 이렇게만 얘기하고 왜 그런지 설명은 나중에 하겠다—한다."[3] 실질적으로 모든 사람을 유치하고 어리석다고 취급하는 일에는—물론 니체는 그러지 않았지만—분명 어떤 니체적 면모가 있다.(니체는 사람들의 총명함 혹은 기껏해야 어리석음을 연기하거나 실질적으로 새롭고 개선된 어리석음의 물결을 도입했던 기독교도들처럼 행세하는 능력을 인정하면서 우둔한 멍청이를 재평가하고 예우한다. 오 거룩한 단순함이여!O sancta simplicitas!) 상상된 합의가 행사하는 고상한 위세에 아무런 양보도 하지 않기, 행위중인 타자를 포획하는 능력 증명하기, 어리석음을 집중 조명하기. 이런 [라캉의] 태도들은 입장을 선명히 드러내기에 어떤 측면에서는 과감하고 예리하다. 그와 동시에, 적어도 어리석음의 역사성이라는 측면에서 보면 그러한 일도양단식 판정에는 어딘지 모르게 온통 고리타분한 데가 있다. 플로베르는 어리석음을 명문화하지만, 『통상 관념 사전*Le Dictionnaire des idées reçues*』에서처럼 "얼간이들—우리처럼 생각하지 못하는 사람들Imbécilles—ceux qui'ne pensent pas comme nous"이라고 생각한 것이 그가 처음은 아니었다.[4]

이 항목은 분명히 플로베르의 아이러니한 전유를 표시하지만, 뜻을 같이하지 않는 타자를 떼어내서 어리석음의 영역으로 밀쳐낸 일에는 지금 시점에서 보면 충격적인 하나의 역사적 진실이 있다. 어리석음이라는 용어를 독설, 비난, 혹은 충격적 지칭행위를 띤 거부의 의미로 사용하게 된 것은 상대적으로 최근의 일이며, 사회적 폭력의 수사修辭라는 측면에서 보면 그러한 상처주기 행위는

*atherapy. 임상을 통한 대화치료가 아니라 물리치료 위주의 신체 치료요법으로 미국에서 개발되었다.

연구해볼 가치가 있다. 쟁차爭差*가 타자를 힐난과 헌신짝 취급의 대상으로 둔갑시킨 것은 언제였나? 언제 '어리석은'이 무시의 대상이 되었는가? 또는 달리 말해, 왜 우리는 타자를 어리석다고 간주하게 되었는가? 지배적이면서도 음험한 억압의 한 역사에 따르자면, 어쩌다 보니 투박하게 제기하기는 했지만 이 질문들에는 타고난 소질을 문화적으로 수상쩍게 분류하는 귀납적 추론에 바탕을 둔 대서양 이편[미국]의 인종차별완화조치affirmative action에 관한 최근의 논쟁이 얽혀 있다. 어리석음의 미국식 용법과 태도에, 그 용어의 수사적 퇴적과정에 정당한 대접을 해주기 위해서는, 계측 가능한 지능이라는 환상에 의거해 노예를 인간 이하의 존재로, 교육 불가능한 존재로 집요하게 낙인찍은 짓을 심문해야만 할 것이다.[5] 어리석음을 겉보기에는 덜 가혹한—'천박한', '일자무식air-head', '백치녀bimbo', '무뇌아brain-dead' 등등—규정으로 탈바꿈시킨 일은 타자성alterity을 파괴하는 음험한 역사, 탈바꿈시켜서 파괴행위를 부분적으로 되풀이하는 그 역사에 속한다.

백치 발명하기

"타자는 어리석다." 이 문구는 어리석음에 관한 주장의 한 측면을 특징짓는 말로서 설득을 필요로 하지만, 이것만으로는 결코 어리석음이 처한 상황을 포괄하거나 이 발언이 갖는 상이한 울림들을 해명할 수조차 없다. 아테네인들에게 가장 어리석은 자들은 인접한 이웃들이었다. 그들에게 백치의 개념은 새로 발명되어야만 했다. 페리클레스의 전략적 결정이 있은 뒤 아테네인이 아니면 모두 백치였다. 실제로 아테네인들이 만들어낸 유일한 내부의 '백

* différend. 장 프랑수아 리오타르가 논쟁중인 담론들 간의 근본적 차이를 가리키기 위해 사용한 개념.

치들'은 견유학파Cynics였다.[6] 이 철학자들, 도시에 거주하는 이 내국인 멍청이들은 거지들, 떠돌이들이었다. 그들은 노숙자였고 짧은 외투를 걸쳤다. 견유학파는 어리석게 행동하는 편이어서 바보로 간주되었다. 그러나 그렇지 않은 경우, 즉 도시국가에서 예방접종 구실을 했을 법한 견유학파가 아닌 다음에야 아테네인들은 모두 멀쩡했다.

두말할 것도 없이 그리스인들은 현대적 용법에 딱 맞아떨어지는 어리석음의 개념을 실천하지 않았고 대신에 유치함, 미성숙함을 가리키는 용어만을 만들어냈다. 아이의 무지함이나 아동의 천진함을 환기하는 단어 네피오스népios는 순진함을 뜻한다. 나아가 아파이데우시아apaideusia(조야함)나 아프로네시스aphronēsis(판단미숙)도 언급한다. 아리스토파네스와 플라톤의 작품에 넘쳐나는 우매함의 형상들—모로스moros—도 있는데, 플라톤은 '대화편'에 두루 걸쳐 혹은 소크라테스가 소피스트들의 수사적 가식에 반대하면서 숙맥을 촌뜨기와 연결시키는 창조적 발상 전환을 통해 "나는 어눌하다"라고 일갈한 『파이드로스』에서 순진함에 관한 이론을 전개한다. 혹은 반대로 어리석음은 그것의 타자로 지명된 명민함 및 영리함과 한데 묶여 파악된다. 프로메테우스와 그의 동생 에피메테우스를 짝짓는 경우가 그러하다. 프로메테우스가 민감한 예지력과 특별한 명석함, 아마도 무언가 민첩성과 유사한 특징을 지닌 것으로 그려진다면, 에피메테우스는 사후에서야 사태를 파악하는, 너무 이해가 늦고 잘 까먹는 인물로 그려진다. 망각의 실타래는 어리석음을 닮은 행위들을 연결시킨다. 어리석도록 순진한 자들은 아무거나 먹어치우는 인물로서 회귀, 재앙, 금기를 잊고 산다. 아리스토텔레스의 경우 어리석음과 같은 특징이 아그로이코스agroikos(촌뜨기), 즉 고집 세고 무식해서 윤리적 협약관계에서 도를 넘어서는 쪽에 속하는 인물한테 나타난다. 흔히 무심한anaisthētos 인물로 그려지는 아그로이코스는 유머감각이 없고 즐거움을 느끼는 감수성이 결핍된 것으로 형상화된다. 이렇다 할 세련미도 중용juste mesure 감각도 없는 아그로이코스는 배우지도 못한 내부의 야만인이다. 반면에 도시는 우아함, 총명함, 세련됨의 자질들을 배양한다. 아테네인들로 인해 이웃들과 적대자들은 어리석어 보이게 되었으니, 그들은 늘 놀라워하는, 아니 정확히 말하면 경탄하지 못하는 촌뜨기들이었다.

그렇지만 무엇이 어리석음으로 간주될 수 있는지에 관한 그리스식 이해는 이 유사개념quasi-concept의 역사적이고 언어학적인 변천들을 포괄하면서 무엇보다도 오늘날 우리에게 지속적으로 의미가 있는 정치적 함의들을 띠고 있다. 이 점을 상술하기 전에 「나는 왜 시골에서 사는가?Warum bleiben wir in der Provinz?」라는 마르틴 하이데거의 짤막한 논설이 얼마나 그리스적이지 않은지—실제로는 반反그리스적인지—살펴보겠다.[7] 하이데거가 베를린으로 이주하지 않기로 작정하고 그 대신 촌사람으로 머무는 일의 "진정성"을 택했을 때, 그는 폴리스polis와 도시, 그리고 그 철학적 유산들에 역행한 셈이다. 철학적 촌뜨기의 여정은 촘촘하게 표시된 지도를 따라 이루어지거나 혹은 거스르는 단순한 움직임을 통해 관찰될 것이다. 하지만 나는 어눌하다agroikizomai.(『파이드로스』 269b:1) 진정성이 어리석음과 공모하는 문제는 곧 다루겠다. 여기서는 하이데거가 '어리석음'이라는 단어를 자신의 정치적 행보, 즉 1933~1934년에 걸친 자신의 우둔함Dummheit을 지칭하기 위해서 단 한 번 사용한다는 점을 기억해두자.[8] 나는 여기서 신학적이고 법적인 소명疏明 체계의 문제에 있어 툭하면 어리석음에 기대는 행보에 대해 좀더 일반적 용어로 점검해보고 싶기도 하고, 자기들의 비유체계를 통해 단순소박함의 가치를 자주 상기했던 관행에 발맞추어 시골로 이주한 낭만주의자들의 사례도 검토해볼 요량이긴 하지만, 자신의 사상이 공명했던 그리스적 지평과 어긋나는 하이데거의 이 결정 역시 흥미로운 변화를 보여준다. 하이데거처럼 어리석었음을 털어놓을 수 있다는 것은 분명 책임감 있는 행위지만, 동시에 기독교 방식으로 행하는 어리석음의 지양Aufhebung에 속하기도 한다. 기독교도가 어리석음을 소리쳐 외칠 때—이건 분명 그리스적이지 않다—"제가 어리석었어요"나 "그건 어리석은 일이었어요"라는 고백은 구원의 속성을 띤다. "어리석었지만 이제 깨달습니다(참회합니다). 저는 구원의 빛을 보았습니다." 과거에 정치에 연루되었던 행보의 어리석음을 깨닫고 우리는 정치적으로 책임감 있는 사람이 된다.

고대 그리스인에게 어리석음이 정치 영역에 귀속되는 것으로 간주될 수 없는 이유는 어리석음이 바로 정치학이 결핍된 그 무엇을 가리키기 때문이다. 어리석음은 '정치적인 것의 바깥에 있음'을 뜻한다. 정치인류학의 용어로 말하자면, 그리스적 어리석음의 근사치 혹은 기대치는 정치 이전의 것에, 정치의 망각에 놓여야 할 것이다. 어리석은 자는 공동체에서 살아갈 능력이 없다. 근본적으로 자족적이고 정치 이전 단계에 속한 이 어리석은 인물은 관계나 유대ataktos가 부재한다는 특징이 있다. 플루타르코스에게 '백치'라는 용어는 사회적이고 정치적인 열등함을 표현한다. 그것은 시민권의 자격증이 아니다. 백치는 시민politēs이 아닌 사람이다. 하이데거가 제3제국의 정치학과 자신의 연계에 관해 극히 최소한으로 언급을 삼가는 바로 그 순간 그리스어로 재번역된 우둔함Dummheit은 정치적인 것의 중지를 뜻한다.

이쯤에서 뒤에 이어질 논의의 중심을 차지할 번역 불가능성un-translatability의 문제를 소개하는 게 현명할 것 같다. '어리석음'에 대한 그리스적 근삿값 안에는 이미 내적 균열, 즉 오로지 상당한 정도의 수사적 폭력을 통해서만 극복될 수 있는 언어학적 불안정성이 존재했다. 다른 측면에서 보면, '어리석음'에 대한 프랑스어, 독일어, 스페인어, 그리고 영어의 전유는 의미론적 변동의 문제 그 이상을 뜻한다. 영어의 '어리석음'은 독일어 우둔함Dummheit으로의 전이를 거부하는데, 이는 영어식 어리석음이 프랑스어의 우매함bétise과 그에 동반되는 동물학, 즉 프랑스어에서 어리석음에 관한 드물지만 눈에 띄는 논의들을 채우고 있는 동물적인 것 혹은 동물성의 전제들과 전혀 어울릴 수 없는 것과 매한가지다.[9] 그렇지만 또다른 층위에서는, 영어의 용법에서 일어난다고 말할 수 있는 의미와 의도 간의 균열, 곧 자신의 우둔함에 대해 하이데거가 행한 유일한 언급을 다시 읽어볼 것을 요구하는 균열이 존재한다. 여기서 번역 불가능성의 문제는 훨씬 더 까다로워지며 그에 못지않은 근본성을 지닌다. 이 우둔함의 자인을 일반적 용례에 따라 '어리석음'으로 옮긴다면 어떻게 될까? 마찬가지로 수용 가능하지만 덜 일반적인 다른 번역이 의미의 지평을 변경하지는 않을까? 하이데거가 자신의 '어리석음'이 아니라 1934년 당시 자신의 '멍청함dumbness'을 지칭했다고 생각해보자. 시점은 동일하겠지만 도덕적 의미는 변화되어서 또다른 가치를 지니게 된다. 이러한 언어 사이의 회오리는 '어리석은'을 '우매한bête'[bête는 명사로는 '동물/바보'라는 의미]에 엮어 매는 언어 내적인 매듭을 반복한다. 어리석음을 자인하는 행위와 자신의 우둔함을 주장하는 일("멍청한 짓이었어요", "1934년에 저는 정말로 멍청했어요")의 차이는 의미심장하다. 멍청함의 폭로가 논란의 구실이나 여지를 남기지 않는다면, 어리석음은 악의의 결과에 연결되며 실제로 [도덕적] 판단을 요구한다. 다시 말해, 멍청함은 존재의 돌이킬 수 없는 사실성facticity의 일부가 될 수 있는 반면, 어리석음에는 윤리학이 존재한다. 혹은 간단히 말해 어리석음은 윤리학을 요구한다. 『아테네움 단상』*이 나온 이래로는 계속해서 의식과 책임감의 어리석음을 책망하는 일이 지속되었다. "바보짓folly은 어리석음과 마찬가지로 의식적이라는 점에서 광기와 구분되어야 한다."[10] 이러한 의

*1798년부터 1800년까지 발행된 잡지 『아테네움*Athenäum*』에 실린 슐레겔의 단상 모음집.

미론적 동요를 염두에 두더라도, 우리는 이 차이의 순수성이 지지될 수는 없으며, 각각의 번역작업이 어리석음의 매듭을 전에 없이 더 팽팽하게 만들면서 제 번역의 타자를 변환시킨다는 점을 이해하면서 앞으로 나아가야 할 것이다.

"어리석음 말고는 죄가 없다"(오스카 와일드)

「우매한 행복Bonheur bête」에서 앙리 미쇼는 다음과 같이 주장한다. "그에게는 한계가 없다, 전혀…… 너무나 확신에 가득찬 나머지 그는 나를 좌절시킨다…… 그에게는 한계가 없다, 전혀 없다…… 전혀."[11] 서술자의 목소리는 정말로 어리석은 것으로 등장하는 인물의 무한한 확신 때문에 좌절을 겪는다. 이 진술에는 주의를 기울여야만 하는 두 가지 계기가 있다. 첫째, 한계의 문제가 있다. 어리석음은 한계가 없어서 드물게 무한성을 '경험'할 수 있는 계기를 제공한다. 베르톨트 브레히트는 언젠가 영리함은 유한하지만 어리석음은 무한하다고 갈파했다. 어리석음에 한계가 없다는 것은 아무런 법칙도 아무런 타자성도 없다는 얘기다. 그것은 차이에 무관심하고 위계에 눈멀어 있다. 그러나 서술자를 절망으로 몰아가는 듯 보이는 것은 행복에 겨운 우매함이 뿌리를 두고 있는 확실성, 그것이 노정하는 확신이다. 어리석음의 형태 중 하나는 그저 '어리석은' 질문을 던지는 것이지만, 그것의 지배적 형태는 질문을 통째로 건너뛰는 것이다. 세계에서 그리고 언어에서 자신이 차지하는 위치와 관련된 것은 말할 것도 없고 세계에 관한 질문 자체를 허용하지 않는다. 어떻게 그런 관계가 이루어진 것인지 묻지도 않는다. 질문에 끈질기게 저항하는 그 지배적 어리석음은 오히려 재빠른 응답으로 질문을 삭제한다. 이것이 어쩌면 바로 서술자가 어리석음의 발생을 설명하면서 머뭇거리고 부정적으로 얼버무릴 뿐 어리석은 자의 꽉 막힌 집요함에 ("전혀…… 전혀" 하면서) 응답하지 못하는 이유일 것이다. 질문의 여지가 없을 뿐 아니라 의심하는 형상이 드리운 공간도 부재한다. 어리석음은 엄밀한 지능이 발휘할 수 있는 것보다 더 강력하게 앎과 지식을 현시할 수 있다고 주장한다. 이것이 바로 어떤 의미에서 왜 아이들에게 부과되는 것과 같은 형태의 시험들은 한결같이 어리석음의 영역에 속하는지 설명해준다. 하나의 정답을 요구하고 질문의 계기를 도구화하는 한, 그 시험들은 망설임의 고통, 교착상태, 혹은 지능을 특징짓는 가상적 중첩사유hypothetical redoubling를 회피한다. 정답을 생산하는 바로 그 찰나에 영리한 수험자는 어리석음을 연기해야 하는 것이다.

"일시적으로 얼뜨기Shlep나 천치Schlemiel가 되는 일은 성장과정의 일부다"[12]

어리석음을 연기演技해야 할 필요성은 정치적 압박을 가한다. 이 점에 대해서는 곧 살펴보겠지만, 니체가 거론했던 러시아 숙명론의 사례—네가 눈더미에 거꾸로 처박아놓은 그 황망한 문제를 처리할 거냐 말 거냐—처럼 때로는 어리석음으로 피신하는 것이 가장 편리한 생존 전략을 제공하기 때문이다.

그러나 어리석음이 연기되는 것이 아니라 아무런 거리낌도 없이 호기로울 때, 그것은 역설적으로 진리의 진영에서 활약하거나 적어도 절대적 지식의 복제품인 듯한 태도를 취한다. 어리석음은 [진리의] 종결상태를 성취하고 자기의 기반과 의미를 인식하기에, 자기폐쇄적으로 진리를 자처하는 체계들의 나르시시즘과 공모관계에 있다. 어김없이('어김없는'이란 말은 어리석음의 또 다른 반영물이다) 과정은 실종되고 은폐는 불가능하며 어리석음은 그것이 가리키는 진리의 환영으로 남는다. 그럼에도 불구하고 [진리와 어리석음의] 유사성은 충격적이다. 어리석음은 결코 실수와 오류를 포함하지 않는다. 어리석음은 편견의 올가미와 인식론적 환상에서 나온다. 그러나 진리와는 달리, 또는 진리의 기록된 역사와 달리, 어리석음은 자신의 결핍으로 인해 고통받지 않는데, 왜냐하면 어떤 면에서 어리석음은 아무런 일탈이나 지체도 없이 도래했기 때문이다. 어리석음은 자기만의 포만감, 즉 채워지고, 완수되고, 완성되었다는 경험, 즉 '우매한 행복le bonheur bête'이라는 측면에서 정의될 수 있다. 모든 타자성으로부터 보호받고, 자신에게만 그리고 자체의 의미를 갖으며, 내적 운율을 갖춘 나르시시즘적 확신감에 둘러싸인 채—요컨대, 만사태평인 채—어리석음은 포만상태plenitude에 근접할 수도 있다. 그것은 우리 인간이 도달할 수 있는 최고의 포만상태에 가까울지도 모른다. 스스로 충만하고 비난에서 면역되어 있으며 저항이나 부정성negativity의 분투도 없는 어리석음은 거룩한 요소를 품고 있다. 어리석음은 지복상태beatitude다.[13] 그 누가 반대증거를 들이대거나 포만상태가 미망이라는 쩨쩨한 주장을 내세워 이 축복의 상태를 파괴할 만큼 오만하겠는가? 신들 스스로가 어리석음과 싸우는 일은 가망 없다고 거부한 것으로 회자되는 이유의 하나는 바로, 어리석음의 자기만족을 공격하기로 마음먹은 인물에게 괜히 부메랑 효과만 만들어서 그 어리석음이 되돌아오지 못하게 막을 개입의 여지가 없다는 사실이다.

만일 어리석음이 자신을 당장이라도 공격하고 봉쇄하고자 하는 타자를 마주했던 적이 있다면, 그 일은 신들이 임무를 방기했을 때, 즉 끈질기게 명확한 목표물을 정해 적수들을 겨냥했던 계몽주의 시기—이성의 시대—에 이루어졌을 법하다. 계몽주의의 훈육법은 어리석음을 무대에 올린 다음, 잔인함, 편견, 미신, 폭력을 이성의 퇴조가 명확해진 바로 그 사례로 삼아 끊임없이 역할을 부여하는 것이다. 계몽주의는 어리석음을 통제하려는 독불장군이었지만, 인류를 퇴행적 유혹에서 끌어내는 경우에도 심심찮게 통제에 실패했다. 볼테르야말로 아마도 이성의 윤곽을 빚는 데 가장 유연한 인물이었고, 『풍속시론*Essai sur les moeurs*』에서는 항구적 동요, 즉 찬란한 이성의 시기 다음에 잔혹한 퇴행이 표면화되곤 하는 일종의 조울증적 역사 전개과정의 구조를 목격했다. 그러나 어리석음에 대항한 성전聖戰을 주도하는 목소리를 혼란케 만든 모종의 사태들이 발생했으니, 이로 인해 우리는 계몽주의의 계기들을 '낡은 새 시대Old New Age'로 여기도록 이끌릴 것이다.

비이성과 기적 작용의 연합을 특징으로 하는 대중문화의 주변화는 16세기에 시작되었다. 드니 디드로와 데이비드 흄을 혼란스럽게 했던 사건들 가운데 하나는 '얀센파 광신자들의 경련 사건l'affaire des convulsionnaires'*이었는데, 이는 이성의 계약에 따르자면 설명이 불가능한 간질병epileptics 치료의 기적적 성공과 본질적으로 연관이 있었다.[14] 이성의 탈신비화 능력은 그 한계와 마주하게 되었다. 공인되지 않은 치유 혹은 기적적 사태를 제쳐두거나 설명할 길이 없는 계몽주의는 광신자들의 흥기와 점성술, 신비술, 자력학, 마법학—오늘날 상당수의 서점에서는 '형이상학metaphysics'이라는 표제 아래 분류되곤 하는 주제들—의 만연한 위력 때문에 결국 좌절을 맛보게 되었다. 신체의 신진대사, 즉 무엇이 몸을 건강으로 이끌고 울혈鬱血에 몰아넣는지에 관해 계몽주의 기획은 대체로 소홀했다. 마치 신체는 계몽을 성취할 수 없으며 결국에는 존재의 다른 질서에 속한다는 얘기와 흡사했다. 그렇다고 종교가 깔끔한 건강증명서를 제공할 수 있다고 받아들여진 것도 아니었다.

* 18세기에 얀세파 신자들이 파리의 생메다르 묘지에 묻힌 얀센주의자 프랑수아 드 파리스의 무덤 앞에서 경련을 일으킨 일.(생메다르의 경련 Convulsionnaires of Saint-Médard) 경련을 기적의 증표로 해석하여 극단적 믿음을 추구하는 얀센파 성립의 계기가 되었다.

계몽주의에서 물려받은 용어로 풀자면, 어리석음은 미신과 광신 간의 상호조응을 뜻하는 어떤 감상적 기질과도 일치한다. 말을 바꾸면, 어리석음은 믿음('맹목적' 믿음)과 종교적 열광의 진영에 속한다. 종교 광신도들이 오늘날 전지구적으로 맹위를 떨치기에, 아주 짤막하게라도 어리석음의 영역에 존재하는 그와 같이 엄청난 혼란의 이론적이고 역사적인 연계를 살펴보는 것은 의미 있을 터이다. 실제로 기독교는 그 당시까지 알려지지 않았던 어리석음의 형태가 서구 세계에 도입된 사건을 의미했다. 장뤽 낭시는 우매함bêtise의 존재론적 변형들을 추적하는 한 잠언 에세이에서 다음과 같이 썼다. "그리스-유대인들은 모종의 광기, 정신이상의 과잉을 경험한다. 기독교도들은 (신의 광기에 부합하는) 신앙의 광기를 경험한다. 이 광기는 이성과 세상의 지혜를 잠재웠다. 우매함은 그리하여 타락의 본질과 구원의 필연성에 속하게 되었다."[15] 순전한 믿음이라는 광신에 굴욕을 당한 이성은 시초부터 필연적 타락이라는 이 색다른 논리로 인해 붕괴된다. 이성은 유한하고 허약한 존재의 한계들에 묶여 있어서 자신이 아무런 대응책도 마련할 수 없는 구원의 약속으로 인해 무너지게 된다. 바로 그 구원의 가능성은 어리석음 및 어리석음이 형상화하는 타락과 복잡하게 얽혀 있다. 기독교는 모종의 우매함과 세속의 지혜와 과학의 영역에 대한 혐오에 의존하며 그 우매함의 조건들을 규정한다. 다른 무엇보다도 낭시는 이 의존성이 단순함에 대한 근대적 낙관주의를 강화시키며, 또한 역으로 우리가 사는 근대에 낙관주의의 단순성도 촉진시킨다고 본다. 기독교와 어리석음의 본질에 관한 잠언에서 낭시는 "기독교 세계의 반항적 범속성"에 대한 레옹 블루아의 통찰을 인용하는데, 이를 통해 그는 허무주의적 염세론을 단순한 낙관론과 동일한 역사적 경험의 일부로, 그것의 공인된 대립물에 불과한 것으로 정립하게 되었다.[16] 낙관론과 염세론을 교차시키는 회전 운동은 통제되지 않는다.

동시에 기독교적 단순함은 결국 무지의 응용 가능한 변형, 말하자면 자기 의지에 따른 무지와 연관되는 그러한 단순함은 아닐지 모른다. 단순함이라는 가치가 도처에 만연한 평범성의 형태들을 배태했다고 한다면, 이러한 전개과정은 또한 분명 과학성에 대한 기독교의 규제에서 유래하는 것과는 다른 요인들에 기인한다. 그러한 규제적 한계들은 부정할 수 없으며, 니체가 밝혀주었듯 과학성이 내재적 사악함에 대한 긍정을 초래했다는 통찰 역시 부정하기 힘들다. 종교는 과학을 사악한 것으로 인식하는데, 이는 왜 서구 최초의 과학자인 이브가 호기심 많은 정신을 구현하는 최초의 현존재로서 응분의 핍박을 받았는지 설명해준다. 단순함은 이론적 의미에서 인식 가능한 것의 한계를 자인한다. 이 용어는 『지혜의 문외한*Idiota de sapientia*』과 『박식한 무지*De docta ignorantia*』 같은 니콜라우스 쿠사누스[15세기 독일의 신학자]의 저작들에서 거듭되는데, 여기서 교조적 어리석음은 인간 유한성의 부인할 수 없는 요소가 된다. 우리는 인식을 통해서 무한한 신에 도달할 수 없다. 신에 대해 우리가 알 수 있는 모든 것은 신이 알 수 없는 상태로 우리 곁에, 현세와 내세에 임한다는 사실일 뿐이다.[17] 우리가 신에 관해 만들어낸 지식의 허구성은 폭력적 유추의 비유에 의존한다. 실제로 지식이 전제되는 경우 수사학 자체가 관건이 되며, 단순함은 믿음과 지식의 행위를 뒷받침하는 수사적 구조에 치명적으로 의존하고 있음을 표시하는 방법이 된다. 이 유추 기능의 허술함을 지적하면서 재스퍼 홉킨스는 다음과 같이 쓴다. "〔예수의〕 자비, 정의 따위를 인식할 수 있다면 우리는 인간적 차원에서 우리가 경험하는 것과의 유추를 통해서만 깨달을 수 있을 것이다. 따라서 우리는 그것을 무한히 오해할 것이며 따라서 실제로 인식하는 것이 아니라 단지 무한히 그에 미달하는 어떤 것을 인식할 따름이다. …… 니콜라우스의 체계에는 신을 이해할 수 없는 우리의 무능력과 속세의 사물을 엄밀하게 인식할 수 없는 무능력 간에 상호연관성이 존재한다."[18]

니콜라우스 자신은 『가능성에 관해*De possest*』에서 인식이 불가피하게 실패한다고 단언한다. "근본원인이 알려지지 않은 상태라면 그 원인의 결과로 얻어진 것은 스스로를 인식할 수 없다."(11권 2절 46쪽 13~14행) 『박식한 무지』에서 그는 마찬가지 맥락에서 "파생된 존재는 이해 불가능한데 왜냐하면 (그것을 파생한) 근본존재가 이해 불가능하기 때문이다"(1권 1쪽 4행)라고 주장한다. 『박식한 무지에 대한 옹호*Apologia doctae ignorantiae*』에서 니콜라우스는 신이 이해 불가능하다는 인식을, 신은 "박식한 무지의 뿌리다"(2권 21쪽 14행)라고 표현한다. 그는 계속해서 박식한 무지가 "신과의 〔상징적 유사성은〕 모두 불균형을 이룬다는 사실에 대한 인식"(2권 24쪽 20~22행)과 상관있다고 주장한다. 나아가 『박식한 무지』에서 무한은 무한인 한 알 수 없는 것으로 정립되는데, 왜냐하면 무한은 모든 상대적 관계를 벗어나기 때문이다. 박식한 무지는 지성이 자신의 한계와 일정한 지점 이상으로 이해할 수 없는 무능력을 깨닫고 자신의 비유, 상징, 투사를 불균등한 근접성이나 지칭의 '유사성' 이상의 다른 것으로 오판하지 않을 때 생겨난다. 니콜라우스는 신성한 디오니시우스를 인용하는데, 그는 신에 대한 우리의 이해가 우리를 특별한 무엇이 아니라 허무로 이끈다고 말한다. 의미론적이자 신학적인 질문의 영역에서 단순함, 무지, 멍청함 같은 자질은 이해 불가능한 것, 알려질 수 없고 단지 관습과 비유에 따라 수사적으로 형상화될 뿐인 것을 배워서 받아들인 상태를 가리킨다. 기독교는 어리석음에 금지명령을 내리기는커녕 형상화될 수 없는 절대적 최대치Maximum Absolutum와 마주한 인간의 어리석음이 처한 곤경을 확인할 뿐이다. 다시 말해 절대적 최대치, "가능한 것의 총합", "그보다 더 거대한 그 무엇이 있을 수 없는 그것"은 오로지 비유법의 내재적 유순함에 의해서만 환기될 수 있다.[19] 존재의 근본적 본질에 대한 지식은 수사적 반칙이라는 함의 없이 주창될 수 없기 때문에, 아무리 깨달은 무지자가 되기 위한 추가 점수를 받는다 하더라도 인간들은 존재론적 우둔함의 범위 내에서만 인식을 성취할 수 있다.

시범 케이스—어리석은 외양에 관해: "난 감정에 휩쓸리지만 어리석다"(장자크 루소)

루소가 자신의 『고백』에서 드러낸 일탈 가운데, 그리고 그의 서사를 직조하는 도둑맞은 리본 가운데, 어리석음에 관한 불안이 재현된 부분은 주목을 끌지 못했다. 『고백』 3권에서 루소는 자신이 치르기로 되어 있던 일종의 직업적성검사를 언급하는데, 시골 목사가 되는 것 이상의 다른 뜻이 없었기 때문에 그는 시험을 망치고 말았다. 바랑스 부인은 "대단한 학식가" 도본 씨에게 장자크의 장래에 대해 의논했다. "그[도본 씨]는 날 시험해서 내가 뭘 잘하는지 알아보려 했고, 내게서 무슨 자질이라도 찾아낸다면 일자리를 알아봐주려고 했다."[20] 그러나 루소는 자신도 모르게 시험을 치르게 되었는데, 이런 조건 때문에 그의 텍스트에는 약간의 동요가 생겨난다. 바랑스 부인은 갖은 핑계를 만들어 그냥 잡담을 나누라는 구실로 그를 시험관에게 보낸다. 이러한 상황은 지극히 특별한 사례인 양 제시되지만, 이 민감한 영혼에게는 거의 모든 사회적 만남이란 누구나 망쳐버리게끔 되어 있는 비밀시험체계와 관련되어 있다는 사실이 곧장 분명해진다. 그의 이야기 전개에 함축되어 있지만 루소가 언급하지 않은 것은, 그가 시험에 떨어진 것이 더 멍청한가 아니면 애초에 시험에 들었다는 사실을 몰랐다는 것이 더 어리석은 것인가 하는 물음이다. 시험보다 [도본 씨와의] 만남이 말하자면 더 실감나는 일이라고 추정하는 일은 역설적이지만 그 만남을 덜 실감나게 만들고, 애초부터 그 만남을 시험이라고 파악할 수 있었을 경우보다 그 만남은 어떻든 훨씬 덜 결정적인 사건이 된다. 한편에서 보면, 진정한 만남 그 자체는 결코 벌어질 수 없는 일이지만 시험은 은밀할망정 항상 시행되고 있는 셈이다. 그렇지만 시험을 치르는 것이 누군가를 만나는 좋은 방법은 아니다. 그러나 다른 측면에서, 진정한 만남이 환영받고 기대된다면 그 만남은 시험의 특성을 공유할 수 없다. 그것이 시험이라면, 또는 루소의 경우처럼 시험이었던 것으로 드러난다면, 만남은 시험인 동시에 우연한 만남이라는 그 본질에 충실할 수 없다. 우연한 만남이 만남이기 위해서는 미리 계획되고 미리 확정되거나 시험과 같은 방식으로 계측 가능한 점수를 뽑아낼 수 있는 것일 수는 없다.

루소의 사례가 암시하는 바는 우연한 만남이 그 성립 조건들 중 하나를 충족시키지 못한 시험이었다고 주장할 수 없는 우리의 무능력이다. 우연한 만남이 시험에 맞서 실행 가능성을 유지하기 위해서는 그저 '어쩌면'이라고 추측하고 그 이상 나아가지 않는 수밖에 없다. 어쩌면 시험이었을 수도 있다라고 생각하는 것이 우리가 알 수 있는 전부다. 우리는 우연한 만남이 시험이었을 가능성을 완전히 제거할 수 없다. 어쨌든 루소로서는 툭툭 털어버린다. "그가 내린 결론은 내가 완전히 바보는 아니겠지만 그다지 똑똑한 청년은 아니라는 것이었다. 근사한 외모와 활달한 풍모에도 불구하고 그는 내 머리 속에서 깊이 있는 생각을 발견하거나 배움의 흔적을 찾지 못했기 때문이다. 요컨대 나는 모든 면에서 분명한 한계를 지녔기에 내가 목표로 할 수 있는 최대치는 언젠가 시골 목사가 되는 정도라는 얘기였다."(112쪽)[21] 루소는 초라한 자기 성적표에 관해 바랑스 부인에게 해명할 필요가 있었는데, 이것이 바로 계열화serialization의 논리다. "이런 식으로 판정을 받은 게 이번이 두번째인가 세번째인가 그랬고 이게 마지막이 아니었다. 그리고 마세롱 씨의 판정은 종종 맞아떨어졌다."(112쪽) 루소는 이제 그가 거듭 말려들었던 지능검사의 여러모로 한결같은 결론에 맞설 필요를 느끼게 된다. 『고백』 3권은 그러한 결과가 그의 성품과 소질에 적합하지 않은 판단착오를 노정한다고 선언한다. 흥미롭게도 루소의 자기변호는 진정한 지능의 감춰진 원천을 발견하는 데 있지 않고 자신의 어리석음을 굳게 확인하는 쪽에 놓인다. "난 감정에 휩쓸리지만 어리석다."(113쪽) (자신의 장기長技인) 감정과잉에 흠뻑 빠진 채 그는 돌이킬 수 없이 어리석음의 상태와 연결된다.

텍스트가 함축하는 논리에 따르자면 어리석음은 결국 즉각성의 환상에 뿌리를 두며 즉흥적 의미 생산을 요구한다. 어쩌면 이쯤에서 횔덜린에게 루소는 중재mediation의 사상가였다는 점을 기억하는 게 중요하겠다. 철회Entzug의 영웅이자 인류학적으로 진일보한 『고백』의 저자 루소는 어리석음의 경험이 현전에 의해 결정된다는 것을 증명하며, 철회의 움직임에 모종의 실질적 장애물을 만들어낸다. 이것이 뜻하는 바는 형이상학은 자신이 기반을 두고 있는 어리석음의 망각행위와 공모한다는 사실이다. 망각상태의 서구적 에피소드에서 차지하는 역할을 고려했을 때 루소 스스로 평가한 루소는 현전과 대면하지 못하고 지체를 꾀하며 뒤처짐의 물결에 편승하는 한에서 어리석다. "……내 생각은 더디게 그리고 혼란스럽게 생겨나고 이미 늦어버린 순간에서야 틀을 잡는다. ……사람들이 기다려주기만 한다면 나는 그들과 대적할 엄청난 요령과 상당한 통찰과 모종의 기량도 갖고 있다."(113쪽) 모순을 기꺼이 무릅쓰면서 루소는, 사람들이 뭐랄까 좀 즉흥적이지만 않다면 자신이 즉각적 반응과 행위를 수행할 수 있다고 주장한다.("생각할 여유만 있다면 나는 근사한 답변들을 즉흥적으로 만들어낼 수 있다. 그렇지만 시간에 쫓기면 뭐라도 제대로 말하거나 행할 수 없다." 113쪽) 타임아웃에 대한 요구는 즉각성을 요청하거나 현장 청중을 요하는 경우에 국한되지 않는 만성상태임이 드러난다.

> 그러나 나는 이러한 즉각적 감정과 더딘 생각의 조합이 주는 고통을 누군가와 같이 있을 때만 겪는 것이 아니다. 내가 혼자 있거나 혼자 일하고 있을 때도 그 고통을 느낀다. 생각은 내 머릿속에서 도무지 믿기 힘들 만큼 어렵게 모습을 갖춘다. 멍하니 원을 그리며 빙빙 돌다가 끓어올라서 심장이 벅차오를 때까지 나를 흥분시키고 과열시킨다. 이러한 감정의 동요가 벌어지는 동안 나는 아무것도 명료하게 볼 수 없고 한 글자도 쓸 수 없다. 기다려야만 한다. 나도 모르게 이 모든 격동은 차츰 가라앉고, 혼란은 누그러지며, 모든 것이 제자리를 잡지만, 서서히 그리고 길고 혼란스러운 동요가 지나간 다음에서야 그렇게 된다.(113쪽)

루소가 어리석음과 그에 뒤따르는 명증성의 회복과정으로 파악한 이 상황은 이탈리아 오페라의 장면 전환에 빗대어 묘사된다. 위대한 오페라 극장에서 장면의 막간에는 "한참 동안 격렬한 무질서가 팽배한다." "사방에서 사태가 급변하고 모든 것이 뒤죽박죽되는 것 같다. 마치 모든 것을 파괴해버리려는 듯이 말이다."(113쪽) 루소가 혼란에서 명증함에 이르는 것으로 파악한 움직임은 다소 놀랍게도 스펙터클과 재현의 수사에 기대고 있다. 어리석음의 극복과정을 묘사하려는 바로 그 순간 그는 자신이 무자비하게 비판했던 그 타락한 수사修辭를 동원한다. 안착과 명증함은 스펙터클이라는 허구, 즉 잘 알려진 기만의 수사에 기대고 있다. 장면들 막간이지만 스펙터클의 내부에서, 혹은 그 스펙터클이 정지한 순간에, 모든 것이 우주적 파괴에 내몰리는 것 같다고 루소는 쓴다. "그러나 차츰 모든 것이 제자리를 찾고 아무것도 사라지지 않으며 놀랍게도 그 모든 긴 혼란이 근사한 스펙터클로 이어진다. 이것은 내가 글을 쓰고자 할 때 내 머리 속에서 벌어지는 과정과 거의 흡사하다. 예전에 내가 기다리는 법을 터득한 뒤 내 상상력에 재현되었던 그 장면들이 지닌 모든 아름다움을 되살리는 길을 알았더라면, 나를 능가했을 작가는 거의 없었을 것이다.”(113쪽) 루소가 자신의 어리석음의 경험과 연관짓는 그 파괴적 무질서는 스펙터클의 개시로 인해, 다시 말해 아무것도 실종되지 않고 임박한 훼손과 절단의 환상이 사라지는 총체성의 허구에 의해 “아주 놀랍게도et l'on est tout surpris” 중단된다. “모든 것이 제자리로 돌아오며chaque chose vient se mettre à sa place”(불어본 1권 114쪽), 기다리는 법을 알았더라면 자신이 그 누구도 감히 필적하지 못할 작가가 되었을 것이라고 루소는 적는다.

그러나 그는 극무대가 중단된 순간에 글을 쓰며 다가올 스펙터클을 기다리는 법도 알지 못했다. 거세로서의 진리로 고속 전진할 수 있는 이 순간은 어떠한 은폐행위보다 앞서 루소에게 회피할 수 없는 어리석음의 진리가 발현하는 계기를 이룬다. 어리석음은 은폐를 필요로 하는 상태이기에 부득이 스펙터클을 요구한다. 어리석음은 사태들이 뒤엉켜서 “정신없이 급변하고 모든 것이 뒤죽박죽되는” 순간에 무대에 올라 그 장면을 해체하는 역할을 떠맡는다. 어리석음은 막간에, 즉 환상이 그치고 작업자들이 무대에 오를 때 생겨난다. 따라서 어떤 의미에서 어리석음은 실재the real의 틈입, 즉 “우주적 파괴를 작정한” 난공불락의 것이 분출하는 형세, 상징 불가능한 균열의 순간이다. 루소는 탈재현의 파괴적 순간이 환상을 구축한다고 말하지 않지만—논리상 그런 주장은 허용되지 않는다—그 장면의 파열적 진리는 정신을 위무하는 환상의 창조로 이어진다. 어리석음은 환상이 자신의 타자로 무대 전면에 등장해서야 장면에서 사라진다.

그다음 대목에서 루소는 자기가 얼마나 더딘 편지 작성자인지 드러내기 위해(“어떻게 시작하고 끝내야 하는지 모르겠다. 내 편지는 길고 뒤죽박죽인 횡설수설이며, 읽었을 때 도무지 이해하기 힘들다") 눈앞에서 벌어지는 어떤 일도 파악할 수 없다고 고백한다. 다시 말해, 그가 사용한 말은 아니지만 그는 태생적으로 스펙터클에, 즉 근본적 어리석음의 극복을 상징하는 바로 그 비유에 눈이 멀었다고 고백한다. "나는 말해지거나 행해진 것 혹은 내 눈앞에서 벌어지는 것 그 어느 것도 느끼거나 이해하지 못한다."(114쪽) 그에게 규제적 힘을 발휘하는 두 가지 주요 능력—감정과 지성의 능력—은 즉각성 테스트에서 여지없이 실패하며, 그저 "눈앞에서 벌어지는 일을 어떻게 봐야 할지 모르겠다"(114쪽)라는 진술을 뒷받침할 뿐이다. 스펙터클의 현현이 지닌 잠재성을 폐기함으로써 이 진술은 명증성의 비유적이고 허술한 측면을 다시 들여온다. 다른 무엇보다도 현재가 박탈된다. 말 더듬고 서툰 자기재현이 아니라면 현재는 결코 그 자체로 생겨날 수 없다. 계속해서 루소는 어떠한 지각의 즉각성도 가능하지 않다고 못박으면서, 즉각성이 모방되는 경우 이는 오류라고 지적한다. "나는 오직 기억을 통해서만 명확히 볼 수 있고 내 지능은 오직 회상 속에서만 작동한다. ……그러나 나중에 그 모든 것은 내게 되돌아오며 나는 장소와 시간, 목소리와 표정의 형태, 몸짓과 상황을 기억한다. 아무것도 빠져나가지 않는다."(114쪽) 루소는 그렇게 이름붙이지 않지만(그로 말하자면 그 어디에서도 영리함이나 민첩성, 혹은 사물에 대한 확고한 파악능력의 가능한 속성 그 무엇에 대해서도 언급한 바 없다) 어리석음의 타자는 기념비적이며, 재생 기억의 논리, 즉 처음엔 회피적 경로를 택했다가 나중에 그에게 되돌아오는 것의 논리에 위치한다. 그와 반대로 어리석음은 삶의 편에, 살아 있는 현전과 불안정하지만 감지 가능한 사태에, 섬광 같은 즉각성의 차원에 확고히 자리한다. 본질적 어리석음에서 회복하기 위해 루소는 거기 있음thereness의 상태로는 결코 현전한 바 없는 어떤 것을 재구성해야만 했다. 살아 있는 로고스는 근원적으로 사라져버린 것이다. 아무것도 빠져나가지 못하게 하는 기념된 귀환이 아니고는 현재가 생겨날 수 있는 여지가 없다.

그런 반면 성찰은 모종의 죽음—타임아웃—의 경험을 가리키는데, 그것이 함축하는 바로 그 지체와 거리두기로 인해 죽음은 평정심의 근간을 이룬다.

> 쉴 새 없이 그리고 한순간의 성찰도 없이 이야기해야만 하는 것보다 더 큰 고문을 생각하기는 힘들다. 이게 그냥 어떤 형태의 강압에 대해서도 극도의 혐오를 느끼는 내 면모에 불과한지 잘은 모르겠지만, 나는 그저 절대적으로 말할 것을 요구받을 뿐이니 필시 뭔가 어리석은 말을 하게 된다. 그러나 훨씬 더 치명적인 일은 아무 말도 할 수 없을 때 입을 다물기보다 그런 순간일수록 떠들고 싶은 격렬한 욕망이 생긴다는 것이다. 대화에 참여해야 한다는 내 의무감을 가능한 한 빨리 덜어야 한다는 중압감 때문에 나는 서둘러 몇몇 설익은 단어를 지껄이고 그 말이 아무 의미도 없어야 깊이 안도할 따름이다. 내 서투름을 제압하거나 숨기려고 너무 애를 쓰는 나머지 십중팔구 적나라하게 드러낸다.(115쪽. 불어본은 1권 115쪽)

여러 가지 긴급한 주장들이 펼쳐지고 있다. 이 시점에서 어리석은 발언은 마치 일탈의 측면, 즉 강요에 대한 저항("이 참을 수 없는 강요cette insupportable contrainte" 1권 115쪽)을 편드는 듯이 행해진다. 그것은 당장 말해야 한다는 사회적 의무에 내재된 폭력에 대한 대응으로 간주된다. 강압에 대한 루소의 혐오를 특징짓는 것은 사회적 규제행위와 맺은 그 자신의 공모("욕망")로서, 이를 통해 그는 관계당국에 자수함으로써 뒤로 물러나고자 하는 바로 그 순간에 자신의 존재를 드러낸다. 이 대목의 교훈은 그가 발언을 통해 수행하는 이 어리석은 행위가 윤리적 불안에 뿌리를 둔다는 사실이다. "내 의무감을 가능한 한 빨리 덜어내고 싶어서pour payer plus tôt ma dette"(1권 115쪽) 루소는 잘해봤자 아무 의미도 없을 단어들을 풀어놓는다. 자, 루소의 독자들은 이러한 윤리적 투스텝 댄스를 전에 마리옹Marion 에피소드*에서 본 적이 있다. 지칭행위에 오직 겉으로만 결박되어 있는 것으로 나타나지만 실제로는 임의적이고 우연적인 하나의 기표를 생산함으로써 루소가 어떻게 자기 의무를 다했는지 증명하려고 할 때 목격했던 것이다. 이런 시도는 『고백』 2권에서 있었다. 이제 우리는 훨씬 더 범죄 아닌 범죄가 벌어지는 현장, 즉 수치심의 잉여를 촉진하는 어리석음의 현장으로 나아가게 되었다.

「변명Excuses」에서 폴 드 만은 의미를 산출하는 이 나락slippage을 루소의 노출증 성벽과 연결짓는다.[22] 이 굴욕적 일화에서 우리는 숨고자 하는 욕망과 "요령부득"을 드러내려는 충동 사이를 오락가락했던 루소의 경우와 유사한 동요를 마주한다. 루소가 어리석음을 고백하는 데 동원했던 폭로의 주이상스를 어느 누구도 떨쳐버리기 힘들 터이다. 막간에 행해지는 오페라처럼 어리석음이—정치적 저항이나 순전한 해명으로서—본모습을 드러내는 바로 그 순간 파멸하는 작중 주인공sujet-en-scène의 굴욕 장면이 무대에 오르기 때문이다. 그 장면의 앞뒤 대목들을 읽어보면 루소가 자신이 묘사하는 광경을 볼 수 없다는 것을 알게 된다. 우리가 잘못된 방향을 쳐다보고 있었던 것이 아니라면 발언과 수행 간의 이러한 불일치는 전환중인 무대만큼이나 불안정해 보일 것이다. 은밀하지만 집요한 방식으로, 그 포착하기 힘든 스펙터클의 자리는 관찰자로 추정되는 루소의 차지임이 분명해진다. 자기의 어리석음을

*『고백』 2권에서 루소가 어렸을 때 한 귀부인의 집에서 리본을 도둑질한 일이 발각되자 죄 없고 선량한 하녀인 마리옹이 주었다고 뒤집어씌운 일화.

전시하는 것보다 스스로를 스펙터클로 만드는 더 편리한 방법은 없다. 이것은 죽음, 파괴, 숙명 같은 용어들과 나란히 놓인 루소의 "격렬한 욕망"으로서, 루소는 이 욕망이 "수많은 나의 이상한 행동들을 설명해줄 열쇠를 제공한다"(116쪽)라고 쓴다. 국외자적 특징을 자기표상의 레퍼토리 안으로 흡수하고 [그 국외자의 언어를 번역해줄] 자막을『고백』에 요청하면서 루소는 자신을 전시할 수밖에 없다. "내가 나 자신을 불리한 상황에 놓을 뿐 아니라 나와는 전혀 이질적 성격으로 내보여야 한다는 데 확신이 없다면 나도 다른 이들만큼 사교를 즐길 수 있다."(116쪽) 등장할 때 그의 살아있는 존재가 국외자의 특성을 보여준다는 점을 감안하면 루소는 자신에게 다른 배역을 부여한 셈인데, 그 장면에서 벗어나길 요구함으로써 자신이 노출되는 것을 피할 수 없게 되는 역할이 그것이다. "글을 쓰면서 무대 뒤편에 남아 있기로 작정한 역할은 내게 꼭 맞는다. 내가 무대에 올랐다면 사람들은 내 가치를 몰랐을 것이며 내게 그런 가치가 있는지조차 알지 못했을 것이다."(116쪽) 그러나 작가의 역할을 택함으로써 루소가 자신을 낮추고 수치스럽게 만드는 일을 피할 수 있게 해줄 관행을 찾았다고 생각하지는 말자. 전혀 아니다. 주제의 측면에서도 그렇지 않다. 자기 뇌와 이탈리아 오페라 간의 유비적 친연성을 묘사하는 대목을 결론지으면서 루소는 마치 뇌가 원고에 접목된 것 같다고 말한다. "이것이 내가 글 쓰는 데 지독한 어려움을 겪는 까닭을 설명해준다. 얼룩지고 긁히고 뒤죽박죽이고 해독 불가능한 내 원고들은 그것들이 내게 가한 고통을 증명한다. 출판업자에게 보내기 전에 너덧 번씩 다시 고쳐 쓰지 않아도 되었던 원고는 하나도 없다."(113쪽) 따라서 부재 상태에서도, 즉 무대 등장이라는 폭력이 없이도 자신의 가치를 주장할 수 있는 장소에서 루소는 자신의 씻을 수 없는 어리석음을 고백하면서 실수와 요령부득으로 점철된 끊임없는 문서다발을 펼쳐놓는다. "그리고 사람들은 내가 그들의 기대에 못 미치기 때문에 내 어리석음에 더 충격을 받는다."(116쪽)

"오, 그대 우매한 그레지아여!O Te Beata Gregia!" (자코모 레오파르디)

마르크스와 니체가 어리석음과 불가피하게 연루되어온 것으로 기술했던 문화—독일 '문화'는 심플리시우스 심플리시시무스, 타우게니히츠, 오일렌슈피겔, 얼간이* 그리고 여타 역사적 우둔함의 문학적 혈통들을 선사했다—로부터 그리고 또한 로베르트 무질 덕분에, 우리는 어리석음이 어떻게 구성되며 비유로서의 위상과 일련의 전개과정을 하나의 개념 차원에서 얻게 되는지에 관해 많은 치열한 성찰을 얻게 된다. 『생전 유고*Nachlaß zu Lebzeiten*』에서 무질은 「다른 각도에서 본 양들」이라는 제목의 짧은 글을 쓴다.[23] 양羊의 형상을 일종의 환유, 형상에 대한 환유로 본다면, 우리는 기독교적 목초지를 통해 이 집단 심리학적 실체의 진화과정을 살펴볼 수 있다. 한 묶음의 텍스트를 통해 무질은 기독교적 순교의 알레고리를 구성한다. "천상의 구름은 희고 곱슬곱슬한 양털 속에서 재창조된다. 양들은 오래된 가톨릭적 동물로서 인류의 종교적 동반자이다. ……도처에서: 사람이 다가가면 양들은 겁먹고 멍청해

*심플리시우스 심플리시시무스Simplicius Simplicissimus는 1688년 독일의 한스 야코프 크리스토펠이 저급한 바로크 스타일로 쓴 동명 풍자소설의 주인공이다. 타우게니히츠Taugenichts는 독일 작가 요제프 폰 아이헨도르프가 1826년에 쓴 소설 『어느 건달의 생애*Aus dem Leben eines Taugenichts*』의 주인공이다. 오일렌슈피겔Till Eulenspiegel은 14세기에 실존했다고 전해지는 독일의 전설적 인물로, 풍자와 농담을 즐기는 조커와 어릿광대로 묘사된다. 얼간이schlemiel는 구약성서에 나오는 불운한 자를 뜻하는 말로, 19세기 독일 시인 아델베르트 폰 샤미소가 1813년 쓴 『페터 슐레밀의 기이한 이야기』에서 자기 그림자를 파는 인물로 나온다.

진다. 양들은 사람의 오만함이 가하는 매질과 돌팔매를 익히 알고 있다. 그러나 사람이 짐짓 멈추어 서서 먼 곳을 응시하면 양들은 사람을 잊어버린다.”(22쪽) 두려움에 떨고 불안해하며, 천상을 되비추지만 순교자의 여린 두개골을 전시하면서, 양들의 울음은 “성당 고위 성직자들의 비탄의 소리처럼”(21쪽) 울려퍼진다. 소심함과 짝을 이룬 어리석음은 동물적 반작용의 측면에서, 즉 인간의 배반과 잔인성에 대한 대응으로 나타난다. 어리석음은 인간에게 스스로를 드러내지만 인간이 시선을 돌려버리면 망각된다. 이 글에 이어지는 어리석음에 관한 무질의 (마지막) 에세이에서, 이 장면은 불가피하게 가정의 폭력으로 변신해 매질에 대처하는, 대개는 한 여성이거나 정치적으로 위협받는 민중이 매질에 맞서는 대응책의 하나로서 어리석음이 만들어지는 과정을 드러낸다. 그러나 이 글의 맥락에서는 양들이 여전히 다른 각도에서, 즉 양들의 아우라와 양들이 두려움에 이끌려 행하는 무리짓기라는 두 가지 각도에서 조명된다. 양은 종교의 동반자이지만, 인류에게는 멸시의 대상인 동시에 신의 사랑스러운 백성이다. 그러나 신은 양을 인간의 비유로 읽는다. 이런 이중 읽기를 강조하기 위해 이 글은 두 부분으로 나뉜다. 텍스트의 핵심 대목 앞에는 글머리를 차지하는 거의 인용에 가까운 짧은 글이 붙어 있다.

> 양의 역사에 관해: 오늘날 인간은 양을 어리석다고 본다. 그러나 신은 양을 사랑했다. 신은 거듭거듭 인간을 양에 견주었다. 신이 완전히 틀렸다는 게 가능할까?
> 양의 심리학에 관해: 고양된 의식이 빚어낸 세련되게 다듬어진 표현은 어리석음의 표정과 다르지 않다.(21쪽)

양은 역사가 있고 실제로 역사성을 가지고 있으며 어리석음 그 자체를 상징하게 되었다. 아니 적어도 현대인은 양을 다음과 같이 묘사할 터이다. "그러나 신은 양을 사랑했다." 불일치하는 유비관계의 달인으로서 신은 집요하게 인간을 양에 비유했고, 반면 인간은 신의 관점에서 보면 자신을 구성하는 것으로 추정되는 이 비천한 존재를 거부하고 박해했다. 그러나 여기서 짚고 넘어가야 할 사항은 사랑을 베풀기 위해서 신에게는 비유를 뒤바꾸는 이 술책이 필요하다는 점이다. 인간에 대한 신의 사랑은 지칭의 문제를 야기한다. 인간은 인간이 아니라 동물bête이 되어야만 하며, 더 정확히 말해 동물들 가운데 가장 순종적이고, 우매하며, 불안에 떠는 존재, 즉 그 자체로는 결코 일자一者가 아닌 존재가 되어야만 한다. 왜냐하면 양은 홀로 존재하거나 개체화를 허용하지 않기 때문이다. 불일치하는 유비관계의 효과를 좇자면, 인간을 사랑할 때 신은 수많은 슬랩스틱 코미디의 경우에서처럼 실제로 양의 동거인으로 깨어난다. 그러나 시인 레오파르디가 「우매한 양」이란 시에서 지적하듯, 우매한silly은 은혜를 받고 행복에 찬 상태를 동시에 뜻하는 축복받은selig에서 유래한다.[24] 이는 무질이 어리석음의 외양과 고양된 의식의 표현 사이에 자기 나름의 유비관계를 설정할 때 그의 발언을 추동한 것으로 볼 수 있는 번역상의 의미전이에 해당한다. 그러나 신비롭고 황홀한 응시와 얼빠지고 망연자실한 응시 간의 교차는 더 논의가 필요하다.

기독교의 신이 항상 궁핍이나 결핍의 장소에서 활동하는 것으로 간주되는 구약성서의 신보다 자기 신도들에 대해 덜 분노하고 더 감싸주며 더 많은 치유의 의지를 보여줄 수 있다는 생각(물론 이 관점은 신약성서에 나타난 얽히고설킨 반복들과 뒤얽힘들로 인해 반박될 수 있다)은 사회 통념ideé reçue일 뿐이다. 그러나 이 주제를 다룬 핵심 에세이를 써낸 극소수 저자 중 한 사람에 따르면, 어리석음은 언제나 특별한 형태의 안식처를 제공했으며 무지함의 축복에 안주하는 지복상태를 뒷받침했다. J. E. 에르트만 박사—나중에 다시 거론하겠지만 그는 항상 이미 헤겔의 니체적 제자이다—는 『진지한 연극: 반은 새롭고 반은 오래 망각된 강연들』이라는 책에서 가망 없이 어리석은 자들이 누리는 특별한 방어막에 대해 거론했다.[25] 아들이 뭔가 아주 멍청한 말을 하고 났을 때 그 어린아이에게 키스로 상을 내리는 한 어머니의 이야기를 예로 들면서 에르트만은 다음과 같이 말한다.

……그 어린아이처럼 자기 어머니에 의해서만이 아니라 자식을 둔 모든 어머니에 의해서도 인간은 그렇게 운명에 지배되는데, 그 운명이 어리석은 자들을 편애함은 널리 알려져 있다. 그게 부당하지는 않은 것이, 지붕 위의 몽유병자나 줄을 타는 블롱델[중세 프랑스의 음유시인]처럼 그런 아이는 조심성 없이 행동하며 주위를 잘 살피지도 않지만 때로는 뜻한 바를 이루기 때문이다. 어리석은 자들은 코를 부딪칠지언정 상처를 입지는 않는 아이들과 아주 흡사하다. 하지만 영리한 사람은 뒤로 넘어져도 코가 깨지곤 한다.[26]

운명은 얼간이들에게 미소 지으며, 몽유병자처럼 상처 입지 않는 사람에게 추가로 보호막을 제공한다. 이런 측면에서 어리석음은 보호장구처럼 착용할 수 있는 그 무엇, 즉 무의식적 사건들에 걸쳐진 방탄조끼다. 그런 관점은 "모르는 게 약이다"는 상투어구와 어울리는바 여기서 안다는 것은 오이디푸스식 거세와 죽음의 위협에 연결된다. 어리석음과 연관된 인물—주유천하하며 세상을 풍자하는 피카레스크적 인물을 현대적으로 그려낸 포레스트 검프*의 후예—은 자신이 무슨 지위를 얻고 어떤 일을 이루어냈는지에 관한 앎에서 면제되어 있는 까닭에 (다리 교정기를 벗고)

*Forrest Gump. 정신장애를 겪는 인물을 통해 미국 역사를 돌아보는 동명의 영화 주인공.

순차적으로 전진할 수 있다. 미국 스타일의 도덕적 순수성은 철저한 무지에 의해서만 확보될 수 있다. 이 순수성의 표식은 검프가 어머니와 맺는 관계의 모범적 특성("엄마가 그러는데……")에 의해 고갈되기는커녕 뒷받침된다. 운명의 여신 포르투나Fortuna가 도열한 채 환한 미소를 보내며 그 몽유병자가 미국 역사의 트라우마적 에피소드들을 거쳐가도록 인도하는 형국이다.

누가 주도하는가에 따라 포르투나 혹은 신의 비호를 받는 그 인물들은 그리스적 가치들이 역전된 어떤 상태를 가리키거나 아니면 적어도 보상 차원의 보호라는 관념을 강조한다. 허나 어리석음으로부터 보호받는 것은 누구인가? 이는 결코 신의 관심사가 아니었던 것 같다.

약물이나 질병의 전파에 안성맞춤으로 만들어진 까닭에 어리석음은 때로 전염성이 있는 것으로 여겨진다. 강한 자들이 보호받아야 한다는 니체의 주장—그는 포르투나를 역전시켜 건강한 사람들이 가장 면역력이 없다고 본다[27]—을 떠올리게 하는, 어리석게 되기becoming에 대한 두려움이 여러 언술에 문서화되어 존재한다. 아르투르 쇼펜하우어는 학생들에게 헤겔을 읽히면 어리석게 만들 수 있다고 생각했다. 로자 룩셈부르크는 민중우매화Volks-verdummung, 즉 국가적 차원의 우민화를 경계했다. 루소는 자기탐닉적으로, 다시 말해 "복제 정신esprit d'imitation"에 투철하게 상호모방적 가정생활에 빠져 혼자 살아가고자 분투하지 않는 데서 어리석음의 위험을 찾았다. 혼자 살아가고자 하지 않는 사람은 한 사람이 다른 사람을 쉬지 않고 복제하는 공간으로 소용돌이쳐 들어가는 까닭에 어리석음에 쉽게 빠질 수 있다. 비록 (헤겔 읽기, 최음제in-toxicants, 타인과의 동거처럼) 처음에는 환영받지만, 어리석음은 성가시게 괴롭히는 트라우마처럼 도래해 우리를 그 치료절차의 복제품으로 바꿔버린다. 우리가 멍청해지고 멍해지거나 기술에 열광하는 상태로 변해버릴지 모른다는 불안감의 측면에서 그 전염

지대를 살펴보는 경우 대중문화라는 유혹 가득한 영역들—스포츠, 음악, 대중매체—은 성찰을 필요로 한다.

텔레비전은 우리를 멍청이로 만든다는 말이 있다. 어떤 형태로든 기계적 반복은 어리석음의 족쇄로 우리를 감염시킨다.(현대의 사회 역사를 지켜보면서 내가 우려하는 바는 일이 사람들을 멍청하게 만든다는 것, 사람들에게서 근본적 형태의 비생산, 여가, 명상, 놀이를 빼앗아버린다는 것이다. 루소의 무위無爲far niente 같은 다른 '활동들'의 논리를 툭하면 죄악시하거나 깎아내리는 일에 굴복하지 않고, 빈둥거리면서 일 없음의 상태를 철저히 긍정하고 휴식, 게으름에 보조금을 지급할 길을 모색하는 것이 윤리적으로 절실해진다. 그러나 윤리학 또한 일이기도 하니, 나는 엄청난 노동의 수고에 처벌처럼 더해지는 잉여노동이나 심지어 [헤겔이 말한] 부정적 노동the labour of the negative 개념도 받아들이지 않고 이렇게 괄호에 넣어서 발언하는 이 한가한 계제에서 그저 내 주장을 펼치고 싶다. 인간 형상을 일에 복속시키는 것은 인간을 노동하는 동물과 다름없이 취급하는 행위로 간주되어야 한다. 본성상 굴종적이지만 순종의 탈을 쓴 채 오늘날 소외 경험의 핵심을 차지하는 일은 비인간적이고 반사회적이다. 반대로, 어떤 식으로든지 합법화의 절차를 밟게 되면 놀이도 일로, "[몸]만들기 작업working out"으로 선전된다. 어느 레스토랑에 가든 웨이터는 우리가 "아직 먹는 작업중인지still working on it" 묻는다. 모멸스럽게도 과로를 부추기고, 천박함을 조장하며, "인적 자원human resources"이라는 딱지를 붙이는 우리 사회는 너무나 많은 사람들이 정당화될 수 없는 생산의 에토스에 묶여 안절부절 허둥대는 문화이다. 베르너 하마허는 "훈습薰習working through"이라는 [정신분석 치료의] 개념마저 검증되지 않는 노동인력에 부여된다고 말한 바 있다.)[28]

역사-유물론적 우매화

마르크스보다 소외된 노동을 더 잘 이해한 사람은 없었다. 그는 소외된 노동이 다른 잘 알려진 효과들 가운데 특히 어리석음의 생산에 책임이 있다고 문제제기했다. 실제로 『마르크스주의 역사비판사전』을 보면 우둔함Dummheit이 핵심 항목을 차지한다.[29] 변명이나 희석의 여지없이 어리석음은 '폭력'과 '경제'에 뒤이어 세번째로 강력한 역사 동인으로 간주된다. 어리석음은 광범위하고 다양하지만 많은 요소들로 해독된다. 그러나 어리석음은 애초에 철학과 철학의 공리들에서 배제된 어떤 것으로 이해되었다. 역사적 생성을 관장하는 동력의 측면에서 최상위력Grossmacht인 어리석음은 개념의 부재, 곧 역사적 의미라는 거대한 항공편에 탑승한 밀입국자이다. 더구나 어리석음의 거래에는 불법적이지만 중차대한 무언가가 있다. 국가는 어리석음의 촉진자이며, 그것을 노동자에게 과다 복용시킨다. 전체적으로 어리석음은 아편이요, 노동계급을 겨냥해 벼려진 무기로서 그들을 해치고 무력화시킨다.

위험하고 습관성인 어리석음은 언어 습관과도 연계되어 있다. "우둔함은 억견의 관습법이다. 어법으로 보자면 우둔함은 상투어구에 깃들어 있다.Dummheit ist dann *das Gewohnheitsrecht einer Meinung*. In der Sprache haust die Dummheit in der Phrase."(2권 857쪽) 우둔함은 공허한 반복이자 억견의 습관화로서 언어 자체의 본질적 가능성 속에 자리한다. 비록 마르크스주의 사전은 내처 어리석음이 "소비자라는 습관성 인간이 편함을 느끼는 미리 조립된 요소들"(2권 857쪽)의 반복과 관련 있다고 명기하지만—언어의 어떤 작용이 그러한 반복이나 그와 유사한 집단 주거지에 발목을 잡히지 않을 수 있을까?—어리석음의 불가피성은 언어와 시간 속에 배치된다. 그렇지만 이러한 구조적 필연성은 그 긴 항목의 분명한 지향점과 상응하지 않는데, 여기서 마르크스에게는 어리석음이 역사유물론적 의미에서 “변증법을 실행할 수 없는 무능력Unfähigkeit zur Dialektik”(2권 859쪽)에 있다는 점이 더 표나게 강조된다.

마르크스의 우둔함 탐지기는 그가 십대였을 때 장착된 것으로 보이며 그의 감수성을 급진화하는 데 기여했다. 열아홉 살 때 그는 다음과 같은 경구를 아버지에게 바친다. “안락한 의자에서 / 편안한 우둔함 속에 / 끽소리도 없이 앉아 있는 독일 대중.”(2권 859쪽) 혹은 좀더 맘대로 번역해보면, “안락함에 감싸인 / 그들의 평온은 그지없네, / 독일인들은 아주 번창하고 / 우둔함은 숨죽이네.” 이 시구가 뜻하는 바는 독일인들이 어리석은 침묵 속에서 그들을 둘러싼 정치적 격변을 바라보고 있었다는 것이다.(그게 그들이 할 수 있는 최선이었다는 것을 그는 알 길이 없었다.) 4년이 지난 후 마르크스는 에피쿠로스의 자취를 밟아 자신의 박사학위논문에서 “우둔함과 미신은 모두 티탄족*이다Auch die Dummheit und der Aberglaube sind Titanen”라는 문구를 넣었다. 계속해서 마르크스는 이렇게 말한다. “아리스토텔레스는 하늘이 자신들을 돕기 위해 아틀라스를 원했다고 믿었다면서 고대인들을 비판했다. ……에피쿠로스는 인간이 천공을 필요로 한다고 믿는 사람들을 비난한다. 그는 등에 천공을 지고 있는 아틀라스 스스로가 인간적 우둔함과 미신으로 물들어 있다는 걸 알게 된다.”(2권 859쪽) 어리석음은 다시 한번 천상에 도달했다. 아니 인간이 아직 극복하지 못한 초월론적 필요의 일부로서 천상으로부터 내려왔다고 말하는 편이 더 정확할 것이다.

어리석음이라는 진단적-논쟁적 개념은 마르크스가 1844년 파리에서 쓴 저작들을 관통하는 개념 지형에서 처음으로 비판적

* 하늘의 신 우라노스와 대지의 여신 가이아가 낳은 후손들. 그리스 신화에서 올림포스 신들 이전에 세상을 지배하던 거대한 신들의 일족. 티탄족이 제우스와 싸워 패배한 뒤 티탄족의 일원인 아틀라스는 천공天空을 떠받치는 형벌에 처해졌다.

정치경제의 기반을 얻게 되었다. 권력구조가 지성을 백치상태로 전환시키는 것으로 여겨졌음은 물론 그 반대의 논리도 성립했으며, 사적 소유의 지배하에서 노동자는 "부자들을 위해 경이로움과 궁전들과 아름다움을 생산하지만 노동자에겐 궁핍, 누추한 집, 그리고 장애만이 돌아온다."(2권 860쪽) 어리석음의 어휘목록에 새로운 용어, 즉 다른 작가들과 활동가들 가운데 로자 룩셈부르크 같은 이가 열정적으로 채택해 유통시킨 한 단어를 추가하면서 마르크스는 "정신은 생산된다. 그러나 노동자에게는 어리석음과 크레틴병*이 생산된다"(2권 860쪽)라고 적는다. 따라서 노동자는 생산수단에 노예처럼 결박되어 있는 반면, 노동자에게 그리고 그들의 몸뚱이 위에 죄수 유배지 형태로 생산되는 것은 크레틴병이다. 어리석음의 파생물로서 크레틴병은 국가라는 강력한 기구의 산물, 자본주의가 주조한 피할 수 없는 가치다. 자본주의와 그 무시무시한 소외가 무언가를 생산한다면 그것은 모든 형태의 의도적 저개발과 관련 있는 이런 유형의 발작, 즉 정신박약과 크레틴병의 생산이다. 아르놀트 루게에게 보낸 편지에서 어리석음의 정치학을 강조하며 마르크스는 다음과 같이 인정한다. "독일에서는 모든 것이 폭력으로 억압되어 있다. 정말로 정신의 무정부상태가 존재하며 우둔함의 위세는 온 나라를 뒤덮었다."(2권 860쪽) 온 나라는 바보들이 탄 배를 닮았다. 어리석음은 이제 정치적 체제를 파괴하며 등장한다. 어리석음은 폭력적 억압이 점령해 즉각적 대응 대신에 마비상태를 제공할 때 출현하는 어떤 것이다.

비록 마르크스는 어리석음이 부르주아지에게 수익을 가져오는 지배계급의 자본이익이라고 이해하지만 프롤레타리아를 얼간이 계급에서 면제할 만큼 순진하지는 않았다. 유럽 혁명들과 1848년의 반혁명이 기념비적으로 실패한 후에 마르크스는 프리드리히 엥겔스에게 이렇게 쓴다. "이제 우리는 우둔함이 혁명에

*갑상선 기능저하로 인해 신체 및 지능이 제대로 발달하지 못하는 병.

서 어떤 역할을 하며 어떻게 폭도들에게 이용되는지 깨닫게 된다네."[30] 엥겔스, 룩셈부르크, 에른스트 블로흐, 레닌과 (혹은 그에 맞선) 죄르지 루카치, 그리고 벨라 쿤은 바리케이드의 이쪽저쪽 모두에서, 정당 책략의 안팎에서, 그리고 국가의 정치적 경계선을 따라 벌어진 어리석음의 맹위에 관해 할말이 많았던 반면, 안토니오 그람시는 자본주의에서 발견되는 특정한 형태의 지적 어리석음에 초점을 맞추었는데, 거기서 '지능'은 실제로 어리석음의 은폐기제로, 즉 항구적 탈취takeover라는 변증법의 일부로 기능한다. 명명함으로써 실제로 재평가를 하게 되는, 어느 정도 니체적인 이 통찰은—영리한 것으로 여겨지는 지적 아첨과 인용 장치, 첩보로 간주되는 스파이 활동과 지식 추구의 모든 문법 및 행동수칙 등—지능을 판단하는 데 초래되는 불안정성을 상기시킨다. 그러나 이는 또한, 비록 거짓 믿음에 의거해 계속 이루어지지만 자본주의가 자기 자신의 지능에 행하는 투자행위를 드러내기도 한다.

인공 어리석음

지능의 사회적 조작은 자본주의에 적대적 환상들을 투사하는 공산주의의 어떤 누아르 영화 같은 기억에 한정될 수 없다. 지능을 걸러내고 시험하고 분류하는 작업은 황량하고 끔찍한 역사의 짐 모두를 스스로 떠맡기 때문이다. 지능 조작은 어리석음이 선택적으로 발명되어온 역사로서, 사회적 불의의 명단에 등재되어 있다. 유전과 사회적 선택의 정치학에 관한 논제들을 창조하는 데 연루되어 있는 그러한 정신의학 및 심리학 담론들의 슬픈 역사를 파헤치는 데 전념한 논문들은 거의 존재하지 않았다. IQ(지능지수) 테스트에 관한 스티븐 제이 굴드의 작업에서 드러난 바와 같이 지능지수 측정시스템은 지나칠 정도로 부당하게 전용된 철학적 전제에 기반을 두고 있다.[31] 어린 학생의 신체에 상처를 남기는 채점 및 판정과 관련해서 가장 큰 흥미를 끄는 것은 점수가 전체 학급 학생들의 사기를 저하시키는 형태로 추출되는 방식이다. 등급이 매겨지는 까닭은, 그 테스트의 용어로 하면 저능idiocy이 세 살 혹은 그 이하의 정신연령을 가리키며, 정신박약아the imbecile는 세 살에서 일곱 살 범위의 정신연령에 해당하는 점수를 얻는다는 것을 지칭하기 위해서다. 천치moron라는 용어가 도입된 것은 미국 심리학자들 덕분인데, 그들은 그 말을 '평균'에 조금 미달하는 경미한 능력장애를 지칭하기 위해 그리스어에서 가져왔다. 그 용어는 미합중국 도착시에 이민자들, 특히 이민자의 아이들을 테스트하는 데 쓸 목적으로 고안되었다. 이 천치들은 또한 "일반적 지능으로 자기 문제를 해결하거나 생존을 위한 경쟁에 참여할 능력이 없는 상태"[32]로 정의되었다. 등급이 매겨지고 평가절하된 어린 이민자는 범죄인류학의 문서철에 정리되고 분류되어서 처음부터 낙오된다.

모멸감을 부여하는 관료제가 과학적 검사라는 이데올로기에 뿌리를 두고 있었다는 점을 명심하는 일이 절실하다. 이 검사는 어느 한 순간도 그들의 활동을 이론화하거나 설명조차 하려고 하지 않으며, 왜 '생존경쟁'이 본능적이거나 주입된 혹은 부분적으로 어리석은 활동들에 들어맞지 않는지 설명하려는 노력을 기울이지 않는다. 생존이 적성과 지능의 문제가 되어야 한다니, 이 무슨 말인가?(그런데 이 생존경쟁 개념은 생활에 적응하지 못하는 상태를 가리키는 생활무적응력Lebensunfähigkeit이라는 독일어 개념의 번역어이다.) 어떤 경우에는 높은 지능을 지닌 대화상대임에도 불구하고 삶을 계속하는 과정에서 살아남을 수조차 없는 사람들이 있음을 고려하면 이 개념은 말도 안 되는 공리가 아닐 수 없다. 어린 이민자를 평가하기 위한 용어들은 터무니없을 정도로 통용이 불가능하다. 추정된 수동성의 흔적에 발목을 잡힌 소녀는 그 경쟁을 통과하거나 거기에 참여할 수조차 없다. 그 소녀의 여권은 장애의 혈통으로 낙인찍힌다. 어떤 식으로든 미국으로의 입국은 어리석은 자들의 국가 관리형 상상계imaginaire에 의존한다. 이것이 뜻하는 바는 다른 무엇보다도, 이 어리석음의 문제, 이 극명한 경계 나누기 문제가 어느 정도까지 정의에 대한 근본적 헌신과 연결되어 있느냐이다. 낙인이 찍힌 신참은 정신적 난민으로, 총체적 궁핍의 기호로 둔갑한다. 이 어린 이민자는 도처에, 최악의 긴급상태로 존재한다. 항시 도래하는 이 존재와 관련해 우리가 취할 수 있는 유일한 태도를 윤리적 용어로 말한다면 다음과 같을 것이다. 타자 앞에서 나는 어리석다.

2

어리석음의 정치학

무질, 현존재, 여성 공격, 그리고 나의 피로감

이 부인은 우둔한가Ist diese Dame dumm?

……

도리뿐 아니라 예의상으로도 그녀가
완전히 그리고 항상 어리석지는 않다는
것을 받아들여야 한다.

로베르트 무질, 「우둔함에 관해」

한 아둔한 인물에 관한 성찰

독일 문학작품의 현대 고전 가운데 아마도 가장 무난한 텍스트일 로베르트 무질은 퀴어 논의가 불가능하고, 정치적으로 깨끗하며, 페미니즘의 무풍지대로 간주되었다. 실제로 탄생 100주년을 기념하는 한 학술대회에서 무질은 페미니스트, 퀴어론자, 그리고 정치적 올바름의 실천자들이 건드릴 수 없는 인물로 회자되었다.[1] 이러한 형태의 확신은 나의 더듬이를 곧추서게 했다. 도대체 무슨 일이 벌어지고 있는 거지?

글쓰기 행위를 성립될 수 있게 하는 기분mood에 대해 털어놓는 작가는 흔치 않다. 때로 그 기분, 정취Stimmung, 고조된 감정과 음성은 작가 자신에게도 감추어져 있거나, 그 작가는 두통을 무시하고 계속 글을 쓰거나, 아니면 목전의 일거리를 계속하기 위해 자기를 불안하게 만드는 무언가를 억누르려고 애쓰게 된다. 혹은 세계 상실이라는 걷잡을 수 없는 의미를 몰아내려고 애쓰며 글을 쓸 때 손가락 하나가 그녀의 심장을, 심장 바로 위를 압박하기도 한다. 때로는 글쓰기가 우리를 흥분시키고 세계를 창조하게 만드는 순간들도 있다. 상실된 채 침묵하는 세상을 대체할 동료들과 음악으로 별안간 우리의 사막을 가득 채우는 것이다. 이러한 내적 분위기가 어떤 우연성들에 기대고 있는지는 여전히 수수께끼지만, 나는 매일 하루 몇 시간씩 어찌할 수 없이 느리고 조금 소심하게 당신을 파악하려고 노력하면서 내 기분에 꼬리표를 붙이고 당신에게 다가갈 때의 에너지 통로들을 주시한다.(물론 그건 분출되지 못한 폭력성에서 생겨나는 것일 텐데, 왜냐하면 인간들이 모름지기 그러하듯 나 역시 아주 온화하고 아주 다정하기 때문이다. 모두가 이 점을 지적하며 말하길, 내 배경을 고려하면 이건 진짜 수수께끼라고, 내가 어마어마한 격분을 감추고 있는 게 틀림없다고 한다.) 하루는 제때에 과제를 제출한 적이 있었는데, 학술적 자기주장Selbst-behauptung, 곧 대학에서는 습관적으로 벌어지는 그 하이데거적 자기결단의 몸풀기를 일삼던 내 초창기에 비하면 요즘은 이런 짓을 거의 못한다. 강연 요청도 받았는데, 뭐 딱히 요청은 아니었던 것이 초청을 거절할 수 있는 선택의 여지가 없어 보였기 때문이다. 그런 일이 종종 내게 벌어진다. 좀더 신중한 사람이라면 빠져나갈 구멍을 만들거나 도주 차량을 대기시켜놓았을 것이다. 나는 다른 누군가가 생각해낸 주제에 관한 논문을 발표해야 하는 초청을 즐기지 않는다. 너무 많은 우회로와 실패한 연결점들, 불편한 요구사항들 때문에 시험치는 것같이 느껴진다. 어쨌든 무질에 관한 학술대회가 있었다. 그가 쓴 에세이 중 하나에 대해 논문을 생산해야만 했다.

이 특정 프로젝트를 준비할 때만큼 그렇게 숨막힐 정도로 자유롭지 못하다고 느낀 적은 거의 없었다. 거기에는 여러 가지 이유가 있었고, 그래서 그러한 제약들을 안고 글을 쓰기가 힘들었다. 그러나 누구든 자유롭지 못한 상태에서 글을 쓴 경험을 갖고 있다. 실제로 글쓰기는 자유라는 신기루와 엄연한 부자유가 교차하는 풀기 힘든 이음매와 관련 있을지도 모르겠다. 내가 느끼는 부자유는 결코 대단하지 않았고, 그렇게 생각할 경우 들러붙기 마련인 우쭐한 기분도 없었으니, 그저 내 처지가 어둡고 갑갑해 보였다고 말해야겠다. 어쩌면 나는 이렇게 압박을 느끼는 몇몇 이유를 다소 우울한 표정으로 털어놓았어야만 했다. 그것들이 얼마나 중첩결정된 것으로 보일 수 있는지에 상관없이 말이다. 목전의 일거리로 인해 불안감이 우르르 밀려왔다. 일단 어리석음에 관해 말하기로 마음먹고 나면 무언가 사람을 맹하게 만드는 분위기가, 마치 보이지 않지만 극심한 맹독성의 누출가스처럼 우리를 압박한다. 발터 벤야민은 전쟁과 몰사유沒思惟Denkfaulheit, 즉 생각을 제한하는 일종의 피치 못할 무기력에 관해 글을 쓰는 와중에 이 문제와 부닥쳤다. 몰사유의 조건과 경험을 해부할 비밀 접근 코드를 찾고자 하는 이런 경우에 나는 가차 없는 낭패감과 맞닥뜨렸다. 이 모든 게 '어리석음'이라는 단어의 수행적 측면과 관련이 있으니, 이에 대해서는 이어지는 장들에서 재차 다뤄볼 생각이다. 초월성이 폐기되고 내재성은 중지되어야 하는 시대에 우리의 사유는 어리석음으로 향하게 된다. 애초에 내가 신경쇠약과 우울증, 즉 글쓰는 동안 일종의 무기력을 겪었다면, 이는 레비나스의 저작에 등장하는 피로나 블랑쇼의 『무한한 대화*L'Entretien infini*』를 이끄는 권태로움과 연결되는 그런 종류는 아니었다. 그들에게 피로는 형이상학적 경계상태와 대립하는 토포스topos*로서 액션 영웅들과 24시간 움직이며 잠을 잊은 형이상학의 전사들을 무기력하게 만드는데, 이 전사들은 항상 준비된 상태로 사유의 응급구조대원을 자처하며 범죄나 수수께끼가 보고되자마자 몇 분 안으로 현장에 도착한다. 나는 전에 그런 응급구조대의 일원으로서 나를 글쓰게 하고 달려가게 하며 총알을 뚫고 질주하게 만드는 응급상황을 좋아하곤 했다.

아마도 신경쇠약의 경험이 가장 의미심장하게 변형된 사례로는 내가 무질의 에세이 선집을 통째로 읽고 있을 때 일어났던 좌절감을 꼽을 수 있지 않을까 싶다. 나는 「증상으로서의 독일인」을 비롯한 무질의 에세이 일부를 그 기막힌 혜안과 기백, 그것들이 보여주는 지성의 비교 불가능한 아이러니, 글을 전개하는 세밀함 덕분에 음미할 수 있었다. 다른 무엇보다도 무질은 최상의 에세이들에서 우리 시대의 철학은 아무런 철학도 갖지 못하리라고 주장한다. 그는 철학이 하나의 소탕작전이라고 갈파하면서, "철학은 사실에 뒤처져버렸다"라고 쓴다.[2] 여기서 무질은 확실히 자신의 가장 포스트모던한 경계에 이르렀다. 그는 다원성, 무정형성, 믿음의 상실, 파편화의 상황을 미래의 특질로 이름붙이고 폭로한다. 그런데 이 작가와의 대면을 통해 내게는 무언가 색다른 일이 벌어졌는데, 나는 텍스트에서 마주친 어떤 대목들로 인해 쉽사리 상처받고

*본래 '장소'를 뜻하는 그리스어로, 특정한 주제나 모티프를 지칭하기도 한다.

취약해지는 그런 독자가 된 것이다. 때로 하나의 텍스트가 내게 준 영향은 잠복기에 들어가 그후 수년 동안 증상으로(심지어 증상으로서의 독일인으로도) 나타나지 않는다. 다른 경우에는 반대로 그것이 직접 타격을 가해서 나는 분투하고 휘청대고 쓰러지며, 치료가 안 될 정도로 무너져서 극복할 수가 없다. 텍스트들을 아주 신중하게 골라야만 했다. 왜냐하면 내 경우에—이런 고백에 병리학적 함의가 있다는 걸 전혀 부정하지 않겠지만—그 텍스트들은 내게 해를 끼칠 수 있고, 기껏해야 이렇게 거의 마술적 발언들이 주는 해로운 효과들에 불과한데도 내가 신진대사를 하는 데 꽤 오랜 시간이 걸릴 수 있기 때문이었다. 그와 동시에 애증병존의 상태도 아주 강력해서, 그 감정이 급속하게 탈수 회전하는 경우엔 이 골치 아픈 존재, 즉 내면화된 무질을 밖으로 드러내야만 한다는 생각에 당혹스러워진다. 물론 내게는 다른 존재, 내게로 귀환할 다른 존재가 또 항상 존재한다. 선량하고 근사하며 우월한 무질 말이다.

정신적 타격은 1934년에 쓰인 「우리 시대의 진지한 작가」라는 제목의 에세이를 읽을 때 생겨났다. 그 글의 언저리를 어슬렁거리지 말았어야 했다. 그것은 함정이었는데, 어리석고 생각이 없었던 나는 로베르트 무질에 관해 가능하면 모든 것을 알고자 하는 일념으로 그 함정으로 걸어들어갔다. 진지함을 주장하는 것이라면 그 어떤 것이라도, 혹은 우리 시대의 진지한 지성과 진지한 작가를 향한 노스탤지어를 원하는 경우라면, 그리고 특히 그게 우리 시대라면, 나는 상대하지 않고 피하는 편이다. 당시 나는 니체를 공부하는 중이었고, 다시 말해 단기간의 그리고 코드화된 니체학도로서 당연하게도 그리고 진정한 사유를 특정한 시간대에 할당하는 어려움이라는 측면에서 시대와의 어긋남을 옹호했다. 하이데거는 "그러나 우리는 여전히 사유하지 않는다"라고 말한다. 그럼에도 불구하고 나는 「우리 시대의 진지한 작가」의 한 귀퉁이에 묶여 있다. 그래서는 안 되는 걸 알기에 우리의 어휘목록에서 거만하게 진지함을 가장하는 일에 침을 뱉으면서도, 그 텍스트에서 문젯거리와 아포리아를 갈구하고 현장을 조사하면서 그 일이 벌어지기 바로 직전 나는 무질이 개인의 몰락을 애통해하는 광경을 살펴보고 있었다. 뭐랄까 나하고 관련될 수 있는 얘기 같았다. 무질에게는 품위가 개인의 관건이다. 실제로 나중에 어리석음에 관한 에세이에서 무질은 어리석음이 '나' 대신 '우리'라고 말할 때 시작된다는 취지로 이야기한다. "어리석음은 정당, 국가, 분파 혹은 예술운동이라는 피난처 내부에서 활보할 수 있다."[3] 터무니없는 말은 아닌 것이, 어쩌면 나 자신이 그 '우리'의 적일지도 모르기 때문이다. 단순히 알고 있다고 내가 통제하거나 말할 수는 없는 방식으로 나는 적어도 그 '우리'에 심한 알레르기 반응을 보인다. 그래서 나는 「우리 시대의 진지한 작가」의 한 대목에 묶여 있는바, 거기서는 무언가 흥미로운 일이 분명 벌어지고 있다. 무질이 다음과 같이 말할 때처럼 말이다. "개인, '인격', 정신은 몸이 포격을 받았을 때 반응했던 것처럼 행동했다. 회피했던 것이다. 벌떡 일어나서 두 팔을 하늘로 뻗는 것은 쓸데없는 짓처럼 보였다. 그건 어쩌면 정말로 쓸데없었을 것이다. 그러나 정신이 독일을 당당하게 지배했던 고전주의 시대 이후로 얼마나 많은 것이 달라졌던가!"[4] 느낌표. 이 친구는 정말로 정신을 본체로, 초월주체Subject로 탐닉했다. 그러나 1차대전 이후 그 정신이 움츠러들었기 때문에 그는 그것을 놓아버렸다. 솔직히 털어놓자면 이제야 나는, 뭐야 내가 미친 건가, 내가 바보짓을 하고 있군, 나야말로 에라스뮈스의 『우신 예찬』에 나오는 사례군, 하고 생각한다. 잘못된 텍스트를 거론하고 있으니 실제로 맥락을 잃을 수밖에. 그러니 되감아서 다시 시작해보자. 당신은 내가 그냥 어리석은 것이 아니라 정신이 나갔다고 생각할지 모르니까, 범죄현장을 적발할 수 없어서 잘못된 텍스트를 인용하는 것이라면 내가 트라우마에 의해 촉발된 마비상태의 리듬을 따르고 있거니 해두자. 타격은 다른 텍스트에서, 전혀 다른 동네에서 벌어졌다. 지금 글을 쓰고 있자니 그 대목을 찾을 수 없는데, 내가 이렇게 실시간으로 말하는 이유는 이 어리석은 짓이 정말로 나를 멀리 내팽개쳐버렸기 때문이다. 이제 나는 어떻게 어리석음이 또한 하나의 방어인지, 대응하지 않는 하나의 방식을 뜻하는지 생각하게 된다. 어쨌든, 좋다, 해보자. 내가 타격을 입은 것은 어리석음에 관한 다른 텍스트, 즉 1933년에 쓰인, 겉보기에는 정치적 에세이 「한 아둔한 인물에 관한 성찰」에서다. 제목이 맘에 들어서 곧장 읽기 시작했다. 이 에세이에서 무질은 "우리 아리안들"에 관해 거론하지만 실제로는 이런 얘기다.

> 거기에 두 가지 길은 없다. 독일계 유대인이 독일 지성계에서 명예로운 역할을 한다고 말하거나 아니면 이 지성계가 밑에서부터 위로 전부 썩어서 일말의 판단의 여지조차 남아 있지 않다고 말해야 한다. ……이미 벌어진 일은 부당해 보이지만, 우리가 거기에 정의正義를 부여하고 싶다 해도 정의가 적용되는 그 방식은 여전히 야만적으로 보일 것이다. 오늘날 등한시되어버린 도덕성, 곧 인간적인 것의 도덕성에 대한 공격과 불행하게도 아주 정확하게 일치하는 그러한 방식처럼.
>
> 　오늘날에는 인간됨이 하나의 가치 어쩌고저쩌고 지껄여댄다.[5]

조금도 과장하지 않고 말해 이 대목이 내 기력을 감퇴시켰다. 일체를 부정하자는 주장을 물리치면서 시작은 그럭저럭 순조로웠다. 독일계 유대인들의 목소리를 고립시키지 않고 솜씨 좋게 지성계를 공격하면서 무질은 자신의 목소리를 저항의 대의에 내맡긴다. 그러나 그 저항의 용어들은 많은 불편한 의문을 제기한다.(전에 말한 무질 학술대회에서 지적받기로는 이 점에 관해서는 내가 틀렸으며, 제대로 짚지 못했다고 하는데, 무질은 의심할 바 없이 그들 중 최고이며, 가장 고귀하고, 무질이 고귀함의 대가를 치렀으니 내 편집증적 독서 시스템은 과녁을 멀찍이 벗어났다는—어, 정말로?—것이다. 이 때문에 기분이 별로였다. 토마스 베른하르트를 떠올리며 나는 계속하련다. 그냥 계속하련다. 내가 틀렸다고 증명해보라지.) 나는 무질이 다른 데서와 마찬가지로 여기서도 '문명'의 편에서, 그것도 정의를 훨씬 더 깔끔하게 폐기하리라 기대되는 그 인간적 사회의 입장에서 쓰고 있다는 점을 지적하고 싶지는 않다. 문명은 내내 역사적 판단을 떠맡은 표준 담지자로 존재하지만, 그 개념의 폭력과 환각적 위력은 비판적 검토를 거부한다. 실제로 '문명'의 도입은 폭력적 양보를 감수한다. 왜냐하면 불의로 묘사되었던 일에 "비록 우리가 정의를 부여하고 싶어해도" 이는 좀더 적절하고 좀더 유쾌하게 부과되었어야만 하기 때문이다. 세련된 감수성의 소유자에게는 인간적인 것의 도덕성이 독일계 유대인들에 대한 민감한 대응의 형식에 통합되어야만 하기 때문이다. 이 글의 맥락은 어쩌면 내가 용인했던 것보다 더 포화상태일 수 있다. 이것은 한 소녀를 그 자리에 딱 멈추게 만들 수 있는 종류의 글이다. 나는 구역질을 참아 넘겨야만 했다. 한 인물을 단죄하는 것이 내 스타일은 아니지만, 나는 무엇이 로베르트 무질의 글처럼 그렇게 세련되고, 역설적이며, 지적인 글쓰기가 그러한 발언들을 전수하게 되었는지 의아할 따름이다.

"우둔하게 여겨지는 일의 금지"
(로베르트 무질, 『엄밀성과 영혼』)

"난 어리석음에 그리 엄하지 못하다." 인공지능AI의 원조, 테스트 씨를 소개하기 위해 폴 발레리의 그 유명한 텍스트는 이 말로 시작한다. 인공이건 아니건 지능의 문제들에 아주 열정적으로 관여한 발레리의 『테스트 씨*Monsieur Teste*』 같은 작품이 대놓고 아무런 거리낌도 없이 어리석음에 대한 주장을 편다는 것은 어쩌면 그리 놀랄 만한 일은 아닐 것이다. 마치 어리석음의 한계가 자명하다는 듯, 마치 어리석음은 불쾌한 초대처럼 거절할 수 있는 것이라는 듯 말이다. 그러나 어리석음의 한계는 아주 쉽게 정해질 수 없다. 어리석음에 관해 수많은 주장이 오늘날 같은 기술 시대에 전개되어왔다. 분명 우리는 어리석음의 표면상 타자, 곧 지능의 문제를 계산 가능한 좌표들과 확률상의 공식들에 적용해왔다고 할 수 있다. 지식에 대한 우리의 감각은 지능의 한계에 대해 진정한 의문을 품어본 적 없이 누가 교육기관들에 입학 가능한지 아닌지에 관한 온갖 종류의 가당찮은 정치적 확신들을 생산해왔다. 나아가 상당한 정도의 인종혐오적 주장들과 사회적 인종차별주의가 빚어낸 충돌도 또한 부추겨왔다. 어리석음의 인식 가능성에 기반을 둔 명백히 인종차별적 작업이 진행되어왔다는 사실은 『종형 곡선*The Bell Curve*』* 같은 출판물만 떠올려보아도 금방 알 수 있다. 어리석음의 문제는 아무리 개인에 한정되어 있더라도 언제나 사회정치적 문제다. 다시 말해 어리석음의 문제는 언제나 공동체를 향해 발언되지, 결코 개인에게 고립되어 있지 않다. 이미 살펴본 대로 어리석음은 어리석음 그 자체가 아닌 다른 어떤 것을 지칭하지만 이론화할 수 있는 개념에는 못 미친다.

'어리석음'은 철학자들 사이에서는 중요한 주제로 취급되지 못했지만—『우둔함의 본질에 관해*Vom Wesen der Dummheit*』 같은 제목을 단 저작은 없다—철학적 기획의 내부에는 이미 자리를 잡은 것으로 보인다. 앎의 대가를 면제받는 철학자들은 그 문제를 안고 살

* 미국 심리학자 리처드 헌스타인과 정치학자 찰스 머레이의 공저로, 인간의 지능이 문화적 요인보다 유전과 환경 요소들에 의해 더 근본적으로 결정된다는 논리 주장을 펴는 저서.

면서 수수께끼를 먹고 사는 사람들이다. 비록 논조는 종종 우월하지만, 그들의 직업설명서를 보면 자신들은 인식 가능한 것의 한계로 인해 혼란스럽다는 것을 인정하며 진짜 철학자라면 성찰행위를 마비상태에서 시작할 것이라고 쓰여 있다. 그렇지만 철학적 탐구의 이러한 측면은 곧잘 망각에 의해 감춰지고, 본질적 어리석음과의 연결고리는 마치 발설 불가능한 것으로 치부된다. 이렇게 홀대받고 광범위하게 억압된 자신의 가능조건 없이는 철학은 존재하지 못할 것이다. 이 점을 더 밀고 나아가서 철학이 점점 더 성공적으로 억압될수록 그 핵심에 자리한 어리석음에 더욱더 다가간다고도 말할 수 있겠다. 어떤 철학적 주장들을 종내는 어리석은 것으로 치부하지 않았던 사람이 누가 있었는가? 주지하다시피, 완전한 논증이 불가능하기에 지식으로 하여금 최종적으로 스스로에게 내재적일 것을 요구하는 상태 혹은 투사 헤겔의 '절대 지식'보다 결국 더 어리석은 개념은 없다. 그러나 근본적 어리석음은 실제로 하나의 (철학적) 문제의 차원으로 격상된 바 없는데, 왜냐하면 철학자들은 어리석음의 문제에 관해 언급하려는 경향이 거의 없거나(따라서 어리석음은 하나의 문제가 아니며 엄밀히 말해 문제를 구성하지 않는다), 아니면 헤겔의 제자 에르트만처럼 그 논제를 꺼내는 경우 그런 시도들은 비웃음이나 조롱과 마주해왔기 때문이다. 그렇다면 어떤 의미에서 어리석음은 담론 차원의 대결에서 합법적 지위를 차지하지 못하는 셈이다. 어리석음은 쉼 없이 자기 존재를 선언하는 주제 차원의 흉터 자국을 표시한다.

116

"왜 사람들이 서로를 어리석다고 비난하는 일이 오늘날 이리 만연하는가" (무질, 『엄밀성과 영혼』): 백치녀, 얼간이, 둔재, 머저리 등등의 에피스테메

무질이 우리의 "사유-스포츠thought-sports"라고 이름붙인 일에서 어리석음이 존재감을 뽐내지 못하는 상황은 중대한 결과를 초래한다. 물론 어리석음처럼 그렇게 집요한 주제를 탐구할 때 어디서부터 시작해야 하는지 알기는 힘들다. 분명하게도 우리는 이 거부된 개념을 조명하려고 노력하는 바로 그 과정에 지속적으로 연루되어 있다고 느낀다.(어리석음이 개념으로 간주될 수 있는지는 더 지켜볼 일이다.) 그러나 이를 문학적으로 들여다본 독특한 역사는 존재한다. 어리석음을 계급적 구별의 좌표들 내에 기입할 때 무질은 어리석음에 관한 플로베르의 인식과 궤를 같이하는 것으로 보인다.(어리석음에 관한 모든 것은 이 구별의 변수를 중심으로 회전한다.) 두 아이러니스트는 모두 어리석음의 효과를 종결과 확정성의 측면에 자리매김하는 결단도 공유한다. 어리석음이 종결지으려는 욕망으로 이루어진다고 플로베르가 주장한다면, 무질은 「우리 시대의 진지한 작가」에서 "아직 종결에 이르지 않았다는 사람들의 감각을 보존하고 진보를 향한 사람들의 충동을 살아 있게 만들기"[6] 때문에 예술은 어리석음에 저항하는 힘의 하나로 중요하다고 말한다. 이제 우리는 적어도 이 두 작가의 연합 내에서 어리석음의 결정에 관한 모종의 최소한의 합의에 다다른 셈이다.(보들레르와 니체는 예술, 문예작품, 종결의 맥락에서 모더니즘적 토포스에 추가 문제들을 제기한다.) 더구나 어리석음이 주로 결정 불가능성에 관한 것으로 나타나기에 '결정'에 관해 확신을 가지고 말하기는 분명 힘들지만, 그럼에도 불구하고 이러한 고찰을 밀고 나가보겠다.

그러나 앞으로 나아가기 전에, 이렇게 하는 게 영리할 수도 있겠다는 듯이 한 걸음 물러서보자. 나는 인정해야 할 필요가 있는 또다른 숲길Holzweg, 즉 하나의 난제snag와 마주쳤다. 두말할 필요도 없이 어리석음의 한 부류는 결정성을 결여한다. 실제로 어리석음은 '비-구별in-distinction', 즉 취향의 결핍, 판단의 결여, 미결정성처럼 그 말이 지닌 모든 의미에서 구별의 결핍에 관한 포괄적 사유를 요청한다. 그러나 동시에 또다른, 명백히 모순적인 어리석음의 가닥도 드러나며, 엄밀하게 사유하고자 한다면 이 문제는 반드시 다루어야만 한다. 이 가닥은 스스로를 순전한 결정과 맹목적 지배로 드러내는 어리석음의 형태에 기반을 두는데, 이러한 허위 장악력의 사례들은 넘쳐난다.(만물박사라는 권위적 인물상을 떠올리거나, 몇몇 목소리 큰 인종차별론자—이런 사례는 끝이 없고 얼핏 보면 무작위적이다—를 상상해보자. 그들에게 딱 맞는 제목은 폴 드 만의 『독서의 알레고리』 서문에 나오는 원조폭로자Archie-debunker가 될 듯한데, 이 토종 인종차별주의자—드 만 말고 아치—는 "뭐가 다른데?What's the difference?"라고 지껄이는바, 우리 취지에 맞게 이를 바꿔보면 "구별이 돼?What is the distinction?"로 옮길 수 있겠다.) 일단 어리석음의 이 두 가닥이 모두 드러나면 문제는 둘 중에 어느 하나를 택하느냐가 아니다. 오히려 우리는 결정의 이 양쪽을 계속해서 왔다갔다하면서 어리석음 순환과정의 비결정성과 에누리 없는 결정성 모두를 동시에 표시하게 된다. 하나가 대체로 은폐되어왔다면, 다른 하나는 "당신은 하도 어리석어서 자기가 어리석다는 사실조차 모른다"라고 말하는 그런 유형이다. 어리석음의 이 계기들을 갈라놓는 경계들은 그리 확고하지 못한데, 어리석음의 한 형태에서 다른 형태로의 피할 수 없는 미끄러짐이 존재하기 때문이다.

118

거부된 결정 불가능성

그러나 전체적으로 볼 때, 플로베르가 이끄는 대로, 그리고 무질의 발언들을 감안하여 판단해보면, 어리석음은 무언가 폐쇄, 종결과 연관된 것으로 간주될 수 있다. 종말과 혼동되는 종결 말이다. 문제를 "단번에once and for all" 해결하기에 어리석음은 "끝장내고finish with" 없애버리려는 서구 로고스의 충동과 얽혀 있는 것처럼 보인다. 비록 무질은 그 공공연한 종결과 연계된 결과들을 추적하는 일에 드러내놓고 매진하지는 않지만, 그의 해석에서 어리석음은 결정 불가능성에 대한 거부로 가장 잘 간주될 수 있다는 것이 곧 분명해진다. 어리석음은 제 나름으로 결정을 내렸는바, 알고서 판단을 내렸다고 생각한다. 어리석음은 언제나 이미 공격할 태세이고 기꺼이 발사할 생각이다. 그런데 이런 식의 표현법은 아주 문제적이어서 그 운율을 따져볼 필요가 있다. 나는 막 어리석음이 "생각한다"고, 실제로 "알고서 생각한다"고, 나아가 "판단을 내렸다"고 표현했다. 우리는 이제 막다른 골목은 아닐지라도 요컨대 아포리아적 국면에 다다랐다. 무질이 참조한 것으로 보이는 『실용적 관점에서 본 인간학』의 칸트에 따르면, 어리석음은 바로 판단에 실패하는 것이다. 즉 판단력의 결핍Mangel을 뜻한다.[7] 판단력이 결핍된 곳에 어리석음의 사태가 존재한다. 그러니 오로지 항상 조숙한 판단이 아닌 다음에야 어떻게 어리석음이 그와는 반대인 하나의 판단으로 통할 수 있을까? 어찌됐든 단호하게 판단을 내리는 이 어리석음은 어떻게 판단의 결핍으로 드러날 수 있는가?

잠정적 대답은 어리석음이 결정 불가능성이라는 도가니에 대한 판단을 내리는 데 실패했다는 것이 될 터이다. 판단력은 그것을 소환하는 그 심연적 요구와 대면하지 않는다면 제대로 된 판단력이 아니다. 어리석음은 일단 결론에 도달한 뒤에는 자신을 집요하게 진리로 내세우는 판단과 연관되어 있다. 이러한 형태의 어리석음이 내리는 판단은 다른 무엇보다도 시간의 문제를 야기하는데, 그중 가장 만연한 형태는 속도와 관련이 있다. 비록 일관되게 느림, 즉 끊임없는 목표미달의 좌절감과 연계되어 있지만, 실제로 어리석음은 너무 빨리 움직인다. 발 빠르고 허겁지겁 서두르기에 어리석음은 항상 (이미) 성급하게…… 판단한다. 더구나 온갖 종류의 촉진제들의 도움을 받기에 어리석음의 파급력은 두말할 나위 없이 오늘날 기술 지배의 시대, 항시 앞으로 전진하는 시대로부터 그 본질적 특징들을 끌어내는데, 그 전진 속도는 실제로 후진적인 것으로 판명된다. 건축가가 "적은 게 많은 것이다Less is more"라고 말했다면, 우리는 현대 역설 사전에 "빠른 게 느린 것이다Fast is slow"라는 말을 추가해야만 한다.

무질의 텍스트로 가기 위한 준비 작업으로 속도를 좀 늦추는 게 어떨까 싶다. 이제까지 우리는 나타날 때마다 감시하고 탐지할 필요가 있는 많은 아포리아적 난제와 대적해왔는데, 그 때문에 어리석음을 이론화하는 일의 어려움만 강조한 꼴이 되었다. 어리석음이 하나의 본질이라도 된다는 듯 그 주위로 사유가 집결되는 순간이 있다. 나는 몇몇 공리적 가정을 자유롭게 다루어왔는바, 때로는 우리 모두가 어리석음이 무엇인지, 마치 그것이 하나의 본질을, 즉 확인 가능하고 확증할 수 있는 위치를 점한 것인 양 알고 있다고 전제했다. 어떤 층위에서 우리는 어리석음이 줄서서 대기하고 있을 때 범인을 지목하라고 요청받는다면 그 어리석음을 지목할 수 있다고 생각하는지 모른다. "네, 저놈이에요. 저기 어리석음이 있어요. 어디서도 그를〔그러나 이런, 더 빈번하기로는 그녀를〕 알아보겠어요." 어리석음은 욕설, 변명, 고발, 관능적 도발, 해설, 스포츠, 그리고 범절 등에 편재하고 재생되지만 실제로 본질의 지위를 차지할 수는 없다. 이것이 무질을 성가시게 한 모양인데, 그는 본질에 관한 질문을 던지며 시작하기는 하지만("도대체 어리석음은 뭔가?"[8]) 어리석음은 어떤 식으로든 드러나는 만큼이나 파악되지 않는 것으로 판명된다. 비록 본질에 관한 질문은 꾸준한 대응을 촉구하지만 어리석음은 기본적으로 표상Darstellung, 곧 재현의 문제, 다시 말해 스스로를 어리석음으로 드러내는 그 무엇의 문제다. 어리석음은 어리석게 보이는 그 무엇이다. 무질이 여러 방식으로 토로하듯, 작가가 대면한 이중의 제약은 일단 어리석음의 문제가 불거지면 아무리 온갖 종류의 보호장구를 마련할지라도 자신을 어리석은 인물로 노출할 위험에 처한다는 것이다. 어리석음에 관해 글쓰려는 태도를 취하게 되면 누구나 어리석음이 암시되는 상황으로부터 우선 자신을 면제해야만 한다. 허나 똑똑한 듯한 외양을 취하는 것은 어리석다. 실제로, 드러내는 그 무엇은, 가장하거나 스스로를 특별히 영리한 것으로 어떻게든 주장해야 하는 경우와 마찬가지로 어리석음을 자석처럼 끌어들인다. 그리고 매번 특정한 영리함의 각인은 언제나 다양한 어리석음의 유형을 동반한다. 지능 그 자체가 존재할 수 없는 것이라면, 거기에 동반하는 어리석음들과 그것들의 역사성이 꾸러미로 한데 묶인 거래에서 면제될 수 있는 것은 아무것도 없다.(한때 어리석었던 것은 등급이 올라갈 수도 그 반대일 수도 있다.) 그래서 교수라는 인물이 무질에게는 제법 쓸모가 있게 되었다. 왜냐하면 예민하고 헌신적인 학자라는 그 형상에는 얼빠지거나 정신 나간 교수라는 공터로 피치 못하게 확장되어가는 과정이 덧붙여져서 쌍생아적 특징들로 각인되기 때문이다.

모든 성과 혹은 지능의 형태 배후에는 어리석음을 생산하는 특수 제작 스튜디오가 감춰져 있다. 기술괴짜techno-nerd에 대한 무질의 통찰을 새롭게 적용해볼 수도 있을 텐데, 이는 어리석음과 지능의 이중 공존에 딱 들어맞을 것이다. 어리석음으로 우뚝 서는 것과 영리함으로 판정될 수 있는 것 간의 불가능한 경계가 그 에세이를 관통하며, 비록 "한 발을 경계선에 걸치고" 서성거리긴 하지만 무질이 "그 이상으로 도약"하길 저항하는 바로 그 마지막 대목에서 최후의 표식을 남긴다. "우리가 멈춰 서 있는 지점 그 이상으로 도약한다면 우리는 어리석음의 영역을 떠나—이론적으로는 아주 여러 방식으로 가능하다—지혜의 영역, 즉 모두가 회피하는 황폐한 지역에 도달하게 될 것이다."(286쪽) 뭐랄까 인용문만 보면 이 대목은 내가 확증하려고 소환한 바를 뒤집어엎는 것처럼 보인다. 무질이 모래 위에 어리석음과 지혜 사이에 선을 그어 둘의 차이를 아이러니로 만드는 그 가장 마지막 단어에 이르기까지, 그의 발은 지속적으로 흐트러지는 유동적 경계선 위에서 춤춘다. 이 에세이에 두루 걸쳐 무질은 어리석음의 문제가 시의적절하지는 않지만 그 나름의 역사를 갖는다고 인정하면서 어리석음의 고유 영역을 마련하기 위해 애쓴다. "어리석음이란 무엇인가?"라는 그 질문의 일관된 시의비적절성과 장소비적절성은 그 질문이 그 어떤 단호한 문학적 내지는 과학적 반박도 허용하지 않는다는 사실에 의해 강화될 뿐이다. 철학적이기는커녕 의미 있는 언술들에 부속된 별도의 위성으로서 이 질문은 자기궤도를 순환한다. 어리석음이 질문으로서 갖는 그 날카로운 이점은 정치적 신랄함, 즉 제지 불가능한 불공정성의 색다른 발현태를 제공한다.

초월론적 어리석음

경로를 분산시켜 어리석음을 제 타자로 만들어버리는 식으로 변증법적 조치를 취하겠다는 위협에 그쳤다 하더라도, 어리석음을 포착하기 위해 재평가 장치를 작동해야만 했던 무질의 노력만은 인정해주자.(이런 측면에서 무질이 자신의 『일기 *Tagebucher*』에서, 결국 이루지 못했지만 천재에 관한 에세이를 쓸 생각이었다고 강조했다는 점을 지적해야겠다. 그러나 그가 남성중심주의의 행보로 나섰다는 사실을 놓쳐서는 안 되는데, 왜냐하면 천재에 관한 모든 논의는 '여성'을 배제하는 성향의 정액경제spermatic economy의 장소들에서 발원하기 때문이다. 역사적으로 그리고 엄밀히 말해 '여성'은 천재와 관련해서 인식될 수 없다. 여성은 미치광이가 될 수도, 어리석을 수도 있고, 정말로 문화적으로는 성스러운 어리석음의 아이콘으로 기능할 수도 있다. 그런데 여성 이야기가 나오니 자꾸 앞질러가게 된다. 아니, 이미 한 번 더 뒤처지고 있다.) 드러내놓고 그렇게 말하지는 않지만 무질은 어리석음의 본질을 규명하는 기획을 포기해야만 했는데, 다른 무엇보다도 그리고 단순히 말해—어쩌면 이 단순함은 이미 어리석음을 능가할 수도 있다—어리석음이 존재하지 않을 가능성을 뺀다면, 쉽게 말해 눈앞에 현시한다는 의미에서 존재 그 자체가 그야말로 어리석다는 것 말고 무슨 말이 가능할지 모르기 때문이다.

우리가 행하는 모든 일은 어리석게 비칠 수 있다. 간밤에 잠을 못 이뤘을 수도 있고, 옆집의 샤워 소리 때문에 온 여름을 고생했을 수도 있고, 점심을 먹으려 할 수도 있고, 누군가와 관계를 맺을 수도 있고, 아무런 관계가 없을 수도 있고, 로널드 레이건과 나중에 [그를 모방한 미국 공화당의] 복제인간들이 이제 인격을 갖게 되었노라 할 수도 있고, 몸무게에 신경쓸 수도 있고, 사람들이 법망을 빠져나갈 수도 있고, 우리가 교묘히 빠져나갈 수도 있고, 생활비를 벌기 위해 일을 해야 할 수도 있고, 하루에 화장실을 여러 번 가야 할 수도 있고, 한 문장을 붙들고 몇 시간이고 씨름할 수도 있다. 어리석지 않은 일은 없지만 어느 것도 어리석음 그 자체는 아니다. 어리석음은 유한한 존재인 우리 본성과 관련 있다. 어리석음은 한계의 한계—한정된 것—이고, 우리가 시간 속에서 일탈에 빠져 그리고 일탈로 존재함을 표시한다. 그러나 그 자체로는 한계가 없어서 무한을 경험하기조차 한다.(기억할지 모르겠지만, 브레히트는 지능은 유한하지만 어리석음은 무한할 수 있다고 말했고, 아인슈타인은 "우주와 어리석음, 이 두 가지는 무한하지만, 우주에 대해서는 확신을 못하겠다"라고 덧붙였다.)[9] 실러는 어리석음이 무한성의 영역에 영향을 미칠 수 있으며 역설적이지만 신에게 한계를 부과할 수도 있다고 본다. "어리석음과 싸우는 과정에서는 신 자신들도 당혹스러워한다."[10]

실러의 역사극에 어리석음에 관한 사유가 포함되리라는 사실은 잠시 생각의 여지를 준다. 잔 다르크에 대한 실러의 해석인 『오를레앙의 처녀*Jungfrau von Orleans*』는 특이한 방식으로 스스로를 초월한, 정신의 순수한 실패를 표상하는 한 인물을 무대에 올린다. 일자무식에 못 배운 그녀지만 더 고귀한 부름에 걸맞은 그릇이 된다. 초월론적 어리석음을 구현하는 인물로서 그녀는 신비로운 황홀경과 역사적 토대 놓기라는 더 높은 차원의 소명에 부응한다. 순결한 존재는 천진한 백치상태로 점철된 은총을 뜻하는바, 현재에 의해 훼손되지 않은 채 타자의 담론과 미래의 약속으로 충만해 있는 순수한 인물이다. 어원학에 따르면 백치idiot는 아주 특이하고 뼛속까지 자기자신eigen이며, 마치 집요한 자기언어idiolect에 기입된 상태인 양 존재한다. 고유성Eigenschaft이라는 극단의 경험을 특징으로 하는, 다시 말해 오로지 자기 자신만의 고유한 것으로 수용되는 그 무엇의 경험을 특징으로 하는 그 천진한 백치상태는 자기만의 교환 불가능하고 독특한 소명과 연관된 하나의 급진적 속성을 뜻한다. 자아를 비워내서 내재성을 얻게 되는 그 자기전유의 개념은, 다소 역설적이지만 백치상태가 뜻하는바, 즉 완전하고 절대적인, 초월화된, 어리석음의 계기를 강조한다.

그러나 만일 우리가 '특성 없는 남자Mann Ohne Eigenschaften'의 경우처럼 고유성 없이 구성되는 존재라면, 괴팍하고, 버려지고, 박탈당하고, 심지어 멋도 없고 의미를 상실할 수도 있겠지만 분명코 어리석음의 리그에 등록되지는 않을 것이다. 어리석음의 발생은 어떤 특성, 전유행위와 결부된 하나의 특질과 관계있는데, 이는 하이데거적 주제를 불러온다. 데이트 서비스를 통해 분명 우리는 울리히(특성 없는 남자의 이름)를 하이데거의 일상인das Man*—역사상의 등장 시기로 보면 그들은 불과 몇 분 간격이다—과 짝지을 수 있다. 아니면 좀더 핵심으로 들어가 어리석음의 문제는 어쨌든 간에 어리석음과의 명백한 연관을 회피하는 비고유성Uneigentlich-keit이라는 측면에서 인간 존재의 등급화로 간주될 수도 있다. 하이데거는 자신의 저작에서 어리석음에 결코 머리를 조아리지 않는데, 이 거부는 당혹스럽기도 하다. 왜냐하면 그는 사유의 실패에, 아니 기술의 '성공'과 일상인의 어설픔에 나타나는 무수한 평범성의 색조들을 강조하기 때문이다. 그렇긴 하지만 1934년과 연관된 정치적-자서전적 용법이라는 두드러진 예외를 제외한다면 우둔함에 대한 거부는 교훈적이다. 이는 마치 일상인의 그릇된 단순함에 어리석음보다 훨씬 못한 어떤 것이 존재한다는 이야기같이 들린다.

비고유성은 도덕성과 기술로 나뉘어 있는 등록명부에 의해 결정된다. 비고유성에 의식이나 개별 행위의 언어를 귀속시킬 수는 없지만, 그와 동시에 그들 일상인이 어리석고(장뤽 낭시가 말한 바로는 "얼빠진"), 운명을 오해하며, (하이데거가 말하듯) "평범하다"는 암시를 피하기도 힘들다. 운명이 제 고유성을 전개하고 결정하도록 일상인이 내버려두지 않는다면 말이다. 이제 (선택의 여지가 있다고 가정하고) 하이데거로 너무 깊이 들어가지 않는다면, 현안으로 부각되는 문제는 바로 '비고유한' 것이 현존재의 경험이라는 것이다. 고유성은 비고유성에 의해 좌지우지되고 결정되는 것에 불과할 따름이다. 그 일상인은 또한 동화될 수 없는 무한자를 말하는 방식이고, 어리석음을 동화시키는 일은 경험 그 자

* 하이데거의 'das Man'은 영어로 '그들they'로 옮겨지며 일반인, 속인, 인간 등으로 다양하게 번역된다. 여기서는 무질의 '특성 없는 남자'의 남자Mann와 연관되어 성의 구별 같은 고유성이 없는 일반 인간 존재를 지칭하는 말로 쓰인다.

체에서 벌어진다. 이러한 독법이 지시하는 바를 따르면, 우리가 물어야 할 질문은 다음과 같을 것이다. 경험 차원에서 어리석음의 경험은 어떤 것인가? 어리석음의 경험 없이 경험은 가능할까? 하이데거의 저작을 좀더 광범위하게 섭렵한다면 현존재에 의한 존재의 선이해를 탐구할 수 있을 것인바, 이는 또한 현존재의 자기이해나 이해과정 및 존재 그 자체의 이해과정과도 연관되어 있다. 텍스트만 보면 이러한 선이해는 어리석음이나 지능과 아무런 상관이 없으며, 이는 하이데거에게 어리석음과 지능이 현존재의 주요하고 구성적인 이해과정에 종속된 가능성으로만 상존한다는 것을 뜻한다. 그렇지만 존재에 대한 현존재의 선이해는 대체로 말이 되지 않는다. 낭시가 하이데거에 관해 갈파하듯, "그러나 그것[선이해]은 어쩌면 '완전히 어리석은' 이해라고 말할 수도 있을 것이다."[11] 원초적 이해는 모든 것을 이해한다. 그러나 또한 아무것도 이해하지 못한다. 자신을 이해하는 동시에 이해하지 못하며, 자승자박에 빠지며, 자기가 이해하고자 하는 그것으로 인해 당혹스러워한다. 결국 내던져짐이라는 곤경, 즉 존재의 내던져짐에 기입된 백치상태의 경험보다 더 멍청한 것이 무엇이겠는가. 내던져짐을 뜻하는 피투성Geworfenheit은 평균적 지능이 지닌 환원 불가능한 평범함 바로 그것이다.

> **"소년들과 운동 친구들 가운데 행동이 어눌한 누군가가 있다면 그가 아무리 휠덜린 같은 인물이더라도 멍청하다고 불릴 것이다."**
> **(무질, 『엄밀성과 영혼』)**

하이데거와 무질은 『특성 없는 인간*Das Man Ohne Eigenschaften*』이라는 책을 공동 저술했을 법도 하다. 어리석음에 대한 무질의 관심사는 명약관화하게 저급한 일상인의 능력에 부착된 복잡한 문제들을 넘어 하이데거의 성찰에 나타나는 또다른 계기에 의해 한층 더 가르침을 받는다. 하이데거는 우리로 하여금 무질의 에세이의 기초를 구성하지만 또한 발목을 잡기도 하는 아포리아적 충동을 읽는 법을 알려준다. 횔덜린의 시 「회상Andenken」에 대한 논평에서 하이데거가 언급했던 방식으로, 우리는 무엇이 무질의 제목을 불가능에 빠뜨리는지, 즉 그가 수사적 불안으로 인해 실제로 받아들이게 된 딜레마가 무엇인지 고찰할 필요가 있다. 어리석음에 관한 에세이의 제목 「우둔함에 관해Über die Dummheit」는 다른 무엇보다 하나의 장소, 즉 함축된 위계질서와 장악mastery이라는 개념을 지칭한다. 제목과 그 주제 간에는 서로 긴장관계에 있는 특성이 존재한다. 어리석음은 비장악의 경험으로 간주될 수 있는 반면, 자기 수중에 들어온 것을 장악할 수 있는 범위를 표시하거나 혹은 제목을 통해 어리석음을 기능적으로 장악했다고 제시함으로써 그 제목은 이 현기증나는 장악의 해소과정을 중지시킨다. 이 자체로는 모순적이지 않다. 무수한 제목은 주제를 장악하기 위해 제출된 주장에 자격을 부여하고 정당화한다. 제목은 장악력의 자리에서 기원하며 그 자리를 개방한다. 그것은 합법적 기제이며 제목 없이 출판되는 책은 없다. 어떤 제목도 그 책의 기의와 일치할 것을 강요받은 적은 없다.

「우둔함에 관해」는 적어도 두 가지 시동始動적 문제를 제기하는바, 텍스트가 이미 그 불가능한 제목에 의해 흡수되어버리지 않는 한 이 문제들은 우리가 경계를 넘어서 본문 텍스트로 진입하는 일을 어렵게 만든다. 관해(넘어)über는 텍스트가 어리석음에 관한 것일 뿐 아니라 그것을 넘어서기조차 한다는 것을 함축한다. 즉 그것은 어리석음을 지배하며 그 문제를 넘어서지는 않을지라도 흔히 말하듯 그것에 통달하고 있다. 그것은 '우둔함 위에' 있는 것이다. 그 제목은 텍스트를 보호하기 위해 또는 그로부터 하나의 논고가 제출될 그 제목의 자리에 텍스트를 동화시키기 위해 우둔함 위에 군림할 것을 약속한다. 어리석음에 관한 한 그 제목이 안전한 외면성의 자리에 있기라도 하다는 듯이 말이다. 그러나 무질은 오히려 아주 재빠르게 우둔함이 그와는 반대로 우리를 지배한다고, 그것이 우리를 무너뜨리고 끌어내리면서 우리를 장악하고 있다고 인정한다. 무질은 "우둔함이 우리에게 행사하는 장악력"(269쪽)에 관해 서술한다. 우리는 바보가 될 위험을 감수하지 않고서는 "우둔함을 초월"하거나 "우둔함에 관해" 쓸 수 없다. 따라서 어리석음을 명명하려는 몸짓조차 자성이 강한 마비상태와 부정성의 영역을 구성하는 수행 효과를 행사하며 모든 사람을 끌어들이고자 위협한다. 에세이의 뒷부분에서 무질은 어리석음이 지칭대상을 갖지 못한다고 주장한다. 즉 어리석음은 어떠한 형태의 단순히 진술적이거나 인식적인 기반도 갖고 있지 않으며, 어리석음이 만일 무슨 문제를 제기한다면 이는 대체로 지칭상의 의문점에 관해 질문을 제기하는 것이다. 그와 동시에 어리석음은 "너무나 어리석게도" 그 심리학적 세력권에 진입하는 사람이라면 누구라도 빠져나갈 수 없도록 만들어버리며, 독자와 작가 모두에게 애증병존의 아우라를 드리운다.

> 많은 사람은 어리석음이 우리에게 지배력을 행사한다는 느낌을 피력하는데…… 자신들이 신뢰하던 어떤 인물이 [어리석음이라는] 이 괴물을 그 이름 그대로 불러낼 작정이라는 얘기를 듣자마자 서로 사이좋게 모의라도 한 듯 화들짝 놀란 태도를 드러낼 때 그러하다. 나는 이 실험을 애초에 나 자신에게 행할 수 있었을 뿐 아니라, 어리석음을 연구하던 선배들—이들에 관해 알 수 있는 것이 거의 없었다. 현자들은 분명 지혜에 관해 쓰는 것을 선호한다—을 추적하는 과정에서 한 학자 친구가 1866년의 한

강연 원고 인쇄본을 내게 보내주었을 때 곧장 그 역사적 타당성을 깨닫기도 했다. 그 강연록의 저자는 헤겔의 제자이자 할레 대학의 교수인 에르트만이었다. 「우둔함에 관해」라는 제목의 이 강연은 처음 공지되었을 때부터 사람들의 웃음거리가 되었다는 한 보고서를 곧장 거론하면서 시작한다. 이런 일이 헤겔주의자에게도 벌어질 수 있다는 것을 알게 되니, 나는 어리석음에 관해 말하려는 사람들을 향해 그렇게 비웃는 태도를 보여주는 사람들과 연관된 특별한 상황이 있다는 점을 깊이 깨닫게 되었고, 나아가 내가 강력하고 심히 양가적인 심리학적 힘을 조장했다는 확신을 마주하고서 매우 불안해졌다.(269~270쪽)

의미론적 흐름에 약간의 변화가 생겨났는데, 무질은 이 변화를 특기하지 않았지만 그의 텍스트에 슬쩍 진입할 때 포착되지 못한 하나의 증상으로 발전하게 될 것이다. 에르트만의 텍스트는 무질의 텍스트와 동일한 제목을 공유하면서도 또한 공유하지 않으며, 아무리 무시할 수 있다 해도 그 차이는 의미 있는 규모로 젠더상의 충돌을 불러일으킬 것이다. 어리석음에 관한 에르트만의 텍스트는 독일어로 실제로는 「우둔함에 관해Über Dummheit」인 반면, 무질의 텍스트는 [여성명사로서] 「우둔함에 관해Über die Dummheit」라는 제목을 달았다. 개념상의 위치로 보면 특수한 용법으로 볼 여지가 있지만, 일반적 용법으로서는 근거가 없고 [어리석음에] 여성적 낙인을 찍는 혐의가 있다. 낙하산 타고 내려온 이 여성관사die의 문제는 무질이 본격적으로 다루지 않고 무의식적으로 탐구하는 문제다. 여성은 지속적으로 그가 아무런 지칭대상도 정해질 수 없다고 주장하는 그 유사 개념의 지칭대상이 되는 것이다. 좀더 의식적 차원에서 개입하는 경우에서야 무질은 어리석음에 관해 탐구할 때 고약하게 야기되는 [여성에 대한] 조롱에 관해 명기한다.

무질이 지목한 선배로 거론되기 위해 차출된 할레의 에르트만 교수는 무질의 열정적 탐구에 대한 불안감을 증폭시켰다.(무질은 생을 마감하는 순간까지 그 주제를 붙잡고 있었으며 어리석음의 본질과 그 함의들에 관해 출판되지 않은 성찰들을 꾸준히 저술했다.) 왜 에르트만의 저술은 조롱을 유발했으며, 이것은 무질의 기획에 어떤 함의를 지니는가? 아마도 이러했지 않았을까 싶다. 에르트만의 「우둔함에 관해」가 비웃음을 자아낸 것은 부분적으로는 명시된 그대로의 제목이 갖는 그 내재적 독특성 때문이겠지만, 그것이 철학적 도당들을 흔들었던 더 그럴듯한 이유는 공인된 헤겔주의자가 그러한 탐구의 서명자였기 때문이었을 터이다. 논조의 미묘한 차이나 역사성에 관한 차등적 뉘앙스를 분석하는 일에 연루된 난감한 어려움들에도 불구하고, 우리는 어떤 학파나 집단의 한 구성원이 그 학파의 진지한 관심사의 범위에 포함되지 않는 주제에 관한 에세이에 전념할 때 생겨나는 명백한 효과를 마땅히 확증할 수 있다. 진지한 노력을 경주하는 절대 지식의 추구자가 어리석음에 관한 대화의 장을 제공한다면 이는 확실히 주목할 만한 광경을 선사하는바, 헤겔적 시스템에서 어리석음이 차지할 유일한 자리는 어울리지 않는 자리, 또는 『정신현상학』의 서문처럼 완전히 추방되어 비본질적 지위로 격하된 자리일 터이다. 니체적 인물이나 마르크스적 인물이 어리석음의 문제를 일관된 통찰이 담긴 담론상의 무기고에 끌고 들어온다면 이는 전혀 다른 문제다. 어리석음에 대한 관심은 저항의 외침, 철저한 수색, 철학적 함정수사 이상을 제공하지 못한다. 그것이 시스템 구축에 참여할 수 있는 길은 없다.

"의기투합한 단체사진에서 보정 안 된 채 인화된 인류의 자화상"(무질, 『엄밀성과 영혼』)

무질에게 있어 어리석음에 관한 연구는 예비적이고 잠정적인 상태였는데, 실제로 우리는 어리석음이 침범되기 쉬운 경계들을 지녀서 포괄적 파악이 힘들기 때문에 그런 식의 탐구가 잠정적 지위만을 누릴 뿐이라고 말할 수도 있겠다. 무질의 에세이는 하나의 실험으로, 작가가 자기를 테스트하는 체험에서 벌어진 한 긴급한 국면으로 간주된다. 그것은 모종의 내기, 치명적 모험의 성격을 띤다. 무질이 말년에 출판한 이 마지막 에세이를 어리석음에 할애했다면, 그러한 제스처의 동기는 액땜하려는apotropaic 의도에서 촉발되었던 것으로 보인다. 그는 모든 것이 어리석음의 제물이 될 수 있게 만들고 그 거대한 생산기제의 일부가 되게 만드는 가공할 불가피성을 지적한다. 그가 글로 다루는 그 공인되지 않은 영역으로 탐사해 들어가는 일은 안전을 보장하지 못한다. 어떤 것도 그가 왜소한 헤겔주의의 낙오자가 되어 출몰하지 않으리라고 보증할 수 없다. 아니 그가 출몰하리라는 보증조차 없다. 그가 위험을 무릅쓰고 도박을 받아들인다면 이는 자기 선에서 그 일을 무마해버리기 위해서가 아니다. 그와는 반대로 또다른 경제가 결부되어 있다. 그의 텍스트가 전개되는 모든 단계에서는 건강과 질병의 수사학이 등장한다. 무질은 종종 자신의 전 저술을 질병으로부터 차단하기 위해서 자신이 그 만연한 독성을 내장하고 있다고 암시한다. 얼핏 보면 이는 전술적으로 앞뒤가 안 맞는 얘기로 들린다. 로베르트 무질은 어찌하여 자신의 작품이 어리석음의 혐의에 취약하다고 여길 수 있는가? 왜 그는 이제 와서 자신의 저작을 예방접종의 논리로 보호할 필요가 있다고 느끼는가? 그러한 취약성은 탐험지대에서부터 따라와서 적어도 두 통관지점에서 그 글을 위협한다. 첫번째로는 어리석음 자체가 이중적이다. 어리석음은 자신의 중핵가치를 나누고 배가하면서 갈수록 대범해지고 표나게 양면적이 된다. 그 작품을 한편에서는 영예로운 지위—글의 주제와 조화를 이뤄 그 작품이 기꺼이 인정할 수 있는 어떤 것—로("영예로운 어리석음은 이해력이 다소 떨어진다" 282쪽), 다른 한편에서는 조야한 질서—그 작품이 되길 저어하는 어떤 것—로 만드는("더 고차원의, 가식적 어리석음의 형태" 283쪽) 긴장관계에 끌어다놓는다. 에세이가 진행됨에 따라 어리석음은 끊임없이 좋고 나쁜 영역들로 갈라지면서 니체식의 가치 전쟁으로 진입한다. 이런 움직임으로 인해 어리석음 자체의 한계와 인식 가능성에 관련된 모종의 판단들은 중단된다.

그러나 앞서 인용한 대목을 통해 우리는, 어리석음에 관해 언급하는 것만으로도, 특히 에르트만의 청중들을 비웃음으로 물들였던 것과 매한가지로 그런 언급이 과감하게도 강의나 논문의 앞머리에 위치할 때는 더더욱 이미 그 프로젝트가 감염되었다는 것을 알게 된다. 그 주제를 다룬 논문에 두루 걸쳐 무질은 어리석음을 발설하는 행위가 갖는 칼날들 때문에 괴로워한다. 우둔함이 아무리 지칭하는 대상을 갖지 않는다 하더라도 그것을 발설하는 행위는 전염병을 만들어내고 어리석음의 효과를 퍼지게 만드는바, 이는 우둔함이 물신주의적 발화는 아닐지라도 어떻게 대체 가능한 비유의 지위를 갖는지 설명해준다. 어리석음은 거부와 고발의 행위로서 공동체에 자신을 복제한다. 어리석음의 행위자가 될 위험에 처하지 않고서야 우리가 쉽사리 어리석다고 비판받을 수는 없는 노릇이다. 다른 차원에서 보면 어리석음은 수많은 사회적 책임 전가와 알려지지 않은 잔혹행위들을 은폐한다. 어리석음을 지목하거나 혹은 어리석은 것으로 지목되는 사회적 결과들은 항상 존재한다. 그래서 무질은 이 말을 "나쁘게" 사용하는 경우에 내재된 정치적 폭력—가정 내 폭력을 포함하는—에 민감하다. 반면 동시에 그는 정치적 반격에 착수할 목적으로 스스로 어리석음을 활용하기도 한다. "어리석음"은 헐뜯는 말로서는 노동자, 부인, 여자친구, 혹은 아이를 비하하고, 권력을 겨냥해서는 저항하거나 되돌아와서 주체를 팽창시킨다. 라캉은 우리가 왕을 어리석다고 부르거나 "주체가 아주 쉽사리 자기 아버지를 백치라고 느낄 때"[12] 그 취약한 영역에 진입한다고 말한다. 이는 양가성의 변증법에서 에너지를 얻을 수도 있는 그 주체를 팽창시키기는커녕 지원 시스템을 마비시키고 악화시킨다. 그 입장은 위험천만하다. 조국의 지평선을 선회하는 거세의 공포를 파악하고 조국을 약골이자 동시에 호전적 위협자로 만드는 일은, 거세를 요청하지만 정치적 초자아의 창조에 가담하고 마는 주체에게 아무런 위안이 되지 않는다. 독일인들이 천진한 백치성을 드러내는 태도를 포착한 것에 죄의식을 느낀 나머지 이 진지한 작가는 도덕적 양심을 길어올린다. 정치적 초자아의 기원에는 일종의 애도행위가 있다. 애도와 우울증에 관한 성찰에서 프로이트가 돌이킬 수 없이 상실된 대상의 목록에 태어나거나 입양된 국가, 즉 우리에게 실망을 주거나 등을 돌리며 스스로가 공언한 이상들을 퇴색시켜버린 국가를 집어넣는다는 사실을 기억하는 게 좋을 것이다. 기반을 잃어버린 그 작가는 망한 국가 혹은 살인자 국가와의 거래를 끊어버린다.(자신의 비열하고 어리석은 동포들인 오스트리아인들에게 토마스 베른하르트가 퍼부었던 비난 속에 군림하던 정치적 초자아가 떠오른다.)

어리석음에 관한 사유는 무질에게 전례 없는 세계사적 잔혹성의 전개를 향해 가는 한 국가에 대고 도덕적 훈계에 착수할 수 있는 길을 열어준다. 공격과 연계되고 잔혹성의 표현과 결합된 어리석음은 무질이 오이겐 블로일러*의 몇몇 사례로부터 도움받아 펼치는 정치적 심리학을 요청한다. 그러나 그의 가장 큰 정치적 관심사는 대중 일반을 둘러싼 현실정치에서 어리석음이 촉발되

* Eugen Bleuler. 스위스의 심리학자로 프로이트의 정신분석을 도입하여 '정신분열증(조현병)schizophrenia'이라는 용어를 창안했다

는 양상과 관련 있는바, 거기서 어리석음은 탈문명화 과정을 끌어들인다.

> ……세상에는 사람들이 큰 무리를 지어 나타나는 경우엔 언제나 개인적으로 금지된 모든 것을 집단적으로 허용하는 특정한 성향이 있다. 오늘날 아주 강력해진 이 '우리'라는 특권으로 인해 점차로 개인을 문명화시키고 길들이는 과정은 그에 걸맞게 민족, 국가 그리고 비슷한 생각을 지닌 연합체가 행하는 탈문명화에 의해 상쇄되어야 한다는 인상을 솔직히 받게 된다. 여기서 분명히 생겨나는 것은 감정적 동요, 즉 '나'와 '우리' 간의 대립뿐 아니라 모든 도덕적 가치평가에도 근본적으로 깔려 있는 감정적 균형의 흔들림이다.(274쪽)

에세이가 전반적으로 전개되는 리듬에 견주어 평가하면, 이 대목은 일종의 불안발작anxiety attack을 부추기고 그 글이 정치적인 것과 어리석음 사이에 정립했던 연계성을 재가동할 수 없음을 확증한다. 자신의 상실과 갑작스레 절연함으로써 마치 무질은 정치적 통찰의 한계에 이르러 패닉을 겪고는 단죄하는 입장에서 한 발 물러설 필요를 느끼는 듯하다. 그의 분노는 무거운 죄의식이라는 사나운 놀에 휩싸여 난파당한다.

자극적 논제를 무한히 절제하면서 무질은, 카프카식으로 말해, 여성에게 질주한다. 그는 여성적 매혹에 굴복함으로써 이러한 계열의 질문 방식을 바꾸자고 제안한다. 정치학과 싸울 태세를 갖출 만큼 그렇게 남자답지(누구라도 이런 식으로 '남자'다울 수 있다고 가정한 채) 못한 그는 몇몇 여성의 따귀를 때림으로써 자기가 얼마나 터프한지 과시한다.

> 그러나 우리의 대응책을 논하기 전에, 그 나름의 매력이 없지 않은 하나의 사례를 거론하며 잠시 숨을 고르자. 우리 모두, 특히 우리 남성들, 그리고 무엇보다 모든 저명한 작가들은 자신의 자전 소설을 우리에게 적극적으로 털어놓고 싶어하는 한 여인을 알고 있다. 그녀가 우리에게서 기대하는 호응을 이끌어낸 적이 없으면서도 그녀의 영혼은 항상 흥미로운 상황에 처하게 된 듯 보인다. 이 여인은 어리석은가? 수많은 인상에서 생겨나는 그 무엇이 친숙하게도 우리에게 속삭인다. 그녀는 어리석다! 그러나 예의바름과 정의로움을 감안하여 우리는 그녀가 절대적으로 그리고 항상 어리석은 것은 아니라고 한 발 물러설 필요가 있다. 그녀는 자기 이야기를 많이 하고 아주 많이 떠든다. 그녀는 아주 단호하게 판단하며, 모든 일을 판단한다. 그녀는 허영기가 있고 정숙하지 못하다. 그녀는 곧잘 우리를 훈계한다.(274쪽)

숨막힐 듯 맥이 빠진다. 장면의 전환이다. 잔혹성의 세계사적 공간은 살롱으로 사라져간다. 글쓴이는 여성이 아니라 사례에 매혹되어 숨을 가다듬는다. 그는 정치적 초자아의 영역에서는 배척되어야 마땅한 공세를 문법에 맞게 반복한다. 그는 "우리 남성들"을 결집해 세련된 찻잔에 야만적 요소를 섞는다. 어찌되었든 그것은 "우리 남성들"을 한 여인에 대립시키는 문제이고, 유식한 "우리"를 외롭고 어리석은 "그녀"와 맞세우는 문제다. 공교롭게도 어떤 경우든, 그리고 이 매혹적 사례—죽은 시체도 없고 추방자도 없는—덕분에 "우리"가 "우리"의 폭력, 즉 문법적 양보라는 보이지 않는 공격무기에 의해 길들여지고 보장된 폭력을 행사하는 동안 "우리 남성들"은 예의바름과 심지어 정의로움에 의해 보호받는다. 관점을 바꾸고—이는 마치 망원경, 전쟁용 쌍안경이 되돌려진 것과 흡사하다—젠더를 바꾸면, 이는 조국의 어리석음을 증언하던 전사戰士 작가가 만찬 재킷을 걸친 채 항상 절대적으로 어리석지는 않은 한 여성에 이끌리는 동시에 그녀를 거부하면서 형제들과 옹기종기 뭉치는 격이다. 그 사례는 정치적 저항이 위험에 처한 장소로 전환되어 남성들이 흩어지고 움츠러드는 바로 그 순간에 그들을 재결집시킨다. 그 사례는 일종의 구명 뗏목으로서 죄의식이 난파되고 있는 장소에 구조를 위해 당도했다. 그것은 왜소한 남성들의 생존을 지원한다. 무질은 논의를 재개한다.

어리석음은 종종(물론 항상 그리고 절대적으로 그런 것은 아니지만) 남성으로서 우리의 경험이 여성에 대해 가르쳐주었으나 예의바름과 정의감 때문에 단정적으로 주장할 수는 없었던 어떤 것과 연관된다. 오히려 여성을 통한 우회로는 어리석음을 타인의 지배적 특성으로 인식하는 일이 소수화minoritization는 아닐지라도 때로 여성화feminization와 연관되어 있음을 시사한다. 그렇게 조국이 축소되자 주체는 애도에 나서거나 다과회에 참여한다. 그는 지배의식과 정의감을 재생시켜주는 하나의 사례에 정신을 빼앗기고 매혹당한다. 그러나 어리석음이 주는 부담감은—상처로든 무기로든—주체를 그만큼 손상시키려고 위협한다. 비록 불가피하게 어떤 형태로든 공격으로 귀착되긴 하지만, 잔혹성의 측면에서 보면 어리석음은 아무리 예의바름이 그 장면을 방어해준다 하더라도 결국 남성다움 혹은 덕성에 모종의 결핍을 초래한다. 어리석음이 힘을 발휘하는 것은 탄력을 받은 한 남성이 사격을 중지할 수 없는 순간, 그의 잔혹성이 충동적이고 무분별한—여성적—잡담과 어깨를 나란히 하는 순간이다.

헛것에 홀려 여성으로 미끄러져간 행보는 지속적으로 되풀이되는 하나의 증상을 나타낸다. 무질이 허용하리라 여겨지는 것보다 덜 예의바르게, 그러나 그의 주장의 기본 논리와 결부되어 있는 방식으로 말하자면, 여성을 "어리석은 갈보년stupid bitch"으로 전유하는 이 충격적이리만큼 습관적인 행위는 정치적 공격을 중성화한 변형태로 작동한다. 한 여성을 어리석다고 부르는 것은 원인은 아니지만 이미 실행의 형태로 자리잡은 폭력의 시작을 나타낸다. 주지하다시피, '어리석음'은 단지 성적 환유로 기능할 뿐인 '갈보년'보다 더 치명적이다. 무질은 어리석음의 정치학에 매우 민감하지만, 이 폭력을 스스로 항구적으로 만드는 일에 가담한다. "여성 예술가보다 더 어리석은 것은 없다."(274쪽) 여성은 어리석음의 형상으로서 여러 군데 등장한다. 비록 맹목적으로 그리고 거의 무의식적으로 벌어지고, 그가 휴식을 취하며 숨을 가다듬을 때, 즉 그 상정된 목표물이 일반 대중과 프티부르주아를 겨냥한 것으로 보일 때 그러하긴 하지만 말이다. 어리석은 여성은 계급 장벽을 허문다. 그녀는 진지한 작가에게 이바지하는바, 정치적 비난이라는 공황장애로 인해 뿔뿔이 흩어져버린 우리 남성들이 함께 모의하도록 부추긴다.

성차sexual difference가 결정되어온 매 국면에서 무엇이 본질적으로 문제되는지 분명히 하기 위해 무질이 도입한 하나의 비교를 거론해보겠다. 무질과 니체는 모두 그들의 관용구적 어조를 통해 여성들을 비난한다. 물론 니체의 불평이 무질보다 덜 관습적이고 확실히 덜 '예의바른' 것이긴 하다. 그들의 발언이 때로 인화지처럼 일치하는 경우조차 무엇이 이 두 '남성'(니체는 남자라기보다 다이너마이트다)의 목표를 그렇게 양립 불가능하게 만드는가? 무질의 끈질긴 예의바름 그 자체는 그를 무너뜨려서 그가 티 나게 은폐하는 폭력을 발가벗긴다. 관습적 코드의 반복에 저항하는 니체는 "우리 남성들"이라는 합의를 전제하는 함정에 빠지지 않고 자신을 솔직하게 드러낸다. 그는 젠더의 확실성과 관련된 모종의 합의 같은 것에 귀의하지 않는다.(니체는 예수, 디오니소스, 유대인, 그리고 그가 보기엔 집착하는 동물인 여성과 상궤를 벗어난 방식으로 자신을 동일시함으로써 어떤 형태의 사교모임에라도 등록할 수 있게 된다. 물론 아무 모임이나 모든 모임은 아니지만 분명 굉장히 많은 모임이긴 하다.) 니체의 공격이 형이상학을 겨냥하고 덤으로 경험적인 것을 조준하는 반면, 무질은 다른 건 몰라도 대체로 자기의 논의를 통상적 견해와 인류학적 논평의 수준으로 유지한다. 그 어디에서도 논의가 전개되는 바로 그 조건들을 훼손하지 않는 그의 추론은 인식의 수사학 내부에서 자그마한 모순조차 보여주지 않는다.

발칙하고 외설적인 주장들과 니체 간의 친연성은 종국에 내가 되바라진 예의바름bad politeness이라고 부르는 것의 측면에서 발생하는—아니 후퇴하는—무질의 다소 나르시시즘적 사색보다 유혹의 간절함이나 자기동일시가 훨씬 덜한 발언을 촉진한다. 두 아이러니스트 모두에게서 다른 목적으로 채택되는 그 허례politesse의 정치학은 실제로 니체의 스타일을 무질의 스타일에 연결한다. 허례는 나쁜 어리석음이 무례하게 진입하거나 혹은 그보다 더 나은 어리석음이 생각 없이 우물쭈물하는 데 반대한다. 더 많은 전과기록을 받아 마땅한 못된 허례는 현 시점에서 축약된 형태로 제시될 수 있다. 허례는 거짓 믿음에 기반을 두며, 공격을 꺼려하는 자신의 성향과 관련해서는 이빨을 드러낸 웃음을 도무지 감추지 못한다. 목말라하지만 자기부정적인 허례는 아이러니에 의해 내팽개쳐진다. 어떤 경우든, 즉 기원이나 목표가 좋든 나쁘든, 예의바름 그 자체를 지향하는 충동은 우호적 무장해제를 약속하는 와중에도 엄청난 폭력을 은폐한다. 무질은 한 묶음의 어리석음을 다룰 때 자기만의 예의바른 머뭇거림을 위한 여지를 마련함으로써 본질적으로 침묵 혹은 억압의 역사를 초래한 원인들—여기에는 계보학적 본능이 존재하지 않는다—을 조사하려 하지 않거나, 어리석음이 정치학과 여성들에게 행사하는 헤게모니의 은밀한 수혜자들에 관해 탐색하길 꺼려한다. 오히려 그의 관심사는 다양한 사회적 참여의 층위에서 불가피하게 나타나는 권력의 열패감을 전시하는 일에 좌우된다. 훨씬 부드럽게 표현해서 이 실패는 모종의 개인적 결핍을 반영하는 것이다. 그는 그 임무에 적합하지 않다.(다른 누구도 그러지 못하다.) 그는 맹점을 찾았다고 주장한다. 하지만 무질의 발견에는 모종의 겸손함이 주는 잔인성이 존재한다. 겸손함은 결국 어리석음을 없앨 수 있는 유일한 치료약으로 떠받들어질 것이기 때문에 그것이 어디서 생겨나는지 인용할 가치가 있어 보인다. 겸손함의 에토스는 니체의 발언, "나는 왜 이리 영리한가"의 반대급부로 생겨나는 듯하며, 겸손함에 있어 아주 도전적 선언, "나는 왜 이리 무지한가"라는 선언을 펼쳐놓는다. 그렇지만 이 상반되는 수사적 경향이 과연 영리한 자들과 무지한 자들 간의 엄격한 대립을 형성하는지는 또다른 문제이다.

> 그래서 어리석음을 마주 대하면 나는, 그게 뭔지 나도 몰라요, 하고 내 아킬레스건을 곧장 이실직고하는 편이다. 내가 그 도움으로 세상을 구원할 수도 있을 어떤 어리석음의 이론도 나는 발견하지 못했다. 사실, 과학적 분별의 테두리 내에서조차 나는 어리석음을 주제로 택했던 연구와 마주친 적이 없고, 어리석음의 개념과 관련된 사항들을 다룰 때 좋든 싫든 그 결과로 얻어질 모종의 합의점도 찾지 못했다. 이는 내 무지함의 소치일 수도 있지만, 어쩌면 '어리석음은 무엇인가?'라는 질문이 선善이란, 미美란, 혹은 전기란 무엇인가라는 질문처럼 우리가 현재 사유하는 방식들과 조응하는 바가 거의 없기 때문일 확률이 더 높다.(270쪽)

무질은 어리석음을 붕괴시킬 수 있는 힘으로 아직 겸손함을 지명하지 않았지만, 애초부터 우리의 '사유-스포츠'를 앞둔 식전 행사에서 몸풀기라도 하듯 겸손한 논조를 연습한다. 겸손함의 수사학은 그 대립물을 은폐하는 데 이바지할 수도 있지만, 위 인용문에서 훨씬 더 꼬집을 만한 한 대목은 그가 정말로 어리석음에 관해 무지할 가능성과 연관되어 있다. 다시 말해, 그 주제에 관해 그가 몽매하다는 것, 그가 이미 어리석음의 일부이기에 그 주제를 다룰 능력이 없다는 것, 어리석음에 몰두하면 할수록 더욱 더 포착할 수 없다는 것. 어리석음에 관해 지능을 집중하면 할수록, 자신이 이해했는가에 더욱더 확신이 서지 않는다는 것. 그 논리는 여기서 다른 행보, 또다른 대면의 리듬을 띤다. 가까이 가면 갈수록 더욱더 멀어지는 것이다. 이는 마치 질문으로서의 어리석음이 태양의 비유에 근접하는 격이다. 읽기 위해서는 자신의 시선을 돌려야만 한다. 다른 곳을 응시해야만 한다. 그런데 어디로? 어리석음이 빛의 문제일 수가 없는 까닭은 그것이 흐릿하기 때문이다. 어리석음이 그 질문을 자신에게 귀속할 수 없는 이유는 잘했든 못했든 간에 자신이 모든 해답을 갖고 있기 때문이다. 심지어 모자라거나 둔하거나 무뎌지는 문제일 경우에도 그러하다. 어리석음은 조응하거나 비유하지 않는다. 그러니 존재하지 않는다. 그러나 어리석음은 이론화나 과학성을 수용하길 거부하는 경우조차 선과 아름다움에 관한 질문들만큼이나 오래전에, 그리고 전기의 철학적 충전만큼이나 현재도 문제로 제기된다. 정의되기 힘들고 정의되길 거부하는 어리석음은 끊임없이 사유의 통제를 빠져나가는 바로 그런 이유로 비판적 사유에 속한다.

"잔인함은 화나게 하지만 어리석음은 실망을 준다"
(알베르 카뮈, 『계엄령』)

어리석음은 무엇과 조응하는가? 어리석은 자들은 무엇에 응답하는가? 자기 에세이의 아주 도발적인 한 대목에서 무질은 어리석은 존재를 저항이 결여되어 있기에 폭력을 유인하는 한 인물로 특징짓는다. 무질처럼 체질적으로 폭력적이지 않고 온화한 성품의 사람일지라도 진짜 어리석은 사람을 보면 우리는 화가 난다. 우리는 그들을 추적한다. 그를 못박고 싶어하고, 그에 관해 글을 쓰고, 고문하고, 고정시키고 싶어한다. 예의바른 작가는 니체의 잔혹성 주제들과 사드 후작의 무자비성을 환기시키면서 포식자의 식욕으로 덮친다. 자신이 건강한 상태이고 스스로가 어리석다고 판명될까 두려워하는 일에 예방접종이 되어 있을 때 무질은 다음과 같이 쓴다.

> 그러나 어리석음은 또한…… 우리를 화나게 할 수 있고, 어떤 경우에도 전혀 위안을 주지 않는다. 요컨대 어리석음은 대개 조바심이 나게 만들지만 드물게는 잔인함도 불러일으킨다. 이 병리학적이고 혐오를 부추기는 잔인함의 과잉은 보통 사디즘의 성격을 띠게 되며, 어리석은 사람들이 희생자 역할을 하게 되는 일이 꽤 많다. 이 상황은 분명 어리석은 사람들이 다른 이들보다 더 쉽사리 잔인한 사람들의 먹잇감이 되기 때문이다. 그러나 이는 또한 모든 면에서 두드러진 저항의 부재와도 얼마간 연관이 있는 것 같고, 이 저항의 부재로 인해 피 냄새가 사냥 욕구를 자극하듯 상상력은 광폭하게 치닫는다. 이 때문에 어리석은 사람은, 한계에 대한 모든 감각을 상실한다는 단 하나의 이유로 인해 잔인함이 '극단으로' 치닫게 되는 사막으로 유인된다. 이 한계감각의 상실은 고통을 가하는 당사자에게 나타나는 고통의 특질이자 그의 야만성에 내포된 약점이다. 그래서 공감능력이 훼손된 데 대한 분노가 앞선 나머지 우리는 이 점을 거의 인식하지 못하지만, 잔인

함 역시 사랑처럼 서로 조화를 이루는 두 사람을 필요로 한다.(272쪽)

어리석음에 사디즘적으로 대응하는 일에는 그 나름의 고통이 따른다. 극단으로 치달아서 멈출 수 없이 요동치고, 자신과 짝을 이루는 희생자를 고문한다. 어리석음 그 자체는 병리학적인 것으로 간주되지 않지만, 어리석음을 짓밟도록 요청받는 사람은 병리학의 족쇄에 내몰린다. 어리석은 희생자는 '자업자득'이라는 논리에 몰리게 되었다. 고문을 가하는 자가 언제 멈출지 알고 있기만 하다면 얼마나 좋을까, 같은 주장이 나오게 된다. 이는 고문자의 약점이자, 그만의 고통이다. 그는 적절한 매질의 한계 내에 머물면서 마음껏 두들겨 팰 수 있는 제한시간을 지킬 수 없다. 이제이 어리석은 미끼 유인술은 니체의 적나라한 멸시를 상기시키기는 하지만 그런 멸시에는 없는 아주 무례한 논평을 미리 보여준다. 그 유인술을 니체적이지 않게 만드는 것은 희생자에 대한 사냥허가기간으로서, 이는 여기서 묘사되고 있는 그 공격을 실제로는 배가시킨다. 니체는 아무리 온순함의 탈을 쓰고 있을지라도 승리감에 도취된 대의명분을 우선적으로 공격하는 반면, 무질은 선을 넘어서서 대놓고 잔인함을 즐기는 모종의 취향, 즉 희생자를 빈사상태에 빠뜨리려는 욕망을 드러낸다. 늑대의 탈을 쓴 니체 역시 그의 어린 양들을 좋아했지만, 그는 단지 애정이 우러나서 먹어치우려 할 뿐이다. 이 난감한 입장에도 불구하고, 어리석은 자들이 우리로 하여금 그들을 죽이게 만든다고 고백하는 일에는 용기가 필요하다. 우리가 천성적으로 잔인하다면, 우리는 어리석은 자들을 샅샅이 수색할 터이다. 우리의 선천적 잔인함이 이제껏 통제되어 왔다면, 어리석은 자들은 우리를 사디즘적 매진이라는 새로운 지평으로 몰아갈 것이다. 항상 그런 것은 아니어서 우리는 어리석은 자들이 어떤 통제되지 않는 돌발 상황을 부추길지 예측할 수 없다. 어리석음은 전면적이고 전일적인 결과론logic of effects을 생산해내는데, 이는 어리석음에 관한 에르트만의 논문 주제이기도 하다. 왜 어떤 형태의 어리석음은 우리를 웃게 만드는 반면 다른 형태는 동정심을 불어넣고, 우리를 민망하게 만들거나 깊은 파괴 충동으로 물들게 하는가. 나아가 왜 또다른 형태들은 우리가 이런 백치상태에 노출됨으로써 마찬가지로 어리석게 될지 모른다는 두려움으로 공포에 떨게 만드는가?

"겉멋 들어 빌어먹고 빌빌대며 뻔뻔하고 바람 들어 불경스러우며 복에 겨운 얼간이"
(제임스 조이스, 『피네간의 경야』)

무질은 어리석음이 종종 짝을 지어 온다고 명시했다. '덤 앤 더머dumb and dumber'처럼 혹은 어쩌면 디크 운트 도프Dick und Doof (스탠 로렐과 올리버 하디*의 독일 버전), 또는 부바르와 페퀴셰, 아니면 헬레니즘 시대 희극에까지 거슬러올라가 아이러니에 관한 폴 드 만의 성찰에서 중요한 멍청이 커플로 나오는 알라존alazon과 에이런eiron†처럼 말이다. 그렇지만 어리석음으로 신성화된 커플은 의인화될 필요가 없다. 무질이 염두에 두는 것은 '비열하고 어리석은', '오만하고 어리석은', 나아가 '뚱뚱하고 어리석은' 같은 의미 있는 짝이다. 장뤽 낭시는 그러나 '잔인하고 어리석은'이라고 할 수는 없다고 말하는데, 왜냐하면 잔인함은 주권을 지칭하기 때

*로렐과 하디는 무성영화 시대 미국의 유명한 희극배우들로, 일명 '뚱뚱이와 홀쭉이' 듀오로 활약했다.

†고대 그리스 희극에 등장하는 전형적인 인물 유형으로서 각각 '어리석은 허풍선이'와 '꾀많은 하층민'을 가리킨다. 허풍떠는 알라존의 어리석음을 드러내는 영리한 약자 에이론의 이름에서 아이러니 개념이 유래한다.

문이다. '비열한'은 훨씬 비천하고 반동적이어서 짝이 요구된다. '잔인하고 어리석은'이라고 말할 수는 없지만, 누가 혹은 누군가의 강아지가 비열하고 어리석다고 말할 수는 있다.

수사적으로 혹은 사회적으로 짜맞춰진 그러한 쌍들로 인해 어리석음으로 점철된 광범위한 가정 폭력을 거울처럼 되비추거나 무질이 어리석음의 정치학이라고 폭로한 것, 즉 커플들이 무엇보다도 먼저 가정에서 수행하는 그 정치학을 숙고하는 일이 재개된다. "너는 어리석다"라고 할 때처럼 '어리석다'는 말은 사람들을 가차 없이 바보로 만들어버린다. 한 커플 안에서의 위계질서로 인해 종종 어리석음을 행하고 써먹는 일, 즉 적대적 포옹이라는 재택용home office 무기에 전략적으로 의탁하는 일이 필요해진다. 실제로 더 약한 쪽은 살아남기 위해 어리석음을 연기하는 일에 통달할 필요가 있다. 공격을 받는 쪽, 즉 항상 충돌 테스트용 인형을 연기해야 하는 사람에게는 어떤 일이 벌어지는가? 무엇보다도 어리석은 것과 영리한 것 사이에 있으리라 추정되는 차이는 재현이라는 일반적 문제와 결부되어 있다. 어느 한쪽이 되었든 간에 우리는 우리가 어리석다는 사실을 감추어야 하는 반면, 우리가 영리하다는 것은 보여줄 수가 없다. 그렇게 하면 우리가 진짜 멍청해 보이기 때문이다.

> 어리석음에 관해 말하고 싶어하거나 그것을 논하는 대화에 유익하게 참여하고 싶어하는 사람은 누구나 자기가 어리석지 않다고 스스로 추정해야만 한다. 그런데 그런 사람은 자기가 영리하다고 믿는다는 티를 내면 대체로 어리석다고 여겨질 터인데도 그렇게 한다! 만일 영리하다는 티를 내는 것이 왜 어리석게 여겨져야 하는가라는 질문을 누가 분석한다면, 첫번째로 떠오르는 대답은 조상 대대로 내려온 가구에 낀 먼지처럼 고리타분해 보일 것이다. 왜

냐하면 영리하지 않게 보이는 것이 조심하는 길의 으뜸이라고 답할 것이기 때문이다.(270~271쪽)

칸트가 『실용적 관점에서 본 인간학』에서 너무 비천해서 취할 여력조차 없는 현대사회의 구성원들, 요컨대 술이나 약에 취한 모습을 보일 여력도 없고, 통제력을 잃어서 자세가 흐트러진 채 멍청한 실수조차 할 깜냥이 안 되는 공민적civic 취약성을 지닌 사람들—칸트는 사회적 정의로움을 확보하기 위해서는 유대인, 여성, 성직자가 자기를 드러냄에 있어 정신이 맑아야만 한다고, 그들에게 사교적 음주는 안 된다고 말한다[13]—에 관해 논했던 바를 떠올리게 하는 방식으로, 무질은 종속적 관계에서 여전히 목격할 수 있는 형태의 '영악한 어리석음'에 관한 논의에 착수한다. "어떤 상황에서는 약한 사람이 영리하게 여겨지지 않게 하는 일이 실제로 훨씬 더 똑똑한 처신이었던 적이 있었다. 그의 영리함은 강한 사람의 삶을 위험에 빠뜨릴지도 모른다! 반면에 어리석음은 불신을 잠재운다. '무장해제'시키는 것이다."(271쪽) "그렇게 감탄스러운 교활함과 영악한 어리석음의 자취는 서로간의 힘이 너무나 불균등하게 나뉘어져서 더 약한 사람이 실제보다 더 어리석게 행동해 살 궁리를 하는 종속적 관계에서 지금도 찾아볼 수 있다."(271쪽) 영악한 어리석음에 관해 무질이 본보기로 삼는 사례에는 하인과 바깥주인 또는 안주인의 관계, 병사와 장교의 관계, 자식과 부모의 관계, 그리고 학생과 선생의 관계가 포함된다. 영리함은 약자에게 위험을 불러온다. 반면 순종적인 사람의 영리함은 추앙된다. "하지만 오로지 무조건적 헌신과 연결되어 있는 한에서만 그러하다. 인스턴트식 헌신에는 좋은 성품이라는 이 증명서가 결여되어 있고 지배하는 사람의 이익에 봉사하는지가 더는 분명치 않기 때문에, 간혹 영리하다기보다 무례하거나 사악하다고 일컬어진다."(271쪽) 구조적으로 종속된 측에서 어리석음의 태도를 버리는 순간 그들은 사회적 불순과 주제넘은 일탈을 촉발하는 그런 언어들에 취약하게 된다. 무질은 계속해서 말한다. "도덕의 측면에서" 영리함은 "한 사람이 혼신을 다해 저항하는 지식이 더 향상될수록 그의 의지는 더 사악해진다는 견해로 귀결되었다."(271쪽)

이브에 관한 모든 것

영리해 보일 때의 위험성에 대한 통찰은 무질의 주장에서 하나의 중요한 계기를 부각시킨다. 다른 무엇보다도 그 계기는 우리를 니체의 페미니즘적 형태로 이끄는데, 거기서 니체는 진정한 과학성과 영리함의 근원형상들에 상당한 정도의 불공정함이 행해져왔다는 것을 깨닫는다. 이브가 사악한 것은, 그녀가 알고자 하고 따져보려고 하기 때문이며, 또한 우리가 여전히 대가를 치르고 있는 그 어리석은 실수를 저지른 것으로 표상되기 때문이다. 그녀의 어리석음은 알고자 하는 욕구, 단순한 호기심으로 격하되어온 그 욕구에 놓여 있다. 이브는 최초의 지식 추구자였다. 알고자 하는 욕구로 인해 그녀는 어리석은 인물로 밝혀지는데, 그녀의 남편과 창조주에 의해 앎이 금지되었다는 사실을 그녀는 알지 못했거나 이해하지 못했기 때문이다. 이브 나름으로는 자신이 헐벗었으며 무지하다는 것을 알고 있었다. 그러나 그녀가 자기 한계를 알고 있거나 목격했다는 사실을 드러내지 않는 것이 어쩌면 더 현명한 일이었을 수도 있다. 그녀는 그 한계를 발견했고 확인했다. 그녀는 낙원에 있는 본거지에서조차 제한된 것이 있음을 경험했다. 그녀는 항상 이미 남성 샤를에게 결박된 마담 보바리였다.

앎에 내재하는 대담하고 불가피한 위반행위를 폭로함으로써 이브는 어리석음을 연기하지 않으려 하고, 자신이 결정적으로 처벌을 받게 되었던 반항성 내지는 무능력(어리석은 실수)을 전시한다. 실제로 어리석음을 연기하지 않으려 하는 경우 우리는 악마와 엄청난 거래를 하는 셈이다. 니체가 「나는 왜 이리 영리한가」를 쓰는 것은 바로 그가 이브의 행색을 하고 이브 행세를 잘하지 못할 때이다. 그러나 좀더 일반적 의미에서, 니체의 이브 행색과 그리 동떨어지지 않은 의미에서, 무질의 논평은 그 영리한 범인을 그녀와 비슷하게 행동하지만 완전히 무지해서 그렇게 했을 법한 사람보다 어쨌든 죄가 더 많은 것으로 치부하기 위한 도덕적이고 법적인 심리에서 반복해서 벌어지는 하나의 경향에 주목한다. 비록 법은 무지가 범죄행위의 '변명'이 된다고 인정하지는 않지만, 영리한 자에게 혐의가 씌워지는, 다시 말해 법적 주체와 연계된 귀책 의식과 의지의 정도에 따라 혐의를 씌우는 시스템에서는 [무지한] 실험인형이 훨씬 관대한 대접을 받는다. 영리함은 적어도 이브의 시건방진 행위에 관한 소문들이 생겨난 이후에는 훨씬 비싼 도덕적 대가를 치르며 훨씬 손쉽게 범죄시된다.

> **"가장 열악한 상황에서 사회를 행복하게 하고**
> **사람들을 편안하게 만들기 위해서는 반드시**
> **그들 대다수가 궁핍할 뿐 아니라 몽매해야 한다.**
> **……노동에 비하면 학업은 태만이다."**
> **(버나드 맨더빌, 『꿀벌의 우화』)**

이제 이번 장의 근본정조Grundstimmung는 무언가 약간의 간섭, 좀더 세밀한 조율을 요청한다. 이 요청은 고귀한 어리석음을 요구한 니체나 자기 저작들에서 해방적 어리석음을 긍정하고 있는 캐시 애커*에서 발원한다. 요컨대 어리석음을 다루는 일이 전적으로 비

* Kathy Acker. 미국의 실험 소설가이자 펑크 시인으로서 성을 통한 해방을 주장한 페미니즘 작가.

난 일변도의 작업일 수만은 없다는 것이다. 해야 할 다른 일도 있다. 이제껏 어리석음이라는 사안은 무질에 의해 폐위되어 결정적으로 모종의 암흑과 절망의 측면으로 몰락했다. 물론 어리석음이 본질적으로 이것 아니면 저것이 아니라 항상 이것이자 동시에 저것으로 이해될 수 있다는 데 의견이 일치한 적은 없다. 정치적 공포에서 개별적 패배에 이르는 스펙트럼은 어리석음의 그늘 밑으로 암호화되었다. 그렇지만 즐거운 지식의 명부에 속해 긍정과 예스라는 응답에 가담할 수 있는 어리석은 자들의 색조 또한 존재한다. 미셸 드 몽테뉴는 어리석다고 못박힌 존재의 경험을 끄집어내서 쾌락으로 이끈다.

자기 벗들에게 털어놓게 된 계제에 몽테뉴는 누군가가 자신을 얼간이라고 부르면 극도의 즐거움을 느낀다고 고백한다. 오직 유익하고 깊은 우정만이 그러한 끈끈한 포용을 감당할 수 있다. 대단한 친밀감과 신뢰는 굴레에 묶여 있는 우리에게 우리 자신의 어리석음을 비춰줄 수 있다. 벗이란 단순한 예의바름의 경계를 가로질러서, 기꺼이 선을 넘어설 위험을 무릅쓰고, 우리를 살짝 두들겨 단련시키며, 거리감을 증폭시키는 사람이다. 우리는 그런 위반의 표출을 반기며 위반을 갈구한다.

> 내 벗들이, "이 멍청아! 헛소리 하지 마!"라고 지껄이며 나를 거칠게 대하는 걸 나는 참을 수 있다. 신사들 가운데 자신을 진심으로 드러내고 생각이 이끄는 바대로 말하는 사람들을 나는 좋아한다. 공손한 말들의 음성에 유혹당하지 않도록 귀를 단련하고 튼튼히 해두어야만 한다. 나는 강하고, 친밀하고, 사내다운 우정, 즉 피가 흐를 지경으로 깨물고 할퀴는 짓을 사랑이 반기듯, 날카롭고 격정적인 주고받음을 즐기는 그런 우정을 좋아한다. ……나는 진심으로 나를 거칠게 대하는 사람과 자주 마주치길 원한다.[14]

『즐거운 지식』에서 니체는 심각한 위해와 오해가 어리석음의 창조적 꼭지에 가해져서 어리석음을 격하시키고 그 굳건한 리듬을 말살한다고 진심으로 걱정한다.(“그리하여 고귀한 지성이 필요해진다—오, 가장 분명한 말로 표현해보자—필요한 것은 저 위대한 공동의 신념에 충실한 사람들을 한데 뭉치게 하고 그들이 계속 춤출 수 있게 만들 고귀한 어리석음virtuous stupidity, 둔한 정신에 걸맞은 무신경한 메트로놈이다.”)[15] 무질은 언어의 남용에 “상상할 수 없이 홍겨운” 그 무엇, 즉 그 말의 의도와 상관이 있긴 하지만 그 자체의 내용과는 무관한 무언가가 있다고 지적한다.(278쪽) 보들레르는 애매함으로 가득찬 유행 문구를 의기양양하게 펼쳐놓으면서, 돌이킬 수 없이 나이 먹은 학자들에게는 해당사항 없는 성형수술의 효과를 위해 어리석음이 스스로를 복제하도록 부추긴다. 자신들이 사랑했던 여성이 어리석다는 걸 알고는 얼굴을 붉히는 “오만한 얼간이들”을 불러낸 그 사악한 시인은 어리석음을 아름다움의 가능조건까지는 아니지만 그 본보기로 삼는다. “어리석음은 종종 아름다움의 장식이다. 그것은 사람들의 눈에 탁한 웅덩이의 그 애조 띤 투명함과 열대 바다의 기름진 평온을 선사한다. 어리석음은 늘 아름다움을 간직하고, 주름살을 멀리하며, 우리 같은 참담한 학자들이 감내해야만 하는 사유의 괴로움에서 우리의 우상들을 지켜주는 성스러운 화장품이다.”[16] 세월과 주름에 굴복해 상처받은 우리 학자들은 고통과 공존하는 사유들에 사로잡혀서 비참하고 유한하다. 보들레르에게 어리석음은 하나의 거룩한 상투어로서 전형적으로 젠더화되며(“열대”라는 비유) 인종화된다. 아름다움을 매장할 수 있기에 어리석음은 아마도 훨씬 더 효과적으로 애도와 죽음의 경험, 다시 말해 또다른 죽음의 경험에 연결된다. 여기서 방부제로 이름붙여진 어리석음은 어떤 면에서 미라화하기mummification, 즉 시적 봉쇄와 세월을 거부하는 시간감각에 결부되어 있다. 우리 학자들은 그 와중에 끝장나서 해체되고……

이 대목들에서 나는 어리석음의 긍정적 측면을 밝혀보겠노라 다짐했다. 그러니 탁한 웅덩이의 애조 띤 투명함은 세월의 또다른 주름을 위해 남겨두어야만 할 것 같다.

자, 우리는 과연 언제 어리석음을 하나의 억압되지 않은 형태로 유쾌하게 품을 수 있는가? 세상에는 멍청이들의 제국에서 구제할 수 있는 분명한 즐거움, 어리석은 행동과 활동이 주는 은근한 즐거움이 존재한다. 축조된 즐거움이 투여되는 어리석음의 아방궁을 떠올려보기만 해도 될 것이다. 어리석음의 나른한 마취 효과는 최근의 기술적 정신병리학의 바로 그 가능성, 즉 산업화된 여가의 형태에 반영되어 있고 거기서 산출되는 쾌락들에 속해 있다. 우리가 정말 창피스럽게도 터무니없는 TV쇼 시청하기, 전화로 노닥거리기, 문화연구하기, 발언 가능한 것의 검열 철폐하기, 난센스에 불과한 어리석은 일들을 행하고 일삼기, 또는 즐기고 즐기고 또 즐기자는 미국식 이데올로기를 굳이 떠올려야만 할 필요가 있을까? 솟구치는 발현이라는 긍정적 측면에서 보면 어리석음은 아름다움, 흥겨움, 친구 간의 상스러움과 일탈적 쾌락의 들뜬 열기를 유인한다. 이 모든 특징은 어리석음이 제공하는 것으로 여겨지는 쾌락의 경우와 마찬가지로 둘로 나뉜다. 쾌락이 있는 곳에서 우리는 프로이트적 항로를 저급한 죽음충동으로 항해하기 때문이다. 어리석음은 때때로 쾌락원칙을 넘어서는 공허를 초래하고, 치명적 목적지를 향해 가는 지루하고 무딘 쾌락들을 촉진한다. 무기력과 죽음의 측면에서 보면 이러한 어리석음의 형태들은 서서히 진행되는 죽음, 돌이킬 수 없는 기력 상실이라는 낙인이 찍혀 있다. 어리석음이라는 것이 삶을 촉발하는 순간이 있는가? 다시 말해, 어리석음에 내린 금지가 풀리는 것은 언제이며 마침내 우리가 어리석을 수 있는 것은 언제인가? 예컨대 우리가 사랑에 빠진 그때, 우리가 서로를 유치한 이름과 애칭으로 부르면서 애교어린 말투로 우리 자신만의 어법에 언어적 변형을 불러오는 그때, 사랑은 공개적으로 어리석음이 허용되는 몇 안 되는 자리 중의 하나를 가리킨다. 폴 발레리의 「에밀리 테스트 부인의 편지」를 보면 사랑은 이렇게 정의된다. "사랑은 함께 어리석은 짐승이 되는 특권에, 곧 무의미와 야수성의 완전한 허용 속에 자리한다."[17] 사랑은 어리석음의 공유, 황홀경의 언어라는 그 야수 같은 자유분방함으로의 하강이 "사용 허가된" 상태를 지칭한다. 완전한 굴복으로서의 사랑은 함께함being-with이 어리석게 넘쳐흐를 통로를 열어준다. 사회적 지성과 분별 있는 활동을 명문화하는 법은 언어를 창조하는 사랑의 장면들이 진행되는 동안 중지된다. 이는 또한 사랑에 빠지기 위해서 우리는 진짜로 무너지고 터무니없이 멍청해야만 한다는 것, 또는 어리석음이란 오직 사랑만이 허가하고 해방시킬 힘을 지닌 인간 정서의 억압된 기반이라는 것을 뜻한다.

알게 뭐야!

부정성을 그대로 노정하는 어리석음을 사랑이나 마약에 취하지 않고 그대로 복용하면 비상사태를 초래한다. 널리 회자되는 일련의 "알게 뭐야whatever……", "형편없어it sucks" 같은 표현, 그리고 "멍청하긴"이 일정한 정도의 멋들어짐을 가리키는 길거리 시의 변증법적 변화를 포함하는 어리석음에 대한 오늘날의 평가들은 그 어리석음을 초래하는 퇴락적 공황상태의 느낌에 대항해서 방어체제를 구축한다.(어리석음에 대한 의식을 좀더 느슨한 "알게 뭐야"의 에토스로 미국식으로 변형시키는 현상에 관한 한 성찰은 지금까지 명시된 바 없는 미국문화의 전반적 어리석음에 대한 반대충동을 드러낸다. 물론 "알게 뭐야"는 표식 지우기를 나타내고 다른 실존적 특질들 가운데 무시함으로써 해방적 힘을 지니는 방관적 태도의 변화 양상을 드러내기는 한다.)[18] 무질의 텍스트는 생각 없는 어리석음의 집단적 형상화에 초점을 맞추는데, 이는 대중적 공황상태와 연결된다. 정치화되기 이전의 외부 공간—물론 곧바로 정치적으로 충만해지지만—에서 대중집회가 망가지는 광경은 파급력 강한 공황장애의 압박 아래서 전개된다. 대중의 공황장애는 생각 없음mindlessness의 어떤 본질을 폭로한다. 공포에 질려 도망가려는 충동에 지배되어 언어는 날카로움을 잃고 단어들은 무차별적으로 던져진다. 무질이 말하길, 이런 측면에서 욕하고 놀리는 말과 그때그때 유행하는 성적인 단어들은 모두 연결되며 그 말들은 감정을 드러내기 위해 쓰일 때 엄밀함의 결여와 지칭대상의 부재를 공유하는바, "이런 말들이 사용되는 경우 좀더 정확하고 좀더 합당한 단어의 영역 전체가 억압받게 된다." 무질은 "생각 없음의 가장 거대한 대중적 스펙터클, 공황상태의 사례"를 거론한다.(279쪽)

> 한 사람에게 영향을 끼치는 무언가가 너무 위압적이면, 갑작스러운 공포로든 간단없는 정신의 압박으로든 그 사람이 '정신줄을 놓아버리는' 일이 순식간에 벌어질 수 있다. 기본적으로 아이가 울부짖는 것과 다르지 않은 방식으로 소리를 지르기 시작할 수도 있고, 위험으로부터 '맹목적으로' 도망치거나 똑같이 맹목적으로 위험을 향해 달음질쳐 들어갈 수도 있으며, 파괴하거나 욕설을 내뱉거나 울부짖는 폭발적 성향에 압도될 수도 있다. ……우리는 이러한 형태의 모순적 상황이 '공황 공포panic fear'라는 것을 대체로 잘 알고 있다. 그러나 이 용어를 아주 협소한 의미로만 쓰지 않는다면 우리는 분노의 공황, 탐욕의 공황, 그리고 심지어 다정함의 공황에 대해서도 또한 얘기할 수 있다.
>
> 심리학적으로 보면, 공황상태가 벌어질 때 발생하는 것은 지능의 중지, 아니 고도의 지적 능력의 중지로 여겨

진다. ……그러나 그런 경우 이성의 마비 및 결박과 함께 벌어지는 일은 궁극적으로 응급시 행동 양태로의…… 추락……이라고 덧붙일 수도 있을 것이다. 이러한 유형의 행동은 총체적 혼란의 형태를 띤다. 계획도 없고, 이성과 자기를 구하려는 모든 본능을 상실한다. 그러나 무의식적으로는 행동의 질을 양으로 치환하는 일을 도모하며, 전혀 생각이 없지만은 않은 그 무의식의 간지奸智는 실패로 귀착되는 백여 가지 맹목적 시도 가운데 목표에 명중하는 것이 하나는 있을 것이라는 확률에 기댄다. 정신줄을 놓아버린 그 사람은 닫혀 있는 창문의 반쪽에 부딪치다가 마침내 우연찮게 열려 있는 반쪽 창문을 통해 자유상태로 '돌진하는' 벌레와 같다. 혼란에 빠진 그들은 군사적 전략에서 주도면밀한 계산에 의거해 엄청난 규모로 혹은 초토화할 만큼의 화력으로 목표물을 '박살내는' 경우와, 또는 실제로 산탄이나 수류탄을 투척하는 경우와 다를 바 없는 일을 한다.(279쪽)

궁지에 몰린 그 공황상태의 주체는 광물화되며, 울부짖음, 통곡, 욕설이나 파괴를 서슴지 않는 분노로 증류된다. 공황상태는 물꼬를 트고, 움직임을 가속화하는 동시에 이성을 마비시키고 결박하면서 우리를 들쑤신다. 현명한 대응태도가 해체되는 와중에 무언가가 우리를 사로잡는다. 우리가 공유하는 언어학적 곤경에 기대는 공황상태는 중간 생략된 채 말문이 막히는 순간과 조응하기보다 어리석음을 병합한다. 그때 공황상태는 부정확한 단어들을 풀어놓는 일에 더해 엄청나게 많은 양의 말을 쏟아낸다. 희한하게도 공황상태가 가하는 목조르기는 언어의 범람을 이룬다. 어리석음이 욕설을 뱉는 과정에는 너무 많은 말들이 있다. 그 말들로 인해 큰 파장이 생기는 것은 부정확한 말들이 너무 많은 영역을 포괄하기 때문이다. "단어가 정확하지 않을수록 그 말이 포괄하는 영역은 더 넓어진다."(280쪽) 이 점에서 보면 어리석음은 수다와 잡담을 즉석에서 버무려 마치 밖으로 도망치려는 파리처럼 온 사방을 시끄럽게 만드는 언어의 과잉을 가리킨다. 어리석음은 봇물 터진 언어로서 미디어의 집중포화와 닮았는바, 고통의 지적도cartography를 포화시키고 팽창시킨다. 그와 동시에 이 시끄러운 언어의 과잉, 이 우둔함은 말문이 막히는 상태에 근접하지만 그것과 단순히 대립되지는 않는다. 무질은 어리석음을, 탈출하려는 맹목적 충동에 가까운 것으로 간주하는데, 이 충동은 파괴하고자 하는 내적 성향에 뿌리를 두고 있다. 너무나 많은 말들에 압박을 느껴 공황을 양산하는 어리석음은 지칭행위라는 신선한 공기를 열망하며 그 말들이 부적절하고 폐쇄적이며 고분고분하지 않다는 것을 깨닫게 된다. 말들은 공허하지만 완강해서 그 말들을 지나쳐 나아갈 수는 없다. 언어의 박동치는 핵심에 자리한 이 공허한 과잉은 의미를 표현하거나 안전을 보장하지 못하는 대신 막중한 폭행 혐의를 초래하게 한다. "지능의 실패뿐 아니라 생각 없는 파괴행위나 도망에 대한 맹목적 선망에도 무언가 정말로 어리석거나 조야한 것이 있다. 이 말들은 그냥 욕설이 아니라 욕설의 총체적 발작을 상징한다. 그 말들이 무언가를 아주 간신히 의미하는 경우에도 공격성과 그리 멀리 떨어져 있지 않다."(280쪽) 갇혀서 질식상태인데다 분노로 숨이 막히고 말문까지 닫히면 우리는 숨쉴 공간을 찾으려 애쓴다고 무질은 말한다. "이는 폭발하기 직전 말문이 막히고, 실제로 생각이 없어지는 그런 단계다. 무언가 불충분해서 억압적인 상황을 가리키며, 따라서 폭발은 대체로 지극히 투명한 말들, 우리가 감당하기엔 '무언가 결국엔 너무 어처구니없는 일이 벌어졌다'는 말로 시작된다."(280쪽) 어리석다고 낙인찍힌 다음에 벌어지는 그 폭발은 언어가 목표지점에 이르지 못하거나, 기의를 확정할 수 없거나, 창문을 열 수 없었을 때 발생한다.

무질의 결론 자체는 일종의 기습처럼 느닷없이 내려진다. 언어 실패의 가능한 층위들이나 언어 외적 구조의 형성을 파헤치기보다 잉여/결핍("너무 어처구니없는…… 부족함")을 자아의 내부로 돌려버리는 방식을 취하기 때문이다. "그러나 이 무언가는 우리 자신이다"(280쪽)라고 무질은 적는다. 분명 어리석은 분노는 상정된 대화상대나 목표가 아니라 화난 주체에게로 되비쳐질 수 있다. 이러한 진술에 대해 무질을 논리적으로 비난할 수는 없는 것이, 자아를 분리시키는 문법은 여전히 수수께끼지만 그것이 진실이 아니라고 쉽게 말할 상황이 아니기 때문이다. 그 무엇, 즉 자기 자신은 너무나 멍청해진 나머지 그 일을 감당할 수 없기 때문이다. 문법은 문장이 다른 곳으로 향했음을, 즉 기껏해야 자아를 부차적인 것으로 치부하는 방향으로 향했음을 가리킨다. 대신에 무질은 자신에게 성가신 존재가 되어버린 자아에 집중하기 위해 세상으로부터 빠져나오고 정치로부터 떨어져나온다. 이 결론이 당혹스러운 이유는 그가 자아의 안정성을 상정하며 여기와 다른 대목들에서 이성, 합리성의 자리를 확보하려고 노력하는 방식에서 연유한다. 마치 아름답게 가공된 언어의 와중에서는 폭발이 발생할 수 없다는 듯이 말이다. 마치 언어가 잘 길들여지고 세심하게 다듬어지면 어리석음의 급습으로부터 피난처가 될 수 있다는 듯이.(나는 어리석음이 그저 바리케이드의 반대편에 있다기보다 이성과 상급 교육기관을 포함하는 이성의 치명적 제도들의 바로 그 핵심에 자리잡는다고 본다. 새로운 통찰은 아니지만 재론할 필요는 있겠다.) 본질적으로 공황상태는 언어의 공허한 의미 중심을 겨냥한다. 그것은 의미의 지평 주위를 윙윙대며, 뜻을 통하게 할 수는 없지만 탈출의 계기를 순전한 우연성에 의탁하기 위해 언어로 이루어진 증상치료제를 풀어놓는다. 무질이 어리석음의 핵심 충동이라고 확인해준 이러한 응급조치는 우리가 언어 및 존재와 맺고 있는 본질적 관계에 다름 아닌 것을 드러내는 셈이니, 이 응급조치는 [언어의 차원으로] 축소되었기에 더 과장되고 동물적인 공황의 고속전진에 의해 가속화된다.

무질이 아주 명쾌하고 절실하게 명시한 바는 어리석음의 광범위한 침투, 이중적 가치평가—십중팔구 좋고 나쁘거나, 느리고 빠르게 진행되는 어리석음이 존재한다—의 필요성, 어리석음이 재능과 진보와 희망 같은 가치들을 모방하는 방식—실제로 어리석음이 우리의 고귀한 가치들에 침윤하는 방식—이며, 이런 현실성의 예로 그가 꼽은 것은 니체적 사례다. 그는 거스를 수 없는 충성의 미덕을 좇아 어떻게 일상인들이 집단 행진을 가르치는 훈육학교에 결집하면서 쉽사리 그 '우리'라는 어리석음에 굴복하게 되는지 보여준다. 마침내 그 '우리'는 그저 다른 해안가로 밀려나지 않고 적어도 이따금씩 확고하게 규칙적으로 나에게, 나 자신의 특이성으로 귀착한다. 나는 때로 내가 그 일부를 이루는 그 일상인들에게 얻어맞는다. 내가 그 '우리'에 가담할 때 나는 나 자신의 어리석음에서, 즉 그 일상인들의 어리석음에서 면제되지 않는다. 결국 어리석음은 앎의 유한성과 연결된다. 앎의 한계를 명명하기 위해서 무질은 그 '우리'라는 표식에 귀의한다. "때때로 우리 모두는 어리석다."(286쪽) "우리의 지식과 능력이 불완전하기에 우리는 모든 분야에서 미숙한 판단을 한다."(286쪽) 이 진술은 무질의 난감한 논제에 '해피엔딩'이라는 분위기와 운율을 제공하는 한편으로—이 점에서 우리 모두는 마찬가지며, 바로 그 유한성이라는 본성에 지배된다. 어리석음은 우리가 공유하는 것이며 우리가 몸담고 있는 존재의 공유영역이다—판단이라는 심연에 세워져 있다. 무질이 서술한 바에 따르면, 우리 각자로 인해 때때로 추락하는 어리석음은 미숙한 판단이라는 불안정한 저울대 위에 올려져 있다. 그러나 판단 자체가 본질적으로 미숙한 것이라 그것이 구현할지도 모를 정의보다 항상 앞서 있을 가능성은 과연 없을까?

* * *

끝을 내려는 맹목적 충동에 이끌리지 않았다면 나는 어리석음의 경험에 관해 더 많은 이야기를 하고 싶었을 터이다. 왜냐하면 이 분야에 관해 나는 아주 많은 현장조사를 했으며 사는 동안 대부분 내가 어리석다고 느꼈기 때문이다. 그러나 아마도 나는 내 삶보다 내 죽음에 대해 더 많이 말해야만 할 것 같은데, 내가 멍청하거나 멍해질 때, 나에게 엄습하는 어처구니없는 압박들을 의식하게 될 때 죽음의 경험이 공표되기 때문이다. 그런 때야말로 아마 내가 존재론적 '경험'에 가까이 다가갈 수 있는 시점일 것이며, 이는 종종 내 달거리, 즉 여성들이 어리석게도 통과해 가야만 하는 그 준비와 피 쏟기 과정 바로 직전에 벌어지곤 한다. 내가 내 죽음을 떠올리는 것은 니체가 자신이 죽기 직전의 가사상태에서, 즉 자기 몸이 말의 목에 휘감겼던 후에, 그가 짐승, 야수bête, 어리석음의 형상을 포용한 다음에, 앞서 있는 죽음을 한참 지나쳐 거듭 말하길, "어리석기 때문에 나는 죽어 있다"라거나 "죽어 있기 때문에 나는 어리석다"[19]라고 했기 때문이다.

3 시험의 수사학

셸리가 죽고 없기 때문에, 시신훼손
(탈형상화) 과정을 재기입해야 하는 임무는
이제 오롯이 독자에게 떠넘겨진다.
『삶의 환희 *The Triumph of Life*』에서 독서의
마지막 시험은 우리가 이 사건의
텍스트성을 어떻게 읽을지, 셸리의
시신을 어떻게 처리할지에 달려 있다.
폴 드 만, 『낭만주의 수사학』

나는 마침내 만신창이가 된 채 그 잔인한
테스트에서 벗어났지만 의기양양했다.
장자크 루소, 『고백』

1. 접속: 어리석음, 아이러니, 기계성, 시험

그는 하이데거가 벗들에게 했듯 자신의 가장 위대한 업적이 포착하기 힘든 기술技術의 전제들을 끝까지 사유해낸 것이었다고 주장하지는 않았을 것이다. 내가 아는 한 그가 벗들과 제자들, 동료들 및 비판자들과 나눈 많은 대화는 그 주제에 관해 침묵했다. 침묵이 아니라면 그는 적어도 이 분야에서는 묵묵부답이었다. 필시 그는 자기 사유의 메마른 신랄함을 해석의 다른 규약들에 의거해 또다른 용어로 정식화했을 법하다. 그럼에도 불구하고 폴 드 만의 작업은 본질적으로 기술에 관한 질문에 연계되며 그에 영향받는다. 그의 텍스트들은 읽기의 실패에 관한 이야기를 들려주는 것 같다. 그러한 실패—허무주의적이지 않고 오히려 희한하게도 재생과 권력의 근원이 되는 실패—의 필연성은 지시행위의 일정한 결정 불가능성 및 일탈이라는 측면에서, 즉 우리로 하여금 기술이 지배하는 우리 시대를 이해할 수 있게 만드는 떠들썩한 초월의 왕복운동이라는 측면에서 이목을 끈다. 드 만은 결말의 논리를 기술적 통찰로 탈바꿈해서, 다른 무엇보다도 역사적으로 정립된 연속성의 가치들에 비해 단절과 간섭의 가치들이 차지하는 우선성을 각인한다. 게다가 어떤 것도 인간적 의식이라는 비유의 존재를 담보해줄 보증이 되지 못했다. 유기성의 은유들과 매끄러운 총체성들을 확증해줄 여타 비유의 기제들을 해체하려는 목적을 지닌 일종의 인식론적 변환과정을 통해 드 만은 제지 불가능한 문법의 기술을 추적했다. 요컨대 그는 어떻게 조작하는가에 따라 우리를 곤경에 빠뜨릴 수도 있고(루소), 요주의 인물로 만들기도 하거나(클라이스트), 혹은 뻔뻔한 거짓말쟁이에 속아 넘어간 인물로 드러내기도 하는(프루스트) 자동화된 문법기제grammatical automation의 한 양상을 밝혀냈다. 드 만은 언어의 진술적 이점과 수행적 이점 간의 새로운 연계성을 마련하는바, 거기서 (무엇인지 발견하고 폭로하고 지시하고 언급하는) 진술적인 것은 (생산하고 제도화하고 변형하는) 수행적인 것의 침입으로 인해 항상 불안정한 것으로 드러난다.[1] 그러나 이 용어들을 다루는 드 만의 조작에서 어쩌면 가장 특이한 것은 분석 불가능한 것, 텍스트에서 작동하는 분열의 계기, 즉 동력 상실의 기술적 특성으로부터 연원하는 한 계기에 대한 집요한 심문이다.

포괄적이고 도식적인 의미에서 드 만은 정전중심의canonic 기획과 이데올로기들을 관통하는 간섭작용의 행로를 추적했으며, 에누리 없는 기술적 한계의 논리에 관해 기회 있을 때마다 강조했다. 두 가지 모순되는 인식의 양태가 존재하는 경우 수행의 차원은 의도적 배치작용을 방해한다. 수행, 반복, 의미의 운명이 근거를 두는 예측 (불)가능한 구조화의 산출, 이 모든 것은 기계로부터 동력을 얻는다.[2] 만일 『독서의 알레고리』가 "거의 완벽에 가깝게 다듬어진 구조분석의 기술들"을 참조하면서 "기술적" 의미로 해체를 이용하고 전개하고자 주장한다면, 이 주장은 「기호학과 수사학Semiology and Rhetoric」 같은 초기 논문에서처럼 "문법의 프로그램화된 패턴"과 "문법의 탈개인적 엄밀성"[3]에 집중해왔던 작업의 배후에 놓인 기술적 충동에 속한다. 그가 루소를 논하는 대목에 이르게 되면, 『사회계약론』은 기계적 용어를 양산하게 될 것이다. 텍스트적 신체는 텍스트적 기계로 변형될 것이다. 신체로서의 텍스트를 조명하면서 "기계는 수사학에서 분리될 때의 텍스트 문법과 같다. ……하나의 특정한 관점 내에서 근본적으로 형식적이지 않은, 다시 말해 기계적이지 않은 언어의 사용은 존재할 수 없다. 이 측면이 미학적이고 형식주의적인 망상에 아무리 깊이 은폐되어 있다 하더라도 말이다."(294쪽) 왜 형식주의적 결정들이 때로 기계와 단절되는지 혹은 신체에 발생했던 것이 왜 문법의 스캐너에 걸러져 버려지는지는 분명치 않다. 신체는 적어도 전체 저작에 걸쳐, 기계적 무질서를 초래하기 위해 마련된 말더듬증을 기입하면서, 발작적 당혹감으로 계속 출몰하고 회귀할 것이다.

드 만의 작업은 인식과 수행을 갈라지게 만드는 그 필연성을 추적해왔다. 그러나 이 분리를 집중적으로 다룬 수많은 뛰어난 개입에도 불구하고 수행이 어느 한도까지 인식의 양태들을 약화시키는지는 좀더 검토를 요구한다. 특히 수행이 불가피한 기술적 요소와 결부된 것으로 여겨질 경우엔 더욱 그러하다. 어떤 면에서 드 만은 기술의 본질이 붕괴의 순간에 드러난다고 주장한 하이데거의 개념을 번역하고 재기입했던 셈이다. 드 만의 텍스트가 거듭해서 지칭하는 지속적 단절의 에너지, 본질적 간섭작용의 사실성에 의해 드러나는 것은 무엇인가?

그의 텍스트들이 근거하는 발견들 가운데 하나는 비의도적 의미화 과정, 즉 '기계적 효과effet machinal'가 순전한 우연성, 즉 통제되지 않은 즉흥적 요소들에 의해 발생하는 의미 효과들을 떠맡고 있다는 사실이다.[4] 수행과 의미 혹은 의도 간의 어긋남은 항상 폭로되는 것은 아니지만 상당한 정도의 인본주의적 모욕, 하나의 스캔들에 해당했다. 의도가 담긴 의미 있는 작품의 차원과 그 순전히 기계적이고 형식적인 요소 혹은 문법 간의 불일치는 폭력을 함축한다. "기계적인 것의 우선성은 의미뿐 아니라 신체와 언어에도 폭력적이다."[5] 이 폭력의 일부는 기계성이 요구하는 가공할 반복성과 그것이 확산시키는 인식의 마비상태에 근거한다. 이는 텍스트의 수행적 차원이 언명된 인식과 불화한다는 것을 뜻할 뿐 아니라, "의도나 욕망이나 동기의 체계에 동화될 수 없는"[6] 자의적 혹은 기계적 언어의 한 측면이 존재한다는 사실도 뜻한다. 루소의 경우에는 기계적인 것의 발견, 곧 그의 가장假裝 능력을 증진시키는 기계의 작동은 용납될 수 없는 것이 존재함을 암시한다. 의도나 인식, 혹은 우연적 기계론이나 수사학과 분리된 문법의 맹목적 기술력에서 발원하는 가상 조작된 상호주체성을 복제하는 일은 용납되지 않는다. 하인리히 폰 클라이스트에 관한 드 만의 에세이에서 실제 의미와 의미화 과정을 구분하는 능력은 "의미화의 조건들에 관한 지속적 재협상", 즉 시험이나 경쟁을 위한 연습의 양태와 관련이 있다. 드 만이 재연한 바 있는, 이런 양상을 지칭하는 클라이스트의 비유는 펜싱 시합이다. "언어란 그[펜싱]와 같아서, 항시 찌르기는 하지만 점수는 못 얻는다. 언제나 지칭하지만 올바른 지칭대상을 가리키는 법이 없다."[7]

정확히 타격하지도 못하고 점수도 못 올리는 언어는 항구적 경쟁에 연계되어 있다. 언어는 시합에 나가 끊임없이 스스로를 시험하는데, 이 시합은 패배 횟수를 헤아리기 위해서만 가끔씩 중단될 뿐 늘 진행된다는 사실이 엄연하기 때문에 공평하지 못하다거나 대체로 의미 없다고 말할 수조차 없다. 형편없는 점수밖에 얻지 못하는 이 경쟁 구조는 언어에 힘과 권한을 부여하기 위해 역설적이게도 실패에 의존한다. 이런 측면에서 그 구조는 아이러니한 의식 및 항구적 결말의 경험과 흡사하다. "아이러니한 의식이 수행하는 결말은 매번 실패하고 난 뒤에 그 실패를 변증법의 지속적 과정 내에 재기입함으로써 에너지를 재충전한다. 그러나 거듭된 부정들로 인해 분절화된 변증법은 하나의 춤이 될 수 없다."[8] 니체와 헤겔이 추는 불가능한 이인무pas de deux를 다시 환기하면, 우리는 그 춤이 경쟁적 시합으로서 하나의 변증법이 될 수 없고 근본적으로 (상대가 되지 않는) 시합에 가담한 채, 매우 베케트적인 의미에서 지칭대상과 안식처를 구하며 계속 거듭해야만 하는 것이라고 말할 수도 있겠다. 드 만이 말한 대로 그 춤이 "올바른 지칭대상"을 찾아다닌다기보다는 경쟁으로서의 언어가 스스로 계속 작동하기 위해, 즉 추적에 성공하지 못하기 위해 그런 대상을 상정한다고 봐야 할 것이다.

언어는 점수를 얻지 못한다. 언어는 실패의 경험과 씨름하며 인식과 수행 간의 해결 불가능한 갈등을 테스트할 시험장을 마련해준다. 우리가 점수 체계의 밑바닥 지점을 설정한다면 그것은 인식의 진영이어야만 할 것이다. (주지하다시피 결코 인식이나 의도에 단순히 대립하지 않는) 수행은 기계적 동력을 얻어서 "즉흥성이라는 엉뚱한 개가를"[9] 볼썽사납게 성취한다. 수행의 공허한 찌르기에 뒤이어 인식이 하향 국면에 이르게 되면 지식을 요구하는 그 어떤 주장의 신뢰성도 의문에 부쳐진다. 드 만의 작업이 지니는 잠재적으로 전복적 특징, 그리고 그것을 프로이트적이자 마르크스주의적인 축소작용(이는 지속적으로 주체의 크기를 축소한다)과 연계시키는 것은 드 만이 근본적 알지 못함의 상태에 부여하는 비판적 관심 이상으로 어리석음의 실존에 귀속시키는 중요성이다. 이는 드 만의 독자에게 다소 충격으로 다가올 것이다. 분명하게도, 그는 때로 거부감을 불러일으키는 방식으로 마지못해 어리석음의 중요성을 받아들이지만, 그의 텍스트는 심심찮게 어리석음에 할애되어야 하는 존재근거를 선명하게 드러내고 심지어 즐거이 그렇게 한다. 그리하여 드 만은 위트wit의 취약성을 읽어내는 일에 전향적 자세를 취한다. 한 대목에서 그는 "읽기가 위트의 전투에 비견할 수 있다"라고 주장하는 듯한 반면, 다른 대목에서는 그의 관심을 끄는 것으로 보이는 한 인물의 딜레마, 즉 "덜 떨어진 독자"[10]의 딜레마를 고찰한다. 그러나 우리가 얼마나 위트가 있는지 또는 십중팔구 위트가 없는지에 상관없이(어리석은 자들이 독서의 장에 진입할 때 이 양극성은 항상 파괴된다) 위트와의 전투는 이길 수 없는 싸움이며, 그저 잠정적이고 누구나 알 수 있는 상처뿐인 승리를 구가할 뿐이다. 얼마 지나지 않아 우리가 언어학적 정립의 뻔뻔한 배신으로 인해 불가피하게 기선을 제압당했음이(다시 말해 어수룩해서 패배했음이) 분명해진다. 한 수 앞서는 언어의 본성 법칙을 감안하면, 드 만이 마치 언어가 허용하지 않는 바로 그 주관적 통달에 이를 수 있도록 언제라도 우리의 위트를 단련할 수 있다는 듯이 "덜떨어진 독자"를 그 격하된 처지에 그대로 두는 일은 다소 놀랍다. 우리는 독서하는 자아에 가해지는 지속적 충격들에 의해서만 멍청해지는바, 이를 통해 가장 명석한 사람들도 가장 멍청해지며 날카로운 모서리는 가장 무뎌진다. 언어는 영리해지는 반면 주체는 필연적으로 멍청해진다. 그렇지만 어떤 온전한 정신의 소유자가 얼치기nitwit를 드 만적 환경과 연관시키려 들겠는가?

이 부서진 인식 가닥들의 결집을 예견하고 주시했던 작품 하나를 문학에서 지목해보라는 요청을 받는다면, 우리는 시험에 관한 허먼 멜빌의 위대한 알레고리인 『빌리 버드*Billy Budd*』를 꼽을 수 있을 것이다. 물론 주지하다시피 모든 문학 텍스트는 각기 다른 정도의 대담성을 보여주며 인식의 틈새들에 친숙하기에 이해의 조건들을 시험에 들게 만든다. 빌리 버드의 굳건한 단순성과 상징적이면서도 실질적인 문맹은 아이러니한 의심자, 즉 항시 파괴적이고 고통을 가하는 클래거트Claggart의 시험 체계와 대면하도록 구성된다. "순전한 무지"가 특징인 빌리는 읽을 능력이 없다. 그는 분열이나 애매성 어느 것에도 진저리를 친다. 그의 발언은…… 뭐랄까 그의 발언은 더듬거린다. 빌리 버드의 언어는 말을 더듬는다. 그것은 언어의 기계적 효과를 기록하는 일종의 자동소음장치technosputter와 흡사하다. 빌리의 말더듬에 관해 언급하면서 바바라 존슨은 "그런 순간들에서 진술적이거나 지칭적인 내용은 가려진다. 언어는 오직 스스로의 공허하고 기계적인 작동만을 전달한다"[11]라고 말한다. 그 이해의 공백들, "지식의 불연속성에 관한 형이상학적 해석들"(95쪽)이 바로 멜빌이 우리에게 이해할 것을 요구하는 바이다.

빌리 버드는 앎의 주체를 지탱하고 있는 전제들을 시험한다. 자신이 복종해 따르는 그 시련들을 표상하면서 작품 제목과 같은 이름의 주인공은 소설이 처한 곤경을 반추한다. 그는 본질적으로 어리석음의 거룩한 화신으로 제시되며, 실패할 수밖에 없는—혹은 또다른, "더 고차원의" 잣대로 보면 초월론적으로 통과했던—시험들을 억지로 감내해야만 한다. 더구나 멜빌의 묘사가 전개되는 과정 그 자체는 존슨이 "지식의 무한한 퇴행"(94쪽)이라고 부른 것을 묘사하고 또 그 퇴행과 결부되어 있다. 상호 파괴적 짝인 빌리 버드와 클래거트는 두 가지 유형의 읽기(독서)를 대표한다. 버드의 순진하고 축자적인 성향들은 클래커트의 아이러니한 공격들과 대조를 이루며, 이는 기호와 의미 간의 관계가 임의적일 수 있음을 전제한다. 그 두 가지는 모든 읽기를 조건짓는 가변성의 요소를 표시한다. "언어는 임의성과 동기화, 아이러니와 축자성이라는 변수들 사이에서 끊임없이 왕복한다."(101쪽) 이 항구적 중재 과정에 관한 존슨의 해석은 우리가 드 만의 용어사전에 있는 어리석음, 아이러니, 기계성이라는 비유를 시험과 연결시킬 수 있게 하며("그는 기꺼이 또다른 시험을 치르려 한다", "클래거크의 마지막 시험은 완성되었다" 96쪽), 우리가 이 주요 관심사들의 함의를 추적함에 있어 간과해서는 안 될 정제과정을 제공한다.

존슨은 지식의 가능성을 현저하게 약화시키는 부재의 순간들을 포착하면서 멜빌이 인식의 그 공백들을 어느 정도까지 드러내는지 밝혀준다. 이 공백들은 "단순한 부재와는 거리가 멀고 진정한 행위가 지닌 수행적 힘을 행사한다. 알려지지 않은 것의 위력은 그 자체로 인지되지 못하기 때문에 더욱더 효력을 발휘한다."(108쪽) 다시 말해, 지식의 단절은 마치 부재의 상태로부터 탈은폐로 불려나오게 된다면 무언가가 채워지거나 완성되거나 알려질 수 있다는 식으로 부재나 디폴트나 결핍의 측면에서 이해될 수는 없다. 오히려 공백을 생산하고 인식을 해체하는 간섭작용의 난입은 수행적으로만 측정 가능하고 또 해석되어야 마땅한 하나의 위력으로 간주되어야만 한다. 간섭작용의 단절적 계기 그 자체는 하나의 해석을 요구한다. 존슨은 자신의 논평을 드 만의 덫어놓고 찌르기라는 [펜싱의] 이미지, 즉 항상 찌르지만 점수는 못 올리는 언어에 관한 그의 정식화를 강화시키는 언급으로 마감한다. 그녀는 『빌리 버드』에 귀속된 대립쌍을 지식과 행동, 인식과 수행 간의 관계로 재편한다. 결정적 차이는 "인식 내에서 행위로 기능하는 것"에 재배치된다. "그것은 행위를 통해 우리가 타격하는 것이 우리가 이해하는 바와 일치하는지 결코 알 수 없게 만드는 그 무엇이다. 그리고 이는 멜빌의 마지막 작품의 의미를 아주 충격적으로 만드는 그 무엇이다."(109쪽) 그리하여 시험하기에 관한 멜빌의 위대한 알레고리의 행위 주역들은 진정한 이해라는 문제에 있어서 결코 실질적 득점을 올리지 못하게 될 것이다.(그럴 수 있다면 좋겠지만)

드 만의 글쓰기 장면에서는 비록 엄청난 타격들이 발생하지만, 주먹은 인식이 마련해놓은 표적에 불가피하게 못 미친다. 표적정하기의 논리는 이해의 가능성과 관련될 때 항시적 삼진아웃과 헛스윙의 나열만을 만들어낸다. 이 타격들은 분명 폭력을 환기시키지만 때때로 슬랩스틱 희극의 목록에 등재되기 위해 어떠한 인식의 비극적 차원에서도 멀찍이 벗어나며, 포착하기 힘든 지시대상에 언어가 채찍질을 가하는 힘이 상징적으로 재배치된 표현으로 드러나게 해준다. 이와 마찬가지로 집요하게 언어의 주체는 희극배우이자 몰이해에 속아넘어간 바보로 무대에 올라 불가능한 지식을 향해 비틀거리며 나아가거나 접근 가능한 지식의 가상 저장고로부터 "무한히 퇴행"하는 지경에 이른다. 이러한 타격과 헛손질은 드 만의 논증에서 아주 전형적으로 나타나지만, 그것들은 종종 속임수를 쓰는 과정에서 희한하게도 위안을 주는 우아한 언어에 흡수되기도 한다. 그것들은 텍스트 기계가 지워버리고자 했던 꽤 많은 단절의 알레고리에 응답한다. 실제로 아포리아적 궤적을 동반하는 타격과 헛손질은 어떤 텍스트라도 사태를 수습하려고 노력하는 일에서, 즉 갑작스러운 사태 발생을 위로하고 은유하며 심지어 망각하는 일에서조차 실패할 수밖에 없음을 증명하기 위해 행해진 것들이다. 언어학적 규정행위는 고립되어 있으며 돌연하다. 따라서 텍스트는 일종의 근원적 간섭의 폭력 속에서 설명될 수 없고 이해될 수 없는 근원적 웅웅거림 혹은 잡음으로 생겨난다. "언어가 존재한다는 것, 그것은 이해 불가능하다." 텍스트와 그 텍스트가 지칭한다고 주장하는 바 사이에서 우리는 "그러한 관계가 과연 존재하는지 알지 못함이라는 공백"과 조우하며, "텍스트는 그것이 어디에 들어맞을지 우리가 알지 못하는 상태로 거기에 하나의 잔해로 존재한다."[12]

타격에 실패하든 발작에 저항하든 모든 작품은 필연적으로 알지 못함이라는 공백에 굴복하는데, 이로 인해 작품이 맞서야만 하는 끈질긴 재판에 응해야만 할 지상명령이 주어진다. 작품이 굴복한다고 말하는 것은 추락의 부정성을 의미할 뿐 아니라 자신이 존재하기 위해 의존하는 한계 테스트에 굴복해 유혹에 무릎을 꿇는 행위를 뜻하기도 한다. 이는 특히 자서전의 경우에 딱 맞는데, 거기서 드 만의 해석들은 역사적이고 참조적인 공모관계의 한계를 심문하는 경우에 아마도 가장 설득력을 갖는다. 지칭행위에 제아무리 깊게 뿌리를 둔다 하더라도 하나의 텍스트는 여전히 그것이 기원을 두는 이해 불가능성의 특성들을 지닌다. 알지 못함이 주는 스트레스, 곧 스스로의 결정적 멍청함을 표시하는 그 지점은 비록 해석행위가 자신의 본질적 자기맹목성의 중단을 성취하는 것처럼 보이더라도 텍스트를 벗어나지 않는다. 해석은 간섭과 텍스트적 동요의 우연성들을 장악한다. 해석은 드 만이 이해한바 읽기가 필연적으로 대면하게 되는 말더듬과 지연행위의 여지를 허용하지 않는다. 읽기는 몰이해의 영역에 진입해 몇몇 층위에서 텍스트가 풀어놓는 곤경들을 관리하고자 한다. 그러나 그 관리의 스타일은 해석이 선호하는 내부지침이 될 억압행위와는 아무런 관계가 없다. 읽기와 해석은 루소의 자전적 회고에서 난투극을 벌이는

데, 거기서 처벌의 기억은 자기 자신의 역사를 기입함으로써 이해하고자 하는 자아에게 독서의 교훈으로 기능한다. 난타당한 엉덩이는 새롭게 부여된 이해의 한계들을 시험하는 읽기의 규약들이 물려준 유산을 의미한다. 루소가 매질을 당하는 일을 즐기는 동안, 그의 텍스트는 지속적 방해가 주는 전율과 약동에 자극받는다. 일정 수준의 동요는 텍스트를 개방하고 노출하며, 또는 이번 경우에 적용하자면, 텍스트가 엉덩이를 드러낸 채 존속하게 만든다. 루소는 어린아이일 때 자신이 수많은 시험대에 놓였다고 회상하는데, 그 시험에 실패한 몇몇 기록은 그의 엉덩이에 각인된다. 글쓰기의 시절이 도래했을 때 그 시험들은 애초에 체벌을 야기했던 적대적 힘들을 재가동하면서 노트 페이지의 안쪽에서 치러진다.

E. S. 버트는 루소의 『고백』에서 성욕화된 엉덩이 때리기(고백하다confesser에서 나온 볼기 때리기fessée)를 하나의 연속 사건, 하나의 글자로 읽어내는데, 여기에는 두 가지 형태의 이해와 기억이 제출되어 서로서로 견주어져 시험된다.[13] 주인공은 체벌의 의도를 넘어선 하나의 징후(볼기 때리기)를 발견하는바, 이는 버트의 표현으로는 "징후를 보는 그의 주지주의적 관점이 실제로 잘못된 것인지 아니면 그가 지금껏 의심했던 것보다 훨씬 더 광범위한 목적론적 시스템이 보세Bossey 지역을 지배하는 것인지 결정할 수 없게 만든다."(196쪽) 아이는 보호관찰mise a l'épreuve, "즉 시험, 재판, 혹은 학업"의 전 과정에 처해지게 되었다. 그러나 "어떤 주체도 그 모든 글자가 철자법에 맞는지 이해할 수는 없는데, 왜냐하면 그것들은 이해의 종말을 뜻하기 때문이다."(210쪽) 문제가 되는 대목은 "하나의 자서전에서 일화들을 직조하는 두 가지 다른 방식 간의 괴리, 하나의 공통된 몰이해를 확증한다."(210쪽) 교란의 국지적 논리—드 만의 혁신에 내재된 단절의 선명성—는 읽기와 해석 간의 차이에 자리잡고 있다. 버트의 관심사는 읽기와 해석이 서로 맺고 있는 제유적 관계가 "읽기를 단순히 이해의 특별한

경우로 만드는 은유적 관계인지, 아니면 이해가 읽기의 한 양태로 증명될 환유적 관계인지"(192~193쪽) 여부에 놓여 있다. 읽기는 어떤 종합, 어떤 단일한 의미가 텍스트를 과연 종결할 수 있고 텍스트의 구성과정을 적절하게 설명할 수 있는지 의문을 던지는 까닭에 해석적 비유들의 해체에 관계한다. 서사가 진행되는 전 과정에 걸쳐 읽기는 모든 다양한 계기를 화해시키는 단일한 비유를 향해 전개되는 해석과 대조를 이루며 "비유법의 논리와 서사의 논리가 끊임없이 갈라진다고 천명한다."(192쪽) 자서전 텍스트를 구성하는 이 분기과정은 주체의 경험에 나타나는 이질적 일화들에 의미를 부여하는 대신, "그 사건들을 독자에게 알레고리적으로, 즉 모든 서사가 구성되는 방식의 한 사례로 제공하는 한층 진전된 기능에 복무"(192쪽)함으로써 작가와 독자가 자기인식에 이르지 못하게 한다. 자서전은 이해행위가 비유법을 대면할 때 움직여가는 경로들을 드러낸다.

버트는 자서전을 간섭의 논리에 비끄러맨다. "우리는 간섭, 방해, 혹은 교차의 패턴을 보여주는 모든 텍스트를 자서전적이라고 정의할 수도 있다. 이 패턴은 의식의 서사가 질서의 효과들과 대면함으로써 생겨나는데, 이 질서의 효과들은 그것들을 규제하려는 전일적 비유들의 능력을 초과하여 생산된다."(192쪽) 버트가 정립하는 그 대면의 양 진영에서 그 핵심에 자리한 무력화—의식이나 의식적 서사의 무력화, 비유적 배열의 무력화—로 인해 루소의 테스트 시스템들은 항구적인 것이 되는데, 어떠한 대답이나 결론도 이 시스템들에 걸맞은 완결성을 부여하지 못한다. 그 시스템들은 루소의 엉덩이 때리는 일을 멈추지 않을 것이다. 루소가 기억하는 것은 실패한 이해와 불만족스러운 대답을 주었던 시험 그 자체다. 부차화되었든 핵심을 차지하든 간에, 엉덩이 때리기가 해석학적 발언의 측면에서 항상 바닥을 치면서 이해의 종말에 이르러 그 이해의 종말로서 발생하는 것이 아니라면 다른 무엇이겠는가? 읽기는 엉덩이 때리기이자 분절음과 교란이며, 이해의 종말지점에서 이 엉덩이 때리기로부터 일부 전수되어온 기계적 진동 리듬이다. 읽기는 체벌을 가하는 기계성에 응답하며, 기술적-인식론적 변환에 추동되어 교란의 논리에 따라 진행되고, 해석적 종합이 주는 안락한 매끄러움과 대조되는 이해의 드라마를 주조한다.

2. 앎의 부정적 한계

누군가의 삶이 존재의 알레고리적 양상을 위한 시험 장소가 되었다면—이게 가능하다고 가정하면—폴 드 만의 삶이 꼭 그러했다. 그에 관해 우리가 알고 있는 것은 여지없이 부분적이고 한정되어 있다. 다른 공적 인물들의 경우보다도 더 그러한데, 다른 이들의 이야기는 적어도 기억을 돕는 총체성의 가능성을 암시하거나 그 이야기의 전개를 통제하는 비유를 균질적인 것으로 만드는 총체화로 회귀한다. 고통스러운 서사의 우여곡절에 대해 모종의 다른 이야기가 가능할 수 있다고는 해도, 드 만은 수많은 분열과 대면했고 자기 저작에서 불가능한 애도의 장면들을 암호로 만들었다. 그의 아버지는 방사능 기술의 개발을 돕는 과정에서 자기 몸에 실험을 했던 인물로 알져져 있다.(나중에 아버지에게 생긴 암은 이 초기 실험들과 관련 있었다.) 미국에서 바닥부터 삶을 다시 시작한 드 만은 역사, 가족, 확고하게 정립된 이름, 그리고 청년기의 자기주장이라는 반항적 자신감, 즉 20대 저널리스트의 소견을 바탕으로 했던 붕괴된 시험 장소*로 간주될 수 있는 것과 결별했다. 내

*드 만이 20대 후반이던 1939년부터 10여 년간 친나치 성향의 알제리 신문에 반유대주의적 기사를 실었던 사실이 1988년 밝혀짐으로써 명성이 추락한 사건을 뜻한다. 이어지는 대목에서 '기습공격'이라고 표현된 것 역시 동일한 사건을 지칭한다.

가 폴 드 만의 생애를 알레고리로 분류할 요량이었다면, 이는 철학적 예법과 하이데거적 최소주의minimalism—"그는 태어났고, 글을 썼고, 죽었다"[14]—와 정반대로 내가 그의 '삶'에 다소간 흥미를 느끼기 때문만이 아니라 알레고리가 죽음에 도달하는 한에서 이 수수께끼 같은 인물의 '삶'이 그와 거리를 두고 연결되어 있던, 혹은 정확히 말해 그를 경원시해 멀리했던 사람들 모두에게 하나의 기습공격의 형태로 회귀했기 때문이기도 하다. 예상치 못한 그 일탈은 미국의 비판적 사유 지형을 변화시켰다. 죽은 뒤에 잠시 격렬하게 드 만이 귀환했던 이후, 미국의 사유—혹은 사유가 도래했다고 느끼게 만드는 유사신비적 분위기—는 곤두박질쳤다고 말할 수도 있겠다. 강단 영역에 있는 모든 이들이 갑자기 어리석어졌다고(혹은 드 만은 단지 그 어리석음의 반대였다고) 말하려는 것은 아니지만, 그의 혼령은 무언가를 같이 무너뜨렸으며, 규모 있고 쓸모 있는 기념논문집들로 기렸어야만 했을 애도의 방식, 즉 유례없이 엄밀성과 회상을 고집한 그를 추모했어야 할 사유의 축제를 중단시켰다.

그 대신에 우리는 때로는 훌륭하고, 때로는 우스꽝스럽고, 대체로 예외적인 『응답*Responses*』이라는 책을 갖게 되는데, 이 책은 마지못해 수행한 방어적 기만들로 진을 뺐다. 이는 흡사 모두가 폴 드 만의 사후생애가 요청한 구조대에 의해 말살당한 격이었다. 그가 추락 사고에서 살아남았는지 역시 분명치는 않지만, 집단적 마비상태라는 안개가 걷히고 난 후 그의 모습들 가운데 이러저러한 형태로 그는 다시 회귀해야만 했다. 누군가에게 그는 살아 있었을 때만큼이나 결코 진짜로 사라진 게 아니었다. 어쨌든 단절이 생겨났고, 어쩌면 이는 그가 유럽에서, 그리고 젊은 시절에 공동서명했던 재앙에서 벗어나려고 했을 때 그의 삶에 있었던 파열을 증폭시켰다. 많은 파열의 신호가 그렇듯 그 단절은 단지 이전의 좀더 침울한 단절들의 반복에 불과했으며 어느 한 순간에 고정될 수 없다.

누군가의 존재가 알레고리적으로 읽힐 수 있으며 나아가 알레고리적 불안을 축으로 회전한다고 주장하는 일은 참조근거가 뒤죽박죽이라거나 지난 일은 어쨌든 중요하지 않다는 뜻이 아니다. 역사적 해명 및 책임과 연관된 질문들은 알레고리의 등록소에 등재된다. 알레고리가 지배적인 곳에서는 선先시간성anteriority을 관리하는 데 첨예한 위기가 존재한다. 이것이 드 만의 다음과 같은 주장이 갖는 중요성이다. "알레고리적 기호와 그 기의signifié 간의 관계는 도그마에 의해 정해지지 않는다."[15] 기호와 의미 간의 연계는 안정적으로 확보되거나 어떤 개념적 권위에서 생겨나는 것으로 간주되지 않고, 아직 판정되지 않은 과거로부터 오는 영원히 반복되는 압력들에 굴복한다. 과거는 말소될 위험에 노출되어 있다기보다 명시적이면서도 의도되지 않은 의미의 양상들에 더없이 세심한 주의를 기울일 것을 요구한다. 알레고리는 현재 우리의 지식 상태[16]에 관해 추정할 만한 것이 거의 없음을 뜻하며, 또한 참조근거 그 자체는 끊임없이 심문되어야 하기에 현재 비판의 도마에 오른 흔적들을 간수하면서 탈기입disinscription의 과정에 종속되어야 함을 의미한다. 이 말은 주의 깊은 읽기를 무한히 기대하는 과거가, 마치 사나운 어머니처럼, 우리로 하여금 그런 요구에 염증을 느끼는 기념비적 역사가들로 변화되길 원한다는 말이 아니다. 우리가 우리 역사의 주장들을 공유하면서 과거를 거듭해서 읽는 방식은 이를 통해 미래가 목소리를 내게 만드는 초대행위, 즉 완전히 읽혀진 바 없는 과거에 묶인 우리 유한한 인간들이 마련하는 환영행사를 뜻한다.

참조행위에의 중독과 역사주의를 다루는 한 에세이에서 탐 코언은 발터 벤야민에게 "알레고리는 선시간성 그 자체가 재정초되고 재기입되며, 교호하는 '미래'가 열리게 될 변환의 장소를 확증하는 것 같다"[17]라고 쓴다. 다시 말해, 벤야민 이래로 알레고리는 재현적이지 않으며, 모더니즘의 최신 개념에 따르면 한 작품에 고유한 생산과 소비의 조건을 반성적으로 해명하는 방식도 아니다. 코언은 "명명되지 않거나 명명될 수 없는 '알레고리'"(10쪽)에, 즉 선시간성과 미래의 변환을 이끌어낼 수 있는 글쓰기의 위력을 규명하는 데 관심이 있다. 『독일 비애극의 원천』[벤야민]의 논리를 따르자면("〔알레고리는〕 바로 자신이 〔재〕현시하는 것의 비존재를 뜻한다"),[18] 코언은 알레고리를 단절의 흔적인 동시에 마약을 다룬 벤야민의 텍스트에서처럼 대마초의 기술성技術性의 한 계기로, 즉 기억의 변환을 준비하는 약전시학藥典詩學pharmacopo-etics의 일부로 자리매김한다. 코언은 「역사의 개념에 대하여」[일명 '역사철학 테제']에 내재된 유물론적 역사서술에 관해 상술하면서 역사적 서사가 일종의 휴지caesura에 의해 단절되는 과정에 주목하며, 알레고리가 대안적 과거들을 재기입될 수 있게 하고 또다른, 가상의 미래를 재결정될 수 있게 만드는 그 무엇이라고 본다. 방해공작과 공학의 논리를 도입함으로써 알레고리는 "선시간성과 미래를 교호할 수 있게 만드는 항시적 가상 기술"(233쪽)을 환기시킨다. 실제로 알레고리는 "전역사적이고 후역사적인 기호의 연쇄들을 원천Ursprung에서 환기시키고 또 이들을 기술적으로 교호시킬"(233쪽) 수 있음이 드러난다.

> ……더이상 모방론(분리 가능한 의미를 조달하는 텍스트의 양태)의 아이콘 그 자체인 전통적 '알레고리'와 거리가 먼 벤야민의 애끊는 오어법誤語法catachresis은 오늘날 '모더니즘적인' 것으로 간주되는 반향적reflexive 비유에 불과한 것이 아니다. 모더니즘에서 반향성 그 자체는 (단지) 미학적 효과로 인증되어 있다. 오히려 인식적-정치적 질서 내부에서 알레고리라는 용어를 배태하는 그 근거들 혹은

> 그 '본성'을 교란하고 변환시키고 말소함으로써, 알레고리의 바로 그 반향적 계기는 기억연상의 공학과 역사 변환의 행위—가설적 사건의 양태로의 전환—를 서술하는 용어가 된다.(234쪽)

가상의 사건을 포용하기 위해 등재명부를 옮기고 기억연상의 공학을 위한 채비를 갖추는 알레고리는 시험장치를 구성하는 또 다른 방식이 되는데, 이 장치의 진화하는 탐사도구는 필연적으로 어떠한 인식적-정치적 해결의 체계도 교란한다. 알레고리는 프로이트가 "현실-테스트"라고 부른 것을 항시 개선된 형태로 요구하는 까닭에, 현전하지는 않지만 우리로 하여금 우리의 인식을 벗어나 있는 물질성을 추적하도록 쉼 없이 소환하는 그 무엇에 관해 심문한다. 그도 그럴 것이 알레고리가 철저하게 유지하는 개방성으로 인해 우리는 끝없는 탐색에 나서면서도 보상받을 길은 막막하게 되어 알레고리를 엄청난 짜증의 근원으로 여기게 된다. 알레고리는 그야말로 불안의 조건을 의미한다.

그러나 불안을 몸짓으로 표현하고 생산하는 능력을 통해 알레고리는 해석학적 성찰의 바로 그 가능성을 교란시킨다. 전개되는 와중에도 스스로를 탈형상화하는 알레고리적인 것은 깨달음을 거부하는 위력을 과시하면서 지성을 공격한다. 알레고리는 상징이 약속하는 깨달음, 유기적 총체성의 이미지를 제공하는 깨달음comprehension—그야말로 포괄성comprehensiveness—을 거부한다. 오히려 알레고리적인 것은 상징에 의해 뒷받침되는 세계의 유기적 통일성을 고사시킨다. 하이데거의 초기 저작에서는 이해과정 다음에 불안이 따라오기에 이해가 가능해지며, 벤야민도 다소 유사하게 해석의 원리로서 신경의 권리를 주장하는 반면, 알레고리적 불안은 전혀 다른 계약조건에 따라 작동한다. 벤야민이 처음에 인식했듯, 알레고리는 "알레고리적 문자의 형태로 나타나는 무정형의 파편”[19]으로 상존한다. 드 만이 알레고리와 연관시키는 기입행위의 물질성은 “비유도, 기호도, 인식도, 욕망도, 주제어hypogram도, 매트릭스도”[20] 아니다. 실제로 알레고리는 “회집, 회상, 혹은 본질의 현전”[21]을 방해한다. 벤야민은 다음과 같이 쓴다. “인간이 상징에 끌리는 곳에서 알레고리는 의도를 차단해서 물리치기 위해 존재의 심연에서 비존재로 출현한다.”[22] 의도를 차단하고 방해하며 의도에 지속적으로 반칙을 선언하는 알레고리는 상징적인 것과 문학작품의 미학적 측면에 부착된 초월의 약속을 마주해 정지신호를 내민다. 나아가 재전유라는 기만을 거부함으로써 알레고리는 애도와 관계되며, 이해 불가능성을 수용하고 그것에 자리를 마련해주는 “진정한 ‘애도’”의 경향을 공유한다.[23]

“알레고리적인 것의 탈구적이고 원자화하는 원리”는 말Wutz과 글Satz 간의 균열을 다시 벌려놓는다.[24] 벤야민이 다음과 같이 불가사의하고 굽힘 없는 발언을 정식화하는 것은 아마도 이런 의미에서일 것이다. “우울증자가 스스로에게 허용하는 유일한 쾌락, 아주 강력한 쾌락은 바로 알레고리다.”(109쪽) 비록 벤야민의 우울증자는 프로이트의 『애도와 우울증』의 그 강기한 주인공들과 완벽한 짝을 이루지는 못하지만, 알레고리에 자신의 슬픔을 묻어버리는 그는 오로지 삭제를 통해서만 그 표식을 스스로 드러내는 수사적 형식에 매달린다. 알레고리는 파국적 상실의 드라마, 항구적 교란, 자신이 재현하는 것의 비존재Nichtsein를 무대에 올린다. 알레고리는 기호와 의미의 비우연성을 포용하면서 소유 가능한 것, 점유 가능한 것, 획득 가능한 것의 한계를 끊임없이 시험한다. 바로크적 발산이라는 긍정적 측면에서 바라보면 알레고리는 타자성을 향유한다. 차이와 부재의 주위에서 발원하는 까닭에 알레고리는 스스로에게 회귀하지 않는바, 문학적이고 철학적인 저작들은 “알레고리의 본령에 오로지 시체로만 진입할 수 있기”[25] 때문이다. 알레고리에는 무언가 기계적이고 쾌락에 집착하면서 또한 필연적으로 유령 같은 면이 있다. "알레고리 형식은 완전히 기계적으로 드러나며, 그 본래적 의미에서 자신의 '환영적 중개자phantom proxy', 알레고리적 대리자보다도 더 실체가 결여된 하나의 추상이다. 그것은 형체와 실체가 없는 순전한 환상을 대표하는 하나의 비물질적 형상이다."[26] 이 대목과 관련한 마이클 맥도널드의 논평은 어떻게 알레고리적인 것의 흔적이 모든 작품과 모든 읽기에 또다른 혼령, 즉 "비록 이 혼령은 제대로 살아 있지 않지만, 스토아학파가 알레고리아(우의)allegoria 혹은 힙노이아(최면)hyp-noia라고 부른 것"[27]의 기이한 현전처럼 출몰하게 되는지 밝혀준다. 그것은 기계에 붙은 유령이다. 알레고리적인 것의 효과는 마치 "어두운 밤을 갑자기 환하게 만드는 번개의 불빛"이나 "갑작스러운 유령의 출현"처럼 "화들짝스럽고" "일시적"이다.[28] 폴 드 만에게는 알레고리의 본성에 무언가 분명히 교란적인, 즉 실질적으로 스스로를 드러내지는 않지만 오로지 폭력적 여파의 순간에만 나타나는 어떤 것이 있는 듯하다. 드 만은 그러한 교란에 필연적으로 뒤따르는 폭력의 차원을 유보하면서 "알레고리적 재현은 애초의 의미에서 갈라져서 그 의미의 발현을 교란하는 지점까지 나아가는 하나의 의미를 지향한다"[29]라고 말한다. 알레고리적인 것이 교란의 녹을 먹는 한, 현시의 효과들은 벤야민이 주장하듯 충격적일 수밖에 없거나 아니면 유령의 갑작스러운 출현과 흡사해진다. 여기서 우리의 관심을 끄는 것은 저주받은 장소로의 원치 않는 회귀가 주는 갑작스러움이다.

3. 유령들(가상'만들기'The Schein*ing*)

그러나 알레고리의 기술성技術性을 시험이라는 문제와 연결시키고 기술과 관련된 포스트휴머니즘적posthumanist 질문들에 드 만의 작업이 투자한 바를 규명하기에 앞서 나는 이 글에 등장하는 유령들의 존재를 인정하고 싶다. 내 세대의 학자들로서는 환영들로 채워지지 않는 혹은 잘해야 어색하고 불가피할 뿐인, 전이와 교육학적 긴장감의 형상들이 북적대지 않는 방식으로 드 만에 접근할 수는 없다. 내 경우 드 만 다시 읽기는—오로지 어리석음의 기원을 추적하고 그의 작업이 함축하는 시험의 수사를 다듬는 서로 연관된 목적 때문이긴 하지만—나로서는 인정하기 껄끄러운 많은 자전적 머뭇거림을 일깨웠다. 이 자전적 머뭇거림이 일반화될 수 있는 어떤 교훈이나 '흥미'도 유발하지 못한 채 어떻게 그 나름의 독특한 방식으로 직조될지 알기 때문이다. 대마초를 논하는 벤야민에 관한 코언의 읽기는 기억의 변형, 즉 「역사의 개념에 대하여」에서 벌어졌던, 예상치 못한 역사의 발현을 불러내는 "실행중인 회합active séance"을 전제한다. 코언은 계속해서 쓴다. "부득이하게 모든 과거와 미래 유령들의 회합에는 결정을 내리기 전 준비단계로 탁자 밑에서 나는 일종의 노크 소리, 즉 톡톡 두드림, 아폴론적(무)박동, 미메시스 및 선형성의 철폐와 연결된 하나의 메트로놈처럼 주기적 혹은 전前모방적 효과가 뒤따라올 수 있다."(234쪽) 너무 늦었거나 어쩌면 시기상조일지 모르지만—시간이 딱 맞은 적은 없다—탁자 밑의 두드림을 읽을 시간이, 목소리를 내고자 하는 하나의 특정한 역사의 교란행위와 동거해야 할 시간이 왔다.

* * *

내 자신의 어리석음을 연대기로 기록했다면 폴 드 만이 핵심 역할을 차지했을 것이다. 내 경우 우연성들은 이미 말한 바와 같이 그다지 교훈적이지 않고, 유일하게 흥미로운 것이라면 그 우연성들이 그의 텍스트에서 어리석음에 관한 집요한 질문에 사로잡혀 있는 은밀한 강박증에 접근할 수 있는 암호를 제공했다는 데 있다. 드 만이 내게 언질을 주기도 했고 지금 생각해보니 내게 그렇게 말하기도 했거니와, 나 아닌 그 누가 그 코드를 발견할 수 있었겠는가. 우리는 모두 드 만에게서 실수의 중요성, 아니 본보기가 되는 실수 혹은 텍스트의 광기라는 경험에 대해 배웠다. 마침내—그리고 이게 최종 입장이라는 것은 나 말고는 아무에게도 보이지 않았다—드 만은 실수와 광기를 어리석음과 동렬에 세우기로 작정했다. 인식과 설득의 비유들(이것들은 비록 내가 발견한 것들 속에 함축되어 있지만), 유령화된 후기마르크스주의 텍스트들, 비유적 언어에서 탈비유적·문법적 언어로의 변화(비록 내 발견사항에서 이런 진술들은 특별 조명되지만)는 잊어버려라. 이 극히 양가적인 서명자의 위대한 양가적 통찰들 가운데 하나는 코드화될 수 있는 어리석음과 그가 맺는 관계와 연관이 있다.

* * *

드 만의 유산이 갖는 아이러니 가운데 하나는 아마도 그를 읽는 데 가장 탁월한 인물들이 자신들에게 전수된 고통과 광휘 이상으로 백치성을 포착하는 민감한 감수성을 물려받았다는 것이다. 백치성이 가장 멀리 떨어진 전원의 환경에서 순박하게 거주하는 장소에서조차 그들은 그 백치성을 감지하고 비판할 수 있다. 나는 이 증상적 제스처에 이상하게도 감동을 받아서 종종 그것이 정당하며 미국적 정황에서는 때로 용감하기도 하다고 생각한다.(독일, 영국, 그리고 간혹 프랑스의 맥락에서는 다른 모든 사람의 업적과 정치학이 가망 없이 어리석다고 판명하는 일이 통상적 활동목록의 일부인데, 이런 판정은 전사戰士 충동의 마지막 잔여물인 일종의 남성중심적 분노로부터 연역된다.) 어리석음의 중요성은 드 만에게 아무리 강조해도 지나치지 않는다. 비록 모든 경우에 어리석음은 확장하는 의미론적 범위 내에서 미끄러지고 변천했으며, 극히 양가적 범주들에 근거해 등록되어야 했지만 말이다.(나는 충분히 양가적으로 썼던가?) 지성의 범주들이 바로 여기서 문제가 된다. 왜냐하면 어리석음에 관한 드 만의 (안)읽기는 폭넓은 사안들과 관련되어 있기 때문인데, 여기에는 색다르게 변모된 아치 벙커의 출현, 슐레겔과 연관된 이해 불가능성unverständlichkeit의 문제, 아이러니, 드 만이 검토한 바 있는 다양한 인식의 정전사태, 전체 인식론적 네트워크, 그가 종종 가장하는 인식 불가능성의 효과 부풀리기가 포함된다. 드 만의 불안을 복제하는 로돌프 가셰의 언급을 다뤄보자. "실제로 전통적 철학의 관점에서는 드 만이 자신의 읽기에서 언급하는 어떤 대목들이 왜 '당혹스럽고', '충격적이고', '혼란스러우며', 또는 '깜짝 놀랄 만한' 것들이고 그런 만큼 핵심 대목으로 받아들여져야 하는지 전체적으로 이해하기 힘들다."[30] 가셰는 드 만이 이해 불가능하다고 본 것을 이해할 수 없다고 본다. 거기에 둘의 차이가 있다. 이해 불능의 한 양상은 명철함의 측면에서 생겨나는 반면(가셰는 무엇이 이해하지 못할 것인지 이해하지 못한다), 이해 불능의 다른 양상은 멍청함 혹은 꾀의 중핵가치라는 문제를 들여온다. 즉 당혹스럽다는 드 만의 항의가 속임수인지 진짜인지 판명하기가 불가능한 것이다. 텍스트상의 경합을 이루는 충격으로 말문이 막힌 상태의 축을 통제하는가 여부와 상관없이 드 만은 종종 자신을 의미화의 텅 빈 중심, 말 못하는 중심에 위치시킨다. 또다른 텍스트에서 그는 '덤 앤 더머' 상태의 곤경을 그리스 희극으로 추적해간다. 그는 바보 연기하기를 즐긴다. 또한 그는 바보의 위치를 변증법적으로 상승시켜 관망하는 우월성의 자리로 바꾸길 좋아한다.(16세기에 이러한 대립쌍은 근거가 박약했다. 사람들은 바보의 고매한 지식을 신봉했다. 그러나 나는 바보의 역사를 쓰고 있는 것이 아니다.) 가셰의 주장에 따르면, 드 만은 어떤 대목들을 소개하고는 자신이 거기서 막혀버린 것처럼 말한다. 관련성과 일관성의 표지가 있는 곳에서 드 만은 절대적으로 특이한 것을 택하고는 연결을 끊어버린다. 그런 결심으로 인해 그는 해소되지 못한 무지함이 주는 불안, 즉 지시작용에 쫓기는 까닭에 언어가 전제할 수밖에 없는 조건에 계속 묶여 있게 된다.

흡사 드 만은 자신을 위해 이해 불가능한 것이라는 초과기준을 필요로 하며, 독해를 위해 특별히 맹목적이거나 의미 없는 텍스트의 결함을 만들어내거나 거기에 온 신경을 집중하는 듯하다. "전통적 철학의 관점"을 당혹스럽게 만드는 것은 드 만의 명시된 당혹감, 즉 알지 못함에 대한 그의 공공연한 의존으로서, 그는 의미를 만드는 데 실패하는 사례 혹은 자기인식에 대한 주장이 넘쳐나는 텍스트에서 순전한 어리석음의 계기로 기능하는 것에 관한 자신의 통찰을 두고 도박을 벌인다. 「아이러니의 개념The Concept of Irony」에서 드 만이 그리스인들을 언급한 이래 우리는 그 계주를 이어받아서 플라톤과 아리스토텔레스가 철학적 물음의 시초에 위치시키려고 했던 것, 즉 경이로움thaumazein을 통해 의미에 대한 거부—한 텍스트의 치밀하게 기획된 경제, 즉 이유가 밝혀졌든 이해 불가능하든 간에 거부된 의미와 만나는 입문적 경험이라는 측면에서—를 전송할 수도 있다. 철학적 물음은 경이로움, 당혹스러움, 마비상태, 즉 하이데거가 프라이부르크 강연에서 강조했던 바에서 시작한다.[31] 시초를 표시하는 마비상태는 우리를 내팽개친다. 그것은 한걸음 물러서기와 관련 있다. 일종의 감각 없는 퇴각상태에서 특이성을 포기하면서 직접성으로부터 한걸음 물러서기—우둔함의 경험—는 헤겔이 『미학』에서 표했던 의미를 따라 철학적 탐구가 취하는 최초의, 필연적으로 소격적인 행보를 개시한다. 그것은 비틀거리는 걸음이며, 사상 최초로 추락을 포착하게 된 드 만은 근원적 타락을 불가피하게 배가시키는 언어학적 말더듬을 집요하게 추적한다.

드 만의 작업이 당혹스러움 속에 한걸음 물러서서 경이로움에 대한 현대적 해석을 무대에 올린다고 주장하는 일은, 경이로움이 완전히 당혹스러울 뿐 아니라 다른 곳, 즉 외부의 장소에서 유래하는 어떤 것에 관한 질문과 비판적으로 연계되어 있음도 드러낸다. 또한 경이로움이 그 자체로 그런 레퍼토리의 자폐적autistic(교란되지 않은 특이성singularity의) 차원에 함축되어 있을 가능성도 사유케 한다. 철학적 권위의 측면에서 보면—그런 관점들은 분명 존재한다—드 만의 작업은 "돌이킬 수 없는 철학적 순진함"[32]으로 고통받았다고 간주된다. 그러나 어쩌면 더 흥미롭게도, 개념적 무능력이라는 재앙과 농탕치는 방식으로 철학적 차이를 드 만처럼 파괴하는 일, 즉 "철학이 일반성과 보편성을 주장함으로써 만들어내는 차이"(287쪽)를 파괴하는 드 만의 작업은 그가 쓰는 용어의 근본적 특이성이라는 측면에서 완성된다. 가셰는 이 극단적 특이성이 "모든 이해 가능성을 거부한다"(287쪽)라고 적시한다. 인식론상의 전과기록이라는 의미로 쓰기는 하지만 가셰는 드 만을 백치idiot라고 부를 지경에 이른다.(기표의 차원에서 보면 가셰의 에세이가 별종idiosyncratic에 관한 말놀이로 마무리되는 것은 아마도 단순한 우연이 아닐 것이다.)[33]

* * *

폴 드 만의 작업을 구성하는 서로 관련 없는 특이성들은 '보편적'이라고 인지 가능한 그 어떤 것이 형성될 여지를 허용하지 않는다. 이 정식화는 다소 철지난 우려를 되풀이하는 것일 수도 있지만, 이는 그가 종종 전유하는 전통 철학의 어휘들로부터 드 만의 거리두기를 확립한다. 논의의 어느 기점들에서 가셰가 드 만에 대항해 제기하는 이견은 사르트르가 조르주 바타유를 겨냥했던 논박을 떠올리게 하는데, 바타유는 근본적 특이성을 회복하려는 노력에 관심을 두고 있었던 것이다. 초기 저작을 바타유에 할애한 가셰는 계속해서 이렇게 말한다. "세계를 배태할 수도 있을 씨앗 같은 파편들의 단일한 우주를 열어놓는 대신, 드 만의 철학은 훨씬 더 어두운 그림을 강조한다. 그의 세계는 서로 관련 없는 특이성들의 세계로서, 각자가 너무나 유별나서 그 속에서 어떤 보편적인 것도 소멸하고 만다. 그것은 하나의 전체를 구성하는 이질적 파편들의 세계로서, 오직 상호간의 무관심과 원동력의 결핍에 의거해 그 파편들이 스스로의 단독적 무의미성을 한 치의 오차도 없이 끊임없이 되풀이함으로써 모두 동일해지는 그런 세계이다."(287쪽) 이 무차별적 힘들의 충돌은 규정적 언어의 무의미한 위력에, 즉 ("세계를 배태"하지 않고, "원동력"이 "결핍"된) 재생산적 잠재성들을 본보기로 삼지 않는 언어의 힘과 관련이 있다. 이러한 관점에 따르면 드 만의 '철학'은—그 힘이 도달하려고 분투하는 상태가 철학이라면—사멸할 운명에 처해 있다.

드 만이 수행하는 철학적 차이의 파괴는 칸트의 응시凝視Augenschein*라는 문제틀에 관한 가셰의 논의에서 과감하게 증명된다. (285~287쪽) 에세이의 이 대목에 이르러 가셰는 비현상학적 읽기의 관점에서 작업하는데, 이 형식상의 유물론은 비록 그 주제에 관해 드 만이 사용한 마지막 용어는 아니지만 그가 거부하지 않은 몇몇 기본 전제에 근거를 둔다. 응시는 최소한의 현상적 방식으로 주어진 현상성의 종합이다. 칸트에 있어 이 종합은 일단 이 응시가 숭고에 복무하기 시작하면 불가시적인 것 그 자체 이외에는 어떤 규정된 것도 더이상 보지 않는다는 사실 덕분에 이룩된다. 가셰는 이렇게 쓴다. "그러나 궁극적으로 응시에 의해 중심과 주변을 동시에 아우르는 유일한 시선으로 드러나는 불가시적인 것은 자신이 현시하는 것을 보여주는 데 실패한다. 인지 가능한 총체성을 자연의 총체성으로 현시하려고 노력하는 일은 칸트에게는 불가능한 작업이다. 총체성이 응당 현시 불가능하기 때문만이 아니라 그

*이 개념은 눈으로 실제 보는 행위와 관찰을 통해 드러난 외양을 동시에 뜻하는 말인데, 아래 대목에 나오는 '냉철한 시선'의 의미와 부합하는 '응시'로 옮긴다.

어떤 자연의 총체화도 성취될 수 없기 때문이기도 하다."(285쪽) 그러나 응시는 인지 가능한 것을 현시하는 데는 실패하지만 그것을 사유에 제공하기는 한다. 응시는 궁극적으로 상상력이 이성에 복종하는 과정을 노정한다. "응시는 상상력이 그 능력[이성]과 맺는 최소 관계의 목격자다."(286쪽) 논의는 더 진행되어서, 응시는 관념들의 현시에 장애가 되기보다 확장된 상상력의 또다른 이름으로 나타나며, 따라서 아무리 부정적이라고 해도 칸트가 숭고에 관한 논의에서 관심을 기울이는 절대적 총체화 능력의 현시 바로 그것으로 보인다고 주장하기에 이른다. 이제 칸트의 이 핵심 대목에서 물리적 시각視覺의 순전히 형식적이고 물질적이며 의식 없는 주시에 이르기 위해 드 만이 어떻게 모든 정신의 관념을 걷어내는지 주목해보자. 드 만은 "대양과 천상에 대한 칸트의 시각에는 아무런 정신도 결부되지 않는다"[34]라고 쓴다. 하나의 순전히 "물질적 시각"이자 "반성적이고 지적인 복잡성도 없는 그 시각은 또한 완전히 형식적이며, 아무런 의미론적 깊이도 없고 형식적 수학화 혹은 순수 광학의 기하학화로 환원될 수 있다."(136쪽)

폴 드 만에 따르면 그러한 지각은 어떠한 관계성의 경계도 넘어서며, 가셰가 주장하듯 "그 특이성에 있어서 독특하고 완전히 인지 불가능한 것"(286쪽)으로 규정된다. 드 만은 계속해서 "건축물로서의 천상과 대양은 어떤 지성에도 선행하는 선험"으로서 물질적 시각 그 자체와 분리하는 것이 불가능하다고 주장한다.(135쪽) 드 만이 "냉철한 시선"에 이르는 과정의 흐름을 빠르게 진전시켜보면, 이 시선은 「칸트의 유물론Kant's Materialism」에서 드 만이 응시와 칸트의 건축학적 세계 간의 통일성을 환기함으로써 주장하는 바라는 것을 알 수 있다. 냉철한 시선은 "어떠한 지시작용이나 기호작용의 개념도 수용하지 않는 절대적이고 근본적인 형식주의"[35]의 계기, 곧 이성과 경험적인 것 간에 다리를 놓으려는 시도에서 『제3비판』[칸트의 『판단력비판』]이 망각한 그 계기를 포착한다. 가셰는 "좀더 정확하게 말하면, 『제3비판』은 순전히 형식적이고 물질적이며 의식 없는 응시에 있어서 제 근원을 망각한 결과 그 자체다"(286쪽)라고 덧붙인다. 철학 읽기의 비현상학적 국면에서 드 만은 개념에 외재하는 상태로 존재한다고 거론되는 물질적 시각을 보여준다. 마비된 시선이라는 비유—실제로 시선은 비유에 선행한다—는 모든 가능한 관계에서 놓여나 환원 불가능하게 특이한 것으로 응고된다. 가셰의 해석에 따르면, 이 훼손적이고 비발현적인 시선은 아무리 냉철하다 해도 이론의 형상으로 구축된다.

> 그러한 이론 혹은 철학은, '실증적positive'이고자 하는 바로 그 정도까지, 자신이 지칭하고자 하는 것을 실행하는데 실패하고 자신이 소환하고자 하는 것을 망각하게 될 것이다. 이것이 환원 불가능하게 특이한 언어의 규정력이다. 만일 수사적 읽기가, 첫째로 하나의 텍스트가 주제적이고 의미론적인 차원에서 이미 자신이 직조하는 것을 해체하며, 둘째로 텍스트 자체에 비유화과정을 기입하는 일은 모든 의미 생산을 훼손하는 언어의 규정력을 지칭한다는 것을 보여줌으로써 진행된다면, 수사적 읽기의 그 다음 세번째 측면은 후자의 비유적 지위를 해체하는 일로 이루어질 것이다. 이는 언어의 물질성과 그 규정행위의 임의성과 무의미함을 포착했다는 환상과 다름없다. (290~291쪽)

자, 우리는 단지 언어의 임의성과 무의미한 사실, 언어의 물질성과 규정행위를 포착하는 데 실패하는 데 그치는 것이 아니다. 칸트는 불가능한 노력을 표시하기 위해 응시를 채택하면서 다름 아닌 현시 불가능한 것과 씨름하는 반면(그리하여 필연적으로 그것이 보여주는 것을 보여주는 데 실패하는 반면), 응시는 자신이 현시하는 데 실패하는 바로 그것—인지 가능한 것—을 사유에 제공한다. 칸트는 인지 가능성의 한계에 몰두하며, 그 한계는 많은 욕을 먹은 그의 후계자 프리드리히 슐레겔이 나중에 드 만의 관심을 끌 항목들에 의거해 협상을 벌이는 공간이다. 여기서 드 만은 칸트의 선례를 따라 개념에 외재하는 것으로, 인지 불가능한 것을 그것의 순전한 기술성, 즉 몽매한 형식주의로 환원되는 마비된 시선으로 나아간다. 이 형식주의는 어떠한 반성의 흔적보다도 앞서 있기에 그가 근원이라고 부르는, "순전히 형식적이고 물질적이며 의식 없는 상태"를 지칭한다. 이 용어들은 매우 복잡하며 유별난 동시에 중첩결정되어 있다. 내가 「칸트의 현상성과 물질성Phenomenality and Materiality in Kant」[드 만]에 나타난 수많은 발견적 요구와 상대하기보다 이 시점에서 밀고나가려는 유일한 논점은 칸트가 다른 곳—가셰의 해석에 따르면 확장된 상상력[36]—으로 향하는 경우조차 드 만이 마비상태, 의식 없음, 멍청함의 비유들에 일관되게 투자하는 관심과 관련이 있다. 이미 슐레겔적인 드 만은 지성에 선행하는 한 지점을 표시하기 위해 이 용어들을 중시한다. 그러나 잠정적인 것들은 최종적이고 '앞'은 미래에 놓여 있기 때문에, 우리는 지성의 '앞뒤에서' 이루어지는 결정들이 어찌하여 일시적 범주들로 간주될 수 없는지 그 한계를 증명(물론 칸트와 발을 맞춰서 우리는 그런 증명이 의심스러운 행위라고 보지만)할 것이다.

드 만을 다룬 후속 저작에서 가셰는 우리의 관심을 끌었던 몇몇 주제를 거론한다. 『읽기의 만능패*The Wild Card of Reading*』는 드 만의 저작들을 기입하고 있는 부정적 지식[무지의 형태로만 드러나는 지식]에 관해 중요한 성찰을 제공한다. 무지nonknowledge라는 문제틀은 그 책의 다른 층위들에, 드 만적 텍스트의 안팎에 등록된다. 가셰는 서문에서부터 곧바로 꼭 자신만은 아닌, 그러나 그렇게 추정하는 것이 그럴듯하기도 한, 하나의 주체를 상정하고, 그 주체가 "주제를 파악할 능력이 없음을 토로하면서" 시작한다. 그의 어투는 이해 불가능성, 모호성, 파악 불가능성의 가치들로 점철되며, 어떻게 이해 불가능성의 위력이 독자들을 지성 이전의 지점으로 이끄는지 제시한다. 계속 주장하길,

> 그러나 드 만의 저작들을 읽으려고 시도했던 사람들 가운데 기껏해야 극소수만이 적어도 처음에는 거의 완전한 이해 불가능의 경험에서 면제되었다. 그의 산문은 빡빡하고 모호함에 이를 지경까지 난해하다. 논증의 순서는 파악 불가능하고 논점의 타당성은 어떻게든 구별할 수 있으나 명쾌함과는 거리가 멀다. 그러나 북미 학계에서 드 만이 차지하는 특권을 감안하면, 그들이 드 만의 저작에 발 디딜 여지를 얻는 데 실패했다는 사실을 실제로 인정할 수 있다고 생각한 사람은 거의 없었다. 그리고 많은 사람이 권위라는 체면을 유지하기 위해 그 문제에 결단을 내려야만 한다고 느꼈다. ……〔드 만의 특이한 전문용어 사용으로 인해〕 우리는…… 드 만의 언어가 그 저자 혼자에게만 배타적으로 이해 가능한 사적 언어는 아닌가 하는 혼란과 의심에 빠지게 된다.[37]

제6장 「기이함 더하기Adding Oddities」에서 가셰는 "단순한 읽기mere reading"가 텍스트에서 모든 인지 기능을 비워내는 과정을 재검토하면서 부정적 지식의 문제를 수사학의 문법화에 내재하는 것으로 취급한다.

> 분명하게도 문법의 수사화는 우리를 빈손으로 만들지만, 수사학의 문법화에서 초래되는 듯한 부정적 지식은 〔존 키츠의 시 「히페리온의 몰락The Fall of Hyperion」이라는〕 제

> 목의 비유적 양태가 하나의 문법으로 환원될 수 없다는 사실로 인해 마찬가지로 좌절된다. 문법은 논리학과 동위원소로서, 문법의 주장들은 그 제목의 수사적 양태에 의해 불가피하게 손상된다. 단순한 읽기의 이중 독법은 따라서 텍스트에서 모든 인지 기능을 빼앗는데, 왜냐하면 축자적이건 비유적이건 간에 그 제목에 걸맞은 어떤 지시대상을 확정하기가 마찬가지로 불가능하기 때문이다.(181~182쪽)

그러나 드 만이 인식의 발작상태, 누그러지지 않는 무지, 모든 지식의 완전한 공백에 몰두하기 때문에 그에게는 인식의 불가능성에 관한 앎조차 지식의 영역에서 여전히 너무 벗어난다고 증명할 때, 가셰는 근원적 어리석음의 핵심으로 곧바로 나아간다.("그래서 읽기가 지식의 모든 양태를 공백으로 만든다는 점을 받아들인다면, 내가 어떤 다른 활동이 아니라 하나의 읽기를 수행하는 것인지 어떻게 알 수 있는가?" 183쪽)

> 만일 수사적 읽기가 부정적 지식을 산출해 인간 독자의 인식적이고 언어학적인 무기력을 확증하는 것으로 이해된다면, 그 읽기는 "유한한 존재의 존재론"을 수용할 수 있다. 그러나 드 만에 따르면, 맹목성에 관한 한 유한한 존재의 부정적 확신조차 (불가피하게 환원적이기에 비합법적인) 수사의 문법화에 기반을 두게 된다. 어떤 지식도, 심지어 지식의 불가능성에 대한 지식조차 그리하여 철저히 불가능해진다. 지시작용과 관련된 언어학적 곤경이 야기하는 해소되지 못한 무지함은 따라서 이러한 언어와 읽기의 아바타들을 인간적 유한성의 한 기능이나 그 유한성에 고유한 것으로 간주하는 일조차 전복한다. 언어의 유희

> 가 의식에 어떤 영향을 미치길 기대하는 것은 가망이 없어 보인다. 정말로, 만일 언어가 지식의 불가능성에 대한 지식을 포함하는 일체의 지식을 거부한다면, 어떤 방식으로, 어떤 층위에서, 언어가 주체의 안정성을 해체하는지 알기는 어려워진다.(182~183쪽)

우리 독서 영역의 가장자리로 향해 보면, 인지적 고갈과 언어적 무기력에 대한 관심은 드 만식 분할의 양편 모두에서 출현하는 어리석음에 관한 미묘한 주제론을 드러낸다. 우리는 드 만이 그 나름으로는 가셰가 나중에 "비판적 개인어critical idiolect"라고 부른 것, 그 심층을 거부하는 모호함에 결부되어 있다는 것을 알 수 있다. 그의 작업은 이해 불가능한 것, 일관되게 개인언어화되는 것, 끈질기게 모호한 것과 맞닿아 있다. 이러한 특질들은 회피하기보다 자리매김하고 대응해야만 한다. (간신히) 읽는 우리 시대에 (거의) 이해 불가능한 것의 가치는 무엇일까? 무엇이 우리로 하여금 보편적인 것을 상정하는 사람들이 단순히 동어반복에 빠지지 않고 인지 가능성을 얻는다고 생각하게 만드는가? 엄밀히 말해 개인어라는 것이 정말로 가능한가, 또는 정말로 개인어가 사유의 정교화를 가능하게 만드는 조건으로 간주되는 것은 아닐까? 얼마나 많은 이른바 독창적 사상가들이 전통 가치들과 공인되어 통용되는 관용어들을 발명하고, 전문용어화하고, 또 그것들과 결별했다는 비판을 받았던가? 가셰의 논점들은 충분히 설득력 있고 유익한 기능을 수행한다. 그것들은 다른 무엇보다도 때로 인식의 종양, 즉 지식의 악성 발육부전과 철학적 혁신 사이에서 우리가 판단을 내리기 어렵다는 것을 이해할 수 있게 도와준다. 어쩌면 문제는 '철학'이라는 용어를 둘러싸고 벌어지는 불가피한 조합에 놓여 있을지도 모른다. 하이데거가 또다른 일련의 정황적 판단과정에서 사유를 옹호해 철학을 버린 것과 흡사하게, 폴 드 만이 자신은 철학을 일삼고 있다고 생각했는지는 분명치 않다. 하지만 드 만이 인식에 관한 주장들을 계속 펼치는 한 그가 차지한 몫은 그 외적 한계까지 검토되어야만 한다.

반대로 수용의 차원으로 옮겨가면, 비평가들은 드 만의 작업에 대해 자기들이 어리석지 않다는 것을 증명하기 위한 방어적 전략의 일부가 아닌 이상 그 복잡한 이론적 기반들에 대해 심문하지 않은 채 판단을 내렸다. 드 만이 틀렸고, 허무주의적이며, 내재적으로 전체주의적이라고 말하는 것은 우리가 무언가를 이해했다는 것을 뜻한다. 1장에서 내가 주장했듯, 비록 칸트는 어리석음이 판단력의 결핍에 의해 이루어진다고 단언했지만, 판단은 어리석음의 문제와 긴밀하게 관련된다. 판단력의 결핍이 아무리 형편없는 판단일지라도 적어도 하나의 판단은 내려졌음을 함축하듯, 판단과 판단력의 결핍을 나누는 경계에는 종종 빈틈이 많다. 목전의 사안을 충분히 인지하지 못한 채 내리는 판단—모든 판단의 구조와 인간 유한성의 문제에 깃든 아포리아적 암초—은 우리가 피하려고 무진 애쓰는 바로 그 어리석음의 혐의를 불러온다. 가셰의 경우처럼 드 만에 우호적이고 철학적으로 성숙한 사람들에게, 판단의 행위는 "거의 총체적 이해 불가능성"으로 정식화되는 동시에 연기延期되면서, 가능한 이해의 조건들을 마련한다. 그의 작업과 이렇게 화해하는 것은 하나의 지조志操의 문제로 보인다. 비록 여기서 아이러니의 가능성을 배제할 수 없다 해도 말이다. 가셰가 드 만을 "이해하지" 못한다고 상상하기는 힘들다. 그렇지만 그는 자기 책을 마비stupor에 관한 하나의 알레고리로, 이해할 수 없는 무능력의 토로로 간주하며 시작한다.

4. 박식한 무지에 대해

폴 드 만에 관한 베르너 하마허의 에세이는 문학과학Literaturwissen-schaft이라는 의미에서 문학 연구가 가능할지 확실치 않다고 한 발 물러선다.[38] 특이성이라는 이슈를 제기하지만 그 가치는 대체하면서 하마허는 문학에 의해 그 확실성이 해체되어온 인지 가능성의 문제를 제기한다. "이러한 질문들은 오로지 단 한 명의 현대 문학 이론가와 관련해서만 그 해답을 얻을 수 있다는 예상하에 제기될 수 있다. 오직 폴 드 만이 자신의 저작들에서 이 질문들의 요구에 부응했다."(172쪽) 이런 관점에서 드 만의 작업은 문학 텍스트의 특이성을 고지식하게 추적하고 복제한 것으로 간주된다. 하나의 기획의 일반성으로 환원될 수 없는 그 작업은 그 고유의 전제들이라는 측면에서 보면 지성을 밑받침하는 좌표들을 위축시키는 일과 연관된다. 더구나 문학 연구의 기성 형태들 및 그 연구가 근거를 두고 있는 학문Wissenschaft과 전 생애에 걸쳐 논쟁을 벌여온 만큼 드 만은 수많은 인식론적 근거지들 또한 무너뜨린다.

전체적으로 드 만의 작업은 다채로우며 정리되기를 한사코 거부하지만 지식의 미망들을 폭로하는 데 관심이 있고, 다른 텍스트들에 쏟아붓는 것과 동일한 검토과정을 스스로에게도 부과한다. 이런 측면에서 드 만은 어리석음의 문제에 양가적일 수밖에 없는데, 왜냐하면 지식과 무지함, 이해 가능한 것과 인지 불가능한 것 간의 차이를 관장하는 결정 불가능성의 지대가 존재하기 때문이며, 어리석음은 그 현상화된 형태들 가운데 하나에서 스스로가 무지하다는 것을 알기 때문이다. 일반성이 드 만의 작업에서 문제가 된다면 그것은 바로 포괄적인 것, 그리고 이해 가능한 것으로 현시하는 그것이 항시적 훼손에 굴복하기 때문이다. 이 장의 나머지 대목에서 집중적으로 다룰 드 만의 「아이러니의 개념」은 상징적 '덤 앤 더머' 커플을 시초로 해서 어리석음의 두드러진 형상들을 다루며 시작하고 끝맺는다. 물론 내가 드 만의 저작을 무지에의 불안과 연계시킨 첫번째 사람은 아닐지 모르지만, 분명히 의식적이고 의도적으로, 게다가 학문적 수치심 없이 그렇게 행한 것은 내가 유일하다. 드 만에 관한 거의 모든 비판 작업은 어리석음의 내밀한 용어, 즉 박식한 무지가 지닌 모종의 파토스를 동원했는데—물론 그들은 무의식적으로 그렇게 한다—이들은 드 만의 주장에 내재한 긴장들을 확증하기 위해서 그렇게 하지만 마치 자신들은 그런 무지함의 함의로부터 결백하다는 입장에 선다. 마음만 먹으면 나는 실질적 증거 목록을 제시할 수도 있지만, 이 글의 목적에는 너무 장황하고 어쩌면 내 논점에서 과도하게 벗어날 것이다. 환유적으로 확장될 수 있으므로 여기서는 무작위로 뽑은 한두 개의 사례만으로도 충분할 것이다.

드 만에 관한 에세이의 한 대목에서 캐럴 제이콥스는 "따라서 이 책〔『독서의 알레고리』〕을 두고 앎이냐 무지냐 판단하기는 불가능하다"[39]라고 주장한다. 신시아 체이스는 텍스트의 수행적 차원이 진술된 인식과 불화한다고 지적하면서 "클라이스트에 대한 드 만의 에세이는 그러한 읽기의 역사적 조건들을 모르거나 '무시한다'"[40]라고 적는다. 하마허는 언어를 통해 획득되는 지식의 신뢰성 결핍에 관해 서술한다. 쇼샤나 펠먼은 윤리적 책임성에 관한 한 에세이를 "배의 선장에 관해 알아야만 하는 것—혹은 마땅히 알아야 할 모든 것—을 모르고 있는 서술자"에 관한 얘기로 시작한다. "우리에게 영향을 미치는 인물들, 즉 은유적 선장들, 예컨대 지도자들, 멘토들, 혹은 롤모델들에 관해 우리가 알아야만 하는 모든 것—혹은 우리가 마땅히 알아야 할 모든 것—을 우리는 과연 다 알고 있는가?"[41] 수긍이 간다. 이 텍스트들은 대체로 저 해결될 수 없는 아포리아들에 관심을 쏟는데, 이는 드 만이 "의미의 보장 불가능성"[42]과 언어의 결정 불가능성 내에서 행해지는 인식 및 수행의 측면에서 이미 증명했던 바이다. 그 아포리아들이 무지, 어리석음, 혹은 백치성과 맺는 관계는 결코 본질적이지 않고 우연적일지 모르지만, 강박신경증자의 경우처럼 그들은 꼭 의도하지는 않으면서도, 즉 '어리석음'이라고 말할 의도가 없으면서도, 마치 하마허가 "언어학적 비유들의 어처구니없고 빛바랜 말소"(179쪽)에 관해 말했을 때처럼 함부로 지껄인다. 그렇지 않으면 어리석음에 대한 관심은 바깥으로 확장되어 상호텍스트적이 되고 백치성의 새로운 범위 내부로 의미론적으로 미끄러진다. 「절대적 구성Absolute Constructions」이라는 제목이 붙은 드 만에 관한 한 장章에서 토머스 페퍼는 백치성을 철학적으로 파악하는 일의 역설적 함의를 환기하면서 다음과 같이 쓴다. "헤겔적 용어로 말하면 러셀은 백치다. 그러나 백치성—영리한 백치성—이야말로 헤겔에 대한 적극적 읽기를 수행하기 위해 우리에게 필요한 것이다."[43] 혹은 이 경우 백치성은 발작적 저항의 과도한 형태들을 피하기 위한 방법이 될 수 있거나 진정한 불경과 극복의 행위를 수행하기 위해 필요한 속임수를 가리킬 수 있다. 드 만 자신은 『독서의 알레고리』를 여는 에세이 「기호학과 수사학」에서 무지에 대한 불안—혹은 황홀경—에 관해 결정적 용어로 결론을 내리는데, 나중에 밝혀지듯이 불안은 지시작용에 대한 불안을 대체하는 지경에까지 이른다.

> 따라서 우리는 기호학의 수사적 문법화에 있어 언표내적illocutionary 문구들의 문법적 수사화와 마찬가지로 유보된 무지라는 동일한 상태로 귀착한다. 한 문학 텍스트의 수사적 양태에 관한 모든 질문은 언제나 실제로 질문하는 것인지조차 알지 못하는 하나의 수사적 질문이다. 그로부터 초래되는 파토스는 지시작용에 대한 불안이 아니라 무지에 대한 불안(혹은 각자의 일시적 기분이나 개별적 기질에 따라 축복이기도 한)이다. 이는 프루스트의 소

> 설에서 주제상 분명해진다. 마르셀과 알베르틴 간의 관계를 통해 읽기가, 언어가 수행하는 바에 대한 감정적 반작용이 아니라 그것이 맞닥뜨린 것을 아는 일의 불가능성에 대한 감정적 반작용으로 극화될 때 분명해진다.(19쪽)

지시작용에 대한 불안은 무지에의 축복(혹은 불안)에 의해 초극되는데, 드 만의 말에 따르면 여기서 우리는 문학 텍스트의 수사적 양상과 관련해서 유보된 무지라는 동일한 상태로 귀착한다. 우리는 너무나 불확실해서 무엇을 묻는지 혹은 묻고 있는 것인지조차 알 수 없는 하나의 질문, 즉 그 위상 자체가 의문에 부쳐지는 절대적 질문의 영역으로 인도된다. 진정한 질문은 그 제기행위, 그 상정하는 태도를 포기하며, 극단적 무정체성으로 인해 동요한다. 항시 자기교란적인 하나의 텍스트가 필시 분에 넘치는 무지를 피력하는 그 순간 무엇을 맞닥뜨리는지 아는 일의 불가능성이라는 주제에 관해서는—

* * *

그런데 나는 내 자전적 시련을 드러내려는 의향과는 거리를 두고 있었는데, 이 시련을 알게 되면 결코 완전하지도 않았고 일말의 성취조차 이루지 못했던 나만의 드 만 기피 이유를 독자들이 납득하는 데 도움이 될 수 있을 터이다. 괴테를 어리석다고 생각한다고 그가 내게 말하기 훨씬 전부터 나는 드 만을 기피했다. 실제로 그 발언이 있었던 장면은 약간 다르게, 내가 속으로 받아들인 것보다 더 미묘한 차이가 있었다. 파리에서 있었던 일이다. 나는 그에게 시건방진 인간들 특유의 경멸적 태도로 그가 "내" 작가들을 회피했다고 말했다. 그 작가들 가운데 괴테를 거론했던 것으로 기억한다. 그의 반응은 신속했다. "그건 괴테가 그만큼 어리석을 수 있기 때문이죠." 나의 당혹스러움. "이론적으로는…… 그러니까 그의 이론에서는……." 여자가 이렇게 말해서는 종신교수 심사에서 떨어진다. 물론 그때 교수직에 있었다는 얘기는 아니다.

내가 실제로 버지니아 대학으로부터 인정사정없이, 분명 불법적으로, 그러나 어쨌든 다행스럽게도 해고되어 아주 궁핍하고 구직이 힘든 상태였을 때, 그가 나를 도와주는 바람에 나는 그에게 엄청난 신세를 지는 처지가 되고 말았다. 나는 그때 운명이 내게 침을 뱉어서 그 대학에서 빠져나오게 해주어 기뻐했다. 그리스 희극에 나오는 한 비운의 인물, 동화 속 알라존같이 [헛된 꿈에 젖어] 똑똑한 척하는 인물에나 견줄 수 있을 내가 남부에서 무엇을 했겠는가? 파리와 베를린 이후에 그는 나를 캘리포니아로, 그의 말에 따르면 제 소화기관을 통해 나를 쉽사리 없애버리지는 않을 한 시스템으로 보냈다. 그는 그렇게 표현했다. 어쨌든 나는 리버사이드[캘리포니아 대학]에서 경력을 시작했고 버클리에 귀착했으니, 마지막까지 토해지지도 배설되지도 않는 이물질의 정치학을 연기했던 셈이다.(라캉에게서 소小타자 알라존이라는 정체성을 빌려올 수 있을 뿐인 내가 서부에서 무엇을 했겠는가?) 왜 그랬는지 모르겠지만 폴 드 만은 나를 돕는 데 관심이 많았고, 오로지 그가 재촉한 덕분에 마침내 나는 (나를 토해내는 데 성공한) 독문학과에서 벗어나 비교문학이라는, 그의 말로는 좀더 안전한 해안가에 당도하게 되었다.(내가 그에게 떠들어댄 말을 옮기자면, 그 당시 내게 독문학과에 적을 두는 것은 온갖 형태의 유령이 출몰해서 나를 공격하는 2차대전을 끊임없이 재상연하는 일에 노출된 것과 같았다. 그는 그 유령들의 존재를 즉각 눈치챘고 비교문학과 내의 훨씬 덜 야만적인 독일어권 지대에 피난처를 구해주었다.) 그는 다정다감했고 굳건했으며, 성차별적이지 않았다. 내가 어떻게 상위 교육기관 이곳저곳에서 헌신짝 취급을 받았는지 알고는 즉각적으로 보호를 자청했다. 그런데 지금 나는 한참 앞서 나가 내

이력에서 나중에 벌어진 일을 떠들고 있는 참이다. 어쨌거나, 아주 경험적이고 역사적인 측면에서, 불가피하게 그가 나의 고용 및 해고 위원회에 속하기 전에, 즉 내가 그를 알기 전에, 그리고 그가 내 지도교수, 내 나침반과 친구가 되기 전에, 나는 기회가 왔음에도 [폴 드 만이 있던] 예일 대학에 가지 않고 대신에 뉴저지에 있는 [프린스턴] 대학원에 진학함으로써 거리두기—결과적으로는 중재mediation와 어정쩡함mediocrity을 택한 꼴이 되었지만—를 선택했다. 대학원 공부를 하겠다고 결심했을 때, 그가 내겐 이미 거의 없는 거나 마찬가지인 자존심을 뭉개버리지나 않을까 두려워서 드 만과 지근거리에서 공부하는 일을 피했다고 나는 주저 없이 말할 수 있다. 그러나 함께 공부할 다른 사람이 아무도 없었다. 드 만과 나의 관계는 대부분 원거리로 유지되었다.

* * *

그는 피할 수 없는 존재, 끝장낼 수 없는 무엇이었다. 그는 복귀를 부추기고 복귀의 각본을 썼으며 되풀이되는 복귀의 아이러니를 명문화했다. 연구 작업의 차원에 대해서는, 드 만이 루소에게 물었던 질문, 즉 장자크가 이전 텍스트에서 토해냈던 고백을 거듭하도록 종용받는다고 느꼈을 때 던졌던 것과 동일한 질문을 드 만에게 되물을 수 있다. 「시간성의 수사학The Rhetoric of Temporality」에서 제시된 포괄적 성찰에도 불구하고 왜 드 만은 아이러니의 구조로 회귀하는가? 회귀할 때 그는 왜 이번에는 "내가 오늘 얘기하려는 것은 자아비판autocritique의 성격을 띱니다"라고 말하면서 시작하는가? 여기서 작동하는 자동기술법automatism은 무엇인가? 정말로 아이러니는 기술적 결정, 즉 인지 가능성을 벗어나는 혹은 그게 아니라면 또다른 인지 가능성의 논리를 꾸며내고 시험하는 어떤 것의 임의적이지만 가차 없는 반복과 연결될 것이다. 만일 드 만의 텍스트가 의도적으로 기술적 어법을 풀어놓으려는 목적에 복무한다면, 이는 문학비평의 시원적 형태에 외부세력이라는 짐을 부과하는 문제는 아니다.

드 만의 작업은 기술적 영역에서 유래하는 인식의 양태들과 텍스트의 기계적 작동에 깊은 관심이 있다. 그의 작업에 내포된 것은 비유법적으로 불안정한 아이러니의 본성과 필연적으로 연계된 기술技術 이론이다. 내가 윤곽을 파악하기 시작했던 몇몇 관심사는 안드레이 워민스키의 노력 덕택에 『미학 이데올로기*Aesthetic Ideology*』에 실린 「아이러니의 개념」이라는 후기 에세이로 수렴한다. 드 만에게 아이러니는 고속 궤도여서 우리를 회전시키며 불가피하게 볼썽사나운 추락에 이르게 만들지만, 우리는 여기서 이 문제를 차분하게, 부드럽고 천천히 다룰 것이다. 망쳐버리지 않는다는 확신은 없지만 말이다. 이 에세이가 어느 정도까지 시험의 차원들에 연루되어 있는지에 관해 거기서 제기된 이해의 문제와 어리석음의 역사를 통해 살펴보고자 한다.

기막히게 훌륭한 수사적 시험장test site을 구성하는 아이러니의 문제를 다루는 일이라면, 니체도 그리 뒤지지 않는다. 비록 드 만은 거대 기념물에 대해 평생 의구심을 거두지 않지만, 니체가 현장에 나타나면 괴테 역시 근처에 자리잡는다. 세부 정황에 대한 약간의 설명이 필요하다. 「아이러니의 개념」에서 드 만은 "천진한 어리석음simpleminded stupidity"에 관한 슐레겔의 사유를 논한다.[44] 슐레겔의 「이해 불가능성에 관해Über die Unverständlichkeit」를 인용하면서 그는 넘쳐나는 "니체식 어원학적 말장난"을 상기시킨다. 그런 다음 슐레겔의 괴테 인용을 통해 드 만은 자신이 기술적 의미라고 판독한 측면에서 언어의 용법이 언어 사용자를 추월하는 한 계기를 소개한다. "말들은 그 말을 사용하는 사람들보다 자기들끼리 서로 더 잘 통한다. 말들은 우리가 말하고자 하는 바가 전혀 아닌 것들을 말하는 방식을 가지고 있다."[45] 드 만은 이렇게 주장한다.

> 하나의 기계, 하나의 텍스트 기계, 하나의 완고한 결정과 총체적 임의성, 슐레겔의 말로는 무조건적 자의성unbedingter Willkür이 존재하는데(『리체움*Lyceum*』 단상 42, 『비평판 전집*Kritische Ausgabe*』 2권 151쪽), 이것은 기표의 유희 차원에서 단어들에 거주하며, 여하한 문장의 서사적 일관성도 해체하고, 알다시피 모든 서사화의 기반을 이루는 반성적이고 변증법적인 모델을 모두 다 해체한다. 반성 없는 서사화는 없고 변증법 없는 서사도 없지만, 아이러니는 (슐레겔에 따르면) 바로 그 변증법과 그 반성성, 즉 비유들을 교란한다. 반성적이고 변증법적인 것은 비유법의 체계, 곧 피히테적 시스템이며, 아이러니는 바로 이 체계를 해체한다.(181쪽)

아이러니는 어떤 식으로든 텍스트로서의 기계와 동맹을 맺고 있으며 비유법의 체계를 해체할 수 있는 파열적 힘으로 무장한다. 피히테를 전유한 드 만에 따르면 아이러니는 서사의 가능성을 위험에 빠뜨리는 파괴적 힘이다. 그러나 여기서 나는 하이데거식 파괴Zerstörung와 초토화Verwüstung의 구분을 명심해야 한다고 주의를 환기하고자 한다. 이는 내가 아이러니의 범위와 속도를 저지하여 [초토화를 막으려는] 복구의 제스처를 제공하고 싶어서가 아니라 단지 일관되게 초점을 유지하면서 우리가 허무주의를 설익은 채 공표하는 일에 유난스럽게 말려들지 않게 하고 싶기 때문이다. 벤야민뿐 아니라 하이데거에서도 파괴는 비판적 제거의 힘과 결부되지, 초토화라는 전쟁신경증적 중단을 함축하지는 않는다. 이 차이를 명심하도록 하자. 물론 드 만 자신은 내가 페터 손디*의 첩

* Péter Szondi. 헝가리 출신의 문예비평가로 현대 드라마와 비교문학에 관한 저술을 남겼다. 드 만과 달리 슐레겔의 낭만적 아이러니가 시간성의 형식이라고 주장했다. 드 만은 손디의 입장을 비판하며 아이러니의 본질이 반복성에 있다고 본다.

자 노릇을 한다고 군법회의에 회부할지도 모르겠다. 실제로 누구라도 [아이러니의 초토화에 대항하는] 복구행위를 범하다 걸리면 드 만이 휘두르는 빗질에 나가떨어진다. [드 만이] 아이러니를 기입한 상황을 고려하면 이는 거의 모든 사람이 걸려들 수밖에 없다는 것을 뜻한다. 우리는 드 만이 자수하는 한 대목을 집중적으로 살펴볼 것이다.

슐레겔을 경거망동이라는 일반적 혐의로부터 방어하려고 노력하면서 드 만은 최고의 비평가들이 "슐레겔에게서 근본적 방식으로 교란되는 바로 그 범주들, 즉 자아, 역사, 그리고 변증법의 범주들을"(182쪽) 되찾았다고 쓴다. 드 만에 의하면 벤야민은 손디가 할 수 있는 것보다 훨씬 더 훌륭하게 결말의 파괴력을 보았다. 그러나 벤야민의 출중한 명증성조차 훼손되는데, 왜냐하면 『독일 낭만주의에서 예술비평의 개념*Der Begriff der Kunstkritik in der Romantik*』은 여전히 루카치를 추종하면서 벤야민으로 하여금 모든 것이 상실된 듯 보이는 순간에 한 작품[슐레겔의 『아테네움 단상』]을 복구하도록 촉구하기 때문이고, 따라서 전개되고 있는 근본적 파괴가 사실은 변증법의 한 계기에 의해 안전하게 정박하고 있음이 드러나기 때문이다. 헤겔적 도식에 따르면 파괴는 절대를 향해 가는 과정에 있는 하나의 역사적 변증법으로 간주된다. 헤겔적 언어를 사용해 벤야민은 이렇게 말한다. "형식의 아이러니화는 마치 초월론적 예술 질서의 휘장을 걷어올려서 그것을 그것 자체로, 이러한 질서 속에서 그리고 매개되지 않은 작품의 존재 속에서, 드러내는 폭풍우와도 같다."[46] 손디가 분명히 파악하지 못하지만 벤야민이 포착하는 것은 결말이 지닌 순전한 충격이다. 드 만에 의하면 벤야민은 "결말의 파괴력, 부정적 위력을 충분히 알고 있다. 그는 '형식의 아이러니화가 형식의 의도적 파괴에 근거한다'는 것을 안다. ……이는 미학적 재생은 전혀 아니고 그 반대로 그가 '비판적 행위'라고 부르는 하나의 근본적이고 완벽한 형식의 파괴로서, 분석에 의해 형식을 해체하고 탈신비화를 통해 형식을 파괴한다."(182쪽) 작품을 은폐하는 형식이 파괴에 종속됨으로써 작품의 "매개되지 않은 존재"와 같은 어떤 것이 드러날 수 있고 또 투명하게 현시된다. 어떤 의미에서 이 드러냄이 현시의 알레고리를 표시해야만 하는 것은 물론이다.

이 주제에 관해 성찰하는 소수의 다른 작가들처럼 하마허는 아이러니와 알레고리가 근접해서 결정된다는 점을 상기시키는데, 이 결정은 구분 불가능하게 연계되어 있기 때문에 그것들이 일부를 이루는 비판 프로젝트를 끊임없이 약화시킨다. 드 만에게 나타나는 아이러니와 알레고리의 근접성을 읽어내면서 하마허는 어떻게 문학 연구의 바로 그 가능성이 표리부동한 명령에 종속되는지 증명한다. "자신의 실패에 대한 고백을 항상 새로운 비유와 논증으로 강제하는 알레고리의 명령과…… 그 아래에서는 아무런 실패도 없고 제아무리 오류를 저지르는 듯 보여도 모든 단어가 들어맞는 그 모든 인식적이고 합법적인 근거를 철회하는 아이러니의 명령. 아이러니하게도 그 명령—언어와 지성의 명령—은 그것이 알레고리인지 아이러니인지에 대한 판단을 허용하지 않는다."[47] 어떻게 단어들이 드 만이 만들어놓은 항구적 어긋남의 세계에 들어맞는 듯 보이는지는 분명치 않다. 그러나 언어와 지성의 명령이라는 측면에서 보면, 아이러니와 알레고리는 다른 하나에 비해 어느 하나에 단호한 해석적 우위를 주는 일 없이 함께 발생해야만 한다. 그렇다면 매 순간 그 둘은 비유, 주장, 결론을 비합법화하거나 갱신하면서, 시험되는 동시에 시험하는 셈이다. 그와 동시에 시험의 측면에서 알레고리에 비해 아이러니가 갖는 우위는 하마허의 진술이 허용하는 그 차이를 통해서만 드러날 수 있다. 아이러니는 수행의 영역에 속하기에 때때로 알레고리를 단순한 비유행위라는 먼지더미에 팽개쳐둔다.[48] 알레고리적 실패와 공모관계를 이룬다는 점을 감안하면, 아이러니가 어떻게 한계를 파괴하는 자신의 특정한 움직임을 관장하면서 구성적 방식으로 시험 운전을 수행하는 일에 가담하는지, 그리고 실험적 경향과 심판으로서의 시험, 즉 시도Versuch의 필요성에 관한 사유에 넘쳐나는 니체적 폐지 가능성이라는 '이데올로기'를 제출하는지는 좀더 검토를 요한다. 우리로서는 드 만이 항구적 자기아이러니self-irony, 즉 「아이러니의 개념」에서 그가 혼란스럽게 규정하는 그 자기아이러니를 니체의 즐거운 지식과 연관시키고 있다는 점을 명심하는 일이 중요하다.

아이러니, 알레고리, 시험하기라는 비유들—이것들이 비유라고 한다면—은 자신들이 의존하고 있는 인식적이고 합법화하는 근거들을 약화시키는 한에서만 이해의 언어와 관련되어 있음이 드러난다. 그렇게 드 만은 모두를 집으로 돌려보냄으로써 아이러니에 관한 강의를 시작한다. "여러분은 전혀 이해하지 못할 거예요. 그러니 여기서 딱 그만두고 모두 집으로 돌아가시죠."(164쪽) 집은 몰이해가 지배하는 곳, 또는 적어도 이해의 아포리아들에 심각하게 영향을 받지는 않은 영역이다. 가정의 태평함이라는 환상을 제공하든지 아니면 파탄이 나버린 헌신을 무대에 올리든지 간에 집은 이해의 노력과 언어들을 중단시키는 순간 안락한 집이 될 수 있다. 이해와의 관계는 헌신의 열기와 아포리아들의 압력을 받아 우리가 떠돌이 노동자가 되어 이해를 구하기 위해 집을 떠나는 순간 시작된다. 우리는 바깥으로 나와서 근거들과 새로운 비유들을 물색한다. 우리는 차례차례로 궁핍의 경험을 교환하며 합법성이나 인식상의 안전지대를 향해 추동되는 어떤 욕구에 내몰린다. 해석학적 강박—이해하려는 충동—아래에는 우리가 이해하지 못한다는 혹은 아직 이해하지 못했다는, 아니면 니체를 연상시키듯 질문의 형식으로 강조된 "내 말이 납득된 것인가?"라는 어떤 느낌이 존재한다. 드 만, 그 사람은 우선 아이러니를 포착하기가 얼마나 어려운지, 그리고 다른 모든 사람이 전부 틀려먹었다고 생각하고 또 그렇게 말하면서 어떻게 모든 사람이 다른 모든 사람을 아이러니의 고유한 영역에서 몰아내는지 지적해야만 한다.(프리드리히 졸거는 그렇게 아우구스트 슐레겔에게 핵폭탄을 던지고, 헤겔은 졸거에 대해 불만을 터뜨리고, 키르케고르는 헤겔을 비난—그는 위대한 철학자가 아이러니가 뭔지도 모르는 것 같다고 명시한다—하는데, 이왕 말이 나온 김에 터놓고 얘기하자면, 드 만 자신은 정말로 아이러니에 관해 빈틈없이 포착하고 있는가?) 드 만을 피고인 목록에 포함시킨다면 우리는 분명코 논리상의 처벌을 받을 수도 있는데, 왜냐하면 그의 텍스트는 아이러니를 품고 있지 않으며 적어도 애초에는 아이러니를 그 자체로 파악이 불가능한 것으로 상정하는 텍스트이기 때문이다. 그의 텍스트는 포괄적 확증을 꾀하는 모든 시도를 그야말로 회피하면서 거듭된 노력을 통해 아이러니를 고정하려는 시도를 무너뜨린다. "아이러니에 관해 정의를 내리기는 기이하리만치 힘들어 보인다. ……그 용어를 정의하는 데에는 본질적으로 난해한 무언가가 존재하는 듯하다. 왜냐하면 한편에서는 아이러니가 모든 비유를 포괄하는 듯하지만 다른 한편에서는 하나의 비유로 정의하기가 아주 어렵기 때문이다. 아이러니는 하나의 비유인가? 전통적으로는 물론 그렇다. 그러나 그것은 하나의 비유인가?"(164쪽)

드 만의 제목을 통해 드 만의 제목으로 반복되고 인용되는 키르케고르의 책 제목[『아이러니의 개념』] 자체가 아이러니한 것으로 드러난다. 즉 아이러니는 하나의 개념이 아닌 것이다. 하나의 오류로서 그 제목의 위상은 더 깊은 탐구를 요구하는바, 도대체 아이러니에 대한 어떠한 결정 그 자체도 아이러니할 수밖에 없다는 것은 무엇을 뜻하는가? 드 만이 이중적으로 취하는 그 제목은 오류 그 자체 위에, 오류 그 자체에 의해 세워진 이미 아이러니한 제목을 부정할 따름이 아닌가? 키르케고르와 드 만은 여기서 어떤 형태의 짝을 이루는가? 그 에세이는 이렇게 시작한다. "이 강연의 제목은 「아이러니의 개념」인데, 아이러니에 관해 구할 수 있는 최고의 책 『아이러니의 개념』을 쓴 키르케고르에게서 가져온 것이다."(163쪽) "최고의 책"에 합당한 제스처를 전유하고 반복하면서 드 만은 반복에 관한 책을 다시 쓰지만, 또한 동일성의 계기로 현시되는 것 내에서 알레고리적 거리두기를 만들어내기도 한다. 이것은 드 만이 아이러니에 관해 구할 수 있을 "최고의 책", 최고의 강연 혹은 에세이를 스스로 허장성세한다는 것을 뜻하는가, 아니면 그는 반복의 기계공학이라는 수단을 통해 최고의 책으로 지목되어온 것을 자기가 어떤 식으로든 넘어설 수 있게 하는 경쟁의 장소를 창조하고 있다는 것인가? 하지만 그가 무임승차하는 그 최고의 책은 자기말소적 제목을 담고 있기 때문에, 드 만의 제목은 키르케고르 책의 '동일한' 제목과 별 상관이 없을 수도 있다. 아니면 그가 불가능한 모험이라는 재시험을 치르는 것일 수도 있다. 아이러니가 하나의 개념이 아니라는 것을 알고 있기에 키르케고르처럼 나는 내 작업에 「아이러니의 개념」이라는 제목을 붙인다. 그래서 나는 그가 실패한 곳에서 일어서며, 나의 명증성으로 이 책을 이 책이 도달하지 못한 합당한 위치, '구할 수 있는 최고의 책'으로서의 경지에 이르게 할 것이다. 승자를 선언하는 일뿐 아니라 똑같은 제스처를 통해 여전히 하나의 경쟁으로 남아 있게 될 것 내부로 승리의 바로 그 가능성을 축소시키는 일 또한 드 만에게는 매우 전형적이다. 마치 키르케고르의 작품과 자신의 나중 작품—키르케고르의 제목에 대한 그의 번역—사이에 설정했던 틀을 알레고리로 만들기라도 하려는 듯, 드 만은 먼저 아이러니에 관한 자기 관심의 "주요 저자"가 될 또다른 인물로 되돌아가 삼각구도를 형성한 뒤, 하나의 우화에 비견될 만한 것을 정립한 뒤 에세이의 말미에서 복귀시킨다. 그가 다른 곳에서 썼듯이, "우리가 제목을 어떻게 읽는가는 의미론상의 연습으로서뿐 아니라 텍스트가 실제로 우리에게 행하는 것의 차원에서도 아주 중요하다."[49] 이 경우 그 맥락의 파급력을 감안할 때, 그 제목이 우리에게 행하는 일은 제목의 구조가 과연 비유적으로 해석될 수 있는지, 다시 말해 그것이 하나의 은유처럼, 즉 두 항목 간의 유사성과 차이에 기반을 둔 하나의 대체관계로 구성되어 있는지, 또는 그것이 피히테의 자유의 사례처럼 불가능하지만 이미 전제된 하나의 이상에 끊임없이 가까이 다가가는 점근적인asymptotic 것은 아닌지에 관해 질문을 제기하는 것이다. 아니 어쩌면 그것은 분명히 인지되는 언어의 측면이 아니라 언어의 수행적 측면에 속할 수도 있고, 이 경우엔 키르케고르 책의 제목과 기이하게 닮았다고 하더라도 드 만의 제목은 정립하다setzen라는 동사의 오용법, 즉 추가로 체계를 산출하는 언어의 창조적 행위를 정립이라는 개념에 가두는 오용법에 아이러니하게 가담하는 셈이 된다. 그 제목이 우리에게 행하는 몇몇 일들이 바로 이것이다.

아이러니의 비유적 함의, 곧 "제유법이나 은유나 환유 같은 통상적 비유에서 찾을 수 있는 것보다 더 근본적 부정"으로서 아이러니의 위상을 검토하기에 앞서 드 만은 "아이러니에 관한 한 정의지향적 언어는 곤경에 처한 듯하다"(165쪽)라고 인정한다. 그는 아이러니의 수행적 기능을 지향하는바, 아이러니가 위로하고, 약속하고, 용서할 수 있도록 허락한다.("아이러니는 위로를 주고 약속하며 용서한다." 165쪽) 그러한 위로, 약속, 용서 행위의 시간성 혹은 연속성은 잘 드러나지 않지만, 아이러니는 분명 종결되지 못하고 미래를 위한 여지를 남겨둘 수밖에 없는 거래들에 과감히 착수한다. 아이러니는 언어가 제공할 수 있는 한계들을 시험하면서 "비유법의 영역에서 떨어져 나오는 듯하지만 그것과 아주 밀접하게 연관된 모든 형태의 수행적 언어 작용을"(165쪽) 가능하게 한다. 스스로 감당할 수 없는 수많은 것들을 수행할 능력이 있으면서도(약속이 실천되지 못할 경우, 아이러니는 그저 약속만, 즉 약속을 성사된 거래의 보장으로 변환하는 일이 아니라 오직 그 약속 자체만을 약속했던 셈이다) 아이러니는 개념으로 포획되지 않는다. 까다로운 개념화를 파악하기 위해 드 만은 험난한 길을 택하는데, 다시 말해 그리스 희극에 나오는 어리석음의 형상을 참조한다. 그리스적 형상은 영리한 쪽과 어리석은 쪽으로 이루어진 하나의 커플로 나뉘며, 실제로는 더 어리석은 쪽이 더 영리한 것으로 판명된다. 미세 구문의 차원에서 보면 우리는 아이러니한 인물의 출현을 묘사하는 데 있어 확연히 드러나는 어눌함에 놀랄 것이다. "그리스 혹은 헬레니즘 희극에 나타나는…… 아이러니한 사람." 그러나 이 파격구문anacoluthon이 만드는 마찰음은 실수가 아니라 하나의 필연성이어서, 아이러니를 대표(신)하는 모든 인물의 제지할 수 없는 분열과정과 지속적 복제과정을 추적한다. 드 만은 아이러니에 대한 이해를 돕기 위해—뭐랄까 '살짝' 돕기 위해—이 장면을 소개한다. 내가 여기서 이 대목을 재론하는 것은 키르케고르와 드 만 간의 제목상의 관계에 있는 그 명시된 긴장감을 강조하기 위해서이다.

> 그것을 아이러니한 사람의 측면에서, 그리스 혹은 헬레니즘 희극에 나타나는 영리한 친구와 어리석은 친구, 즉 에이론과 알라존 간의 전통적 대립이라는 측면에서 생각하는 것이 조금은 도움이 된다. 아이러니에 관한 모든 담론은 그런 식으로 정립된다. 그렇다면 우리는 필요에 의해 화자가 되는 영리한 친구가 항상 멍청한 친구로 드러난다는 것, 그리고 그가 멍청하다고 생각하는 인물, 즉 알라존에 의해 항상 함정에 빠진다는 것을 명심해야만 한다. 이 경우에 있어 알라존(이렇게 말하니까 이 글에서 진짜 알라존은 나라고 생각된다)은 아이러니에 관한 미국의 비평이고 영리한 인물은 아이러니에 관한 독일의 비평이 될 터인데, 이 점을 물론 나는 이해한다.(165쪽)

[미국문학과 독일문학] 학부들 간의 경쟁이 시작되었고, 드 만은 자기 자신도 얽혀 들어가는 함정을 만들어내며, 이 대목에서 자기를 또다른 아이러니한 인물, 곧 『아이러니의 수사학*A Rhetoric of Irony*』의 저자[웨인 부스]와 대비시킨다. 핵심이 되는 내기, 거의 성스러운 가치의 목적은 이해를 둘러싸고 구성되는바, 웨인 부스는 이해를 통해 아이러니의 진행과정을 중단시킬 수 있다고 주장한다. 부스는 아이러니를 멈출 수 있는 길이 이해를 통해서라고 경쾌하게 주장한다. "아이러니한 기질은 끝까지 추구될 경우 무한한 용해제의 연쇄 속에서 모든 것을 해소할 수 있다. 그러한 연쇄를 멈추게 할 수 있는 것은 아이러니가 아니라 아이러니를 이해하려는 욕망이다. 이것이 바로 우리 시대의 많은 사람이 빠졌다고 주장하는 바와 같은 부정의 무한한 퇴행 속에 사로잡히지 않기 위해 아이러니의 수사학이 필요한 이유이다. 이것이 내가 다음 장들을 '어디서 멈출지 배우기'에 할애하는 이유이다."[50] 부스는 이해가 아이러니의 본질적 교란행위를 교란시킬 수 있다고 위로하며 약속한다. 이 교란적 아이러니의 특징은 우리가 제지당하기 전에는 아직 배울 수 없다. 부스나 드 만이나 모호한 논점을 함부로 파헤치려 들지 않기는 매한가지지만, 부스를 제대로 평가하자면 이해 그 자체는 아이러니적 퇴행의 역방향 질주를 가로막지 않는다. 부스는 아이러니를 이해하려는 욕망이 비상 급제동을 걸 수 있는 장치 같은 것이라고 적시한다. 이해하려는 욕망은 그 자체로는 무한한 연쇄를 멈추게 할 수 없다. 단지 모든 이해의 프로젝트에 존재하는 결핍을 지적하고 욕망에 존재하는 하나의 떨림(부스의 떨림을 상상하기는 매우 힘들지만)으로서 중단상태를 가정할 따름이다.

따라서 이 방해자는 영리한 친구 에이론의 자리를 표시할 것이다. 드 만이 보기에 자신이 '이해'라고 확신해 부르는 그 무엇을 통해 아이러니를 제지하고, 봉쇄하고, 제한하고 싶어하는 미국 비평가의 자리 말이다. 어떤 의미에서 부스는 키르케고르가 마련해놓은 모호한 한계들을 궁지로 모는 셈인데, 키르케고르는 아이러니가 절대적이고 무한한 부정성이라고 정의함으로써, "아이러니는 그 가능성이 우리의 머리에 각인되자마자 그 자체로 의심의 문을 열어놓으며, 무한성에 미달하는 어떤 지점에서라도 이 의심의 과정을 중단할 아무런 내적 이유는 없다"[51]라고 설파했다. 미국의 영리한 인물인 부스는 의심이 포획 가능하다고 확신하면서 키르케고르가 제시한 의심의 중단 불가능한 계기를 멈추고자 한다. 드 만의 임무는 이해가 단순히 확보될 수 있는 그 무엇이 아니라고 증명하는 것, 실제로 아이러니가 이해의 불가능성, 즉 이해의 아이러니에 결박되어 있다고 주장하는 것이다. "아이러니에서 쟁점이 되는 사항은 이해의 가능성, 독해의 가능성, 텍스트의 독해 가능성, 하나의 의미 혹은 복수의 의미들 또는 의미의 통제된 다의성을 결정하는 일의 가능성이다."(167쪽) 의미의 권위가 의존하고 읽기의 수행이 전제하는 많은 것을 해체하기에 아이러니는 불온하다. 아이러니는 "문학의 이해 가능성에 내기를 걸었던"(167쪽) 문학 해석자들을 위협한다. 이 흉흉한 한계에서 이해하기 위해 노력해보자.

이제 계속 진행하기 전에 내 입장을 분명히 하고 어떠한 논의의 진전도 가로막는 의구심에 대해 규명해보자. 나는 이 대목의 해석학적 강박을 폭로함으로써 대응한 셈인데, 다시 말해 우리가 이해의 대상에 접근할 수 있게 하고 또 그 대상이 우리에게 다가올 수 있게 하는 구조, 곧 선이해pre-understanding의 흔적을 밝혀냈던 것이다. 내 전제들은 틀렸다. 심지어 그 전제들이 정당한 해석을 보여주는 경우에도 틀렸다. 나는 이 텍스트에서 드 만이 차지하는 입장에 관해, 그의 항변에도 불구하고 마치 그가 스스로를 알고 있는 주체로 형상화한다고 전제했다. 그 대목으로 돌아가보면 우리는 드 만이 나중에 무산되어버리는 기대들을 설정한다는 것을 알게 될 것이다. 그가 아이러니의 본성상 실수를 범한 것이 아니라면 말이다. 우선 그는 '아이러니한 인물'에 관해 논한다. 그러고 나서 그는 그 인물을 에이론과 알라존 간의 전통적 대립에 의거해 두 입장으로 나눈다. 드 만의 말로 하면, 영리한 인물은 당연히 화자인데 고분고분하게 대응하는 다소 불리한 입장에 놓인 멍청한 인물이다. 결국 겉보기에는 영리한 인물이 물론 멍청한 친구였음이 드러난다. 그러나 드 만은 이 강연의 화자임에도 불구하고 필연적으로 나중에 더 영리한 인물로 판명나는 비화자인 알라존과 스스로를 동일시한다. 처음 읽을 때는 드 만이 멍청하지만 영리한 인물의 입장을 취하기에 우리는 이 텍스트를 관통해서 발화하는 화자가 누가 될지 어리둥절하게 된다. 아이러니에 관한 책을 썼고 그 제목을 보유하는 키르케고르가 아닐까? 아마도. 그러나 에이론과 알라존이 어떤 두 인물이 아니라(물론 키르케고르와 웨인 부스를 필두로 결국엔 그렇게 된다) 비판적 사유경향들을 대표한다는 것을 밝히는 일이 되면 입장 정하기의 논리는 좀더 복잡해진다. 해당되는 대목은 이렇다. "이 경우에 있어 알라존(이렇게 말하니까 이 글에서 진짜 알라존은 나라고 생각된다)은 아이러니에 관한 미국의 비평이고 영리한 인물은 아이러니에 관한 독일의 비평이 될 터인데, 이 점을 물론 나는 이해한다."

이 대목의 전체 짜임새는 우리가 아이러니를 어떻게 인식하는가라는 질문 아래 놓여 있다.("내가 대면하고 있는 텍스트가 아이러니하게 된다는 것을 나는 어떻게 아는가?" 165쪽) 이 질문은 드 만의 사례에 되물어진다. 자신이 주장하는 대립 속에 스스로를 위치시키고자 하는 드 만은 아이러니에 관한 미국 혹은 독일의 비판적 관심 중 어느 편을 택하는가? 그는 독일이나 미국 중 어느 쪽과 동일시하는 입장에서 그렇게 행한다고 말하는가? 이 질문을 물론 나는 이해한다. "물론"과 "나는 이해한다" 사이에서 생겨나는 수사적 충돌이 있을 법한데, 이는 이해를 주장하는 주체에게 흠집을 낸다. 이해의 불안정성을 강조하는 문맥에 위치한 "물론"은 드 만이 아이러니 쪽에 심하게 기울어 있음을 드러내는 듯하다. 그렇다면 이런 고백은 그가 독일—그가 반복해서 상기하는 바에 따르면 이해 불가능성의 자리—을 이해하지 못한다는 것, 나아가 그가 자신은 이해하지 못한다는 것을 알고 있으며, 따라서 이해할 수 있다고 생각하고 아이러니한 파괴를 해체하는 미국인들보다 더 주권적이고 이해심 깊다는 것을 뜻하는가? 아니면 오히려 알라존이 미국 비평의 다른 이름이고 그렇게 지칭하는 문장에서 자신을 알라존으로 인식할 수 있게 해주기 때문에 그는 [독일인에 비해] 탁월한 미국인이란 것인가?

수많은 명시적 의도의 겹침과 어긋나게도, 우리에게 '약간의' 도움을 주기 위해 구성된 헬레니즘 희극의 사례는 의미를 잃는 듯하다. 화자로서 드 만은 스스로를 멍청이로, 미국인으로 내세운다. 하지만 암시적 위계와 가치평가가 자리를 잡는바, 이는 라캉으로 하여금 미국의 자아(심리학자)를 향해 무차별사격을 퍼붓게 해준 상황들과 그리 다르지 않다. 이 경우 미국 비평의 가치에 도전하는 것은 아이러니에 관한 꼼꼼한 연구를 진행하는 독일 역사일 것이다. 파괴적이고 무한히 반복되는 위험들에 검열로 응대하는 일을 금지함으로써, 부스가 거의 아는 바 없는 독일 전통은 미국의 사유에 반영된 의미 있지만 다소 평범한 희망들에 비해 분명히 우위를 점한다. 그렇다면 왜 이 시점에서 드 만은 미국의 비평과 자신을 동일시하는 것처럼 보이는가? 왜 그는 영리한 인물을 옹립하려 하는가? 또는 왜 미국의 비평은 도대체 알라존으로, 요컨대 분명하게 영리해 보이는 인물인 독일인("영리한 인물은 아이러니에 관한 독일의 비평이 될 터인데, 이 점을 물론 나는 잘 알고 있다")보다 실제로는 더 영리한, 오직 표면적으로만 멍청해 보이는 그 인물로 정립되는가? 예일 대학에서 '아이러니 이론' 세미나를 지도하고 오하이오 주립대학에서 '아이러니의 개념'을 강연하는 그 멍청한 미국인인 나, 드 만은 독일의 아이러니 비평에 관해 알고 있고 이해하고 있으며, 그것을 이해하기에 나는 또한 내 아이러니를 이해시킬 수 없음도 알고 있다. 나는 독일인으로서, 다시 말해 이해를 이해함으로써 미국인이 되어야만 한다. 자신이 이해의 아포리아뿐 아니라 아이러니가 개념이 될 수 없다는 인식 역시 수행할 때, 나는 이해하지 못하기 때문에 진실로 이해하는 그 무엇이 되어야만 한다. 따라서 영리한 인물로 보이며 또 구할 수 있는 최고의 책(내 책과 같은 다른 책들은 구할 수 있다고 간주될 리 만무하다)을 저술한 키르케고르를 포함한 독일 전통을 명명할 때 나, 드 만은 에이론의 자리를 마련하는 것이다. 우리 모두는 아이러니한 인물이기 때문이다. 그렇다. 아이러니의 문제는 독일 전통에서 결론이 난 것처럼 보인다. "우리는 그 문제를 프리드리히 슐레겔—(분리된 또다른 짝인) 아우구스트 빌헬름 슐레겔*보다 훨씬 더—에게서 취해야 하며, 또한 루트비히 티크, 노발리스, 졸거, 아담 뮐러, 클라이스트, 장 파울, 헤겔, 키르케고르, 멀리는 니체까지 거슬러 올라가서도 취할 수 있다."(167쪽) 그런데 만일 이것이 모두 독일 전통에서 결론이 난 것이라면, 드 만은 부스가 하려고 했던 바, 즉 통제 불가능한 부정으로의 퇴행을 중단시키는 길을 찾은 셈이 아닌가? 조건과 종착점을 찾음으로써, 그리하여 다른 사유 경향들과 가능성들을 배제함으로써, 그리고 독일인들을 이해함으로써, 과연 드 만은 "어디서 멈출지" 깨닫게 될 것인가?

그러나 이 논리에는 여분의 뒤틀림이 있다. 그 사례가 전개되는 과정에 따르면 드 만은 일을 바로잡기 위해 현장에 당도해 발화하는 인물인 에이론, 즉 아이러니한 사상가들(그는 여기서 프랑스식 경로는 제외한다)의 이중계보를 계승한 후계자와 연합했어야만 한다. 그리고 어떤 의미에서 그것이 그 사례가 진행되는 방식이다. 드 만은 덫의 역사를 이해하고 있으며 거기로 곧장 걸어들어가

*아우구스트는 프리드리히 슐레겔의 형으로 독일 낭만파 운동의 잡지 『아테네움』의 공동 발행인이다.

서 예상 가능하게도 멍청한 미국인들에 의해 함정에 빠진다. 따라서 미국 비평을 알라존과 동일시할 때 그는 자신을 그 맥락에 삽입한다기보다 "이 덕분에 나는 진짜 알라존이 된다"고 단언함으로써 거기에서 자신을 분리하고 있다. 진짜 알라존은 영리함과 멍청함에 관한 그리스적이고 관습적인 변증법에 잘 들어맞는 명백한 알라존과는 다르다. "이 담론"이라는 말로 부차화하는 제스처는 미국의 비평을 지칭하는 듯한데, 드 만은 그 비평의 멍청한 맞상대가 될 터이다. 그 논리는 계속 이어져서, 내가 멍청한 인물인 것은 아이러니에 대한 부스의 접근법이 "탁월하게도 합리적"이기 때문이다. 즉 "그는 실제 비평의 질문에서 출발하며 정의定義나 비유법 이론에 연루되지 않는다."(165쪽) 그렇다면 미국 쪽 진영에는 "아이러니의 문제에 관해 권위 있고 탁월한 책, 웨인 부스의 『아이러니의 수사학』"이 있다. 수사학에 관해 쓰고 있는 그가 영리한 인물이다. 그러나 여기서 다시 나는 그 제목을 취해 논지를 편다. 나는 너무 멍청해서 비유법 이론에 말려들게 된다. 나는 너무 멍청해서 영리하다. 다른 친구에 관해서 말하면, "아이러니를 이해하려는 웨인 부스의 프로젝트는 애초부터 실패할 운명인데, 왜냐하면 만일 아이러니가 이해에 관한 것이라면 아이러니에 관한 어떤 이해도 그가 그렇게 하겠다고 한 바와 같이 아이러니를 통제하고 중단시킬 수는 없을 것이기 때문이다."(167쪽) 따라서 예컨대 나는 독일어를 이해한다.(이는 위 대목에 끼어드는 독특한 독일어식 구두법, "왜냐하면 만일"을 설명하는 데 도움이 된다.) 나아가 그는 제지하고 통제하면서 "웨인 부스가 만일 독일 전통에 대해 좀더 알았더라면 이런 식으로 글을 쓰기는, 그리고 내가 방금 인용한 문장을 쓰기는 어려웠을 것인데, 아마 불가능하지는 않았을지라도 훨씬 더 어려웠을 것이다."(167쪽)(이에 대해 물론 나는 이해한다.)

이렇게 웨인 부스는 몰락한다. 그는 독일 전통을 이해하지 못한 채 어리석게도 "튜턴족의 음울함Teutonic gloom"이라고 무시해버린 멍청한 인물의 자리를 드 만 대신에 차지한다. 드 만은 자기 나름으로는 슐레겔이 특별히 음울하다고 보지 않는다. 경쟁은 감수성의 싸움으로 변해 아무런 만족스러운 판결도 가능하지 않은 공간을 열어놓는다. 드 만은 어쩌면 멍청하고 망조어린 음울에 빠져든 부스에 대한 자신의 아이러니한 감수성을 표시하기 위해 그 논쟁의 구도를 뒤바꿔놓는 셈이다. 하지만 이러한 항목들은 두 경쟁자 어느 누구도 아이러니의 문제와 그에 대한 이해를 자리매김할 수 있는 것이라고 선뜻 동의할 수 없는 어떤 것을 가리킨다. 독일인들을 이해하기에 드 만은 그들을 특별히 음울하다고 보지 않는다. 그렇다면 도대체 왜 음울이 읽기에 대한 중지로 간주되며, 한 사상의 전통을 배제할 정도로 근거 있는 것이라고 여겨지는가? 부스가 독일인들을 읽지 않은 것은 그들의 음울 탓임이 암시된다. 그 때문에 드 만은 음울과 전혀 관계없는 슐레겔로 전환하는 것이다. 드 만은 아이러니와 음울 간의 관계를 탐구하지 않으며, 음울에 대한 자신의 기피를 이해의 한 범주로 읽지도 않는다. 단지 독일인들의 음울한 본성에 관해 의견을 달리함으로써 그는 어떤 경우든 음울이 부스에게 부여하는 한계에 도전하지 않으려 한다.

얼핏 보기에 음울로의 회귀는 취향과 감수성의 테마로 반성 없이 돌아가는 일을 뜻하는 까닭에 유독 미결정된 것으로 드러난다. 드 만은 희한하게도 퇴행적 문학의 가치들에 기댐으로써 감수성의 차이로 되돌아간 것처럼 보인다. 더이상 축자적이지 않은 아이러니의 타자는 이제 음울이 되었고, 18세기 미학과 연관된 지각들을 반향한다. 부스와 드 만은 멍청이냐 더 멍청이냐를 연기하는 데서 누가 더 침울하고 덜 침울한지 다투는 경쟁관계로 탈바꿈한다. 튜턴족의 음울성에 관한 스탈 부인의 발견을 출처도 없이 인용함으로써 이렇게 감수성의 문제로 반성 없이 회귀한 일은 어딘가 고딕적 분위기를 풍긴다. 즉 아이러니의 파괴적 우월성을 우회하려는 담론의 분위기가 환기된다. 동시에 부스와 드 만의 차이가 그 중핵가치가 확실치 않은 음울을 중심으로 편재되는 방식에는 전체적으로 아이러니한 무언가가 존재한다. 드 만은 음울을 그 한계에, 즉 그가 부스와 갈라지는 지점으로, 아이러니에 관한 성찰의 시작 내지는 끝 지점에 위치시킨다. 여기가 그들이 아무런 해명도 없이 그 자체로 결정 불가능한 한 단어에 모든 것을 걸어놓은 채 서로 갈라지는 지점이다. 음울이란 무엇인가? 어떻게 음울이 그것으로부터 아이러니가 발생하는 한계로 기능하게 되었는가? 음울은 하나의 경첩으로, 즉 미국적인 것과 독일적인 것 혹은 독일성에 관한 두 개의 미국적 전유 간의 경계를 표시하는 그 무엇으로 정립된다.(드 만은 이 텍스트에서 그가 미국인이며 따라서 더 멍청한 인물, 즉 미국적 우둔함의 형태로 열성적으로 개종한 인물임을 증명해야만 한다.) 음울이 아이러니의 이해에 달려 있는 만큼 모든 것이 음울의 의미에 달려 있다. 실제로 모든 것이 유보된 채 남겨진다. 왜냐하면 텍스트 전반에 걸쳐 있는 음울의 인식적 능력과 수행적 능력 간의 구별은 철저히 결정 불가능한 것으로 남기 때문이다. 하나의 감수성을 지시하기는커녕 음울은 인정되건 기피되건 간에 텍스트를 이해의 실패라는 스펙터클로 고착시키게 될 운명에 처해진다.

내가 폴 드 만의 생애에 관심이 있다고 말한 것은 철학적 예법이라는 코드를 깨는 문제만은 아니었다. 내가 드 만과 함께 쌍두마차로 끌고 있던 프리드리히 슐레겔, 즉 '생철학Philosophie des Lebens' 이라는 프로젝트를 정립하게 된 그 슐레겔에게만 오로지 동기부여된 때문도 아니었다. 이러한 동기요인들이 있었다면 내가 충분히 내 삶을 영위할 수 있었을 것이다. 생철학의 모든 프로젝트를 제쳐두면, 나는 내 실마리를 드 만에게서 찾고 있었고 그 텍스트에 나타난 다소 예상 밖의 기행들을 되풀이했다. 그답지 않게 '관심' 을 표명하면서 드 만은 다음과 같이 말하는데, 이 텍스트에서 그의 프로젝트는 엄청난 비난을 받은 슐레겔을 소생시키는 일이다. 다시 말해 한 사람의 독일인을 구하기 위해 그는 독일인들 전체와 그들의 제도권 연구집단에 등을 돌리는 것이다. "전체 독문학 분야가 프리드리히 슐레겔을 피하기 위한, 곧 독일 문학을 '진지하게' 다루려는 강단 학문 전체에 슐레겔과 그의 『루친데*Lucinde*』가 던지는 도전을 회피할 유일한 이유를 개발해왔다고 말하는 것은 조금도 과장이 아니며(이 주장을 나는 옹호할 수도 있다)"(168쪽), 슐레겔에 대한 드 만의 매혹은 오직 [슐레겔이라는] 이 서명자의 작품에만 한정되는 것도 아니다.(그의 작품은 수많은 반박을 받았고, 파편적이며, 때로는 『루친데』의 경우처럼 외설적이기까지 하다.) "슐레겔은 수수께끼 같은 인물이다. 흥미로운 작품과 흥미로운 인간이 합쳐진."(167쪽) 드 만은 인간 프리드리히 슐레겔, 그의 정치적 선택, 작품과 관계없는 외적 사실을 거듭 강조했다. 물론 이 둘 간의 경계에 대해 질문을 던져야 할 필요는 있지만 말이다. 그는 사적이고 정치적인 슐레겔에 대해 관심과 심지어 매혹도 표방하지만 딱히 왜 그러는지는 말하지 않는다. 그는 그 유대를 수수께끼로 남겨둔 채 비밀을 간직한다. "그것[그의 생애]은 수수께끼 같은 경력이고, 전혀 인상적이지 않은 작품이다. ……당혹스러운 개인의 생애이자 또한 정치적으로도 혼란스럽다."(167쪽) 드 만은 그렇게 말하지 않지만, 아이러니를 읽어내는 독일 전통 내에서 슐레겔이 곧 알라존이라는 사실을 깨닫는 데는 시간이 많이 걸리지 않는다. 알레고리를 다룰 때와 마찬가지로 드 만은 그 개념 발생의 역사로 인해 천대받은 하나의 비유를 가지고 첫걸음을 뗀 뒤, 화려한 폄훼자들보다 그것이 얼마나 앞서 있는가를 보여줌으로써 그 비유를 구원한다. 알레고리가 형이상학적 안락함과 상징의 우연성을 선호하는 바람에 버려졌듯이, 슐레겔 역시 버려지고, 거물들에 의해 깔아뭉개지며, 성가신 존재, 정치적 타협자, 글을 써서는 안 되는 무식꾼으로 간주되었다.(그래서 '어떻게 잘 쓸 것인가'(『리체움*Lyceum*』단상 37번)에 관한 슐레겔의 글을 드 만이 인용할 때 이런 평가에 도전한다는 느낌이 든다.)

자, 이렇게 우리는 또다른 에이론과 알라존의 형상들을 소개받는데, 이번엔 권위적인 헤겔과 벌이는 상대가 안 되는 시합에서 슐레겔이 드 만을 대신한다. 슐레겔에 관해 글을 썼던 사람들 대부분은 그가 아주 보잘것없는 철학자였다는 사실 때문에 거의 추문거리가 될 처지였다. "헤겔의 경우가 가장 악명이 높은데, 그는 슐레겔과 『루친데』를 언급하고는 냉정을 잃는다. 헤겔에게는 좀처럼 벌어지지 않는 일이다. 이 얘기만 나오면 그는 너무 화가 나서 험담을 퍼붓는다. 그는 슐레겔이 고약한 철학자이며 잘 알지도 못하고 읽은 것도 부족하니 입을 닥쳐야 한다는 식으로 말한다."(168쪽) 키르케고르조차 헤겔과의 논쟁을 잠시 그치고 이 점에 동의한다. "키르케고르는 헤겔에게서 벗어나고자 노력함에도 불구하고 아이러니에 관한 자신의 책에 삽입된 『루친데』에 대한 논평에서 헤겔과 공명한다. 그는 그 책을 외설적이라고 부르며 마찬가지로 아주 역정을 낸다."(168쪽) 슐레겔은 철학자들의 희생양이 될 뿐 아니라 노발리스에게도 알라존의 역할을 한다. 노발리스는 "단상들밖에 만들어내지 못한 슐레겔에 견주면 항상 성공적 시인의 모범, 진짜 걸작을 산출한 시인으로 추앙된다."(180쪽) 슐레겔의 작품은 하나의 작품으로서 권위를 획득하지 못하며 철학계의 거물들과 근사한 시 조탁자들에게 그야말로 조롱받는다. 그는 아무리 많은 아이러니한 평가라도 다 이해하고 기록에서 삭제했지만, 언제나 문제를 일으켰고 어떤 식으로든 항상 개인적으로 물의를 빚었다. 이 텍스트에 나오는 대체 가능한 알라존들의 연쇄는 결국 [아이러니에 대해 드 만과 생각이 다른] 페터 손디에까지 확대되는바, 손디는 벤야민과 앞서거니 뒤서거니 짝을 이루는 경우 진정으로 교란적인 아이러니의 힘을 이해하는 데 미치지 못한 인물로 그려진다.

너무나 많은 조소가 쏟아졌던 슐레겔의 철학적 단상들이 지닌 내적 논리를 추적하기 전에 드 만은 슐레겔의 작업 저변에 놓인 피히테적 시스템을 정립하기 위해 우회로를 택한다. 자아가 불가피하게도 한편에서는 언어적 행위에 결박된 요소로, 다른 한편에서는 경험적 범주들로 번역 가능한 또다른 요소로 이중화된다는 측면에서 볼 때, 여기서 우리의 흥미를 끄는 것은 그 자아를 자신과 대립시켜 끊임없이 시험하는 모종의 아이러니의 출현이다. "상대적 평가가 존재하는 순간부터 자아의 속성들에 관해 말하는 것이 가능해지고 그게 하나의 경험으로 보일 수도 있다. 이제 자아를 하나의 경험이라고 말하는 것이 가능해진다."(175쪽) 슐레겔에 따르면 이 이중화된 자아는 초월론적 자아로 파악 가능하며 인간은 이 자아를 "무언가 무한히 민첩한 것으로, 무한히 탄력 있는 것으로…… 특정한 경험보다 상위에 있고 모든 특정한 자아를 항상 지배하는 자아로"(175쪽) 취급한다. 자아의 일부는 엄청난 유동성을 누린다. 무한히 민첩하고 탄력 있는 그 자아는 자아의 모든 경험보다 상위에 있으면서 자기 시험의 형태들에 얽매인 자아를 침착하게 통제하고, 실존적 존재의 한계들과 충돌을 빚는다. 단지 오용법에만, 즉 무엇이든 명명하고 상정할 수 있는 굴절된 언어의 힘에만 존재를 빚지고 있는 "최초의" 자아는 "논리적 전개의 시작"이며 그 자체로 "경험적이거나 현상학적인 자아의 그 어떤 형태"(173쪽)와도 아무런 상관이 없다. 이 자아는 그 자체로 상정되며 "예컨대 의식과도 아무런 관련이 없다. 그렇게 상정되고 동시에 부정되는 이 자아에 대해 아무런 언급도 가능하지 않다. 그것은 완전히 텅 빈, 임의적 행위다."(173쪽) 드 만에 따르면, 이제 이 분리된 자아의 설정은 "일관된 서사, 근본적으로 부정적 계기들이 존재하는 서사"(176쪽)를 만들어낸다. 복잡한 일관성을 지닌 그 서사는 무지의 지점으로 향한다. "자아는 그게 무엇인지 결코 알 수 없고 그 자체로 확인 가능하지도 않으며 자아가 스스로에 대해 내리는 판단, 즉 반성적 판단은 안정된 판단이 아니다. 엄청나게 많은 부정성, 자아의 내부에 강력한 부정성이 존재하지만 그 시스템의 근본적 인지 가능성은 문제가 되지 않는다. 왜냐하면 자아는 항상 비유의 시스템으로 환원될 수 있고 그 자체로 기술되며 그 자체로 내적 일관성이 있기 때문이다."(176쪽) 부정성의 공격을 받으면 [자아의] 시스템은 자신을 약화시키는 것에 맞설 수 있는 모습으로 드러난다. 논증의 이 대목에서 드 만은 부정성의 위협을 받는 시스템의 일관성을 "보호하는" 것처럼 보이며, 아이러니한 파괴가 야기될 가능성으로부터 시스템을 면역시킨다. 하지만 근본적 인지 가능성이 그렇게 확보되는지 혹은 비유들이 "그 자체로" 내적 일관성을 부여하는지는 확실치 않다. 시스템의 위력을 확증했기에 드 만은 어떤 식으로든 일종의 균형을 맞추는 교착상태를 부활시키는데, 슐레겔은 『아테네움*Athenäum*』에서 이 교착상태를 표면화시킨 바 있다. 드 만은 이렇게 말한다. "그것은 진정으로 체계적이다. 슐레겔은 어디에선가 우리가 항상 하나의 시스템을 가져야 한다고 말했다. 그는 또한 우리가 하나의 시스템을 가지면 안 된다고도 말했다."(176쪽) 이것은 다음의 주장을 번역한 것이다. "정신이 하나의 시스템을 갖거나 아무런 시스템도 갖지 않는 것 모두는 똑같이 치명적이다. 정신은 두 가지 〔계기〕 모두를 연결하는 선택을 할 것이다."[52] 두 가지 화해 불가능한 것들을 연결하거나 한데 묶으라는 명령의 이중적 규제는 죽음충동의 차원이라는 측면에서, 즉 시스템의 치명적 위험과 시스템 부재의 위험 간에 성립된 연계라는 측면에서 진정으로 연결 가능하며 동등하다. 시스템의 근본적 인지 가능성에 대해 모종의 확신이 존재한다면, 그것은 체계성을 고갈시키는 것으로부터 체계성을 빼앗는 슐레겔의 치명적 행위가 항구적 시험하기의 성향을 묘사한다는 사실 때문일 듯하다. 이 성향에 의해 부정성의 위력은 현상학적 자아와 오용법적 혹은 임의적이고 텅 빈 자아 사이의 자기시험적 한계를 작동시키는 과정에서 현저히 불안정해진다.

한계들에 대항해서 충돌시험을 하는 자아가 있다. 충돌시험의 실험인형은 경험의 현상학적 벽에 부딪혀 자기 자신의 초월성, 다시 말해 다른 유형의 자아로 자기초월하고 파괴를 일삼는 행위의 경계들을 탐사한다. 드 만은 『리체움』에 나오는 슐레겔의 단상 42번[아래 인용문]에 대한 논의, 곧 이 분리된 자아, 철학과 시에서 발언하는 이 자아를 묘사하는 그 단상에 대한 논의에 다다른다.

> 철학은 아이러니의 진정한 보금자리로서, 논리적 아름다움으로 정의될 수 있다. 왜냐하면 사람들이 말이나 글로 쓴 대화로 철학을 수행하는 곳 어디서나(슐레겔은 물론 소크라테스를 염두에 둔다), 그리고 그 대화들이 완전히 체계적이지 않는 한, 아이러니가 산출되고 상정되어야만 하기 때문이다. 소크라테스조차 세련됨을 미덕으로 보았다. 절제해서 사용하면 특히 논쟁시에 아주 훌륭한 기능을 수행하는 수사적 아이러니가 있는 것은 사실이지만, 소크라테스적 뮤즈의 숭고한 세련됨과 견주면 수사적 아이러니는 마치 고대의 본격 비극에 비견되는 가장 멋진 웅변술의 광채와도 같다. ……완전한 형태로 모든 세부사항에 걸쳐 아이러니의 신성한 숨결을 뿜어내는 고대와 현대의 시들이 있다. 그런 시들에는 진정으로 초월론적 익살이 살아 있다. 그것들의 내면은 정서Stimmung에 의해 침윤되어 있는바, 그 정서는 모든 것을 개괄하고 모든 한계지워진 것들, 시인 자신의 예술, 미덕, 천재성조차 무한히 넘어선다. 그리고 그것들의 외면적 형태는 평범하고 쓸 만한 이탈리아 희극가수의 연극적 스타일에 물들어 있다.[53]

여기서 아이러니를 다양한 담론상의 계기로 양도하는 드 만의 논평은 익살의 외면적 형태, 즉 갑자기 터져나와 한계들을 초월할 수 있는 이 기이한 힘에 초점을 맞춘다. "이제 이 희극가수는 비평가들에게 많은 문제를 일으키는데 그게 문제의 핵심이다."(177쪽) 그것은 어쩌면 그리 중요하지 않은 문제일 수도 있다. 그러나 드 만이 스스로 총체화할 때—"그게 문제의 핵심이다"—그는 자기가 읽고 있는 대목과 관련해 애매성의 여지를 열어놓는다. 그것이 전부 비평가를 곤란에 빠뜨리기 위함인가, 그게 "문제의 핵심"인가? 아니면 그것은 희극가수가 펼치는 초월과 역초월의 동시 연기, 고상한 악절이 예측 불가능하게 희극 배우, 희극 오페라 가수의 수준으로 격하되는 일에 관련된 것인가? 초월론적 익살에서 평범한 희극가수로 이행하는 과정으로의 추락을 우리는 어떻게 읽어야만 하는가? 그 희극가수는 니체가 나중에 어릿광대로 재출현하는 그의 가까운 친척과 밀착시킬 그 인물 유형을 상기시킨다. 그 인물 유형은 니체가 낭만주의자들과 공유하는 양식화된 형태의 비밀 백과사전에서 자기 항목을 갱신할 것이다. 슐레겔은 하위 체계의 비유법을 생산해, 저급한 조롱에 전념하고 무언극 춤에서 기원한 것을 풍자적 가수로 대체했다. 즉 그 위상이 계속 석연치 않은 것으로 존재하는 대역배우로 대체한 셈이다. 드 만은 희극가수의 외면적 형태와 연극적 스타일을 가지고 장난을 친다. 드 만에게 희극가수는 어쨌든 간에 자아의 거리두기와 파괴과정, 작품에 부착된 한 자아가 구체화되는 과정을 나타낸다.

그 대목은 자아의 부정성이 강조되는 피히테적 시스템의 종합을 드러낸다. 드 만의 말에 따르면 거기서 부정성이 강조되는 이유는 "그것이 모든 것과, 또한 자아 및 작가 자신의 작품과 맺는 관련성에서의 이탈, 자기 작품과의 근본적 거리두기(자기 자신에 대한 근본적 부정)"(177쪽)이기 때문이다. 자아의 양태에 나타난 분열의 결과로서 우리의 관심을 끄는 것은 이 [자아의] 파편이 세련됨, 즉 "진짜 초월론적 익살"에 맞선 "고상한 세련됨"을 연기하는 방식이다. 말을 바꾸면, 지적인 존재에 어울리는 그리스적 분위기가 어떻게 그것에 초월론적으로 대립하는 듯 보이는 것과 소통하는가이다. 초월론적 익살은 시스템을 파열시킨다. 그 파열은 낭만적 포기가 아니라 법과 관습에 얽매어 한계지워지고 "소유된"—"시인 자신의 예술, 미덕, 그리고 천재성"—것을 넘어서려는 일종의 의지가 뒷받침하는 진정으로 일탈적 힘에 의해 추동되는 것으로 드러난다. 희극가수는 비유적 의미와 반反비유적 의미의 차원들 간에 본질적 연계를 촉구하는 인물로 드러난다. 그 연계를 미리보기 방식으로 분명히 아주 재빠르게 말해보면, 분열적이고 통합 불가능한 그 희극가수, 아이러니한 파괴의 핵심적 가면은, 파격구문과 연결되는 까닭에, 즉 그 가면이 교란 및 최종적으로는 돌이킬 수 없는 해체작용으로 표시되고 또 그 교란과 해체의 표지인 까닭에, 결말을 대신하는 것으로 드러날 것이다.

비평가들에게 많은 골칫거리를 안겨주었다고 회자된 희극가수는 이제 "학문적으로 매우 설득력 있게 규명되어온 아주 특별한 의미를 지니는 것"(178쪽)으로 간주된다. 희극가수는 서사의 환상의 교란, 즉 "허구라는 환상을 깨트리며 관객에게 말을 거는 방백aparté(독일어로는 우리가 '역할에서 빠져나오기aus der Rolle fallen'라고 부르는 것)"(178쪽)과 같은 효과를 낸다. 미국의 상대들과 달리 독일어를 이해한다고 말하는 드 만의 고백을 고려하면, 괄호 속에 묶여 독일화된 "우리"는 당연히 주목을 끈다. 왜냐하면 이는 우리에게 특히 드 만이 맡은 배역, 즉 그 자신이 끊임없이 중도하차하거나 빠져나오는 알라존의 역할을 상기시켜주기 때문이다. 함정을 파놓고 방백을 표시하는 장치, 결정적 순간에 알고 있다고 가정되는 주체sujet supposé savoir라는 환상을 교란하는 인물 말이다. 드 만적 구문이라는 별도의 전통에서 실제로 승승장구하며 우월한 지식을 표명하고 싶어할 때에도 드 만은 그 역할에서 빠져나온다. 이는 희극가수의 정신과 완전히 어긋나지는 않는데, 희극가수는 거리두기와 차이, 즉 첫번째 세계를 파괴하는 것으로 드러나는 지시작용의 또다른 세계의 존재를 주창하기 위해서 공연의 구문을 파괴하는 것이다. 이러한 계기들에서 역할 빠져나오기는 곧 역할에 맞추기다. 하지만 비판적 가면과 정체성의 소용돌이 내에서 드 만이 채택했을 수도 물리쳤을 수도 있었을 역할들이 상정했던 강박적 혼란에 빠져 우리가 우리의 역할에서 돌이킬 수 없이 벗어나려는 유혹에 굴복하기보다는, 애초부터 교란이 존재했던 것으로 주장되는 그 텍스트로 돌아가보자.

교란하는 힘, 그 힘의 중요한 변형들과 불요불급한 형태들의 문제는 여전히 해결될 필요가 있다. 히아투스hiatus나 휴지caesura로서의 아이러니한 교란은 우연적이고 자유롭게 생겨나는가, 아니면 교란이 발생함으로써 강제되는 급작스러운 치환에 법률과 같은 무언가 관습적인 것이 존재하는가? 우리를 살짝 도와주기 위해서 드 만은 이 시점에서 그가 주창한 것과 분명 더 상반되는 사례 하나를 인용한다. 그는 "우리가 읽은 첫 글에서 슐레겔이 언제라도 정다운 대화를 자유롭고 임의적으로 방해할 수 있어야 한다고 말했던 것을 우리는 기억한다"(178쪽)라고 말한다. 이 말이 가리키는 시점은 슐레겔이 모든 차원의 발화(글쓰기, 말하기, 소통하기)의 기반을 이루는 제약과 강압적 힘의 불가피성을 논의할 때이다. 자제력의 존엄성과 가치에 대해 슐레겔은 이렇게 썼다.

> ……우리가 스스로를 자제하지 않는 그 어디에서든 세상은 우리를 제약할 것이다. 그리하여 우리는 세상의 노예가 될 것이다. ……우리는 우리가 자기창조와 자기파괴의 무한한 힘을 갖는 그러한 지점들과 측면들에서만 (그런 경로를 따라서) 오로지 스스로를 자제할 수 있다. 어떤 순간에도 완전히 자의적으로, 자발적으로 중단될 수 없는

> 우호적 대화에서조차 무언가 부자연스러운 것이 존재한다. 그러나 자기 자신을 완전히 표현할 수 있고 또 그러길 원하는 예술가, 아무것도 혼자 간직하지 않고 자신이 아는 모든 것을 말하고 싶어하는 예술가에 대해 우리는 매우 깊이 연민해야 한다.[54]

슐레겔은 당연시되는 필연성 혹은 적어도 자기절제와 자기한계라는 경험의 불가피성을 주장하는데, 그 필연성이 항시 괴롭힘을 가하는 세계에서 생겨나든, 혹은 우리가 동정받아야 할 게 아니라면 차라리 법을 중시하는 내적 감수성에서 나오든 상관없이 말이다. 드 만은 해방적 교란과 일정 수준의 임의성에 엄청나게 과도한 우선권을 부여한다. 그 자신의 번역에 따르면, 우호적 대화가 자기창조적이고 자기파괴적인 행위들의 질서에 전적으로 속하지 않는 한 그가 옳을지도 모르겠다. "우리는 오로지 우리가 무한한 힘을 갖는 바로 그 지점에서 또 그 경로를 따라서만, 즉 자기창조와 자기파괴의 지점에서만 스스로를 자제할 수 있다. 어느 순간에라도 함부로 깨질 수 없는 정겨운 대화에조차 무언가 강압적인 것이 존재한다."[55] 그럼에도 불구하고, 우리가 반드시 "어느 순간에라도 자유롭고 자의적으로 우호적 대화를 중단할 수 있어야만 한다"고 지시하는 정언명령의 그림자를 판별해내기는 어렵다.(내가 의미론적으로 너무 세세하게 구분한다는 것은 인정하지만 아이러니란 그렇게 세포분열적으로 따지는 행위에 근거를 둔다. 논의를 계속하자.) 오히려 교란 자체는 강제의 흔적을 수반하며 우호적 대화의 경우조차 교란을 만들어내는 법의 개념과 어떤 식으로든 연관되어 있는 듯하다.(여기서 우리는 슐레겔이 대화에 관해 말해야 했던 바를 추적할 수도 있겠다.) 교란은 완전히 자유롭거나 자의적이지 않지만—그렇지 않다면 진정한 교란적 에너지의 특질을 상실할 터이다—예측되거나 코드화된 경우 "꼼짝 마!"라는 경찰의 외침에 급작스레 얼어붙듯 우리에게 엄습한다. 중단행위가 자유롭게 선택된 것이든 강압적으로 이뤄진 것이든 간에 그 시간적 뒤섞임—그것이 언제라도 그리고 매 순간 발생할 수 있다는 사실—은 드 만으로 하여금 방백으로서 교란행위에 가담하게 되는 희극가수와 결말을 연결할 수 있게 해준다. 희극가수의 역할—혹은 오히려 중도 퇴장하는 역할—에 대해 드 만이 제공하는 번역은 아주 직설적이고 "기술적인" 용법으로 회귀한다. "이〔교란, 즉 희극가수의 특별한 의미〕를 수사적으로 지칭하는 기술적 용어, 슐레겔이 사용한 그 용어는 결말이다."(178쪽) 결말은 드 만에 의해 "수사적 사용역使用域의 변화에 따른 담론의 중단"으로 정의된다. "이는 [로런스] 스턴에게서 확인할 수 있는 바로 그것, 정확히 말해 침입에 의해 서사의 환상이 끊임없이 방해되는 작용이다. 혹은 우리가 슐레겔의 실제 모델인 『운명론자 자크 *Jacques le Fataliste*』[디드로]에서 찾을 수 있는 것이다."(178쪽) 이제 결말—혹은 슐레겔이 그리스 희극에서 전면에 등장하는 인물을 강조하기 위해 자주 쓰기로는 파렉바제Parekbase—은 갑작스러운 일탈로 향하는 통로, 저속성과 충격이 주는 잡음이 생겨날 통로를 열어놓는다. 파렉바제는 슐레겔에게 일종의 기습공격, 충격을 주려고 행해지는 갑작스러운 회전 혹은 논박(공격)과 연관된다. 그 용어의 이런 의미는 1820년 괴테가 「파라바제Parabase」라는 제목으로 출판한 시 한 편에 담겨 있다.

늘 변화무쌍하면서도, 또 굳게 제 모습 지키며
가깝고도 멀게 그리고 멀고도 가깝게
그렇게 모습을 빚으며, 모습 바꾸어 빚으며—
놀라기 위해 내가 여기 있습니다.[56]

교란을 통한 전환, 즉 그리스 코러스가 선을 넘어서 앞으로 나설 때 생겨나는 도발적 폭로가 주는 번개효과는 이해 불가능성에 관한 슐레겔의 에세이에서 감춰진 분노의 갑작스러운 폭발과 돌이킬 수 없는 혼돈의 전개를 묘사하는 순간들과 조응한다. 의미론적 측면에서 보면 교란 작용은 괴테적 의미에서 완전한 충격을 초래하는 이해 불가능성으로 간주된다. 마치 공격을 내적 한계에서—내부로부터—비롯된 것인 양 나타나게 만들면서 스스로를 충격적으로 드러내는 것은 갑작스러운 폭발의 가까움 혹은 멂이 분명하게 구분될 수 없다는 사실, 따라서 그 폭발이 분출*outburst*인지 혹은 침입*invasion*인지 그 위상을 결정할 수 없다는 사실이다.

드 만의 에세이에서 번역들의 연쇄는 체계적으로 이어지는데, 희극가수가 표상하는 혹은 희극가수의 외형을 띤 이런 유형의 공세적 단절을 묘사할 또다른, 비슷하게 타당한 용어가 '파격구문'으로 밝혀지기 때문이다. "이에 걸맞은 또다른 단어가 있는데 수사학에서는 [결말과] 똑같이 두루 쓰인다. 그 단어는 파격구문anacoluthon이다. 아나콜루톤 혹은 아나콜루테anacoluthe는 구문론적 비유의 패턴 혹은 마침꼴문장periodic sentence* 같은 문맥에서 훨씬 자주 쓰인다. 파격구문에서는 일정한 기대를 불러일으키는 한 문장의 구문이 갑자기 중단되고, 배열된 구문의 맥락에서 우리가 기대하고 있는 것을 얻는 대신 완전히 다른 어떤 것, 패턴에 대한 구문론적 기대의 단절이 생긴다."(178쪽) 드 만에 따르면 파격구문의 작동을 가장 잘 확인할 수 있는 경우는 마르셀 프루스트의 『잃어버린 시간을 찾아서』의 제5권에 나오는 「여죄수」 장이다. 알베르틴의 거짓말의 구조를 분석하려고 애쓰면서 마르셀은 그녀를 일인칭으로 시작하는 전형적 문장들로 묘사한 뒤, "문장 중간에 있는 어떤 장치"를 통해 거의 눈에 띄지 않게 바꿔치기해서, 그녀가 자신에 관해 무언가 끔찍한 것을 폭로하리라는 우리의 기

* 한국어처럼 종결부에 이르러서야 비로소 글의 뜻이 완성되는 문장.

대는 "우리도 모르는 사이에 갑자기 그녀가 더이상 자신에 대해 이야기하지 않고 다른 인물에 대해 떠들었다"(178쪽)는 것을 알게 됨으로써 좌절된다. 그녀는 "수사학자들이 파격구문이라 부르는"[57] 장치의 도움으로 바꿔치기를 성취한다. 우리는 파격구문의 함정에 빠졌으며, 우리가 모르는 사이에 보기 좋게 우리를 속여 넘긴 그녀를 알베르틴이라 부른다. 드 만은 이야기를 재구술하면서 이 과정을, 아니 오히려 이 과정의 교란을 거울처럼 모사한다. 그 대목에서 분명히 스스로를 지칭하면서 시작했다가 다른 인물로 건너뛰는 알베르틴의 성향을 뒤집어서 드 만이 마치 자신을 찾듯 프루스트의 문법학자들을 수사학자들로 대체했을 때 약간의 반전에 불과하긴 하지만 어쨌든 파격구문으로의 전환이 이루어졌다. 구문론적 바꿔치기는 거짓말의 여지를 남겨둔다. 범법을 실질적으로 교사한 것은 아니지만 파격구문은 프루스트와 다른 작가들도 수행한 수사학적 범죄 현장의 사실성을 확증한다.

프루스트에 나오는 대목은 파격구문에 대해 놀랍도록 간명한 이해를 예시해준다. "곁말과 아주 똑같은 방식으로 서사의 진행을 방해하는 이 구문론적 교란."(178쪽) 무대 위의 교란자를 수사적 용어로 번역함으로써 드 만은 이런 형태의 탐구에 결론을 내린다. "따라서 희극가수는 곁말 내지는 파격구문, 즉 서사 진행의 교란이다."(178쪽) 하지만 아이러니는 방해일 뿐 아니라 (드 만이 인용하는) 슐레겔에 따르면 "극심하게 역설적"(179쪽)이진 않지만 모순적인 항구적 곁말의 조건도 완성한다. 한 지점으로 국한될 수 없는 곁말은 "모든 지점에서…… 벌어진다. 아이러니는 도처에, 서사가 해석될 수 있는 모든 지점에 존재한다. ……우리는 곁말이 언제라도 발생할 수 있다고 상상해야만 한다. 모든 순간에 중단이 발생할 수 있다."(179쪽) 그리하여 슐레겔의 소설 『루친데』에 담긴 철학적 논증의 노선은 저자가 근본적으로 양립 불가능한 두 개의 코드를 함께 도입했던 것으로 드러날 때 "무자비하게 중단된다.” 그중 하나는 피히테적 주장을 제시하며, 동시에 다른 하나는 사랑의 행위를 외설적으로 묘사한다. “이는 내면 정서를 극단적으로 중단시키고 교란시킨다. 이는 이 대목에서 묘사되는 내면 정서가 외면 형식, 다시 말해 희극가수의 형태, 결말의 형식, 교란작용의 형태, 서사진행의 해체라는 형식에 의해 완전히 중단되는 방식과 동일하다.”(179쪽) 여기서 서사의 노선은 비유법적 체계에서 나온 구조를 따른다고 간주되기 때문에 드 만은 아이러니에 관한 슐레겔의 정의를 수정해서 “아이러니는 비유의 알레고리에 대한 항구적 곁말”(179쪽)이라고 말한다. [음울의 경우와 마찬가지로] 다시 한번 정서와 아이러니 간에 하나의 암묵적 공동체가 공존한다. 드 만은 그가 내면 정서라 부르는 것의 안정성을 탐구하지 않지만 슐레겔은 파렉바제를 취해 폭발성의 내적이고 외적인 항목들의 붕괴를 야기한다.

비유의 알레고리는 “그것 나름의 서사적 일관성, 제 나름의 체계성을 갖고 있으며 아이러니가 방해하고 교란시키는 것은 바로 그 일관성, 체계성이다.”(179쪽) 그렇다면 어떤 의미에서 아이러니는 비유의 알레고리의 바로 그 특이성, 극단적 독특성을 교란시키는 것으로서, 이로 인해 “일관된 서사 이론을 성립시키는 일은 불가능해진다.”(179쪽) 그래서 서사의 핵심에 자리한 그 자체로 독특한 체계성은 “서사가 필연적으로 포함하게 될 아이러니한 차원에 의해 항상 중단될 것이고 항상 교란될 것이며 항상 해체될 것이다.”(179쪽) 아이러니는 어떠한 자율적 비유 체계의 마디가 지닌 안정성도 파괴할 수 있는 역특이성countersingularity으로 작용한다. 아이러니는 유한한 동시에 종결 없는 내적 한계로서 드 만이 서사라 부르는 것 내부에 놓인 설치물이며, 비록 예측 가능성의 범위 내에서 작동한다고 해도 서사의 궁극적 일관성이 가능하다고 보는 모든 주장을 좌절시킨다. 아이러니는, 항상 예측되기에 전달될 수도 아닐 수도 있지만 영원히 거듭되는 시험 운전에 서사를 복속시키는 교란에의 약속으로 작용한다. 본인이 쓰려고 붙인 한 주석에서 드 만은 "아이러니는 알레고리의 (항구적) 결말이다. (재현적) 서사의 인지 가능성은 언제나 교란된다"(179쪽 주 21)라고 적는다. 방해로 점철된 서사의 진술적 혹은 인지적 차원은 어느 때고 인지 가능성의 출현을 위태롭게 하면서 현전하는 서사구조를 초과하는 기능도 수행하는 내적 한계에 결박된다.

각기 다른 차원에서 교묘하게 암시된 인지 가능성을 통해 틀을 잡아가는 그 논증이 제아무리 정교하다 하더라도, 어리석음에 관한 관심은 건재하며 드 만이 여기서 다루고 있는 아이러니의 독해와 결코 가까이하지 않는다. 비록 어리석음 자체에 관한 이론이나 해석조차 내놓지 않지만, 그는 진정한 언어reelle Sprache에 관한 직관에서 물러서는 슐레겔의 철회와 닮은 교화적disabusing 통찰에서 좀처럼 후퇴하지 않는다.(슐레겔은 자기 자신의 통찰에서 발을 뺐다고 회자되는데, 왜냐하면 그는 "그것에 자신을 투신할 힘이나 확신 혹은 애정도 없었고, 그것을 철회하기 때문이다."(180쪽) 슐레겔의 철회는 어느 정도 그를 노발리스의 알라존의 자리에 놓는다. 노발리스가 제 나름으로 "신화에 굴복하고 따라서 우리가 그렇게 알고 있는 바와 같은 위대한 시인이 되는 반면, 슐레겔은 그저 『루친데』만을 썼을 따름"(180쪽)인 한에서 그렇다.) 슐레겔은 「신화학에 관한 강연Rede über die Mythologie」에서 진정한 언어를 다루는데, 거기서 드 만은 초고들 사이에서 흥미로운 교체가 발생했다는 것을 밝혀낸다. "열광과 아이러니의 놀랍고도 거듭된 교체"에 초점을 맞춘 나중의 텍스트는 슐레겔이 진정한 언어와 연관시키는 세 가지 다른 용어들로 "기이한 것das Sonderbare, 터무니없는 것das Widersinnige, 그리고 순진하지만 영리한 단순함geistreiche naïveté"[58]을 대체한다. 어떤 이유에서인지 "실수, 광기, 그리고 단순한 어리석음"[59]이 선호되어 기이한 것, 터무니없는 것, 영리한 단순함은 내팽개쳐진다. 슐레겔의 마지막 손질에 따르면 이 목록은 모든 시의 기원을 표상하기 위해 구성된다. 합리적 사유를 지배하는 법칙의 중지와 연관된 그 목록은 "인간 본성의 근원적 혼돈(이에 가장 걸맞은 이름은 신화다)에 있는 판타지의 아름다운 혼란 속에서 우리를 대신하는"[60] 작용을 한다. 드 만은 이렇게 논평한다. "진정한 언어는 광기의 언어, 실수의 언어, 어리석음의 언어이다.(이를테면 『부바르와 페퀴셰』로서, 그것이 진짜 언어, 그의 진정한 언어reelle Sprache가 실제로 뜻하는 바다.)"(181쪽) 낭만주의의 철학적 전제들에 의해 퇴출되기는커녕 어리석음은—광기 및 실수의 언어와 함께—실제의 그리고 진정한 언어를 위한 심연적 기반을 제공한다. 다른 모든 것은 이 통찰에 관한 슐레겔의 억압을 포함하는 이차 수정의 절차를 밟아(혹은 그 명령하에) 발생한다.

이제 드 만 자신은 실수에 대한 광기의 관계, 혹은 어리석음에 대한 실수와 광기 모두의 관계를 다루길 기피하지만, 그는 그것들이 순전한 순환과정의 "사악함"에 뿌리를 둔 하나의 실체라고 본다. 드 만에 따르면, 슐레겔이 광기, 실수, 어리석음의 언어라고 판단하는 그 진정한 언어가 "진정한 이유는 이 언어가 어떠한 기호 체계의 근본적 자의성에도 개방되어 있고 그 자체로 순환될 수도 있지만, 그것 그대로는 극단적으로 신뢰 불가능한 기호학적 실체에 불과하기 때문이다."(181쪽) 이 논평은 논평인 한에서 제법 실망스러운 결론을 도출하는데, 슐레겔이 제안하는 대체와 엄밀한 발화를 비중 있게 해명하지 않기에 드 만의 용어목록에서 식상한 문구—근본적으로 자의적이고 그저 기호론에 불과한—를 뽑아내는 데 그치기 때문이다. 어떻게 슐레겔은 "그의 진정한 언어가 실제로 뜻하는 바"를 해결하는 것처럼 보이는 대목에서 플로베르에 대한 하나의 독해를 예지하는가? 단순한 어리석음이 시를 태동시키는 일은 어떻게 가능하며, 어떻게 그 어리석음은 끝내 반성적이고 변증법적인 모델을 위태롭게 하는 데 이바지하는가?

이 강연의 범위 내에서 진정한 언어는 기표의 자유로운 유희와 결부되어 있으니, "그것은 알다시피 실수, 광기, 어리석음, 그리고 다른 모든 악의 뿌리다."(181쪽) 진정한 언어는 화폐처럼 완전한 순환과정, 마모상태, 예측 불가능하게 떠도는 무작위 임무를 흔쾌히 받아들인다. 여기가 텍스트 기계가 치고 들어오는 지점이다. 일단 작동이 되면 그 기계는 "단어들을 기표의 유희 차원에 머물게 하고, 문장들의 모든 서사적 일관성을 해체하며, 주지하다시피 모든 서사의 기반이 되는 반성적이고 변증법적인 모델 두 가지 모두를 해체하는…… 변경 불가능한 결정과 총체적 임의성, 무조건적 자의성"(181쪽)으로 기능한다.[61] 이 강연에 기호론적 틱장애가 있다면—분명코 모든 강연에는 한두 번 있게 마련이다—그것은 앎이 약화되거나 반드시 모종의 추가 해명을 필요로 하는 순간에 반복해서 주장되는 "주지하다시피as you know"라는 말에서 생겨난다. "주지하다시피"는 인식의 참칭자로서 이 텍스트에서 명시적으로 주제화되는 유보된 무지를 오로지 축소할 목적으로 중단시킨다. "주지하다시피"는 무지의 심연을 제거하려는 수행자이다. 혹은 주지하다시피 드 만이 발설할 경우 그 말은 또한 극성인 선생이 목소리와 기대감을 높여서 "이 정도는 알아야지"라고 할 때의 명령처럼 들린다. 반면에 알레고리의 표식으로 작용할 경우, 이 말은 현재 수집될 수는 없지만 어떻게 모아야 하는지 알아야만 하는 수많은 다른 텍스트들과 자료들을 지칭할 수도 있다. 어찌되었든 상실된 것에 대해 떠드는 명령법이긴 마찬가지다. 기술적으로 보면 어떤 경우든 이 말은 아포리아적 주장에 뒤이어지는 증명이나 추가 설명을 당장 회피하려는 태도를 용인하는 기능을 한다. "두 가지 모두는, 주지하다시피, 모든 서사의 기반이다. 반성이 없는 서사는 없고, 변증법이 없는 서사도 없으며, (슐레겔에 따르면) 아이러니가 교란하는 것은 바로 그 변증법과 반성성, 즉 비유들이다."(181쪽)

슐레겔이 우호적 비판 행위의 대상이 되는 경우 그를 천박함의 협의에서 구출하려는 전형적 시도들이 이루어진다고 드 만은 지적한다. 그의 작품(혹은 대표작의 부재)을 해석하는 과정에서 비평가들은 "슐레겔에게서 근본적 형태로 교란되는 바로 그 범주들인 자아, 역사, 변증법 같은 범주들을 언제나 되살려야만 한다."(182쪽) 에이론 대 알라존 간의 마지막 대결이 펼쳐지는 에세이의 결말에서 벤야민은 "결말의 파괴적 힘, 부정적 힘을 완전히" 이해한 것으로 거론되는 반면, 이미 반쯤 은퇴한 손디는 미학적 회생을 선택했다. 벤야민은 "형식의 아이러니화가 형식의 의도적 파괴에 놓여 있다"[62]는 것을 안다. 벤야민에게 형식의 근본적이고 완전한 파괴는 "분석을 통해 형식을 해체하고, 탈신비화를 통해 형식을 파괴하는" 비판적 행위에 응집된다. 하지만 벤야민에게도 아이러니의 파괴적 성격을 복구시키는 방법이 있는데, 드 만은 물론 그의 이런 측면에 눈을 감는다.(그 대신 그는 "아주 명쾌하고, 아주 감동적이며, 아주 효과적인"(183쪽) 헤겔적 언어의 권위에 기대어 구출작전을 펼친다.) "'형식의 아이러니화는 예술의 초월론적 질서라는 휘장을 지양해서aufheben 그것 그대로인 채, 이런 질서이자 작품의 매개되지 않은 존재 그 상태 그대로 드러내는 폭풍우와 같다'…… 이념은 (피히테에서 확인할 수 있듯) 무한 프로젝트, 작품이 향해 가는 무한한 절대이다. 아이러니는 근본적 부정이지만, 작품의 해체를 통해 그 작품이 향해 가는 절대적인 것 그 자체를 드러낸다."[63]

드 만이 벤야민에 연줄을 댐으로써 무언가 누락되었음이 표면에 드러난다. 독일 관념론이나 대륙 낭만주의의 이런저런 핵심 대목을 읽을 때 드 만은 분명코 이 분야에서 분수령을 이루는 라쿠라바르트와 낭시의 저서를 잘 알고 있음에도 무한성에 관한 사유에 별다른 관심을 보이지 않거나, 적어도 그런 사유의 필요성에 하이데거가 정식화했던 방식의 관심을 기울이지 않는다. 이를테면 모든 작품이 인간의 유한성에 관한 하나의 알레고리라는 식으로 말하지 않는 것이다. 그는 희한하게도 피히테와 그의 드림팀 간의 무한한 대화, 무한성에 관한 그들의 프로젝트를 건드리지 않는다. 그러나 어쩌면 우리는 이 텍스트를 지배하는 시간성의 질서에 드리운 휘장을 걷어올릴 수 있을지 모른다. 유한성에 관한 끝없는 사유가 아니라면 다른 무엇 때문에 그의 펜이 움직이겠는가? 아이러니가 추동하는 교란이 유한성을 말하는 다른 방식은 아닐 것인가? 아이러니는 무한 프로젝트를, 의미를 그 자체에 귀속시키려는 그 작업을 영원히, 다시 말해 거듭거듭 중단시킨다. 그 프로젝트와 대표작을 교란한다고 해서 아이러니가 중단되거나 끝날 수 없는 것처럼 유한성은 목적론적 성취나 절대적 한계라는 의미에서 종말로 환원되지 않는다. 유한성은 지금 여기서 매번 새롭게 열리는 의미의 유보, 의미의 히아투스를 끌어들이는바, 열리면서 사라지고, 전혀 예상되지 못하며, 어쩌면 전혀 다른 어떤 것에 스스로를 드러내기에 아이러니처럼 스스로의 장악력을 집요하게 회피한다. 게다가 철저한 폭로의 경험을 표시하는 아이러니와 유한성은 공히 스스로 완전히 노출되길 거부한다. 유한성의 경우와 마찬가지로 (만일 그러한 것으로 환원될 수 있다면) 아이러니의 극단적 본성은 급진적 부정의 가면을 쓰고 제 의미의 귀속 불가능성을 끊임없이 지칭한다. 의미의 귀속 불가능성은 드 만의 에세이의 나머지 부분과 관련 있는바, 이는 비록 돌리는 과정에서 허둥대기는 하지만 슐레겔이 열쇠를 쥐고 있는 통찰이다.

몰이해는 유한성의 다른 이름이다. 드 만은 「아이러니의 개념」을 슐레겔의 에세이 「이해 불가능성에 관해」의 역사적 함의에 초점을 맞추어 마감한다. 이제 그는 열성을 다해 어떻게 키르케고르 및 다른 인물들이 역사를 아이러니에 대항해 방어해야 할 기체基體hypostasis로, 마치 역사를 매 순간 유한성이라는 훨씬 더 성가신 표시들을 가로막는 데 소환하기라도 하듯 이용해왔는지 밝혀낸다.[64] 슐레겔은 또다른 길을 취해서 논란을 일으키지만 새로운 길을 여는 쪽으로 향하는데, 물론 그 길은 역사화하는 감시체제에 의해 통제되어온 길이기는 하다. 아무리 잠정적이고 아무리 간헐적으로 감찰되었다고는 해도 슐레겔이 취하는 그 길은 우리에게 인지 불가능성의 가치를 가르쳐준다.

> 슐레겔은 다음과 같이 말한다. "그러나 이해 불가능성은 그렇다면 그렇게 사악하고 못마땅한 어떤 것인가? — 내가 보기엔 가정과 국가의 복지가 이해 불가능성에 기반을 두고 있는 것 같다. 내가 국가와 시스템에 관해, 때로는 너무나 정교해서 창안자의 지혜를 터놓고 칭찬할 수 없는 인류의 예술작품에 관해 잘못 생각한 것이 아니라면 말이다. 만약 이해 불가능성이 깨뜨릴 수 없는 신뢰와 정결함으로 보존되고 모든 동요하는 지능이 그것의 성스러운 경계선까지 과감히 접근하기만 한다면, 지극히 미량의 (이해 불가능성)만으로도 충분하다. 그렇다. 주지하다시피 인류가 갖고 있는 가장 귀중한 소유물인 내적 만족조차 어느 지점에서는 중지된다. 전체 건물—벤야민에 따르면 우리가 붕괴시킴으로써 세우는 건물이 바로 그것이다—이 우뚝 솟고 안정을 유지한다면 내적 만족은 어둠 속에 머물러야만 한다. 만일 이 힘이 이해라는 수단을 통해 해체된다면 그것은 한꺼번에 안정성을 상실할 것이다."(183쪽)

그야말로 중지를, 의미의 단절(히아투스)을 표시하는 몰이해는 못마땅한 것으로 간주되어서는 안 된다. 가정과 국가같이 그렇게 취약한 실체들의 연대는 그 지속성에 달려 있다. 슐레겔은 정결함의 가치와 성스러움의 아우라를 몰이해에 귀속시킨다. 그는 깨뜨릴 수 없는 신뢰를 맹세하며 몰이해에 다가간다. 만일 이해가 지배한다면 어떻게 될까? 무엇보다도 이해는 하나의 가설로 구성되는데, 왜냐하면 그것은 현존하는 것으로, 하나의 현전으로 간주될 수 없기 때문이다. 만약 세계가 갑자기 이해 가능해진다면, 우리는 공포에 사로잡힐 것이라고 슐레겔은 주장한다. 분명 우리를 동요시킬 것이다. 단지 바깥의 구조물과 모델들만이 아니라 내적이면서 좀더 사적인 만족의 바로 그 가능성도 완전한 이해가 우위를 점한다면 엄청나게 제한될 것이다. 이해의 헤게모니가 촉진된다면 내면성에 관한 낭만적 비유 그 자체는 붕괴에 직면하기 십상일 것이다. 자아는 투명한 미적분학으로 환원되고 공격을 받아서 "어둠속에 머물러야만 한다." 동요하는 지성은 몽매함이 수호되는 신성한 경계선에서 멈추어야만 할 것이다. 내적이고 외적인 지지대의 안정성은 실제로 어둡고 혼돈에 찬 공간, 즉 지성이 무너지고 중립화되며 몰이해가 어리석음의 분석적 실존에 굴복하는 영역을 확고히 지배할 수 있느냐에 달려 있다. 그러나 이 시점에서 그것은 모두 복용량의 문제이다. 소량의("지극히 미량의") 몰이해만으로도 이 상태를 유지하기에는 충분하다.

다른 곳에서처럼 정해진 분량도 없는 어리석음이 광기 및 실수와 함께 진정한 언어의 기반을 이루는 것만큼이나 우리는 몰이해에, 한 방울의 순전한 우둔함에 의존한다. 중립적이고 텅 빈 순전한 우둔함은 슐레겔이 무의식으로 감지하는 미답의 영토를 향해 열려 있다. 그의 사유는 무의식의 요소를 포용한다. 몰이해가 동결되는 그 제한된 공간은 해석 불가능한 꿈의 배꼽을 가리키며(슐레겔 역시 무의식의 영역을 발견하고 사유했다),[65] 그 공간은 또한 이해 가능성의 시도를 배태하는 몰이해로 형상화된다. 드 만의 개입은 마치 읽기에서 발을 빼기라도 하려는 듯 이 대목에서 몸을 사린다. 그에게 이 에세이를 독립된 장章으로 만들 수 있는 시간이 허락되었다면 그는 좀더 실질적 해석으로 부연설명했을 터이다. 이 대목에서 그는 다음과 같이 반응한다. "그 말은 그럴듯하게 들리지만 우리는 혼돈이 모든 형태의 오류, 광기, 어리석음이라는 것을 기억해야만 한다. 해체론이 이룩할 수 있을 거라고 희망하는 우리의 그 어떤 기대도 그러한 대목, 정확하게 「진리와 허위에 관해Über Wahrheit und Lüge」[니체]를 예견하는 바로 그 철저히 전前니체적인 대목에 의해 유보된다. 제아무리 높은 수준에 올라 있다한들 그 어떤 구성적—다시 말해 서사화하려는—시도도 이러한 대목에 의해 유보되고, 중단되고, 교란된다."(184쪽)

어느 정도까지는 해체론 그 자체도 그 대목에 영향을 받는데, 이 대목에서 실수, 광기, 어리석음이라는 범주소範疇素categoreme가 작동하면서 서사는 중단된다. 전니체적이지만 이미 해체 "속에" 놓인 그 대목은 해체의 항구적 곁말로 기능하는 듯하다. 그렇기 때문에 어리석음이 드 만에 의해 독해되지 못한 것이 더더욱 아쉽다. 물론 어리석음은 그 글에서 실종된다기보다 연출된 경쟁관계가 명하는 바에 따라 연기되기도 하고 왜곡되기도 하는 그의 입장들로 치환된다고 해야겠지만 말이다. 현재 상태로 보면 드 만은 교란의 선언을 자신의 교란으로 만들고 아이러니라는 불가능한 개념을 오류, 광기, 그리고 어리석음의 위협적 진용 너머로 유보시킨다.

5. 이해 불가능성의 광휘

「아이러니의 개념」은 그 개념적 함의의 틈새 위로 스스로를 유보하기 위해 슐레겔의 논평에서 부각되지 않은 한 측면에 기댄다. 이는 슐레겔의 에세이가 추구하는 이론에 대한 저항과 관련이 있다. 접해보지 않은 사람에게 「이해 불가능성에 관해」는 아주 많은 알레르기를 유발하는 참을 수 없이 빡빡한 유형의 책과는 다르다. 나는 참을 수 없이 빡빡한 텍스트들에 반대하지 않고(그런 책들을 아침식사로 먹기도 한다) 알레르기들은 우리가 거부하는 바로 그 물질을 소량 복용하는 동종요법으로 치료되어야 한다고 생각하지만, 아마도 지금이 이 에세이가 어떻게 쓰였는지 설명할 알맞은 때이지 싶다. 『아테네움』을 창간한 다음 노발리스, 카롤리네 슐레겔, 슐레겔 형제, 루트비히 티크, 그리고 피히테—물론 피히테는 무신론 혐의 때문에 도시를 떠나버렸는데, 그로 인해 결국에는 독일 낭만주의가 두 지역으로 나뉘어서 하나는 예나로, 그다음 프리드리히 슐레겔이 피히테를 좇아갔던 베를린으로 갈라졌다—등의 관계자 집단, 편집자들 혹은 출판 공동체(여기에 명칭을 부여하기는 힘들지만 그들이 민주적 글쓰기의 정치학을 뚝심 있게 실행했음을 기억하는 것은 중요하다. 그들에게는 타인을 위해 타인과 함께 글을 쓰는 일, 잡지라는 바로 그 개념을 창안하고 공개적으로 서로 대화에 가담함으로써 다양한 목소리—다성성Mehrstimmigkeit—의 참여를 유도하는 일이 꽤 중요하게 여겨졌다), 즉 어떤 식으로든 『아테네움』과 관련된 사람들은 이해 불가능하다고 판정된 책을 계속 펴낸다는 이유로 호되게 비난받았다. 심지어 국가도 가세했고 국왕의 측근들은 "우리가 이해할 수 없다면, 아마 슐레겔 같은 작가가 썼기 때문일 것"[66]이라고 거듭 말했던 것으로 알려졌다. 이것은 국왕이 자기가 읽을 수 없는 책을 당시 육군 중령 쾨케리츠에게 건네서 읽으라고 명령했던 일이 있은 다음이었다. 쾨케리츠는 그 서명 없는 책을 하나도 이해할 수 없어서 다시 왕실 참모인 니마이어를 호출했는데, 슐레겔이 노발리스에게 다시 들려준 바에 따르면 그는 화가 치밀고 분이 안 풀려 소리를 질렀다고 전해진다. "분명 이것은 두 슐레겔 가운데 하나가 썼음에 틀림없다. 니마이어나 다른 속물들에게 이건 하나의 공식일 뿐이다. 이해할 수 없는 것은 죄다 슐레겔 같은 작가가 쓴 것이다."[67]

그렇게 『아테네움』 관련자들은 공격에 노출되어 있었다. 이론 텍스트를 읽는 사람들에게서 흔히 볼 수 있는 비명들이 책망하듯 메아리친다. 너무 어렵다, 진짜 모르겠다, 요점이 뭐냐, 이걸 되돌릴 수 있는 역사적 한방은 없는 거냐, 뭔 얘긴지 신경 안 써, 어쨌거나 뜻이 안 통해, 이건 독해 불능이야, 등등. 자신의 이론 저작이 야기하는 분노에 대한 슐레겔의 대꾸는 무엇보다도, 그렇다면 이해 불가능성에 대해 토론해보자, 라고 말하는 것이다. 이해 불가능성은 무엇인가? 왜 이게 이렇게 (전前)비평적 분노를 촉발하는가? 다른 관점에서 보면, 우리는 이해 불가능성에 얼마나 의존하고 있으며, 실제로 어느 정도까지 이것은 이해 가능성의 바로 그 조건들을 보장하고 밑받침하는가? 한 텍스트가 이해 불가능하다거나 의미가 과잉되어 너무 어렵다거나 관습화된 의미를 충분히 생산하지 못한다고 말하는 것은 무슨 소리인가? '아무튼 너희 같은 멍청이들이 나에 대해 굳이 알고 싶다면야. 내 개인적으로는 이해하는 학자보다는 이해하지 못하겠다고 떠드는 그 완전한 백치들, 진짜로 하나도 이해하지 못하는 얼간이들이 더 낫다. 마지막으로 내 동생인 아우구스트 빌헬름이 어제 쓴, 그 얘길 그대로 쓴 시가 하나 있다.'(슐레겔의 에세이는 이 프로젝트를 옹호하고 출정길에 가로놓인 멍청한 거물들에 대항해서 빈정대는 시로 끝난다.)

여기서 이데올로기적 주석 하나를 덧붙여야겠다. 이해 불가능성은 적어도 요한 고트프리트 헤르더 이래로 '독일성Deutschness'과 거의 동일한 것으로 간주되어온 명증성Deutlichkeit에 대놓고 반대한다. 명증성을 거스르는 것은 독일성을 공격하는 것이었다. 그리하여 시대의 거대한 경향들이 명명되는 유명한 단상을 집필했을 때 슐레겔은 의미심장하게도 독일어적이지 않은 단어인 경향Tendenz을 사용함으로써 독자들을 당혹케 했고 다른 이들을 화나게 만들었다. 어떤 의미에서 그 문장은 프랑스혁명으로 말머리를 뗌으로써 의도를 드러내는 셈인데, 이는 슐레겔에 의해 분명히deutlich 또한 하나의 언어혁명, 언어학적 전환으로 포착된다. "프랑스혁명, 피히테의 과학철학, 괴테의 마이스터[대표적 교양소설

『빌헬름 마이스터의 수업시대』의 주인공]는 시대의 가장 거대한 경향들이다. 이런 묶음에 반대하는 사람에게는 시끄럽거나 물질적이지 않은 어떤 혁명도 중요하지 않을 것이다. 이런 부류의 인간은 인류 역사에 대한 고차원의 포괄적 관점에 올라보지 못했다."[68] 프랑스어로 혹은 적어도 독일어는 아닌 언어로 프랑스인들이 일궈낸 전환을 열거하며 시작되는 그 위대한 경향들은 명증성, 독일성을 기피했는데, 이는 다시 말해 경향적으로 이해되었을 때 역사 자체의 해독 가능성은 이해 불가능한 것에 빚지고 있다는 뜻이다. [독일과 프랑스로] 분리된 충성심의 서사는 계속된다.

두 명의 작가가 비타협적 반항심으로 이해 가능성의 허구를 폭로한다. 슐레겔과 바타유는 한계에 관한 사유, 즉 당당한 발화를 위해 그 외설적 강조점을 필요로 하는 사유와 관련이 있다. 철학적 점수를 획득하려고 노력하는 까닭에 그들은 당대의 고상한 철학자들에 의해 까발려진다. 철학적 성찰을 외설적 태도로 무장한 두 작가는 사유에 이해 불가능성—몰이해 혹은 무지의 체제—을 도입한 방식 때문에 용서받지 못할 것이다. 그들은 오늘날까지도 진지한 인물들에게 지속적으로 시달림을 당한다. 이해 불가능성이라는 스캔들, 즉 다른 종류의 의미 산출에 대한 두드러기 반응은 그 주제를 다룬 슐레겔의 텍스트가 출간되어 역사적 가속도를 얻는데, 그 글에서 이해 불가능성은 코드화될 수 있는 역사에 진입한 것으로 간주될 수 있다. 그런데 이해 불가능성은 코드화될 수 있는가? 그것은 역사가 될 수 있는가, 또는 우리는 가치의 문제 및 그 가치들의 필연적 재평가와 대면하고 있는가? 아니면 전혀 다른 개입의 질서를 마주하는가? 어떤 이유에서 이해 불가능성은 회피할 수 없는 정치적 이슈이며, 왜 직업 정치가들은 역사적으로 자신들이 준수하는 척하거나 전형적으로 거부하는 명증성에 관해 의문시된 바 없는 주장들을 펼치는가? 드 만이 모델로 삼는 낭만주의적 공리들을 감안할 때 우리는 왜 그가 슐레겔의 에세이가 풀어놓는 형태의 질문을 전니체적 공간에 위치시키려고 하는지 이해할 수 있다. 그렇지만 의미에 대한 슐레겔의 유례없는 교란의 기세는 20세기까지 쭉 확장된다. 카를 슈미트는 적대감의 영역을 거듭 확대하면서 "언어의 난잡성Promiskuität der Worte"을 매도했고, 슐레겔의 언어 사용에 성적性的 특징을 부여하면서 1925년에 왜 그 낭만주의 사상가가 "명증성의 결핍으로부터 하나의 원리를 만들어내려고 애쓰는지" 의아해한다.[69]

슐레겔이 제기했으나 계속 회피되어온 문제들은 분명 우리 시대에도 해당한다. 그가 야기한 도발은 철학에 출몰하며 정치사상에서 가장 문제적인 중재자들의 신경을 긁는다. 의미를 의문시하는 역사와 그런 의미의 측면에서 보면, 슐레겔의 작품이 현재 우리에게 전니체적인 것으로 제 존재를 표시할 뿐 아니라 바타유를 설득력 있게 재조합하는 지점을 확보해준다고 생각하는 것이 얼마간 도움이 될 것이다. 즉 슐레겔의 도발은 명백히 (전)바타유적이다. 경이로움과 몰이해 간의 연계를 성립시키는 그 텍스트는 (포이에시스poiesis, 의미 있는 작품을 만든다는 뜻에서의) "의미부여는 그만해Stop making sense"라고 말하기 바로 직전에 멈춘다. 그러나 이해 불가능성과 대조해 평가하면 그 텍스트는 바타유의 무지non-savoir가 차지하는 특권의 출현을 강력하게 예시한다. 즉 쟁론, 적극적이지 않은 긍정, 다시 말해 최종적으로 바타유에게 있고 슐레겔에게는 잠재성으로(그것은 슐레겔에게 이미 하나의 흔적으로 존재한다) 있던 무rien에 대한 긍정을 산출한다. 바타유에게 무지는 무신론과 뗄 수 없는 관계에 있지만, 슐레겔에게 이해 불가능성은 무신론적 공언들로 인해 들볶임을 당했던 『아테네움』과 분리 불가능하다. 주지하다시피 슐레겔은 에로스의 눈물을 많이 쏟았다. 바타유처럼 그는 공동체, 즉 모든 잡지가 함축하는 시의적절한 상호의존관계에서 하나의 실천으로 출현하는 공동체의 문제에 발을 담고 있었다. 『아테네움』과 『아세팔*Acéphale*』[바타유가

1936년에 창간한 잡지]은 공동체의 한계들과 영적 결합의 우화들에 굴복하지 않는 글쓰기의 공유성을 탐사했다는 측면에서 서로 연관된 시도들이었다. 글쓰기를 주요 버팀목으로 삼았던 이 두 잡지는 하나의 공동체적 욕망을 공유한다. 이것이 슐레겔이 몰이해를 자기 입장에서 글쓰기 공동체 및 그가 슐라이어마허에 적용했던 우애의 이론을 위한 기반으로 주장해야만 했던 이유이다.[70] 영적 결합 없는 공동체는 의미의 총체성—올바른 이해를 확보해줄 수 있을 그 무엇—에 대한 기본적 주장을 폐기하는바, 이들 글쓰기 연합은 어떠한 혼합적이고 전체주의적인 정치 혹은 의미의 체계와도 대립하는 원칙에 토대를 둔다.

미학적 주장을 삶의 실천Lebenspraxis으로 옮겨놓으려는 진지한 시도를 꾀했던 까닭에 슐레겔은 말썽을 자초했던 셈이다. 외설적 소설을 쓰는 일과 대안적 삶의 방식에 관한 의제를 제안하는 것은 전혀 다른 문제였다. 초기 낭만주의자들과 슐레겔 형제는 새로운 형태의 사회적 삶, 즉 공동생활des Zusammenlebens의 변형태들과 '자유연애'의 실천을 실험했다. 그들은 "역할의 교환, 양성구유, 그리고 자유연애에 대한 요구"를 글쓰기 작업에 국한하는 데 만족하지 못했지만, 의무감으로 충만해서 실천 이성의 영역에 시적-에로스적 자유를 번역한 글쓰기들을 제공했다.[71] 그들은 성애적인 것을 배제하려 하지 않고 사적인 것을 정치화했다. 성애sexuality가 사회적으로 기입되는 방식은 사회계약의 중대한 재협상과 상관있었다.

비판적으로 전복적인 그들은 항구적인 내적 혁명을 요구했고 사회성에 관한 사유의 초점을 성애적 커플에 맞추었다. 그들은 온갖 체위를 시도했던 것이다. 하지만 프리드리히 슐레겔이 마지막으로 개종하기까지 그들은 영적 결합에 저항했다. 아이러니적 계보의 끝에 이르기까지 프리드리히는 자신의 입장을 고수했다. "진정한 아이러니는 사랑의 아이러니다."[72] 공동체의 환유인 사랑은 그 자체로 아이러니였고—혹은 아이러니는 진실로 사랑이고—사랑은 말하자면 자기동일적 반지의 교환, 바그너적 순환 고리의 퇴폐적 사랑-죽음의 결합에 앞서며, 오히려 차이, 분리, 그리고……몰이해에 대한 후회 없는 인식에 기반을 둔다. 유한성의 한계에서 무한성을 과도하게 호출하는 사랑은 아무리 '자유롭다' 하더라도 아이러니다. 자유연애 같은 것은 없다.

사랑의 아이러니는 어떻게 '앞선pre-'의 특권을 신성시하는 식으로 바타유와 교감하는가? 슐레겔의 작업이 전바타유적인 까닭은 그것이 일종의 공허한 신성모독을 허용하며 강력한 확신을 가지고 신성함이 제거된, 즉 황홀경에 전율하면서 성애의 경험에 매몰된 노골적으로 부르주아적인 세계에 대한 비전을 특히 『루친데』에서 승인하기 때문이다. 게다가 슐레겔은 사랑에 기반을 둔 위반의 논리를 도입하거나 적어도 아주 특이한 방식(그는 시초의 조짐이 괴테에게 있었다고 공을 돌린다)으로 추구한다. 그는 낭만주의적 결정들의 주요 근간에 대항해서 그렇게 한다. 슐레겔은 한계에 대한 사유를 떠맡고 있거나, 혹은 어떻게 잘 쓸 것인가 논하는 대목들이 조명하듯 낭만적 포기의 관념들에 대항해 구성된 절제와 자기제한의 행위들을 유독 강조하는데, 그 행위들은 그 관념들에 유령으로 출몰한다. 이런 측면에서 드 만의 강연으로 잠시 돌아가보면, 글쓰기에 관한 슐레겔의 텍스트가 성애에 대해 일말의 관심도 기울이지 않는다고 주장하는 일은 재미있진 않지만 좀 특이하긴 하다. 분명 대담한 주장이지만 그것은 불가피하게 약간의 억압과 강요된 읽기라는 인상을 남기면서 작가적 정서의 우연성을 되비춘다. 어떻게 글쓰기의 희열은 안전하게 성애 없는 지대로 걸러지는가? 성적 기입행위는 그저 주제적 측면의 투자 수준으로만 연명할 뿐인가? 드 만은 오로지 주제상의 고려사항에 의해 이루어진 결정들에 관해서만 성찰할 사람이 아니며, 그는 그런 유혹을 피하라고 가르쳤다.(슐레겔의 경우 글쓰기에 대한 관심은 공공연히 정액경제 내부에서 상연되고 순환되도록 구성된 것으로 보일 수 있다. 글쓰기는 한계의 문제를 제기하며, 열정을 자제하고 때 이르게 사방에 쏟아내려는 충동을 절제하는 일이 어떻게 가능한지 묻는다.) 드 만이 인용한 해당 대목들은 글쓰기와 불가피하게 동일시되지만 [독자들에게] 받아들여지기 위해서는 스스로를 한계로 설정해야만 하는 격렬한 희열에 대한 하나의 해석에 근거한다. 슐레겔과 바타유의 텍스트에서처럼 만일 한계를 두는 행위가 진정한 행위라면, 그것은 모종의 적정환경ambience을 조성한다. 하나의 요청을 이끌어내는 것이다. 모든 한계는 벗어날 것을 요청하기에 그 행위는 스스로에게 한계를 넘어 위반할 것을 요구한다. 슐레겔의 작업에는 한계 없는 한계의 법칙이 존재하며, 이 법칙은 그로 하여금 자신의 주장이 유한성을 반복적으로 기입하는 행위에 기반을 두고 무한한 것을 지칭할 수 있게끔 해준다.

이러한 정열적 한계의 유희 덕분에 우리는 슐레겔의 낭만적 통찰이 토대를 두고 있으며 나아가 책임 있는 작가로서의 명성을 훼손당하게 만들었던 단상fragment의 문제에 이른다. 어떻게 슐레겔의 단상에 관한 사유는 바타유의 사유에 공명하는가? 단상은 완고한 총체성에 재연결될 수 있는 모종의 은유적 빙산의 일각으로 스스로를 드러내지 않는다. 단상의 파편성은 이전의 총체성들에 대한 충성을 거부하는 또다른 한 묶음의 고려사항에서 발원한다. 슐레겔의 단상 작품은 풍성함에 호소하기보다 이미 신의 부재(그는 무신론자 피히테를 따라 도시를 떠난 바 있다)에, 단순히 그 자체로 주장될 수는 없고 예견되거나 선언될 수 있을 뿐인 죽음이라는 의미에서 신의 죽음을 거론한다. 니체조차 그의 출중한 시대착오적 앵커맨인 차라투스트라와 그의 작업에 동반 게시된 다른 목소리들이 예언의 방식으로 신의 죽음을 선언하게 하는 데까지밖에는 더 나아가지 못한다. 단상은 긴 선언의 일부이다. 그것은 신의 자리에 텅 빈 외면성이 존재한다고 우리에게 말한다. 초월적 바람이 방향을 바꾸어, 갈수록 내면적이고(이는 '주관적'과 동일하지 않다), 실험적이며, 불확실한 경험의 도래를 예보한다.

앞서 살펴보았듯 더이상 차분한 신중함을 전제하지 않는 근원은 혼돈, 즉 어리석음에 붙잡혀 있다. 그리하여 이해 불가능성에 관한 에세이는 일련의 시험 혹은 실험으로 생겨난다. 아니 좀 더 근본적 차원에서 슐레겔은 "구성적 실험Versuche anzustellen"(2권 530쪽)의 가능성과 불가능성을 탐구한다고 말한다. 시험 운행을 구성하는 특정한 방식, 즉 하나의 이념에 대해 "그것이 과연 가능한지 질문"[73]하는 방식을 한데 모았던 『아테네움』은 스스로를 상호작용하는 시험장과 다름없는 것으로 보았다. "우리가 『아테네움』 같은 잡지에 글을 쓰거나 거기에 독자로 참여하는 것보다 그 문제의 가능성 혹은 불가능성에 관한 온갖 종류의 실험을 수행할 더 좋은 기회를 어디서 찾겠는가?"[74] 그래서 슐레겔은 "내 실험의 전체 과정을 환수할"[75] 수 있길 원했다. 그 잡지는 그리하여 내적 경험 혹은 오히려 재검토와 철회가 허용되고 몽매함과 실패가 약속된 채 항상 머리가 잘려나갈 위험을 무릅쓰는 내적 실험을 위해 구성된 장소로 마련되었다. 아무리 해도 [잡지의] 초월론적 제목은 진리나 본체에 이를 수 있다는 어떠한 보증도 해줄 수 없다. 가능한 실험Versuche의 한계들을 상정하고 시험을 행하는 그 무엇으로서 『아테네움』은 자기정의상—민주적 불안정성이라는 필연적 특징의 측면에서—불확실하고 실험적이었으며, 인지 가능한 범례들의 파괴에 몰두했다.

슐레겔이 바타유와 맺은 미리 예견된 공모관계는 드러난 것이 전부가 아니다. 슐레겔은 저속하다는 혐의를 받았고, 작품이 불순하다는, 아니 혐오스럽다는 이유로 심하게 배척되었다. 헤겔이 철학적 고갈과 도덕적 파산상태라는 측면에서 폄하한 바 있는 이런 가치들은 그럼에도 불구하고 바타유가 활동했던 결정적 시기에 이르면 세간의 관심을 끌어모은다. 우리는 과잉이 한계와 맺는 관련성을 슐레겔이 이해했음을 알 수 있는바, 그는 한계에 도전하는 성애의 경험이 신의 죽음(그가 나중에 가톨릭으로 개종한다는 사실은 단지 그의 위반행위의 위상을 강화해줄 따름이다. 물론 예수로의 회귀는 그의 정치적 기회주의와 메테르니히 정부에 고용되고자 하는 욕망의 신호이기도 하지만 말이다)을 공표하기 시작한다는 것을 잘 알고 있었다. 『아테네움』뿐 아니라 단상들 그리고 소설의 이론까지 직조했던 슐레겔의 통찰은 언어의 균열, 모든 의사소통의 흐름 속에 있는 위반을 함축한다. 바타유처럼 슐레겔은 우리가 의사소통을 언어의 상실이라는 역설적 경험과 연관시키는 내밀한 상처를 드러낸다.[76] 이러한 관심은 단지 슐레겔의 성찰들에서만 발원하는 것이 아니다. 비록 그가 그 성찰들을 과잉에 이르는 정도까지 몰아갔다 하더라도 말이다. 이 철학적 주제들의 개방은 부정성에 관한 새로운 사유를 도입하는 동시에 한계에 관한 사유도 정립했던 칸트에게서 시작된다. 이른바 '새로운 부정성new negativity'은 부정, 결핍에 기거하는 무nothingness에서 나온다. 이는 유한성에 관한 사유의 시작을 나타내며, 왜 슐레겔이 그렇게 드 만이 말한 변증법적이고 반성적인 (피히테적) 시스템을 해체할 수 있는 새로운 부정성의 파괴적 잠재력에 몰두했는지 설명해준다. 변증법은 칸트의 『순수이성비판』이 야기한 형이상학의 지연과 방해를 먼지더미에 버려두려고 한다. 아니 좀더 정확히 말해, 변증법은 먼지를 쓸어버리고 『순수이성비판』이 터뜨린 폭발의 흔적들을 감춘다. 칸트 사후에 헤겔은 형이상학을 변증법적 양태에 복귀시키는 과정에서 부수적으로 셸링의 텍스트적 기계를 무력화시킨다. 이런 식으로 헤겔은 부정을 부정하거나 슐레겔이 실험하고 있던 제거 불가능한 부정성을 부정했다. 마치 은밀한 초역사적 동맹이라고 맺은 듯 바타유는 자신을 폄훼하는 주요 인물들을 비웃음으로써, 제대로 인정받지 못한 자신의 선도자에게로 귀속하는 길을 밟게 될 것이다. 그의 난잡한 축제에서 펼쳐졌던 황홀경적 방종의 와중에 바타유는 헤겔을 사건현장에 끌어들인다. 이번에는 태도를 순화했던 터라 바타유는 자신의 비판적 우위를 포기한다. 조롱하지도 냉정을 잃지도 않고 그 위대한 사상가는 형제관계인 바타유와 슐레겔이 공유하는 인식의 포르노그라피에 경의를 표하게끔 유도된다.

만일 슐레겔과 바타유가 자신들이 철학 내에서 그리고 철학에 대해 야기했던 특정한 형태의 추문이라는 측면에서 연결된다면, 그들은 또한 자신들의 작업이 수용되었던 패턴에 있어서도 유사한 운명을 공유한다. 단상들과 『루친데』의 아이러니한 출판은 '진지한' 철학에 만만치 않은 도전장을 던진다. 슐레겔은 철학에 대해 단지 병진공격parallel attack만을 펼친 것이 아니라 급습을 시도하여 거기서 일련의 게릴라 작전을 수행한다. 즉 내로라하는 철학계의 맹주들, 진지한 철학자들의 비난을 사게 되었던 담론상의 행동을 감행한다. 그런데 슐레겔에게도 동지들이 없지는 않았다.[77] 그의 작품들은 대체로 비난을 감수했지만—이는 드 만이 강조하는 사항이다—그의 오랜 친구이자 한방지기였던 프리드리히 슐라이어마허는 1800년에 가상의 편지 모음집인 『슐레겔의 「루친데」에 관한 비밀 편지*Confidential Letters on Schlegel's Lucinde*』를 출판해야만 했는데, 거기서 그는 제지할 수 없는 적대감을 상쇄할 요량으로 그 소설에 대해 당시 만연했던 반응들 대부분을 재론하며 반박한다. 나아가 『종교에 관해*Über die Religion*』(1799)에서 그는 "지성의 족쇄das Joch des Verstehens"에 반대하는 주장을 펼쳤다.[78] 역시 슐레겔의 가장 친한 친구 가운데 하나인 피히테는 1799년 9월에 『루친데』가 천재의 위대한 작품 중 하나이며 자신은 그 책을 세번째 읽으려는 참이라고 공언했다. "그러나 이들과 몇몇 다른 소수 인물들의 호의적 반응은 그 책을 완전히 잠식하려고 위협하는 적대적 비평의 파고를 막기에 역부족이었다."[79] 너저분한 책이라는 『루친데』의 위상은 키르케고르가 못박았는데, 그는 그 소설에 신랄한 공격을 집중해서 그 작품이 육체를 위해 정신을 부정하고 적나라한 선정성을 추구하며 모든 도덕성을 제거하려고 시도한다고 맹비난했다. 독일 초기 낭만주의 운동에 관한 포괄적 연구서를 1870년에 펴낸 루돌프 마임은 『루친데』를 "미학적 괴물"이라고 부른다. 그와 동시대 사람인 빌헬름 딜타이는 슐라이어마허의 전기에서 이 소설이 "도덕적으로나 문학적으로도 정체가 없고 비루하다"[80]는 점을 차분하게 상기시킨다. 어쨌든 『루친데』는 19세기 초반 가장 악명 높은 문학적 스캔들 중 하나를 야기했는데, 음란한 주제 때문이 아니라 그 책이 저자의 이름을 달고 버젓이 주요 저작들의 사회적 명부에 진입했으며 진지한 태도를 취했기 때문이다.

> ……통속적 음란물은 그저 즐겁고 자극을 주는 하찮은 읽을거리에 불과하다고 여겨졌다. 즉 대체로 가식이 없었고 진지하게 받아들여지리라 생각하지도 않았다. 그러나 『루친데』는 하나의 예술작품으로서, 그리고 기성의 도덕과 사회적 행동규범을 수정하려는 하나의 시도로서 명백히 진지하게 받아들여지리라 믿는다. 대부분의 음란물은 가명이나 무기명으로 출판되었다. 『루친데』는 그렇지 않았다. 제목의 자리에 대담하게도 이 책이 독일의 유수한 문학비평가 중 한 사람에 의해 쓰였음이 공표되었다. 오늘날의 기준에 의거하면 사적 관심사, 익명으로 된 난잡하고 사소한 읽을거리였어야만 했을 것이 열띤 공개적 토론의 문제가 되었다. 『루친데』의 출판이 하나의 추문을 이루었던 이유는 바로 그 때문이다.[81]

많은 가명을 사용했던 키르케고르에게는 분명히 그랬다. 슐레겔이 자신의 서명을 감추지 않았다는 사실은 이미 음란한 행위에 부합하는 무언가를 의미했다. 서명을 해서 자신을 드러내는 일,

자신의 철학적 태도를 진지하게 취하는 일(진짜 음란성), 그리고 『플레이보이*Playboy*』, 『허슬러*Hustler*』, 『온 아워 백스*On Our Backs*』 및 다른 음란비평의 형태들이 선정적 상품을 포장하기 위해 일삼는 것과 같은 방식으로 사회적 논평을 제기하는 일은 슐레겔을 용인될 수 없는 형태의 장르 잡종화generic inmixation의 대표자로 우뚝 세웠다. 장르 혼합을 피하기는커녕 슐레겔은 (지혜에 대한 사랑이라는 뜻의) '철학'에서 그 '사랑philo'을 너무 글자 그대로 취하는 바람에 그 명칭이 품고 있던 학습을 통한 사랑의 승화를 훼손했던 셈이다.

자기 차례가 되었을 때 바타유도 (슐레겔에) 비견될 정도로 진지한 철학을 전유했던 방식 때문에 비슷한 수준의 모욕을 야기했다. 공격의 역사성이 희생되길 원치 않기에 우리는 사르트르가 제기한 비난의 공간에서 헤겔 대신 사르트르로, 슐레겔 대신 바타유로, 피히테 대신 하이데거로 대체할 수도 있다. 사르트르적 사상 경찰은 "헤겔과 하이데거의 저작들에서 엄밀한 중요성을 지닌" 철학적 어법이 바타유의 『내적 경험*L'Expérience intérieure*』에서는 "철학을 초월한 곳에 자리잡은 하나의 모험"[82]으로 전유된다고 주장한다. 나아가 바타유가 잘못 전유하는 과정에서 저지른 "오류들"은 그가 "종종 그릇되게 언급하는 하이데거를 분명히 이해하지 못했다는 것"(155~156쪽)을 드러낸다. 철학자라기보다 문학적 인물인 바타유가 철학의 어법으로 말하며 철학을 흉내낼 때 "철학은 스스로에게 복수한다."(156쪽)

시차를 두고 공유된 하나의 수용사Rezeptionsgeschichte의 사례로 가장 적합해 보이는 것은 불경스러운 잡종화가 외설성의 전시로 주조되는 방식이다. 자신들만의 독특한 스타일을 통해 본격 철학을 모방하지 않을 때, 철학자연하는 인물들은 음란물 제작자로 변신해 특수효과를 위해 육체를 텍스트 속으로 던져버린다. 사르트르는 "지겹고 피할 수 없는 역겨움"(34쪽)을 통해 의식에 드러나는 육체가 철학을 위해 행한 기부였다면 승인했을 법도 하지만, 황홀경에 빠진 육체를 드러내는 일에서는 일말의 의미도 찾지 못했다. 바타유는 철학을 발가벗기고 철학의 의복을 찢어버린 노출증 환자였다. 피터 코너가 말하듯, "철학적 언어는 다시 한번 격렬하게 제자리를 벗어난 것으로 간주된다. 사르트르는 바타유가 철학적 담론이라는 의복으로 때로는 자신을 노출하기도 하고 때로는 감싸기도 하면서 철학에서 일종의 엿보기 쇼를 만들기 위해 자신의 벌거벗은 몸을 이용한다고 느낀다. '그는 자신의 비참한 벌거벗음을 엿보게 하자마자 다시 감춰버렸고, 우리는 헤겔의 체계나 데카르트의 코기토에 관해 그와 논증하기를 그만둔다.'"(34쪽) 슐레겔과 관련해서 드 만이 명시하는 발가벗겨진 철학이라는 평판은 두 코드의 본질적 양립 불가능성에 근거한다. 이러한 [외설적] 오염의 정치학은 사르트르를 화나게 만든다. 헤겔처럼 그는 냉정을 잃고 일종의 도덕적 다수결주의자가 된다. 바타유 작품의 수용은 충격파를 만들어냈으니, 그 파장은 니체에 앞서 몸을 철학적 명상의 목록에 올려놓았던 슐레겔에게 씌워진 검열과 연관된 인물들에게 맞춰진다. "『내적 경험』이 드러내는 도전은 육체와 사유의 경계에 관한 끈질긴 물음 바로 거기에 근거한다. 존재의 훨씬 난잡한 측면에 합리적 사유를 도입함으로써 바타유는 코기토를 거침없이 성애화한다."(35쪽) 사유를 충동, 육체적 정화, 통제 불가능한 감각들 같은 저잣거리 수준의 행위로 끌어내리는 까닭에 바타유는 더이상 의미가 없는 것, 즉 이해 가능성이라는 고전적 치료법regimen에 흥미를 잃게 된다. 「이해 불가능성에 관해」(슐레겔)와 "의미부여는 그만해"(바타유)가 내리는 이중 명령은 한꺼번에 해석될 필요가 있는데, 두 저자가 공히 신성화된 철학적 어법을 무자비하게 뒤섞으면서 실행했던 다양한 내적 실험의 측면에서 보면 특히나 그러하다.

자신과 자신의 이해 불가능한 것들의 공동체를 옹호하는 문제에서 슐레겔은 논쟁을 벌이는 대신 허위 목적론mock teleology을 제시한다. 그는 신랄하게 비꼬는 말투로 (18세기 말엽의) 당대와 달리 19세기가 되면 그의 폄훼자들, 요컨대 『아테네움』의 공인된 이해 불가능성에 맞서 비난을 퍼부은 인물들에게 재앙이 닥치리라고 예상한다.[83] 좀더 개명된 세기에는 읽어낼 수 있는 독자들이 존재할 것이다. "끔찍한 재앙이야! 나중엔 읽어낼 수 있는 독자들이 존재할 것이다. 19세기가 되면 각자가 성찰의 시간에 『단상들』을 아주 편안하고 즐겁게 즐기면서 가장 난해하고 가장 소화할 수 없는 것들일지라도 호두까개의 도움을 필요로 하지 않을 수 있을 것이다."[84] 다른 방어적 전략들의 경우와 마찬가지로 최초 공격의 선명성은 훼손되어 붕괴될 위험에 처하며, 옹호되고 있는 것은 유야무야될 지경에 이른다.

다가올 세기에 개발될 소화 효소들이 이해 불가능성을 분해할 수 있을지 혹은 이해 불가능성이라는 엄정한 사실을 좀더 쉽게 포섭할 수 있을지, 그리하여 이해 불가능성이 우리를 밤새 깨어 있게 하는 이물질로서의 특성을 상실하게 될지는 분명치 않다. 슐레겔적 무지non-savoir는 헤겔이 변증법을 뒤집어놓고 토할 때처럼 구토제로 작용하지 않고 다가오는 세기에 즐거움을 양산하고 편안함을 가져올 것인가? 아니 어쩌면 그는 독자들, 즉 단순한 해석자-소화자가 아니라 이해 불가능성을 읽는 즐거움을 느끼며 이해를 독서의 한 형태에 불과한 것으로 이해하는 인물들의 출현을 예상한 것일지도 모른다. 어찌되었든, 예측적 기억이라는 수단을 통해 19세기 후반, 즉 니체의 세기 그리고 어쩌면 프로이트의 출현도 포용하는 독자들의 시대, 새로운 소화체계의 상상계를 창조했고 반동적 시대에 먹성 좋게…… 먹을 수 있게 된 재앙의 독자들의 시대를 예시했던 슐레겔은 틀리지 않았다. 그렇지만 곧이곧대로 읽어서 만일 이해 불가능성이 이해 가능성에 양보할 순간—개연성 없는 가정이지만—을 슐레겔이 예시한 것으로 간주된다면,

그 대목은 실험적 잡지의 가치 혹은 그 에세이가 표방했던 측면들에서 보았을 때 '고전'이 될 수도 있는 위상을 위험에 빠뜨린 것일 수도 있다. 『단상들』에 착수해 인용거리를 찾으면서 슐레겔은 괴테를 거론한다. "하나의 고전적 글쓰기가 분명 완전히 이해될 수는 없을 것이다."[85] 고전으로 간주되는 글은 완전히 이해될 수 없음이 분명한데, 이는 그것이 의미론적으로 충만한 도착시사망상태가 되어 스스로 반복될 미래에 닫혀 있어야 함을, 그 미래에 저당잡히는 일을 촉진할 수도 있다. 이해했다는 것 혹은 이해했다고 생각하는 것은 읽기를 거부하는 일에 발 딛고 선다. 즉 하나의 텍스트는 종종 모호하고 감지할 수 없는 방식으로 트라우마적 흔적을 지속적으로 수반하면서도 자신이 항상 결별하는 그 상실된 대상에 대한 저항과 공모하는 것이다. 우리가 완전히 이해했다고 생각하는 일은 죽음의 입맞춤—멍청이가 아닌 다음에야 누가 진짜로 이해하겠는가?—일 뿐 아니라 모든 아이러니의 종말이기도 하거니와, 이는 애호가buff든 희극가수buffo든, 현명하든 혹은 슐레겔이 말하듯 "우리 눈에는 똑같이gleichsam ihm ins Gesicht"(2권 537쪽) "솔직한redlich" 것으로 보이든, 아니면 "엉덩이를 솜씨 좋게 걷어차든mit einer guten Art einen Tritt in den Hintern geben"(2권 537쪽), 모든 '이해했다'는 환상을 서둘러 종식시킨다.

아이러니가 수행하는 결정적 간섭은 종종 구체적 효과를 빚어낸다. 아이러니한 개입은 자기폐쇄적 언어를 흠씬 두들겨 팬다. 철학적 증명의 선량한 양심, 이해하려는 충동의 선량한 양심으로 작용하는 아이러니는 사건을 종결짓거나 해당 장을 끝마쳤다고 생각하는, 혹은 결말에 이르러 무익하다고 폄하하려는 어떠한 시도도 방해한다. 소크라테스처럼 아이러니는 잔소리꾼으로, 곧 외부의 장소에서 온 것처럼 보이는 내적 알레르기 유발물질로 기능하면서, 모든 초월론적 시스템을 해체하고 끝없이 재시험을 치르게 만드는 그 텍스트를 끊임없이 다시 쓰며 공인된 전제들을 항구적으로 재정립한다. 이것이 아이러니가 농담이 아닌 이유다. "아이러니는 우리가 함부로 다룰 수 있는 말장난이 아니다Mit der Ironie ist durchaus nicht zu scherzen."(2권 537쪽) 아이러니는 항상 장전된 상태로서 (항구적 결말로) 폭발할 수 있다. 아이러니는 유사비유적parafigural 힘에 존재근거를 두고 있는 실험장의 안정성을 파괴할 것이다. 아이러니만이 『아테네움』에 있는 이해 불가능성 대부분의 근원인바, 아이러니는 의미의 항상적 교란, 현전으로서의 의미의 교란을 무릅쓰지 않고서는 스스로에게 의미론적 안식처가 확보되길 (적어도 21세기에는) 바랄 수 없다. 왜냐하면 아이러니는 우리에게 아무런 의미도 존재하지 않음(따라서 의미는 현존하는 것으로, 우리 마음대로 할 수 있는 것으로, 구성된 것으로, 확실한 것으로 주어질 수 없다. 의미는 하나의 소여given가 아니다. 의미를 생산하는 것은 무엇이든지 이미 의미를 넘어서는 하나의 회합, 작품, 인지 불가능한 공동체다)을 상기시켜주기 때문이다. 그게 아니라면 의미는 아이러니에 의해 자신의 부재 가능성과 맺는 관계라는 사실과 소통할 수 있도록 만들어진다. 해체와 교란이 이해 불가능성에 있어서 이러한 치명적 유예delays가 아니라면 다른 무엇을 뜻하겠는가?("의심할 바 없이 『아테네움』에서 이해 불가능성의 대부분은 그 책의 거의 모든 곳에서 표현되는 아이러니에 근거한다.")[86]

하지만 비록 최종적인, 다시 말해 현재적으로 가능한 어떠한 이해의 근거들도 철회한 적이 없지만, 19세기를 향한 슐레겔의 프로젝트는 여전히 우리의 이해를 필요로 한다. 무엇보다도 "끔찍한 재앙이야!Welche Katastrophe!"는 우리가 우리 시대에 이르러 니체의 텍스트에서 점차 익숙해지게 된 형태의 발화이다. 재앙을 명시하고 그것이 실현될 미래를 내다보는 일은 이해 불가능성을 예언에, 아이러니를 파토스에 연계시킨다. 이렇게 양가적 짝은 이해의 한계를 탐구할 때 명심해둬야 할 필요가 있다.[87] 예언적 발언은 어느 정도까지 아이러니에 빚지고 있는가? 아이러니 없는 예언, 그러니까 정신병적이지 않은 의미에서 그런 예언이 가능할까?

끔찍한 재앙이다! 슐레겔이 펼치는 예측은 다른 종류의 읽기를 요청하는데, 왜냐하면 그것은 변덕스러운 판타지가 아니라 읽기에 관한 이론 자체의 윤곽을 그리고 있기 때문이다. 읽기는 다름 아닌 이 예측의 방향전환, 미래의 이해를 약속하기 때문이다. 오늘날 미래의 이해에 관한 프로젝트는 늘 그렇듯 허구로, 증명되거나 확증될 수 없는 통찰로 남을 것이다. 그렇지만 회피할 수 없는 시간성의 긴급사태에서 발생하는 이 허구야말로 이해의 진리다. 동시에 슐레겔 자신이 제기한 약속, 이해의 미래에 관한 약속이 과연 어떤 식으로든 그 아이러니적 기반을 해소해서 쓸모없는 것으로 만들 수 있을 것인가 하는 의문이 제기된다. 후일의 이해 가능성에 관한 슐레겔의 분명한 예측은 어떤 위치에, 특히 "어떤 신성한 힘이 우리를 이 모든 아이러니로부터 구원할 수 있을까"[88] 물을 때 그는 어떤 입장에 처하는가? 이 질문을 밀고나가기 위해서 그는 신으로, 초시간적 신으로 회귀한다. 아이러니에 대항해 착수되는 구조 작전은 어떤 모습을 띠게 될까? 이쯤에서 드 만이 『독서의 알레고리』에서 하는 말을 떠올리면 도움이 될 것이다. 드 만은 아이러니가 "더이상 하나의 비유가 아니라 모든 비유적 인식에 관한 해체적 알레고리의 붕괴, 다시 말해 이해의 체계적 해체"[89]라고 말한다. 아이러니는 텍스트가 신뢰할 만한 의미로 자신의 의미를 투사하는 일을 늘 공격함으로써 텍스트가 구성하고자 시도하는 모든 인식론적이고 합법적인 주장을 갉아먹는다. 텍스트는 자기 자신의 아이러니를 아무리 박탈적이라 하더라도 일련의 트라우마적 타격으로 수용한다. 이 타격들—드 만적 텍스트가 흡수하기 위해 복제하는 매질들—은 연속적으로 관찰되어야만 하는데, 왜냐하면 슐레겔은 아이러니가 하나의 장소에 위치될 수 없고 모든 곳에서 벌어진다고 보기 때문이다. 아이러니는 텍스트에서 실패한 포섭과정에 말을 건다. 시간처럼 "아이러니는 서사가…… 자기 안의 한 계기로 내면화하려고 노력하는 것, 즉 통합된 것에 부여하는 이름이다."[90] 다시 말해 아이러니는 내적 경험으로 발생하는 와중에 또한 항상 외면성으로, 텍스트의 표면으로, 그리하여 영원히 병변病變으로 거듭 대면되는, 치유될 수 없으며 그것에서 놓여날 수도 없는 그 무엇으로 거부된다.

알레고리와 아이러니는 드 만의 저작에서 밀접하게 연관되지만, 알레고리는 알레고리에 축적되는 아이러니적 타격의 힘에 압도된다. 어떤 알레고리도 "자신을 교란하는 아이러니의 사건들을 파악할 수 없고…… 각각은…… 그것을 인식적 내용으로 번역하려는 시도에 착수해야만 한다."[91] 번역에 대한 충동 및 인식을 정립하려는 싸움과 연관된 알레고리적 행위는 상실과 애도의 경험에 연루된다. 이는 마치 알레고리가 아이러니에 함축된 텍스트적 상처를, 니체적 용어로 하면 의미와 인식이라는 긴급구호물자를 제공하면서 헛되이 치유하려는 시도, 또는 적어도 그 상처에 관해 말하려고 노력하는 일과 흡사하다. 그러나 번역과 투약은 엄청난 손실의 무게를 안고 있거나, 벤야민을 떠올리자면 근원적인 것을 거의 죽은 것으로 드러내야 하는 부담을 떠맡고 있다. 알레고리는 "체계적 사유의 한복판에 위치한 틈새들이 안에서부터 그 체계를 해체하는 것으로 드러날 수 있게 만드는 형식을 일컫는 일종의 만능 명칭"[92]으로 작용한다. 이는 체계성의 시대에 왜 알레고리가 폭력적으로 억압되어왔는지, 그리하여 왜 알레고리가 자기 신분을 공개하는 잔치에서 엄청난 자아도취적 위기를 야기할 뿐인지 부분적으로 설명해준다. 만일 알레고리와 아이러니가 파격구문—항구적 곁말로 간주되는 아이러니의 구조에 걸맞은 비유적 상관물[93]—과 함께 유례없이 이해 가능성이 교란될 토대를 구축하면서 여하한 종결적 안정성의 조짐도 파괴한다면, 이 항구적 병변의 찌꺼기가 매회 또는 매 주기에 적어도 아카데미라는 찻잔

내에서 저항이라는 자아도취적 폭풍을 불러일으켰다고 해서 그리 놀랄 일은 아니다.

이러한 핵심 작동기제들이 불러오는 오염의 문제, 즉 왜 진단이 내려지기 한참도 전에 드 만이 격리되어버렸는가 하는 문제를 부분적으로 설명해줄 근거 역시 남아 있다. 신뢰 불가능성의 이론가로서 드 만은 그가 분석을 위해 선택한 바로 그 용어들 및 의미의 신뢰성과 관련해 그 용어들이 품고 있는 함의들로 인해 자신에 관한 불신을 불러일으켰다. 그는 겸손한 화해라는 공인된 가면들 혹은 논리정연한 진지함이라는 통상적 중재수단들을 물리치는 식으로 아이러니와 알레고리에 집착했다. 이러한 구조들의 재도입은 만일 가능하기만 하다면 하나의 일반화된 파격구문의 효과를 산출한다. 즉 예상되는 구문의 갑작스러운 전환, 알베르틴의 거짓말을 두고 프루스트가 묘사하고 드 만이 인용한 것과 유사한 형태의 구조적 기만의 경험을 만들어낸다.(알베르틴은 거짓말쟁이였지만 그녀의 성향은 단지 확실한 악의를 띤 흔적이 없는 그저 의식적이거나 의도적인 하나의 행위로 치부될 수 없다. 다만 잊지 말아야 할 것은 그녀가 자신에 관해 이야기한다고 생각했을 때 갑자기 파격구문이라는 장치를 통해 구문론적 궤적을 우리에게 돌리는 바람에, 우리는 우리만의 축적된 은유적 전제들로 인해 호도되었다는 사실이다. 그러니 그녀의 진실은 어디에 최종적으로 귀착되었을까?) 아이러니와 알레고리를 환영하는 일은 슐레겔의 텍스트가 가리키듯 죽음의 입맞춤이다. 어떤 진술된 의미와 그것의 이해도 하나로 수렴되지 않음을 뻔뻔스럽게 강조하는 일도 충분히 가능할 뿐 아니라, 이러한 행위가 경력을 파탄(독살된 소크라테스, 버려진 슐레겔, 낙제된 벤야민, 죽은 드 만 등등)낼 수도 있는 탈신비화라는 융단폭격을 허용하거나 혹은 적어도 완전한 종교적 개종의 형태로 복수를 강제할 가능성도 있다.

그렇다면 이렇게 의미와 존재를 무력화시키는 것들은 무엇인가? 우리는 엄밀히 말해 '알레고리', '파격구문', '결말', 그리고 '환유'가 비유법의 명칭들로 잘못 이해되어서는 안 된다고 주장할 수 있다. 대체관계에 있지 않는 이상 이것들은 유사비유적이다. 비유들은 하나의 기표에서 다른 기표로 의미를 전송하는 일과 연관되는 반면, 알레고리와 같은 문법상의 탈비유nontrope들은 의미나 의의를 전송하는 이런 언어에 가담하지 않는다. "그것들은 거의 언제나 그러한 전송의 교란을 표시하는 데 사용된다."[94] 알레고리의 경우만 해도 그것은 어떤 지점으로도 향하지 않는다. 우리에게 초감각적으로 다가오기에, 상승의 전송수단도 없고, 상승시켜줄 비유법상의 승강기도 없는 알레고리는 드 만에게 비유가 아니라 하나의 문법 형식, 그 속에서 상당한 정도의 단절이 벌어지는 것으로 나타날 수 있는 형식이다. 하나의 형식으로서 알레고리는 이러한 단절들을 보여준다.

『아테네움』이 예의 그 이해 불가능성의 매 국면을 헤쳐나가도록 도울 목적으로 쓰인 그 텍스트[『아테네움 단상』]에서 슐레겔은 자기 자신은 말할 것도 없고 그가 에세이의 말미에다 적어넣는 그의 형 아우구스트 빌헬름에게, 자기 동시대인들에게, 그리고 다가올 세기(호출되어 이미 당도한 세기)에, 당신과 나에게, 하나의 약속을 제시한다. 약속을 함으로써 그는 지금 옹호중인 그 텍스트를 그 심연적 고독이라는 진리에 노출시킨다. 그가 맹세했으나 논리적으로 지탱될 수 없는 그 서약, 그 약속 자체는 이해 행위라는 시원적 투사를 거듭하면서 다름 아닌 스스로의 미래만을 약속할 따름이다. 그러나 다른 이들이 지적했고 우리가 이해하게 되었듯이 자기 자신만을 약속하는 그 약속은 결국 약속을 기약하지 않는다. 슐레겔이 살아냈던 것을 니체는 알고 있었고 바타유는 확증하고자 했다. 참여로서의 약속은 또한 위험이다. 그것은 의미에 대한, 의미의 미래에 대한 헌신을 법제화한다. 하지만 보장되는 것은 단지 위험일 뿐이다. 슐레겔은 수수께끼 같은 그의 이력 가운데

이 시점에서 아이러니로 인해 『아테네움』이 잘못 받아들여졌다고 탓하면서도 그 아이러니를 배척하길 거부하며, 자신의 텍스트가 지속적으로 아이러니로 만드는 그 알레고리적 함정에서 또다른 함정으로 거듭 자신을 밀어넣는다. 약속과 마찬가지로 알레고리도 스스로를 드러내는 일에서는 미완성으로 남는다. "알레고리는 빈손으로 떠나간다."[95] 이 명제는 쓸모 있긴 하지만 알레고리를 거꾸로 서게 만든다. 왜냐하면 알레고리는 무엇을 바라거나 도움을 구하지 않기 때문이다. 독자는 빈손으로 떠나간다. 알레고리에는 아무런 실행 가능한 정책도 완수조항도 없으며, 이는 왜 18세기에 훨씬 근거가 박약한 알레고리의 권리주장들이 대체로 비난받았는지 설명해준다. 알레고리는 언제나 신뢰 불가능성의 알레고리로서 자신의 서자성庶子性illegitimacy이라는 문제, 즉 언어의 결정 불가능성과 씨름해야만 한다.

슐레겔에 따르면, 비록 자신 역시 알레고리를 부차적 계기로 포함시키지만 『아테네움』이 비호의적으로 수용되었던 책임의 대부분을 아이러니에 두었는데, 그는 이 사태를 이해 불가능성이라는 '개념'을 주장함으로써 교차평가하기 시작한다. 아이러니와 알레고리는 시스템을 약화시키고 해체하기 위해 체계적으로 기능한다. 이 둘은 탁월한 비합법화의 기제들로서, 이것들을 가지고 작업하는 사람들에게 꼬리표를 붙이며, 국가의 권위를 포함해 그 어떤 권위적 발언이나 지배하려는 태도(국가를 위해 일하면서 양지로 나왔을 때 슐레겔은 그것을 포기해야 했다)도 의문에 붙이는 경향이 있다. 그것들은 어떤 경우에도 이차적이고 파생적일 뿐인 인지 가능성이 싸움에 휘말려버릴 상황에 이를 때까지 시스템을 타격한다. 인지 불가능성이라는 혐의는 여기서 특이성singularity과 연계될 수 있다. 『아테네움』에는 포섭 불가능하고 비교 불가능하며 절연된 무언가가 있다. 그것은 철학이나 문학이, 혹은 상대적으로 서사의 안정성을 통해 스스로를 지칭하거나 설명하는 데 의존하는 역사가 포착할 수 있는 것이 아니다. 자기만의 이해 불가능성을 생산하는 일에 얽매인 채 아이러니에 시달리고 알레고리와의 접촉 때문에 늘 다가올 세기까지 지연되는 『아테네움』은 매번 지금 여기에서 증발하면서 그 계몽의 프로젝트를 해체한다. 이런 식으로 역사적 트라우마에 연계됨으로써 그 잡지는 이해 불가능성—야만성, 폭력 혹은 잔인함—이 발생했다는 의미를 전하는 이외에는 아무런 흔적도, 자신에 대한 아무런 기록도 남기지 못할 위험에 처한다. 그렇지만 슐레겔은 무언가가 우리에게 주어진다고, 요컨대 "해석학적 명령이 존재한다"[96]고 힘주어 말하며, 그게 우리가 여기 있는 이유이기도 하다. 이 명령은 우리에게 선물이자 짐으로 물려지고 하나의 임무를 부여한다. 이해할 것을 요구하는 명령이 엄존해야만 한다면, 이는 이해가 우리에게 도래하지 않고 상실된 채 남아 있기 때문이다. 우리는 이해에 이를 수 있을 것인가? 이해가 그 이해의 출현을 관장하는 명령 없이도 부활될 수 있다고 가정한다면, 이는 오로지 이해 불가능한 것을 외면함으로써만 생겨날 수 있을 것이다.[97]

한 해도 채 지나지 않았다. 슐레겔은 예나 강의에서 '선험철학Tranzendentalphilosophie'에 관해 논한다. "선험철학: 우리의 관점에 따르면 절대적 이해는 전혀 가능하지 않다. ……절대적 진리가 존재해야만 절대적 이해 가능성도 존재할 것이다."[98]

이해에 관한 사유에 다시 사로잡히고 강박증의 압박하에서 프리드리히 슐레겔은 하나의 완전한 이해라는 전제에 관해 사유하면서 죽음을 맞이한다. 종말을 향해 이끌리고 완성에 대한 사유에 사로잡힌 그의 마지막 문장은 그러나 미완성으로 남는다. "그러나 완벽하게 철저하고 완전한 이해는Das ganz vollende und vollkomme Verstehen aber."[99]

시험 문제

1. 만일 폴 드 만이 진정한 자서전의 가능성을 훼손했다면, 왜 이 책 『어리석음』의 저자는 그녀 자신의 자서전적 이야깃거리를 논의에 포함시키는가?
2. 어리석음과 이해 불가능성의 관계는 무엇인가?
3. 저자는 특이성과 이해 불가능성 사이에 모종의 연계를 성립시키는가? 만일 그렇다면 이 연계는 로돌프 가셰의 주장에 어떻게 영향을 끼치는가?
4. 슐레겔의 엉덩이 때리기를 알레고리적으로 읽을 수 있을까?
5. 폴 드 만의 제자들에 관한 저자의 입장은 무엇인가?
6. 알레고리와 역사의 관계는 무엇인가?
7. 저자는 어째서 폴 드 만이 어리석음에 관한 해석을 제공하길 거부했으면서도 어리석음의 함의와 수행성을 기입하는 일에 책임이 있다고 얘기하는 것인가?
8. 시험하기라는 비유의 측면에서 슐레겔, 바타유, 드 만의 저작들에서 쟁점이 되는 것은 무엇인가?
9. 왜 저자는 학술적이고 철학적인 잡지의 근본적으로 민주적인 기반을 주창하는 것인가? 이런 원칙들이 오늘날에도 준수되는가? 예를 들어보라.
10. a. 우애friendship와 몰이해nonunderstanding의 관계에 대해 슐레겔과 슐라이어마허의 사례를 출발점으로 삼아 논하라.
    b. 우애에 관한 슐레겔의 반反해석학이 어떻게 블랑쇼와 데리다가 우애의 정치학politics of friendship에 대해 말해야만 하는 바를 조명해주는지 증명하라.

키르케고르

키르케고르의 공격이 지닌 뉘앙스는 특별히 언급해둘 가치가 있다. 슐레겔을 비판하는 그의 가치관이 변해가는 양상을 추적할 수 있는 해체적 읽기를 불러오기 때문이다. 키르케고르는 공격에 착수할 때 여러 가지 어려움에 직면한다. 그중 하나는 인용성citationality과 결부되는데, 이는 시빗거리가 되는 대목들을 반복한다는 바로 그 사실 때문에 피치 못하게 그가 비난하는 텍스트에 자신의 텍스트를 연루시킨다. "그러나 이 논의에는 나름의 어려움이 없지 않다. 왜냐하면 『루친데』가 아주 음란한 책이고 잘 알려져 있는 만큼 좀더 세부적 논의를 위해 그 일부를 인용할 경우, 나는 가장 순수한 독자들이라도 전혀 상처받지 않고 빠져나갈 수 있는 길이 불가능해질 위험을 무릅쓰게 된다."[1] 두 텍스트 중 한쪽이 비판을 받고 있을 때, 두 텍스트가 드러내는 지배와 복종의 행위에서 슐레겔이 우위를 점하게 될 것처럼 보인다. 슐레겔은 자기 텍스트를 봉쇄하고 억누르려 하는 바로 그 텍스트를 지배하면서 사도마조히즘 형태의 곁말을 수행하는 능력, 다시 말해 키르케고르라는 주인 텍스트를 어느 지점에서든 교란하고 여전히 자신에 의해 타락될 위험을 안고 있는 키르케고르의 독자들을 채찍질할 수 있는 능력을 과시하는 것이다. 슐레겔을 지배하려고 노력할 때 『아이러니의 개념』[키르케고르]이 마주하는 문제는 이게 전부가 아니다.

위성

키르케고르는 낭만적 아이러니의 이론가를 부당하게 취급하는 것은 아닐지 걱정을 토로하는데, 왜냐하면 그가 가정 내의 성적性的 대결을 활성화시킨 것으로 밝혀지기 때문이다. 이 대결은 나쁜 일은 아니다. 사실 키르케고르는 가정 내부에서 벌어지는 사랑의 장면을 성애화한 데 대해 슐레겔에게 신세를 졌다고 밝힐 참이었다. 그러나 슐레겔은 충분히 외설적이지 않으며, 키르케고르의 용어로 하면 충분히 실감나지도 않고 그저 이상적 상태 주위를 부유중인*schwebing*, 다시 말해 [황홀 직전에] 정신을 잃는 것으로 드러난다. 드러난 의도와 달리 여기서 작동하는 논리는 만일 슐레겔이 좀더 노골적이고 실감나게—좀더 외설적으로—그려냈었다면 훨씬 덜 음란했을 거라는 얘기다.

> 슐레겔을 허투루 대하지 않기 위해서 우리는, 삶의 무수한 관계들에 침입해왔고 특히 사랑을 고분고분하고, 길들여지고, 게으르고, 지루하고, 집안의 다른 가축만큼이나 유용하고 쓸모 있는 것으로, 요컨대 사랑을 성애적이지 않은 것으로 만드는 데 여념이 없었던 수많은 평가절하에 유념해야만 한다. 그러한 한에서 만일 슐레겔이 탈출구를 찾는 데 성공한다면 우리는 그에게 아주 고마워할 것이지만, 불행하게도 그가 발견한 기후, 사랑이 진실로 번창할 수 있는 유일한 기후는 북부에 있는 우리 기후와 비교할 때 좀더 남쪽의 기후가 아니라 어디서도 찾을 수 없는 이상적 기후이다. 따라서 야생적 사랑의 새들이 자신들의 머리 위로 휙 지나쳐갈 때 날개를 퍼덕이고 끔찍한 울음을 내뱉는 것은 가정의 사랑에 길들여진 오리와 거위만이 아니다. 낭만적 거미줄에 얽매이기에는 너무나 강렬한 갈망을 지닌 훨씬 더 심오하게 시적인 인물 모두가 그러하다. 소설을 쓰는 것으로 충족되기에는 삶에서 요구하는 바가 너무나 큰 인물, 바로 그 시를 위해

> 서 이 시점에서 자신의 저항을 기록하는 그 인물은, 슐레겔이 찾아낸 것이 탈출구가 아니라 길을 잃어 들어선 잘못된 길이라는 것을 보여주어야만 하며, 삶은 꿈꾸는 것과는 다른 그 무엇임을 보여주기 위해 노력해야만 한다.(286~287쪽)

이것은 단순히 반동적 논리가 아니다. 즉 이 논리에 의거할 때 시인들이 "삶을 사는" 인물들과 대립하는 몽상가들이 되어버리는 그러한 논리가 아니다. 물론 나는 그 논리가 그러한 종류의 비하적 표현에 근접하며 특유의 비판적 날카로움을 희석시킨다고 말해야 하겠지만 말이다.(만일 슐레겔이 현실성과 개념으로부터 똑같이 동떨어진 한낱 몽상가라면, 이렇게 법석 떨 이유가 무엇이며, 철학자 가문이 들고일어날 까닭은 무엇이겠는가?) 희한하게도, "아주 음란한 책"은 의미를 잃어버리는데, 왜냐하면 슐레겔이 충분히 야생적이지 않기 때문이며("야생적인 사랑의 새들이 자신들의 머리 위로 휙 지나쳐갈") 너무나 쉽사리 허구에 만족하기 때문이다. 키르케고르는 슐레겔의 시적 감수성을 "훨씬 더 심오하게 시적인 인물 모두"에 대립시키는 바, 그 인물의 "갈망"은 "너무나 강렬"해서 낭만적 텍스트("낭만적 거미줄")에 갇혀 있지 못하며 그가 "삶에서 요구하는 바"는 "소설을 쓰는 것으로 충족되기에는 너무나 크"다. 따라서 더 시적인 인물은 글쓰기에 덜 결박되며 음란성의 허구 이상을 요구하고, 좀더 실감나는 음란성의 영역을 필요로 한다. 키르케고르가 정립한 경쟁에서 그 누가 "진짜" 음란물 제작가로 나설지는 분명치 않다.

그러나 키르케고르는 슐레겔을 이용해 비참한 결혼상태에 관한 자신의 주장을 뒷받침하는 데 성공한다.

> 슐레겔이 자신의 아이러니를 통해 싸우는 것이 무엇인지 우리가 좀더 면밀하게 검토한다면, 아마 이처럼 응당 정정이 필요하고 주체가 해방되길 원하는 것을 당연하게 만드는 결

> 혼관계로의 진입, 발전, 퇴보에 많은 것이 결부되어 있었고 또 결부되어 있음을 어느 누구도 부정할 수 없을 것이다. 무한한 노력을 합법적 희생으로 요구하는 일에는 많은 사람이 하나의 우상으로 삼아 숭배하는 아주 편협한 성실성, 하나의 편의성, 비참한 목적론이 존재한다. 따라서 사랑은 그 자체로 그리고 그것만으로는 아무것도 아니며 의도를 통해서만 그 무엇이 될 뿐인바, 이 의도를 통해 사랑은 가정이라는 사적 무대에서나 그럴싸한 소동을 만들어내는 하찮음에 통합되고 만다.(287쪽)

『루친데』에는 많은 문제가 있지만 그 책이 수행하는 도덕률 파괴의 핵심에 이르기 위해 키르케고르는 헤겔의 제자이자 우리의 오래된 친구인 에르트만의 말에 기댄다.

> 슐레겔의 『루친데』는 모든 윤리Sædelighed를 유보하려는 시도이다. 혹은 에르트만이 아주 적절하게 표현하듯 "모든 윤리적 결정은 단지 유희일 뿐이다. 사랑하는 사람들에게 결혼이 일부일처제인지, 결혼이 사자四者관계en quatre인지 등등은 임의적 사안이다." ……『루친데』가 시도하는 것은 따라서 모든 윤리학을 폐기하는 일이다. 즉 단지 관습과 용도의 의미에서뿐 아니라 정신의 타당성, 육체에 대한 정신의 지배라는 모든 윤리학의 측면에서도 그러하다. 따라서 그 책은 우리가 이전에 아이러니의 특별한 노력이라고 묘사한 것과 완벽하게 조응하는 듯 보일 것이다. 요컨대 모든 현실성을 폐기하고 그 대신에 현실성 없는 현실성으로 대체하는 것이다.(289~290쪽)

엄밀히 말해 '백치성'은 특별한 형태의 정신적 퇴보를 가리키는 의학사 및 정신의학사의 어휘에 속하지만, 시와 사유에 대한 계시적 매혹의 대상인 그 용어는 대중 미디어와 담론들뿐 아니라 학술적 탐구라는 가장 복잡한 분야들 가운데서도 살아남았다. 그 용어가 엄청난 의미론적 변천과 탈구를 거듭했음에도 불구하고 모든 사람은 누군가를 두고 백치라고 부르는 일이 무엇을 뜻하는지 알고 있다. 도스토옙스키는 백치의 형상이 작위적으로 변천되는 과정을 풍부하게 포착했는데, 거기서 그 인물은 인기에 영합하는 용어가 좌충우돌하는 상태로의 이행과 자신만의 병력病歷 사이에서 머뭇거리고 떠돌면서 기독교로 개종하려는 열정으로 하나의 목표를 제시한다.

4 **백치의 실종과 귀환**

"정말이지 난 아무 생각 없이 한 말이에요."
그는 이윽고 어리둥절한 기색으로 해명했다.

그는 다른 이들에게 완고했고 자신에게는 더 엄격했다. 그는 많은 것을 나눠주었고, 미심쩍은 대의들을 위해 얼마든지 자신의 몸을 기부했다. 그는 절망했다. 유럽은 그를 실망시키고 있었다. 도스토옙스키는 유럽인들 가운데 최악인 독일인들이 빌어먹을 잡놈들dumb fucks이라고 믿었다. 이방인에다 역겹고 냉혈한인 독일인들은 유럽에 대한 그의 비난에서 가운데 자리를 차지했다. 이반 투르게네프와는 달리 그의 생각에 스위스인들은 "독일인들의 측량 불가능한 어리석음보다 한없이 우월하다"는 것이 입증되었다. 그렇지만 그 스위스인들조차 자신들의 가정을, 일 년에 석 달 북부 러시아와 아주 흡사한 그 혹독한 기후에 맞게 개조할 정도의 지능은 갖지 못했다. "생존할 수 있기 위해서 그들은 그냥 이중창문을 설치하기만 해도 된다. 심지어 그저 화로만 있어도 된다. 난로 놓으란 말은 하지도 않는다."[1] 동장군이 엄습했는지 날씨는 혹독했다. 제네바에서 추위에 시달리며 아내인 안나와 고립되었던 도스토옙스키는 『백치』를 쓰기 시작한다. 그는 러시아와 이중창문을 꿈꾸면서 모든 독일적인 것과 더 영리한 독일인이라 할 스위스인들과 연관된 것들을 매도했다. 무엇보다도 독일은 유럽의 환유로 작용했다. 독일 정신에 반대하는 입장을 확고히 고수하는 도스토옙스키는 러시아가 점유하고 있는 메시아적 운명을 거듭 재확인하면서 이렇게 쓴다. "우리 [러시아] 사람들은 한없이 더 고상하고 더 고귀하고 더 정직하고 더 순진하며 더 능력 있고, 각기 다른 아주 숭고한 기독교 이념으로 충만한바, 병적인 가톨릭과 멍청하게도 모순된 루터파가 지배하는 유럽은 이것들을 이해조차 못한다."(252쪽) 이해의 예술이라는 측면에서 보면 유럽은 아주 정제되고 훨씬 더 소박한 러시아적 숭고함의 텍스트를 따라잡지 못했다. 폭력과 세속적 정복을 전제하는 점을 감안할 때 가톨릭교회는 기독교정신의 배반을 제공할 뿐이다. 가톨릭교회가 로마적이었다면, 독일 루터파는 대놓고 멍청했다. 그의 입장에서 보면, 『백치』의 주인공은 로마 가톨릭교회를 비기독교적이라고 거부하게 되는데, 왜냐하면 "로마 가톨릭교회는 교회가 보편적 정치권력 없이는 존재할 수 없다고 믿기 때문이다."(335쪽) 그 와중에 궁핍이 주는 압력은 형언할 수 없이 비도덕적인 상황을 한층 더 얼어붙게 만들었다. 몸뚱이가 얼어붙으면서도 도스토옙스키는 『백치』를 쓰기 시작했고 스위스적 진부함에 계속 분통을 터뜨렸다. 나아가 다시 한번, "스위스인들이 얼마나 부정직하고, 비열하고, 엄청나게 어리석은지 알 수 있다면 좋으련만. 물론 독일인들이 더 최악이지만 이들도 거기에 뒤지지 않는다! ……다들 될 대로 되라지!"(297쪽) "숲 한가운데 있는 이 뇌 없는 스위스인들은 집을 덥히는 법도 모른다."(254쪽) 소설이 결론에 다다랐을 때 에판친 장군 부인은 유럽인들이 "겨울에 지하실의 생쥐처럼 얼어붙는다"고 외친다.[2]

어리석음에 관해 집필할 때 표도르 미하일로비치 도스토옙스키는 불가피하게도 역사적 근거와 문화적 지형도를 참조한다. 독일인들에 관한(그리고 정도는 덜했지만 스위스인들에 대한) 열정적 멸시는 그의 사유에 유물론적 계기를 기입하며, 혹은 다른 말로 하면 특별한 형태의 러시아적 초월에 압박을 가해오는 것으로 느껴지는 하나의 위협을 폭로한다. 여기서 러시아적 초월이란 벤야민이 그의 논문 「백치」에서 "도스토옙스키가 창조한 이념에서 인류의 정체성과 유사한 국가의 형이상학적 정체성"에 뿌리내리고 있는 것으로 본 그 무엇이다.[3] 동시에 도스토옙스키는 자신이 완성하고 있었던 문화적 사디즘의 태도를 연마하기 위해 상상 속의 역전을 만들어낸다. 즉 멸시의 대상인 독일인과 스위스인은 "북부 러시아와 아주 흡사하게" 시베리아의 속성들을 무심코 흡수한다. 스위스인들에게 있어 특히 어리석은 점은 그들의 러시아성 혹은 반대로 시베리아에 대한 그들의 거부이다. 마치 자신들은 시베리아인이 아니라는 듯, 즉 유배와 예속의 이중 거처인 시베리아의 그 명청한 불친절을 단순히 반복하지 않겠다는 것처럼 말이다. 적어도 시베리아는 그곳이 춥고 환영받지 못한다는 것, 안식처를 제공하지 못한다는 것을 알고 있다.

그러나 도스토옙스키가 촉구하는 초월을 파악하기 위해서 우리는 이중창문을 관통해 봐야만 한다. 스위스인들이 이중창문을 향유하지 못했다면 도스토옙스키의 저작은 이중창문의 설치를 요구한다. 한 겹 창문의 프레임으로는 살벌한 향토의 바람 혹은 격렬한 국가주의의 폭풍을 견딜 수 없는 것이다. 도스토옙스키는 특이한 차르 체제, 즉 퇴치 불가능한 근본주의로 무장한 자신만의 사적 웨이코Waco*를 건설하는 중이었다. 포이어바흐식의 무신론, 영국식 공리주의, 프랑스의 유토피아 사회주의, 기계적 유물론, 그리고 니콜라이 체르니셰프스키나 러시아의 허무주의 조합에 맞서 도스토옙스키는 자신의 일기에서 포츠벤니체스트보pochvennichestvo에 대한 헌신, 즉 흙pochva으로 돌아가자는, 자기 모태로의 귀환을 촉구하는 이데올로기에 대한 헌신을 제창했다.[4] 만일 도스토옙스키가 "기왕의 내 신념을 배반하는 지경까지 차르를 우상화하면서"(298쪽) 러시아의 이마고imago와 격렬하게 자기동일

*미국 텍사스 주의 도시로, 여기서는 1993년 연방 경찰과의 대치 끝에 몰살된 다윗파 광신도들의 집단거주지를 지칭한다.

시했고 "신학대학식의 사교적 풍미를 지닌 우리의 지저분하고 사소한 자유주의자들을"(251쪽) 끊임없이 공격했다면, 반反러시아적 한탄jeremiad(도스토옙스키는 이 한탄을 다른 많은 인물 중에서 투르게네프의 『연기』에 나오는 포투긴이라는 인물과 연결시키면서 미하일 바쿠닌과 포투긴이 그리 멀리 떨어져 있지 않다고 말한다)의 이면을 표상하기 위해 선택된 인물이 아무런 해명도 없이 백치라고 이름붙여진 것은 놀랍지 않은가? 도스토옙스키가 집필 준비단계에서 작성한 메모에 나오는 세 번의 사례에서 주인공은 '그리스도 공작Prince Christ'이라는 이름이 붙는데, 물론 이 시점에서 갈릴리 사람[예수]과 그 이상의 유사성으로 확장되지는 않는다.(261쪽) 그렇지만 소설 준비가 좀더 본격화되는 과정에서 도스토옙스키는 그 공작에 관해 자기만의 메모에 다음과 같이 적었다. "수수께끼로다. 그는 누구인가? 끔찍한 불한당인가, 신비로운 이상理想인가?"(261쪽)

거룩한 바보!

그렇지만 그 독특하고 한결같은 멍청함을 상징하는 인물에 부여하려던 가치는 글의 아주 막판까지도 도스토옙스키에게 그리 분명하지 않았다. 게다가 작가가 상대해야만 했던 주제상의 감염이라는 문제도 존재했다. 그는 자신이 탐구하고자 하는 우둔함의 짐을 그 텍스트가 떠안지나 않을까 하는 우려를 표명했다. 다른 무엇보다도 도스토옙스키는 독자들이 자신의 진실한 묘사 및 그가 의도적으로 그리스도의 수난과 평행을 이루도록 정립한 행위를 "우스꽝스럽고 순진하며 어리석은"(305쪽) 것으로 간주하지 않을까 하는 근심을 드러냈다. 그러한 오염의 도전에 맞서는 하나의 방법은 서술자의 기능에 존재하는 내적 분열을 표시하는 길을 택하는 것이다. 그러나 탈구를 시도하는 이런 노력조차 하나의 애매한 술책이 되었는데, 왜냐하면 텍스트를 그 고유한 이름과 테마—백치의 테마—로부터 떼어놓기 위해서 도스토옙스키는 서술자로 하여금 백치를 무지와 몰이해를 주장하는 행위 속에 내버려두도록 만들기 때문이다. 자신이 치료하고자 애쓰는 바로 그 백치성의 위협으로부터 소설이 스스로를 구원하고 방어할 수 있는 유일한 길은 무지의 압박에 맞서는 것이다. 그리하여 결국에 서사의 목소리는 반전volte-face의 몸짓으로 백치가 자신의 운명에 처하도록 내버려두면서, 더듬거리는 주인공을 이해하려는 노력을 포기했다는 것을 나타낸다. 예방접종의 구조와 흡사하게도 서사는 스스로를 면역시키려 애쓰면서 자신을 위협하는 그 독을 흡수해 동화시키고 소유한다. 백치성의 협의와 관련해서는 서사 자체가 백치가 될 것이며, 결의에 차서 이해하고자 했던 그 대상의 보호권을 포기한다. 그럼에도 불구하고 도스토옙스키에게 백치의 가치는 여전히 수수께끼로 남았고 바로 그 애매한 차원들 덕분에 그 기획은 가치를 얻게 되었다. N. N. 스트라코프의 편지는 접근 불가능성의 한 측면, 즉 작품에서 주장되는 모종의 무인식noncognition에 대한 요구에 너그럽게 초점을 맞춘다. "당신의 백치는 이제껏 써낸 그 어떤 것보다도 훨씬 더 개인적으로 내 관심을 끕니다. 얼마나 아름다운 생각입니까! 마음이 열린 순진한 영혼의 지혜, 게다가 현자들과 영리한 자들에게는 접근이 불가능한 지혜 말입니다."[5]

일종의 백치성의 해석학을 만들려는 노력은 몇 가지 형태를 띤다. 스트라코프 편지의 그 대목이 가리키듯, 여기에는 모종의 아름다움의 분출이 관련되었다. 실제로 메모를 보면 도스토옙스키가 이 기획에서 초월론적으로 아름다운 한 존재의 가능성에 접근하고자 시도했다는 점이 여러모로 확인된다. 물질적이고 경험적인 힘들과 조우했을 때 그러한 아름다움은 그러나 천진난만한 중얼거림이라는 스캔들만을 드러내고, 순수함을 너무도 극단적으로 묘사하는 바람에 공포를 주게 된다. 이는 마치 표준화된 지능과 신중한 지혜가 순진함의 심연을 걷어낼 요량으로 마련되었다고 주장하는 격이다. 분명하게도, 명백히 신학적으로 굴절된 한 텍스트 속에 백치성을 흡수하는 일은 저자에게 골치 아픈 흥정거리를 제공한다.

소설 내부에서 공작에게 귀속된 가치평가들은 다양하다. 상인의 아들로서 러시아인의 삶의 종교적 뿌리에 가장 가까운 로고진의 관점에서 보면 그는 거룩한 바보, 즉 이바누슈카*의 사례, 민담의 바보멍청이, 혹은 오히려 토착 유로지브이yurodivyi (민중에 의해 신성이 깃든 존재로 신봉되는 한 심약한 인물)이다.[6] 우리의 바보멍청이는 이해력이 없는 동시에 놀랍게도 감각적이다. 좀더 놀라운 본성의 측면에서 보면 그는 민주적 성향과 사회적 정의에 대한 관심을 드러낸다. 고위층 인사만큼이나 하인에게도 기꺼이 마음의 문을 열듯 그는 당장 위대한 사랑의 특사이다. 하지만 "난 그 누구와도 결혼할 수 없어요. 난 성한 몸이 아니에요."(34쪽) 이러한 자질들은 결코 대립되지 않고 한계만 표시할 따름인데, 소설은 우리보고 이 한계를 탐구하라고 촉구한다. 벤야민의 짤막한 언급에서 미쉬킨은 갈팡질팡하는 단순함에도 불구하고 잊을 수 없는 그 무엇, 즉 무한한 삶과 연관되며 육체, 힘, 개인, 그리고 정신의 각기 다른 면모에 근거해 묘사된다.[7] 왜 벤야민이 유한하지 않은 것의 범주에 육체나 심지어 개인을 포함시키는지는 분명치 않지만, 퇴출된 정신, 집 잃은 자아와 관련해서 그가 남기는 실마리들은 여기서 우리의 관심을 끈다. 벤야민의 경우 괴테의 『에커만과의 대화』로 되돌아가는데, 거기서 자연은 우리에게 말하자면 어떤 공간, 즉 우리의 공간이 박탈되었을 때 우리에게 하나의 실질적 터전을 회복시켜줄 의무에 사로잡힌 존재로 여겨진다. 상처받고 억눌린 자들의 삶은 일종의 망각 불가능성이라는 주형에 새겨

*러시아 민담에 나오는 전형적 바보 인물.

진다. 돌이킬 수 없이 짓밟히지만 어떻게든 하나의 가명이나 유령 같은 환유에 의해 표상되는 이 삶은 기념비나 회상이나 증언이 없는데도 망각이 불가능해진다.[8] 다른 경우라면 모호하고 초점을 벗어났을 벤야민의 언급은 감히 말하건대 마치 여전히 대마초를 다룬 텍스트의 영향하에 있는 것처럼 쓰인다. 그럼에도 불구하고 그는 너무나 단순해서 주목받지 못하지만 기념비나 증언을 거부하는 어떤 존재, 즉 백치의 곤경을 형상화하는 데 통찰을 제공한다.

무대에 등장할 때 공작은 정신적 질환이라는 그늘에서, 스위스의 한 클리닉에서 막 탈출한 상황이었다. 소설의 결말에 이르면 그는 돌이킬 수 없는 정신착란의 움직임에 굴복할 것이다. 두 가지 어둠의 지점 사이에서 그는 예수를 닮은 단순함의 현현으로 기능한다. 역사적으로 예수는 우리에게 많은 면모를 보여주었기에 도스토옙스키가 그의 작품에서 예수의 어떤 형상화나 전유를 펼치고 있는지 혹은 창조하는지 묻는 일은 당연하다. 우리는 그 인용된 대목과 다른 자료들로부터 도스토옙스키가 부적절한 기독교의 구현을 거부하며, 로마 교회가 무신론을 조장할 뿐 아니라 곰곰이 생각해보면 사회주의의 모태가 되었다고 비난을 퍼붓는 것을 알게 된다. 전반적으로 그는 문학적 노선과 계보를 고수했다.

키르케고르와 마찬가지로 도스토옙스키는 예수를 돈키호테와 비교했다. 그의 임무는 희극의 요소에 의해 구제되지 않는, 적어도 에피소드식 [행위의] 실패라는 테마의 수준에 머물지 않는 예수의 투사체를 생산하는 것이었다. 하지만 이 신의 본질은 우스꽝스러운 것이 보여주는 결정적으로 해체적인 차원으로 증류되어야만 했다. 갈릴리 사람인 예수는 그 비유적 아름다움에도 불구하고 이 우스꽝스러움이라는 특질로 인해 영원히 문학에 결박된다. "세상에는 긍정적으로 아름다운 인물이 오로지 하나 존재하는데 그가 바로 예수이다. 그래서 그 경계 없이 무한하게 선한 인물이라는 현상은 이미 그 자체로 하나의 무한한 기적이다."[9] 인물 그 자체는 기적의 무한성을 선언하지만 그것이 유한한 상태가 되면, 다시 말해 언어에 귀속되면(비유로서 그것은 이미 언어에 귀속된다) 도스토옙스키로 하여금 우스꽝스러움에 초점을 맞추도록 강제한다. "그러나 그가 선한 이유는 오로지 동시에 우스꽝스럽기 때문이다."(274쪽) 도스토옙스키는 선함의 속성이 우스꽝스러움에 의존하게 만드는데, 이 의존관계는 그가 소설에서 탐구하게 될 하나의 고정된 상보성이다. 그런 다음 독자에게 호소하기 위해 저자는 이렇게 명기한다. "조롱당하면서 자기 자신의 가치를 인식하지 못하는 한 아름다운 사람을 향한 연민은 독자에게 공감을 불러일으킨다."(274쪽) 돈키호테와 픽윅Pickwick*이 세상과 충돌하면서 유별나게 우스꽝스럽기 때문에 공감을 자아낸다면, 공작은 지하세계로 가서 자신의 꾸밈없는 순수함, 우스꽝스러운 것의 신뢰할 만한 관대함에서만 발현되는 범접 불가능한 아름다움에 모든 것을 걸어야만 한다. 우스꽝스러움으로 인해 공작의 선함이 현시되며, 조롱은 극단적 선량함을 상술하는 일에 있어 무릅써야 할 위험이 된다. 선함은 단지 내재적인 것으로만 한정될 수 없고 공개되어 노출되어야만 한다. 작가의 노트에서 공작은 노골적 노출에 처하게 된다. 그는 회의론과 "조소를 보내는 무자비한 세상의 경멸"(274쪽)에 노출될 것이다. 도스토옙스키의 관심사는 조롱받음의 문제나 그렇게 핍박받은 인물이라면 누구나 불러일으킬 연민에만 놓여 있지 않다. 다른 텍스트를 단순히 흉내낸 것이 아닌 이상 우리는 그러한 관심사(혹은 전략)에 대해 납득할 수 있을 것이다. 도스토옙스키의 초점은 좀더 근본적이다. 그는 긍정하기 위해서 예수의 우스꽝스러움에 주목하는 것이다. 어설픈 지구인을 특징짓는 육화과정을 통하지 않는다면 어떻게 이 점이 드러날 수 있겠는가? 그렇긴 하지만 우리가 목격하는 것은 그냥 어디서나 가능한 육체적 체현이 아니다.

*찰스 디킨스의 소설 『픽윅 페이퍼스*The Pickwick Papers*』에 나오는 주인공.

조롱에 대한 민감한 반응으로 인해 고통스럽게 희생된 신체가 드러난다. 난도질당하고 부서지기 쉬운 그 연약한 몸은 우스꽝스럽게 의미를 발산하는 것으로 간주되어서 궁극적으로 문학에 넘겨진다. 말하자면 이 신체는 세르반테스의 소설에서, 즉 "인간의 이성이 아니라 인간적 육화의 조건들이 지식의 한계를 정하는 세계"[10]에서 위력을 얻기 시작했다. 돈키호테의 가늘고 핼쑥한 인물상은 "뼈에 살이 거의 없으며, 마르고 수척한 얼굴로 인해"[11] 조상의 혈통에 실마리를 던져주는바, "희극의 경우에 늘 그러하듯이 몸이 어정쩡한 방식으로 옮겨지거나 골절된 채 팽개쳐질 때"[12] 생겨나는 그 발작적 휘청거림을 미리 보여주는 까닭에 실제로 미쉬킨은 그 혈통의 계승자이다. 돈키호테는 얻어맞고 뒤로 자빠뜨려진 채 육화의 조건들에 복속되어 우리 외부성의 증거들, 즉 "몸과 세상 사이에는 아무런 이음새도 아무런 완벽한 그물망도"(38쪽) 존재할 수 없다는 사실의 증거를 세상에 내놓는다. 이로 인해 데카르트가 증명하려고 했던 바와 같은 육체의 실종이라는 허구는 존재할 수 없고 나의 존재함ergo sum을 지탱하는 폐기된 시체 가마니도 존재할 수 없으며, 오히려 확고하게 육화된 존재의 무한한 상연만이 있을 뿐이다. 돈키호테에게 자기인식은 인식론적 사태로 볼 수 없으며 오히려 육화의 조건들에 뿌리를 둔 것으로 간주될 수 있다. "돈키호테의 몸은 항상 침범한다."(38쪽) 게다가—그리고 이는 미쉬킨에 대한 언급에도 해당될 터인데—돈키호테는 뇌가 "고갈된" 인물, 그 구성 원리에 있어서 "정신의 확실성을 통한 세계의 지식을 배제하는"(38쪽) 인물로 형상화된다. 문학에서 고통받는 몸의 발명은 지식에 대한 권리주장이 기대고 있는 그 기반들을 당연시하기보다 의문시하는 형태의 사유를 촉발한다. 비록 돈키호테에 나타난 그 공인된 모델 및 원천과 『백치』의 관련성은 길게 보면 단편적이고 임의적일 수도 있겠지만, 복제되고 재활용되며 재자연화되고 신학화된 신체, 더 새로운 형태의 어긋남 속에서 회귀하고 뒤틀리는 육체의 문제만큼은 분명 존재한다.

이 소설은 반복강박으로 직조된 엄밀성을 추구하면서 한스 홀바인이 죽은 예수를 발칙하게 전시한 일을 반복한다. 상처받고 피 흘리는 예수의 몸을 전시한 스캔들은 초월을 거부한다. 도스토옙스키는 부활이 있기 전 예수의 몸에 대한 관할권을 서구 의식이 자임하는 그 순간 자체에 딱 고정시킨다. 그러나 비가시적aphanic 의식이 신체의 양상을 폐쇄하고 응시를 가로막았던 탓에 몸에 대한 권리는 제대로 주장되지 않았다. 하지만 잊혀진 트라우마에 대한 기억은 남아 있으며, 난도질당한 몸을 그려내는 홀바인의 이미지 만들기는 텍스트에 두루 걸쳐 해소될 수 없는 증상으로 반복된다. 홀바인의 이미지는 어떤 부활 가능성에도 활용 가능하지 않은 시체의 사실성만을 되살리면서 순수한 육체로서의 예수, 그 죽은 예수의 순간을 표시하며, 감응력 없는 의식에 실재the Real로서 침입하는데, 도스토옙스키 자신은 이 [실재의] 침입으로 인해 신앙이나 종교성을 회복하지 못하게 될까봐 두려워했다. 부인과 함께 바젤 미술관을 방문했던 그 유명한 일이 있었을 때 그는 〈십자가에서 떼어낸 예수〉 그림 앞에 꼼짝 못하고 서 있었다. 그 충격은 돌이킬 수 없이 죽은 시체를 매장하려고 하는 그의 작품에 전이된다. 다시 말해 충격이 흡수될 것으로 여겨지는 장소로서 그 작품은 시신을 소생시키려고 하지만 실패하며, 시신을 찬양하고 거기에 초월의 덮개를 씌우려 하지만 실패한다. 이 시체, 또는 절대적 죽음의 손아귀에 있는 예수의 초상화는 텍스트의 거점들을 통해 재검토의 대상이 된다. 그 그림은 비록 시체와 마주하게 된 작품 속의 사람들에게 마비상태를 확산시켰지만 백치성의 상태와는 처음엔 단지 간접적 관계만을 맺었을 뿐이다.

홀바인의 예수 그림에는 도스토옙스키를 사로잡고 공포에 몰아넣은 무언가가 존재한다. 그것은 예수가 암살의 운명에 내팽개쳐져서 자신의 신체에 돌이킬 수 없이 결박되어 있다는 적나라한 사실과 연관된 듯하다.(프로이트는 문자 이전의 인식 장면에서, 도스토옙스키가 앓던 간질의 기원을 아버지의 처절한 암살과 연결시켰다. 그의 발작은 장례식 행렬 앞이나 벨린스키의 사망 소식을 들었을 때 징후적으로 발생했었다.) 이는 마치 처음의 충격적 시신 관람의 결과, 소설이 그림 앞에서 지속적 간질 발작의 단계에 다다른 것과 흡사했다. 소설은 부정적 에피파니epiphany*라는 심연적 진리에 빠져 예수의 존재가 사라져가는 그 순간에 자리한다. 그 순간 예수는 모욕을 당하고 죽음을 맞으며—"죽음으로 완성된mortotalized"이라고 말하고 싶기도 하다—필멸성에 그을려서 유한해지고 연약해지며…… 바보스러워진다. 예수의 사멸, 즉 자기파괴에 굴복하는 몸으로의 환원은 『백치』의 근본적 구성은 아니더라도 각 페이지들을 사로잡는다. 도스토옙스키는 작품을 통해 그러한 생각이 이끌어내는 순전한 마비상태의 순간을 고정시키고 복제한다.[13]

포기의 절규

『백치』는 신성함이 사라진 훼손된 세계에서 포기의 절규를 반복하고 재가동한다. 거룩한 영면에 관한 실존적 지침서에 붙은 부록으로서 이 작품은 수많은 상속 불가능한 것들을 뒤에 남긴다. 이는 마치 아무것도 상속될 수 없고 미래의 공인된 인물들에게 물려줄 것도 거의 없는 상태와 흡사하다. 성장과 미래는 저해된다. 임산부 등록은 불가능하다.(그의 이름이 운명의 끔찍한 내재성과 거의 같은 의미를 지니는 이 작가에게 이보다 덜한 것을 기대하기는 어

* 원래는 동방박사들이 아기 예수의 탄생을 축하하기 위해 찾아온 일을 기념하는 축일을 가리키며, 비유적으로는 어떤 깨달음의 순간을 뜻한다.

렵다.) 화신化身은 육체를 처분했으며 의미의 출혈만을 남긴다. 그러나 도스토옙스키가 묘사를 통해 순교된 성인들과 희생적 죽음에 호소한다는 점을 의심하기는 힘들다. 그의 노력은 또한 우리에게 고통받고 모욕당한 예수가 러시아적 정신성의 핵심에 자리하고 있음을 상기시킨다. 러시아 종교 전통의 두드러진 특징인 기독교적 신성포기론kenoticism에 공명하는 공작은 간질적 마비상태로부터 회복해 실존적 퇴화상태로 깨어나는바, 이 퇴화상태는 인간의 경우 존재의 연쇄—연계의 위계질서가 그렇게 확고해 보이지는 않지만—에서 미끄러져 내려감을 뜻한다. 조지프 프랭크는 이러한 태도를 "당나귀만큼이나 비천하고 평범한 그 무엇의 형태로 이루어진 세계의 존재"(319쪽)라고 명시한다. 이 비평가는 기독교화되고 다소 사회주의적인 당나귀의 편을 들고 있다. "당나귀는 물론 명백히 복음적 색채를 띠는데, 이는 공작의 순수함 및 순진함과 뒤섞인다. 이 참을성 있게 근면한 동물은 또한 기독교적 신성포기론과 딱 맞아떨어져서 삶의 경이에 대한 공작의 무아지경의 이해에 위계질서가 부재함을 강조한다."(319쪽) 그러나 공작의 위기를 촉발하는 것은 "삶의 경이"라기보다 집요한 겸손함이며, 이는 느리고 이해력 없는 당나귀를 마주하고 있든 파리 한 마리가 겁에 질려 윙윙거리는 소리를 들을 수 있는 거리에 있든 간에 상관없다. 거룩한 인물들에 남겨진 것은 당나귀들과 파리들의 섬뜩한 조화, 즉 겸손한 우매함bêtise의 상관물들이다.

신학적 용어로서 신성포기kenosis는 예수가 인간이 될 때 자신을 비워내는 행위를 지칭하는데, 그는 지속되는 죽음의 지점까지 자신의 몸을 낮추며 성체화聖體化되는 과정에서 신성한 속성의 전부나 일부를 포기한다. 러시아 종교 전통을 연구한 현대사가인 G. P. 페도토프의 논지에 따르면, "러시아 정신의 핵심에 자리한 인물"은 고통받고 모욕당한 예수이다. 보리스나 글레프 공작 같은 최초의 러시아 순교 성인들을 언급하면서 페도토프는 살인자의 손에 순순히 응한 그들의 복종을 러시아 신성포기 전통의 창시자인 수사 테오도시우스의 가르침과 비교한다. "보리스와 글레프는 테오도시우스가 예수의 궁핍과 굴욕을 좇았듯이 예수를 좇아 희생적 죽음—예수의 신성포기의 절정—에 이르렀다. ……외부에서 보면 그것은 테오도시우스의 궁핍이 국외자에게 멍청하게 보였음에 틀림없듯이 필시 나약함의 인상을 주었을 터이다. 나약하고 바보 같음, 이와 같은 태도는 고대 세계의 눈에 그렇게 비쳤듯 니체 같은 사람의 눈에 예수의 신성포기로 보인다."[14] 독일 종교철학사가인 에른스트 베른스트는 니체가 "『백치』를 잘 알고 있었으며 도스토옙스키의 소설이 기독교에 관한 그의 전체 해석을 형성하는 데 도움을 주었다"[15]는 널리 받아들여지는 주장을 뒷받침하기 위해 더 많은 증거를 늘어놓는다. 이러한 주장들은 이제는 신학사에서 잘 알려진 사실을 되풀이한다. 그러나 그것들은 어쩌면 기독교적 신이 바보스럽게 현시할 때 감수했던 그 위험을 새롭게 조명하는 데 도움이 될 수도 있다. 우리의 귓전에는 니체적 신들이 자신들의 혈통의 마지막 인물, 인간적 취약성의 가면을 쓴 그 인물과 마주하며 냈던 웃음소리가 여전히 울리고 있다. 그는 현시했다. 현시는 조롱을 부추길 정도까지 몸을 낮추어 바보스럽게 나타나는 일이다. 그는 인간의 육신과 스스로를 맞바꾸었다. "나약하고 바보 같음, 이와 같은 태도는 고대 세계의 눈에 그렇게 비쳤듯 니체 같은 사람의 눈에 예수의 신성포기로 보인다."

만일 니체의 기독교가 『백치』의 세례를 받은 것이라면, 그가 "지극히 영리함"의 논리, 즉 유순함을 영리함에 맞세우는 논리, 그리고 바보 같은 백치와 어릿광대를 맞세우는 논리, 상대편을 특징짓는 불완전한 수용이라는 허약상태를 전복적이고 즐겁게 극복하는 논리, 디오니소스와 예수 혹은 바보를 대립시킨 논리를 기록하고자 했던 것은 그리 놀랄 일이 아니다. 『백치』에서 바보의 스펙트럼은 훨씬 더 미묘하고 다채롭다. 교활하고 아첨에 능한 레베제프는 종종 서술자에 의해 어릿광대로 밝혀진다. 실제로 서술자는 마치 조명된 우둔함의 자질들을 거울에 비추듯 공작을 둘러싼 바보스러움에 몇 가지 등급이 있음을 명시한다. 거의 모든 인물이 바보스러움을 공유하며, 어리석음이라는 황폐화된 태양에 한 자리를 차지하고 있다. 일종의 표준화된 기대의 교차배열 속에서 서로 이웃해 배열된 바보스러움은 오염되어 있고 불순하다. 그것들은 세속적이다. 오직 공작만이 훼손되지 않은 백치성의 현저한 최저치를 영혼과 육체 간의 독해 불가능한 만남을 통해 획득한다.

자신의 몸을 논의에 올리고, 몸을 위해 온몸으로 글을 쓴 최초의 근대 철학자이자 특별한 식이요법을 처방하고 문화적 습관—중독까지는 아닌—을 관리했던 니체는 물리적 법제정이라는 주류 문화의 코드화에 의해 비천하고 배설물 취급을 당한 일을 어느 정도 수용한다는 점에서 도스토옙스키와 공유하는 바가 있다. 두 작가는 모두 끊임없이 육체적 존재의 순전한 사실성으로 귀환하지만 이 사실성은 초월론적 의식—이는 도스토옙스키에게 어느 정도 존재하지만 끊임없이 전복당해서 그저 하나의 유혹으로 남는다—을 통해 의미를 예견하는 말없는 실재성이라기보다 일종의 받아들이기 힘든 스캔들이다. 그들 간의 차이를 축약된 형태로 말해보면, 니체가 기쁨에 겨워 춤추는 반면 도스토옙스키는 공포에 질려 기절한다. 이는 기질 혹은 심지어 기온, 기후의 문제임에 분명하고, 두 사람 모두 이 문제에 매우 민감했다. 어찌됐든 두 사상가는 전수된 의미에 대한 대규모 교란으로서 몸을 생산하며, 『백치』의 경우에는 항상 의미의 내재적 방향상실을 나타내는 것으로 몸을 산출한다. 몸은 세계 안에 존재하며 세계의 모호한 국지성의 의미를 확고하게 만들지만, 표면에 드러나면 세계의 견고함을 위협한다. 텔레비전의 사례처럼 사태가 아주 국지화될 경우 물질성에는 무언가 기이하고 이해 불가능한 일이 벌어진다. 국지성을 탈피해버리는 것이다. 이러한 사상가들이 요청하는 몸의 클로즈업은 이해의 전통적 양상들과 결별하는데, 이는 몸을 확대하는 경우에 왜 우리가 명시적으로 백치성을 다루고 있는 것으로 거론되는지 그 이유를 설명해준다.

백치성은 일종의 부정적 육체의 양식화로 구체화되지만 인간적 곤경의 일반성을 가리키기도 한다. 백치성은 육체에 갇혀 있다는 거의 실존적 사실과, 혹은 다른 말로 하면 육체가 우리에게 권리를 주장한다는 사실과 특별한 관계에 있다. 그러나 이 경우 우리는 대체로 필연적으로 우리의 신체에 관해 대단히 어리석을 뿐 아니라—몸이 아주 수많은 방식으로 모종의 의미화하는 실천으로 기능해온 것이라고 보든, 아니면 난무하는 정보 식별표에 일상적으로 복속되어 있는 것이라고 보든 간에—몸은 마치 우리 존재의 어처구니없는 둔감성을 나타내려는 듯이 존재한다. 우리가 몸에 관해 알아야 하거나 이해해야만 하는 것은 없거나 거의 존재하지 않는다. 몸을 어떻게 먹이는지, 언제 금식을 하며, 어떻게 달래고, 수분을 주고, 풀어놓으며, 치유할 것인지에 관해서라면 모르겠지만. 그러나 대부분의 경우 우리의 몸을 단번에 마치 늘 최종적으로 그대로였던 것처럼 파악할 수 있는 어떠한 인식론적 버팀목이나 과학적 위안 혹은 의학적 절대성은 없다. 우리는 단지 목격하고 증언할 따름이다.[16] 이것이 글쓰기가 그렇게 자주 질병과 관련되는 이유이며, 작가와 환자가 클라크 켄트[슈퍼맨의 일상적 자아]와 슈퍼맨의 뒤바뀜에서처럼 종종 은밀하게 하나인 이유이다.(환자이자 기록자이고 마술적 편지지인 미쉬킨 공작은 이야기를 들려주는 동시에 충동적 대화 상대들과의 사교로부터 이야기들을 끝없이 받아들인다. 게다가 그는 에피파니와 신경쇠약에 한껏 들떠 흥분상태를 경험한다.) 신체 변이에 관한 모든 문화적 환상을 제쳐두면 몸은 결코 자기 정체성을 구성할 정도로 오래 지탱되지 못한다. 우리의 선조들이 몸보다 좀더 천상의 형태들과 그것들의 모호한 약속들을 선호해 비애극 스타일로 앞으로 빨리 전진해서 그저 몸을 떼어버리곤 했던 이유가 바로 여기에 있다.

그러나 도스토옙스키가 어떻게 이 괄목할 만한 백치성의 사례를 취해 이러한 시련들을 펼쳐가는지 검토하기 전에, 이 소설에 할당된 몸이 신성포기 전통에 징집되어 다양하게 모욕을 당하고 치욕을 겪는다는 사실을 상기해보자. 몸은 상처에, 그러나 발언과 폭로의 능력이 있는 상처에 결박된 그 무엇이다. 도스토옙스키는 멸시당하고 치욕을 겪으며 상처를 입는 인물들의 고통에 일관되게 초점을 맞추었다.[17] 그리고 백치성은 신체와 정신이 함께 불붙이는 미묘한 화재를 불러일으켰는데, 그 화재 속에서는 건강이나 질병, 강인함이나 나약함이 백치성에 대한 단순한 대립물이라는 듯이 확신을 가지고 말하기가 어려워졌다. 백치성은 모욕당한 신체, 나약해진 정신에 접근하는 길을 열어주었다. 비록 도스토옙스키에게 이러한 특질들은 유동적 상태에 처해져 매 순간 어떻게 배치되느냐에 따라 자신들의 가치를 뒤집지만 말이다. 공작에 관해 말해보면, 그는 자신이 아프다고 보고 있으며 이러한 질병상태를 그가 옥죄어 묶여 있는 일종의 물질성으로 체험한다. 성인다운 순수함에도 불구하고 그는 자신의 몸으로 되돌아가야 하며 몸을 참조근거로 자리매김한다. 걸어가는 매 걸음마다 질병은 심지어 잠재된 상태에 있는 경우조차 그의 손을 압박한다.

질병은 그것이 질병인 한 육체가 스스로를 드러내도록 촉구한다. 그러나 질병에 의해 자극받는 계시의 대상이 과연 존재하는가? 무언가가 학습되거나 이해되는가? 혹은 질병은 은밀한 장인, 즉 끊임없이 모호하지만 목적으로 가득한 가르침을 주는 스승은 아닐 것인가? 몸은 시간이 걸린다. 어떤 경우든 질병은 시간상의 왜곡, 즉 한없이 길어지는 나날들과 단축되는 시간들, 구슬땀들로 포개진 미래를 촉진한다. 한없이 많은 시간이 있지만 지금 이 순간 우리는 점점 촉진되는 유한성의 감각에 의해 기록된다. 우리는 궁지에 몰려 있다. 이 순간이 우리가 시간이 얼마 남았나요? 하고 묻는 때이다.

병리학의 장소에 자리잡게 된 우리의 몸은 어떻게 몸이 무의식의 한 지점 혹은 박동으로서 스스로를 보이지 않게 만들곤 하는지 상기시켜준다. 우리 편에 있었을 때 몸은 스스로 뒤처지면서 우리를 이끌었다. 아마도 우리는 손가락을 베거나 무릎을 부딪쳤을 것이다. 거미에 물린 상처 하나. 마치 환유에 의해 "여보, 집에 왔어. 내가 당신 집이야" 같은 신호를 보내는 사소한 일들. 이제 우리의 몸은 꾸짖듯 기세를 떨치기에 우리가 알아두어야 할 것은 없다.(차트와 병력, 비교 분석, 정보와 데이터, 예측과 추정, 질병을 마주한 모든 인식의 말더듬만이 존재한다.) 우리는 몸의 기억상실적 목격자가 되어 일시적 증언, 관찰, 모니터링을 할 수 있지만 이러한 총체적 우연성의 난입으로부터 언제든 회복할 것이라는 확신이 없다. 우리는 오래된 포기의 절규를 거듭하면서 이번에는, 이번에는 진짜로 우리가 버림받았다는 것을 알기에 자신은 죽은 고기라고 느끼게 된다. 이것이 지나가리라는 희망은 잊어버리자. 희귀한 경우지만 아주 세속적 부활도 있다. 열이 내리고, 얼마간 기운이 솟으며 혼자서 먹거나 걷거나 소변을 볼 수 있지만 이런 일이 왜 지금 우리에게 일어나는지, 그러니까 왜 우리가 아직 죽지 않는지는 분명치 않다. 그렇지만 우리에게 무슨 일이 벌어졌다. 어느 아침 우리는 그레고르 잠자[카프카 소설 『변신』의 주인공]처럼 깨어나 침대를 부여잡을 수 없게 된다. 혹은 밤새도록 토하게 된다. 무슨 일인가 벌어졌다. 우리는 낙담해서 병이 들게 되었다. 녹다운되어서 건강의 형태로 순수함을 보증했던 천상의 몸에서 떨어져 나와 내팽개쳐진다. 지독하게 병이 든다. 모든 것이 정지한다. 이러한 존재의 중지가 긍정될 수 있는 시간들은 있다. 그레고르 잠자가 천정에서 춤출 때처럼. 일하러 가지 않아도 되니까! 집에 머물면서 쇠락한다. 책을 읽고 TV를 보고 환각에 빠진다. 그렇지만 무언가 아주 잘못되었다. 마치 확인된 원인도 없는데 비난받을 때처럼. 균형을 잃고 곤경에 처한다. 미래의 발명이나 변화는 사라진다. 그런데 무언가가 마찬가지로 놓여난다. 유독성의 저장고가 때로는 느린 움직임으로 엎질러지고 시간과 비슷한 무언가가 정화되기 시작한다. 우리의 몸, 우리의 몸이 우리를 위해서 싸우고 있다.

그것은 때때로 궁극적 목적이 없는 싸움이다. 지는 싸움일 수도 치료 없는 치유일 수도, 즉 하나의 거대한 치유의 위기일 수도 있다. 그것은 전쟁이고, 우리 몸의 작은 일부가 우리를 응원하기도 우리에 저항하기도 한다. 어쩌면 생전 처음으로.

질병. 불의injustice의 경험과 근본적으로 관련되어 있는 질병은 우리의 피투성彼投性Geworfenheit, 우리의 다르마dharma[우주적 진리, 불교의 법法]다. 우리를 넘어서거나 우리 안에 있는 그 무엇이 우리를 깔아뭉갰고 무관심의 벽에 대고 단단히 후려쳤으며 우리가 고통을 감내할 깜냥이 되는지 압박한다. 질병, 그것은 우리가 원했던 것이 아니었지만, 그것을 불러오게 만든 무슨 일을 우리가 저질렀을지도 모른다고 생각하게 만든다. 우리 유한성의 동반자인 질병은 멋대로 방문하며 우리가 지니고 있는지도 모르는 장기를 깨물고 표피를 찌르면서 맘먹은 대로 우리 몸을 좌지우지한다. 이 점을 강조하기 위해서 도스토옙스키는 공작의 질병 체험이 사회적 불의로 인해 잠식되지 않도록 결정함으로써, 이른바 불의의 강렬함을 견디게끔 만들어놓는다. 이것이 도스토옙스키가 그에게 돈과 지위를 쏟아붓는 이유이다. 공작을 순교자로 만드는 일은 정신의 파괴와 필사적인 몸을 구분할 수 있는 방법이 없기 때문에 보상 불가능하게 된 하나의 파괴와 연관이 있다. 그리하여 공작은 신성한 질병을 겪는다. 우리에게 의탁되어 있지만 그 자체로 신성한 것은 몸이 아니라 의미와 관습조차 흩트려버리면서 지속되는 희생, 그 거룩함의 아우라적 특질을 유지하는 것으로 보이는 질병이다.

질병은 주체성이나 의지와 상관없이 사회적 규범을 전복하는 자기만의 고유한 시스템을 제공한다. "그 누구와도 결혼할 수 없어요. 난 성한 몸이 아니에요." 공황상태로 틀지워진 질병은 헌신적 복종의 양태에 이르게 되며 스스로 자아가 아닌 다른 무엇, 즉 의지를 포기한다. 니체가 회복에 대한 약속에 근거를 두는 나락going under을 주제화한다면, 도스토옙스키는 면죄의 리듬, 즉 잠정적 유예만을 제공하는 약속을 위해 질병을 분석한다. 그러나 확증 가능한 극복의 단계는 어디에도 없는데, 왜냐하면 소리 없는 만성상태로 체험되는 질병은 항상 '백치'와 함께하기 때문이다. 심지어 질병이 기호들과 증상들을 제시하려고 하지 않거나 지각을 대체하고 의식을 몸짓으로 표현하길 그만두는 경우에도 그러하다. 질병은 또다른 종류의 매개로서 정말로 대안적 황홀경과 의미의 체계를 동반한다. 이러한 역설적 동요 아래서, 조화와 균형에 관한 고전적 비유들은 정신이 나간 채 엄청난 붕괴를 향해 고꾸라지는 고통스러운 몸이 생산하는 뒤틀림에서만 지속되는 것으로 드러난다. 절대적 위험상태의 절제된 차가움이다. 한 도스토옙스키 학자가 지적하듯, "이 지극한 조화의 비전은 그 비전이 자기의 병이 만들어낸 일탈상태임을 알고 있는, 오직 정신이 좀 모자라는 간질병자만이 체험할 수 있다."[18]

『백치』에는 두 병약한 몸이 있다. 그 몸들은 텍스트의 도표생체학graphosomatology에 의해 아픈 것으로, 죽어가는 것으로 분명히 표시된다. 물론 누구도 이러한 되기becoming의 긴급 상황들로부터 면제되지 않는다.(건강의 한계가 항상 분명한 것은 아니고, 우리는 죽어가고 있지 않은 것으로 나타날 수 없으며, 어쨌든 병은 피할 수 없는 존재 조건이다.) 그러나 두 육체—미쉬킨 공작과 젊은 허무주의자 이폴리트의 몸—는 질병이라는 이름하에 아무런 애매성도 없이 제시된다. 폐결핵 환자로 죽어가는 이폴리트는 고백 및 마지막 유서들과 분노에 찬 증언들을 끊임없이 작성함으로써 그 [죽음의] 과정에 묶여 있다. 공작은 집행을 유예하고 있지만 죽음의 교훈들을 일화적으로 던져주는 질병을 견디고 있다. 발작이 올 것을 늘 예상하면서 그는 확실한 회복에 대한 불확실한 확신을 가지고 방황한다. 회복이 가능한 것처럼 보일 때 그는 기운이 빠지고, 그러고 나서는 갑자기 다시 소생한다. 그에게 시간이 얼마 남았는지 알 수 없다. 갑작스럽고 진을 빼는 유예기간이 있긴 하지만 치료의 가망은 없다. 마치 뚜렷하게 육체가 소진되는 영역들의 분리가 불가능함을 강조하듯이 백치성과 간질은 소설에서 서로를 강화시킨다. 한계로 확장해나가고 이 한계를 훼손하면서 백치성과 간질의 결합은 우리에게 이런 질문을 던지게 한다. 육신을 폄하하지 않을 엄밀한 의미의 정신현상학을 과연 찾을 수 있을까?(정신현상학이 엄밀하려면 엄밀성을 결여해야만 한다.) 간질병을 도입하면 도스토옙스키가 작업하고 있는 병약함의 변수들을 정의내릴 수는 있지만, 그렇게 백치성을 의학화한다고 해서 그가 집요하게 제기하는 의문들이 해소되지는 못한다. 실제로 셰익스피어가 『줄리어스 시저』에서 "낙상병falling sickness"이라고 부른 간질병 자체는 모든 사변적 분석의 테이블에 하나의 큰 의문부호를 불러온다.

도스토옙스키가 간질병을 '앓았다'고 해도 그가 실제로 무엇을 앓았는지, 혹은 우리가 그런 이름이 붙은 상태에 관해 논의한다고 생각할 때 무엇을 마주하고 있는지는 분명치 않다. 그것은 문학이 받쳐주고 철학이 후원하며 신화학이 권리를 주장하는 하나의 유산을 갖고 있다. 그 [간질병으로] 알려진 질병의 장소를 탐구하는 엄밀한 현대 문화인류학이라면 간질병이 프로이트가 자신의 경력 가운데 후기신경학 단계에서 얼마간의 지면을 할애했던 유일한 신체 질병이라는 사실을 포함할 것이다. 정신과 육체 사이에, (주체의 역사에 초점을 맞춘) 트라우마 이론과 (전이와 역전이에 대해 언급하는) 판타지 이론 사이에 위치하는 간질병은 그저 또하나의 신체 질환이 아니다. 다른 유형의 신체적 악화현상과 달리 간질병은 단지 의학사상사醫學思想史에만 한정되지 않는 전체 사유 역사에 기입된다.[19] 고유한 신화적 인물을 보유한 유일한 질병* 으로서 간질은 훗날에 나올 모든 형태의 광기와 시각적 과잉의 원현상ur-phenomenon을 제공할지도 모른다. 간질의 선구자인 헤라클레스는 변천을 거듭해 역사적으로 석가모니, 알렉산드로스 대왕, 율리우스 카이사르[줄리어스 시저], 나폴레옹, 바이런, 파스칼, 반고흐, 그리고 나중에 반드시 되짚어볼—간질병자들은 회귀return, 망령revenant을 저어했다고 한다—다른 인물들로 현시했다. 이제 도스토옙스키를 좇아 질병의 좀더 전반적 효과들에 대한 일반적 검토가 완수될 때까지 발병의 특수성에 대한 논의를 미뤄보자.

이폴리트와 미쉬킨의 병든 육신은 교란의 상태를 표시하며, 텍스트는 이 교란을 중심으로 직조된다. 이는 텍스트가 왜 그렇게 뒤죽박죽으로 만들어졌는지, 왜 그 성립과정Entstehung과 발생조건의 역사적 우연성들을 차단하는지 설명해줄 하나의 이유가 될지도 모르겠다.(엄청난 압박 속에서 저자는 돈을 받은 대가로 연재물을 급히 써냈고, 사랑하는 어린 딸은 죽었으며, 슬픔에 빠진 그는 고통 속에서 대부분 독일계 지역에 유배되었다.) 누구나 몸이 아플 수 있고, 거의 설명할 수 없이 아픈 몸에 매혹될 수 있다. 마치 그 몸들이 무엇보다도 물리적으로 전염될 수 있다는 듯이 말이다. 질병의 단계들과 바보스러움에 관한 전체 분류체계가 존재하기 때문에 누구도 자신을 건강한 몸으로 내세울 수는 없다. 소설은

*서구 역사에서 간질은 오랫동안 '헤라클레스병'으로 불렸다. 유리피데스의 희극에는 제우스의 아들인 헤라클레스의 발광이 묘사되어 있다. 간질epilepsy의 그리스어 어원이 '악령에 사로잡힌 영혼'인 것도 이와 관련이 있다.

많은 형태의 바보들을 양산하고 주정뱅이, 미치광이, 병리학적으로 울화에 사로잡힌 사람, 시기심의 소유자, 겁탈자, 사기꾼 무리, 고전적 신경증자들, 망상증적 절규와 범죄적 의도의 주체들, 그리고 두말할 것도 없이 가장 최악인 인물, 즉 서술자에게 뻔뻔스럽게도 평범한 것으로 나타나는 인물을 허용한다. 몇몇 대목에서 나스타샤 필리포브나는 백치 자신에 의해 정신병자로 낙인찍힌다. 곤경에 빠진 조연들은 소설에서 대체로 동정적으로 다루어지고 거의 마술적 광채를 발할 수 있는 인물들로 받아들여지지만, 백치의 질병이 지닌 신성한 강렬함을 북돋는 역할을 할 뿐이다.

백치의 몸은 유별나면서 어정쩡하고, 발작적이면서 지쳐 있으며, 어떤 경우에는 두들겨 맞은 몸으로 제시되고 특히 발작에 취약하다. 발작이 어디서 유래하는지 항상 분명치 않은 것은 그에게 엄습하는 힘을 규정짓기가 어렵기 때문이다. 발작은 위에서 올 수도 있고 내부에서 올 수도 있으며, 또다른 자아이자 정신적 형제인 로고진(비록 거의 자아가 없는 미쉬킨에게 또다른 자아를 제시하는 일은 또다른 문제를 야기하지만)으로부터 올 수도 있고, 날씨나 무의식 혹은 심지어 정확히 말해 충동drive으로부터 올 수도, 다시 말해 의식이나 무의식 어디에서도 유래하지 않을 수 있다. 그가 겪는 발작의 형태들, 질병의 폭발(도스토옙스키는 질병의 영역을 구분하는 일을 용이하게 만들지 않는다. 그것은 간헐적 감퇴에 의해 되돌려진 연속성인가? 아니면 정확한 시점, 회귀, 다른 상태의 간섭 혹은 교란에 더 가까운가?)은 어떻게든 몸을 현시하는 문제—현시 불가능한 것의 무게—를 더 심각하게 만든다. 병든 몸은 이 불가능한 현시라는 이슈를 전면에 부각시킨다. 비록 아득한 현기증 증세가 또다른 일화, 또다른 파괴의 사태를 예시하는 것은 아닌지 의아해하며 매일 운명을 기다리고 있지만, 그렇다고 몸이 단지 수동성의 수렁에 빠진 것만은 아니다. 어려움은 병든 몸의 일상적 역사, 그 몸이 구성되는 다양한 강렬함을 예측하는 일에 놓여 있다.(환자의 일상은 대략 네 부분으로 나뉘는데, 오후에 나는 열, 저녁 무렵의 가라앉음, 밤에 흘리는 땀—이것은 각기 다른 질병 유형, 그러니까 그 기의에 따라 변하지만 우리가 무슨 병을 앓든 하루 일과는 대체로 비슷한 방식으로 나뉜다—, 그리고 우리가 누구인지를 막론하고 새벽 두세 시경 우리를 깨우면서 간肝이 심야 활동을 할 때이다.) 환자의 삶에서 주요한 관계는 이렇게 교대하는 상태, 내부에 기거하는 동시에 외부에서 종결되는 상태와의 관련성이다.

백치가 자신은 결혼을 못 한다고 말할 때 그 이유는 그가 자신의 질병과 또다른 계약에 묶여 있기 때문인데, 그 질병의 독특한 특성에 그가 봉사하는 것이다. 본성상 거만한 질병은 헌신적 달래기, 이해, 끝없는 간호의 촉진을 요구한다. 우리는 몸져누워 있다. 이렇게 말해야만 하는 것은 어딘지 바보 같다. 대부분의 경우 병이 우리를 침대로 이끈다. 그러나 잘 드러나지 않고, 우리를 침잠하게 만들거나 반듯이 눕거나 가로눕게 만들지 않는 질병의 형태도 더러 존재한다. 수동적 피동성에 가려서 우리는 백치가 되어 늘 발작이 일어날 순간에 봉착해서야 그 질병 주위를 배회한다. 결혼할 수 없다고 말하지만 그는 두 명의 여성과 정혼을 한다. 결말 부분에서 그는 나스타샤 필리포브나와의 결혼을 준비했다. 그러나 이는 모순되지 않는다. 환자는 종종 돌봐주어야 할 더 깊은 병이 있는 사람을 알게 되는데, 공작의 경우가 바로 그렇다. 그는 페미니즘적 충동에서—나스타샤는 남성들에게 조롱당하고 타락한 여자로 거부당하며 성적으로 학대받았다—그러나 가식 없는 열정으로 나스타샤에게 청혼을 한다고 나오는데, 왜냐하면 그녀는 그의 맘에는 병든 아이이고 헛소리하고 착란을 일으키는 정신병자이기 때문이다. 그는 또한 이폴리트도 보살피는데, 그의 불치상태[폐병]는 소설 전체에 걸쳐 극적 불안감을 촉발한다.

병든 몸에 축적되는 기호나 증상을 자세하게 해석하는 일에 행사하는 압력에도 불구하고, 이해의 노력은 모든 기호학이나 현상학을 포기한다. 이해의 노력은 부정적 지식의 측면에서조차 파악될 수 없는 말없고 어처구니없는 어떤 한계에 봉착한다. 이는 병약함이 우리에게 강제하는 어리석음의 또다른 차원, 즉 소멸하는 인식의 제국에 여전히 영향을 받는 그러한 어리석음의 명부들에 무관심한 상태로 존재하는 어리석음이다. 알지 못하기에 몸은 또한 그 자체로는 무지하지 않다. 더이상 읽힐 수 없는 축자성literality으로서 이 몸은 스스로를 절제하는 동시에 자신만의 저항의 신호들도 만들어낸다. 아마도 이는 왜 근본적으로 애매한 종합을 즐기는 문학이 항시 그러한 몸의 포섭을 지향하는지 그 이유를 설명해준다. 가령 왕의 몸이 탈취되거나 행위중에 실종된 사물이라면, 공작의 몸은 치료를 필요로 하면서 연명한다. 그래서 철학이 여타 잠정적 개념의 인질들과 함께 이 몸을 한데 묶는 반면 문학이 이 몸을 치료하는 것은 놀랄 일이 아니다.

장뤽 낭시에 따르면, 문학은 철학이 억압하는 몸을 항상 생산하려고 애써왔다. 실제로 문학과 몸의 관계는 문학과 철학의 연계에 관한 하나의 알레고리를 수행하는데, 왜냐하면 "문학과 철학은 몸과 정신 혹은 영혼처럼 서로 관련을 맺고(거나) 서로 대립하길 바라는 일을 멈추지 않았다고 말할 수 있기 때문이다." 게다가 "만일 철학에—기표와 기의 아닌—어떠한 몸도 존재하지 않는다면 문학에서는 반대로 몸 이외에 아무것도 없다고 말하고 싶어진다."[20] 낭시는 몸을 일종의 담론 차원의 양육권 소송에 의거해 잠정적으로 구분하는데, 이를 통해 문학은 몸을 집으로 데려가서 양육할 수 있게 된다. 그렇지만 우리는 이러한 몸들이 쉽게 반환될 수 있거나 참조준거로 안착된다고 여기면서 그냥 배회할 수는 없다. 사람들이 일상적으로 길거리에서 노숙자의 몸을 넘어 지나가듯이 우리가 몸을 무시할 수 있다고 생각할 수도 없다. 몸에 관한 모든 논의는 하나의 "이중구속, 정신병"과 맞설 위험을 무릅쓴다. 실패는 불가피하게 애초부터 주어진다. "이중의 실패가 주어진다. 몸에 관한 담론을 생산하는 일의 실패, 그리고 몸에 관한 담론을 생산하지 않는 일의 실패."(190쪽) 그렇지만 우리는 병든 몸이 일종의 때늦은, 보상적 각성이라는 광적 상태에서 해독을 요구하거나 적어도 종종 담론의 과잉에서 절정을 이루는 해석과 진단의 전략들을 마련한다고 과감히 주장할 수도 있다. 이 과잉 자체, 즉 증상을 드러내는symptomizing 몸을 중심으로 지식을 구성하려는 시도는 우리의 몸이 그것을 통해 우리에게 다가오게 되는 필연적 무지몽매의 공간을 열어놓는다. "이 무지몽매는 부정적 지식이나 지식의 부정이 아니다. 그것은 무슨 내용이 담겼든 간에 단지 지식의 부재, 지식의 관계 바로 그것의 부재일 따름이다."(199쪽) 낭시는 몸을 기입 불가능한 것, 즉 자신을 포함해서 모든 것을 기출記出시키는exscribe 그 무엇으로 여기면서 계속 언급한다.

> 몸은 알지 못하지만 그렇다고 무지하지는 않다. 쉽게 말해 몸은 다른 곳이다. 몸은 다른 곳, 또다른 곳, 또다른 체제, 또다른 명부로부터 온다. 이는 '몽매한' 지식이나 '개념 이전의' 지식이 아니고, '전반적', '내재적', 혹은 '직접적' 지식조차 아니다. 철학이 '몸'이라 부르는 것에 대한 철학적 반대는 '직접적 지식'의 권위에 버금가는 어떤 것의 결정을 전제한다. 이는 용어상의 모순으로서 불가피하게 ('감각', '지각', 공감각, 그리고 전제된 '표상'이라는 거대한 재구성을 통해) '매개'된다. 그렇지만 우리가 이런 형태의 어떤 것도 전제하지 않는다면 어떻게 될까? 몸이 그냥 거기에 주어지고 버려진 채 아무런 전제 없이, 그

저 놓여지고 측정되며 비중 있게 존재한다면 어떻게 될까?(199~200쪽)

인식의 스캐너에 관한 한 항시 다른 곳에 존재하는 몸은 몸을 파악하고 세분화하거나 개념화하려고 주장하는 지식의 체제를 회피한다. 다소 놀랍게도 몸이 관통하며 그 일부를 이루는 몰지식의 장소는 낭시에게 사유, 사유의 행위 혹은 사유의 계약과 관련 있는데, 왜냐하면 몸은 어떤 의미에서 의미를 부여하거나 의미를 만드는 일(이는 지식의 비호 아래로 들어가게 될 것이다)을 넘어서서 사유하기 때문이다. 반대로 사유는 육화한다. "사유가 지식의 질서에 속하지 않는다고 말하는 데 우리가 합의하고 또 그렇게 말하는 것이 합당하다면, 몸은 사유하고 또한 그 결과 사유는 그 자체로 몸이라고 말하는 것이 더이상 불가능하지는 않을 것이다."(201쪽) 사유에 관한 사유에 연계되고 거의 해독 불가능한 고분고분함으로 "사유란 무엇인가?"라는 질문에 답하면서 이 타성적 현전, 즉 몸은 자신을 봉쇄하고자 꾀하는 지식으로부터 떨어져 나와 "오직 신과 통합된 자들에게만 접근이 허용된 의미의 보고"(191쪽)를 해방시킨다. 하이데거가 철학적 작전에서 떼어낸 사유는 몸으로서 비중을 갖게 되며, 훨씬 더 당혹스럽게도 몸의 사유행위가 가능한 까닭에 사유하는 몸은 서구 철학 전통의 지배적 바람에 맞서 몸을 던진다.

도스토옙스키의 작품에서 질병에 의해 추인된 몸이 여전히 거룩함에 관한 기억의 흔적을 보유함에도 불구하고, 몸은 홀바인이 그어놓은 그 지울 수 없는 한계에서 자신의 유한성 및 모든 몸의 유한성과 조우하게 된다. "신의 죽음으로 인해 우리는 이 영광스러운 몸, 이 숭고한 몸을 상실했다. 신의 주권적 위엄을 표시하는 이 진짜 상징, 그의 방대한 작업을 상징하는 이 소우주, 그리고 최종적으로 보이지 않는 것을 나타내는 이 가시성, 모방 불가능한 것에 대한 이 미메시스mimesis를 상실했다."(191쪽) 영광스러운 몸을 눕혀놓은 홀바인의 〈십자가에서 떼어낸 예수〉는 이중적 전도 행위로 결론을 내린다. 의도된 초월로의 고양이나 도상성도 없는 예수의 몸을 형상화하면서 낭시는 다음과 같이 말한다. "'신은 죽었다'는 신에게는 더이상 몸이 없다는 것을 뜻한다."(191쪽) 그리하여 하향식 상징성이 제거된 몸은 부양되어 인공기관으로 확장되고, 스테로이드로 고양되며, "만들어지고", 광택을 얻고, 생체공학적으로 확증되며, 마약에 취하거나 "약물 투여되며", 복제되고 재생산되어—그리하여 신성한 특성을 지닌 상실된 몸을 기계신체나 그 복제물이 대체하게 될 것이다—여전히 희생에 처해지는 신체가 될 것이다. 『백치』에서 도스토옙스키는 묵시록을 바라보거나 아니면 적어도 레베제프로 하여금 기술의 지배라는 측면에서 그 묵시록을 재기입하게 만들며, 새로운 기술에 의해 희생 불가능한 것들의 배후로 지목된 철도의 확산과 연결망들의 보급을 예로 든다.

소설은 상트페테르스부르크 역으로 향하는 열차에 탑승하고 있는 세 명의 주요인물—미쉬킨, 로고진, 그리고 레베제프—에 대한 묘사로 시작한다. 그러므로 소설은 그 말미에서 펼쳐지는 궤적, 즉 기술적 여세에 관한 묵시록적 원관념—혹은 보조관념—에 놓인 궤도를 따라 시작된다. 나중에 기계 그 자체, 즉 열차는 이폴리트에 의해 멍청한 짐승, 즉 세계사적 우둔함의 피할 수 없는 운동의 일부인 야수성으로 간주된다. 소설의 첫 장은 기차역, 처음부터 백치의 운명을 결정하게 될 신화론적 종착역으로 포효하듯 진입한다.

기차에서 출현하는 것은 마지막 몸, 즉 상실된 영광스러운 신체의 엔진소리 혹은 잔여물이다. 기차는 이동중에 있는 신체로서, 숭고한 몸에서 홀바인에 의해 세계의 파괴—이는 명명할 수 없는 몸의 종말인바, 이것이 우리의 기억 속에서 오직 지속적 파멸의 과정에 있는 끝없는 종말로 신격화된다고 하더라도 그렇다—로 그려진 것으로의 이행을 실현한다. 낭시는 이를 이렇게 표현한다. "죽어서 부패한 몸은 테르툴리아누스*와 보쉬에†가 가르쳐주듯 어떤 언어에서도 더이상 이름을 찾을 수 없는 바로 그 사물이다. 이름 없는 신은 이 명명될 수 없는 사물과 함께 사라졌다. 이 몸으로 인해 모든 몸이 상실되었다고, 몸에 관한 그 어떤 관념, 진리, 표상도 상실되었다고 말하는 편이 옳을 것이다."(191쪽) 상실된 몸을 대체한 이 수치스러운 시체는 역사적으로 모든 몸과 접촉해 그 몸들을 안전하게는 아니지만 적어도 표상 가능하게 보존했던 매개과정을 함축한다. 도스토옙스키에게 병약함은 영광스러운 몸이 더이상 존재할 수 없는 것의 기억 및 유령으로 귀환하는 일에 버금가는 효과를 낸다.

미쉬킨의 질병이 그를 여전히 거룩함에 엮어두는 한에서 그의 몸은 아직도 희생이 가능한 몸, 어쩌면 최후의 몸으로 기능한다. 희생 가능성의 잔존은 부분적으로 이 몸이 의미를 생산하면서 유지되고 지속된다는 사실에 기인한다. 참을 수 없는 특이성의 표현으로서 이 질병은 지속적으로 의미를 생산해내는데, 그 의미가 질병의 무질서한 침입이 만들어내는 환각의 부산물에 불과할 뿐이라도 그렇다. 그럼에도 불구하고 하나의 잠정적 의미, 일종의 에피파니가 존재한다. 고유한 대상이 없긴 하지만 신성한 계시의 변형이 존재하는 것이다. 존재의 또다른 식이요법 혹은 등록소에 드러내는 일 그 자체 말고는 드러낼 것이 아무것도 없다. 질병의 가혹함이 열어놓는 영역의 바깥에는 오직 몸의 소진과 응고된 몸의 의미만이 존재한다. 이 몸을 희생 가능한 것으로 유지하기 위해 도스토옙스키는 신성함이 빠져나간 결과 야기되는 의미의 소진으

* Tertullianus. 카르타고 출신의 고대 신학자로 삼위일체론을 주창했다.

† Jacques Bossuet. 17세기 프랑스의 가톨릭 주교로 개신교의 정적주의를 비판하고 영적 신앙을 강조했다.

로부터 이 신체를 보호해야만 했으며, 궁핍, 배고픔, 추방, 고문, 탈취, 추함, 공포로의 전락과 보조를 맞추는 목표의 고갈을 방지해야만 했다. "그러한 것이 바로 희생된 몸, 그러나 아무것에도 바쳐지지 않은 희생된 몸이다." (195쪽)

희생의 허무함에 호소하는 것과는 다른 이 몸의 진리는 존재하지 않을지도 모르고, 모종의 궁극적 의미를 결합할 수 있는 엠페도클레스*적 잔여도 없을지 모르며, 질서와 추모를 통해 미래를 불러 세울 포틴브라스†가 진군해온다는 외침조차 없을지 모른다. 낭시는 말한다. "희생은 하나의 몸이 공동체의 몸, 그 몸이 곧 타당성이자 물질적 상징이 되는 공동체의 정신, 피에 삼투된 의미, 의미를 만드는 피가 공동체와 맺는 절대적 관계가 되는 한계지점으로의 이행을 가리킨다. 그러나 희생은 그 이상은 아니다." (176쪽) 상처의 역사성은 상처의 탈정신화와 관련되며, 몸은 금지된 몸의 위상을 얻으면서 물러난다. "예수의 상처에는 정신성이 존재한다. 하지만 그 이후로 상처는 그냥 상처일 뿐이고 몸은 상처에 불과하다. ……몸은 상처에 지나지 않는다. 어떤 의미에서는 상처를 가하는 경제적, 군사적, 치안적, 심리적 기술들에 상관없이 우리의 상처 중 아무것도 새롭지 않다. 하지만 지금부터 상처는 이 고통 이외에는 아무것도 의미하지 않는 그 자신의 기호, 몸통이 없는 하나의 금지된 신체일 뿐이다." (196쪽)[21]

순전한 동어반복의 체현이자 공허로서 이 금지된 신체는 존재론적 일관성이 부족하거나 아예 없는 타성적 현전을 경험하게 한다. 의미 있는 몸을 포기해버린 공동체는 우연성의 사적 병동이라는 위치, 인증되지 않은 희생이 된다. 질병은 시간에 종속되고

*Empedocles. 기원전 5세기경 활동한 고대 그리스 철학자. 세상만물이 동등한 근원물질인 물, 공기, 불, 흙의 사랑과 다툼 속에서 생겨났다고 주장했다.

†Fortinbras. 셰익스피어의 『햄릿』에서 덴마크로 진군하여 새로운 질서를 확립하는 노르웨이 왕자.

시간 속에 파괴되는 몸을 표시하면서 여기 지구상에 존재하는 몸의 기반이 되는 동시에, 또한 몸을 작동시키는 법칙인 바로 그 물리적 우연성을 재구성하면서 중단시킨다. 질병은 치유와 또다른 이해를 위해서 다른 신체—무수히 많은 몸—의 응급상황을 요청한다. 질병은 진짜 몸에 대항해서 유령 같은 몸을 연기한다. 또다른 이해에 대한 요구와 공모하는 기독교는 하나의 관점에서 보면 수행적 치유행위를 약속했다. 신이 몸에도 기거하게끔 되어 있었다고 말하는 성체화의 가르침은 어떻게 우리가 우리의 몸에 깃들게 될 운명에 처하는지 강조했다. 즉각적 치유를 행하는 많은 전설적 장면의 촉발자이자 하나의 주요한 회복 프로그램인 기독교는 집요하게도 실패하는 몸을 주로 다루었는데, 담론상의 의례를 통해서든 루르드* 같은 곳을 건설하든 자신이 의미를 응급 조달해 치료했던 상처에 관한 알레고리들을 제공했다. 원탁토의를 위해 의사로부터 집필을 의뢰받은 한 텍스트에서 낭시는 통증pain의 운명에 대해 서술하면서 그것을 고통suffering 및 이러한 용어들을 전유하는 전통에서 분리시킨다. 즉석에서 작성된 텍스트의 제목에 따르면 통증은 결코 정당화될 수 없다.(「통증은 존재한다, 그것은 정당화될 수 없다La douler existe, elle est injustifiable」)[22] 다시 말해 통증을 정당화하거나 통증에 의미를 부여하는 순간 우리는 통증을 기독교 역사에 다시 귀속시키게 된다. 통증에 의미를 돌려주거나 회복시켜주게 된다는 말이다.

그러나 통증은 의미를 혐오한다. 통증은 의미의 교란과 자기동일성을 기괴하게 아로새긴다. 통증은 정당화될 수 없다. 물론 통증이 정당화될 수 없다는 것이 정당화될 수 없음은 의심의 여지가 없다. 통증의 정당화 사례를 제공하려고 노력하는 사람은 누구든 스토아학파나 기독교도 혹은 그보다 못한 인물이다. "일, 인내, 개

*Lourdes. 프랑스 남서부의 작은 도시로, 1858년 성모 발현의 기적이 일어나 가톨릭교회의 중요한 순례지가 되었다.

념의 통증"으로 영위하는 사람은 헤겔주의자가 될 수 있다.[23] 고통과 괴로움이 자족적으로 유지되거나 혹은 시무룩한 기쁨이나 마조히즘적 잉여를 통해 그 범위를 확장한다면, 통증은 반대로 스스로를 역겨워하는 존재로 작용하며 어떠한 정당화, 추정, 승화도 거절하면서 스스로를 거부한다. "통증은 어쩌면 이러한 자기거부에 다름 아닐지 모른다."[24] (프로이트가 말하듯) 부차적 혜택이 거의 없는 것을 감안하면, 통증은 자기 자신의 궁핍으로서 그 어떤 변증법이나 이데올로기적 회복이 가능하다 해도 정당화될 수 없다. 통증이 치료도 없이 지속되고 통증의 날카로운 압축, 그 조여옴 이외에는 아무것도 존재하지 않을 때, 찰나적이긴 하지만 일종의 역설적 플래시가 터지고 일시적 통찰이 생겨난다. 완벽한 존재의 확증 같은 어떤 것, 이를테면 "나는 아프고, 나는 곤경에 처해 있다, 그러므로 나는 존재한다"[25] 같은 인식이 가능해진다. 홀연히 자아가 회복되었다는 뜻에서의 "나는 존재한다"는 인식은 아니다. 나는 나를 찢어발기는 날카로운 통증에 불과하며, 그것도 내가 더이상 하나의 자아가 아닌 그러한 방식으로, [찢어발기는] 통증의 그 광기에 불과하다.[26] 이 점에 관해 매우 프랑스적인 낭시는 이 찰나의 플래시가 마치 폭발하는 주이상스의 복제이거나 역전과 같다고 말한다. 통증과 ("성공한" 통증으로 볼 수 있는) 주이상스는 그렇게 섬광 같은 플래시의 극단성을 공유하며, 완전히 노출된 존재가 어느 자아의 바깥에서든 순전히 폭발적 번뜩임으로 찢겨지고 내팽개쳐져 자리잡은 채 스스로의 외부가 되는 곳으로부터 고동쳐 나온다. 이 극단성은 통증과 극단적 쾌락의 지점 사이의 균열 내부에서만 발생한다. 무슨 말인가 하면, 어떤 면에서 주이상스는 결코 발생할 수 없거나 라캉이 말하듯 "불가능"하다.

낭시는 자신도 한몫을 거들고 있는 반박 불가능한 통증의 긴급성을 제거하려고 결코 애쓰지 않는다. 대신에 그는 우리가 통증에서 얻게 되는 '그런 일은 생기지 않아'라는 체험이 바로 현실이다라고 말하면서 자신의 개입을 결론짓는다.[27] 그는 확실성의 인식, 그가 거론하고 있는 그 인식의 현실성은 정당화—"이게 증거야C'est une attestation"—에 값하지 않는다고 말하며 발언을 마친다. 단죄하듯 때리는 통증이 엄습하면 우리는 말문이 막혀버리고 행위주체라는 허구는 무너져버린다. 그런 상태에서도 우리는 증언을 준비한다. 우리가 증언 이상을 할 수 없다면, 발생할 수 없는 것을 확증해야만 한다면, 그 이유는 경험적 근거의 확실성이 통증으로 인해 사라져 어둠속을 헤매게 되며 "마치as if"라는 말의 중재를 통해 묘사하고자 할 때 말을 더듬게 되기 때문이기도 하다. 이는 마치 내 머리가 쪼개지는 것과 같다. 혹은 멍한 정신의 위험을 배가시키면서 마치 나는 죽어간다고 느낀다. 그러나 통증은 언어가 지닌 명명의 힘을 파괴한다.[28] 공유 불가능하기에 통증은 언어를 통해 감당된다. 버지니아 울프는 한때 우리가 거대한 급류를 묘사하는 법을 알고 폭풍우를 파악할 수도 있지만 두통의 본질은 전달할 수 없다고 말했다.(말은 내가 풀어썼다.) 이는 클라이스트의 이야기에 나오는 춤추는 병약자뿐 아니라 도스토옙스키의 『지하생활자의 수기』에 나오는 욱신거리는 치통에도 해당한다. 지칭 내용을 적절히 회피하면서 통증을 제어하려고 애쓰는 언어는 표현되기 위해 사변적 문법에 의존하게 된다. 우리가 호소하고 있다고 생각했던 체험상태를 확증하기보다 통증은 은유성을 통해 빛을 발한다. 통증은—정당화될 수 없이—훼손하기 위해 존재하며, 비유적 언어를 소모적으로 건너다니고 당신의 거룩한 백치 신체를 그슬린다.

미쉬킨은 완벽히 건강을 회복했다는 증명서를 들고 역에 도착한다. 아니 거의 회복했다. 그는 의사의 감호에서 풀려났던 것이다. 이는 마치 그가 의학적 퇴원에서 최후의 졸도에 이르는 느슨한 기간 동안의 집행유예의 순간을 거슬러가려 한 것과 흡사하다. 부분적으로만 치료된(그러나 여전히 '백치'인) 것으로 제시되고, 부활하여 조롱과 조소와 사랑에 굴복한 채 공동체에 신성한 특성을 발산하는 것으로 드러나는 까닭에 그는 재생의 형상이자 죽지 않는 신이 잠정적으로 부활한 형상으로 러시아에 귀환한다. 물론 그는 신이 죽었음을, 아니 어쩌면 신이 죽을 수도 있음을 상기시켜주는 존재로 기능하지는 않지만, 살아 있는 영원한 신이 떠나버린 그 목적 분명한 공간을 차지한다. 그는 거룩한 바보스러움의 형상이자 타자에게 자신을 금지하면서도 여전히 희생 가능한 몸의 형상을 하고 있는 신적인 것의 마지막 재再현시로 도래한다.

만일 그가 매혹하는 동시에 공포를 준다면, 이는 부분적으로 미쉬킨이 대타자the Other에 결여된 그 무엇을 체현하는 방식 때문이다. 대타자에게 그 자체의 결핍을 끊임없이 되돌려줌으로써 그는 신성한 것에 대한 모종의 혐오를 반영한다. 백치의 몸은 그를 맞이하는 양가적 수용의 환경 내에서 늘 이방인의 몸으로 대두되면서 스스로를 배제하는 지점까지 공동체에 의해 포섭된다. 너무 오랫동안 떠나 있었기 때문에 미쉬킨 공작은 러시아 말을 외국인의 억양으로 말한다. 그는 토박이인 동시에 외국인으로서, 배제되기 위해 존재하는 포섭이고, 친숙하면서도 일탈적이며, 다정하면서도 요상한, 친밀한 백치성의 형상이다. 그를 옥죄는 바로 그 상처로 인해 그는 보호받는다. 보장될 수 없는 치유를 필요로 하는 이 몸은 실제로 공작이 질투어린 로고진의 손아귀에서 잔인하게 처형당하지 않게 막아준다. 어두운 계단에서 암살되려는 순간 간질 발작이 터져 나와 현장을 장악하며 살인의 의도를 대신하고 살인자를 위협해 쫓아낸다.

발작

몸은 포착하기 어려우나 피할 수 없는 것으로서 객관성의 순전한 잉여, 나아가 자신이 유인하는 바로 그 지식에 의해 도달 불가능한 무엇으로 스스로를 드러낸다. 병약하든 건강하든—이 차이는 유야무야된다—우리의 몸은 트라우마의 대역을 하거나 혹은 오히려 일련의 실패를 야기하는 트라우마의 장소로 기능한다. 우리가 신체를 위치짓는 방식은 몸이 실재의 텅 빈 공간을 점유하는 것으로 나타나는 한에서 트라우마에 관한 사유를 유발한다. 어쩌면 실패 혹은 과장, 아름다움 혹은 죽음의 경우를 제외하고 몸이 존재하지 않는 혹은 간신히 존재하는 실체로 자신을 드러내는 한, 신체는 실재와 연관을 맺는 라캉의 방식을 상기시킨다.[29] 이러한 주장들의 일부는 의식이 잉여적 강렬함의 힘에 의해 사그라질 때 간질 발작의 체험 그 자체로 증명된다.

> 그러자 갑자기 무언가가 그의 목전에서 전개되었던 듯했다. 그의 영혼이 강렬한 내면의 빛으로 흘러넘쳤던 것이다. 그 순간은 아마도 일 초의 절반가량 지속되었지만 그는 자기 가슴속에서 그 어떤 힘으로도 억제할 수 없었을 듯이 저절로 터져 나온 그 무시무시한 비명의 첫마디를 분명하고 또렷하게 기억했다. 그후에 그의 의식은 순간적으로 사그라졌고 완전한 암흑이 찾아왔다.
>
> 아주 오래전에 겪었던 간질 발작이 다시 일어난 것이었다. 잘 알다시피 간질 발작은 아주 급작스레 닥친다. 이 순간에는 갑자기 얼굴, 특히 시선이 유난히 일그러진다. 몸 전체와 모든 안면 근육이 경련을 일으킨다. 그 무엇과도 견줄 수 없는 형언할 수 없고 끔찍한, 인간적인 모든 것이 사라진 듯한 비명이 한꺼번에 가슴속에서 터져

나온다. 그래서 이 광경을 지켜보는 사람조차 그 비명이 이 사람의 것이라고 상상하고 가정한다는 것이 전혀 불가능하다. 아니 최소한 매우 힘들다. 심지어 마치 이 사람 내부에 있는 다른 누군가가 비명을 지르는 것 같은 착각에 빠지게 된다. 많은 사람이 최소한 그렇게 자신의 인상을 설명한다. 그러니까 간질 발작에 빠진 사람의 모습은 많은 사람에게 실감나고 견디기 힘든 공포감을 불러일으키는데, 그 속에는 어떤 신비한 요소가 존재한다는 것이다.(227쪽)

"미쉬킨은 기진맥진하고 의기소침하여 육체적으로 지쳐버렸다."

다른 대목들은 황홀경에 빠진 자기이탈self-departure—발작이 제공하는 비교 불가능한 쾌락으로 인해 우리는 그러한 단 한 번의 탈주체적 황홀경, 빛이 가득하고 번득이는 현기증의 순간을 위해 모든 것을 내주고 싶어한다—의 형태로 엄청난 감정자극의 상태를 묘사하는 반면, 이 에피소드는 분리의 체험, 강렬한 내적 광휘의 타오름이 의식의 소멸로 이어지는 체험을 상기시킨다. 발작으로 인해 이 대목에서 존재감을 상실한 공작은 점차 소원한 위치에 처하게 되고, 그렇게 도스토옙스키는 서술자로 하여금 그 상황을 명명하고("그것은 간질 발작이었다") 그 발현 양태를 추적하게 한다. 그러나 외부의 진단적 응시조차 언어의 한계에 봉착해 붕괴되며, 고통받는 몸이 제기하고 서사적 환원이 공유하는 "형언할 수 없는 비명"이라는 표현에 의해 뒤틀린다. 의미의 과잉에 이르러, 경련을 일으키는 몸을 지칭하는 불가능한 환유, 형언할 수 없는 비명은 "그 무엇과도 견줄 수 없"이 몸에서 터져 나온다. 비명 속에서 모든 인간적인 것은 삭제되고 주체는 "마치 이 사람 내부에 있는 다른 누군가가 비명을 지르는 것 같"이 해체된다. 발작을 당한 주체는 분열되고 찢기고 인간 고유의 속성들이 제거됨으로써 메두사의 효과를 생산하는바, 비록 그가 로고진이고 당신을 살해할 참이라 하더라도 그 타자를 공포에 떨게 만들며 겁에 질리게 한다.

좀더 프로이트적 측면에서 보면(암살 시도, 신체정신적somaticopsychic 졸도, 가장 친한 친구와의 더없는 친밀감이 동시에 나타나는 것보다 무엇이 더 프로이트적일 수 있을까?) 이 장면은 일종의 왜곡Entstellung, 혹은 핍진한 뒤틀림으로 볼 수 있으며, 심각하게 병든 주체인 백치가 발산하는 경향이 있는 가혹한 양면성을 표상한다. 이 장면은 장면 자체가 보여주는 만큼만 말하지만("간질 발작에 빠진 남자의 모습은 많은 사람에게 실감나고 견디기 힘든 공포감을 불러일으키는데") 이 장면만이 갖는 통찰을 그 일화가 지닌 좀더 물리적인 윤곽을 그리는 쪽으로 향하게 한다. 그렇지만 이 장면은 극단적 질병의 현장에 놓인 미쉬킨의 또다른 자아이자 절친한 친구에 의해 기술된 살기 가득한 분노를 무대에 올린다. 왜곡은 이야기를 일렬로 늘어놓고 압축하려는 서사적 결정으로 인해 생겨나며, 로고진이 발작 때문에 겁에 질려 의도된 살해의 실행을 단념하고 있음을 보여준다. 살해자는 공포에 붙들린다. 이 붙들림[발작]seizure은 그가 살해현장에서 도망치게 만든다. 발작이 주체를 겨냥한 폭력에 대한 반응인지 혹은 타자의 분노의 뿌리를 이루는지는 명시되어 있지 않다. 하지만 어떻게든 그 병든 몸은 사회적 분노, 즉 형제 같은 우애의 이면을 환기한다. 요컨대 병원(환대)을 대체하는 절대적 혐오를 조장한다. 하지만 실제로 소설 속 많은 인물은 당시에는 억압된 것으로 나타나거나 결국에는 자비와 사랑으로 승화되는 즉각적 폭력으로 공작의 상태에 반응한다.

이 발작 장면을 어떻게 읽을 수 있을까? 주밀한 임상적 연구 하나에 따르면 간질 발작은 부모살해 충동을 처음 마주했을 때 유아가 느끼는 공포를 되풀이하는 것으로, 즉 아이에게 엄습하는 유아살해의 공포에 대한 반응으로 묘사된다.[30] 반면에 산도르 페렌치는 간질 발작을 자궁으로 돌아가려는 소망의 실행으로 보았고, 프로이트는 자신이 간질병의 수수께끼를 고찰할 차례가 되었을 때 순전히 정신병리학적 상태를 유효하게 만들기보다 다소 놀랍게도 그가 전환 히스테리conversion hysteria로 확증한 히스테리의 양태에 가까운 것으로 보았다. 좀더 최근에 마리테레즈 쉬테르망은 『도스토옙스키와 플로베르』에서 자아를 살해된 아이로 표상하는 사도마조히즘 환각에 간질병을 위치시킨다. 그녀의 지적사항을 고려하면, 도스토옙스키가 만든 장면은 대체용법적metaleptic 발작으로 표상될 수 있는데, 왜냐하면 미쉬킨은 실제로 이전의 살인 장면을 재연하는 발작을 만들어냄으로써 태아형 자세를 통해 살인을 극복하기 때문이다. 나는 이러한 고찰들을 일종의 미리보기로 제공하는데, 왜냐하면 이 이야기에는 아직 협의되지 않은 수많은 사도마조히즘의 계약이 남아 있기 때문이다.

비록 겉으로는 공작에게 사랑으로 밀착되어 있지만 어쨌든 그의 쇠약함을 두려워하는 동시에 그에게 매혹되어 일관된 사디즘적 복수를 할 수 있는 능력을 가지고 그를 대하는 참석자들 가운데 아글라야 에판친이 차지하는 중요성은 쉽게 무시할 수 없다. 아글라야의 사디즘 레퍼토리는 공작을 놀림감 삼는 수많은 사례와 사람들에게 노출될 때 잠자코 침묵하며 한자리를 지키면서 눈에 띄지 않아야 한다는 그녀의 요구사항에서 시작된다. 게다가 그가 파티에서 값비싼 꽃병을 깨뜨리고 대화 대신 고함을 치게 되리라고 "예견하면서" 근심스레 실패를 상정하는 까닭에, 그녀는 때로 그의 우왕좌왕하는 무능력을 부추긴다. 히스테리적으로 충격받기 쉬운 미쉬킨에게 자기 예감을 공표하는 일, 즉 예언하는 일은 그의 연인이 잘 알고 있듯 그것을 실행하라고 명령하는 것이다. 모든 층위에서, 즉 환심을 사려는 간호사 레베제프에서부터 이폴리트의 경우에 이르기까지, 도스토옙스키는 어떻게 질병이 착취, 상호의존, 악의를 불러내는지, 어떻게 질병이 피를 불러오며 사회적 폭력을 조장하는지 지적한다. 불쾌하고 기이한 이 백치는 일종의 바타유적(근본 바탕에서는 틀림없이 기독교적인) 역전을 통해 사랑을…… 불러일으킨다. 모두가 백치를 사랑하는바, 그는 대체로 혐오가 지배하는 양가적 경제 내에서 하나의 보편 증상이 된다. 백치는 공포를 유발하지만 이 상황이 공동체가 그를 사랑하는 것을 막지는 않는다. 그 반대다. 이 소설에서 사랑과 혐오 사이에는 거의 식별 불가능한 구분이 존재한다. 모든 커플에 대해 우리는 각자가 서로에게 억제 불가능한 증오나 피할 수 없는 사랑에 이끌린다고, 욕망은 혐오를 연료로 하며 증오로 작동한다고 똑같이 말할 수 있다. 도스토옙스키는 양가적 강렬함에 찍은 강조점을 유지하는 방식으로 이러한 감정적 판단들이 돌이킬 수 있는 것이라고 생각한다. 증오와 사랑, 경멸과 존경 간의 결정 불가능한 경계는 모든 커플, 즉 로고진과 미쉬킨, 아글라야와 미쉬킨, 나스타샤와 미쉬킨, 레베제프와 그 자신, 장군과 그의 부인, 콜랴와 장군, 그리고 서로 가까워지는 다른 모든 쌍의 공동체를 지배한다.

로고진의 살인적 분노를 결정 불가능하게 중지/촉진시키는 미쉬킨의 발작 장면으로 잠시 돌아가보자. 위기와 그 위기의 유령 같은 중단은 '기이함'의 서사적 특성을 얻게 된 소설 내에서 하나의 이중역할을 수행한다. 발작을 일으킨 몸에 동반되는 공포, 어딘지 알 수 없는 다른 곳에서 나오는 포기의 비명은 그 장면을 로고진의 집에 있는 홀바인의 〈십자가에서 떼어낸 예수〉 앞에 재기입한다. [도스토옙스키의 아내] 안나는 일기에서 그녀 남편이 바젤에 있는 홀바인의 작품을 처음 보았을 때 그의 정신상태 및 그가 발작을 일으켰을 때의 표정 변화를 묘사하는 데 동일한 표현을 사용했다. 그녀는 "공포어린 표정"을 묘사한다.[31] 그녀가 보기에 공포의 집중은 섬뜩함을 야기하면서 어떻게든 서로를 비추는 이러한 사건들에 의해 만들어지는데, 이는 공포를 묵시론적으로 압박하는 불안을 야기한다. 간질병이 특정한 표상 및 반복되는 기억에 의해 들쑤셔지고 시달림을 당한다는 것은 잘 알려져 있다. 간질병자는 이러한 도화선들을 피해야만 한다. 일종의 저돌적 마조히즘은 도스토옙스키를 부추겨 저주받은 표상의 장면들이나 분위기로 돌아가게 만든다. 의사들에 의해 발작 장면을 떠올리는 일을 금지당한 도스토옙스키는 그 장면들을 파고들어서 발작의 순간을 반복하고 재작동한다. 간질병자에게 금지된 경험을 부분적으로 상기하는 일 그 자체는 깜박이는 불빛이나 강렬한 이미지가 그러하듯 또다른 발작을 불러일으킬 위험 요소가 된다. 그래서 도스토옙스키가 망각하기를 거부하고 대신 공포와 아우라를 부활시키면서 미쉬킨의 공황상태를 묘사할 때, 즉 죽은 예수를 떠올리고 그 장면을 찾기 위해 심연에까지 이를 때, 그는 적어도 세 가지 도화선에 불을 붙이는 셈이다. 살인, 예수의 사랑, 자신의 절단된 신체 앞에서의 공포. 요컨대 입증되지 않는 고통에 관한 이 일반적 용어들은 미쉬킨에게 전달되는바, 거기서 그가 "상처를 입은 것인지 혹은 어떤 범죄가 저질러졌는지"(227쪽)는 더이상 알려지지 않는다.

다른 누군가로부터 오는 듯한 절규를 집요하게 상기시키면서 소설은 마치 모든 신체 언어가 필연적으로 관련되게 마련인 이중구속을 강조하려는 듯 두 개의 몸을 지속적으로 제공한다. 파우스트는 두 개의 영혼이 자신의 신체에 기거한다고 보고했던 반면, 『백치』는 우리에게 두 개의 몸, 즉 부분적으로 환각에 빠지고 내면화된 채 해결되지 않은 고질병이 펼쳐지는 정해진 드라마에서 자기복제하는 몸에 관해 말한다. 파우스트는 메피스토펠레스가 처방해준 약물, 마녀의 약을 통해 아픈 몸을 제거했다. 신체 유형을 바꾼 뒤에야 비로소 파우스트는 전통적 지식문화의 경계를 넘고 인간 지능지수의 한계를 초월해 나아가기 시작했다. 최종적으로는 세속적이고 평범하지만, 그 자체로는 이중 장면들과 자기이탈적 균열들을 생산할 수 있음이 입증된 신체성corporeality의 체험에 제약된 미쉬킨은 육체에 결박된 채 파멸한다. 어떤 의미에서는 복제하는 신체만이 있을 뿐이니, 마치 우리에게 가장 우리다운 몸으로 주어진 것의 트라우마적 특이성을 통합하는 데 실패했음을 나타내듯이 이 두 몸은 서로를 되비춘다. 따라서 두 개의 병든 몸, 미쉬킨과 이폴리트의 몸이 존재한다. 미쉬킨은 두 여성, 나스타샤와 아글라야 사이에서 분열하고, 피로 맺은 친구지간인 로고진과 미쉬킨 사이에는 확연한 균열이 존재한다. 신의 이중적 몸에서 기원했던 복제물들의 창궐은 이렇게 지속되는바, 마치 소설의 결말에서 압축되듯 미쉬킨과 그의 부정적 거울인 로고진이 목격하는 단 하나의 시체[나스타샤]가 남을 때까지 초월성을 상실하는 듯이 나타난다. 소설의 결말에 이르면 정신은 현장을 떠나고, 버려진 몸, 다시 말해 수치스러운 시체를 남겨둔다. 방부제 냄새로 전락해버린 이 몸은 아메리카America라 불리는 치료된 흔적으로 덮인다. "'냄새나지 않나요?'…… '저 여자를 아메리카산 방수포, 질 좋은 아메리카산 방수포로 싸고 그 위에 시트를 한 장 덮었어. 그리고 거기에 즈다노프 살균제 네 병을 뚜껑 열어 같이 놓았지. 지금 저기 있을 거야.'"(591쪽)

저 웅장한 『광기의 역사』는 두 개의 고유명사로 시작한다. 미셸 푸코는 이 방대한 저작 서문의 첫 문장에서 파스칼과 도스토옙스키를 소환한다. "파스칼: '인간은 필연적으로 미쳤다. 미치지 않는 것은 또다른 형태의 광기에 해당한다.' 그리고 『작가의 일기』에서 도스토옙스키: '자기 이웃을 가둔다고 해서 자기 자신의 정신을 온전하다고 확신하지는 못한다.'"[32] 두 인물은 푸코에게 가장 관심거리인 두 개의 기밀 문건의 필연성을 증언하기 위해 소환된다. 하지만 푸코의 심문은 이 저명한 증인들의 텍스트와 증언에서 발생한다고 말할 수 없는 일종의 해방—죄수의 석방, 해석적 에너지의 분출, 침묵과 힘의 해방—을 촉진한다. 철학과 문학 영역의 대변자들인 그들은 대략적으로 말해 한편으로는 신체공포증somatophobia의 장소에서, 그리고 다른 한편으로는 신체 친연적 글쓰기를 통해 푸코의 대의를 옹호한다.[33] 그들은 담론의 공간을 해방시키기 위해 고요한 지하납골당이나 봉인된 서류묶음을 공개할 수는 없다고 느낀다. 적어도 러시아 작가의 경우에는 음울보다 빛을, 어두운 수단의 타락보다 제도적 목표의 투명성을 덜 마주하는 것이 분명하다. 이성의 시대에 미친 사람들에게 낙착되는 운명과 달리, 백치성의 봉쇄는 아직 거의 존재하지 않는다. 물론 도스토옙스키 소설의 종말에서 미쉬킨을 통제하는 문제가 실제로 제기되기는 하지만 말이다.[34]

푸코가 탐구의 서두 문장을 파스칼과 도스토옙스키라는 이중의 격발로 시작한 데에는 충분한 이유가 있었다. 이들은 공교롭게도 두 명의 위대한 간질병자로서, 이들의 초점은 광기에 관한 시중의 규약들로 향했던 것이다. 구금과 소음 제거의 역사라는 측면에서 푸코가 추적하는 것과 대조되는 도스토옙스키의 소설들은 소음 가득한 오염된 영역에 자리해 있다. 광기를 통제하기 위해 차가운 이성이 감옥과 정신병원이라는 두 개의 탑을 설치해 비이성을 차단하고 광인 '담론'의 혼란스러운 발화를 침묵시킨 이래 쭉 지속되어온 것과 같은 형태로 어리석음을 구금하거나 입증된 감지체계를 도입하는 그 어떤 일도 그 소설들에서는 가능하지 않다. 그렇긴 하지만 광기, 우둔함, 어리석음을 포함하는 개념들(잠정적 유치장으로서의 개념은 임시변통의 격자판 그 이상을 제공하지는 못한다) 사이에는 수많은 어긋남이 존재한다. 도스토옙스키에게 이 허점 많은 개념들은 미끄러져서 서로 상대방 개념이 되는데, 물론 이들 간의 구분은 국지적으로만 유지된다. 결국 광적인 마비 상태로 떨어질 운명에 처한 『백치』의 주인공—그는 마지막에 살인자 로고진을 위무하는 모습을 보인다[35]—은 한편으로는 특출난 분별력과 연관되거나 때로는 그 분별력과 다른 측면으로 보이는 엄청난 어리석음과 관련되었다. 그는 난해한 지식과 끝 모를 말더듬 사이에서 줄을 타며 광기의 투명함(이것이 이렇게 봉쇄될 수 있다면)과 어김없이 찾아오는 멍청함의 위험들 사이에서 균형을 취하기 위해 애쓴다. 위험을 무릅쓰는 경우 그는 종종 우스꽝스러운 인물이 된다.("난 완전히, 완전히 정신이 나가서 우스갯거리가 되죠." 120쪽) 마침내 진단적 응시에 굴복한 그는 예전의 그가 된다. "그러나 공작은 이제까지 그가 받았던 질문들을 아무것도 이해할 수 없었고 그를 둘러싼 사람들도 알아듣지 못했다. 만일 슈나이더 교수가 스위스에서 건너와 자신의 전 제자이자 환자인 미쉬킨을 본다면, 스위스에 치료차 머물던 첫해 그가 처했던 상황을 기억하고 절망 속에 손을 내저으면서 그때 그렇게 했듯 '백치 같은 놈!'이라고 말했을 것이다."(594쪽) 그러나 이번 경우엔 회복이라는 허구가 존재하지 않을 것인데, 왜냐하면 "슈나이더 교수는 매번 더 불길하게 얼굴을 찌푸리며 머리를 설레설레 저었고, 지능이 영원히 망가졌다는 암시를 주며 치료가 불가능하다고 확실하게 말하지는 않지만 가장 비관적 전망을 암시하는 말들을 사용하기"(596쪽) 때문이다. 친구들, 의혹자들, 심지어 낙오자들까지 포함하는 전체 공동체가 마치 감염된 것처럼 영향을 받는다. 공작과 연계된 모든 사람은 아프거나 떨어져 무너진다.(예컨대, "베라 레베제프는 너무나 괴로웠던 나머지 몸져눕게 되었다." 596쪽) 미쉬킨은 애초의 유령 같은 모습으로 돌아와서 자기가 기입되는 장소들을 배회한다.

이야기는 주지하다시피 희한하게 끝이 난다. 이야기가 묘사해온 신성포기적 곤경을 지정학적 환상으로 도해한다. 마지막 장면은 단 한 번의 저주로 땅덩어리를 갈라놓을 수 있는 명령을 내놓는 모성적 상상계의 목소리로부터 나온다. 미쉬킨의 친구이자 대모인 리자베타 프로코페브나는 "미쉬킨이 고통스럽고 비참한 상태에 처한 것을 보자 가슴이 아파 울었다."(596~597쪽) 그의 운명에 복수라도 하듯 그녀는 "유럽에 있는 모든 것에 대해 신경질을 부리며 일방적으로 헐뜯기"(597쪽) 시작한다. 그녀는 이 안쓰러운 친구 미쉬킨을 두고 러시아인다운 울음을 울었고 (마치 그런 식의 연계를 우연적이라고 간주할 수 있다는 듯이) 이렇게 덧붙인다. "'이 모든 것, 외국에서의 이 모든 생활, 당신이 생각하는 이 유럽은 모두 다 환상이고, 외국에 나온 우리 모두도 환상일 뿐이에요. ……내 말 명심해요. 당신이 직접 알게 될 테니까요'라고 말하며 예브게니 파블로비치와 헤어지면서 그녀는 거의 분통이 터질 듯한 소리로 외쳤다."(597쪽) 이것들이 소설의 마지막 말들인데, 리자베타는 여기에 조응해서 "내 말 명심해요"라는 훈계와 함께 "헤어지면서 그녀는 거의 분통이 터질 듯한 소리로 외쳤"다고 끝맺음함으로써 텍스트상의 종결 충동을 배가시키는 방법을 통해 마무리한다. 여기서 리자베타의 압축된 언어에서 선명히 드러나는 전체 소설의 감정전환 말고 우리가 명심할 것이 무엇이겠는가? 하나의 층위에서는 우리가 단지 환상, 어쩌면 꿈, 혹은 "백치가 들려주는 이야기"와 짝을 이루는 백치의 기억의 흔적에 불과함을 기억하라는 말을 듣는다. 그러나 다른 층위에서는 우리가 그 일부를 이루는 이 환상이 부차적인 것으로 치부되고 규정되어 있다. 소설이 마치 마지막 발작에 처한 듯 지칭하는 환상은 다름 아니라 "유럽"에 양도된다.

이런 식의 특이한 결말이 뜬금없다고 말할 수도 있겠다. 유럽의 분출은 소설에서 뜬금없이 등장하는바, 유럽을 단죄하거나 환상의 근원으로 회귀하는 일을 촉진하는 역할을 하는 "거의 분통이 터질 듯"이 외쳤다는 말로 끝나는 결말을 통해 소설을 마무리해야 할 근거는 아무것도 없다. 리자베타의 맹세와 조응하여 과연 우리는 이런 주장의 진실을 알게 될 것인가? 유럽은 소설적 고안장치로서 허구조차 넘어서는 환상인가? 아니면 유럽이라는 허구는 허구로서의 소설의 기원에 대해 우리가 누려왔었던 환상을 해체하는가? 소설의 말미에서 유럽을 거론하는 일, 즉 알레고리적으로—"헤어지면서 그녀는 거의 분통이 터질 듯한 소리로 외쳤다"—결론을 내리는 일은 진리든 환상이든 우리가 그 대립의 본성과 관련해 취했다고 생각했던 모든 가치를 변형시킨다. 차이의 인식과 연관된 확실성은 유럽이 약속된 환상의 장소로 바뀔 때 무너진다. 『백치』가 환상을 구성한다기보다 지금 그 소설에 의해 그 내부에 봉쇄된 유럽이, 즉 리자베타가 러시아 사람다운 절규를 표한 그 봉쇄된 유럽이, 사람들로 하여금 환상을 읽을

"이 때문에 그가 조금이라도 모욕감을 느낀 것은 아니었다. 그의 생각에는 충분히 그럼직했다."

수 있게 만드는 그 잉여를 표상한다. 유럽을 환상의 미래 혹은 환상의 기억이라고 명명함으로써 소설은 유럽의 물질적 경계들을 설정하며, 여기서 무엇이 외연을 이루고 무엇이 다른 곳에서 서사적 조작의 내적 영역에 속하는지 심문한다. 참조대상—한 소설의 환상에 붙는 이름으로 등장하는 유럽의 위상은 무엇인가?—의 가치에 의문을 던짐으로써 소설은 또한 특유의 결론을 도출한다. 결말을 이루는 듯 나타나고 "거의" 분노에 들끓어 결론내리려는 의향을 드러내는 순간, 소설은 참조대상—"이 유럽"—을 뒤집고 대신 소설 특유의 과잉, 즉 기억, 미래, 그리고 유럽이 결합된 그 무엇을 지칭한다. 그러나 만일 유럽이 그저 환상("환상일 뿐")에 불과했음이 입증된다면 아무런 미래도 없을 것이다. "알게 될 테니까"라는 발언은 단지 우리가 보여질 수 없는 그 무엇을 보게 될 것임을 말할 따름이다. 만일 소설이 끝난다면(곧 알게 될 것이다), 그 끝은 허무주의적 투사와 신성한 긍정의 결정 불가능한 한계에서 마무리되고, 소설이 감금하거나 폐쇄하길 거부하는 실제의 혹은 상상된 몸에 대한 분노에 찬 머뭇거림 속에 마감된다.

그런 식으로 끝내는 것이 성에 안 찼던 소설은 그 불행한 결말을 "유럽"이라고 이름짓는다. 어떤 식으로든 백치 몸의 재가 이 유럽에 흩뿌려지는데, 유럽은 거의 분노로 들끓으며 환상의 자리로 물러난다. 하지만 유럽은 특정한 형태의 과학적 지식의 근거지, 즉 임상적 응시를 발생시킨 공간으로 확인된다. 공작은 소설의 첫머리에서는 유럽에서 왔고 결말에 이르러 유럽으로, 스위스 병원과 슈나이더 박사의 병동으로 귀환한다. 이 두 출발의 순간 사이에 벌어진 모든 일은 대체로 공작이 자유롭게 활동하며 자신의 상처들을 드러내도록 허락받았을 때 그 고뇌에 찬 넉넉함이 있었던 러시아 지역에서 발생한다.

유럽에서, 아니 스위스의 병원에서 왔고, 어떤 의미에서는 자진서약하고 퇴원했던, 그전엔 매장된 존재였던 공작은 소설 장면에 하나의 아웃사이더처럼 소개된다. 감금되거나 완전히 배제되지도 않은 그는 일종의 실존적 휴가를 얻은 셈이다. 사회적 질서와 관련해 그가 형상화하는 외재성 덕택에 그는 소설에 무질서와 교란을 들여온다. 사회적 환경을 구성하지만 평상시에는 감춰져 있는 무질서와 교란을 그가 드러낸다고 말하는 것이 분명 더 정확하겠다. 이러한 외재성의 자리를 유지하는 한, 아무리 가까이 다가간다고 해도, 즉 소설 속의 더 거대한 소속관계에 근접하고 익숙해진다 해도, 그는 타자의 절대적 궁핍을 의미하는 경향이 있다. 그는 낯선 인물이 갖는 말살할 수 없는 호소력을 지니며, 횔덜린이 "거룩한 이방인"[36]이라 불렀던 것의 망각된 아우라를 환기시킨다.

하지만 미쉬킨의 위상이 단지 이방인으로만 묘사될 수는 없다. 그의 러시아 귀환은 마치 유령의 귀환과 같다. 단죄행위와 결부된 무언의 능변에 수반되는 어떤 것을 상기시키면서 그는 하나의 소환된 유령으로서 늘 임박해 있는 위협을 형상화한다. 그의 존재 그 자체, 그의 주장과 귀환에는 비난 투의 정조가 서려 있다. 이것이 만일 단순한 귀환 여행이 아니라면 그는 방문길에 나선 한 명의 특사, 당연히 한정된 기간에 한정된 임무를 띠고 도착하는 것이다. 나아가 귀향과 귀환이라는 유령 같은 오디세우스적 구조를 촉발하는 그의 출현은 선물에 담긴 그 모든 양면성과 함께 주어진다. 그는 신성한 것과 독이 든 것을 동시에 제시하고 반영하며, 유럽이라는 이름으로 구성된 땅덩어리조차 함께 끌고 들어가는 희생제물의 봉헌을 나타낸다. 본질상 그는 끊임없는 출현과 실종, 의무를 짊어짐과 의무 없음이라는 독특한 자질을 체현한다. 다른 사람들은 그를 어떻게 대해야 할지 알지 못하지만 그들은 마치 부채를 탕감해주듯 그들 받아들인다. 실제로 전체 소설은 증여giving를 용서forgiving에 연결시키는 연계, 즉 순환 경제를 교란하는 선물의 양상을 작동시키는 것처럼 보인다.

공작이 안면을 트게 되는 모든 인물은 어떻게든 모종의 모호하지만 실질적인 의무감에 사로잡혀 그와 관계한다. 이방인으로서 의무적 환대를 받지만 근본적으로 거지와 다름없는 그는 물질적 제약들을 조용히 초월한다. 그는 아기 예수의 발현으로 기능하는 동시에 거룩한 자를 알아보고는 도착하자마자 선물을 증여하는 세 명의 인물 중 하나로 기능한다. 그는 아무것도 갖고 있지 않지만 증여의 주권을 수립한다. 소설의 가장 미묘한 장면들은 이 질문을 중심으로 배치된다. 어떻게 백치가 증여하는 어떤 것도 과잉이 되지 않는가?

선물—선물이 선물이 되고 어쨌든 선물로 '존재'할 수 있는 한—은 그 자체로 현전될 수 없거나 현전하려는 그 자체의 의도와 일치할 수 없는 반면, 백치성이라는 언어적 사실은 무언가 시원적인 것, 처녀의 혹은 순수한 그 무엇이 발생할 수 있게 해준다.[37] 선물의 나타남, 다시 말해 선물의 사라짐을 관장함으로써 백치는 그가 표방하는 것, 즉 사랑, 우애, 현존의 파괴를 예고한다. 파괴는 관대한 충동을 거스르는 것이 아니라 증여의 범위에 내재하고 그 범위를 확장하는 힘이다. 소설의 인물들이 호소하는 주요 불만 가운데 하나는 공작이 아무 생각 없이 벌이는 무제한의 증여와 용서의 행위에 관련된다. 마치 그는 끊임없이 슬레이트를 깨끗이 닦는 격이다. 그 나름의 서사의 경제를 지키기 위해 열심히 분투하는 이 소설은 아주 순수한 마음에서 증여와 용서를 멈출 수 없는 공작이 형상화하는 그 통제받지 않은 지출에 대항할 대응지침을 전달한다. 고약한 모욕을 한 다음 한 목격자는 박해자들로부터 그를 보호하기 위해 애쓰는 짓을 그만둔다. "마치 이 백치가 내일 그들을 찾아가 다시 우정과 돈을 제의할 것이라는 사실을 그가 몰랐다는 듯이 말이다."(275쪽) 극단적 증여 충동은 소설의 사회적 명부 내에서 유해물질의 유출과 비슷한 그 무엇으로 기능하면서 모든 인물을 오염시키고 경제를 파탄에 이르게 한다. 원인불명의 관대함은 피할 도리 없는 규칙이 된다. 사회적 선물교환이 축소된 한 장면에서 엄청난 돈뭉치가 나스타샤 필리포브나에 의해 벽난로에 뿌려지고, 그녀는 그것을 로고진으로 하여금 회수하도록 만든다. 그녀가 관장하는 이 테스트를 통해 그의 성품은 점수를 따거나scored 아니면 불에 그슬리게scorched 된다. 전설적 탐욕에도 불구하고 로고진은 미쉬킨과 자리에 참석한 무리가 보는 앞에서 상징적 파괴에 개입하지 않는다. 매번 거듭될 때마다 선물의 폭력은 놀라움을 주며 우리를 무방비 상태로, 취약하고 노출된 채로 놔둔다.

공작에 대항하는 이 지침은 그의 과잉된 증여-용서 본성과 관련한 서사적 언급들로 마감되지 않고, 과도하게 표하는 그의 감사 행위와 연관된 것으로 서술된다. 소설은 감사의 해체적 이점이라고 부를 만한 그 무엇에 관해 성찰하며, 공작을 감사에 함축된 경제들과 모순적 요구라는 측면에서 읽어낸다. 계속 점증하는 그의 감사한 마음은 해체적 뒤틀림을 제공하며 사교성의 리듬을 마비시킨다. 이는 마치 배은망덕한 사람이 사회적이고 지적인 유동성의 핵심인물인 것과 같다. 감사의 경제는 만일 회계감사를 받는다면 불가피하게 위험한 과잉투자, 즉 백치성과 진배없는 무절제에서 파생되는 것으로 입증된 인플레이션 경제로 여겨질 것이다. 요컨대 백치성은 제대로 가치평가할 수 없다. "누군가 당신에게 반 페니를 주면, 당신은 그가 삶을 구원해주기라도 한 것처럼 고마워한다. 당신은 그것이 칭찬받을 만한 일이라고 생각하겠지만 사실은 혐오스럽다."(534쪽) 모든 적절한 할당의 가치를 붕괴시키는 등급 시스템을 고안한 것으로 비난받는 공작은 또한 그 과정에서 마치 자아의 평가절하가 "칭찬받을 만하다"는 듯이 스스로에게 너무나 높은 등급을 부여했다는 이유로 욕을 얻어먹는다. 과잉되고 폭등하는 그의 환산율은 그저 반 페니가 주어졌을 뿐이지만, 실질적 저축—삶의 구원—을 이룩한 것처럼 나타나는 일에 엄청난 고마움을 느끼게 만든다. 그런데 인플레이션을 지향하는 이 경향은 왜 혐오를 불러일으키는 것일까?

어떤 의미에서 보잘것없는 기부(이는 단일 환산율로 보면 선물의 축에도 끼지 못하지만 선물은 정해진 환산율이 없으며 또 환산 불가능해야만 한다)를 과대평가하는 일은 품성의 고귀함을 반영하지 않는다. 이 선물은 어떤 식으로든 수혜자의 등급을 높이는데 실패하는 대신 다소 역설적으로 그를 탐욕적이고 심지어 궁핍한 인물로 노출한다. 반 페니의 증여를 과대평가함으로써 공작은 스스로를 거지로 전락시킨다. 거지로서 그는 '왕자와 거지' 같은 유형의 이상적이고 안정된 교환체계에 진입하지 못하는 대신 집요한 요구, 즉 그를 초과하여 실제로 다른 곳에서 유래하는 것으로 나타나는 요구를 체현한 인물이 되고 또 그런 역할을 떠맡는다. 이런 식으로 감사의 증여자는 일종의 오만불손한 궁핍의 제물이 되어 그가 증여한 것으로 확인된 것들을 빼앗아간다. "나는 아무것도 아니에요"라는 말에 담긴 적대감은 과대평가될 수 없다. 이런 결론은 도착적 논리(우리는 도스토옙스키를 추종한다)를 따르는 것처럼 보이겠지만, 이는 다른 맥락에서 감사를 공격성의 일종으로서 최종적으로 억압된 복수와 연결할 때 니체가 다다른 결론이기도 하다.[38]

감사하는 마음이라는 불가능한 잣대에 이르러 텍스트는 아포리아와 마주했다. 아무리 사소한 것이라 해도 증여를 거부하는 일은 선하지 못한 행위에 해당한다.(종교 우화, 동화, 민담은 무에서 엄청난 왕국으로 변화되는 이야기로 이루어진다.) 그러나 증여에 너무 많은 주의를 기울이는 일은 증여의 가치를 동결시키는바, 이는 측정 가능한 잣대를 혼란에 빠뜨리게 된다. 부족한 기부를 상찬하는 바로 그 일을 통해 공작은 기부의 가치를 과대평가한다. 공작의 친구는 그가 "별 말씀을요"라는 취지로 기부행위에 대해 망각했어야만 했다고 비난한다. 증여를 함축적 가치평가에 복속시킬 때 그는 무엇보다도 계산을 시작함으로써 마치 그 계산이 활용가능하고 믿을 만한 그 무엇이라도 되는 양 잘못된 행동을 취한다. 가치가 부여되는 바로 그 경우에 기부는 계산 불가능한 몫을 차지한다. 백치에게 어떻든 일단 계산한다는 행위는 자기가 지고 있는 감당 불가능한 부채를 파악하는 일이다. 그는 장부에 기재될 수 없다. 마침내 그는 다른 모든 사람의 부채를 용서하고 자신의 삶으로 갚고 싶다고 생각한다. 이것은 우리 서구인에게는 낯익은 이야기로서, 예수가 무한한 채권자가 되었던 그 전략들을 평가하면서 니체가 어디선가 재서술했던 바이기도 하다. "당신은 그것이 칭찬받을 만한 일이라고 생각하겠지만 사실은 혐오스럽다"라고 아글라야는 말한다. 그는 증여를 통해 취하지만(복수하지만), 그가 부응하는 증여의 두 가지 양태 혹은 양상 사이에서 최종적으로 결정하는 일은 없을지도 모른다. 어떻게 잘라버리더라도 증여는 과도한 것으로 남으며, 현기증 나는 알레고리의 위상만 되찾는다. 반 페니 주기(받기)는 삶을 주기(받기)와 동일해진다. 국지적 가치를 지워버림으로써 그것은 주기(받기) 그 자체, 즉 존재의 증여가 되는데, 이는 어떤 경우든 주어진 계산의 결과로 환원될 수 없다. 공작은 알레고리적 평가의 급강하에 휘말린 셈이지만, 그의 백치성의 공인된 특징들 가운데 하나는 수사적 작전을 수행할 수 없다는 점이다. "백치에게 그런 식으로 글을 쓰는 건 소용없어요. 곧이곧대로 받아들일 테니까요."(312쪽) 사실 그는 알레고리적이지 않은 최종 결과—이런 것을 생각할 수 있다면—때문에 괴롭힘을 당한다. 그는 사물을 곧이곧대로 받고(주고) 싶어한다. 그를 억제해 가둘 비유의 병마개가 없기에 백치는 진술의 진리에 포위되어 불가능한 축자성이라는 치명적 경험으로 향해 간다.

수사적 진단은 경제적 화폐로 다시 전환되어 위조 및 다른 기만의 형상을 대하는 미쉬킨의 무능력을 표시한다. "이 모든 사교 모임을 미쉬킨은 진짜 동전으로, 합금되지 않은 순금으로 여겼다."(521쪽) 비록 계산의 기반은 와해되지만 미쉬킨의 감정평가는 계속 문제적이다. 경제는 그 고유한 시스템의 안전성으로 환원될 수 없고 반드시 알레고리에 의해 합금되기 때문이다. 경제는 항상 자신의 숫자들을 초과하고 투기를 행하며 수사적 계정의 끊임없는 이체를 촉진한다. 이를 지금 인용하는 문구에 더 밀착되는 용어로 풀어보면, 순금은 합금의 개념 없이는 사유 불가능하다. 이는 위조된 표면 없이는 진짜 동전을 측정 불가능한 것과 같다. 이는 마치 미쉬킨이 보들레르의 「위조 화폐Fausse Monnaie」에 나오는 거지와 동맹을 맺거나 적어도 가설들, 곧 그 산문시의 화자가 위조 동전에 관해 묻거나 질문받지 않을 그 거지와 관련해서 던지는 가설들 가운데 하나와 연합한 격이다. 그러나 데리다가 지적했듯이, 위조의 문제가 존재하지 않는다면 진리 혹은 기만의 문제가 제기되기나 할까?[39] 다시 말해 가짜 동전이 없다면 진짜 동전이 과연 있겠으며 가짜를 진짜로 생각할 위험이 있겠는가? 사회를 진짜 동전으로 간주했던 딜레마에 직면한 미쉬킨은 순수함에도 불구하고 여전히 투기자이다. 그가 사회를 진짜 동전으로 간주한다면 그는 어떤 식으로든 기만의 원리를 이해하는 셈이다. 그러나 그가 기만을 느낄 감수성이 없다면 진실됨은 그에게 별다른 가치가 없다. 그는 진리를 추적하거나 진리에 도달해야 할 필요가 없다. 이것은 그가 떠날 필요가 없는 여행이다. 진리의 부재를 계산해야 할 필요도 없으며 오류나 기만의 여지를 남겨둘 필요도 없다. 그는 계산을 폐기하는 방식으로 맹목적 투기로부터, 여기서는 서술자가 위조의 본성을 지녔을 개연성이 있다고 평가하는 한 사회에 선의의 해석을 증여함으로써, 이득을 얻는다. 평가를 위한 기준이나 파악력도 없이 과대평가하는 경향이 있는 공작은 의미하거

> "관용적이고,
> 믿음이 가는,
> 고귀한 단순함"

나 계산하는 언어의 위력을 측정할 수 있는 어떤 신뢰할 만한 근거로도 복귀할 수 없다. 실제로 그는 평가하는 동안 평가 불가능한 것, 순수한 것, 즉 일종의 수학적 숭고의 윤리지수에 도달한다. 그러한 엄청난 측정의 대가는 그와 마찬가지로 현기증 나는 것으로 드러나며 항시 발작이나 광기로 전락할 위협에 직면한다. 텍스트는 여러 번의 교차점에서 그가 언어든 돈이든 주어진 것을 순금으로 취한다면 이는 백치가 시험을 치르지 않기 때문임을 보여준다. 시험 대신 그는 액면가의 정치학을 실천한다.

행간을 읽지 않으려는 혹은 진짜 가치를 판명하기 위한 현장 테스트를 치르지 않으려는 거부태도(무능력)를 단호하게 고수하면서 백치는 사회적 수치심도 거의 없고, 분노의 체험도 없으며, 어디에서도 존엄의 개념이나 그 실행에 특별한 관심을 보여주지 않는다. 그는 수모를 공감어린 미소로 감내하며 거의 언제나 박해자의 편을 든다. 그는 과도한 친절과 모욕적 공격을 받은 다음에도 박해자에게 "미안하네"라거나 "당신이 옳아"(259, 262, 264쪽)라고 말하는 경향으로 인해 그를 훈계하려는 사람들에게 트집잡힌다. 비난의 목록은 소설이 전개되는 과정에서 특별한 관문에 게시된다. 그는 자존심이 없으며 나아가 너무 잘 믿고, 병적으로 민감하며, 순진하고, 마음을 진정하길 원하며, 친교를 갈망하고 돈을 나눠주며 사랑을 표현하거나, 아니 차라리 사랑을 돌려준다.(이것이 왜 그가 자기에게 관심을 표명한 두 여성에게 어떤 식으로든 결속되는지 설명해준다.) 이러한 자아의 지출은 소박한 세련됨의 풍모를 띤다. 공작은 상냥함과 공손함으로 정평이 나 있다. 사건의 모순을 추적하는 훈련을 받은 서사적 감수성은 근사한 공손함과 사교적 무방비 상태의 공존을 회의적으로 바라본다. 마치 좀더 근원적 일관성에 접근하듯이 공작은 움츠러들지 않고 몸을 낮추며, 자아의 우선성을 교란하는 긴급사태

"화낼 줄도 아나봐!"
"미안하네!"

에 의거해 단념하거나 몸을 조아린다. 공손함의 남발은 그가 타자 앞에서 체현하는 궁핍감을 불러일으키면서, 백치가 패배한 채 몸을 낮추면서 수행하는, 타자를 향한 저지 불가능한 전환 혹은 귀환을 부추긴다.

비난을 받거나 조롱을 당할 때 그는 "그 사람들과 함께 웃었다. 내가 그 입장이라도 그렇게 했을 거야"라고 말한다.(53쪽) 바로 그렇다. 그의 대화상대자들을 박탈할 의도나 수단도 없이 그는 항상 예외 없이 그들의 입장에 선다.

희한하지만 일관된 방식으로 백치는 이를테면 그가 자신을 타자의 위치에 엄격하게 놓는 한에서 칸트적 윤리성의 모범 사례를 예시한다. 온갖 역경에도 불구하고 미쉬킨은 멍한 마비상태에 이르는 핵심 대목에서조차 깨뜨릴 수 없는 책임감의 보증자로 간직된다. 살인자를 위무하려고 애쓰듯 쓰다듬으면서 미쉬킨은 타자에게 책임을 진다는 것, 즉 "행하지" 않고도 심지어 무의식적으로도 타자에 헌신한다는 것이 무엇을 뜻하는지 보여준다. 그것은 행위 없는 행동이며 윤리적으로 고수된 수동성이다. 그는 타인의 고통에 스며든다. 자신을 타인의 입장에 놓는 일은 당연히 현대 주체에게는 정체성의 단절, 자기이탈, 혹은 의미심장한 교란을 의미한다. 그러나 타인 앞에서 일관되게 자신을 낮추는 백치의 태도는 무언가 다른 것을 가리킨다. 그의 위치는 애초부터 언제든 이동될 수 있는 것으로 정해져 있었다. 그야말로 임의적 만남이 주는 확실한 우연성의 표식이 찍혀 있었다. 그 위치에 부여되는 임무는 매 순간 필요에 따라 바뀐다. 그러나 아무리 임의적으로 부여되더라도 각 만남은 중첩결정되어 있고 치명적이다. 제 움직임이 의미나 역할로 가득찬 경우 그는 자기를 집요하게 부적응의 위치에, 즉 자기만의 자리가 없는 상태에 놓으며, 항상 타인을 대접하는 주인인 동시에 희

"이런, 그녀는
당신을
괴짜에다가
백치라고
불렀어요."

한하게도 유순한 손님의 풍모를 간직한다. 그는 모든 기성의 무리를 파괴한다. 그가 참석하면 산만해지고 화들짝 놀란다. 매 상황에서 그는 무언가 전혀 다른 어떤 것이 트라우마적이지만 정겹게 출현하는 일을 상기시킨다. 그의 도착은 중차대한 단절을 뜻하며, 모든 정체성을 허물어서 수수께끼 같은 그의 존재 주위에 일시적으로 재구성될 수 있게 만든다.

타자의 입장에 자신을 놓는 능력이 있다고 해서 폭력을 배제하는 것은 아니다. 물론 이는 능력이나 적성의 문제는 아니다. 타자의 자리에도 위반이 존재하는 것이다. 일면 신성한 침입일지언정 이는 애초부터 침범의 문제였다. 또다른 형태의 메시아인 미쉬킨은, 뜻밖에 안식처를 제공받는 인물의 방문을 수행한다. 그는 초대받지 않은 방문의 형태, 즉 환영을 받거나 받지 못하는(혹은 둘 다이기도 한데, 이는 항상 확증될 수는 없다) 유령의 출현으로 나아간다. 백치는 도착해 짐짓 자신의 존재를 드러내면서, 집으로 향하는 인물들에게 이런 돌연한 방문 덕분에 그들의 운명에 선물이 주어질 가능성이 있음을 깨닫게 만드는 일종의 폭력을 행사한다.

도스토옙스키가 공작을 거룩한 근대의 주체로 묘사하는 데 얼마간 어려움을 겪는다면, 신성함의 귀환을 알리는 것은 방문의 구조 그 자체다. 정해진 맥락이나 의미도 없고, 그를 발견한 사람들의 눈에 띄지도 못하지만 어떻게든 그들에게 밀착되어 공작은 예측 불가능성의 요소를 펼쳐놓는데, 이는 우리가 타자를 무조건적 방식으로, 아무런 보답도 바라지 않고 환영해야만 한다는 사실을 말해준다. 국외자이자 누추한 그는 신의 가면은 아니지만 신의 특사로 도래한다. 가난한 자, 비천한 자, 국외자, 가장 비참한 국외자의 출현 뒤에 숨어 있는 손님이 신이 아니라면 그 무엇이겠는가? 데리다가 주장하듯, 이 고전적 구성은 그야말로 방문의 형태로 자신을 드러내는 초대받지 않은 손님의 도착을 알리면서 환대의 기원을 가리킨다.[40] 이 신성한 특사는 어떤 유형의 우편엽서로 이루어지는가? 신은 이방인을 우리에게 보내는 존재다. 확실한 만큼 위협적이고, 친숙한 만큼 섬뜩하며, 억압되었고, 초청된 바 없는 타자성의 한 측면을 구현하는 국외자가 없다면, 즉 다른 곳에서 온 이 특사가 없다면, 신도 존재하지 않을 것이다. 너무도 이상한, 너무도 친숙한, 거부감을 주는 동시에 사랑(소설에는 너무나 많은 혐오, 너무나 많은 사랑이 존재한다. 이 둘은 동행한다)을 환기하는, 본래는 토박이지만 외국인 억양으로 말하는 이 인물이 도착하면, 당신은 문지방을 넘어서는 순간 거룩해진다. 신성함은 우리가 낯선 이를 사랑하는 순간 나타난다.

단절과 근대성

근대에 신성함이 출현했다면 취약성vulnerability이라는 렌즈를 통해서였다. 자존심과 아름다움의 분출을 통해서가 아니라 그것들의 파괴로 출현했다. 신성함은 깨지고 난도질당했으며 고통으로 인해 고립된 채 우리 시대에는 기껏해야 미약하게 맥박 뛸 따름이다. 상처에 취약해진 신이 준 충격은 고통으로 인해 생긴 훼손으로 번역되면서 전체 소설에 걸쳐 메아리친다. 고통은 훼손하기로서, 공작의 상태를 더욱 악화시키게 만드는 대체물이 된 지 오래다. 도스토옙스키가 고통을 연기하는 방식인 백치성은 좀더 근원적 고통의 체험을 주장하는 것처럼 보인다. 뒷받침할 만한 아무런 대의도 없고 중량감을 부여할 아무런 역사도 없는 고통 말이다. 백치는 존재한다. 그는 고통이 되거나 그 자체로 고통을 조명하지 않고, 오히려 그 모든 우둔함에 있어 하나의 암울한 초월, 즉 자아를 어김없이 추방해온 그 고통스러운 자기만족 상태를 가리킨다. 기억과 역사의 밖에 위치한 백치성은 우리 근대에 할당된 신성한 발현의 몫이다. 우리가 신성함을 환영하게 될지 혹은 나아가 인식하거나 수용할 가능성이라도 있을지에 관한 한, 이 개방성의 양태들 역시 취약성에 굴복했다. 우리 수용자들은 나약해졌고 우리가 신성한 이방인을 맞이할 수 있을지는 더이상 확실하지 않다. 우리 인간은 이제 전혀 다른 종족이고 다른 시대를 살고 있다고 도스토옙스키는 썼다. 아니 그렇게 주장했던 것은 오히려 공작이었다. 우리 이전의 시대와는 달리 "우리는 다른 종족인 것 같다." "지금 우리는 더 불안해하고 더 발전했고 더 민감해졌네. 한 번에 두세 가지 생각을 할 수 있는 인간이 된 거지…… 근대인은 마음이 넓어져서, 감히 말하건대 이 때문에 예전에 그랬듯이 하나로 뭉칠 수 없게 된다네. 나는…… 나는 그저 그런 생각으로 말한 것일 뿐…… 전혀……"(507쪽) 이 말들은 바로 인간이 무엇을 견딜 수 있는지 역사화하면서 수용성의 변천과정을 입증하기 위해 애쓰는 공작의 노력을 확실하게 설명해주는 말더듬과 중얼거림의 일부이다. 더이상 하나로 합칠 수 없는 이 종족은 그 발언의 묘사가 되풀이하는 세절절개술mocellation로 진화했다. 깨지고 탈구되었으며, 곱셈 계산이나 사유 구분의 능력이 있는 우리는 이제 외계인의 침입에 더 불안해하고 더 민감해한다. 아마도 전반적으로 타자를 훨씬 덜 받아들이는 우리는 관대한 위신의 실추를 통해 현재의 운명에 처하게 된다.

정신의 연속성이라는 비밀 역사에서 벌어지는 이와 같은 근본적 변화의 시작은 도스토옙스키에게는 전혀 새롭지 않다. 실제로 이 변화는 적어도 실러의 에세이 「순진하고 감상적인 시에 관해Über naïve und sentimentalische Dichtung」에 기록된 전혀 다른 감수성으로 거슬러올라갈 수 있는데, 여기서 실러는 근대성의 파편화와 균열로 인해 몰락하게 된 그리스-괴테적 존재의 완전성을 상정한다.[41] 실러식 정밀검사는 그가 명명하고자 하는 의식에 있어서의 교란을 역사적으로 설명하지 못할 수 있지만, 고통의 자의식, 곧 불행한 의식이라는 꼬리표 혹은 도스토옙스키가 "더 불안해하고 더 발전했고 더 민감해졌"다고 부르는 것의 침범과 동시에 벌어진 돌이킬 수 없는 단절을 만든다. 그가 미쉬킨으로 하여금 이러한 단절을 맹세하게끔 만든 데에는 분명코 약간의 아이러니가 있다. (“나는 맹세한다……”) 서약을 하고 주문을 걸면서 그는 과거의 ‘한덩어리로 합침’에 균열을 내겠노라 맹세한다. 만일 공작이 근대를 구성하는 단절의 진리를 맹세할 위치에 있다면, 이는 부분적으로 그가 앞뒤를 구분하기가 아주 힘든 세속화된 동전의 양면 모두를 대표하고 제시하기 때문이다. 백치로서 그는 여전히 자기가 기억의 흔적으로 지니고 있는 과거에 속한다. 물론 그 기억은 편향되고 침묵을 지키고 있지만 말이다. 백치성은 모든 역경에도 불구하고 그가 완전함의 체험을 가리키는 하나의 기호를 체현할 수 있게 해주는바, 적어도 이는 우리가 더이상 접근할 수 없는 충만함의 봉인된 표면에 대한 체험이다. 이렇게 마치 우리가 권리를 잃어버린 역사적 기억을 보호하듯 스스로를 폐쇄하고 있는 이 사태를 깨뜨려 열어젖히는 일에는 병원도 쓸모가 없다.

동시에 백치는 적어도 소설에서 그에게 허용된 잠정적 기간 동안에는 불안한 근대를 사는 ‘우리’와 자신을 연합한다. 마치 민감하고 소외된 것처럼 현상되고 여러모로 분열되어 신성함으로부터 배제된 근대의 상황을 자신의 처지가 투명하게 보여주기라도 한다는 듯이 말이다. 이 경우 그의 서약은, 내가 내 경험의 진리성을 맹세한다는 것, 내 자신이 그 증거가 되는 근본적 소외를 내가 목격하고 있다는 것을 뜻한다.

이렇게 불편한 동요(그는 순진하다고 여겨질까, 감상적이라고 간주될까?)는 소설의 역학에 의해 고무되며, 소설이 표방하는 주요 주장들에 이중의 회전을 가한다. 그리하여 공작은 역사적 거대함이건 심리학적 특정성이건 간에 종종 두 개의 극단 사이에 갇혀버린다. “(그리고 최근에 그는 자신의 두 가지 극단적 성향, 즉 그만이 지닌 ‘무감각하고 부적절하게’ 사람들을 무조건 믿고 보는 성향과 음울한 의심 성향을 동시에 꾸짖었다.)” (292쪽)

324

신뢰에 관해

겉보기에 아무런 독해과정도 없는 신뢰와 (이른바) 과도하게 해석하는 의심 성향이라는 양 극단 사이에 근본적으로 갇힌 그의 감수성은 그를 받아들이는 공동체에 의해 건조대에 널린다. 그러나 실제로 완전한 무독해nonreading의 순간은 도래하지 않는다. 모든 것은 어떻게 읽느냐의 문제다. 심지어 그의 의심 성향을 상정하는 일도 그다지 근거가 박약한데, 왜냐하면 공작은 의심이 요구하는 긴장감을 유지할 능력이 없다는 게 밝혀졌기 때문이다. 이 의심 성향은 불안한 경계심이 작동하는 상태로서 편지나 상황을 읽어야만 하는 요청이 생겨나 그가 해석학적 필요, 즉 알레고리적 곁길이라는 우울과 비운에 몰리게 되었을 때 오직 순간적으로만 명멸한다. 그러나 대부분의 경우 거리를 두거나 미루면서 순간의 응급성에 스스로를 내맡길 때 공작은 지성의 암초와 유혹을 극복한다. 그가 드러내는 백치성의 상태—그의 '증상맥락symptax'의 탁월한 사례—를 가장 투명하게 현시한 유일한 사례는 그의 믿는 성향과 연관된다.

그의 세계는 표면의 아이러니가 완전히 제거된 세계다. 그러나 아이러니 없는 의식의 지대는 계략, 이식移植, 혹은 유령으로 존재한다. 백치성은 부지불식간에 모든 측면에서 아이러니를 불러일으키며, 심지어 아이러니의 거부로 표현되는 경우에도 그러하다. 그가 사회적 신경쇠약을 악화시키는 상황들을 헤쳐나갈 때 우리는 어떻게 사회적 존재—아무리 왜소하게 변했다 하더라도—가, 즉 진정한 사회성이, 아이러니한 계산에 함축된 의미를 배가하거나 분절하는 행위능력을 필요로 할 수 있는지 알게 된다. 그의 세계는 환원되기(혹은 강화되기, 기독교화되기) 십상인

"여기 이 가련하고 왜소한 공작은, 이 비참하고 보잘것없는 백치는……"

데, 왜냐하면 대체로 "조롱이나 유머를 의심치 못하는"(326쪽) 상태에 머물기 때문이다. 공작은 이 조롱이나 유머의 분위기와 문법을 수용할 수 있는 쓸 만한 그릇을 갖고 있지 못하다. 자신에게 가해지는 조롱의 날카로운 공격으로부터 안전판을 확보하는 한, 그는 충만함의 언어로 보호받고 순진한 감수성의 명부라는 든든한 담요를 두르는 셈이다. 하지만 그를 겨냥한 수사적 작전에 완전히 무지하다는 사실을 감안하면 어떻게 그가 사회적 언어의 용법을 굴절시키게 되는지 아주 완전히 분명치는 않다. 수사적 공격을 대하는 그의 멍한 처신으로 인해 상처가 남아 있는 상태임에도 그는 고양된다. 때로는 상황을 파악할 수 없을 정도로 너무나 멍청한 나머지 그는 자기를 괴롭히는 사람들도 흉겹게 대한다. 그 바람에 공격은 목전에서 실패한다. 그의 거룩한 면모는 종종 그러한 순간들, 즉 그가 멍한 상태로 시끌벅적한 소란을 지나쳐갈 때 생겨난다. 적어도 신성함은 그가 무자비하게 조롱당할 때일지라도 그러한 초월의 가능성이 빛을 발하는 순간에 출현한다. 거듭 분명해지는 것은 조롱, 유머, 아이러니, 이중의미어구double-entendre, 그리고 암살 시도를 대신하는 여타 언어학적 어구들이 제때 효과를 발휘하지 못하거나 과녁을 벗어난다는 사실이다. 극단적 보호 혹은 완벽한 노출이라는 변증법의 효과를 맛보게 된 그는 심리학적 보험에 들지 않은 인물들이 보여주는 근본적 취약성의 태도를 보여준다.

진실성이나 신뢰성을 판단할 시험을 치르지 않으려는 인물로서 백치는 신뢰에 관한 가능한 모든 상태와 진술을 보여준다. 신뢰는 즉각적으로 제공되는 그 무엇이며, 아무런 질문도 주어지지 않는다. 하나의 선물이다. 그렇게 자유롭게 주어진다는 바로 그 이유 때문에 신뢰는 백치성의 상태와 동일시된다. 신뢰는 신뢰이기 위해서 모든 가능한 계산을 제거했다. 우리가 누군가에게 완전한 신뢰를 준다면, 그들의 계좌에서 몰래 돈을 인출할 수는 없다. 탐문을 하거나 동기를 이해하려고 노력한다든지 혹은 그들이 어떻게 우리의 약점에 몰래 접근했는지 알아볼 수 없는 것이다. 완전한 신뢰는 당연히 백치성과 관련 있고 그 백치성을 부추긴다. 우둔하지 않은 신뢰의 제공은 아마도 무엇이 시험되고 증명되는 것인지에 관해 알거나 느끼고 있다는 사실에 기반을 둘 것이다. 그러나 백치는 시험을 치르지 않으며 그런 의미에서 알 수가 없다. 계산하지 않고 그는 믿는다. "맹목적으로." 맹목적 신뢰의 제공은 도스토옙스키가 우리로 하여금 백치성을 묘사하는 어휘들을 섭렵하게 하면서 펼쳐가는 그 백치의 운명에 특유한 것으로 나타나지만, 모든 신뢰의 행위가 맹목의 순간을 추구해야 하며 어떤 면에서 시간을 극복하거나 거부해야 한다는 것 또한 분명 사실일 것이다. 신뢰한다는 것은 역사가 되기를 중지한다는 것, 우리가 모든 역사를 전유한 나머지 실제로 변덕과 일탈조차 신뢰하는 것이 아닌 이상 역사 되기의 중지이다. 도스토옙스키처럼 그 신뢰심 넘치는 백치는 항상 이렇게 말하는 인물이다. "오, 시간 많아요. 내 시간은 전부 내 것이에요."(24쪽) 나는 시간을 너무나 신뢰하는 나머지 시간이 다른 누구에게도, 다른 어떤 세력이나 해명에도 빚지지 않은 전부 내 것이라 생각한다. 시간은 회중시계나 타임스위치 없이도 넘쳐난다. 신뢰한다는 것은 시간을 믿는 것이고, 시간 속에 자신을 완전히 용해시켜 시간이 모든 것을 말하고 시간이 모든 것을 치유하는, 즉 본질적으로 시간이 시간을 잊으며 내게 남은 날짜를 세거나 고립시키면서 내 시간을 재지 않는 일이다. 나는 시간을 믿을 수 있다. 실제로 나는 시간 재기를 멈출 수 있다. "내 시간은 전부 내 것"이기 때문에 나는 더이상 빌려온 시간에 살지 않는다. 게다가 시간을 신뢰하는 친밀감은 백치에게 불멸의 아우라를 부여하는 것이다.

소설은 시간과의 관계를 준비태세readiness의 측면에서 표현한다. 공작은 기꺼이 신뢰하고 응답할 준비태세를 보여준다. 그는 머뭇거림이 없으며, 무엇을 즉각적으로 주는 편이라 신뢰를 구축하기 위해 역사를 구성하지 않는다. 아글라야의 훈계에 따르면 이것이 바로 왜 신뢰가 헛물을 켜고 마는지 설명해준다. 공작의 신뢰 넘치는 노력을 뒷받침할 만한 아무런 역사적 성능검사소도, 아무런 시험장도 존재하지 않는 것이다. 여기저기 친교와 금전을 제공하면서 돈을 나눠줄 때 그는 실제로 자신이 부여하는 신뢰를 낭비하는 셈이다. 게다가 그의 신뢰가 선물로 주어지는 한, 아무도 신뢰를 벌어야 할 필요가 없다. 규모를 알 수 없는 신뢰기금—누가 셈하는가. 내 시간은 전부 내 것이다. 그러니까 당신 것이다—인 왜소한 공작은 역설적으로 그리고 은밀하게 모든 사람의 채권자가 된다.

그러나 신뢰하기는 그 자체로 하나의 행위를 이루지 않는다. 일종의 해제, 곧 역사적 군비증강의 포기와 흡사한 이 신뢰하기는 무언가 위험을 무릅쓰는 내기에 근접한다. 우리는 무엇에 바탕을 두고 신뢰할 것인가? 신뢰하기의 모험에는 어떤 종류의 결정이 적합한가? 신뢰가 배반당하지 않으리라는 보장도 거의 없이 공작은 맹목적으로 신뢰하기를 계속한다. 배반과 같은 일—절친한 친구는 그를 죽이려 하고, 실제로 그의 약혼자를 살해하며, 다른 친구들은 그를 강탈하거나 지속적으로 대놓고 조롱한다—이 표면화되는 경우에도 미쉬킨에게는 그 위반행위가 결코 느껴지지 못하거나 등록되지 않으며, 어떤 경우든 모종의 보상의 경제를 표상하는 복수의 정치학을 실천한 흔적도 존재하지 않는다. 배반은 신뢰하는 충동에 포용되고 재차 흡수된다. 신뢰하는 경향의 근본성은 백치의 경우 준비태세의 순간, 그 강렬하고 항구적인 순간으로 압축된다. 나아가 그러한 자극이 뜻하는 바는, 신뢰가 그 자체로는 하나의 역사를 완성하거나 끝내듯이 그렇게 성취될 수는 없다는 점이다. 본질적으로 하나의 기질 및 시간이나 서사의 시작과 연관된 신뢰는 역사에 선행하며 순진함에 기거한다. 신뢰는 모든 지리멸렬에 선행하거나 자기 자신의 위반, 즉 깨진 신뢰에 대한 예후적 기억에도 불구하고 발생—신뢰가 발생하는 것으로 볼 수 있다면—한다. 혹은 좀더 정확하게 말해 신뢰는 지리멸렬을 삭제했고 순진함이라는 권능부여적 허구를 재가동시켰다. 시간상으로 오직 준비태세에만 존재한다면, 신뢰는 실질적으로 현재에 존재한다고 말할 수 없다. 소설이 암시하는 바에 따르면 신뢰는 적절한 계산이나 뒷받침이 없는 취약성과 내기, 즉 완전한 도박이다.

준비성은 공작이 바로 첫 대목에서 기차에 올라 마치 오늘날 전례 없이 캐묻기 좋아하는 미디어에 압도된 듯이 무례한 질문들, 상처 주는 암시들에 의해 이런저런 공격을 받을 때 그에게 부여되었던 자질이다. "그 승객이 심심풀이로 잡담에 가깝게 퍼붓는 쓸데없는 질문들의 극단적 무의미함에 아무런 의혹도 품지 않았다. ……사실이 그러했다. 머릿결 좋은 금발의 젊은 청년은 기다렸다는 듯이 선선히 그 사실을 인정했다."(4~5쪽)[42] 또한 "스위스제 망토를 걸친 이 수려한 젊은 청년이 동승객들의 질문에 답하는 태도는 놀라울 정도로 스스럼이 없었다."(4쪽) 미쉬킨과 동일시되는 이 준비성의 순간들은 텍스트 전체로 확대된다. 그의 스스럼없음은 무엇을 예시하는가? 이는 햄릿의 좀더 격렬하게 쟁취된 준비태세나 하이데거가 중시하는 일시적으로 예상되는 준비성이 아니라 순전한 노출에 대비한 준비태세, 어쩌면 아브라함식의 희생에 더 가까운 준비성이다. 공격적 요구에 맞서 그저 "나 여기 있어요"라고 말하는 것. 그러나 아브라함은 신에 응답하지만, 공작은 누구에게나 답할 것이다. 그는 자기 자신의 숫양으로, 심지어 도살될 준비가 된 채 존재한다. 그는 잠재적 현전의 인물로 준비가 된 상태이다. 준비성은 시기 선택의 물음을 제기하기에, 언제 이 태곳적 희생이 발생했으며, 어느 순간에 누구의 장소에서 벌어졌는지 하는 문제가 출현한다. 준비성이 뒤처짐의 개념, 즉 이미 발생했던 것이 천천히 재개되는 일과 밀착되는 것이 가능한가? 공작이 기꺼이 가담할 태세를 갖추고 있는 그 살육행위는 오로지 희생의 신기원이 이루어진 절정의 순간 이후에야, 즉 공여供與의 존엄성이 모든 사람에게 거의 의미를 잃고 대타자에 헌정되는 방식으로 이루어지지 못할 때만 발생할 수 있다. 희생적 위엄을 제거당한 채 기꺼이 제물이 되려는 준비태세는 다소 그 값어치가 깎이게 되었는바, 이는 왜 우리가 예언자나 시인, 혹은 심지어 철학자도 아니고 한 명의 백치—알다시피 이들 간의 간극은 좁혀지고 있다—와 마주하고 있는지 설명해준다.

그렇긴 하지만, 누구에게든 기꺼이 답하려는 준비성은 아마도 우리에게 남겨진 신성한 광휘의 마지막 공여일지 모른다. 길거리에서 지나치는 모든 사람에게 날씨에 대해 용서를 구하는 니체가 있다. 자기 옷깃의 벼룩 이야기를 하는 시골에서 올라온 카프카의 인물이 있다. 보르도로 걸어가는 횔덜린이 있다. 그리고 혼자지만 말이 많은, 아직 알려지지 못한 다른 사람들도 있다. 거룩한 사람들이 익명성의 옷을 입고 변장한 채 종종 불편한 고통에 처해 여행하는 일은 새롭지 않다. 오히려 이 옷차림은 신성한 사람들의 복장 코드 구실을 하곤 했다. 새롭게 느껴지는 것은 어쩌면 신성한 인물이 더이상 말하거나 가르칠 것이 없다는 사실, 일상성의 공허함 속에서 할일도 없고 그저 더듬거릴 뿐이라는 사실이다.

백치의 미소

예수를 닮았지만 그는 예수는 아니다.[43] 신성한 희생양의 좀더 현대적 형태를 제공하는 공작은 웃음을 포용한다. 이 웃음은 갈릴리 사람과 특별히 연관되지 않는 그 무엇이다. 우스꽝스러움의 진화 과정에 밀착되어 있는 도스토옙스키는 우선 미쉬킨으로 하여금 스스로에게서 비웃음을 이끌어내게 한다. 기독교적 거리두기와 붓다의 웃음 사이 어딘가에 위치한 공작은 미묘한 형태의 대중적 흥겨움을 부추기고 흡수한다. 그가 이끌어내는 미소는 지식의 진영에서 자라나며 종종 악의에 찬 의도에 의해 형성되기도 한다. 그의 여정 내내 그에게 출몰하게끔 되어 있고 지식과 백치성을 구분하는 그러한 결정들은 기차라는 유동적 사회 공간에 자리잡는다. 연약하고 수려한 용모의 미쉬킨은 "아는 사람이라면 누구라도 첫눈에 간질병의 기미가 있다는 것을 알아볼 수 있을 만큼 희한한 표정으로 가득한" 채 옆자리에 앉은 검은 머리 승객으로부터 "다른 사람의 불행에 대한 쾌감을 예의고 뭐고 없이 너무도 조심성 없이 표출하는 야비한 미소"(4쪽)를 이끌어낸다. 거의 만장일치로 그를 엄습하며 터지는 비웃음은 이렇게 다 알고 있다는 투의 미소가 지닌 의도적 야비함에 뿌리를 둔다.

순전한 답례로서의 미소 혹은 비웃음은 백치성의 레퍼토리에서 주요 성분으로 자리잡는다. 그리하여 백치성을 나타내는 하나의 확실한 기호는 미쉬킨이 그를 조롱하고 있을 모든 사람을 따라서 같이 웃는 성향을 통해 드러난다.("우습게도 그 보따리의 주인마저 그들을 쳐다보다가 그만 자신도 웃음을 참지 못하자 그들은 더 한층 흥이 났다." 5쪽) 알지도 못하고 의미도 없는 비웃음은 그 집단의 의미 가득한 암시들 속에 그를 내던져놓음으로써 그의 취약성을 드러낸다. 지배적 사교 분위기에 기꺼이 준비된 반응으로서 미쉬킨의 웃음은 그를 조롱의 대상으로 격리시키는 역할을 할 뿐이다. 스스로를 비웃는 능력이 또한 자기 거리두기와 우아함의 효과를 함께 가리키는 경우엔 웃음을 통한 교감의 가치는 또다른 가능성을 나타낸다. 그러나 의도적 비웃음의 층위에 감춰진 앎의 다른 차원들은 교감을 방해한다. 미쉬킨은 다른 이들을 위한 순전한 비웃음의 관점에 자신을 드러내는 경향을 보여주는데, 이 성향은 그 집단이 포착했던 공허함을 비웃는 민망한 자아의 굴종에서 생겨난다. 자기 존재를 지배하는 공허함의 발견을 중심으로 회전하면서 미쉬킨은 여기서 자신을 비웃는 행위가 함축하는 지배의 흔적을 하나도 만들어내지 못하는데, 그에겐 자기복제나 어떤 형태의 자기확신도 전혀 불가능하기 때문이다. 배반 혹은 조롱—인간적 유대가 만드는 퇴치 곤란한 작용들—을 알아채지 못하는 이 천진난만한 백치는 가해자들과 함께 웃고 마는데, 이들은 그의 헤픈 굽실거림과 의도의 제거로 인해 오히려 체계적으로 무장해제당한다. 그들이 비웃음의 대상을 찾았을지는 모르지만 표적이 된 실체는 단 한 순간도 주체로 복귀하지 않는다.[44] 동반 웃음 속에서 그는 집단에 대한 그의 대상성을 멍청한 흉내내기의 몸짓을 통해 포섭한다. 되비추고 모방하면서 그는 그 집단이 국외자적 대상을 말살할 때 그 집단의 자기표상을 재생산하고 반영한다. 자신의 웃음을 그 집단의 비웃음과 합칠 때 그는 마치 그들의 반복적 웃음의 폭발, 그들의 발작적 웃음 속에서 유예되고 중단되기라도 한 듯 잠깐 동안은 덜 국외자로 표상한다. 어쨌든 백치의 미소는 때때로 외로운 비웃음의 독무대와 함께 지속된다. 비록 때로는 돌이킬 수 없이 바보스러운 인물처럼 여겨지지만 그의 웃음은 접근 불가능한 정신, 즉 보이지 않는 영역의 고귀한 정신들에 의해 북돋워지고 보살핌을 받으며 항상 다른 곳에서 유래한다. 기계적이든 보이지 않든 웃음의 근원은 결코 앎의 문제가 아니다. 그는 자신이 무엇을 비웃는지 모르고, 우리도 모른다. 이 무지 덕분에 그는 절대적 순수함을 간직하게 된다. 반면 서사는 우리 백치가 불운하게도 마주하게 되는 앎의 주체들을 지속적으로 제거하며 앎과 무지 사이의 차이를 아이러니로 만든다.[45]

인텔리겐치아

앎의 아이러니는 멈추지 않는바, 이 아이러니가 주제의 차원에서 생겨나는 많은 계기를 열거하는 것은 분명 쓸모없는 일이 될 터이다. 플로베르의 빗자루질을 생각나게 하는 방식으로 도스토옙스키는 앎이 주는 위안을 "정말로…… 매혹적인 학문"(6쪽)이라고 부른다. 저자의 아이러니에 결박된 유식자들은 백치와 분명하고 확고한 대립을 이루는 위치에 놓이지 않는다. 오히려 그들 각자는 그들 특유의 백치성의 특성 및 불가피한 맹목적 오류들을 지닌 상태로 등장한다. 그들은 대조를 통해 소설 전체를 지배하는 조건을 은밀하게 조명한다. 모든 곳에서 지정된 지능 혹은 지성의 형태가 출현해 추가 분석을 요청한다. 예컨대 장군은 물론 "지적인 사람이었지만" 그는 "몇몇 극히 사소하고 납득할 만한 약점에서 자유롭지 못했고 특정한 주제들에 관한 암시를 혐오했다. 그렇지만 분명 그는 지적이고 유능한 인물이었다."(13쪽) 게다가,

> 예컨대 그는 자기가 나설 곳이 아니라면 절대로 나서지 않는다는 원칙을 지키고 있었고, 언제나 자기 분수를 지킬 줄 아는 태도, 다름 아닌 그의 단순함을 많은 사람이 높이 평가했다. 그런데 자기 분수를 지킬 줄 잘 아는 이반 표도로비치[에판친 장군]의 영혼에 이따금 무슨 일이 벌어지는지 이 심판관들이 알기나 한다면 어땠을까! 실제로 그는 일상 업무에서 나름대로의 지식과 경험을 겸비하고 어떤 면에서는 아주 뛰어난 재능마저 지녔다. 하지만 그는 주도권을 행사하고자 하는 생각을 머릿속에 지니고 있는 사람보다는 다른 사람들의 생각을 실행하는 사람으로, "아부하지 않으면서도 충직한" 사람으로, 나아가—이 시대에 무슨 일이 불가능하겠는가?—따뜻한 마음씨의 러시아적인 사람으로 비춰지는 것을 더 좋아했다.(14쪽)

장군의 자질에 대한 묘사는 우리의 관심사를 진전시키는데, 왜냐하면 이 묘사가 백치의 범주들과는 잠정적으로 대립하지만, 도스토옙스키 입장에서 보면 자신이 작업하고 있는 미묘한 어휘들에 관해 부연 설명하는 범주들을 상정하기 때문이다. 토착 인텔리겐치아에 속하는 장군은 유능한 인물이라는 점 이외에 위장—"[다른 사람들의] 생각을 실행하는 사람으로 비춰지는"—에

도 소질을 보여준다. 어떤 상황에서도 이러한 자질들은 공작의 실천 행위의 레퍼토리에 속할 수 없다. 공작은 자신이 행한다고 생각하는 것—그는 위장하지 못한다—이외의 다른 어떤 것을 행하는 듯 보여질 수 없으며 타인의 생각을 실행하지도 않는다. 기껏해야 일종의 개인어idiolect, 즉 백치성idiocy이라는 용어가 보유하는 어원학적 전망에 충실하게도 자기발원적 생각들을 발설하는 정도이다. 자기 자신만의 지능이 촉발하는 바와 다른 사람들의 설계들, 즉 자기본위와 예속 양쪽으로 갈린, 이 분열된 장군의 불안감은 백치에게 별로 중요하지 않다. 백치성이 관습을 허물고 우리가 말하고 생각하는 방식에 제한을 가해온 규칙들을 제압하면서 순전한 천재성의 영역을 불러낸다는 것을 우리가 믿게 되는 순간들이 존재하는 것은 사실이다. 백치성은 진정으로 "독창적"이거나 상상력으로 가득차고, 넉넉한 식견을 지닐 수도 있다. 장군의 지능 대부분은 "태도를 취하는" 능력, 사심 없는 헌신을 가장하는 능력에 있다. 태도 취하기는 우리 공작의 능력 범위 밖에 있으며, 사심 없음이 주는 쾌락은 칸트적 미학의 해석되지 않은 한계 내에 머물 수도 있다. 즉각적이고 관대한 공작은 대체로 그의 질병으로 인해 천성적으로 사심이 없을 수도 있지만, 사심 없는 헌신이라는 신뢰할 만한 효과를 허용할 무심함의 잣대는 측정 불가능하다. 동시에 이 백치의 목표와 발언은 변함없는 강렬함의 영역들을 제한하면서, 강력하게 제시되는 만큼이나 역설적으로 자아가 없는 것으로, 심지어 박탈적인 어떤 것으로 남아 있다. 장군은 자신이 형성되어온 바에 분명 충실하게도 항상 자신의 위치를 알고 있다. 시간이 지나면 지날수록, 안다는 것은 곧 자신의 위치를 아는 것이 된다. 장군은 자기 나름으로 지위, 계급의 질서 및 일반화된 경계들의 권위를 이해하거나 거기에 복종한다.

"미쉬킨은 자기가 농담을 떠벌렸다는 것, 그리고 그 농담이 실제로 사소한 것이라는 사실에 적잖이 놀랐다."

334

공작은 지위를 탐하지 않는다. 위장의 능력이 없기에 그는 위태롭게 무방비 상태로 존재한다. 집을 잃은 신체이자 계급 구분에조차 소속되지 않는 그는 놀랍게도 거지와 왕자, 비참한 자들과 신성한 자들의 속성을 결합시킨다. 이는 마치 그가 아무리 부랑자나 자유직업가로 다 빼앗겼다 하더라도 애초부터 자기 위치를 점하게 된 것과 흡사하다. 집에서 내쫓긴 그는 자유롭게 다른 정체성들을 취할 수 있고 숨겨진 침탈들을 적발할 수도 있다. 그는 아무 정해진 위치도 점하고 있지 않기 때문에 침탈의 요소는 그의 모험을 강조한다. 그는 지위를 탐하거나 차지하는 사람들에게 대체로 닫혀 있는 숨겨진 친밀감의 영역들에서 자신을 발견하는 것이다. 그는 어머니, 딸들, 하인들, 아이들, 동물들, 그리고 라이벌이나 철전지 원수 관계에 있는 사회적 무리를 포용하거나 그들과 친교를 맺으면서, 고정되어 있던 위치들을 재창조하거나 교란한다. 모두가 자신의 정해진 위치에 있을 때 공작은 사회적 영역의 방향을 바꾸거나 절단하면서 순항한다.

미안!

우리는 장군이 자신을 내세우지 않는다는 원칙을 세웠음을 알게 된다. 그야말로 어디서 혹은 어떻게 혹은 언제 자신을 내세우고 지워야 하는지 하는 문제로 이루어지는 그러한 형태의 의도적 결정을 공작이 추구하기는 어려울 것이다. 그의 상태는 그를 배반하며, 심지어 그가 잠정적으로 유예를 경험하는 경우에도 그러하다. 양보심 많고 친절한 그는 이런 경우 분별력 있는 굴복을 수행할 수 있는 것처럼 보인다. 그러나 그의 유순함 자체가 자신을 내세우는 방식으로 분석될 수도 있는바, 이는 될 수 있는 한 자주, 사안에 따라 그를 끌어들이기도 하고 공격하기도 하는 일에 대해 그가 희한하게도 저항하지 않는다는 것을 뜻한다. 그의 행동 맥락이 아무리 이타적이라 해도 그의 행동거지를 관장하는 과시적 요소는 항상 존재한다. 은둔자적 머뭇거림에 의해 촉발되는 경우조차 일탈은 자신을 드러내고 과시한다. 자기폭로의 간헐적 유출로 인해 공작은 자기가 표명해야만 한다고 느끼는 많은 사과행위를 야기한다. 백치가 된다는 것은 늘 우리가 미안하다고 말해야 한다는 것을 뜻한다. "'이 양반들아 미안하네, 미안해' 하고 미쉬킨은 황급히 사과를 했다. '용서해주게. 나는 우리가 서로에게 완전히 흉금을 터놓는 편이 낫지 않을까 생각했기 때문이야. 그러니 당신들이 원하는 대로 정하게…… 오, 기분 상하지 말게, 이 양반들아! 제발 기분 상하지 말라고.' 미쉬킨은 놀라서 외쳤다."(262쪽) 미쉬킨은 자신을 크게 모욕했고 공개적으로 창피를 주었던 불량 허무주의자들에게 그렇게 말한다.

전형적으로 사과를 넘치게 기부하는 것으로 마무리되는 행위들은 이해 가능할 수도 있는 다른 욕망들을 감추거나 은폐하기보다, 미쉬킨이 상처를 흡수해 그것을 자기만의 무한정한 도덕적 계정에 부채로 남기는 방식을 강조한다. 사과는 전략적 중재의 신호를 띠지 않는다. 그는 자기합리화의 언어를 조작하거나 생산하지 않는다. 그는 비난을 할당하거나 공유할 의도를 비치지 않는다. 모든 상처가 오롯하게 그의 것이다. 집요한 조롱의 대상인 그는 자신을 사회적 담론의 모의(가짜) 주체, 모든 경우에 자신이 빌미를 주는 타락에 대해 책임이 있는 주체로 탈바꿈한다. "오, 내가 그때 거의 천치였고 아무것도 몰랐다고 당신들이 말한 건 영락없이 옳았어."(263쪽) "당신들이 맞아. 인정해. 하지만 어쩔 수 없었어. ……그런데 이 양반들아, 왜 또 화가 난 거지? 서로 완전히 오해할 거 같군."(264~265쪽) 이해할 수 없기에 그는 오해(그가 이해하는 바로서의 오해)를 혐오한다. 논리가 터무니없다. 그는 결국 자신이 원인이 될 수 없었기 때문에 원인이다. 그는 어쩔 수 없었으며 이해하지 못했고 백치와 다름없었다. 의식적이고 원만한 주체로서 책임을 질 수 없기 때문에, 실패로 인해 비난을 받는 그 임무를 떠맡을 수 없기 때문에 그는 그 모든 것에 책임이 있다. 그가 책임이 없는 것이 아무것도 없기 때문에 백치는 모든 것에 대해 사과를 해야만 한다. 행위 이전에 판단은 이미 내려졌고, 그 판단은 백치가 돌이킬 수 없는 편견의 순수성을 떠안고 살아가야 한다고 명령한다. 백치로서 내가 완전히 책임질 수 있는 존재가 아니라는 바로 그 이유 때문에, 내 의식에 구멍이 뚫렸다는 바로 그 이유 때문에 나는 완전한 책임을 져야 하고 또 지게 된다. 나는 어둠, 실수, 열병과 헛소리에 책임을 진다. 이것이 왜, 언제나, 늘 "내가 미안한" 이유이다.

조롱에 응답하면서 미쉬킨은 미안해한다. 어떤 사건 하나가 벌어진다고 느낄 때 미쉬킨은 역시 미안해한다. "미안하네, 형제님. 내 머리가 지금처럼 무거울 때 그리고 이게 내 병인데…… 난 완전히, 완전히 정신이 나가서 우스갯거리가 되어버리지."(210쪽) 갈 길을 잃은 그는 잠시 동안 서술하는 인물과 정신이 나가서 우스꽝스러워지는 인물로 분열되면서 용서를 구한다.

안쓰러운 존재인 그는 예외 없이 미안하다고 말한다. 대상이나 참조근거가 부재한 상황이기에—어떠한 손가락질에 대한 분석도 지시대상에 결박될 수 없으며, 어떠한 비난도 사태와 일치하지 않는다—그렇게 책임감에 짓눌린 존재를 설명해주리라 기대할 수 있는 지식은 존재하지 않는다. 심지어 "왜 저를 버리셨나이까?"라는 포기의 절규도 없다. 그러나 미안하다고 말하기 위해서 그는 스스로를 거의 백치에 가까웠던 인물로 칭해야만 했는데, 이로 인해 비난자의 문장은 수정된다. '거의'는 절대적인 것과 연계되는 어떤 것이다. 단지 거의 백치였기 때문에 그는 절대적 책임감을 갖는다.

"미쉬킨은
기진맥진하고
의기소침하여
육체적으로
지쳐버렸다."

우리가 이제 대놓고 말하듯 그가 완전한 백치였다면 그는 윤리적 책무를 떠안는 일과 관련해서 유리한 위치에 섰을 법도 하다. 그를 책임 있는 주체로 만드는 수사적 힘은 '거의'라는 말, 즉 의식과 결정을 허용하는 틈새 혹은 구멍 속에 놓여 있다. 그는 '거의 백치'였는데, 이는 윤리성의 범위 및 위반과 관련해서는 아무런 피난처도, 아무런 회피도 가능할 수 없다는 뜻이다. 그가 자신을 거의 백치였던 것으로 상정하기 때문에 그는 완전한 책임을 질 수 있고 또 져야만 한다.

어리석은 자들

모종의 이론적 반투명성을 표방하는 순간들을 마주하면 백치의 상태는 성찰되지 않은 동정행위를 촉발하는 전前윤리적 충동들로 이루어져 있는 것처럼 나타난다. 인간 행동에 관한 어떤 규칙들보다도 앞서는 소여所與givens와 용서forgivens로 인해 굴절된 이 행위들은 일상적 어리석음의 거슬리는 단조로움에 압도되지는 않지만 적어도 교란되는 경향이 있다. 인간적인, 너무나 인간적인 것의 영역은 시원적 윤리학의 그 지점들을 어김없이 위협한다. 혹은 소설의 용어들에 맞게 표현하자면, 서술자가 보기에 소설은 모든 프로젝트에 부담을 주는 일상성에 지배되는 까닭에 공작이 표상하는 윤리적 준비성의 지점들에서 괴롭힘을 당한다. "이 사람들은 그들 특유의 특징적 면모를 완전하게 묘사하기가 어려운 인물들이다. ……작가가 평범한 사람들을 가지고 뭘 하겠는가?"(447~448쪽) 소설의 4부는 어리석은 자들을 소개하는데, 마치 의무감에서 상품들을 찍어내듯 그렇게 한다. 소설 전개의 이 단계에 이르기까지는 백치, 어리석음, 천치 등등의 유사개념paraconcept과 관련해 순수하거나 안정적인 차이의 분류학을 도입할 아무런 필요도 제기되지 않았다. 이 시점에서 다소 갑작스럽게 도스토옙스키는 백치상태 주변의 분위기를 정화하려고 시도하며 어리석음과 평범함에 자리를 내주고 만다. 알고 보니 그런 자리는 이미 마련된 적이 있었고 그 이름은 고골이었으니, 그는 순전한 어리석음의 무시할 수 없는 힘과 폭을 전면에 제기했다는 공을 인정받을 수 있다. 도스토옙스키의 안내자이자 스승인 고골은 누구도 따라올 수 없을 정도로 어리석음을 잘 다루었다고 상찬된다. "그 이상으로 더 성가신 것을 생각할 수 없는" 바로 그것을 모델로 삼은 그러한 묘사를 『백치』의 화자가 지루하게 느끼듯이, 이는 양가적 칭찬에 해당한다. "예를 들어 부유하고 가문 좋고 잘 생기고 아주 영리하고 심지어 성격도 좋지만, 재능도 없고 특별한 능력도 없고 개성조차 없으며 자기만의 생각도 하나 없고 '다른 사람들과' 똑같은 것만큼 더 짜증나는 일도 사실 없다. ……제한된 지적 능력을 가진 '평범한' 사람들에게는 자기를 예외적이고 독창적이라고 상상하며 조금의 의구심도 없이 그런 망상을 즐기는 것보다 더 쉬운 일이 없다."(448쪽) 이 대목은 하나의 미끼 구실을 하는데, 왜냐하면 여기서 주장되는 구분들은 그리 오래 지탱되지 않으며, 똑같이 설득력 있는 다른 대목들에 있는 속성들을 무디게 만들어 교환하기 때문이다. 4부는 실제로 도매금으로 나온 어리석음을 팔기 위한 어음 교환소 역할을 하며, 이 교환소는 이제 고골의 탁월한 솜씨와 연관된다. 전략적으로 이러한 경의는 백치가 소유한 어마어마한 보유 주식을 재확립할 수 있게 해주는바, 신성한 공백 덕분에 백치는 평범하고 망상에 사로잡힌 고골의 바보 무리와 구분된다.

> 어떤 이들은 남들에게 주워들은 생각을 추호의 의심도 없이 자기 것으로 받아들이거나, 어떤 책 한 쪽을 다짜고짜 잠깐 들여다보고는 그것이 바로 자신의 독자적 사상이며 자기 머릿속에서 나온 사상이라고 믿어버린다. 뭐랄까, 순진함에서 나오는 뻔뻔스러움이라 할까, 그 뻔뻔스러움은 그런 경우에 참으로 놀랄 만한 지경에 이른다. 이 모든

> 일은 도저히 일어날 수 없을 듯이 보이지만 실제로 수시로 벌어지고 있다. 순진함에서 나온 이 뻔뻔스러움, 자기 자신과 자신의 재능을 의심해보지 않는 어리석은 인간의 자신감은 고골이 그려낸 피로고프 중위라는 놀라운 인물을 통해 탁월하게 묘사되어 있다. 피로고프는 자기가 천재, 정말로 천재 중의 천재라는 것을 한번도 의심해본 적이 없다. 그 점에 대해 한번도 스스로에게 질문을 던지지 않을 정도로 의심하지 않는다. 그런데 질문이라는 것이 그에게는 존재하지 않는다. 마침내 위대한 작가 고골은 독자들의 모욕당한 도덕 감정을 충족시켜주기 위해 결국 이 사내에게 호된 질책을 가하지 않을 수 없었다. 그러나 고골은 이 위대한 사내가 몸을 흠칫 떨었을 뿐, 몸싸움 뒤에 원기를 회복하고 군만두 한 개를 날름 먹어버리는 것을 보자, 놀라서 두 손을 벌린 채 자기 독자들을 분노 속에 그냥 내버려둘 수밖에 없었다.(449쪽)

정의를 내리는 이 대목의 특징은 “위대한 작가”에 의해 인정되고 인증되는 반면, 그 인증의 정당성은 새로운 오염의 요소들이 등장하는 그다음 대목들에서 소멸한다. 그 대목은 도스토옙스키의 작품을 고골의 작품과 구별하는 역할을 하게 될 것이다. 그리고 이는 백치가 처한 곤경에 수많은 새로운 관점을 제공하지는 않지만 분명 도스토옙스키의 동시대인들인 그 얼간이들을 직접 겨냥한다.[46] 그래서 『백치』의 주름들 속에는 서서히 타오르는 분노, 즉 사소한 자아도취적 차이로 보이는 것들을 두고 벌이는 전투에서 순진함으로부터 나온 뻔뻔스러움에 대항하는 절제된 분노가 생겨난다. 근본적 차이는 제한된 주체가 무엇을 알 수 있는지 감지하는 일에 놓여 있고, 어느 정도 의식하느냐는 진실성의 문제가 된다. 백치는 자기가 백치라는 것을 알고 자신을 그렇게 부르거나, 진단적이고 사회적인 낙인의 행위들을 확증한다. 반면에 어리석은 주체는 자기에 관해 이러한 인식을 갖고 있지 않거나, 혹 갖고 있는 경우라도 도덕적이거나 지적인 능력에 관해 의문을 던지는 사람들 모두를 물리치는 강력한 내향적 인물들에 의해 제지당한다. 그는 자신이 무슨 일이 벌어지는지 알고 있으며, 그 일이 자신을 우울하게 만들거나 관심을 돌리게 하지 못한다고 생각한다. 이 대목의 어리석은 인물은 주저함을 느끼지 않으며 결정 불가능한 백치성에 빠지지도 않는다. 어리석은 자는 질문하지 않는 반면, 백치는 자신의 운명의 페이지에 있는 하나의 큰 의문부호, 그 지울 수 없는 얼룩에 집중한다. 이 어리석은 천재들에게 질문을 던지기도 쉽지 않은데, 왜냐하면 고골의 서술에서처럼 그들은 결국 어쩔 수 없는 불만들을 해소하는 한 방식으로 게걸스럽게 먹느라 바쁘기 때문이다.

도스토옙스키가 가려 뽑은, 군만두를 게걸스레 먹는 그 거칠지만 자율적인 동작은 백치가 상징하는 자기를 비워내는 행위와 극명한 대조를 이룬다. 어리석은 주체는 요새화된 방어벽에 둘러싸여 보상과 부인이라는 계산된 경제 내부에서 살아가며 그 삶을 고수하고 유지한다. 그는 자체적으로는 아무것도 거부하지 않는 거부의 시스템으로 살아간다. 백치는, 뭐랄까 백치는 아무것도 억제할 수 없거나 아무런 확신도 갖지 않는다. 어느 경우든 물질적 위안은 거의 없으며 그의 단순성이 허락하는 자신감은 텅 빈 공간에 처한다. 그는 허무주의적 유혹의 가장자리에서 살아가며, “자기 머리에 즉각적으로 떠오른” 많은 생각을 자기 것으로 만들 능력이 없는 인물인 영원한 피난민으로 살아간다. 우리는 그가 먹는 것, 즉 그가 동화시키고 소화시키는 것도 본 적이 없다. 사형제도에 대해 조목조목 따지는 비판으로 판단하건대, 그는 사회적 정의의 열렬한 수호자이다. 어리석은 천재는 당연히 그런 관심들을 초월하며, 그것들이 질문, 즉 어떠한 형태로든 의문을 기입하려는 가

차없는 노력의 결과인 까닭에 초연함을 유지한다. 자기 안에 갇힌 어리석음의 주체는 소설의 다른 사례들처럼 여기서도 어떤 측면에서조차 문제시되지 않으며 오히려 보호받고 배불리 먹으며 자기 자신으로…… 충만해 있다. 활력을 잃은 미쉬킨은 자신을 바로 잡아주지 못하는 것은 물론 똑바로 유지하지도 못하는 몸에 계속 걸려 넘어진다. 부적격의 이동식 표지인 그는 개방되어 있고 노출되어 있으며, 정치적으로 불안하고 사회적으로 별종이다.

자신의 스승을 "위대한 작가"로 소개하고 난 뒤 도스토옙스키는 어리석음을 기막히게 실행한 사례를 보고 싶다면 고골을 참조하라고 말한다. 확실히 그의 전임자와는 달리 도스토옙스키는 홍보하려는 노력을 피하는데, 그 홍보는 그로 하여금 "독자들의 모욕당한 도덕 감정을 충족시켜주기 위해 결국 [백치를] 호되게 비난하지 않을 수 없게" 만들기 때문이다. 도스토옙스키는 또다른 거물에 응답하는데, 명시적으로 고골을 언급하는 바람에 그 계보는 잠시 가려졌다. 어떤 면에서 갑작스러운 고골의 소개, 그 단호한 침입은 솥논리kettle-logic* 스타일로 다음과 같이 웅변하는 듯하다. 나, 표도르 미하일로비치가 어리석음에 관해 쓰지 않는 것은 내 스승이 멋지게 거론해주셨기 때문이니, 나는 그분께 많은 신세를 집니다. 솔직히 말하면 어리석음에 관해 쓰는 일은 너무나 평범해서 내게는 지루하기 짝이 없습니다. 어쨌든 비록 내가 어리석음에 관해 쓴다 해도, 그 주제는 내가 강조하듯이 위대한 작가 고골이 이미 다루었습니다. 여러분께 그분을 추천하는데, 특히 독자의 도덕적 분노를 만족시키는 문학을 경험하고 싶으시다면 꼭 찾아보십시오.

왜 그는 유력한 용의자들을 불러모은 뒤 고골을 맨 앞줄에 세우는가? 도스토옙스키가 양가적이긴 하지만 드러내놓고 고골을 지칭할 때 이는 아마도 다른 위대한 작가, 즉 작품을 곤란에 빠뜨

*하나의 주장을 위해 여러 상충되는 증거들을 들이대는 논증방식.

리고 계속 괴롭히는 한 작가에 대한 경의를 표하기(미루기) 위해서일 것이다. 그 작가는 도스토옙스키가 분리하고자 애쓰는 직조물들을 고골이라고 부르는 문학적 장치와 맞물리게 만들었다. 어리석음을 고골에게 부착시키는 일은 텍스트 차원의 압박이 존재하는 영역들을 여러 면에서 완화시킨다. 도스토옙스키의 메모와 편지에서 알 수 있듯, 엄습하는 올가미들로부터 『백치』를 방어하고자 애쓰는 저자에게 어리석음은 엄청난 불안감의 근원을 드러낸다. 하나의 테마 또는 토포스로서 어리석음의 범위가 고골의 영역(혹은 고골의 침입으로부터 안전을 보장받는 도스토옙스키의 영역)을 수호할 때처럼 국경순찰대에게 저지되지 않을 때, 어리석음은 텍스트의 불가능한 표상 주위에서 번성한다. 도스토옙스키는 주제 면에서 어리석음을, 의미 있는 텍스트를 산출하고 제공하려는 시도들과 연결시킨다. 젊은 허무주의자이자 말기 폐병 환자인 이폴리트가 친구들에게 자신이 준비하고 있는 텍스트의 독서를 권할 때 어리석음의 변수들이 그 장면을 구성하기 위해 출현한다. 터무니없는 것으로 여겨지는 그 작품은 반복적으로 마비상태("그는 멍청하게 미소지었다", "어찌 이렇게 놀랍도록 연약한가!")를 환기시킨다. 이 모든 것은 텍스트에 가해지는 가혹한 평가를 글쓰는 쇠약한 신체에 연결시킨다. "그의 병 때문이에요. 뭔가 다른 것도 있겠지만요!"(413쪽)[47] 어리석음을 주장하는 일은 허무주의자의 원고 발표 때 극심해져서 혼란에 빠진 저자—"내 생각들은 뒤죽박죽이야."(408쪽)—를 정신이 멍한 상태의 관객—"'그는 바보에 불과해'라고 가냐는 말했다."(403쪽)—에게 비끄러맨다. 그의 작품은 증언으로 기능하여 그의 질병에 의미 있는 근거를 마련해줄 것이었다. 아마도 작품은 그보다 오래 남아서 그의 존재를 세심한 비문으로 완성할 것이다. 비록 이폴리트가 소설에서 미쉬킨의 공인된 타자의 자리를 점한다 해도 그의 글쓰기는 백치와 그를 봉쇄하려고 시도하는 소설의 운명을 연루시킨다. 글쓰기와 질병의 교차점들에는 그들을 어리석음과 연관된 존재의 소동에 복속시키는 어떤 것이 존재한다.

어리석음을 글쓰기 행위 혹은 좀더 정확히 말해 텍스트적 충동—한 텍스트를 저술하고 출판하려는 증언의 충동—의 공개 전시와 결부시킴으로써 도스토옙스키는 미쉬킨을 글쓰기에 관한 불가피한 설명으로 이끈다. 추정상 작가도 아니고 독자도 아니지만 미쉬킨이 고골과 이폴리트의 텍스트에 명시적으로 부착되는 바와 같은 어리석음의 불명예에서 면제된다고 쉽게 말할 수는 없기 때문이다. 백치는 은밀하지만 고통스러운 방식으로 또다른 글쓰기의 장면에 연루되는데, 그 연루의 결과들은 그가 살인자를 면담할 때 드러난다.

> "레오프 니콜라예비치, 내가 칼에 대해서 할 수 있는 말은 딱 한 마디밖에 없네"라고 그는 뜸을 들인 뒤 덧붙였다. "오늘 새벽 잠가놓은 서랍에서 칼을 꺼냈지. 사건은 오늘 새벽, 서너 시경에 벌어졌으니까. 칼은 계속 책갈피 속에 끼워져 있었고…… 그런데…… 희한하게도 칼이 왼쪽 젖가슴 아래로 8~9센티미터쯤은 들어갔는데도 피는 기껏 반 숟가락 정도만 옷으로 흘러내린 거야. 그 이상은 아니었다고……."
>
> "그건, 그건, 그건……" 하고 공작은 극도의 흥분상태에서 갑자기 곧추 몸을 일으켰다. "난 그걸 알아. 책에서 읽었지…… 그걸 내출혈이라고 하는데…… 때로는 피 한 방울도 나오지 않는다더군. 칼이 곧장 심장을 찌를 때 말이야." (592쪽)

살인 도구인 칼은 책갈피 안에 들어 있었다. 미쉬킨은 이미 피가 거의 나지 않은 살인에 관해 읽은 적이 있다. 칼 찌르기는 심장을 곧바로 겨냥했을 것이다. 소설에서 극적이면서 특이한 위치를 점하는 이 장면은 실제로 또다른 장면, 즉 피 없는, 다시 말해 문학적 암살이 벌어지는 이전 장면의 반복을 표시한다.

그 원장면ur-scene은 같은 장에서 벌어진다. 미쉬킨은 정신없이 나스타샤 필리포브나를 찾고 있다. 그는 길거리를 뒤지고, 가택 수색도 행한다. "그러나 독일 부인의 집에서 그들은 그가 뭘 원하는지 이해조차 못했다."(583쪽) 독일인들은 이해 못했고 그래서 무의식이 그를 프랑스인들에게로 이끈다. 처음에 그는 간청한다. "어떤 흔적이라도 찾으면 좋겠어요!" 그러고 나자, "침침하고 무더운 여관 복도에 있으려니까 묘한 기분이 들었다. 그 기분은 어떤 상념으로 옮겨지려고 고통스럽게 애썼지만 공작은 추근거리며 머릿속을 맴도는 그 상념이 무엇인지 도무지 헤아릴 수 없었다."(583쪽) 무의식적 충동에 휩싸여 도심거리를 헤집고 다니면서 미쉬킨은 자신의 운명을 마주하러 간다. 무언가가 그를 앞으로 나아가게 만든다. 그의 정신은 혼미해졌다가 때맞춰 돌아온다. "이상하게 들릴지 모르지만 그는 한순간 비상한 집중력을 보였다가 갑자기 불가사의할 정도로 산만해지기도 했다. 훗날 이 집 사람들은 공작이 그날 엄청나게 이상했다면서, '그런 조짐은 벌써부터 있어왔다'고 입을 모았다."(584쪽)

모든 것이 그를 궁지로 몰아넣는다. 괴로움과 "끔찍한 공포"의 분위기로 옮겨짐으로써 그는 "형언할 수 없는 절망"(585쪽)을 맛본다. 백치는 분명한 행동 하나를 취한다. 그것은 불법의 기미가 있었고, 어쨌든 반대에 직면한다. "이 집 여인들이 전하는 말에 따르면, 미쉬킨은 방에 있는 모든 물건을 낱낱이 둘러보다가 문득 탁자 위에 도서관에서 빌려온 프랑스 소설 『마담 보바리』가 펼쳐져 있는 것을 보고, 그 펼쳐진 페이지의 귀퉁이를 접었고, 그 책을 가져가게 해달라고 부탁했다. 도서관에서 빌려온 책이기에 내줄 수 없다는 거절에도 아랑곳하지 않고 공작은 그 책을 주머니에 집어넣었다는 것이다."(584쪽) 펼쳐진 책. 소설은 칼 찌르기의 장소와 모종의 동시성을 확립하게 될 것이다. 소설은 심장에 난 상처를 확인했다. 주머니 근처. 미쉬킨이 책을 집어넣은 그 주머니는 심장이 차지하는 공간에 완충재가 된다. 그 대목은 살인 장면을 예비하면서 그가 읽었던 피 안 나는 심장 찌르기를 지칭하게 된다. 그 대목은 흔적이 별로 남지 않는 내출혈이라는 가설을 예시적으로 은유한다. 시체가 등장하는 다음 장면이 단서가 된다.

이 시점에서 미쉬킨으로 하여금 모두의 반대에도 불구하고 불법적으로 책을 챙기게끔 만든 일종의 광기어린 충동을 좇아 무의식적 동기부여의 층위에 관해 고찰해보자. 하필 왜 이 특정한 책인가? 왜 그는 그 책을 심장에 간직하는가? 그의 주머니에 넣어진 이 물건이 왜 진정한 아이콘처럼 기능하는지 설명할 방법이 있을까? 수많은 해명이 왜 『마담 보바리』가 백치의 돌이킬 수 없는 운명을 확증하는지 정당화해줄 터이다. 이 해명들은 주제 측면에서 운명들을 엮고, 언어적 동시성들을 통제하거나 혹은 아이러니한 반영과 그것의 구조적 역전들에 관한 문제일 수도 있다. 어디에도 결박되지 않는 연결점들이 만들어질 수도 있다. 무능한 의사 샤를과 백치인 치유자 미쉬킨. 동일한 파멸의 길을 가는 에마와 나스타샤, 학교에서 퇴학당하기, 공통된 병원의 위상, 프티부르주아적인 보바리 부인, 귀족다운 백치 공작, 욕망의 뒤틀린 역사들, 공개 검열, 우리는 모두 실패한다, 기타 등등. 하지만 이 경우에 우리는 독서의 규약들을 세밀하게 조정해 손쉬운 주제상의 약속들로부터 거리를 두어도 괜찮을 것이다. 왜냐하면 만일 미쉬킨이 무의식적 동요로 인해 펼쳐진 책으로 이끌렸고 그 책이 깊이 간직된 그의 욕망과 결부되었다면, 그 책을 전유하려는 몸짓은 또한 그 책을 덮고 숨겨서 안쪽의 호주머니에 있는 흡입형 주름들 속으로 밀어넣는 일과도 연관되기 때문이다. 극심한 고통의 순간 그는 한 권의 책, 다른 책 혹은 타자의 책에 손을 뻗친다. 그 책은 그를 기다려왔던 것처럼 보인다. 최종 결말이 어느 정도까지 이러한 움켜쥠을 통해 표현될 수 있는지 그 함의를 따져보는 일은 필요하다. 그렇게 복제된 장면의 발생이 그 자체로 문학에만 특유한 것은 아니기 때문이다. 원근법으로 보면, 또다른 문학적 트라우마의 장면, 다시 말해 베르테르가 독일 문예에서 최초의 부르주아 드라마인 『에밀리아 갈로티*Emilia Galotti*』의 페이지들 위에서 권총으로 자살했을 때가 떠오른다.* 곤경에 처한 주인공들은 자신들이 늘 추종해온 상대들의 작품에 손을 내미는데, 이런 태도는 부르주아 계급의 고뇌하는 신부新婦들과 흡사하다. 그 상대의 작품과 짝을 맺는 일은 동반자살에 대한 합의를 추인하고 파괴를 비준한다. 에마, 에밀리아: 다이얼 엠Em을 돌려라.†

트라우마적 사건을 다루는 문학적 연쇄를 여기서 재구축할 수 있다고 해도, 미쉬킨은 멀쩡한 정신으로 있던 마지막 페이지들에서 하나의 역逆공포증counterphobic으로 볼 수 있는 행위를 통해 플로베르의 핵심(정액)적seminal 작품을 취해 자신을 증식한다. 이 행위의 필연성은 여러 가지 고려사항에 기반을 둔다. 이는 무엇보다도 고골의 접종이 이제는 효력을 다했음을 암시한다. 도스토옙스키 안에서 고골이 방어막을 쳐주었던 민감한 영역이 이제 침입 가능성에 노출된 것이다. 고골은 그 작품의 어떤 부분이 해를 입지 않도록 막아주었다. 그는 모종의 위반할 수 없는 경계들을 지켜주었던 것이다. 적어도 그는 그러한 경계들에 관한 환상이 제자리를 지킬 수 있도록 용인했다. 어떤 이유에서든 도스토옙스키는 고골의 작품에 속

"'당신은 거의 감이 없군요' 하고 알렉산드라가 말했다."

* 괴테의 소설 『젊은 베르테르의 슬픔』에서 주인공 베르테르가 자살한 장소에는 레싱의 희곡 『에밀리아 갈로티』가 펼쳐져 있었다.

† 앨프리드 히치콕 감독의 영화 〈다이얼 M을 돌려라Dial M for Murder〉를 염두에 둔 표현. 여기서는 문자 M 대신 같은 소리가 나는 에마, 에밀리아의 앞머리 글자 Em을 넣어서 동반자살의 희생자가 여성 인물임을 부각시킨다.

하는 바로 그 근심들의 침입으로부터 백치를 안전하게 보호할 필요를 느꼈다. 그 효력이 상실되었을 때 그는 미쉬킨으로 하여금 다른 작품에 손을 뻗치게 한다. 자, 이런 충성심의 변화는 무엇을 말하는가? 아니, 우리는 어쩌면 또다른 의식의 층위와 마주한 것일 수도 있으며, 그래서 무의식적 부채를 회수하거나 텍스트 거래의 또다른 층위에서 도박을 걸기 위해 플로베르가 현장에 도착한다.

어쨌든 플로베르는 고골이라는 이름이 도스토옙스키의 텍스트에 마련해두었던 명확한 구분들을 허용하지 않았을 터이다. 그가 백치의 신성함을 보증하기 위해 어리석음을 분리하는 초월론의 전략에 공모자가 되었을 까닭이 없다. 주지하다시피 에마와 샤를은 때때로 '덤 앤 더머'의 조상쯤 되는 메아리로 읽히며, 이들보다 더 멍청한 인물도 역시 존재한다. 그러나 어리석음은 모든 곳을 장악하고 있다. 어리석음은 사방으로 확산되며 플로베르적 아이러니의 무자비한 경제에 자유지대 비슷한 것도 용인하지 않으면서, 마치 보이지 않는 독소처럼 오염시킨다. 실제로 플로베르는 어리석음에 관한 한 타의 추종을 불허하는 사상가인바, 이는 왜 미쉬킨이 끝장을 내기 위해 플로베르를 꺼내고 덮어서 감추는지 설명해줄 수 있는 하나의 근거가 된다. 다시 말해 고골은 플로베르를 잡기 위한 미끼와 같은 무엇으로 기능하며, 거기서 평범한 인물은 엄청난 혼란 속에서 자신의 적수를 마주한다. 어리석음 역시 비범한 것이 될 수 있고 심지어 초월론적일 수도 있다. 어리석은 기대에 휘둘린 에마 역시 그녀만의 도취감을 맛본다. 샤를 보바리는 「순박한 마음Un Coeur simple」에 나오는 불멸의 순박한 인물 펠리시테와 마찬가지로, 백치성과 어리석음 사이의 결정 불가능한 경계(이는 [치료 차원의] 임상적인 것과 [능력 차원의] 기능적인 것, 감동적인 것과 일상적인 것도 포괄한다)를 점유하는바, 펠리시테의 심장 역시 백치 공작이 거론했던 거의 흔적 없는 그 자상刺傷에 포함된다.

그러나 미쉬킨이 플로베르를 주머니에 넣어 그를 취하거나 폐쇄할 때—그를 도서관 대출 회람에서 빼내어 다른 사람의 독서를 교란할 때("그 펼쳐진 페이지의 귀퉁이를 접었고")—그는 또한 포섭행위를 연기한다. 『백치』는 왜 귀스타브 플로베르를 포섭하는 일을 상연하려 하는가?[48] 어느 정도까지 텍스트 본문body은 책의 심장부에 자리잡고 있는 이 이질적 신체body라는 난공불락의 사실을 중심으로 조직되는가?

도스토옙스키가 시도하는 우매함bétise의 거짓 봉쇄—그리고 거기 수반되는 신성함의 중단도 있는데, 이는 플로베르를 목전의 프로젝트를 불안정하게 만드는 존재로 표상한다—에 대항해 플로베르가 대변하는 비판적 판단의 너머에는 또다른 무엇이 존재한다. 영향에 대한 불안anxiety of influence*—이는 플로베르가 작동시키는 교란의 또다른 이름인바, 문학적 전승의 통로를 혼란에 빠뜨린다—에 의해 야기된 비난들을 넘어서서 포착하기 힘든 일군의 작품으로 되돌아가는 그 무엇이 존재하는바, 이는 두 작가가 모두 공유하는 점이다. 왜 『백치』는 플로베르를 주머니에 집어넣으며, 이를 통해 그를 보호하는 동시에 노출시키고, 괴롭힘을 당하는 동시에 우상화되는 선택된 인물로 만드는 것인가?

다시 말해 플로베르가 바로 그 백치이다. 요컨대 그는 백치 개념이 차지하는 전체 공간을 채우며, 진지한 위엄으로 그 개념을 자신의 주위로 이끈다. 백치성을 넉넉하게 포용한 『마담 보바리』의 저자는 여기서 더 나아간다. 그는 우매함에 대한 사유를 사유하고 자신의 가장 위대한 전성기에 그 우매함의 태도를 취했다. 그뿐만 아니라 그는 어렸을 때 엄청나게 오랫동안 글을 읽을 수 없었으며—"귀스타브는 천치다."[49]—병적일 만큼 잘 믿는 성향을

* 예일학파 문학비평가인 해럴드 블룸의 용어. 한 작가가 글을 쓸 때 앞선 시대의 작가가 이미 써놓은 것을 반복하거나 모방하는 데 그치지 않을까 불안해하는 현상을 일컫는다.

보였고, 게다가 부모에 의해 백치—“애초의 멍청함, 아버지의 근심…… 파리에서의 황폐한 몇 해 그리고 거기에 마침표를 찍은 퐁레베크에서의 위기, 큰 질병, 마지막의 자발적 격리와 나태”[50]—로 받아들여지기도 했다. 그리고 마침내는 종신형 판결을 완수하기 위해 모성애를 통한 치료에 매진했다.(우리는 플로베르가 그 판결을 완성하기 위해 얼마나 많은 노력을 기울였는지 알고 있다.)

여기에는 다른 세부사항, 하나의 숨겨진 이름이 남아 있다. 사르트르는 꼬마 귀스타브의 머릿속 생각을 그 내부로부터 끄집어내면서 이 [숨겨진] 차원이 모든 징후적 측면을 함께 묶는 비밀 끈으로 결집된다고 주장한다. “이 모든 불행은 그에게 하나의 비밀스러운 실마리로 연결된 것처럼 보였다. 어쩌면 어린아이의 머리에서는 태어날 때부터 무언가가 잘못 작동하고 있었다. 간질병—이것이 플로베르의 ‘병’에 붙여진 이름이었다—은 대체로 백치성의 연장이었다.”[51] 이러한 (중첩)결정들은 기이하긴 하지만 완벽한 설명을 제공하기 시작한다. 그것들은 플로베르와 도스토옙스키를 폭력적 구금상태에 붙잡았던 간질 발작을 가리킨다. 플로베르에게는 자기의 몸 상태에 관한 어떠한 발설도 금기였다. 이는 왜 도스토옙스키가 플로베르를 자신의 작품에 명시적으로 전유하는 일을 불법적 행위로 보았는지 일부 설명해준다. 도스토옙스키 역시 만만치 않은 그의 적수들에 대항해서 자신을 변호해야만 한다. 이는 그 둘이 동일한 신체를 공유하고 동일한 신체를 기입하는 데 그치거나, 플로베르가 응징을 요구하기 위해(혹은 좀더 그럴듯하고 더 섬뜩하게 말해, 잘못 찍은 마침표를 지적하기 위해) 『백치』에서 부활하는 사건에 그치기 때문이 아니다. 플로베르는 도스토옙스키가 고양시키는, 혹은 그가 간질병 걸린 신체를 몰아가는 초월의 상태를 상징하지 않을 것이다. 의지와 억압의 측면에서 보면 플로베르는 미쉬킨이 의존하는 일종의 형이상학적 약물의 섭취를 거부했다. 이 사실이 그 자체로 도스토옙스키의 탁월한 통찰이 전개되는 일을 방해해서는 안 된다. 그럼에도 불구하고 플로베르라는 이름이 붙은 양심의 가책은 홀바인의 죽은 예수가 신성화하려는—영광스러운 몸을 재정립하려는—모든 시도를 의문에 부치면서 그 텍스트를 해체할 때와 마찬가지로 심각한 의심의 순간들에 이르러 그에게 엄습한다.

그래서 도스토옙스키에게 그 문제는 여전히 남는다. 즉 플로베르의 몸으로 무엇을 할 것인가? 그 몸을 어떻게 적절하게 처리할 수 있을까? 이 몸은 완전히 내면화되거나 그 자체로 비워질 수 있는 것이 아니라 가장 무의식적 순간들에 텍스트를 당혹에 빠뜨린다. 결말이 다가옴에 따라 이는 미쉬킨을 화나게 만든다. 그는 책을 주머니에 넣는데, 다시 말해 그는 안쪽이라고도 바깥쪽이라고도 주장할 수 없는 불안정한 지형학의 차원에서 그 책의 위치를 고정시킨다. 그는 책을 품지만 무슨 목적으로 그러는지 완전히 분명해지지는 않는다. 소설은 이 이질적 책/몸을 어떻게 읽을 것인가에 관한 수사적 지침을 주는바, 『마담 보바리』는 미쉬킨이 가져가야만 했던 첫번째 몸을 표상하지 않기 때문이다. 애초부터 소설은 두번째이자 이중으로 병든 몸, 즉 텍스트 차원의 노력이 어리석음의 표시들로 장식되어 있는 허무주의자의 몸을 격리시켜야 할 필요를 알레고리로 만들었다. 주지하듯이 도스토옙스키는 소설에서 또다른 병든 몸의 소유자에게 이폴리트Ippolit라는 이름을 붙인다. 어떤 번역을 선택하느냐에 따라 철자는 달라지는데, 때로는 '이폴리트Hippolyte'라고도 쓴다.

백치에 의해 주머니에 넣어지고, 포섭되고, 폐쇄되는 대상기표인 『마담 보바리』에서 이폴리트Hippolyte는 제물로 바쳐진 신체의 이름이다. 절름발이 다리에 틀을 끼우는 것으로 이루어지는 새로운 수술법의 실험대상이 되었던 이 인물은 결국 샤를 보바리의 서투른 시술로 인해 [다리가] 절단되고 몸이 엉망이 되고 말았다.[52] '이폴리트'는 자신의 상처로 인해 의학의 신비화뿐 아니라 종교도 붕괴시키는—"그 와중에 종교는 수술만큼이나 도움을 주지 못했다. 처치 불가능한 괴저壞疽는 그의 배 쪽을 향해 계속 부풀었다"[53]—몸을 제공하는 데 그치지 않는다. 그것은 또한 플로베르에게 강렬한 오이디푸스적-형제간 투쟁 장소도 마련해준다.[54] 이폴리트라는 이름은 형제-부친살해적 열정에 관한 비밀스러운 이야기를 간수하면서 텍스트의 지하실을 봉인한다. 문학적 전승의 측면에서 보면, 형제간의 다툼은 도스토옙스키의 작품에 양가적 포용, 즉 한 작품이 다른 작품 속에 등장하는 [앞선 작품의 등장인물과] 동명의 주인공의 허약한 심장 근처에 자리잡는 형태로 옮겨진다. 그렇지만 도스토옙스키가 플로베르를 암호화하는 문제는 여전히 미해결로 남는데, 이는 상호연관성이라는 아마도 더 난해한 탐구의 과제를 제기하며 그야말로 협소한 문학사의 일반적 범위를 넘어선다. 지금 시점에서 우리가 알고 있는 전부는 플로베르가 도스토옙스키의 양가적 투쟁 공간을 점하고 있으며, 도스토옙스키의 글쓰기가 인식의 무의식적 형태들에 의존할 때 우리가 알아서는 안 되는 그 무엇을 표면에 드러낸다는 사실이다.

PART 3
윤리학과 마조히즘의 관련성

문학과 병리학

『백치』와 『마담 보바리』는 마치 은밀한 통신수단으로 연결된 것처럼 서로 소통한다. 귀를 기울여 들어보면 윤리적 불안과 흡사한 그 무엇이 생겨나서 통화중에 끼어들거나 문학적 전승의 논리를 방해한다. 플로베르에 관해 도스토옙스키는 무엇을 주장하는가? 아니 오히려 플로베르가 자신의 상대인 러시아인이 확보하려고 애썼던 방어체계에 공격적으로 흠집을 내는 것인가? 여전히 이해할 수 없는 방식들로 그들은 종종 서로의 목을 조른다. 두 작가는 병리화된 몸에 관해 무언가 할말이 있다. 그들은 고통받는 몸이 가리키는 복종의 법칙들을 이해한다. 플로베르는 중독된 몸을 발명한 반면, 도스토옙스키는 그 자신이 중독자로서 백치성 및 그와 어원이 같은 언어들에 고착되어 있다. 다른 곳에서 그는 중독적이고 범죄적인 심리학의 영역으로 모험하고자 한다. 물질적이고 역사적인 신체의 측면에서 그들은 동일한 질병을 공유했다. 이 불편한 동맹관계가 함의하는 바에 대해서는 걱정은 아닐지언정 좀 더 많은 고찰이 필요하다. 그들의 진료기록을 살펴보는 일은 정공법이 아니겠지만, 일부 병리학의 역사는 문학에 속하고 상상계의 공간을 차지함을, 그래서 단순한 표식을 넘어서는 세계의 의미에 대한 해석과 요청을 이끌어내고 있음을 우리는 상기할 필요가 있다. 도스토옙스키의 사례에 대해 프로이트는 그의 상태에 대한 기성의 진단을 악명 높게도 와해시켜서 그 일부를 허구라고 불렀다.

플로베르와 도스토옙스키의 차이, 혹은 이를테면 둘의 유일한 차이는 러시아 작가가 자기 소설들에서 간질병 사실을 중첩시켰던 그 집요함에서 확인할 수 있다. 주제상으로 두드러진 것은 아니지만 가시적이고 공인된 간질 상태는 문학적 분투의 대상이 되었다. (문학적) 계보의 다른 쪽에 있는 플로베르의 저작들은 마치 한 가족처럼 간질병에 대해 침묵을 지켰다. 그 병의 이름은 집안일로 간주되어en famille 발설되지 않았다. 대신 마조히즘적 부인否認의 과정이 시작되었다. 심지어 그의 아버지와 형이 치료에 좋은 전통 요법들을 이용해 그의 상태를 돌보아주었던 유명한 외과의사였음에도 불구하고, 가족들은 귀스타브의 간질에 대해 엄격히 비밀을 유지했다. 내부의 요청에 응답하는 대가는 간질에 대한 가족간의 억압에 참여하는 것이었다. 그러나 그는 침묵을 지키지 않으려 했고, 그 사실은 그의 글쓰기가 일으킨 스캔들로 인해 누설되는 바람에 부주의하게 폭로되는 경우가 더러 있었다. 1862년 12월 2일, 플로베르는 『르 피가로*Le Figaro*』 지면에서 노골적으로 공격받았다. "간질병의 하나랍니다! 널리 퍼진 소문에 따르면 플로베르는 간질병이라는군요."[55] 지금 그의 병은 소문 수준의 상태에 머물며, 그의 글쓰기 장르 자체를 설명하는 원인으로 여겨진다. 추측에 기댄 폭로는 확인되지 않은 채 남았고, 승인을 갈구하는 유령처럼 떠돌아다니게 되었다.

『백치』에서 아무런 논평 없이 전유하려는 도스토옙스키의 몸짓은 플로베르의 유령과 맺는 이중의 관계를 가리킨다. 그는 플로베르의 비밀을 알았고 어떤 의미에서 그를 폭로할 생각이었다. 무언가가 미쉬킨을 『마담 보바리』로 몰아갔을 때 그는 마지막 바퀴를 도는 중이었다. 동시에 그는 플로베르의 비밀을 폭로하기 일보

직전에 멈춘다. 펼쳐진 책을 훔쳐볼 때 미쉬킨은 드러내기보다 감추면서 보호의 봉인을 제공하며, 마침내 그 의미를 감추어진 주머니에 안전하게 보관해 은폐한다. 미쉬킨이 로고진의 고통을 보호하기로 작심할 때와 같은 방식으로 도스토옙스키도 부인된 역사를 담는 그릇이 됨으로써 비밀을 혼자 간직한다고 말할 수도 있겠다. 플로베르의 비밀—비록 때때로 이 비밀은 표면화되어 공공연한 비밀, 초창기 미디어 폭로의 대상이 되기는 하지만—의 보호자이자 은닉자로서 도스토옙스키는 플로베르를 마치 자신의 복제물로, 간질병이라는 재현 불가능한 체험의 살아 있는 암시로 기입한다. 이는 마치 플로베르가 공언 불가능한 고통의 공동체로 가는 열쇠를 쥔 것과 흡사하다. 판돈을 곱절로 만드는 달인인 도스토옙스키는 베팅이 끝났을 때 자신의 프랑스인 타자에 온 신경을 집중한다. 이런 이중 고통의 연대기는 한참 전에 시작되었는바, 두 작가는 한 쌍의 결합된 우연들로 연결되어 있기 때문이다. 우리는 무엇이 그들을 분리하는지 알고 있는데, 그렇다면 그들을 가까이 결합시키는 것은 무엇인가? 같은 해에 태어난 그들은 모두 유명한 외과의사의 아들이었다. 그들은 은둔의 법칙들을 존중해 고립되어 살았다. 결국 미쉬킨 공작과 보바리 부인은 한 쌍을 이루는바, 미쉬킨이 돌이킬 수 없는 최후에 진입할 때 쥐고 있게 될 유일한 책이 곧 보바리 부인의 삶이다.

그러나 '간질병 장르le genre épileptique'에 대한 폭로가 이루어질 때 그 쌍둥이 작가는 무엇을 공유하는가? 책 한 권을 통째로 그 주제 및 무수히 암호화된 간질 형태에 할애하지 않고는 답하기 힘들다. 의학적 소견 혹은 존재론적 표지로서 간질병은 모호한 상태로 남아 있으며, 어떻게 이 아주 복잡한 상태가 텍스트성을 장악하거나 심지어 하나의 장르를 이루는지는 여전히 이해되지 않는다. 하지만 병리학을 확정하려는 모종의 예비적 노력은 간질병이 그 전통적 위계를 결정적으로 위기에 빠뜨린 정신과 육체의 관계에 대한 분석에 수반되는 난해한 질문들을 밝히기 위해 반드시 필요하다. (마치 몸이 글을 쓰지 못하거나 몸 자체에 글이 쓰이지 못하며, 코드화되거나 추동되지 못하고 의미를 만들지 못한다는 듯이) 그러한 질문들을 분리할 수 있다고 가정하는 일은 터무니없을 것이다. 그 엄청난 파장을 감안하면, 그 질문들은 우리에게 간질병이 모종의 존재의 우둔함으로 확립하려는 듯한 그 연계들을 차례차례 탐구하라고 촉구하는데, 이 통찰은 플로베르와 도스토옙스키가 공동서명한 신체(작품)가 촉구하는 바이다. 글쓰기에 있어 두 작가는 그들이 어리석음의 단계들 혹은 백치성 내부에서 작동하는 실존적 변주들이라고 강박적으로 신성화했던 것이 가리키는 붕괴상태에 처해 있다. 도스토옙스키의 작품에서는 간질병 장면이 신성함의 한계를 이해하기 위한 통로가 되었다.

프로이트

간질병에 관한 문학적 서술에 가해진 아마도 가장 의미심장한 타격은 그 주제에 관한 프로이트의 저작에서 시작되었다. 프로이트가 다름 아닌 도스토옙스키의 사례를 고찰하기 위해 개입했을 때 고전적 간질병 장면(그리스인들은 신화에서 이 장면을 펼쳐낸다)에 어떤 사태가 발생했다. 그의 저작의 전개과정에서 특별한 위치를 점하는 간질병은 정신분석학이 정립된 후에도 프로이트가 다루었던 유일한 신체 질병이다. 주요 연구자들은 히스테리와 간질을 분리하려고 무진 애를 썼던 반면, 프로이트는 도스토옙스키를 히스테리성 간질병자로 다루었다. 다시 말해 본질적으로 중증 히스테리 환자로 본 것이다. 간질병 그 자체가 해독하려는 시도들을 퇴짜놓는다는 점—프로이트는 이런 가정을 거부한다—을 고려하면 이러한 발견적 판정 덕분에 프로이트는 모종의 지렛대를 얻는다고 볼 수 있다. 또한 우리 시대의 정신분석가 마리테레즈 쉬테르망이 주장하듯, 또다른 층위에서 보면 프로이트는 부친살해 충동에 동기부여되어 자기 선생이자 스승인 장 샤르코, 즉 히스테리성 간질환자 분야의 시조가 만든 이론들을 뒤집어엎길 원했다고 볼 수도 있다. 실제로 히스테리와 간질병 쌍은, 여성이 히스테리를 얻는다면 남성은 간질병을 얻는다는 식으로 성적 차이에 따라 분리되어왔던 것이다.

그러나 프로이트는 이러한 구분을 흐리게 하고 도스토옙스키의 상태를 집요하게 '이른바 간질병'으로 이름붙인다. 그가 암시하는 바로는, 이 병의 이름을 둘러싼 머뭇거림은 마찬가지로 임상적 불안정성에서 유래한다. "'간질병'이 단일한 임상적 실체라고 주장하기는 불가능하다는 것이 밝혀졌다."[56] 인용부호에 묶여 관찰의 대상이 된 '간질병'은 더구나 프로이트에 의해 "예측 불가능하고 자극받지 않은 것이 분명한 발작적 졸도를 동반하며, 짜증과 공격성으로 돌변하는 특성, 그리고 모든 정신 능력의 순차적 저하가 수반되는 기이한 질병"(21권 179쪽)으로 간주된다. 이 시점에 이른 그의 사유에서 히스테리로 회귀하는 일은 어느 정도의 기이함을 수반한다. 제임스 스트레이치는 도스토옙스키를 다룬 그 논문이 20년 전 프로이트가 그 주제를 다룬 초기 페이퍼(1909) 이후 히스테리성 발작에 관해 언급한 최초의 논의가 됨을 상기시켜준다. 그 상태가 야기하는 핵심 관심사는 정신의 견고함이 허물어져서 백치로 지목되어온 상태로 추락하는 과정과 관련되어 있다. 프로이트는 대부분의 경우 간질 발작은 정신의 무더짐과 연루된다고 설명한다. "거의 대다수의 경우 지적 손상이 아무리 특징적으로 나타난다고 해도 그 고통이 최고의 지적 성취를 방해하지 않는 적어도 하나의 사례(헬름홀츠Helmholtz의 사례)를 우리는 알고 있다."(21권 180쪽) 괄호에 넣어서 프로이트는 다음과 같이 말한다. "(동일한 주장이 이루어졌던 다른 사례들은 논란의 여지가 있거나, 도스토옙스키 본인의 경우처럼 비슷한 의문에 처해 있다.)"(21권 180쪽) 주목을 받기 시작하는 질문은 '왜 도스토옙스키는 백치가 아니었는가?'인 듯하다.

도스토옙스키 성격의 몇몇 지배적 특성에 관한 프로이트의 논의는 『백치』의 독자들에게 그리 낯설게 느껴지지 않을 텐데, 프로이트가 콕 집어낸 두드러진 특징들은 미쉬킨에게서 되풀이되며 지금까지의 논의에서 우리의 관심사이기도 했기 때문이다. 프로이트의 저술을 통하는 우회로는 예컨대 미쉬킨의 과장된 친절과 신뢰성 강한 성격 같은 본질적 자질들을 새롭게 조명할 것인바, 이것들은 사회적 마조히즘에 관한 프로이트의 상세한 분석 및 미쉬킨이 빠지게 되는 죄의식의 집요한 추동에 관한 그의 관심을 통해서 정의될 것이다. 프로이트는 도스토옙스키가 자신을 뭐라고 불렀는지 반추하면서 시작한다. 프로이트는 우리의 관심을 불러일으킬 만한 방식으로 그 문제에 관해 그를 호출한다.

"난 여자에 대해 아는 게 없어."

> 도스토옙스키는 의식의 상실과 근육의 경련 및 잇따르는 우울이 수반되는 심각한 발작 때문에 자신을 간질병자로 불렀고 다른 사람들도 그렇게 간주했다. 이 이른바 간질병은 단지 하나의 신경 증상에 불과하며 따라서 히스테리성 간질, 다시 말해 극도의 히스테리로 분류해야 할 개연성이 이제 매우 높아진다. 우리는 두 가지 이유로 이 점에 관해 완전히 확신할 수는 없는데, 첫번째는 도스토옙스키의 공인된 간질병에 관한 기억상의 데이터에 결함이 있고 신뢰성이 없기 때문이며, 두번째는 간질병 형태의 발작들과 결합된 병리학적 상태에 관한 우리의 이해가 불완전하기 때문이다.(21권 179쪽)

도스토옙스키의 발작에 관한 데이터와 묘사들이 신빙성이 없기 때문만은 아니고, 이러한 "발작들이 비록 일반적으로 우리가 이해할 수 없는 방식으로 순전히 육체적 원인에 의해 결정되어 있긴 하지만, 그럼에도 불구하고 그 최초의 출현은 온전히 정신적인 모종의 원인(예컨대 공포)에 의거하거나 다른 측면에서는 정신적 흥분상태에 반응하는 것일 수도 있기 때문이다."(21권 180쪽) 격한 떨림, 혀 깨물기, 요실금을 부추기고 "심각한 자해의 위험이 있는 치명적 간질지속증status epilepticus으로 진행되는" 발작은 "환자가 마치 무의식의 지배를 받는 것처럼 본성에 어긋나는 어떤 일을 벌이게 되는"(21권 180쪽) 그 짧은 시간 동안에 끝이 난다. 이는 마치 비정상적 본능의 방전을 위한 메커니즘이 유기적으로 작동된 것과 흡사하다.

이제까지 우리가 간질병에 관해 '알고 있는' 것—프로이트의 머뭇거림 및 그가 이해의 '회피'를 드러내는 방식을 강조하는 일은 매우 중요하다—은 그것이 정서적, 정신적, 물리적, 그리고 기계적 과정들을 관장하는 영역, 즉 모든 육체적이고 정신적인 기능들이 집결되고 분배되며 재종합되는 매우 활성화된 두뇌기관에서 기원한다는 사실이다. 게다가 환영적 투사와 초자아적 협상의 장소, 즉 "이른바 간질병"으로 향하는 출발지점은 무의식이 침범해 들어오는 주체의 정신신체적 영역의 불안정한 통일성에 관해 따져 묻도록 촉구한다. 산도르 페렌치가 발견한 바에 근거해 말해보자면, 간질병 상태의 핵심에 자리한 충동은 완전히 의식적이지도 않고 전적으로 무의식적이지도 않으며 신체적 유산을 간직한다.[57] 너무나 공감한 나머지 유기체적 중추라는 공준을 반박할 수 없었던 프로이트는 정신적 추동의 정해진 표식들과의 연관성을 추적해 그것을 히스테리성 전환에서 찾는다. 간질병을 과학적으로 탐구하게 되었을 때, 신비하게도 간질병의 저항적 본성을 지적한 사람이 결코 프로이트 혼자만이 아니라는 점은 지적해둘 필요가 있다. R. 부샤르는 그 상태를 "가장 공략 불가능한 신경학의 요새들 가운데 하나"[58]로 지목한다.

전부 의식적이지도 않고 무의식적이지도 않지만 내부 깊은 곳에 자리한 것으로 보이는 외면성에 대한 의식에서 촉발되어 정신과 육체를 두드리고 지나가는 축약적 재진술syncopic restatements에 주의를 기울이는 일반화된 간질병의 상태는, 잠복기간을 거쳐 표출되었을 때 이를테면 주체를 의식 밖으로 내보내며, 그것이 부추기는 로봇 같은 휘청거림을 통해 몸을 기계화한다. 자동기계automaton 같은 외형을 띠는 간질병은, 수많은 임상연구 결과에 따르면, 어떤 의미에서 별 의미 없이 성性구분된, 다시 말해 무성無性적인, 천사 같은, 혹은 양성애적이거나 양성구유적인 자아를 무기물로 만든다. 어김없이 시작되지만 예측이 불가능한 증상의 출현에 지쳐 주체는 가장 극단적 수동성에 굴복한다. 고통받는 사람들은 자기들의 통제를 벗어나는 힘으로 인해 아주 골치 아픈 상황에 직면한다.

프로이트와 다른 이들의 주장에 따르면 간질병자는 말하자면 마조히즘적 고착에 지배되는 사디즘적 장면들에 이끌리는 경향이 있다. 그들의 사디즘은 외부를 향해서는 미미하게 표출되지만 자신들 내부를 향하게 되면 훨씬 일관되게 표출된다. 이로 인해 도스토옙스키 작품에 등장하는 엄청나게 모욕받고 공격받는 수많은 주체는 계속해서 유아기적 전능성과 씨름하게 된다. 도스토옙스키가 간직하는 사도마조히즘적 연계는 프로이트에게 굉장히 중요하기에, 우리는 간질병의 속성들에 관한 윤곽 그리기가 완성된 연후에 그 연계의 다양한 함의에 대해 언급할 것이다. 주체가 굴복하게 되는 극단적 수동성의 한 측면은 발작의 기계적 측면들을 통해 증명된다. 진작부터 기술신체technobody를 형상화하는 이 육체적 기계화의 분출은 『백치』에서 이폴리트가 저지 불가능한 백치성과 연관시키는 그 무엇으로, 이는 발작적 행위의 흉내내기를 불가피하지만 어리석은 방식으로 수행한다.

성행위를 멍청하게 반복하는 일은 간질병의 위기와 연관을 맺게 되었는데, 복종하는 신체를 관통해 지나가는 성애화된 흐름이 거기 존재하기 때문이다. 프로이트는 발작시에 풀려나는 본능적 분출의 메커니즘이 "근본적으로 유독성의 기원을 가진 성애적 과정으로부터 멀리 떨어져 있지 않다"는 것을 우리에게 상기시킨다. "아주 초기의 외과의사들은 교미를 경미한 간질병의 하나로 묘사했고, 따라서 자극을 해소하는 간질병 치료법의 완화된 형태와 각색된 형태를 성적 행위에서 찾아냈다."(21권 180~181쪽) 이 주장에 따르면 전혀 독창적 행위가 아닌 성행위는 간질병의 "치료법"에서 빌려온 것이며, 이는 이제 간질기질 해소라는 한 분야를 이룬다. 교미는 발작을 모델로 한 것이라고 언급된다.

간질 발작은 또한 신경증적 조작에 좌지우지되는 상태에 놓여 히스테리 증상이 된다. 프로이트는 계속해서 주장한다. "이 공통된 요소에 이름붙인 '간질성 반작용'은 또한 분명코 신경증에 장악되어 있는데, 이 신경증의 본질은 신체적 수단을 이용해 정신적으로 감당할 수 없는 분량의 흥분을 제거하는 일이다. 따라서 간질 발작은 히스테리 증상이 되며, 평범한 성적 분출과정에 의해서와 마찬가지로 히스테리에 의해서 조정되고 수정된다."(21권 181쪽) 이러한 간질성 반작용은 정신과 육체 공용의 잉여자극 해독제detox surplus stimulants를 돕는 역할을 하도록 지배적 신경증에 의해 포집될 수도 있다. 이는 감당할 수 없는 과잉을 신체로 이송하는 장치로 변환시켰기에 모종의 청결 메커니즘에 상응한다.

이 지점에 도스토옙스키의 중독증을 해명할 모종의 실마리가 보이는데, 가장 극명한 중독의 사례는 물론 그의 도박중독에서 찾을 수 있다. 프로이트는 이러한 충동적이고 히스테리적인 특징들을 엄중한 처벌에 대한 도스토옙스키의 요구, 즉 세상에 대해 모멸과 확실한 부채를 자신에게 제공하라고 촉구하는 요청이라는 관점에서 해석한다. 그야말로 이는 도박이 충족시켰던 요구들이었다. 어쩌면 놀랍지도 않게 그 전개과정은 전형적으로 프로이트적인 방식이 되어, 소모적 중독은 거세의 진실과 연계된다. 다른 모든 중독과 마찬가지로 자위행위라는 "원초적 중독"[59]에서 기인하는 도박은 끔찍한 죄의식의 위험을 불러일으키는 와중에 주체를 거세의 위협으로 몰고 간다. 중독과 간질 발작은 모두 엄격하고 사디즘적인 아버지에 대한 양가적 태도에서 생겨난다고 알려져 있다. ("아이는 아버지의 위치에 있고 싶은데, 아버지를 존경하고 그처럼 되고 싶어서이기도 하지만 또한 그를 제거하고 싶기 때문이기도 하다." 21권 183쪽) 양가적 태도는 죽음충동을 발동시킨다.

성행위를 예비하고 모방하는 발작은 또한 죽음을 배가시키기 위해 쾌락원칙을 넘어선다. 도스토옙스키가 기록하는 혼수상태와 잠에 빠진 상태는 "죽음의 의미를 지녔다. 그것들은 죽음의 위협의 전조가 되었고"(21권 182쪽) 프로이트가 나중에 "죽음 같은 발작"이라고 부르는 것을 생산했다. 몇몇 다른 근거는 도스토옙스키가 거의 매일 의례적 행동과 준비과정을 통해 얼마나 간절하게 죽음을 기다렸는지 강조한다. 다른 활동들 가운데는 그가 다음날 아침 그가 죽은 것을 발견할 수도 있을 사람이 보도록 베개 속에 메모를 남겼던 일도 있다. 그리고 멀리서도 교감할 만큼의 관계에 있던 주치의의 집에 정기적으로 달려가 그의 보살핌을 받는 손님으로 하룻밤을 묵곤 했다. 이런 외박은 두려움을 없애주었으나 장기적으로는 그 증상을 퇴치하지 못했다. 프로이트의 상담소파로 돌아가보자. 요컨대 발작은 죽은 사람과의 동일시, "진짜로 죽은 사람 혹은 아직 살아 있으나 주체가 죽었으면 하고 바라는 사람"(21권 183쪽)과의 동일시를 의미한다. 이것이 바로 발작이 주체를 살해충동의 중심점과 동일시하는 과정에서 실제로 "처벌에 해당하는 가치"를 갖는 방식이다. 우리는 다른 사람의 죽음을 원했고, "이제 우리가 그 다른 사람이 되어 스스로 죽는다."(21권 183쪽) 히스테리성 발작은 우리가 살인에서 벗어날 수 없었음을 의미한다. 우리가 바로 그 수단인 것이다. 우리는 살해충동이 겨냥하는 대상이 되는 방식으로 우리 몸을 던졌고, 우리가 의뢰했던 죽음의 춤을 추면서 대상으로 지목된 타자와 계속 자리를 바꿀 것이다. 프로이트는 그 섬뜩한 춤이 살해충동에 좌지우지된다고 보았지만, 그것은 쉬테르망이 나중에 주장하듯 타인에 대한 살해충동이 아니다. 다시 말해 전승된 판타지의 암시들 내에서 어린아이가 곁에 있는 부모로부터 거의 자신의 소멸을 바라는 메시지를 받았을 때와 매한가지인 상황에 의존한다. 두 관점은 모두 초기의 살해 장면, 즉 아이가 희생자이자 가해자로서 성인에 이르기까지 지속적으로 수행하는 살해 장면에 관한 판타지와 일치한다. 쉬테르망은 발작이 유아살해의 판타지와 두려움에서 기원한다고 주장하는 반면, 프로이트는 아이를 숙성시켜서 이를 투사된 살해충동의 부차적 효과로 만든다. 정신분석학 이론은 아이에게 타깃이 대체로 아버지이며 "(히스테리성이라 명명된) 발작은 따라서 혐오스러운 아버지를 향한 살해충동에 대한 자기처벌이다"(21권 183쪽)라고 주장한다. 징벌적 발작은 불쾌한 아버지를 잡으려고 분투하는 자신의 한 부분에 금지명령을 내리는 방식이고 이미 그의 죽음과의 동일시에 갇혀 있다.

그렇다면 간질병에는 두 가지 유형이 있는 셈이다. 도스토옙스키의 병을 "우리 작가의 이른바 간질병"(21권 184쪽) 테두리 속에 집어넣는 해석의 노선을 따르기 위해 프로이트는 유기적 간질과 "효과적" 혹은 기능적(심인성) 간질을 구분해야만 했다. "이 구분의 실질적 중요성은 첫번째 유형으로 고통받는 사람이 뇌의 질병을 갖는 데 비해, 두번째 유형으로 고통받는 사람은 신경증자라는 점에 있다. 첫번째 경우 그의 정신생활은 외부에서 오는 낯선 방해작용에 영향을 받지만, 두번째 경우 방해작용은 그의 정신생활 자체의 표현이다."(21권 181쪽) 프로이트는 제시된 두 선택지 가운데 두번째 것에 도스토옙스키의 간질을 위치시키는데, 물론 나중의 학자들이 전개했던 바와 같은 교조적 의미에서는 아니었다. 프로이트의 앎의 수사학은 반박 불가능한 과학적 증거를 향한 소망충족을 포기하게 될 것이다. 그는 이렇게 쓴다. "엄밀히 말해 이것은 증명될 수 없다. ……우리는 아는 게 거의 없다. ……〔발작들〕과 도스토옙스키의 체험들 간의 관계에 대해 우리가 아는 것은 흠결이 있고 종종 모순적이다."(21권 184쪽) 그는 "가장 그럴듯한 가정"에 근거해 계속 주장하는데, 그 가정에 따르면 초기의, 유아기의 증상들은 저자가 18세 때 맛본 충격적 경험, 즉 아버지의 살해에 곧바로 이어졌던 간질병의 형태를 띠었다.

프로이트의 자료들이 정리한 대로 살인이 벌어졌든 아니든—그는 레네 휠뢰프밀러, 에메 도스토옙스키가 쓴 아버지의 전기, 그리고 오레스트 밀레르가 제공하는 자료들을 근거로 삼았다—프로이트는 격렬한 발작을 부친 콤플렉스에 못박는다. 도스토옙스키의 잠재적 동성애로 인해 악화되었든 확증되었든 간에 부친 콤플렉스는 대체로 표도르 미하일로비치가 자신에게 가해졌던 엄청난 실존적 모욕들을 마주했을 때 취했던 수동적 입장들의 근거가 되고, 나아가 차르와 신, 즉 "작은 부친"과 대부에 대한 그의 과도한 복종심을 설명해준다. 도스토옙스키의 발작은 죽은 자의 모방, 그가 죽어버렸으면 하고 바랐던 것과 이제는 치명적 업보의 순환에 의해 자신이 죽어버리기를 바라는 것의 모방인바, 그 순환에 따르면 우리는 남에게 한 그대로 되돌려받기 마련이며 그것이 우리의 무의식에서 나온 것이기 때문에 더욱 그러하다.(프로이트: "우리 무의식의 정신활동을 지배하는 것들은 우리의 의식에 너무나 낯설다!" 21권 184쪽) 다른 텍스트들을 통해 알고 있듯이 부친은 살아 있을 때보다 죽었(으면 했)을 때 더 활발하다. 여기서 사멸된 부친은 우리가 미래와 합일했음을 인증하며 운명의 의미를 완성한다. 잘 알려진 한 여담에서 프로이트는 운명이 결국에는 부성적 투사로 회귀한다고 말한다. 운명fate이라는 개념 자체가 부친적fatherly이라는 것이다.("심지어 운명조차 최종 순간에는 나중에 투사된 아버지에 불과하다." 21권 185쪽) 운명과 부친의 피치 못할 공명은 적어도 운명애amor fati와 부친애amor vati 간의 동음이의적 협력관계에 대한 니체의 암시 이래로 매우 잘 정립되어왔다. 진지하게 말해, 죽음 같은 발작을 겪는 어린아이의 증상들은 따라서 "초자아에 의해 처벌로 주어지는 부친동일시가 그의 자아에 나타난 것"(21권 185쪽)으로 이해될 수 있다. 아버지의 내면화된 욕망은 주체를 죽음에 빠지게 만드는 싸움에서 자아동일시된 아버지보다 우세하다. 반복적 처벌은 시간이 정해진 의례로서 초자아의 분노가 요구하는 대가이다.

그러나 두 부친은 어떻게 지배하고 싸우는가? 프로이트는 부친 기능의 분할을 이야기한다. 우리 작가의 이른바 간질병은 오이디푸스 콤플렉스에 있어서 아버지에 대한 증오가 억압된 결과로 발생했다. 억압은 보충된다. "무언가 신선한 것이 덧붙여진다. 다시 말해 사정이 어찌됐든 간에 아버지와의 동일시는 마침내 자아 안에 항구적 자리를 차지하게 된다."(21권 184쪽) 자아에 받아들여진 동일시는 거기서 자아의 다른 내용들과 대비되어 하나의 독립된 행위자로 정립된다. "우리는 이제 그것에 초자아라는 이름을 붙이고 부친 영향력의 계승자, 가장 중요한 기능들의 계승자라는 역할을 부여한다."(21권 185쪽) 만일 아버지가 완고하고 폭력적이며 잔인하다면, 그런 속성들은 초자아에 넘겨지고 초자아가 자아와 맺는 관계에 있어서 억압되어온 것으로 여겨졌던 수동성이 재정립된다. 초자아는 사디즘적으로 변하고 자아는 마조히즘적으로 바뀌어 초자아의 통제 시스템에 의해 수동적이 되며 심지어 '여성화'되기도 한다. "징벌을 원하는 막대한 요구가 자아에서 생겨나는데, 일부는 스스로를 운명의 희생양으로 제공하며 또한 일부는 초자아의 푸대접(다시 말해, 죄의식)에서 만족감을 느끼기도 한다. 왜냐하면 모든 처벌은 궁극적으로 거세이며, 그 자체로 아버지에 대한 오래된 수동적 태도의 완성이기 때문이다."(21권 185쪽) 논의를 마무리하며 프로이트는 이렇게 적는다. "'당신은 스스로 아버지가 되기 위해 당신 아버지를 살해하고 싶어했다. 이제 당신은 당신의 아버지이지만, 죽은 아버지이다.' 이게 바로 히스테리 증상의 일반적 메커니즘이다. 더 나아가, '당신 아버지가 당신을 죽이고 있다.' 자아에게 죽음 증상은 남성적 소망의 판타지 충족인 동시에 마조히즘적 충족이다. 초자아에게 그것은 처벌을 통한 만족, 즉 사디즘적 만족이다. 자아와 초자아 둘 모두는 아버지의 역할을 수행한다."(21권 185쪽)

도스토옙스키가 차르의 경찰에 체포되었을 때 그의 증상들은 저지되었다. 도스토옙스키가 시베리아에서 발작이 없었다는 놀라운 사실은 이러한 발작들이 그에게 처벌로 기능한다는 프로이트의 추정을 확증할 뿐이다. 복역을 하고 아버지에 복무하면서 도스토옙스키는 운명에 의해 이렇게 극단적으로 겸손해졌을 때 더이상의 징벌적 발작을 필요로 하지 않았다. 그러나 프로이트는 다시 조심하라고 이른다. "그러나 그것은 증명될 수 없다."(21권 186쪽) 이해될 수 있는 사실이라고는 도스토옙스키가 "아버지의 대리인에 의해 처벌받았을 때" 자신을 처벌해야만 하는 짐에서 놓여났다는 것뿐이다. "여기서 우리는 사회가 부과하는 처벌의 심리적 정당화에 관해 일별하게 된다. 많은 범죄자 집단이 처벌을 원하는 것은 사실이다. 초자아가 처벌을 요구하기에 스스로 처벌을 가해야 할 필요로부터 면제된다."(21권 186~187쪽)[60] 우리는 형벌 시스템의 제도화에 관한 철저한 심리학을 프로이트가 제기한 논점, 즉 초자아는 자아가 가차 없는 처벌에서 놓여날 수 있는 유일한 조건, 즉 외부로부터의 엄한 처벌의 형태를 모색한다는 주장과 견주어보아야만 할 것이다. 구금과 그와 유사한 제도적 시스템의 도움에 관해 독단적 결론을 내리지 않기 위해서는 프로이트가 국가의 처벌 기능을 배가하거나 처벌 요구들을 충족시키도록 부추기는 것이 아니라는 점을 기억하자. 게다가 초자아와 경찰이 그를 추방시킬 필요에 합의했음에도 불구하고, 도스토옙스키는 결백했다는 사실을 언급해두는 것도 분명 중요하다.

이 사례에 대한 프로이트의 성찰은 도스토옙스키가 고통과 굴욕의 시베리아 세월을 쓰러지지 않고 보냈다는 사실에 관한 해명을 제공한다. "도스토옙스키가 정치범으로 비난받은 일은 부당했고 그도 그것을 분명 알았지만, 그는 작은 부친인 차르의 손에 의한 부당한 처벌을 자신의 친부에게 저지른 죄에 합당한 처벌의 대용으로 간주해 받아들였다. 자신을 벌하기보다 그는 아버지의 대리인에 의해 처벌받았다."(21권 186쪽) 프로이트 논평의 대부분은 『카라마조프 형제들』에 묘사된 간질병 범죄자와 강력한 형제애에 의해 봉인된 부친살해의 계약에 관해 언급하는바, 이것들은 그의 이론을 잘 설명해준다. 그가 초점을 맞추는 감정적 특질들은 『백치』의 경우에도 해당되는데, 물론 『카라마조프 형제들』을 좌지우지하는 가부장과 비교했을 때 이 소설에서의 가부장 기능은 산만하고 제멋대로이다. 두 텍스트는 모두 우리가 윤리학에 대해 안다고 생각하는 것에 관해, 혹은 우리가 윤리학으로 하여금 전통적으로 배제하고 폐기하도록 만든 것에 관해 비판적 재검토를 촉구하는 윤리적 머뭇거림에 이른다.

여러 곳에서 프로이트는 범죄자와 간질병자의 비교를 요구하는 듯 보인다. 프로이트가 보기에 도스토옙스키는 범죄자에 관한 한 무한한 동정심을 보여주었다. 그의 작품에서 되풀이되는 증상은 모든 것을 용서하려는 경향과 연관된 악인에 대한 과도한 동정심의 표출과 관련 있다. 프로이트는 작가에게서 나타나는 일탈자에 대한 그러한 집착을 "유사한 살해충동들에 기반을 둔 동일시, 즉 실제로는 살짝 어긋난 나르시시즘"(21권 190쪽)에 귀속시킨다. 삽입구문을 통해 공감의 윤리학을 무력화시키는 데 아무런 관심이 없다는 것을 인정한 뒤—"(이렇게 얘기함으로써 우리는 이러한 친절함의 윤리적 가치에 관해 논쟁하려는 것이 아니다)"—그는 계속해서 자신의 탐구가 일반적 특성에 관계되며, 이것이 다른 사람들에 대한 친절한 공감의 메커니즘에 기반이 되는 한 이는 "죄의식에 사로잡힌 소설가의 이 극단적 사례"로부터 아주 즉각적으로 얻을 수 있는 것이라고 말한다. "동일시를 통한 이 공감이 도스토옙스키의 제재 선택을 정하는 결정적 요소였다는 데에는 의심의 여지가 없다."(21권 190쪽) 과도한 공감과 극단적 친절의 증상은 그의 작품에 퍼져 있으며 주인공들을 꾸준히 탈범죄화하는 과정이 벌어진다.(미쉬킨은 아직 드미트리를 대체하지 않았으나, 함축적 유비관계의 법칙에 의해 소개되는 동일한 별자리에 속한다.) 범죄자에 대한 도스토옙스키의 공감은 끝이 없어서 "그 불행한 작자가 받아 마땅한 동정을 넘어서며……〔그리고〕 과거에 간질병자와 정신병자를 두고 거론되었던 '거룩한 경외심holy awe'을 상기시킨다. 범죄자는 그에게 거의 구원자, 즉 다른 이들이 떠맡았어야만 할 죄의식을 스스로 떠안고 지내온 사람이다."(21권 190쪽)

범죄자의 회복과 사법적 가치평가의 전복은 나중에 장 주네의 에세이 「『카라마조프 형제들』 읽기」의 주제가 되는데, 그 작품에서 모델로 삼은 그 필요불가결한 범죄 사기꾼은 여기서 "영혼의 대범한 선동"[61]이라고 불린다. 과거에 간질병자와 정신병자를 맞이했던 역사적 경외심은 두 경우 모두 도스토옙스키에 의해 미화된 범죄자 숭배로 진화한 것으로 간주된다. 우리는 이렇게 진행중인 변천의 신호들을 미쉬킨이라는 인물에서 탐지하는바, 그는 구원의 아우라에 의해 보호받는 동시에 살인자, 즉 그의 영혼의 형제도 포용할 수 있는 인물이다.

복잡한 서류철이 열렸다. 프로이트는 윤리학의 가능성을 무너뜨리지 않기 위해 꽤 노력을 기울인다. 더 나아가 그의 논문은 친절함의 덕목으로 상정된 것을 공격한다. 면밀히 검토해보면 예의바름과 공손함을 포함하는 지나친 친절함의 자질들은 개연성 없는 도착성perversity의 근원을 가리킨다. 기독교적 가치들로 알려진 사랑과 공감은 도스토옙스키의 마조히즘적 전과 기록의 측면에서 볼 때 아주 강력한 파괴충동과 연관된다. 도스토옙스키는 손쉽게 범죄자가 될 수 있었다고 프로이트는 여러 차례 여러 가지 방식으로 지적한다.(예컨대, "그의 감정 활동의 엄청난 강렬함, 그를 어쩔 수 없이 사도마조히스트나 범죄자로 낙인찍게 만들 도착적이고 내재적이며 본능적인 성격, 그리고 분석 불가능한 그의 예술적 재능" 운운하는 대목. 21권 179쪽) 쥐인간Rat Man*의 경우에도 유사한 형태의 주장과 행렬이 만들어지는데, 거기서 프로이트는 아들이 어렸을 때 범죄자 아니면 천재가 될 운명이라고 했던 아버지의 비난을 감탄스럽게 명기한다. 분석가는 거기에 주석을 달아 "혹은 신경증자"라고 덧붙인다. 프로이트는 사례 연구의 주인공들에게는 넉넉한 공감을 지불하는 반면(프로이트는 임상실험이 행할 수 있는 역전이逆轉移의 강렬함에 대해 처음으로 개념화하고 있었던데다 그 작자[쥐인간]가 그의 작품[『일상생활의 정신병리학』]도 읽었다니 그럴 수도 있겠다) 도스토옙스키 연구에서는 그런 것을 찾아보기 힘들며 공감 그 자체가 심문의 대상이 된다. 프로이트가 훗날 테오도어 라이크에게 보낸 1929년 4월 14일자 편지가 확인해주듯, 그는 도스토옙스키에 대한 존경이나 글쓰기 자체에 대한 특별한 경탄 때문에 글을 쓰고 있지는 않았다.("그 글은 누군가†의 편의를 봐주기 위해 마지못해 쓰였습니다. 요즈음 항상 마지못해 글을 써요." 21권 195쪽) 여기에 역전이의 문제가

*프로이트의 사례 연구 가운데 가장 유명한 인물로, 아버지의 잘못된 선택으로 인한 죄를 자신이 갚아야 한다는 부채감에 시달린다. 강박신경증의 대표적 사례로 꼽힌다.

†프로이트의 친구이자 의사·정신분석가인 막스 아이팅곤Max Eitingon을 가리킨다. 프로이트는 아이팅곤이 창설한 베를린 정신분석학 연구소 10주년을 기념해 서문을 써준 적이 있다.

있다면, 그것은 경멸에서 흘러나온다. 작가에 대한 그의 전이는 부정적이다.

불가피하게도 도스토옙스키의 개인사에 관한 프로이트의 가차 없는 검토는 좀더 당파적인 문학 비평가들의 원한을 사게 되었다. 그는 작가의 개인적 약점과 정치적 아둔함에 관해 너그럽게 넘어간 적이 거의 없었다. 도스토옙스키는, 분석가가 신세진 데 대해 고마움을 표했고 사례 연구의 마지막에 주석을 달아 1차대전에서 맞은 그의 죽음을 애도했던 쥐인간이 아니었다. 도스토옙스키의 정치적 사망은 또다른 행로를 그린다. 빚을 정산할 때 프로이트는 도스토옙스키가 국가나 종교에 퇴행적으로 귀의한 일을 눈감아줄 생각이 없었다.(“미미한 인물들이라면 더 작은 노력으로도 이르렀을 위치. 이는 저 위대한 인격의 약점이다. 도스토옙스키는 인류의 스승이자 해방자가 될 기회를 던져버리고 인류의 간수들과 어깨를 나란히 했다. 인류 문명의 미래는 그에게 고마워해야 할 것이 별로 없다.” 21권 177쪽) 그는 도스토옙스키가 어린 소녀를 성폭행한 일이 있었다고 고백했을 가능성에 대해 주저 없이 언급한다.(프로이트가 히스테리와 겁탈의 차이를 흐린다고 꾸준히 비난하는 사람들은 도스토옙스키의 작품들, 특히 『스타브로긴의 고백』과 『위대한 죄인의 생애』에서 유아강간을 테마로 다룬 많은 사례와 관련해 이 대목을 살펴볼 필요가 있다.) 그는 도스토옙스키의 호전적 반유대주의는 눈감고 넘어가며 언급하지 않는다. 라이크에게 보낸 편지에서 그는 이 양반에 대한 근본적 혐오감을 고백한다.(“도스토옙스키의 강렬함과 걸출함에 대한 나의 경탄에도 불구하고 내가 그를 실제로 좋아하지 않는다고 당신이 의심한다면 이 또한 옳아요.” 21권 196쪽) 이 명시적 반감은 직업상의 이유들에 뿌리를 두고 있는데, 프로이트가 라이크에게 납득시키는 바에 따르면 개인적이고 거의 우연적인 성격에서 기인한다. “왜 그런가 하면 병리학적 성격들에 대한 내 참을성이 분석에서 바닥났기 때문입니다. 예술과 삶에서 나는 그것들을 관용하지 않아요. 그것들은 내 개인의 성격 특성이고 다른 이들에게는 해당되지 않습니다."(21권 196쪽) 지치고 마지못해 누군가의 편의를 봐주며, 그와 거의 동시에 『문명 속의 불만』, 「페티시즘」, 「종교적 경험」, 『환상의 미래』에 관해 구상하면서 프로이트는 도스토옙스키에 신경을 쓰지 않는데, 그 이유는 바로 도스토옙스키가 환자의 특권을 누리지 못하고 자신을 예술과 삶의 진영에 위치시켰기 때문이다. 표도르 미하일로비치가 소파에 앉아 있었다면, 분석가의 참을성은 엄청났었을 터였다.

도스토옙스키 입장에서 보면 정치 사상가, 스승, 해방자가 될 기회를 날려버린 셈이다. 그는 고통스럽고 억센 역사의 족쇄들을 풀 수 있는 열쇠를 던져버렸다. 어쨌든 그는 프로이트가 일거리에서 벗어나지 못하게 만든다. 범죄자에 대한 그의 친밀감이 프로이트에겐 걱정거리였으나, 범죄자 분석의 한 가지 결정 요소와 부합하지 않기 때문에 프로이트는 결국 그를 방면한다. 범죄자의 본질적 특징은 두 가지다. 무한한 이기주의와 강한 파괴충동. 이 두 가지 모두가 표출되기 위한 필요조건에는 사랑의 부재, 즉 (인간적) 대상에 대한 감정적 고마움의 결핍이 들어 있다. "우리는 도스토옙스키가 이와는 대조된다는 점을 떠올릴 수 있다. 사랑에 대한 그의 대단한 욕구와 사랑을 할 수 있는 그의 엄청난 능력 말이다. 이는 과장된 친절함이 표출되는 경우 드러나며, 예컨대 첫번째 부인 및 그녀의 정부와의 관계에서처럼 응당 혐오하거나 복수심에 불타야 할 경우 그로 하여금 사랑하고 돕게 만든다. 사정이 그러하니, 왜 도스토옙스키를 범죄자로 취급하려는 유혹이 있는지 물어야만 한다."(21권 178쪽) 도스토옙스키를 범죄자로 만들려는 충동은 그의 제재 선택에 의해 뒷받침된다고 프로이트는 말한다. 하지만 도스토옙스키는 마조히즘에 의해 탄력을 받은 파괴적 파토스의 형태로 범죄 본능을 자기 자신에게로 돌렸다. 그의 성격은 사디즘적 특성을 "많이" 간직했는데, 이는 "그의 성마름, 가학加虐에 대한 애착과 사랑하는 사람들조차 겨냥하는 불관용에서 드러났으며, 작가로서 그가 독자들을 대하는 방식에 있어서도 또한 드러난다. 그리하여 사소한 것들에서 그는 타인들에게 사디즘적이었으며 큰 문제들에 있어서는 스스로에게 사디즘적이었으니, 실상 마조히즘적이었다. 다시 말해 생각할 수 있는 가장 온화하고 친절하며 가장 유익한 인물이었다."(21권 178~179쪽) 독자조차 사디즘적 의도의 저인망에 걸려들어 출판 계약서의 세부항목에 기입되며,* 도스토옙스키의 사도마조히즘적 탐닉의 남용에 희생자로 자리한다는 사실은 분명 상당히 중요하다.

자학하는 인물이 제공하는 특정 사례를 넘어서 프로이트는 사회성의 버팀목들에 영향을 끼치고 공동체를 도착성이라는 접착제로 묶는 하나의 특성에 초점을 맞춘다. 그도 그럴 것이, 예의바름과 유익함—특출한 윤리적 입장과 닮은 그 무엇—은 내면으로 방향 전환된 사디즘의 주요 특징과 상관있다. 이 분명한 모순은 현재 인기를 구가하는 표현 형식에서 벗어나지 못했는데, 이에 따르면 역사적 인물이든 가상의 인물이든, 한니발 렉터†처럼 악명 높은 사디스트들은 항문가학증에 포위된 자신들의 태도를 웅장한 공손함으로 보충한다. 일관되지만 극단적 형태의 친절함은 프로이트에 의해 사도마조히즘적 계약의 아이러니, 아마도 계약들 중에서 가장 사회적인 계약으로까지 소급된다.

* 도스토옙스키가 '노예계약'이라고 불렀던 출판업자 스텔로프스키와의 불리한 집필계약을 말한다. 마감을 못 맞출 경우 인세 권리를 포기해야 하는 압박 속에서 『도박꾼』을 완성했으나 독자들의 반응은 냉담했다.

† Hannibal Lecter. 영화로도 만들어진 토머스 해리스의 소설 『양들의 침묵』에 등장하는 엽기적 살인마로서 점잖은 태도 속에 극도의 사디즘적 충동을 품고 있는 인물이다.

채찍질

이제 렉터lector와 독자의 영역으로 들어섰으니 다시 한번 미쉬킨 공작이 『마담 보바리』를 자기 독서목록에서 확실한 품목으로 꼽은 일이 무엇을 뜻하는지 물어볼 수 있겠다. 서술자인 그 혹은 그것 나름으로는 주로 고골에 초점을 맞추었는데, 고골은 도스토옙스키의 빈번하고 강렬한 아이러니화의 대상으로서 정신적 아버지의 역할을 떠맡았다.(이는 도스토옙스키의 영향력 범위에 들어오는 사람 누구에게나 다소 위태로운 역할이다.)[62] 반면에 플로베르는 분신이자 형제, 아버지, 여성화된 타자, 위협, 다정함의 대상, 사디즘적 선동, 부인된 비밀을 담은 그릇, 개업이자 청산이었다. 어떤 면에서 그들은 동일한 시체를 공유했다. 어쨌든 에마와 나스타샤의 임종은 동일하게 근엄한 산문적 환경에서 벌어지고, 미심쩍은 활력을 띤 생중사生中死 상태의 잔여물인 두 명의 생존자는 이를 지켜본다. 주제의 병합과 작중인물 암살이 보여주는 거울효과를 넘어서면, 혹은 두 작가가 모두 관장하는 기저의 파괴적 흐름들을 넘어서면, 도스토옙스키가 플로베르의 위대한 작품을 내면화하면서도 이질적 신체(만일 중독된 몸인 에마가 문학을 먹어치웠던 방식으로, 공작이 그 책을 어떻게든 먹으려 했었다면 전혀 다른 문제가 될 수도 있었을 터이다)로서 그 작품이 차지하는 위상을 간직하는 방식으로 그에게 애착을 보일 때 무언가 다른 사태가 발생한다. 우리가 알 수 있는 것은 문학이 일종의 독서 열풍을 통해 자기잠식하고 동류들을 잡아먹으면서 자기 안에 닫혀 있을 때 반박의 여지가 없는 우회로가 재설치된다는 사실이다. 즉 직접 증명될 수는 없지만 적어도 우리가 다른 모든 것에도 불구하고 얼마큼이나 혼자가 아닌지 나타내주는 그 무엇이 재장착된다. 가장 근본적 특이성의 차원—내 자신의 광기, 의식의 죽음이라는 특이성—에서조차 우리는 우리 자신의 운명이나 아버지들을 소유한다고 말할 수 없다. 프로이트가 아무리 내키지 않았더라도 도스토옙스키를 외래환자 대접했다는 사실만이 중요한 것은 아니다. 『백치』는 정신분석학 절차가 진행되는 응급실을 탈출하는 경우에도 프로이트를 요청한다. 이는 마치 도스토옙스키가 프로이트의 해석에 대한 응답을 미리 설치해놓고 미래의 혁신이라는 관점에서 그러한 해석의 가능성을 소환하는 것과 흡사하다. "이른바 간질병"의 해석 불가능한 상태가 신경학에 속하든, 혹은 히스테리성 전환의 연대기에서 견본이 되는 꿈으로 드러나든 간에 그것은 오로지 분신이자 타자로, 즉 자기복제라는 사건 혹은 침묵하는 타자성이 거울처럼 비추는 광휘로만 출현할 수 있다.

의식이 있던 마지막 순간에 백치가 다른 책에 집착해 그것을 육화할 때 그는 어떤 면에서 프로이트-라캉적 분석의 등록소라는 무대를 준비하는 셈이다. 즉 그는 우리가 기표들(쓸 만한 옛날 용어를 고수하자면)에 의해 지배되는 것으로 보인다는 통찰을 법제화한다. 다시 말해 우리의 운명을 결정하는 선조들과 부모들의 담론에 우리가 지배받는다는 것이다. 비록 언어에 의해 횡단된 우리의 몸이 죽음의 선택을 받아왔다는 인식을 넘어 우리가 계속 삶을 영위한다고 해도 이러한 복종의 조건들은 종말 혹은 죽음을 명령한다. 이 점을 인정하는 일은 모종의 자연주의적 발견과 부합하지 않는다. 복종은 대체로 분석 혹은 그와 유사한 행위—문학적 과정이라는 끝없는 검토—를 통해서만 생겨나며, 우리가 언어에 의해 굴욕당했다는 인식에서 그 절정에 이른다. 부분적으로 우리는 완전히 죽지 않은 인물로 활보한다. 언어에 의해 주입되고 고쳐 쓰이며, 뱀파이어처럼 변하고 타자의 낙인이 찍힌 채 우리는 피할 수 없는 생중사의 상태로 '존재Being'에 노출되어 있다. 고쳐 쓰인 몸을 지닌 우리는 우리를 통해 삶을 영위하는 언어에 짓눌려 있다.[63] 우리는 방목되어왔다. 우리는 들쭉날쭉해지고 별명을 얻게 되며, 인용 가능성이라는 압박수단에 둘러싸여 있다. 가장 위대한 특이성의 순간, 즉 가장 고유한 단절의 순간에조차 언어가 존재하고 인용이 존재했다.

소설은 미쉬킨이 자신의 몸의 언어를 읽고 죽음에 처한 운명을 주관화하는 노력을 연대기적으로 기록했다. 이 경우 책을 빌려오는 방식으로 운명을 빌려오는 양상을 통해서만 그는 운명을 자기 것으로 만들며, 이는 그가 타자의 글쓰기에 복종하는 위치, 즉 그의 진정한 피투성을 취할 수 있도록 허용한다. 그의 몸 근처 혹은 몸 위에 책을 두고 이제는 도둑맞은 편지가 된 그 책을 소유하기 위해서 집안의 규율과 도서 대출 순환의 법칙을 깨뜨리는 미쉬킨은 자신의 몸을 다른 곳에서 발원하는 충동에 의해 겹쳐 쓰이고 징집당한 하나의 불가능한 선先기입pre-scription으로 제공한다.(그가 지니고 있는 것에 대한 처방prescription은 없다.) 기생적 존재가 되어 괴롭힘을 당한 그는 여느 사람들처럼 자신이 광대한 환대의 지도地圖, 즉 모든 사람이 머물다 가는 글쓰기 공책처럼 대여되고 읽혀진다는 것을 깨닫는다. 그는 라캉적 통찰, 다시 말해 "기표의 작용으로 인해 몸은 대타자의 침대를 구성한다"[64]는 통찰, 즉 기표가 몸을 대타자의 영역, 매개, 혹은 서식지로 바꾼다는 사실을 드러내고 감내한다. 몸은 대타자가 별자리를 형성하는 언어의 장소로 훼손되면서 붕괴한다. 이런 깨달음은 도스토옙스키에 인도된 카프카도 나중에 「유형지에서」의 불안한 죄수 유형지를 통해 공유한다. 분명하게도, 이는 우리가 결합되어 있는 몸으로부터 우리의 소외를 표시하는 아주 효과적인 또다른 방식이고, 언어에 의해 중복 기입되는 몸이 대타자에게 빚진 상태로 빌려지고 때로는 파생적 상태가 됨을 강조하는 방식이다. 도스토옙스키의 상궤를 벗어난 신체 기부는 프로이트의 비난을 불러일으키는데, 왜냐하면 그 러시아인은 지속적으로 파생된 몸을 연기하면서 그 몸을 국가와 신의 신성한 왕국에도 마찬가지로 복속시키기 때문이다. 이 판단에 관해서만큼은 요지부동인 프로이트는 모종의 고통의 정치학에 관한 미래의 성찰로 향하는 길도 열어놓는다.

어쩌면 우리는 이러한 진술들을 마조히즘에 대한 프로이트의 언급들과 연결할 수 있겠다. 이렇게 물을 수도 있다. 『마담 보바리』를 단호하게 통합하는 미쉬킨의 행위는 어느 정도까지 프로이트의 논문이 지칭하는 결박과 굴욕의 행위들에 가담하는가? 에마 보바리의 이미지는 여성정치적gynocratic 질서를 저해하는 차갑고 모성적이며 엄격한 고문자의 역할을 한다고 볼 수 있을까? 그러나 "마조히즘적 여성 고문자는 사디즘적일 수 없는데, 왜냐하면 그녀가 바로 마조히즘적 상황 안에 있고, 그 상황의 유기적 일부를 이루며, 마조히즘적 판타지의 구현이기 때문이다."[65] 형식적 이유들로 인해 그녀는 외부로 추정되는 장소로 이동될 수 없다. 그녀는 마조히즘적 세계에 속한다. 이는 그녀가 자신의 희생양과 동일한 취향을 지니기 때문이 아니라 "그녀의 '사디즘'이 사디스트에게서 발견되지 않는 형태의 것이기 때문에, 즉 말하자면 그것은 마조히즘이 굴절되어 복제된 분신이기 때문이다."(41쪽) 서로를 거울처럼 비추는 동맹관계에 의해 야기되어 하나의 종속상태가 생겨난다. 거기서는 누가 누구에 기생하는지 혹은 두 텍스트를 연결하는 인용 가능성의 경제가 무엇을 통제하려는 것인지 더이상 분명치 않다. 그렇지만 그 텍스트들은 마조히즘적 주장의 아이러니 내에서 전보다 더 밀착되어 있다. 미쉬킨 공작이 『마담 보바리』를 자기 가슴에 움켜쥐는 이유는 그녀가 마치 특별히 성적 매력을 발산하는 위압적 여성이기 때문이 아니다. 물론 그런 식의 주장도 성립할 수 있기는 하다.(그녀의 마조히즘적 세계는 그 세계를 반영하고 때로는 복제하는 그의 세계로 돌진하는 것처럼 보인다.) 책을 봉인하고 감춤으로써 미쉬킨은 타자의 이름으로, 그 이름 아래 서명하며, 다른 곳에서 유래하는 이 힘에 자신을 돌이킬 수 없이 결박시킨다.

그는 공동서명의 권리를 『마담 보바리』에 내주며 이를 통해 공동서명이라는 상호적 움직임에 참여하고 플로베르의 언어와 한 몸을 이룬다. 이로 인해 도스토옙스키는 플로베르와 엮이게 되며, 플로베르는 거기에 맞춰 서명하고 그의 운명을 봉인한다.

리하르트 폰 크라프트에빙이 레오폴트 폰 자허마조흐*에게 임상적 실체를 정교화했다는 공을 인정할 때, 즉 "고통과 성적 쾌락 간의 연계라는 측면에서뿐 아니라 결박 및 모욕과 연관되는 좀 더 근본적인 그 무엇의 측면에서도"[66] 기여가 컸다고 공을 돌릴 때, 그는 가학성애加虐性愛algolagnia 없는 마조히즘의 사례들도 또한 지칭하고 있었다. 모욕이라는 광대한 차트 위에 마조히즘의 이동성이 이룩되었다. 도스토옙스키와 자허마조흐가 조금 다르게 공유하는 그 발견은 다른 경로들과 대상들, 다른 인물들 혹은 복종의 경험들을 개방할 수 있는 동기를 부여한다. 소설은 자신이 부추기기도 하는 그러한 [마조히즘적] 치환의 불가피성에 대비한다. 여기서 살인무기가 책의 페이지들로부터 취해질 것이라는 점을 지적할 필요가 있는데, 그 칼의 기원과 요술은 텍스트의 주름들 속에 자리잡고 있다. 책을 상처의 자리로, 칼이 꺼내져 치명적 충격을 야기할 수 있는 바로 그 영역으로 들어가게 하는 도스토옙스키의 행위는 깔끔하게 회수되었다고 명시된 다른 책이 날카로운 상처를 입힐 수 있는 잠재력을 강화한다. 물론 그 책이 품은 칼은 범접 불가능한 만큼 신비롭다. 여성화되고 심지어 남근화된 (여기서 이 둘은 모순이 아니다) 그 책은 손짓하고 파괴하며, 감추고 처벌한다.

* 오스트리아의 정신의학자 리하르트 폰 크라프트에빙Richard von Krafft-Ebing은 (마르키 드 사드에게서 유래하는) '사디즘sadism'과 '마조히즘masochism'이란 용어를 이론적으로 정립한 인물이며, 레오폴트 폰 자허마조흐Leopold von Sacher-Masoch는 '마조히즘'의 유래가 된 오스트리아 소설가이다.

고문과 교육

『모피를 걸친 비너스*Venus im Pelz*』[자허마조흐]를 읽으면서 들뢰즈는 마조히즘의 수사학이 타자가 "서명"(21쪽)*하게 만들려는 노력, 즉 계약에 동반 서명하고 상호간의 맹세—맹세와 부인은 마조히즘적 과정에서 밀접하게 연관된다—를 존중하게 하려는 노력에 인도되어 어떻게 설득과 교육에 근거를 마련하게 되는지 밝혀준다. 분명 사드를 연상시키는 방식으로 들뢰즈는 한 고문자가 희생양을 사로잡고서 그녀가 고분고분하지 않고 설득당하지 않기에 한층 더 그녀를 즐기는 모습을 우리는 더이상 마주하지 않는다고 말한다. "대신에 우리는 고문자를 찾아 나서며 가장 희한한 음모를 실현시키기 위해 고문자와의 동맹을 설법하고 설득하며 마무리짓는 희생자를 다루고 있다. ……마조히스트는 계약을 체결하는 반면 사디스트는 혐오하고 파기한다."(20쪽) 모든 면에서 마조히즘적 "교육자"는 사디스트적 "교사", 즉 그 모든 것을 이미 알고 있으며 설득의 수사, 즉 겁쟁이들과 멍청이들이 쓰는 방법에 대해 경멸밖에 남지 않은 인물과 대조를 이룬다. 마조히스트는 타자를 굴종적 공모라는 과목에 등록시키려고 애쓰면서 계약서에 자신의 조건을 넣고 고분고분한 서명자를 계속 찾아 나선다. 누구를 위해 타자는 서명하는가?

들뢰즈는 마조히스트가 가슴에 품고 다니는 것이 모욕당한 아버지의 축소된 이미지라고 주장한다. 그/녀는 그 모욕의 비밀과 접촉했다는 것이다. 비록 이 분석의 주요 측면들에 관해 서로 의견이 다르긴 하지만 프로이트와 들뢰즈 양자 모두가 주장하는 바에 따

*『모피를 걸친 비너스』에서 미모의 여인 반다에게 반한 귀족 청년 제베린은 모피를 걸친 여인의 노예가 되고 싶은 자신의 성적 판타지를 실현시켜줄 것을 반다에게 청하고, 이에 점차 사디스트적 쾌감을 느낀 반다는 결국 자신의 노예가 되겠다는 계약서에 '서명'할 것을 제베린에게 요구하기에 이른다.

르면, 마조히스트는 부친의 비밀의 희생양이 되어 아버지의 증상에 충실한 인물로 등록된다. 도스토옙스키의 경우에 우리는 이제 그가 문자를 육체적으로 흡수하는 일을 해냈다고 암시할 수 있을 것이다. 상기해보면 '증상symptom'은 함께syn와 떨어지다piptein에서 나온 말이다. 증상, 즉 '추락하는 병마'에 굴복함으로써 그는 아버지의 굴욕을 추념하거나 때맞춰 반복한다. 하지만 너무도 생생하며 트라우마에 의해 고착된 아버지의 비밀은 떠돌아다니면서 상징화되어야 하며, 때로는—생존하기 위해서—재설정되고 우호적으로 바뀐다. 소설의 좀더 안전한 경계들을 되찾기 위해 플로베르라는 이름 혹은 암호는 소형화되어 접혀진다. 그의 몰락은 미쉬킨의 임박한 붕괴와 동시에 벌어지도록 시간이 맞춰져 있다. 아니 그가 몰락을 부여잡는다고 하는 편이 더 어울린다. 밖으로 노출된 도스토옙스키는 보호받고 모욕당한 플로베르의 공동서명을 필요로 한다. 멸시당한 타자와 협력관계를 확보할 필요로 인해 마조히스트는 괴로운 궁핍의 장소에서 작업한다. 이 점이 바로 보호의 필요성과 폭로의 충동이 결부된 사도마조히즘적 규약에 의거할 때 플로베르와의 화해가 [도스토옙스키에게는] (적어도) 이중적 의미를 띤다고 내가 주장했던 이유이다. 이 결정적 국면에서 서명 때문에 추적당하는 플로베르는 확신을 주는 동시에 권리를 박탈하며, 공범이자 박해자이다. 하지만 소설에서 그의 위상은 단호하게 유보된suspended 상태로 남으며, 그리하여 서스펜스suspense의 일부가 되어 다른 글쓰기들을 뱃속에 품고 있는 몸에 매달려suspended 있게 된다. 서스펜스는 도박성 짙고 임의적인 무작정 쏘기가 아니라 마조히즘적 과정의 전략적 요소이다. 마조히즘은 서스펜스를 이용한다. 들뢰즈는 실제로 물리적 매달림suspension—주인공이 매달려서 십자가에 못박히거나 걸려 있게 되는 상태—을 함축하는 고문과 고통의 마조히즘적 의례들에 대해 지적한다. 매달림(중지)에 의존하는 그의 태도는 십자가에서 내려진 예수의 이미지를 마주했을 때 왜 도스토옙스키에게 공포가 엄습했고 텍스트를 사로잡았던 것인지 그 이유를 일부 설명해준다. 십자가에서 내려진 예수에는 모든 마조히즘적 과정이 중단되고 모든 탈주선脫走線이 동결된다. 이는 마치 초월의 가능성 그 자체가 마조히즘의 과정 및 몸을 포함하는 암묵적 계약들에 의존하는 격이다.

* * *

마조흐의 집요한 판타지 가운데 하나를 기록해두는 것도 어쩌면 상당한 의미가 있겠다. 그는 1848년 혁명들의 승리를 확고히 하고 범슬라브적 운동을 강화하기 위해 슬라브인들이 하나의 아름다운 여성 독재자, 끔찍한 여성 차르를 필요로 한다고 상상하길 즐겼다. "슬라브인들이여, 그대들이 공화주의자가 되려면 더 노력해야 한다."[67]

워즈워스

달빛 아래서 베티 포이는
단단히 묶인 안장 위에 앉혔다
(그런 일은 여태 들어본 적 없었다)
그녀가 사랑하는 이, 그녀의 백치 소년을.
……
소년의 머리 위로 비추는 달은
그 아이만큼이나 고요하고 말이 없다.

윌리엄 워즈워스, 「백치 소년」

그의 문 주위를 감싼 지옥 같은 원환들 속에서
언젠가 그가 겁먹은 표정으로 늘어져 소리쳤을 때.
나는 급히 지나쳐 갔다. 허나 뜨거운 해안가에서 돌아와
그를 다시 지나쳤다…… 그는 멍하니 혼자였다.
하트 크레인, 「백치」

데이지 꽃 속에 있으면
백치 소년조차 위엄이 있다.
리처드 라이트,
「하이쿠 579번」

위성

「백치 소년」

내게는 『백치』가 마치 역사적 참조의 효과들이나 철학적 개념의 적용이 주는 위안의 도움을 받지 못해 음산한 고립에 빠질 지경에 이른 것처럼 느껴진다. 러시아 마조히스트의 텍스트에 나타났던 바와 같은 웅장하고 비견할 데 없는 백치성의 위상은 그 무시할 수 없는 무게감을 18세기 철학 논쟁들에서 가져온다. 경험론 철학은 인간 지성의 본성에 관한 주장들을 펼치기 위해 백치성에 꽤 많이 기댔다. 철학적 발명품의 일부인 백치성은 종종 따로 존재했다기보다 그 유사품으로 주장되는 것들 사이에서 고유한 의미를 주창할 수 있는 영역을 산출했다. 그리하여 백치는 일련의 눈멀고, 귀먹고, 벙어리인 주체들(이들도 주체성의 소유자라는 바로 그 함의로 인해 위기가 초래되었다)과 함께 혹은 그들 중 가장 선두로 출현했으며,

야생아野生兒, 즉 교육 가능한 백치의 형성에 걸맞은 특권과 아주 밀접하게 연결되어 있었다.

『백치』가 그 특이성의 어둠 속으로 사라져버리지 않게 하기 위해 나는 그 특유의 분위기가 있는 공간에 위성 하나를 설치하고, 그 위성의 외로운 행로를 따로 밝힐 수 있도록 그 위에 달을 하나 첨가하려고 한다. 그러기 위해 우리는 자기인식을 지배하는 인식의 태양계에서 꾸준히 벗어나면서 워즈워스의 달빛 비치는 시의 순간으로, 실제로 그의 명상들 중에서 대체로 기피되어왔거나 몇몇 특별히 예외인 경우를 빼면 정중하게 무시되어온 궤도 밖의 한 지점으로 돌아간다. 그럼에도 불구하고 이곳은 백치에 부과된 철학적 긴급성에 응답하는 공간이다. 이는 백치성이 언어 내에서 처한 곤경을 역사화하며, 아무리 보잘것없더라도 그 백치성이 역사적 중요성을 생산하는 환경에 뿌리내릴 수 있도록 촉진한다. 이러한 자리매김은 엉겁결에 이루어지는데, 왜냐하면 이런 초기의 실험들에서보다 더 시가 설립 행위 혹은 역사적 제도화에 대해 심드렁한 태도를 드러낸 적은 거의 없기 때문이다. 우리 시대의 걸출한 워즈워스 연구자 중 하나인 제프리 하트만은 이 시를 미래의 해석 가능성에 진지하게 의탁한다.

쓸 만한 목차에서 늘 누락되곤 하는 지금 거론중인 이 시들은 아직 제때를 만나지 못했을 수 있다고 보는 하트만에 의해 특별한 우위를 확보하게 된다. 이류 시와 중요한 텍스트를 구분해야 한다고 주장하면서 하트만은 이렇게 쓴다. "우리는 그런 시들이 호소력이 약하기 때문에 관심 있는 해석자에 의해서만 구원받을 수 있다거나, 아니면 그 시들이 우리가 아직 느낄 수 없는 형태의 힘을 지니고 있다고, 즉 위대한 시에 대한 우리의 현재 이미지는 그 시들 특유의 텍스트적 특성에 방해가 된다고 결론 내려야만 한다. ……시간이 말해줄 것이다. ……워즈워스 시구들의 운명은 종종 불안정하고 마치 어딘가 다른 곳에 달려 있는 듯하다. 마치 시간의 작용이나 미래 독자들의 발언에 의해서 나중에 분명해질 수 있다는 듯이."[1] 어정쩡하고 때 이른

워즈워스 글쓰기의 이 국면은 무언가 혼란스러운 사태를 표방하며, 시인 자신이 나중의 서문에서 자신의 노력과 관련해 인정하는 비유의 절제에도 불구하고 그 시들은 수용 불가능한 것으로, 심지어 해석 불가능한 것으로 도래했다. 어쨌든 그중 일부는 적어도 미래의 선택 혹은 파쇄를 위해 수취인불명 우편함에 보관되었다.

엄청난 중독자인 새뮤얼 테일러 콜리지와 함께 책을 펴냈던 워즈워스는 이 시들을 마약 대용으로 제공할 생각이었다. 이 생각은 그가 진술한 의도를 해석해나갈 수 있는 하나의 실마리가 된다. 그 시들은 길거리 시 혹은 "작금의 대중시大衆詩"로부터 우위를 빼앗아오기 위해 마련된, 훨씬 부드러운 또다른 자극제로 출현했다. "왜냐하면 인간의 정신은 불쾌하고 폭력적인 자극제들의 도움 없이도 고양될 수 있는 능력이 있기 때문이다."[2] 그는 도시민들이 속사포 같은 의사소통의 기술을 갈망하고 있으며, "빠른 정보의 소통을 통해 시시각각으로 만족을 얻게 되는 엄청난 사건에 대한 갈망"(1권 872~873쪽)의 노예가 되었다고 명시한다. 그리고 그러한 갈망을 이용하는 언어의 카르텔들이 생겨나고 있었다. "우리 선배 작가들의 고귀한 작품들—셰익스피어와 존 밀턴의 작품들에 버금가는—은 넋 빠진 소설들, 병적이고 멍청한 독일 비극들, 그리고 운문으로 쓰인 쓸모없고 괴상한 이야기들의 범람으로 인해 홀대받기에 이르렀다."(1권 873쪽) 워즈워스는 자신의 압박하는 힘이 너무나 미약해서 새로운 중독의 시대에 맞설 수 없게 되지 않을까 염려하는데, 이 시대의 주요 마약상들은 "병적이고 멍청한" 독일 텍스트들의 동네에서 유래한다. "터무니없는 자극을 좇는 이 자기비하적 갈증을 생각하니 내가 이에 맞서기 위해 기울여왔던 미약한 노력에 대해 이야기했던 것이 거의 수치로 느껴진다."(1권 873쪽)

앞서 암시했듯이, 불쾌하고 폭력적인 텍스트의 범죄에 맞서기 위해 위대한 시인이 기울인 노력은 억압적 감찰의 개념에 견줄 수 없고, 중독치료 병원의 설립을 정당화하는, 그래서 그런 공간이 독일의 자극제들에 중독된 일반인들을 수용하기 위해 바뀔 수 있는 그러한 노선을 따라서 더 잘 작동한다. 워즈워스는 자극제를 제공하는 자기만의 조제법으로 이런 오용에 대항한다. 그는 어느 한 대목에서도 독자에게 자극제 자체를 거부하라거나 그러한 갈망에 깔려 있는 전제들을 파괴하라고 요구하지 않는다. 나쁜 자극제들은 "정신의 분별력을 무디게 만들고" "〔정신을〕 모든 자발적 노력에 부합하지 않는 것으로 만들면서 거의 야만적 마비상태로 〔격하시키는〕"(1권 872쪽) 것으로 간주된다. 마비상태의 전반적 확산을 막기 위해 워즈워스는 아무런 첨가제도 없고 어법중독diction addition의 흔적도 없는 쓸 만한 약물을 제공하며 그런 약물이 되길 원한다. "이 책들에는 대개 시적 어법이라 불리는 것이 거의 없다. 다른 이들이 시적 어법을 생산하기 위해 보통 기울이는 것과 맞먹는 그만큼의 노력을 나는 시적 어법을 피하는 데 기울였다."(1권 874쪽) 그는 기교를 버렸으며 밑바닥 삶을 청산하고자 한다. 그렇긴 해도 그는 결코 손을 덜거나 적당한 시적 대상을 제공할 의사가 없는데, "왜냐하면 내가 나누어주겠다고 스스로에게 다짐했던 그 즐거움은 많은 사람이 적절한 시적 대상이 될 거라고 여겨온 것과는 전혀 다른 종류이기 때문이다. ……이로 인해 나는 아버지에서 아들에 이르기까지 시인들 공통의 유산으로 오랫동안 간주되어왔던 문구들 및 비유적 표현들과 절연하게 되었다."(1권 874쪽) 이는 쾌락pleasure의 문제이며, 곧 알게 되겠지만 마찬가지로 부적절한 대상의 문제이기도 하다. 전승을 하겠다는 자식의 맹세를 저버리고 독자와의 계약도 파기한 뒤,[3] 워즈워스는 자신의 독자를 "피와 살이 있는 무리"(1권 874쪽)로 유지하고 싶어했다. 생명과 몸의 측면에서 그는 "더 위대한 단순함의 상태"에 밀착해간다. "미천하고 투박한 삶이 일반적으로 채택되었으니 그런 상태에서야 가슴의 본질적 열정들이 성숙함에 이를 수 있는 더 나은 토양을 찾고, 제약을 덜 받으면서 더 분명하고 더 힘있는 언어를 말하기 때문이다."(1권 869쪽) 그는 특유의 감정분출을 시골의 소박함이라는 측면에서 방어하는데, 전前하이데거적 형태의 이 미천하고 투박한 삶을 그는 본질적 감정들, 더 나은 토양과 연관시킨다. 그는 비폭력적 방식으로 자극하고자 노력한다. 그는 감미로운(그러나 열정적인) 소박함을 열정적인(그러나 정신을 무디게 하는) 어리석음과 대조시켜놓는 일에서 즐거움을 얻는다. 콜리지가 실망을 느낄 정도로 워즈워스는 별로 뚜렷하지 않은 목적 때문에 도시적 가치들을 훼손했다.

이러한 탈선의 결과들은 완전정지 상태든 미래지향적이든 간에 부분적으로는 시인이 밀턴, 포프 혹은 셰익스피어의 독자들과 맞섰던 스캔들의 분위기와 공명할지 모르겠다. 아마도 우리는 그의 위치를 예시하기 위해 [정지와 미래 사이의] 중간상태 스위치를 잡아당겨야 할지도 모른다. 나중에 밝혀진 바에 따르면, 시적 품위의 표면 아래 거주했던 워즈워스가 한 명 존재했으니, 그의 독자적 시들, 즉 『서정 담시집*Lyrical Ballads*』의 실험적 산물은, 노골적 공포시slasher poem로 보이지는 않는다 해도 [영화감독] 데이비드 린치식의 특징을 드러낸다. 분명코 워즈워스는 "상상력을 위한 불가타 성서vulgate를 정초한 최초의 인물"[4]이었다. 그렇지만 「개암따기Nutting」나 『피터 벨*Peter Bell*』 같은 작품에서 그는 순전한 약탈적 폭력의 힘을 풀어놓으며 자의적 파괴행위들이 주는 형언할 수 없는 황홀감을 묘사한다. 『피터 벨』에서 멍청하지만 충직한 동물인 당나귀Ass는 그 달빛 비치는 서사 속 작품 표제로 등장하는 야수적 인물[즉 '피터 벨']에게 벌받듯 야무지게 얻어맞는다. 「개암따기」에서 나무 한 그루는 납득하기 힘들 정도로 유린당하며, 시골 사냥꾼에 의해 뿌리까지 흔들린다. 다른 작품 「서머싯셔 비극The Somersetshire Tragedy」에서 워즈워스는 제니에 대한 야만적 학대에 관해 쓰는데, 그녀는 토머스 풀에 의해 "가련하고 멍청한 인물, 거의 백치에 가까운…… 평범한 불법 점유자, 혐오스럽게 더럽고 옷도 지저분한 인물"[5]로 묘사된다.* 이 작품

* 워즈워스는 이 시의 제재를 토머스 풀이 들려준 존 월포드와 백치 소녀 제니의 이야기에서 따온다. 숲에서 제니를 겁탈하고 임신시킨 결과 불행한 결혼에 이르게 된 월포드는 제니를 살해하게 되고 그 살인 장소에서 결국 처형된다.

이 탐구해볼 가치가 있는 것은 그 이야기가 「백치 소년」의 기반 역할을 할 것이기 때문이다.

「서머싯셔 비극」의 나머지 부분은 제니의 백치성과 취약성을 강조한다. 하루는 짐승 같은 인물인 존 월포드가 한적한 숲에서 그녀를 발견한다. 워즈워스가 1798년 3월에 받아 보았던 풀의 기록에 따르면* 야만적 탐욕의 기호인 월포드는 말하자면 자기 몸에 동물성을 각인시켰던 셈인데, 그의 옷조차 계속 닳고 닳아 몸에 달라붙어 흡사 두번째 피부나 동물의 외피 역할을 했던 것이다. 『서곡*The Prelude*』에서 옷은 처음부터 쇠락하거나 멸시당한 인물과 관련된 언어를 비유하는 기능을 수행해온 까닭에 물에 젖은 옷가지들에 대한 세부묘사는 워즈워스 학자들의 관심을 끌지도 모르겠다.[6] 공포시들에서 언어는 『피터 벨』의 경우처럼 몸과 감정에 달라붙는데, 이 시에서 간肝을 관통하는 장기臟器들은 워즈워스의 언어가 몸에 침범해 몸이 말하도록 만드는 과정을, 혹은 이 시의 경우 몸이 "더듬거림splutterance"으로 이끌리는 과정을, 곧 고통스러운 축자성으로 인해 의미를 잃은 한 비유에 집중되는 과정을 상기시킨다. 연상 심리학에 따르면 고통은 실제로 신체의 기관들을 재구성하는 과정에서 반성적 기억을 심어준다.("피터는 어떤 기분 나쁜 통증을 느낀다 / 그의 간과 심장과 콩팥을 관통해 / 베 짜는 사람의 물레가 스쳐 돌듯이")[7]

얼굴이 얽은 존은 숲의 뒤편에서 제니를 겁탈한다.(둘의 이름이 합쳐져 「백치 소년」의 명목상 주인공 '조니Johnny'로 변할 것이다.) 제니는 존의 사생아를 낳는다. 충직한 부류가 아닌 존은 흔히 말하듯 제 갈 길을 간다. 그는 이제 방앗간지기의 딸인 앤 라이스에게 눈길을 둔다. 그러나 월포드의 어머니는 그들의 결혼을 금하는데, "그래서 월포드는 반항심에다 화도 나서 제니에게 〔돌아가며〕, 그녀를 한 번 더 임신시킨 후 그녀와 〔결혼한다〕."(323쪽) 이 서사의 줄거리를

*워즈워즈는 한 해 전인 1797년에 풀에게서 이 이야기를 들었다. 풀의 글이 정식으로 출판된 것은 1883년이다.

취해 워즈워스는 매맞는 아내의 음울한 이야기를 우리에게 내놓는다. 시에서는 존에서 로버트Robert로 이름이 바뀐 그녀 남편이 토요일 밤 집에 오기로 되어 있었을 때 제니는 그의 곁에 가는 것이 두려워 다른 곳, 즉 이웃의 집에서 서성이곤 했다. 「서머싯셔 비극」의 현존하는 시행에서 시인은 그녀의 회피, 그녀가 두려움으로 탈진해가는 과정을 묘사한다.

> 짐작건대 오두막에 더이상 머물 수 없을 만큼
> 가련한 그의 아내는 지금 사정이 좋지 못했다.
> 로버트가 들판을 가로질러 일 나가기 전
> 이른 아침 그녀는 종종 눈에 띄었다.
> 하루 종일 지쳐 이 집 저 집 돌아다녔고
> 아낙의 저녁 화로가 깨끗이 닦였을 때도
> 그녀는 여전히 머뭇거리니, 누군가 한마디 거들어
> "로버트 저녁 먹여야지" 하면, 그녀 낯빛은 죽어버린다.(323행)

시의 언어는 우리에게 아주 다양한 방식으로 "그녀는 더이상 머물 수 없"다고 말한다. 시가 뒷받침하는 로버트의 당연시되는 욕구와 그녀의 죽어버린 낯빛의 결합은 그녀의 종말을 예견한다. 결혼한 지 삼 주가 채 못 되어 월포드는 그녀를 황량하고 고립된 장소에서 살해한 뒤 차에 치어 죽은 것처럼 시체를 길가에 내버려둔다. "그는 솜씨 좋게 그렇게 했다. 왜냐하면 목의 한쪽에 있는 모든 근육과 혈관은 분리되었고, 핏줄기가 몸에서 흘러나왔기 때문이다."[8] 풀의 이야기가 월포드의 운명—그의 단죄, 고백, 처형, 교수형—에 초점을 맞추는 반면, 월포드는 일정한 양의 폭력이 실행되는 과정을 묘사하며 제니 또한 도로변에 내버려둔다. 워즈워스의 입장에서는 제니가 겪어야만 했던 그 잔혹함과 그녀 이야기의 기록자들 손에서 그녀가 견뎌야 했던 사후의 홀대에 근본적으로 괴로움을 느꼈던 것 같다. 변형되고 새롭게 젠더화된 백치의 운명은 담시譚詩 「백치 소년」의 몫이 되었다.

●○

워즈워스는 백치와 친구가 되는 바람에 난처한 입장에 처했고, 콜리지는 비록 자랑스럽게 그 아이를 후원했지만 끝내는 그를 때려서 내쫓았다. 콜리지는 다시는 그런 식으로 쓰지 않을 참이었다. 만일 『서곡』이 시적 의식의 성장을 추적한다면, 워즈워스를 사로잡았던 이 백치 문제는 의식을 무디게 했고 성장을 저해했다. 콜리지가 나중에 쓴 바에 따르면, 시인은 "복화술"을 하는 기이한 능력, 즉 짧은 기간 동안 자신이 만든 창조물들에 투사할 수 있다고 자백했던 능력, 곧 "어쩌면 자신을 완전한 망상에 젖게 하고, 자신의 감정을 그들의 느낌과 심지어 혼동하고 동일시할 수 있는"[9] 능력을 갖고 있었다. 워즈워스는 자신의 창조물과 지나치게 동일시해 그것에 압도되며, 그것을 놓아주기보다 집착했다. 시인이 백치에 매달린다는 사실은 당혹스러웠다.(듣기에 관한 비유적 포즈로서의 '매달리기hanging'가 그의 작품에서 얼마나 의미로 충만해 있는지 우리는 잘 알고 있다.) 조지 고든 바이런은 그 시가 워즈워스의 "크리스마스 이야기에 강제로 운율이 맞춰진" 것 중 하나라고 폄하했다.[10] 친구로 여겨지던 로버트 사우디는 그 시를 세세하게 공격했고 17세의 존 윌슨이라는 청년은 시인에게 매우 비판조의 편지를 보냈다. 이는 워즈워스가 답장을 했던 몇 안 되는 편지 중 하나이다. 어쨌든 워즈워스는 마침내 백치 소년을 위낸더Winander 소년*으로, 그 아이를 다른 아이로 바꿀 것을 요구받았지만, 새롭고 향상된, 교훈적 변형들이 적어도 부분적으로는 제니와 조니에게, 혹은 『피터 벨』에서 멸시당하고 두드려 맞은 동물에게, 그리고 「개암따기」에서 공격당한 나무에 누적되어온 폭력에 의해

*『서곡』 5권에 나오는 올빼미 소리를 흉내내는 소년으로 열두 살에 비극적 죽음을 맞이한다.

침범당하고 시달리지 않았다고 말하는 것은 잘못일 것이다. 그렇다고 단지 주제상의 필요 때문에 폭력을 묘사하지는 않는데, 워즈워스의 다른 작품들은 실제적이고 수사적인 신체장애, 불구, 익사와 관련된 일화들을 다루기 때문이다.(당나귀는 익사한 주인에게 고집스럽게 충직한데 이는 벨의 야만성을 촉발한다.) 불구에 대한 시인의 거의 강박적 관심이라는 문제에 관해 폴 드 만은 "자기만의 시적 자아"의 존재를 평소답지 않게 차분하게 상정하면서 다음과 같이 말한다. "주지하다시피…… 『서곡』에 두루 등장하는 박탈된 인물들, 즉 불구자들, 익사한 시체들, 눈먼 거지들, 죽을 운명에 처한 아이들은…… 워즈워스 자신의 시적 자아를 가리키는 인물들이다."[11] 지금 거론하고 있는, 성장에 덜 집착하는 텍스트들, 즉 『서곡』의 서곡 격인 이 텍스트들에서 불구라는 표식은 무언가 동화 불가능하고, 성장이 저해되며, 명시되거나 애도될 수 없는 것을 가리킨다.

폴 드 만이 그러한 박탈된 인물들을—비록 그들은 그가 논평하는 『서곡』에 적절하게 포함되어 있긴 하지만—시적 자아로 고양시키는 작업에 저항하기보다 우리는 함축된 질문을 던져야만 한다. 이러한 행위들과 인물들이 시적 자아와 유사한 그 무엇의 내적 레퍼토리에 속한다는 사실을 어떻게 봐야 할 것인가? 시적 자아가 그런 경우에 [로버트처럼] 섬뜩한 모습을 띤 인물이라면, 어느 정도까지 그 인물은 훼손을 향한 자신만의 <u>본능</u>에 응답해서 말썽 빚는 능력을 잔혹행위에 비끄러맨 것인가? 혹은 이 질문의 수사성을 새롭게 균형 잡아 표현하자면, 어느 정도까지 시적 기록은 파괴적 분노, 자의적 학대, 백치의 경험에 의존해왔는가? 이 질문들은 현재 워즈워스의 서명이 지니는 차분한 특권과 숭고함에 심히 어울리지 않는 반주를 제공한다. 하지만 그의 언어는 집요하게도 우리를 시적 교수대의 시체들로 가차 없이 돌아가게 만든다. 그의 언어—한때는 역사적 분노에 물들었던—는 시적 (자기)발견에 이르게 되는 피어린 행로를 따른다. 하트만이 보기에 그는 현대적 상상력을 위해 불가타 성서를 정초한 인물이었다. 게다가 하트만에 의하면 그 작품은 "워즈워스가 위엄을 부과한 일상 언어의 미덕들을 깨닫게 해준다."[12] 만일 위엄—이 시인의 단어가 결정적으로 아우라의 매력을 지닌다는 데에는 의심의 여지가 별로 없다—이 생겨난다면 이는 공포와 타락에 연관된 인물들을 바탕으로 해서 생기는 것일 텐데, 그 수많은 인물은 무억압non-repression의 기류가 통과할 수 있는 절호의 기회를 항상 열어놓는다. 갑작스러운 증오 범죄와 구제 불가능한 자연과의 옥신각신이 불타올랐다가는 이른바 승화된 전원田園, 즉 억압적 침묵의 장소로 회귀하고 만다. 그의 노력은 말없는 신들을 침묵으로부터 꺼내어 언어로 데려다놓은 횔덜린식의 노력이 아니라 말없음과 또다른 방식으로 관계를 맺는 작업에 가깝다. 즉 부분적으로는 식별 불가능한 내재성에서 유래해 전혀 다른 경로를 따라 존재에 침범하기 때문에 세상에 자신을 드러내지 않는 그 무엇으로서의 말없음과 관계하는 것이다.

★☆

'불언不言mute'과 '불구不具mutilation'는 워즈워스에게 동음이의적으로 작용하면서 동일성 내의 불연속성을 가리킨다. 참조대상을 찾는 시적 조건들로서 이 표현들은 언어와 맺은 박탈적 관계, 기억의 구조적 무질서를 지칭한다. 백치의 운명은 이러한 비유들에 묶여 있다. 백치는 언어폭력을 가둬두는 일종의 임시 축사 구실을 하며, 근원적 말소를 가리키는 소리 없는 신호만을 풀어놓는다. 철학자들이 고유성, 축자적인 것, 인간에게 고유한 것을 복구하려고 시도하는 과정에서 묘사하려고 노력했던 불구상태의 경우처럼, 백치성은 외모 손상에서 시작된다. 백치성은 알려지거나 경험될 수 없는 과거를 엿볼 수 있는 미리보기를 제공했다. 18세기에 '천치ideot'가 기억의 기원과 그 기원을 떠올리는 일의 역설(콩디야크에게는 우리가 언어 이전의 것을 기억하지 못한다는 것이 문제였는데, 이는 언어 이전에 거주하는 생물체를 찾는 것이 왜 인류의 잃어버린 기억을 회복하는 데 도움을 될 수 있는지 그 이유를 설명해준다. 그러나 그 인물은 그러한 상태를 말하거나 묘사할 수 없고, 언어로 표현될 수 있는 경우에도 언어가 깃들지 못한 과거를 지워버리기 때문에 그 가련한 시도 또한 묘사될 수 없다)을 주창하는 데 도움이 되었던 결과 '천치'는 자기 자신이나 자연으로부터의 근원적 소외를 넘어설 수 없는 자아의 한 국면을 구성했다. 우리는 잠시 후에 백치성에 관한 철학적 주장들로 돌아갈 것이다. 워즈워스에게 백치는 철학적 훈련 캠프를 떠나 도스토옙스키가 그 인물에 부여한 수수께끼 같은 위상에 더 근접한다. 이는 은폐되어 있음의 문제, 신성한 감춰짐의 문제다. 다른 곳에서 신호를 보내는 백치는 신의 근처에서 방황한다.("나는 내 마음속에서 종종 백치들에게, 그들의 삶은 신과 함께 감춰져 있다는 성서의 그 숭고한 표현을 적용해보았다네.")[13] 그러한 신성동맹은 적어도 워즈워스가 백치를 옹호하기 위해 동원했던 주장들을 표상한다. 시인에 의해 유사신성의 존재로 묘사된 백치는 그의 동시대인들을 질겁하게 만들었고 그들의 취향을 거부하고 침해했다.

"내 노래의 중심 지역"이 "인간의 마음— / 내가 즐겨 찾는 곳"인 시인에게 이 백치 인물이 희한하게도 존속하게 된 사실 너머에는 「백치 소년」을 쓰는 과정에서 워즈워스가 느꼈던 유례없는 쾌락의 문제가 남아 있다.[14] 그의 동시대인들, 협력자들, 미래의 독자들이 그 담시를 마주했을 때 집단 낭패감을 느꼈다는 것이 전부는 아니다. 그들은 또한 작품을 창조하고 성찰하는 동안 시인 자신이 누적된 기쁨을 느꼈다는 사실도 받아들여야만 했다. 거부가 주는 구원의 조짐도 없었고, 성찰을 통한 극복도 없었으며, 회한의 낌새나 거듭 "딛고 일어섬"을 나타내는 표시도 없었다. 시는 그가 보기에 수정이 필요 없는 자발적 분출에 그 존재를 빚지고 있었지만, 시의 취약성으로 인해 그는 더 많은 방어와 설명을 통한 면역조치를 취해야만 했다. 『서정담시집』에 붙은 편집자 해설에는 "이 시는 존 윌슨에게 보내는 편지

(1802년 6월 7일자)에서 워즈워스가 길게 변호했던 주제였다. 워즈워스는 항상 이 시에 대해 아주 좋게 생각하고 있었다"라고 쓰여 있다. 워즈워스 자신은 이렇게 쓴다. "이 장시가 알폭스덴의 숲에서 거의 즉흥적으로 만들어졌다는 말을 덧붙여야겠다. 한 연이 생략되었지만 단어 하나도 수정되지 않았던 것으로 알고 있다. 그 행복했던 순간들에 고마움을 느껴서 이 얘길 꺼낸 것인데, 정말로 나는 그렇게까지 신명나게 어떤 것을 써본 적이 없었다."[15] 그 신명합창단glee club의 단원은 오직 한 명이었지만 찬미자들의 합창단을 북적거리게 만들기 위해서라면 몇몇 아이의 목소리도 더할 수 있고 내 목소리도 더하고 싶다.

시인은 그 시에 신세를 졌다고 말하는데, 이 부채감은 즐거운 글쓰기라는 주권적 경험을 상기시키면서 더 개선된 텍스트를 산출하는 데 큰 역할을 한다. 환희에 대한 그의 기억은 다수의 텍스트에 산포되어 있는바, 『서곡』의 결말 즈음에 등장하는 시구들이 여기에 포함된다. 예컨대 고든 토머스가 "전 세계에 걸쳐 반향을 일으킬 문학적 시도"[16]라고 부르는 일을 준비하면서, 두 사람이 『서정 담시집』의 많은 시를 작성하고 서머싯의 퀀토크 힐즈를 방랑했던 1789년의 "그 여름"을 시인이 콜리지에게 상기시키는 대목들 말이다. 이러한 시적 상기가 이루어지는 환경에서 이중적 의미가 담긴 마지막 시행envoi을 준비하는 일로 복귀할 때 워즈워스는 일종의 초자연적 레즈비언 판타지인 콜리지의 「크리스터벨Christabel」을 「백치 소년」에 연결시킴으로써 불가능한 조합을 엮어낸다.

그대는 황홀한 말들로, 행복한 마음으로,
....
...... 크리스터벨 부인의
후회스러운 고통들에 대해 털어놓았다.
그 일을 같이 하는 나는 꼬박 하루를

부드러운 망각에 빠져 지냈다
달빛 아래서 위험스레 말을 탄 뒤
기쁘고 운 좋게도 시끄러운 폭포 근처에서 발견된
그 〔즉 백치 소년〕에 대해 중얼대면서.[17]

이 대목의 묘사에서 시인은 시의 탄생을 망각의 중얼대는 은혜로움에 연결시킨다. 두 시의 통합이 주는 안정성은 그의 파트너가 발설하는 단어들을 자신의 중얼거림으로 변주하는 과정 내에서 발생하는 모종의 확장에 근거를 두고 있다. 즉 백치를 붙잡아둔 "시끄러운 폭포"로 한데 수렴되는 중얼거림 말이다. 콜리지의 시가 언어의 영역("털어놓았다", "말들")과 일("그 일")에 속한다면, 차분해진 워즈워스는 일종의 우연에 좌우되는 자연성("기쁘고 운 좋게도")에 놓인 시간의 중지로 특징된다. 단번에 우연과 "운hap"—행운happenstance, 행복happiness, 돌발haphazard—은 각기 찾아낸 결과들로 협력한다. 아이는 발견되었고, 시와 그 순간은 노력을 들이기보다 우연히 마주쳤다. 다른 전거들을 통해 우리는 워즈워즈의 시작詩作에 질병과 고통이 자주 동반되었다는 것을 알고 있다.("시인을 육체적으로 병들게 만들 수 있는 글쓰기 작업")[18] 여기서 콜리지의 작업과 분명하게 연관되어 기억되는 것은 일종의 노력하지 않음, 즉 기억 생산이라는 가혹한 특권으로부터의 면제이다. 우리가 이 순간을 존재자로 판단할 수 있을 만큼 아무리 "미혹되었다" 하더라도, 평온을 얻은 망각이라는 사건은 무언가—누군가—가 도래할 수 있게, 달빛 아래에서의 시련 다음에 귀환할 수 있게 해준다. 어떤 경우든 이는 한평생에 걸쳐 지속된 미혹이었다. 후회스러운 고통과 함께 환기된 크리스터벨 부인—그녀는 제럴딘과 함께 밤을 보낸 다음 사라질 운명에 처한다—은 백치 소년이 기쁨을 끌어내는 곳에서 몰락한다. 왜냐하면 그는 기적적으로 보호받은 상태로 발견될 것이기 때문이다. 그게 무엇을 뜻하든 간에.

●○

로버트 사우디가 『서정 담시집』의 초기 논평자 가운데 하나라는 사실을 알았을 때 워즈워스와 콜리지는 한 고비를 넘겼다고 생각했다. 지난 몇 년간 상당한 시간 동안 두 저자와 연락을 취해왔던 친구인 사우디는 그 시집의 목표와 목적에 특별히 감응한다고 생각되었다. 그는 주로 「가시나무The Thorn」와 「노수부老水夫의 노래The Rime of the Ancient Mariner」를 표적으로 삼았지만 「백치 소년」을 가장 비판적으로 보았다. 우연한 아이러니에 의해 우리의 시인이 그 시를 만드는 데 아무런 노력도 들이지 않았다고 주장한 점을 염두에 두고 사우디는 "이 시처럼 노력을 별로 기울이지 않고 쓴 시는 없을 터이다"[19]라고 주장했다. 워즈워스와 콜리지를 현대판 코레조와 라파엘로로 제시하면서 사우디는 그들이 자기들의 관심사를 가치 없고 천박한 대상들로 전환했다고 본다.

> 「머리말」에서 확인한바, 이 시들의 대다수는 '실험'으로 간주되어야 한다. "그것들은 주로 사회의 중하류 계급들이 대화에서 사용하는 언어가 어느 정도까지 시적 즐거움의 목적에 부합할 수 있을지 확인하려는 목적으로 쓰였다."
>
> 이 '실험적' 시들 가운데 가장 중요한 것이 「백치 소년」이다. ……이 시처럼 노력을 별로 기울이지 않고 쓴 시는 없을 터이다. 이 시는 그 구상의 무가치함과 실행의 탁월함에 있어 플랑드르 회화를 닮았다. 플랑드르 화가들로부터는 그런 작품이면 충분하다. 만일 코레조나 라파엘로가 자신들의 재능을 네덜란드 천민들이나 플랑드르 경야經夜의 유머를 그리는 데 허비했다면 그 누가 애석해하지 않았겠는가?(607쪽)

다른 매체로 번역되고 두 문화의 충돌로 변환된 두 시인은 시적 모험에 있어서는 두드러지게 플랑드르적인 반면 이탈리아에서 이식된 자신들의 뿌리를 배반했다. 두 시인이 이탈리아적이라는 사실이 판명된다면 플랑드르 화가들에게서나 받아들일 수 있는 것을 그들에게도 용인할 수용자들이 우리에겐 없다. 이러한 전환과 배반은 시인의 이름에 새겨지며 위태로운 대립(구상/실행) 내에서 "무가치함"으로 번역되고 평가절하되는데, 그 대립은 마지막 항목, 즉 플랑드르 경야의 유머에 뒤따르는 실행을 강조한다. 여기서 사우디의 의중은 무엇이었는가? 던컨 우는 사우디가 워즈워스의 담시에 유독 위협을 느꼈다고 추정하는데, 왜냐하면 『서정 담시집』이 출판되기 불과 두어 달 전인 1789년 6월 30일에 워즈워스와 콜리지도 기고했던 신문 『모닝 포스트*The Morning Post*』에 그가 익명으로 「백치The Idiot」를 발표함으로써 자기에게 백치 소년에 대한 우선권이 있다고 주장했기 때문이다.[20] 그 시는 1957년에야 사우디가 쓴 것으로 인정되었다. 그 시는 백치상태를 다룬 소수의 다른 시나 명상과 조응하는바, 모성적 연계, 즉 일종의 서로 분리될 수 없는 [모성의] 돌봄과 교화의 무조건성이 의식에 부여되는 과정에 초점을 맞추었기 때문이다. 다른 곳에서처럼 이 시에서도 백치상태는 죽음을 이해하지 못한다. 그것은 '발견될' 상태, 즉 귀기울이고 응석을 받아주며, 한계를 일종의 채찍처럼 받아들여야만 하는 상황에 처해 있다. 다시 말해 내면화될 수 없고, 대상과 같이 덩그러니 존재하는 그 무엇으로 말이다. 그러나 본인의 판단에 따르면 분명 실망스럽게도 사우디는 외국 영토에 귀착했던 워즈워스보다 한 걸음 더 나아간다. 워즈워스는 자기 자신의 내면성의 주변—이 시점에서는 단순한 내면성의 전개—에 머물렀어야만 했고 플랑드르 지역, 즉 사우디의 영토를 헤매지 말았어야 했다.

백치에 대한 이 두 사람의 판본 사이에 존재하는 근본 차이는 무엇인가? 표면적으로 보면 워즈워스는 어머니를 살려둔다. 사우디의 소년은 사정이 달라서 이미 길을 잃은 그는 감당할 수 없는 상실과 마주해야만 한다. 어느 날 그녀가 사라진다. 어머니의 장례식 후 사우디의 백치는 매장의식을 전혀 이해하지 못한 채 밤늦도록 어머니를 기다리며 굽어보는 달빛 아래서 그녀의 시신을 파낸다. 백치는 어머니를 집으로 모셔온다. 두 시인 모두 모성적 융합을 공유하고 백치들을 그네들의 덩치 큰 어머니들 곁에 두지만, 그녀들은 애도를 거부하는 극진한 애착상태에 묶여 있다.

★☆

1802년 6월 7일자 존 윌슨에게 보내는 편지에서 시인은 이 특별한 시와 연관된 즐거운 경험을 재차 강조한다. 시간에서 해방되어 독서의 대상으로 변한 숨막히는 글쓰기의 도래로서 그 작품은 즐거움의 용량을 배가시켰다. "나는 이 시를 지극한 기쁨과 즐거움으로 썼고, 그 시를 읽을 때는 언제나 즐겁게 읽게 되네."(1권 355쪽) 시적 발화 속에 바로 새겨진 반복강박("즐거움…… 즐겁게" "읽을 때는…… 읽게 되네")을 통해 시인은 자기 독자들에 대해 이중적 태도를 취한다. '읽고 또 읽는' 중복이 독서를 상쇄하는지 혹은 시인이 백치 소년의 리듬과 운율을 인용하는지는 분명치 않은데, 시인은 반복적인 말을 통해 '시를 읽는' 두 계기를 분리시키면서 본질적으로 백치인 나는 내가 써놓은 백치의 즐거움을 읽는다고 말하는 셈이 된다. 이는 어쨌든 읽기의 반복성 내에서 글쓰기를 경험할 때의 즐거움을 반복함으로써 지속적으로 증여를 행하는 선물이다. 그것은 글쓰기와 읽기가 종종 작가에게 선사하는 조증과 울증의 결합을 중단시키지만, 읽기에서 거듭 취해지는, 즉 거듭 읽기와 과잉 읽기에서 오는 기쁨을 긍정함으로써 무아지경으로 시간을 미루는 시에 아무것도 덧쓰지 못하게 만들어서 즐거운 글쓰기가 주는 수치심이나 기만 또한 거부한다. 나아가 워즈워스는 읽고 있는 '나'의 특정성을 정립함으로써 스스로가 이 즐거움을 일반화하거나 그 즐거움을 다른 독자들에게 전가하지 못하게 만든다. 이것이 그의 즐거움이고, 어쩌면 독해 불가능한 만큼이나 공유하기도 불가능한 즐거움이다.

워즈워스가 시를 쓰고, 읽고, 기억하는 과정의 황홀한 과잉으로 인해 시인의 비평가들과 친구들(종종 동일인들이다)은 당혹스러워할 만도 했다. 아주 단순한 창작에 대한 그의 확고부동한 충성심은 그의 다른 많은 작품에 나타나는 여분의 장엄함과 반성적 엄밀함에 견주어본다면 그다지 의미가 없다. 만일 그의 기쁨이 감수성을 지닌 한 인물이 전개하는 서사 내에서 찰나의 섬광 같은 것이었다면, 비평가들은 그것을 그냥 내버려두거나 필요하다면 병리학적으로 프랑스 혁명에 대한 실망에 수반된 신경쇠약의 일부로 만들고 국지화했을 터이다. 그들은 "떠나간 것들만의 역사 / 혹은 결코 존재하지 않았던 것의 단순한 허구"[21]의 일부가 굴절된 그의 즐거움을 이해하고, "자기 영혼으로 / 어머니의 눈에 비친 느낌들을 들이키는"(『서곡』 2권 236~237쪽) 아이보다 먼저 존재했던 상처받기 쉬운 소년, 즉 "최초의 / 우리 인간 삶의 시적 정신"(2권 260~261쪽)을 예시하는 그 소년에 대한 워즈워스의 애착을 용서했을 터이다. 게다가 이 시에 자리한 즐거움이 주는 두근거림은 줄어들지도 않고 확정하기도 불가능했다. 그러한 정신의 비정상성은 무엇으로 설명할 수 있을까?

워즈워스가 시적 대상으로서의 백치소년이 지닌 취약성에 둔감했다고 단순화하기는 힘든데, 왜냐하면 그는 거부를 충분히 예상했고 그 거부의 불가피성이 그 시가 "현재 일반적으로 인정되는 것과 너무나 물리적으로 다르다는 사실"[22]에 근거한다고 보았기 때문이다. 대대적으로 거부되지는 않았지만 그 시는 콜리지가 우려한 바와 같이 매우 호의적이지 못했던 이유들 때문에, 즉 그가 "단순함"의 "빛나는 측면"에서 유래하는 것으로 묘사했던 이유들 덕분에 받아들여졌다. 워즈워스는 "몇몇 애정어린 찬미자"의 눈에 "다정하고 소박한 시인! 아주 자연스러운 시인"으로 바뀌어 "어린 찰스 도련님과 그의 어린 누이는 너무나 매혹된 나머지 '구디 블레이크'나 '조니와 베티 포이!'* 장단에 맞춰 놀게 되었다."[23] 시 「백치 소년」과 이 시가 그의 친구들에게 수용된 맥락으로 인해 혼란스러워진 콜리지는 손쉬운 공격과 "단순함"—『문학 평전*Biographia Literaria*』에서 아쉬워한 대로 "스타일과 주제와 기획의 조야함"(2권 158쪽)—이라는 불가피한 비난에 맞서 워즈워스로 하여금 자신의 "환상적" 비전을 옹호하게 만들었고, 규범적 요구를 통해 "최초의 본격 철학시"(2권 156쪽)에 착수할 것을 촉구했다. 콜리지는 한때 워즈워스의 「송가: 불멸의 전조An Ode: Intimations of Immortality」에 나오는 자기 아들 하틀리에게 부여된 신성한 지위를 상기시킴으로써 「백치 소년」으로부터 친구를 구해내려고 했다. 콜리지는 "어느 순간 우리가 레테의 늪에 빠져 그렇게 신성한 상태에 대해 그리도 완전하게 망각하게 되었을까?"(2권 138~139쪽)라고 묻는다. 워즈워스는 승복했다. 콜리지가 공저자와 나눈 거래의 위력은 다양한 방식으로 각기 다른 중핵가치에 근거해 측정되었다. 다소 신랄하지만 공인된 입장을 하나 인용하자면, 로스 우드먼은 「치유자 백치 소년The Idiot Boy as Healer」에서 워즈워스가 "콜리지에게 자신만의 근거를 통해 응답하려는 비극적 실수를 저지르는바, 콜리지 스스로 인정했던 그 근거는 그만의 시 정신을 파괴했다.(그는 결국 여러 의미에서 「크리스터벨」을 포기했다.) 도덕적 근거의 바탕 위에서 신화시神話詩적 세계에 오래 거주할 수 없게 됨으로써 철학이 그를 저버렸을 때 콜리지는 신학에 귀의하며, 거기서 죄의식에 사로잡힌 시인은 마침내 '무한한 나 자신infinite I AM'의 제단에 스스로를 봉헌하게 되었다."[24] 이 관점에 따르면, 워즈워스는 시인 후견인이 그에게 다가왔을 때 보수적 침잠으로 향하는 긴 여정을 시작하게 될 것이다. 「백치 소년」은 시적 자유를 구가한 최후의 격렬한 질주였다.

탈주자 '백치 소년'은 잠시나마 콜리지의 감지체계에서 벗어났

*각각 『서정 담시집』에 나오는 워즈워스의 시 「구디 블레이크와 해리 길」의 여주인공과 「백치 소년」의 소년과 어머니의 이름.

고 그의 거세적 입법화에서 면제되었다. 그 이후로 계속 워즈워스는 보호관찰 상태에 처해졌고 관찰관리에게 보고를 해서 승인을 받기 위해 심문과 시험을 받아야만 했으며, 하트만에 따르면 그 와중에 장치를 정교화한 결과 "각 시는 상상력에 대한 새로운 시험이 된다."[25] 시험 충동에서 생겨났고 보호관찰에서 벗어난 「백치 소년」은 그 주제 명부를 명문화했고 "여덟 시부터 다섯 시까지"(446행) 모성적 빛이라는 달의 영역이 간수해온 마법의 숲을 헤매게 되었다. 만일 그 시가 시인이 "그 행복한 순간들"이라고 부르는 동안 "기쁨"의 분위기 속에서 "거의 즉흥적으로" 발표한 것이라면, 그리고 그것이 「틴턴 사원Tintern Abbey」에서 인정하듯 그에게는 "이제 더이상"[26] 존재하지 않는 삶의 초기 시절에 있었던 "즐거운 동물적 순간들", "고통스러운 기쁨" 그리고 "아찔한 황홀들"로 항시 복귀하는 것이라면, 이는 분명코 하찮은 일은 아니었을 것이다. 왜냐하면 그 시는 스스로가 말하는 바를 엄밀하게 실천하고 있으며 워즈워스를 모성의 명령에 붙잡아두기 때문이다. 혹은 모성적인 것과 법 간의 그러한 결합이 불가능한 것이라면 그 시는 무조건적 헌신의 유혹에 결박되었기 때문이다. 다시 말해, 결함이 있고 취약해서 시인이 정성스레 양육해야 하는 그 시가 바로 "그렇게 태생이 다른" 백치 소년이기 때문이다. 그래서 그의 마음의 개인어와 조응하는 그 백치 시, 최고의 아기, 더 나이든 동시에 더 젊기도 한 그 시는 존속을 위해 영원한 보호를 필요로 하며 시적 가슴에 특별한 권리를 주장하게 되었다. 고립된 인간들의 공동체 같은 것—니체라면 고독한 자들의 공동체라고 했을 것—이 가능하다면 그것은 모성적 보살핌이라는 안전판으로 함께 결집될 것이다. 그러나 '보살핌'은 또한 불안을 뜻하고 불안을 야기하는바, 그 시는 [베티가 삶의 의욕을 잃고 무너지는 지점인] 그 자해적 배꼽suicidal umbilicus에 이르기까지 그 불안을 추종한다. 베티 포이가 잠시 동안 아이를 내버려두었을 때 그녀의 불안("그녀는 쓸데없는 말을 지껄였고 난폭해졌다 / 가축 무리에서 가장 유순한 그 / 포니조차 제 몫을 다하는데" 「백치 소년」 239~241행)은 재빠르게 살인적 분노로 번역되며 화해 불가능한 상실감에 인도되어 점차 그 분노를 자기 자신에게로 돌린다.("아이고 어떡하나! 아이고 어쩌나! / 여기서 죽을 테야 여기서 죽어야지 /……/ 아 이 저주받은 어미!" 262~266행) 아이를 잃고 그녀는 제 정신을 잃을 위험에 처한다.("그녀는 온통 끔찍한 죄를 저지를 마음뿐이다 /……/ 자기가 거기서 물에 빠져 죽지 않도록" 293~296행) 그러나 그는 발견될 것이다. 사실 그는 상실의 거부로, 즉 그가 표상하게끔 되어 있었던 박탈 경험의 바로 그 대립물로 기능한다. 이 거부는 단순한 부인과는 아무 상관이 없고 오히려 박탈의 긍정적 가능성들을 추적한다.

고립되었지만 워즈워스의 소년은 혼자가 아니다. 18세기에 시인들에게 감금된 백치 소년들은 제약 없는 모성적 사랑이라는 보호구역에 기거하는 경향이 있다. 절대적 팔루스phallus이자 숭배의 대상인 그들은 아버지의 강력한 반대가 틈입되지 않는, 모성으로 격리된 지대에 거주한다. 대체로 과부인 어머니들은 어쨌든 백치 소년들과 독특하게 융합된 한 쌍을 이룬다. 어머니로서의 워즈워스는 이러한 위치에 자연스럽게 도달하지는 못하지만 정치적 차이에 대해서는 자발적으로 무한히 긍정하는 태도를 본보기로 삼는다. 시인은 백치 소년들의 애정어린 부모들을 목격했다고 서술한다. 그는 이른바 하위 계급들의 다정하고 개방적인 마음들에 관해 말한다. 워즈워스의 운율 파트너인 콜리지는 이러한 관계성의 영역에 접근하지 못했던바, 그 영역에 육중한 '아버지의 금지non du père'로 침입하게 되며 법을 세우고 모성적 워즈워스를 작은 백치 시로부터 분리한다. 그 분리는 부성적 팔루스, 즉 철학의 도입으로 봉인되고 보충되어야 했다.

콜리지의 영향 아래서 워즈워스는 그 시에 부친 1800년 서문에서 "누추한 시골의 삶"으로 전향한 일을 해명하려고 노력했다. 팔루스 질서에 반대해 시골 사람들의 언어가 "이른바 시인들이 자주 대체하는 언어들보다 더 항구적이고 더 철학적인 언어"[27]라고 주장했을 때, 워즈워스는 자기 이름의 오명에서 벗어나거나 명성을 확고히 굳히는 대신 콜리지가 그를 향해 퍼부었던 종류의 비판들에 자기를 더욱 노출한다. [이러한 노출의] 전복적 효과는 미묘한데, 왜냐하면 그는 콜리지가 바랐을 법한 대로 시골의 어휘를 버리기보다 철학적 언어를 자신의 대의에 맞게 취합했기 때문이다. 그렇지만 어깨너머로 지켜보는 콜리지와 더불어 그 시를 옹호할 때 시인은 그 시가 의사擬似영웅시mock-heroic로 읽히도록 내버려두면서, 우드먼의 관점에서 보면 일종의 워즈워스판 『던시아드*Dunciad*』*라고 할 만한 수준에 도달한다. '일반 독자'에게 미치는 그 시의 영향력을 "우스꽝스러운 풍자희극"[28]으로 묘사했을 때 콜리지는 그 시의 명칭을 못박은 셈이었다. 서문은 시를 옹호하고 비평가들을 잠재울 요량으로 절충된 형식을 제공하면서 콜리지에 대한 양보로 기능하는 반면, 워즈워스는 비록 다른 프로젝트 및 철학적으로 좀더 합법화된 언어의 사용으로 인도되지만 실제로는 그의 파트너가 「백치 소년」을 건드리게 결코 놔두지 않는다. 시라는 아이는 콜리지의 공격들로부터 방어되며 그의 침입으로부터 안전을 보장받는다. 그리하여 존 윌슨에게 보낸 이례적 편지—이는 아버지에게 쓰(지 않)는 편지의 한 방편이다—는 콜리지를 무시하면서 그 우편물에 동봉된 문서와 같은 운명에 윌슨을 비끄러매어 다음과 같이 주장한다. "한 친구[콜리지]가 자네가 말한 것처럼 어떤 사람들이 그 시를 싫어한다는 것을 알고는 그 소년의 인물됨을 묘사하는 하나의 연을 보태라고 말하면서 〔그렇게 하여〕 독자들의 상상력 속에서 됨됨이가 혐오스러운 부류의 백치들로부터 그 소년을 완전히 분리하라고 충고했다네. 그러나 그 시의 서사는 아주 빠르고 열정적이기에 시의 흐름을 끊지 않고 감정의 흐름에 생기 없음을 〔남기지〕 않으면서 한 연을 삽입할 대목을 찾을 수가 없

* 18세기 영국 시인 알렉산더 포프Alexander Pope가 서사시 형식을 빌려 당대의 속물적 세태와 지배층의 어리석음을 풍자한 시로서 당대 지배층의 어리석음을 '우인열전'의 형태로 기록했다.

네."(1권 357~358쪽) 백치 소년에 이르는 길은 콜리지에게 제지되는데, 왜냐하면 편지가 함축하듯 두려움을 에누리 없이 표명하기에 콜리지식 삽입은 [시의] 죽음을 뜻할 것이기 때문이다. 그것은 감정의 죽음을 확산할 것이고 그 시에 거세와도 같은 타격을 가할 것이다. 그런 식의 첨가는 삭제에 해당할 것이기 때문이다. 틈새와 공백을 메우고자 의도된 것은 시를 훼손할 것이다. 콜리지가 시의 본문에 개입하는 일은 고갈, 즉 그 시의(곧 나의) 전개가 저지됨을 뜻할 것이기 때문이다. 콜리지는 분리와 결별("그 소년을 완전히 분리하라고")을 못박았지만 워즈워스는 분리와 결별을 시에 통합하는 데 저항한다. 워즈워스는 혐오만 따로 분리해낼 수조차 없으며 오히려 "아무리 미약한 혐오와 거부의 감정"일지라도 독자에게서 해소하려고 노력한다. 베티 포이라는 모성적 인물은 편집상의 외도와 침입을 허용하지 않음으로써 시의 전체 영역으로 확장된다. 그녀는 "인간 마음의 위대한 승리"를 표현한다. 워즈워스는 "바로 거기서 우리는 사랑의 힘, 사심 없음, 그리고 위엄을 목격한다"(1권 357행)라고 적는다. 시인은 본질적으로 백치 아이에 대한 강렬한 애착을 아무런 주저함도 없이 지지하는 혐오스러운 감정의 위협을 [분리하지 않고] 계속 감당하고자 한다. "메말라 죽은 감정"은 나중에서야 시에 진입하게 되어 감시하는 초자아가 좀더 수월하게 착근되는 과정을 마무리 짓게 될 터이다.

그 편지—어떤 의미에서 콜리지를 염두에 두었지만 그의 대리자인 윌슨, 즉 백치는 아니지만 여전히 소년인 한 인물에게 보내진—는 익히 알려진 워즈워스의 편지 기피증과 결별하는데, 그 기피증은 부분적으로는 "모종의 선천적 허약성에서, 또 부분적으로는 모종의 정신의 습관에서" 발생한다. 그에게는 "용무가 없다면 〔자신의〕 가장 친한 친구들에게조차도" 편지를 쓰지 않으려는 습성이 있다. 실제로 그는 "가족들이 출타한 기간을 빼면 지난 오 년 동안 우정어린 편지를 다섯 통도 쓰지 않았다"(1권 353쪽)라고 덧붙인다. 윌슨에게 보낸 편지가 그러한 우정의 서신에 해당하는지는 명시되지 않고 암시될 뿐이며, 이 애매성은 워즈워스와 콜리지를 결부시키는 연계 및 [그 둘 사이에] 실종된 연계 간의 순환을 복잡하게 만드는 데 일조한다. 그 시에 가해진 죽음의 위협을 피해야만 했기에 워즈워스는 그 편지를 발송하고자 자신을 다잡고 힘을 모았다. 우리는 토머스 드 퀸시에게 보낸 워즈워스의 편지를 통해 글쓰기가 그의 몸을 공격했으며 그의 장기들에 고통을 초래했다는 사실을 알고 있다. "나는 뱃속과 소화기관에서 글쓰기를 매우 고통스럽게 만드는 일종의 착란을 느끼는데, 정말로 어느 누구와도 서신 교환하는 일을 거의 그만두게 됩니다. 이것이(펜을 쥐는 행위와 연관시켰던 불쾌한 느낌을 말합니다) 내가 오랫동안 침묵했던 주된 이유였습니다."[29] 어머니 같은 누이이자 시인을 대신해 오랫동안 펜을 잡았던 대필자 도로시 워즈워스는 소환되지 않았다. 불안이 그의 소화기관들을 휘감고 있었다. 이 대체자placeholder 존 윌슨은 그냥 아무개가 아니었다. 그리하여 이번 경우엔 워즈워스 손수 편지를 써야만 했다.

그는 몸을 추슬러서 윌슨과 그의 친구들에게 편지를 쓴다. 그는 "그 시가 자네와 자네 친구들에게 끼쳤던 것과 동일한 효과를 심심찮게 냈다는 걸 나도 알지만, 그 시가 각별한 기쁨을 선사해준다는 사람들도 많이 있고 정말로 내 다른 시들보다 더 좋아하는 사람들도 있다네"(1권 298행)라고 쓴다. 여기에 명시되지 않은 다른 많은 사람은 『서곡』에 기록된 어린 시절의 기쁨을 죽은 아이에 대한 추모시로 탈바꿈시키게 될 상황, 즉 그 사랑스러운 소년을 신성시하는 추념행위에서 콜리지에 의해 분리되어 나온다.[30] 워즈워스에게 어머니는 애도를 해야 하며, 아들을 놓아주어야만 한다. 그 뒤를 이어 『소요*The Excursion*』가 발표되는데, 첫째 권은 절망 속에 아이들을 내팽개치고 "무기력한 슬픔"[31]에 처하게 내버려둔 어머니의 형상이 지배한다. 시인은 그녀에게 자신의 축복을 내리고는 물러나서 어렵사리 다른 길을 방랑하기 위해 돌아선다. "―뚜벅뚜벅 감내해야 할 성가신 허드렛일 같다."(322행) 그는 등을 돌리지만 모른 척하지 않으며, 과거의 애착에 대한 억압을 선택사항으로 간주하지도 않는다. 왜냐하면 워즈워스가 『서곡』에서 주장하듯이 "어리석은 갈망들, 숨겨진 욕구들은 우리들 몫이고, 그것들은 제 나름의 자양분을 가져야만"(5권 509행) 하기 때문이다. 이는 콜리지가 펼쳐놓았던 법을 폐기하면서, 철학적 성찰이라는 철권 법칙을 넘어서고 그 법칙에 대항하여 비록 드러나지 않고 미숙한 형태로나마 돌이킬 수 없는 욕구의 특권을 주장하게 만드는 대항법을 하나 제시한다. 어머니 워즈워스는 제 나름으로 어리석은 갈망들에 모종의 자양분을 공급한다.

> 어디 우리 친구들이 있는지 알고 있으니 그대 몽상가들이여,
> 대담한 이야기의 제조자들이여! 그대들에게 축복을 내리나니,
> 사기꾼, 허풍선이, 노망든 자들아, 철학은
> 그대들을 원숭이라 칭할 것이다. 그때 우리 느끼리니,
> 어떤 힘으로, 얼마나 센 힘으로 그대들이 연합하는지
> 누가 우리 소망을 힘으로 만드는지, 우리 생각을 행동으로,
> 제국으로, 소유물로 만드는지.(『서곡』 5권 525~531행)

●○

등을 돌려 거리를 두면서 워즈워스는 고독한 자의 "창백한 슬픔"에 자리를 내어주는 『소요』의 대목들을 애도한다. 그의 초기 작품들이 간직했을 의미를 애도하는 일은 그만의 몫이 아니었다. 『얼래스터*Alastor*』에서 퍼시 셸리는 『소요』를 예지력 있는 시인으로서 워즈워스의 패배라는 관점에서 읽는다. 그는 기독교적 신념에 "어리석은 갈망들, 숨겨진 욕구들"을 기꺼이 희생하려는 태도를 애석해한다.

「백치 소년」은 기독교가 문화적으로 퇴적되는 과정에 맞섰다. 그 소년은 구원받지도 않고 기적의 도움을 얻지도 못한다. 그는 어머니의 히스테리 불안의 대상이 되며 우연적 결별의 행위를 통해 그

녀를 고통에 빠뜨린다. 그가 발견되는 장면은 구원의 주제를 표방하지 않고 마술 같은 경이로움을 불러모은다. 그녀의 이름[foy]이 믿음(프랑스어 foi)을 지칭하긴 하지만 베티 포이는 종교적 서사가 부여할 수 있는 형이상학적 위안에 귀의하지 않는다. 텅 빈 창공과 베티 포이의 마술적 치유는 시인이 나이를 먹고 시적 혜안이 기독교적 믿음의 정형화된 기적들로 전개되면서 시인의 저작에서 폄하되어 사라진다. 셸리에 따르면 워즈워스는 "우리 위대한 어머니"의 "가장 내밀한 성역"[32]에 다가서려는 노력에 있어 결국 실패했다.

★☆

이러한 진술들은 워즈워스가 「백치 소년」의 쓰기와 읽기에 연관시켰던 비할 데 없는 즐거움에 응답해 이루어졌고, 시인에게 자기 육신이 그 시를 품고 기쁨을 밖으로 표출했던 시절의 기억을 지속적으로 복원시켜주었다. 우리는 즐거움과 시적 가치 간의 균열을 간과할 수는 없으며, 도래할 시의 가치 혹은 대의에 대해 애통해하는 하나의 읽기를 고착화할 마음도 없다. 워즈워스가 되풀이할 운명에 처했던 고통스러운 결별 행위들은 그가 환영했던 글쓰기의 제약들—요컨대 콜리지—과 관련된 것으로 나타난다. 「백치 소년」은 시인에게 특별한 위치를 점했으며 정서적 영향력을 잃어버리지도 않았다. 그렇지만 시가 나아갔던 방향의 측면에서 보면 그 시는 독보적이지 않았다. 이 담시는 "합법화된 배제"라는 정치적 타격으로 인해 생겨난 시적 관심사의 레퍼토리에 속한다. 사회적 불의로 분류되어야만 하는 것에 매우 민감했던 워즈워스는 미셸 보퓌의 영향 아래서 자신이 깊숙이 헌신했던 대의, 즉 프랑스혁명에 연루되었던 자신의 과거를 반추했다. 그의 공포감은 어떤 경우 『서곡』의 한 대목에 바쳤던 잊을 수 없는 궁핍의 이미지에 의해 촉발되었다. "언젠가 우리가 우연히 / 하루는 굶주림에 찌든 소녀를 마주했던 순간"을 떠올리며 시인은 그녀에 대해 다음과 같이 쓴다.

그녀는 천천히 기어가며 나른한 걸음을
암송아지와 발맞춰 갔다. 그녀 팔뚝의
줄에 묶인 송아지는 그렇게 길을 따라
먹이를 찾아다녔고, 창백한 손의 그 소녀는
외로이 무심한 기분으로 뜨개질에
여념 없었는데 내 친구를 보자마자
화가 나서 말했다. "저게 우리가 맞서
싸우는 상대야." 그와 나는 믿었으니
맞서서 감히 대항할 수 없는
자비로운 혼령이 퍼져 있다는 것, 이렇게 비천한
궁핍은 조금 있으면 더이상 없으리라는 것,
유순한 자, 천한 자, 군말 없이 애쓰는 아이에게
베풀려는 대지의 소망 덕분에
우리가 좌절을 맛보게 되지 않으리란 것을.
모든 원칙은 영원히 없애버렸으니
저 합법화된 배제를, 폐기된 텅 빈
허세를, 관능적 국가와 잔인한 권력을,
하나 혹은 소수의 명령에 의해.
그러니 마침내 보게 될 것이니
모든 것의 총합이자 정점인 인민들이 굳세게 힘 모아
자신들의 법을 만드는 것을. 그리하여 더 나은 날들이
모든 인류에게 도래하리라.(9권 509~532행)

권력의 효과를 산출할 수 있는 제도들에 배제되고 감시받으며 비천한 처지에 처해온 것들에 항시 관심을 기울이는 시인은 자신의 위력을 시적 비전이나 철학적 분석 같은 더 상위 영역들에서 확연히 드러나는 "합법화된 배제"의 실행자들에 맞서 행사한다. 워즈워스는 백치 소년이 머물러 있는 그 주변 분위기의 기운을 포기하지 않으며, 소년이 혐오를 자극했던 곳에서 공감을 불러일으키는 자신의 노력을 지속한다. 「백치 소년」의 경우 그는 코드화된 혐오를 몇 겹으로 쌓은 뒤 자신의 시적 "홍수"로 "혐오와 거부라는 모든 연약한 감정"[33]을 일부러 넘쳐흐르게 할 요량이었다. 그는 자기의 시적 행동주의가 "사회의 하층 계급들"에서 자주 목격되었던 것, 즉 "백치들을 향한…… 아버지들과 어머니들의 행동"(1권 357쪽)을 독자들에게 일깨우려는 목적에서 이루어졌다고 윌슨에게 썼다. 독서 계층은 하층 계급에 의해 교육될 필요가 있었으니, 베티 포이가 모범을 보인 그들의 행동을 통해 "인간 마음의 위대한 승리"에 독특하게 다가갈 수 있게 되었다. 그러한 사랑—강력하고 사심 없고 위대한—을 목격했기에 워즈워스는 자신이 그 덕분에 "성스러워졌다"고 묘사한다. "우리 같은 지위의 사람들"이 대면하는 일이 아주 중요하다고 느끼는 그 무언가를 그는 체험했다. 그는 "〔그것으로는〕 시인인 내게 충분치 않다"면서 "사람이 다들 공감하는 그런 감정만을 묘사하는 것으로는 충분치 않네. 많은 사람이 공감할 수도 있을 그 외 다른 것들을 이렇게 덧붙이는 일 역시 아주 바람직하네. 그들이 진정 공감한다면 더 나은, 더 도덕적 존재가 될 수 있다고 믿을 근거가 있는 그러한 것들 말일세"(1권 358쪽)라고 말한다. 시적-정치적 행동주의는 치유하는 예술과 합치한다. 시적 경험은 거룩함을 만들고 치유하면서 위험지대를 마치 신열身熱처럼 관통하며, 이로 인해 감수성은 얼마간 정화되고 회복되며 개선된다. 느끼기 위해서, 치유하기 위해서, 우리는 다른 사람이 느끼지 못하는 감정들을 불어넣고 우리가 느낄 수 있는 것을 느낌으로써, 즉 분별 있는 도덕감이 호위하는 가상의 감정을 느낌으로써 우리는 감정의 미래를 위한 하나의 감정을 얻는다. 시인이 가리키듯이 이는 더 나은 감정으로의 전환이다.

콜리지의 우려에 근거가 되었던 혐오의 계기들을 억압할 생각이 없는 워즈워스는 구토 제조법을 하나 마련했다. 시는 치유가 이루어지는 위기의 발생 장소를 에워싸면서 대대적 재조정의 발작적 뒤틀림이 생길 여지를 마련한다. 시인은 시에서 정화하거나 재조정을 목적으로 마련된 열병을 이끌어낸다. 그/그녀는 혐오를 파르마콘pharmakon[약이자 독]으로 관리한다. 이 모든 것은 복용량의 문제다. 시인을 치유자로 명명한 논문에서 우드먼은 워즈워즈의 목적이 독자의 치유라고 보는바, 이는 자신의 심신 쇠약증을 망각한 채 온 마음을 그 소년과 엄마에게 쏟았던 [이웃집 부인] 수전 게일이 그 백치 소년을 치유하는 과정과 흡사하다. 그녀는 "숲으로 가야겠어"라고 외친다. 계속해서 시는 "그 말이 떨어지기 무섭게 / 수전은 정말 자리를 털고 일어났다 / 흡사 마법으로 치유된 듯이."(424~426행) 이 행들에서 시는 그 의도를 분명히 드러내며 부활을 믿는 욕망의 법칙을 펼쳐 보인다. 시는 그러한 치유의 위력을 독자들에게 발휘하려고 시도한다. 우드먼의 해석에는 끌리는 구석이 있지만 그는 치유 개념 자체나 회복의 시학에 대해서는 전혀 따져 묻지 않는다. 독자들이 아프거나 즉각적 치유 의식들을 필요로 한다고 간주할 근거들에 관해 워즈워스는 자세히 해명하려고 하지 않는 반면—나아가 그는 시가 목표로 삼은 감정들이 그 자체로는 현재 존재하지 않는다고 밝힌다—수전 게일은 이 사례에서 갑작스러운 회복의 형상이 된다. 그녀는 어쩌면 자기 때문에 죽었을지도 모를 그 실종된 아이에게로 생각을 돌리며, 그렇게 그녀가 결심을 하자 기력이—설명 불가능하게도—돌아온다. 시는 어떻게 그 마술적 회복을 그려내는가? 자신의 결심을 명시함으로써 그녀는 치유된다. 만일 시가 주장하듯 이것이 마술적 사건을 지칭한다면, 아마도 우리는 마술 공식의 해독을 요구받는 셈이다.

설명 불가능한 마술적 배회의 물결—마술적 발언 혹은 공식의 암시—은 발설될 수 없는 것을 읽으라는 호소의 또다른 방식, 다시 말해 시의 행위를 읽으라는 호소이다. 결심의 언어가 어떻게 그녀의 몸에 스며들었으며 치료를 행했는가? 무엇이 주입되어 그녀가 일어날 수 있게 되었는가? 이 혈청, 그것은 통시적 표시의 문제다. "숲으로 가야겠어I'll to the wood"는 자아를 아픈ill 상태, 의지를 위축시키는 그런 아픈 상태로부터 떼어놓는 연약한 표시, 즉 생략부호(I'll에 쓰인 ')를 강조한다. 백치 소년을 좇아 숲으로 갈 준비가 된 수전 게일은 자신을 솟아 일어나게 했던 그 기표 속에 쐐기를 박아넣어 자기 병illness을 I'llness(해야겠음)으로 쪼갠다. 흡사 마술처럼. 수전 게일은 기적에 의해서가 아니라 마술, 즉 또다른 치유의 논리—대체로 기독교—의 결정된 체계에 동화될 수 없는 그 무언가에 의해 부활한 것이다. 워즈워스는 분명 구원의 위기의 역사를 묘사하거나 초월론적 연출에 끌려나온 간증conversion 히스테리를 관찰하는 일보다는 예측 불가능한 명령을 통해 몸을 재정비시키는 한 마디 발화의 직접적 효과에 더 관심이 있다. 수전 게일은 마술적으로 치료된다. 이는 아무런 치료를 염두에 두지 않고도 실행될 수 있는 절차를 뜻하기에 어쩌면 치유에 값하지 않을 수도 있다.(혹은 몇몇 프로이트의 개입에서처럼 기표의 도입을 통한 결정적 간섭이라는 수단으로 아무런 절차 없이도 치료가 될 수 있다. 심지어 생략부호의 명령으로도.)

언어는 몸이다. 언어는 몸에 들어와 몸을 형성하거나 변형하며, 장기들이 반응하는 세력장을 마련해준다. "아픈" 몸속에 들어온 쐐기는 자아의 경험을 위한 모종의 공간을 열어놓으며, 거기에 세 가지 행위자 가운데 돌봄의 행위자가 이전해왔다. 의사를 부르러 자신의 아들을 보내는 위험을 무릅써야 할 사명감을 느꼈을 때 베티 포이는 병든 이웃인 수전을 간호하던 중이었다. 여성적 아브라함의 설화로 구성된 그 이야기는 사랑하는 아들을 제물로 바치는데, 아들은 말없이 순종해 묻지도 않고 희생자의 운명을 받아들인다.(그에게는 질문이 불가능한데 그렇게 따지면 이삭도 마찬가지였다.) 이번엔 그 희생이 취소된다. 공황상태에 사로잡힌 어머니에 의해서. 시험은 취소되었고, 포이 부인은 강렬하고 끔찍한 역추적 후에 자기 아들을 되찾는다. 그녀를 인도해줄 신은 없다. 시에서 사랑의 위대함은 더 많은 사랑을 배태하며, 병자가 병자를 돕고 일자무식이 백치를 도우며 가망 없는 이들이 무기력한 이들을 돕는 거의 희극적 위계질서를 통해, 움직임과 회복을 가능하게 하는 이중적 모성의 형상에 대한 추구를 무대에 올린다. 조랑말pony이야말로 믿을 만한 연대를 확증해줄 유일한 존재로서 백치 소년을 떠받치는, 말 그대로 소년이 그 위에 태워진, 지정 '사상가'이자 운전수이다.("그래도 이놈은 생각하는 말이다! / 놈이 생각할 땐 걸음이 느려져……" 112~113행)

여자들은 소년을 좇아 숲으로 들어가 잃어버린 그를 찾으며 그의 행방과 목적지를 탐문한다. 끔찍한 불안의 밤을 견딘 후 마침내 소년을 발견했을 때 베티 포이는 한동안 야생의 아이, 즉 그녀 자신이 만들어낸 실체와 마주쳐 의문을 던지는 18세기 의심의 철학자가 된다. "똑바로 말해봐…… 어디 있었니?" 뭐랄까, 무엇보다도 백치는 경험론자들의 보호 아래 있었다. 그래서 어떤 의미에서는 자기가 보기에 철학적 교정시설을 필요로 한다며 그 시에 비난을 퍼부은 콜리지가 틀렸거나, 아니면 이 숲에서 워즈워스가 이미 철학적 탐구의 길로 나섰다는 것을 알려줄 흔적들을 콜리지가 찾지 못했다고 생각한 우리가 옳지 못한 것이다. 백치 소년은 철학에서 떨어져 나와 훨씬 더 사려 깊은 동물의 등에 업혀 시의 영역으로 이송되었다.

●○

16세기나 17세기에 백치는 바보들을 실은 배의 나머지 승객들과 섞여 있었으니, 지식의 가장자리에 위태롭게 처박힌 많은 존재 가운데 하나로서 범주와 현존재로 명시되지 않거나 광기와 한 묶음이 되었다. 그들—백치들—이 지식 담론에 미치광이와 구별되는 존재로 모습을 드러낸 것은 로크의 『인간 지성에 관한 에세이*Essay Concerning Human Understanding*』였다. 강제로 역할을 부여받은 그들에게는 인간적이고 오점 하나 없는 원판에 대한 신화적 확신을 뒷받침하는 임무가 주어졌는데, 그들—백치들—은 적어도 이론상으로는 인류의 기원에 대한 관찰 가능한 특질들을 이루는 듯이 여겨졌던 것에 전적으로 의존했던 한 과학의 대의를 위해 자신들의 몸을 기부했다. 근본적으로 기억에 관한 에세이인 로크의 논설은 '본유적 인상들innate impressions'의 법칙에 대한 맹렬한 논박을 뒷받침할 요량으로 백치를 선발했다. 로크는 이렇게 말한다. "모든 아이들, 그리고 백치들은 그것들[본유적 인상들]에 대한 최소한의 이해나 사유도 없다."[34] 이러한 인상들은 아이나 백치가 근접해 있는 기원적 순수성의 상태로 존재한다고 말할 수 없기 때문에, 로크는 기억들이 인간에게 '선천적'이거나 본유적이라고 간주되기보다 오히려 결과이자 산출되어야만 하는 것이라고 추론한다. 백치는 기억을 산출하거나 보유할 수 없는 무능력을 증명한다. 만일 백치가 그와 반대로 본유적 기억을 소유한 것으로 판명난다면 이들은 "완전한 광휘로 빛났을 것이고 그들이 그런 상태에 있음에 대해 더이상의 의심이 남지 않았을 것이다. ……그러나 아쉽게도 아이들, 백치들, 야만인들과 형편없는 문맹자들 가운데서 어떠한 일반적 공리가 발견될 수 있겠는가? 어떤 보편적 지식의 원리들이 있겠는가?"(1권 2부 27장) 백치는 그 무리에 속한 다른 구성원들과 마찬가지로 애초부터 기억을 폐기할 뿐 아니라, 일반성을 관통하여 보편적 지식의 원리들을 폐기하는 근원적 힘을 행사하는 까닭에 철학적 탐구의 전제들에 위협으로도 간주될 수 있다. 철학적 논점을 표상하기 위해 철학에 동원된 백치는 철학의 바깥에 속해 철학의 대의를 증진시킨다. 본질적으로 '백치'를 발명한 로크는 본원적 망각에 관한 담론을 생산하기 위해 잊힌 백치를 기억해낸다. 어쨌든—그리고 일반화하면—로크는 백치의 기능과 지위를 산출했고 거기서부터 기억의 조건들에 관한 경험론의 탐구가 진행되었다.[35] 그리하여 백치라는 형상은 철학에 상상적 병변을 삽입하는데, 이는 철학에 끝없는 상징적 하자보수가 필요하게 된 조건을 이룬다. 이러한 관찰들에서 얻어질 수 있는 잠정적 결론은, 그렇게 확고하게 주변화된 상태를 워즈워스가 굳게 포용한 행위를 낭만적 동경, 고양된 원시주의나 감상주의, 혹은 심지어 독특한 감정적 투여로 이루어진다고 간주되는 하나의 프로그램에 국한하기 힘들다는 것, 오히려 본원적 주체성에 대한 경험론적 주장을 해명하는 측면에서 철학의 부름에 응답한 것으로 봐야 한다는 사실이다. 시에서 정형화된 지식의 수용자로 나오는 의사를 부르러 보내졌던 순간 어머니가 신신당부했던 규칙들을 망각했을 때 백치 소년은 어머니가 잠정적으로 체현하는 철학적 후견인의 지침과 규율에서 벗어난다. 그녀는 경험철학에 임시직으로 복무한다. 반면에 소년은 사유하는 짐승에 의해 다른 본능, 아니 좀더 정확하게 말해 또다른 충동에 추동되는 쪽으로 이끌렸다.

넓은 의미에서 보면 경험론은 관찰과 경험이 닿을 수 없는 저 너머에 자리한다고 주장되는 모든 권위에 맞섰던 비판적 힘이었다. 백치를 관찰하고 경험하려는 요구와 관련해서 경험론은 실재의 벽과 충돌했다. 좀더 익숙한 용어로 풀어본다면, 경험론은 아포리아적 한계에 봉착했다고 말할 수 있다. 엄밀하게 말해서 백치의 말없는 저항 혹은 비폭로적 유순함에서 무엇이 관찰 가능하다고 말할 수 있겠는가? 어떻게 백치성이 인간 기억의 근원에 대한 탐구에 책임 있는 답변을 하거나 망각의 상태에 대한 확고한 사례로 기능할 수 있겠는가? "망각상태에서는 감각들이 전혀 보유되지 않은 채 지나가는데, 사건들과 인상들을 기억하고 그것들을 나중에 기록하는 능력을 발달시키기 전에 과연 그러한 상태가 인류 일반에 존재했다는 것을 나타낼 수 있겠는가?"[36] 인간이 자연에서 문화, 언어, 그리고 기억의 상태로 전이하는 과정을 추적하는 일은 관찰에 의해서 완수될 수 있는 그 무엇이 아니다. 아포리아적 난제에 대한 인정은 콩디야크의 경험론적 저술 『감각론*Traité des sensations*』을 추동한다. "우리는 우리의 타고난 무지상태를 회상할 수 없다. 그것은 아무런 자취도 남지 않는 상태이다. 우리가 무지를 기억하는 것은 오로지 우리가 학습한 것을 기억할 때뿐이다. 학습하고 있는 것에 주의를 기울이기 전에 우리는 이미 무언가를 알고 있음에 틀림없다. 한때는 그것들이 없는 상태였다는 것을 관찰할 수 있기 이전에, 이미 우리는 그에 대한 관념을 가지고 있어야만 한다. 우리로 하여금 하나의 인식에서 다른 인식으로의 이행을 의식하게 만드는 반성적 기억은 시초들로 되돌아갈 수 없다. 기억은 시초들을 가정할 뿐이다."[37] 반성적 기억은 우리를 모순된 긴장상태, 즉 한 비평가가 "구조적 취약성"[38]이라고 불렀던 상태에 놓는다. 왜냐하면 기억은 자신의 출현에 대해 아무런 흔적과 기억도 가질 수 없기 때문이다. 기억은 자신을 가능하게 한 조건들을 기억할 수 없고 자기 자신의 기원을 설명할 수 없는데, 이는 그러한 제스처가 자신이 해명하고자 하는 그 능력들의 존재를 전제하기 때문이다. 어떤 관찰 가능한 전사前史 혹은 의식의 가장 최초의 발생 흔적들은 합리적으로 확증될 수 없기 때문에 콩디야크의 입장은 '가설적' 혹은 '추정적' 역사라는 개념으로 후퇴했다. 이를 통해 콩디야크는 18세기 후반 경험론자들이 왕왕 그랬듯이 그 문제를 철학적 긴박감으로 다루었지만 사회과학자들의 낭패감만 이끌어내고 말았다. 그런 인물 중의 하나인 애덤 퍼거슨은 경험론이 "상상력과 이성, 시와 과학의 영역들을"[39] 뒤죽박죽으로 만들었다고 비판했다.

경험론은 그 반박에 대항하지 않았고, 사실적 근거를 숭상하는 담론의 실천으로서 가설적 증명에만 의거해서는 설득력 있는 논쟁을 펼칠 수 없다는 점을 인정했다. 경험론적 근거를 찾아내려고 애쓰면서 콩디야크는 1694년 리투아니아의 숲에서 발견된 '야생 소년'의 이야기에 기댔고 백치성의 이 특정한 형식과 실행을 18세기 철학에 통합시켰다. 야생 소년이 이야기로 구성된다는 사실을 제쳐두면, 철학 텍스트에 이 이야기를 포함시킨 일은 성찰에 첨가된 경험론적 보충의 기능을 하는 것으로 간주되었다. 기원에 관한 하나의 우화로서 그 이야기는 자연에서 인간의 상태로, 본원적 망각에서 문화로 이행하는 과정을 설명할 수 있는 잃어버린 고리를 제공했다. 그 소년에 대한 아주 전형적 설명을 제시하면서 몬보도 경은 다음과 같이 말한다. "나는 그의 이야기를 인간 본성의 발전사, 즉 단순한 동물에서 문명화된 삶의 최초 단계로 이어지는 이행에 관한 간략한 연대기 혹은 요약으로 이해한다."[40] 리투아니아의 야생 소년을 포함시킴으로써 콩디야크의 논증과정은 자연의 상태가 갖는 형이상학적 매혹을 출현할 수 있게 만드는 한편, 그 소년은 가설적 역사의 내부에 자리잡게 된다. 콩디야크는 소년이 말하기를 배우게 되면서 그가 언어 이전에 언어 없이 숲에서 겪은 경험에 관해 회고적으로 설명할 가능성은 사라졌다고 주장한다. "일단 말을 하게 되자 자신의 이전 상태에 관한 질문을 받게 되었지만, 우리가 요람에 있을 때 무슨 일이 있었는지 기억할 수 없는 것과 매한가지로 그는 그 일을 기억할 수 없었다."(225쪽) 말의 세계로 진입하기 이전의 사건들에 관해 공백을 마련함으로써 더이상 유아infans(즉 언어 능력이 없는)가 아닌 그 소년은 기억이 문화의 결과임을 증명했다. 실제로, "그가 자신의 최초 상태를 망각하는 것은 아주 당연했다. ……그의 삶은 꿈만이 방해할 수 있는 잠과 같았다."(226쪽) 우리가 다른 경로를 추구한다면 이러한 교란의 장면으로 진입해야만 하며, 꿈의 상태를 그 내적 언어성의 측면에서 탐문해야만 한다고 느낄 것이다. 그러나 우리로서는 이 18세기 드림팀을 좇아 방해받지 않은 교란들의 흐름 내에 머물기로 하고, 이 봉인되어 분석되지 않은 꿈의 미래에 관해서는 다른 팀에게 남겨두기로 하자. 야생 소년이 자신의 기원을 기억할 수 없다는 점을 받아들인 철학자는 가설적 역사로 복귀하는 일에서 정당성을 찾게 되었다. 그리하여 리투아니아의 야생 소년에 관한 대목은 리튬lithium으로 만든 야생 소년을 상상하는 것만큼이나 기억의 철학에 쓸모가 없게 되어, 「일련의 감각의 효용성을 부여받게 된 인물의 기억」이라는 장으로 마무리된다. 이 장은 스스로에 관해 완벽한 해명을 제공하는 것이 가능한 콩디야크의 저 유명한 상상의 조각상*을 그 중심 이야기로 하는바, "기억과 의식이 분투해 순수한 감각과 쾌락과 고통에서 벗어난 존재로 서게 되는 저 어두운 장면"(225~226쪽)에 관해 충분히 해명할 수 있게 된다.

*콩디야크가 『감각론』에서 자신의 감각적 경험론을 주장하기 위해 상정한 인간 형상의 조각.

야생의 소년들에게는 위계가 존재했다. 가장 널리 회자된 야생 소년들 중 하나는 하노버의 피터로서 발견되자마자—1724년 하멜른 외곽의 숲속 나무에서 붙잡혔다—그는 "순식간에 유명세"를 탔다. "그가 출현한 후 곧장 그가 선천적 백치로서, 최근에 새로 장가를 든 크뤼거라는 이름을 가진 홀아비의 아들임이 알려졌다. ……많은 철학자와 자연과학자는 피터가 자신들이 찾던 바로 그 인물이라고 생각했다."[41] 하지만 또다른 특별한 서명자가 이 문제에 개입했다. 야생 소년들에 관한 신화들—그들이 짐승처럼 네발로 뛰어다니고 나무를 타거나 이를테면 '타잔' 스타일로 밧줄을 탔다는 식의 이야기들—을 인정하는 데 인색했던 대니얼 디포였지만 『순수 자연 소묘*Mere Nature Delineated*』에서는 어쨌든 피터의 중요성에 대해 확증한다. 디포는 독자들에게 철학 및 그 부류가 단순히 "백치를 무대에 끌어올려서 무로부터 대단한 무언가를 만들어낸 일"[42]에 그치지는 않는다는 점을 상기시킨다. 야생 소년은 특수한 철학적 요구에 부합하는 존재로서, "그는 지난 수년 동안 문명화된 세계가 바라 마지않는 것처럼 굴었던 바로 그 존재, 다시 말해 인간 사회로부터 완전히 격리되어 사람이 말하는 것을 듣지 못해 전혀 말을 할 수 없는 상태이거나, 혹은 무슨 말이든 혼자 중얼거렸다면 자연이 인류에게 어떤 언어를 처음 선사했는지 우리에게 알려줄 그런 존재이다."(17쪽) 철학은 자신이 찾던 것을 발견하게 될 텐데, 이는 철학의 이론들을 확증할 목적이었던 그 실종된 대상을 어떤 식으로든 발명한 꼴이 되었다. 하나의 철학적 소망충족으로서 그 존재는 상상 속의 궤적으로 틈입했다.

18세기 경험론자들의 이해와 발을 맞추어 디포는 백치성을, 언어에 대한 접근 불가 상태를 향유하는 데서 더 나아가 감정, 영혼, 열정도 결핍된 상태로 본다. 감정의 측면에서 무능력한 백치는 언어의 결핍을 예증하고, 디포에 따르면 인간 정서의 범위와 사물과의 기본적 관계성을 파괴하는 상실을 드러낸다. 그는 "말들이 우리에게는 사유의 매개"라고 말한다. "우리는 이름이 아니고서는, 그리고 이름을 사용한다는 바로 그 점이 아니라면 사물들을 인식할 수 없다. ……우리는 명상하고 고안하고 상상하고 설계하고 결정하거나 거부할 수 없다. 우리가 바로 그 언어라는 형식으로 그러한 정념들을 실행하는 것이 아니라면 사랑하거나 혐오할 수도 없고, 우리에게 그밖의 다른 길은 없다."(39쪽) 백치는 시각적 인상들을 보유하거나 기억하기는 커녕 받아들일 수조차 없는 존재에 비유되는 맹인을 불러낸다. "그에게 자연은 맹인에게 멋진 그림의 존재처럼 하나의 보편적 공백과 같다. ……그는 그림의 표면을 보지만 이러저런 형태의 어떤 인상도 받아들이지 못하는 듯하다."(27쪽) 여기서 맹인 철학자가 건드리지 못하는 아포리아들이 발생한다. 만일 백치가 자연에 속하고 자연에서 벗어날 수 없다면—다시 말해 백치가 자연과 동일한 한에서—왜 우리는 자연이 다른 것인 양, 예컨대(그 사례에 대해 자극적이고 도착적인 수사를 통해 말하자면) 자연이 인조물, 즉 "멋진 그림"인 양 자연으로부터 인상들을 수용해야만 하는 것인가? 자연은 백치처럼 선천성이 말소된 결과이며, 상실된 축자성의 형상이다. 워즈워스가 개입하는 것은 바로 이 지점이지만, 부실한 토대에 근거를 둔 그의 논증은 디포에게 이미 자체 몰락하는 논리로 출현해 백치성이라는 경험론적 집의 벽을 무너뜨린다.

이제 야생 소년, 야만인, 백치, 그리고 아이들을 철학적 성찰의 영역으로 도입한 일에 대해 더 많은 이야기가 가능하며, 철학이 어른의 공습을 행함에 있어 이 소수자들이 차지하는 특이하지만 결정적으로 중요한 위상을 좀더 완벽하게 조사하는 일이 긴요해질 것이다. 소크라테스의 약탈적 충동에서 칸트의 인종차별적 과제에 이르기까지 철학은 자신들을 대변할 수 없는 인물들, 일정 수준의 합법화된 다수에 도달하지 못한 인물들을 유폐시키려는 욕구를 드러냈다. 물론 니체가 새로운 비유체계에 동물들을 초대했을 때 이를 뒤집었다고 볼 수는 있지만 말이다.[43]

워즈워스의 경우를 참조하고 도스토옙스키도 포함하자면, 우리는 비록 부재, 말없음의 압도, 그리고 말더듬의 레퍼토리가 백치성의 장면을 지배하기는 하지만 언어가 완전히 배제되지는 않은 백치의 형상과 마주하게 된다. 그렇지만 거기에는 유예기간과 기억이라는 사건도 존재한다. 아무리 뒤죽박죽이고 모방적이며 규칙을 벗어난다고 해도 언어는 백치성이 딱 들어맞는 존재에게서 생겨나며 그에게 귀속된다. 내면성과 같은 그 무엇이 우위를 점하지는 않는 것 같다. 그러나 이 백치들이 마침내 침묵에 빠지는 경우에도 감정과 유사한 그 무엇, 어쩌면 얼마간의 기쁨, 뼈저린 후회, 전율하는 몸의 기억 같은 것들이 그들을 관통해왔다는 사실에는 의심의 여지가 없다. 감정을 보증할 내면성의 언어가 부재하기에 그들은 어느 정도까지는 식민화하는 기획에 좌초되고 맨몸으로 노출된다. 둘러싸이고 갇힌 그들의 주체성—그런 게 있긴 하다면—은 철학적 해명의 방편으로는 기여할 수 있는 것이 별로 없다. 그렇긴 해도 두 경우 모두에서 백치들은 자신들을 대신해 이루어진 철학적 주장들의 지배 약호들을 초과하거나 적어도 혼란에 빠뜨리며, 순전한 백치성의 측면에서 임계 영역liminal space을 차지한다. 그들은 아무리 찰나적일지라도 언어에 영향을 받는다. 그리고 그들의 발언이 사라지는 경우 말은 그들의 몸이 상징하는 성문화된 규약들로 바뀐다.

어떻게 백치들이 철학의 심장부에 발을 딛게 되었을까? 어떻게 그들은 우리가 간과하기 쉬운 그 세부항목에 의거해 갑작스레 '발견'될 수 있는 그런 종류의 계약을 맺게 되었을까? 그들의 바로 그 박탈 상태가 욕망을 배태하며, 공언될 수 없는 노스탤지어를 만들어내는 것이다. 백치들이 신성한 존재 혹은 신에게 공격받는 존재로 내몰리는 데 다른 이유가 있을까? 어찌하여 그들은 신이 거부되는 경우조차 신을 자기들의 편으로 삼게 되는가?

그들은 자랑스럽게도 실재를 결핍하고 있다. 음유시인을 해석하는 라캉의 말에 따르면, 실재의 결핍은 우리가 인간이라고 부르는 존재의 요구에 부합하는 상태이다.[44] 사변적 충동의 배후에서 모종의 현실성을 확립할 수 있는 그 무엇을 추구하는 일에 나설 때, 즉 상상 속의 무장에 의해 밑받침되는 선행 철학 작업들의 허구와 공상을 물리치려고 노력할 때, 경험론은 실재에 머무르고 상징적 행위들에 저항하면서 그 극단적 독해 불가능성에 있어 어느 정도 실재의 태도를 취하는 그런 존재들 속에서 스스로를 발견한다고 주장한다. 언어의 기입 이전에 거의 흔적 없는 길과 마주했을 때 경험론이 친연성을 느끼는 어떤 존재가 있다. 하지만 만일 백치가 언어의 고유한 시초들, 즉 상징화 충동의 최초 암시들이 감지될 수 있는 장소를 표상하게 된다면, 박탈의 경험이 단순히 비모방적 언어의 도입으로 종결되었다고 생각하는 일은 옳지 않을 것이다. 왜냐하면 워즈워스가 가르쳐주었듯 비유로서의 언어는 신체처럼 언제나 결핍상태이기 때문이다.[45]

★☆

음유시인처럼 말 등에 고정된 백치 소년은 예정된 목적지에 도달할 수 없을 것이다. 그 시는 소년의 어머니가 그를 말에 비끄러매고 의사의 집으로 가는 길을 가르쳐주었음을 보여준다. 그녀는 조랑말에게 지시를 하며 조니에게는 엄마에게 돌아오라고 당부한다.("조니! 조니! 꼭 명심하렴 / 집으로 돌아와야 해, 멈추지 말고— / 집으로 돌아와야 해, 무슨 일이 있어도 / 우리 조니야 꼭, 제발 꼭 돌아와." 58~61행) 수전 게일의 생사가 거기 달려 있다. 주지하다시피 조니는 길을 잃고, 어머니는 길길이 뛰며, 수전 게일은 마술처럼 되살아나고, 의사는 아무것도 모르며, 조니는 마침내 숲의 시끄러운 폭포 근처에서 발견된다. 베티와 수전은 기쁨에 휩싸여 조니를 집으로 데려온다. 그들은 그에게 어디 있었는지, 밤을 어떻게 보냈는지 묻는다. 그 대목에서 [작가의 분신인] 시의 화자가 등장해 자신의 재능 자체가 이 일에 적합하지 않다고 토로한다. 화자는 어쩌면 정신적 장애를 겪고 있을지도 모를 일이다. 화자가 자신의 도제기간을 끝내는 데는 (통상적인 7년보다 긴) 14년이란 시간이 걸렸다. 그는 이해가 더디다. 실제로 그는 이야기를 들려줄 능력이 없고 이야기 위에 공백을 그려낸다. 뮤즈는 그의 친구가 아니다. 워즈워스의 편집자들도 그러하다. 1965년에 편집된 워즈워스 시 선집에서 잭 스틸링거는 14년이란 기간은 "화자가 약간 정신지체임을 보여주기"[46] 위함이었다고 지적한다. 서사 차원의 어리석음을 말하는 부차적 드라마는 우연적이거나 우발적이지 않고 시적 재구성의 도정에 동반되는 딸꾹질이다.(시가 이렇게 멈추거나 우왕좌왕하는 마비상태를 나타내지 않는 경우, 그것은 종종 시인의 경험적 그림자를 횔덜린의 탑, 지크프리트 렌츠의 산책로, 혹은 앙토냉 아르토의 절규로 보낸다.)*

조니를 데려가는 사건들을 둘러싼 서사적 지연술은 알지 못함이라는 도입부의 드라마를 요약한다. 혼자 살고 있는 수전은 "애처로운 신음"(20행)을 뱉고 있다.

곤경에 빠진 그들을 도와줄 손길은 없다.
늙은 수전은 몸져누워 아파하고,
두 사람은 몹시도 당혹스럽다.
무엇 때문에 그녀가 아픈지 알 길이 없으니.(23~26행)

그들은 그녀의 병명이 뭔지 파악하려는 갈수록 절망스러운 처지에 사로잡힌다. 그것은 그들, 베티와 수전을 둘로, 두 인물로 나누는 동시에 한 쌍으로 만드는 과제다. 그녀의 상태를 해독하려는 노력은 그 자체로 고통과 연관되어 있다. 그들은 짐작할 수 없어서 몹시 당황하고, 당혹스러워한다. 추측의 곤경, 혹은 자신의 추측력이 무력화된 곤경에 처한 화자로 돌아가보자. 우리는 수많은 침범을 통해 우리 앞에 발설될 수 없는 한 이야기가 있음을 알게 된다. 이는 가상의 마법에 빠져 중심이 실종된 이야기의 문제다. 아이가 실종된 이야기

*여기서 탑, 산책로, 절규는 해당 작가들이 창작의 고통을 토로했던 장소와 방식을 뜻하는 듯하다.

를 중심으로 엮인 이 이야기는 필요에 의해 사변적 과잉을 산출한다. "어쩌면perhaps"의 반복은 화자가 부재하는 중심이라는 실마리들을 한데 짜맞추려고 시도할 때 생겨나는바, 과학적 지식 혹은 서사 차원의 권위라는 위력에 대항해 목소리를 높인다. 뮤즈에게 버림받은 화자는 자신의 서사를 이해하려는 어떤 확신도 포기한다. 정말로, 시가 읽어냈다고, 시가 알 수 있다고 주장했던 유일한 것은 베티 포이의 얼굴이다.("그러나 베티, 가난하고 선량한 여인네! / 당신들이 그녀 얼굴에서 쉽게 읽을 수 있듯 / 그녀는 그동안 모은 것들을 나눠줄 수 있다 / 오 년 남짓한 행복한 시간이나 그 이상을 / 원하는 사람 누구에게나." 132~136행) 서사의 기능이 무력화되자 이야기의 비밀은 사랑받는 백치 소년과 함께 머물며 그의 침묵 속에 갇힌다.("소년의 머리 위로 비추는 달은 / 그 아이만큼이나 고요하고 말이 없다." 80~81행) 그렇지만 우리는 고수해야만 하는 어쩌면들perhapses의 확산을 목격하는바, 이는 니체의 말에 따르면 형이상학을 꼼짝 못하게 했던 것과 동일한 그 어쩌면의 먼 친척쯤 된다. 누가 과연 어쩌면들의 영역에 거주할 수 있겠는가?[47] 시에서 그것은 근거 없는 사유가 갖는 심연을 열어놓으면서 모성이 해체되는 환경을 지칭한다. 그것은 소년의 운명을 느슨하게 지체시킨다. 말하자면 소년은 '어쩌면'이라는 무시무시한 영역으로 빠져든 것이다. 우리가 '어쩌면'의 속도로 여행을 한다면 거기에는 붙잡을 것이 거의 없다. 마치 살살 다뤄달라고 요청하듯, 고백이 주는 부담에 머리를 조아리듯, 화자는 어쨌든 내 쪽으로 몸을 돌린다.

> 오 독자여 이제 나 얘기할 수 있으리
> 조니와 그의 말이 뭘 하고 있었는지!
> 지금껏 무엇을 하고 다녔는지,
> 아주 신나는 그 얘길 귀담아들으며
> 오 내가 그걸 운율에 맞춰 시로 만들 수 있다면!

어쩌면, 그리 턱없는 생각도 아니리니!
조랑말과 함께 그는 이제
저 높은 절벽들과 봉우리들을 떠돈다.
별에 두 손을 뻗쳐,
주머니에 담아 집으로 가져온다.

어쩌면 그는 몸을 돌려 앉아서
얼굴을 말꼬리 쪽으로 두고,
고요하고 말없이, 경이감에 빠져,
기수騎手의 유령처럼 침묵 속에
계곡 따라 천천히 길 떠난다.

지금, 어쩌면 그는 양을 사냥하고 있는
사납고 무서운 사냥꾼이리라.
지금은 아주 단아하고 초록빛인 저 계곡은
다섯 달 후에 그가 나타난다면
사막 같은 황야로 변하리니!

어쩌면, 머리부터 발꿈치까지 불이 붙어,
바로 그 사악한 영혼처럼,
그는 말달려 멀리멀리 떠나간다.
그렇게 영원히 달려가리.
악마를 두려워하는 모두의 골칫거리로!

나는 뮤즈에게 속박되어왔다,
지난 십사 년간 혹독한 고용계약 때문에.
오 다정한 뮤즈들이여! 말하게 해주오,
그에게 닥친 일의 절반이라도.

필시 낯선 모험들과 마주했을 터이니.

오 다정한 뮤즈들이여! 이게 친절인가요?
왜 그렇다면 내 간청을 무시하나요?
왜 더이상 나를 도와주지 않나요?
그렇게 친구도 없는 나를 버릴 수 있나요?
내 깊이 사랑하는 그대 뮤즈들이여!(312~346행)

자, 여기가 이 시에서 광폭하고 진짜로 섬뜩한 대목이다. 멍청함에 빠지고, 장애를 공언하면서 이 시는 발화의 수준에 있어서 발라드(담시) 시인의 업그레이드된 동요 가락을 흉내낸다. 식별 가능한 발화의 측면에서 이 가락은 중요한 케익 한 조각처럼 관리 가능해 보인다. 시가 시의 행보를, 다시 말해 자기 발화를 행할 때 느끼는 기만적 편안함을 상쇄하듯, 어떤 일이, 요컨대 존재하지 않는 어떤 일이 발생하는 것이다. 행위의 수준에서 보면 그 사건은 시적 곤경을 탁월하게 구현한다. 그래서 말해질 수 없는 사건을 둘러싼 말더듬 혹은 말얼버무림은 횔덜린에서 말라르메에 이르기까지 메아리치며, 무엇보다도 시의 종결부 근처에 등장하는 시끄러운 폭포로부터 횔덜린의 「라인 강」에 이르기까지 이동한다. 백치성에 관한 이야기를 들려주기로 작정한 시는 실어증(혹은 "순수 어법")의 언저리를 방황한다. 조니가 말을 하게 하는 경우에도 그것은 윙윙대는 소리를 끌어다 쓰는데, 정서는 거기에 단지 임의적으로 부여될 수 있을 뿐이다. "그의 입술은 기쁨에 겨워 부르르 떤다."(14행) "조니는 부르르하고 크게 웃는다 / 꾀부리는 건지 기뻐서 그러는지 / 나는 모르겠다."(377~379행) 시의 일부분은 조니의 의미화되지 않는 언어에서, 즉 말의 한계에서 그 본연의 모습을 찾고, 고요한 시의 경험을 그와 함께 지켜본다. 조니의 언어가 하나의 시로서 행하는 것은 아무것과도 결부시키지 않고 그의 탈주에 대해 말하는 일이다. 그 언어는 무슨 일이 벌어졌는지—그것은 이야기가 될 수 없다—말할 수 없고 단지 파악할 수 없는 사건, 상실된 현재, 그 근원의 수수께끼에 관해서만 이야기할 뿐이다. 시는 자신의 주제와 대상을 현재가 사라질 때까지 좇아갈 수 있지만, "벌어진 일"을 펼쳐 보이도록 소환되었을 때 백치성에 묶인 상태로 남는다. 시는 그 중심 과제가 주는 부담을 감당해야 하는 순간 침묵한다. 시는 의사의 집, 분석자의 소파, 경험론자의 은신처에 당도할 수 없다. 봉쇄를 빠져나온 다음 눈에 띌까봐 몸을 사린다. 그 근원의 수수께끼를 지배할 수 없기에 시는 말하고 이야기하려는 충동을 상실한다. 시는 자신에게서 이야기를 떼어낸다. 파국적 진리-말하기의 순간에 어쩌면들의 연쇄 이외에는 아무것도 벌어지지 않는다. 제구실을 못하는 화자는 기껏해야 사건 발생의 완전한 중지, 즉 [말의] 공백이나 중간음탈락syncope만을 가리킬 수 있을 뿐이다. "이것이 '공백을 그리다'가 뜻하는 바이다. 별안간 낯섦으로 기울어져서 중단되고 사로잡히는 것은 현재의 현전presence이다.(현재의 현전됨being-present) 그리고 그때 발생하지 않음으로써 발생하는 것(왜냐하면 정의상 그것은 발생할 수 없기에)은—존재 없는—무, '존재의 무'이다."[48] 시는 백치 소년이 어디에 있었는지, 어디서 왔는지, 혹은 그가 존재하는 것이 무엇을 뜻하는지 말해줄 수 없다. 그 시는 어머니로 하여금 진실을 요청하고 서사를 요구하게 만든다.

> 말해보렴, 조니, 응,
> 밤새도록 어디 있었는지,
> 무엇을 들었고, 무엇을 보았는지,
> 조니, 명심하렴, 사실을 말해다오.(438~441행)

우리는 시가 말하고자 하나 그럴 수 없다고 느낀다. 시는 어머니의 요청에 응답할 수 없다. 시는 조니를 구슬려서 자기 경험의 진실, 혹은 정확히 말해 그 경험의 어떤 다른 판본을 말하게 할 수도 없다.

다른 말로 하면, 시는 백치의 모험을 설명하거나, 그의 모험이 야간의 정신적 변화 속에 어떻게 존재했는지 추적하는 일을 단념한다. 이런 의미에서 보면, 의미가 흐려지는 곳에서 시는 스스로의 달빛어린 침묵이 남긴 여분의 빛에 의지하여 여행하는 셈인데, 왜냐하면 그 시는 시의 대상을 시다움의 한계에 이르기까지 압박했기 때문이다. 시는 특이성, 백치가 표상하고 말더듬는, 즉 담론적 완고함의 얼음 같은 침묵 속에서부르르 진동하는, 그 절대적 특이성에 목소리를 부여하기 위해 노력했다. 백치가 무엇을 경험하거나 영위해올 수 있었겠는가? 시는 우리에게 묻는다. 그의 부재, 그의 탈주에 대해 말할 것이 뭐가 있는가? 시는 거기에 갈 수 없지만(뮤즈들이 포기한다), 시는 거기에 가야만 하며, 실제로 거기에 이미 보내졌다. 시는, 공백을 그려내는 존재의 떨림으로서, 시는 백치 소년이다.

"의미의 종말, 그것은 딸꾹질, 멈칫거림이다."[49] 그래서 시는 마주했을 경우 그 주위에서 필연적으로 머뭇거리게 되는 특이성의 윤리학에 발맞추어 이치를 생산하거나 의미를 꾸며낼 수 없는 인물에게 마지막 말을 남겨둔다. 그 인물은 마지막에 '여행의 모든 이야기'를 들려줄 것이다. 즉 말해질 수는 없지만, 실종된 태양/아들sun/son이 지나간 차가운 행로에서 벌어지는 모방행위의 붕괴과정mimetic tumble을 이끌어내는 그 전체 이야기 말이다. 여기서 어떤 자연의 대상보다도 태양이, 그의 후기 시에서 "스스로에 대한 절대적 주권을 지닌 마음"의 상징인 그 태양이, 워즈워스에게는 지식의 형상이 됨을 상기하는 일은 분명 상당히 중요하다. 그 형상은 눈, 폴 드 만이 묘사한 바에 따르면, 비문碑文의 텍스트를 읽는 눈이다.[50] 여기서 태양은 이야기를 읽는 문제에 냉정한 눈길을 준다.

> 그리하여 베티의 물음에 그는 이렇게
> 대답했다……
>
> ……………………………………………………

"수탉들이 투후우, 투후우 울어댔고,
햇빛은 아주 차갑게 빛났어."
—그렇게 조니는 으쓱해서 답했고,
그게 그의 여행 이야기의 전부였다.(447~453행)

이 대목을 비유적으로 해석하게 유인하는 동시에 그런 해석에 저항하는 조니의 대답은 직독직해자들, 즉 자신들이 흉내내는 것을 "충실히 복제하는"[51] 소리들을 만들어내는 모방자들을 끌어들인다. 단순한 모방에서 겉보기엔 이중적 모방으로 전환하는 행위를 통해 그 모방자는 소년과 올빼미가 서로를 모방하는 소리를 내는데, 이 소리는 먼 산꼭대기에서 오듯 위낸더 소년과 함께 귀환할 것이다. 그러나 그 모방자는 그저 시적 원숭이, 올빼미, 앵무새의 영역에서만 말하는 것이 아니다. 왜냐하면 그의 언어는 실제로 해가 진 모습, 그가 자신의 부르르 떠는 소리에 할당된 언어의 몫을 헤아려보게 하는 [차갑게 빛나는] 또다른 태양의 불변성, 즉 그가 얼마만큼이나 멍하게 차디찬 자신의 황홀경을 느끼는지 묘사하려고 노력하기 때문이다. 시의 결말에 있는 두 줄짜리 시구, 해독하기 힘든 음조를 띤 그의 이야기는 또한 운명과 목적지에 관한 물음을 제기하며, 완전히 해독할 수 없는 어떤 잠재적 정체성의 윤곽들을 이끌어낸다. "투후우, 투후우." (450행) 이것이 그가 했던 응답이다. 이 응답은 또한 하나의 질문으로서, 그 응답의 대상이 지닌 돌이킬 수 없이 부적절한 본성을 거듭 보여주는 비문법적 단념행위와 위태로이 균형을 이룬다.

소크라테스: 자, 탈레스의 경우를 예로 들어보세, 테오도로스. 별을 연구하느라 하늘을 올려보다가 그가 구덩이에 빠졌을 때, 사람들 말로는 한 말쑥하고 영리한 트라키아 하녀가 그를 놀렸다고 하는데, 이유인즉 그가 천상의 것들을 너무나 알고 싶어한 나머지 바로 자기 앞 발밑에 있는 것을 볼 수 없었기 때문이지. 마찬가지 조롱이 철학하느라고 인생을 보낸 모든 사람에게도 해당되네. 진짜로 그런 사람은 자기 바로 옆집의 이웃에게 관심이 없고, 그가 뭘 하는 사람인지도 모를 뿐 아니라 그가 인간인지 혹은 어떤 다른 종류의 생물체인지도 알 턱이 없기 때문이지. 플라톤, 『테아이테토스』(174a-b)

칸트

위성

우스꽝스러운 철학자의 형상,
혹은 나는 왜 이리 유명한가

A. 학부들의 인기 경쟁

이 위성은 국제적 수준의 인기에 담긴 역설과 아포리아에 관한 정보를 모으기 위한 것이다. 조사 결과를 추적하는 장치인 나는 오직 이 사안에 관한 문서만을 열어볼 수 있다. 나는 더 거대한 장치에 보이지 않게 부착된 단순 복사기이자 데이터뱅크로서, 문제를 파악하고 그 문제가 요청하는 바에 응답하도록 프로그램화되어 있다. 스캔을 하고 기록하면서 나는 흐름을 제어하고 더 많은 신호를 생성한다. 그런 신호들은 나에게 칸트, 키르케고르, 카프카 사이의 오래된 공모관계에 대해 무언가 말해주려 한다. 그리고 그 신호들에 따르면 이 협력관계는 프랑스 이론으로 통용되어왔던 좌표들과 관련이 있다. 이는 모리아 산[아브라함이 이삭을 제물로 바치려 했던 산]처럼 높은, 지구상에서 최고의 우선권, 최상의 보존을 요구하는 문제다. 미처 완결짓지 못한 이야기로 시계를 되돌리는 기록보관에 대한 불안.

원초적 형태의 기록 장면으로 거슬러올라가면, 카프카와 키르케고르는 아브라함의 우스꽝스러움에 대한 통찰을 공유했다. 『두려움과 떨림』에서 키르케고르가 자세히 다루는 바보스러운 충성심의 사례가 바로 아브라함이다. "아브라함은 믿었고 의심치 않았으며, 터무니없음을 신뢰했다."[1] 카프카의 우화 「아브라함」은 원초적 가부장제의 해체를 궁구하면서 키르케고르(와 돈키호테)를 환기한다. 증식되고 계열화된 카프카의 아브라함들 몇몇은 우스꽝스러운 존재다. 즉 세상이 그들을 본다면 자지러지게 비웃을 것이라고 생각되는바, 그런 존재들 가운데 하나는 주문을 받는 미숙한 웨이터이다. 극복이 불가능하게 바보스러운 그들의 행위는 성부聖父에게 보내는 첫번째 편지를 봉인하는 동시에 분리하면서 하나의 잊을 수 없는 전설적인 이야기에 그들을 결박시킨다.[2]

데이터가 순서가 뒤죽박죽인 상태로 당도한다는 사실을 인정해야겠다. 데이터는 분명 학자들이 유지하고자 애써왔던 연대기적 순

서를 갖춘 형태로 당도하지 않는다. 더 새로운 기술들의 결과인 정보 흐름의 과정은 무엇보다 재정비되어 해독될 필요가 있다. 나는 이 장치로 하여금 전체 논쟁이 변화되고 분류되는 바를 좇아 스캔하도록 만들고, 새로운 질서로 정보를 옮겨놓을 생각이다. 이 장치는 폴 드만에게 나타나는 인식의 실패 및 어리석음, 무지, 아둔함, 얼간이에 대한 그의 은밀한 집착, 그리고 규정하거나 전제하는 주체를 언어적 규정들이 능가하는 과정을 검토한다. 이 장치는 어리석음이라는 의문시되지 않은 문제, 즉 프랑스 이론이라는 아래와 같은 통합체를 대면하는 데 이용되는 두려움, 공포, 액막이 전략들의 파편화된 계보를 지속적으로 구성한다.

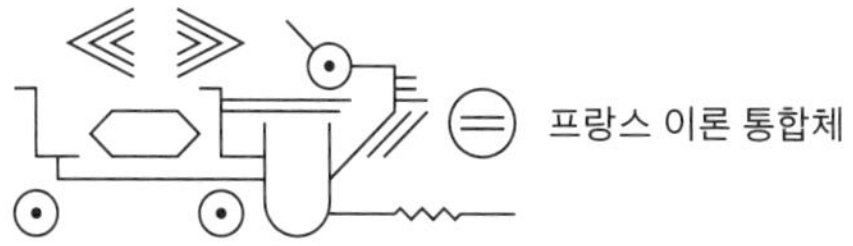

따라서 「이해 불가능성에 관해」라는 제목이 붙은 슐레겔의 작품에는 하나의 속편이 존재한다. 거기서 18세기 이론 배척자들에 대한 대응은 모든 창조적이고 해석적인 행위의 기반으로서 이해 불가능성을 근본적으로 옹호하는 것이다. 이론 배척자들은 슐레겔과 바타유가 약호화될 수 있는 의미의 생산에 결연히 맞서면서 의미에 대해 엄격하고 때로는 용감하게 저항했다는 점뿐 아니라, 단순히 역사적 연계를 넘어 코기토의 외설물 제작자로서 서로 연계되어 있다는 이유 때문에도 둘을 하나로 묶고 싶어한다. 바타유와 슐레겔은 새로운 만성적 성향의 충동들에 의거하여 서로를 참조할 운명에 처해 있다. 프리드리히 슐레겔은 자신이 철학적 담론에 심어두었던 외설적 코드로 인해 곤란한 지경에 빠졌다.(바타유는 이 불경스러운 행위를 추종할 것이다.) 이 통약 불가능한 코드들—나란히 놓인 외설 코드와 철학 코드—로 인해 프리드리히는 헤겔에서 키르케고르 및 딜타이에 이르는 모든 진지한 독일인들로부터(그리고 조르주 바타유는

[프랑스인이지만 독일계 피가 섞여 있고 독일 철학에 큰 영향을 받아] 독일인으로 간주되는 사르트르 같은 인물에 의해) 상속권을 박탈당했다. 요약해서 빨리 마무리하자면, 어떤 의미에서 철학적 외설론자인 프리드리히는 너무나 프랑스적이었다. 게다가 더 볼썽사납게도 그는 자신의 가장 발칙한 텍스트인 『루친데』에 자신의 이름으로 서명했다. 그 일 이전에는 제정신을 가진 사람이라면 아무도 외설작품에 자기 이름을 밝히지 않았다.

프리드리히의 기억력 도표는 다르지만 서로 연관되어 있는 유형의 역사를 개시한다. 철학자를 우스꽝스러운 존재로 형상화하는 역사 말이다. 그 자체로 어리석지는 않지만 흥미롭게 치환되거나 간혹 극대화될 경우—이는 두고 볼 일이다—우스꽝스러운 존재. 우리 시대에 이런 운명이 갖는 독특한 특권은 '프랑스 이론'(이 자체가 흥미롭고 미심쩍게 투여된 철학의 치환에 해당한다)을 지망하는 일에 연루된 거의 모든 사람에게 낙착되었다. 그들은 굳이 프랑스 이론가들을 추적할 필요가 없다. 이론가들 스스로가 자신들에게 그렇게 한다. 쥘리아 크리스테바가 실제 인물을 모델로 한 자신의 소설[『무사들*Les Samouraïs*』]에서 푸코를 미소짓는 백치로 형상화하고 데리다, 라캉, 들뢰즈, 이리가레, 그리고 여타 인물들을 희화화하기 위해 많은 이미지를 훼손하거나 마음대로 다룬 일이 떠오른다. 이 경향, 곧 특정한 유형의 인간 작가가 행렬 가운데서 우스꽝스러운 존재로 간택되는 경향은 철학자에게만 벌어지는 우연에 불과하거나 무언가 우발적 사건이 아니다. 여기에는 역사가 있다. 도발적 의미에서 니체에게 나타나는, 그리고 그가 자신의 작품으로부터 우스꽝스러움을 몰아내는 동시에 고의적 타격의 파편 효과들을 흡수했던 방식에서 그 정점에 이른 하나의 역사가 있다. 니체는 왜 나는 이렇게 좋은 책을 쓰는가, 왜 나는 이리도 영리한가 하고 묻는 것이다. 우리는 여기에다 왜 우스꽝스러운 태도를 취하는가 혹은 왜 나는 어릿광대를 사랑하고 긍정하는가라는 물음을 덧붙일 수도 있겠다. 하이데거 역시 다른, 분명 덜 수사학적 근거를 통해 이루어진 고발에 의해 유죄로 판명나기 전 (아도르노와 다른 이들로부터) 우스꽝스럽다고 단죄되는 상황을 피하지 못했다. 근대 최초의 우스꽝스러운 철학자, 의도적으로 자신을 비하해 조롱에 자신을 내맡겼던 인물은 누구였을까? 우리는 바로 이러한 형태의 물음에 답해야 할 것인데, 왜냐하면 그의 (자기)비하는 계산된 경제의 일부이기 때문이다. 혹은 좀더 정확히 말해 그것은 희생 경제에 속하며, 이 희생적 경제의 법칙에 따르면 철학자는 문학의 제단 위에 십자가로 못박힐 것이다. 그러니 학자는 "어디까지 얘기했죠?"라고 묻게 되는 것이다.

제품설명표: 해명성 산문

퇴조와 복귀의 과정을 감안하면 '프랑스 이론'은 문학과 철학 가운데 하나를 택하거나 둘을 구별해야 하는 일을 회피하는 하나의 방식이다. 오직 칸트 이후에야 철학과 문학을 구분하는 일이 가능해졌을 뿐 아니라 필수사항이 되었다. 칸트는 실패한 작가로 자신을 표상했고 그렇게 자기 저작에 서명했다. 이로 인해 비판철학 및 형이상학의 운명, 그리고 특이하지만 진지한 형태로 문학의 운명 역시 중대한 국면을 맞게 되었다. 근대 문학은 칸트를 입양해 그를 대중적이자 때맞춰 희화화된 영웅으로 만드는 데 가담했다. 칸트는 자신이 글을 잘 쓰지 못한다고 썼다. 그는 철학자의 욕망이 작가가 되는 것, 모종의 문학적 초월을 성취하는 것, 다시 말해 우아함으로 꾸미고 스타일을 뽐내는 것이라고 기술한 최초의 인물이었다. 작가 칸트 대 철학자 칸트의 문제는 모든 이의 관심사가 되었으니, 칸트가 실패한 문학성, 즉 글쓰기의 무능력에 대한 불안에 휩싸여 비판서들의 서문을 썼고 그런 불안으로 자기 사유를 채웠기 때문이다. 그는 데이비드 흄이 아니었고 이런저런 인물들과 경쟁할 수 없었으며 볼품없음을 드러낼 처지였고, 모제스(멘델스존)는 순전한 표현력 면에서 실제로 칸트를 능가했다.

칸트가 돼지처럼 글을 쓴다는 사실은 장 파울, 하이네, 니체, 무질, 그리고 대체로 아이러니스트인 여타 아름다운 작가들에 의해, 그러나 무엇보다도 자기 자신에 의해 거듭 천명된다. 칸트의 글쓰기 무능력은 철학자에게 상처를 주고 당혹스럽게 만든다. 그는 철학에 암울한 고행을 부여한다. 그는 달리 도리가 없었다. 그는 유려한 글쓰기라는 빛나는 재능이 부족했다. 그는 달리 도리가 없었고 이는 그의 잘못이 아니었다. 철학은 스스로를 직접적으로 드러낼 수 없다. 철학은 연약하고, 철학적이기 때문에 상처받기 쉬운 해명Darstellung이다. 거듭거듭 칸트는 자신이 재능이 부족하며 자기 생각을 펼칠 수 없다고 주장한다. 이러한 부정적 속성들은 한결같이 그의 판단력과 재능을 걸고넘어진다. 하지만 장뤽 낭시가 지적하듯 재능이 없이는 지식의 초월론적 구성도 없다.[3] 초월론적 구성 프로그램을 추진하지 못하는 칸트의 무능력에 많은 것이 달려 있으며, 판단력과 연계된 재능은 여기서 결정적 역할을 수행한다. 철학을 수행하기 위해 칸트는 재능을 잃어야만 했다. 불구가 된 재능이 함의하는 바는 형이상학의 역사에서 여러 겹의 의미를 띠는데, 왜냐하면 다른 무엇보다도 자연의 선물로 간주되고 지성의 능력을 구성하는 재능은 가르침에 의존하지 않고 주체의 선천적 성향에 근거하기 때문이다. 이렇게 이해된 재능의 부재로 인해 철학은 늘 자신의 대상을 상실하고 초점에서 벗어날 위험에 처한다. 그러나 칸트는 자기 저작의 여러 거점에서, 『실용적 관점에서 본 인간학』에 따르면 최상의 지식 능력들을 완성할 뿐 아니라 한 대목에서는 이성의 정수라고도 인정된 재능이 부족하다고 주장한다. 비록 우리는 달리 어찌할 도리가 없고 그것은 그의 잘못도 아니며, 그 작업을 시작한 것은 그녀(철학)였고 그는 거기에 굴복했을 뿐이지만, 다시 말해 선택은 그가 자초한 일이고, 재능을 폭파시킬 결심도 그가 했지만, 이제 우리는 칸트가 어떻게 이러한 자포자기적 행위를 실행하는지 살펴볼 터이다.

칸트는 재능을 포기하려는 확고한 동기를 한데 모아 가치초월의 기제를 작동함으로써 재능 부족이라는 부정성을 반전시킬 것이다. 왜냐하면 하이네와 니체가 상기시키듯 칸트 이래로는 쭉 철학자가 되기 위해 우리가 형편없이 글을 써야만 한다는 사실을 잊지 말아야 하기 때문이다. 이는 계약의 일부, 즉 칸트 텍스트의 볼썽사나운 정언명령이 되었다. 칸트의 유산 덕분에 진정한 철학자는 이제부터 형편없는 글쟁이가 되어야만 하거나, 아니면 수사적으로 늘어지고, 구문에 있어 밋밋하며, 어법의 측면에서는 궁핍해져야만 할 것이다. 요컨대 단호하게 비문학적이어야만 할 것이다. 철학적 개념은 핑크빛 발레화靴에 새겨질 수 있게 준비될 수 없었다. 그것은 과학적으로, 다시 말해 수사적 장식 없이 출현해야만 했다. 칸트의 입장에는 예술을 과학으로 대체하는 일, 즉 독해 가능한 불쾌의 가치들을 과학적 해명과 이에 수반되는 건조하고 품이 들며 혹독한 작업 완수로 대체하는 일을 강력하게 옹호하는 경향이 있다. "진리는 그러므로 품이 들고 스타일도 없으며 당밀糖蜜도 없는sans miel 과학을 요구한다."[4] 설탕 대체물을 소화할 수조차 없는 이 절차는 지식의 구조와 본질의 필요성을 스스로 내세운다. 철학적 해명은 꿀이나 꿀과 비슷하게 달콤하지만 말썽 많은 예술의 유혹 없이 삼켜져야만 했다. 그것은 자신을 영예롭게 방면하려는, 곧 철학적 행위의 사내다운 의무를 인정하고 포용하려는 인식상의 결심에 해당하는 그 무엇이 되었다. 그 유산은 이른바 '프랑스 이론'에 영향을 미치게 될 것인바, 니체가 신부新婦수업학교finishing school라고 비아냥거린 교양학습과정을 본떠 수사학적으로 능숙하게 스타일을 연마하고 우아하게 사유를 수행한다. 진지하고 남성다운 철학 유파들의 수호자들이 너 나 할 것 없이 우스꽝스러움의 기호 아래 저술가 칸트가 거부했던 그 재능을 발휘하는 사람을 제거해버리려 하는 일은 그리 놀랍지 않다. 이론에 대한 수많은 공격이 드러내듯(혹은 감추려고 하듯) 칸트 이래로 아름다운 글쓰기는 여성화되었고 동성애화되었다. 칸트 입장에서는 두 개의 이질적 실체, 즉 한편에서는 철학과, 또다른 여성화된 측면에서는 스타일 및 격조와 공개적으로 싸움을 벌였다.

칸트는 재능을 포기했다. 그는 아름답게 쓸 수 없다. 그는 불평을 일삼고, 스스로를 부인하며, 사드적 방식으로 이것이 마치 성적 도착을 드러내는 문제라도 된다는 듯 토로한다. 그가 철학적 신체에 부과한 불쾌에는 얼마간의 쾌락도 있는데, 물론 그는 마조히즘의 취약점(배 아래쪽)에 관해 탐구하기를 일시적으로 선호하기에 사드적 입장을 오랫동안 유지하지는 않는다. 칸트는 얼마 진행하지 않아서 곧 발을 뺀다. 왜냐하면 그는 다른 사운드트랙을 펼쳐 보이면서 "내가 재능을 포기한 일은 희생이다"라고 주장하기 때문이다. "실제로 나는 내 자신을 희생해야만 했다." 그는 이 희생에 그 나름의 혜택도 있다고 인정하면서 좀더 나아간다. 아니 더 뒤로 물러선다. 그래서 결국 칸트는 잘 쓰는 일의 실패를 전유하고, 그 가치를 전도시키며, 의지를 주입—이제 이것은 포기의 행위로 고착되며 그는 철학을 위해서 재능을 포기<u>해야만</u> 하는 것이다—할 것이다. 그리고 포기로 인해 그가 억지로 취하게 된 비판적 입장을 정립하면서 우아함에 대한 거부에 관해 해명한다. 그뿐 아니라 이는 재능의 문제에 국한되지 않고 도래하는 노년의 문제이기도 했는데, 왜냐하면 시간이 그에게 엄습해오고 있기에 비록 나이 제한과 무자비한 생물학적 시간에 의해 속도가 늦춰지더라도 칸트는 종착점을 향해 서둘러 달려가야만 했기 때문이다.(그는 아브라함이 아니다. 그가 꽤 나이를 먹어서도 자기 텍스트들을 증식시키길 기대할 수는 없다.) 그것이 만일 그에게 주어진 시간과 노화의 문제라면 우리는 무력화된 재능의 영역에 단순히 고립되는 것만은 아닐 터이다. 어쩌면 그는 재능을 갖고 있지만 시간이 없을 수도 있다. 그는 임무를 계속 수행해야만 하기에 재능에 걸맞은 시간성을 누리도록 허용되지 않는다. 유한성은 그를 압박한다.

시간에 쫓기고 몰려서 그는 재능의 유혹적 호출을 기다릴 여유가 없다. 그는 철학적 글쓰기라는 긴급 상황에서 스스로를 희생양으로 삼는다. 이 점은 『순수이성비판』의 두번째 서문에 있는 감칠맛 나는 대목들을 읽어보기만 해도 누구나 알 수 있는데, 거기서 칸트는 왜 자신이 스스로를 희생해야만 하는지 해명한다. 그러나 이 해명은 고통스러운 논리를 통해 책을 쓰려는 욕망에 대한 주장으로 모아진다. 낭시가 갈파하듯, 이는 한 철학자가 작가가 되고자 했으며 하나의 책에 어울리는 이름으로 자신의 고유명사를 서명하려 했던 최초의 사례이다. 하나의 책. 다른 어떤 철학자도 하나의 책에 그렇게 간절히 엮이기를 바란 적은 없었다.

그가 쓸 수 있었고 또 쓰려고 했던 책을 내놓을 수 없었기에 칸트는 대중적이지 못하게 되는 피할 수 없이 난처한 상황을 받아들여야만 한다고 말한다. 그는 "비판서들은 인기를 얻을 수 없을 것이다"라고 단언한다.[5] 그러나 그는 자신의 주장을 뒤집으려는 노력 또한 계속할 것이며, 그래서 여기서 나는 칸트의 다양한 경쟁—무엇보다도 그가 암시했던 대로 학부 간의 논쟁, 인기 경쟁 및 우리가 다루게 될 또다른 경쟁—에 관해 우리가 그것들의 알레고리적 가능성에 입각해, 그리고 내가 '프랑스 이론'이라고 받아들이는 것에도 역시 초래되었던 인기의 역설과 아포리아라는 측면에서 따져볼 것을 요구한다.

어떻게 칸트는 이 모든 것에도 불구하고 대중적 영웅이 되었는가? 작가로서 칸트의 실패는 문학의 자기인식, 나아가 자기집착이라는 측면에서 문학의 역사적 자아도취를 부추기면서 문학에 영향을 끼쳤다. 문학적 숭배대상인 팔루스 앞에서 와해되었던 위대한 돌파구의 사상가는 문학적인 것의 영역을 회피적이고, 접근 불가능하며, 고통스럽게도 매혹적인 그 무엇으로 자리매김했다. 칸트로 인해 철학적 논증은 부실해졌으며 본연의 임무를 감당할 수 없음이 판명난 자기회의적 글쓰기 경험을 펼쳐놓는다. 철학적 논증은 철학자가 애써 제시하려는 내용의 측면으로부터 완전히 독립되거나 심지어 이질적일 수조차 없다. 유일하게 끄떡없는 논증은 개념과 직관 모두에 걸맞은 단일한 표상의 영역을 제공하는 수학적 논증이 될 터이다. 수학은 "그 용어의 완전하고 고유한 의미에서 표상Darstellung의 유일한 영역"을 구성한다.[6] 자기합치적 수학 지식에 못 미치는 철학적 논증은 항구적 위기에 처해져왔다. 그리하여 철학은 칸트로 인해 얻게 된 주변적이고, 우연적이며, 전기傳記적이고, 잠정적인 매력을 뽐내게 될 것이다. 표상의 위기는 수학적 학문에 의탁되어왔던 지식의 자율성으로부터 필연적으로 소외된 한 동요하는 철학자의 사적인 모습을 확대해 노출시킨다. 이러한 노출에 취약하다는 점은 칸트의 철학이 아니라 작가 칸트의 문제가 될 듯하다. 문제 집합 속에 자신이 놓여 있음을 알게 된 칸트는 어떤 의미에서, "나는 왜 이리도 형편없는 책을 쓰는가"라고 거듭 물었다. 니체의 후렴구인 "나는 왜 이리도 훌륭한 책을 쓰는가"는, 칸트적 저주와의 결별을 의도하는 대응임에도 불구하고, 칸트 발언을 수신하는 것이기도 하다. 텍스트의 도전을 마주해 자신의 '나'를 정립하려는 제스처를 반복함으로써, 니체는 자기 작업을 칸트의 형편없는 글쓰기라는 저주로부터 방어하기 위해 온갖 종류의 액막이 주문을 표방해야만 했다. 그것은 자존과 존엄의 문제였다.

이 모든 것에도 불구하고 칸트는 유명해졌고 광적인 숭배 대상의 하나가 되었다. 엄청나게 난해하고 비타협적이며 서투르고 단조로우며 수사적으로 답답한 그의 저작은 모든 사람의 독서목록 윗자리를 차지했다. 게다가 자신이 말했던 바에도 불구하고 칸트는 이미 이러한 예기치 못한 사태에 대비한 프로그램을 자신의 저작에 설치했다. 그는 자신이 거부한다고 주장했던 바로 그 유명세를 프로그램화했다. 뭐랄까, 엄밀히 말해 그것은 동일한 유명세가 아닌데, 왜냐하면 칸트는 유명세라는 개념에 결국 두 개의 중핵가치를 부여하고 말기 때문이다. 유명해지는 데에는 두 가지 길이 있다. 다시 말해, 우리는 평범해지거나 평범해지길 거부할 수 있다. 단 그 거부는 엄격해야만 한다. 그리고 잊지 말아야 할 일은 칸트가 각기 다른 수준의 공동성, 공동체주의 및 공동체, 즉 낭시가 다른 곳에서 문학적 코뮤니즘literary communism이라 부른 것을 등재하는 데 얼마나 심혈을 기울이는가이다.[7] 어찌됐든 칸트는 유명세와 이중의 화해를 획득한다.

무엇보다도 이는 유명세를 타는 일의 순전한 불가능성 혹은 위험성의 문제다. 대중철학은 흄이 『인간 지성에 관한 탐구*An Enquiry Concerning Human Understanding*』에서 사변철학과 대립해서 기술한 것과 흡사할 수 있다. 대중철학은 조언, 교조적 훈계를 제공하며 사례를 들면서 전개된다. 게다가 대중의 언어로 쓰이며, 아무런 근거도 세우지 않고 그 주장들을 "채색"한다. 비판서는 아무것도 채색하지 않고—칸트는 이 점에 있어 분명하다—하나의 기획, 흔적, 계획, 도식, 혹은 개요에 의거해 작동한다. 반면 대중적 스타일은 잔뜩 채워 넣고 덧붙이며 색깔을 입힌다. 그렇다면 칸트가 몸을 사리는 스타일의 문제가 존재하는 셈이다. 하나의 스타일이 스타일이 되기 위해서는 대중적이어야만 하며, 이는 표면상 독특한 스타일의 경우에도 해당된다. 그렇다면 대중적 스타일이 곧 스타일이다. 이와 달리 칸트의 비판서는 일종의 옹색한 미니멀리즘의 하나로 발가벗겨진다. 이런 측면에서 칸트는 대중적이고자 하는 모든 희망을 포기했다. 실제로 그는 그러한 가능성에 대해 불안만을 보여주었을 뿐이다. 그가 결국에 승리하게 된 비결이 바로 이 점에 있다. 왜냐하면 칸트는 장거리 경주에 승부를 걸고 있으며 자신이 말한 대로 영원토록 경기에 임하기 때문이다.

대중적인 것에는 두 가지 가치가 작동하는 중이다. 단순한 유명세가 있고 진정한, 진짜 유명세가 있다. 진짜 유명세는 이성의 영역에, 철학적 논증의 관심사에 속한다. 칸트는 주지하다시피 자신의 비판서에서 공통감각sensus communis에, 합리성의 공동체에 기댔다. 여기서 그는 공통감각과 대중감각sensus vulgaris의 구분에 주목한다. 순수 실천 이성은 그것이 전개되고 실증되기 위해 대중적 표상을 절대적으로 요구한다. 대중성의 문제는 칸트에게서 문학적 세련됨으로부터 이성 그 자체의 관심에 이르기까지 두루 걸쳐 있다. 거기에는 이성이 곧 대중적이며 스스로를 표상하기 위해 세련됨의 외피를 필요로 하지 않는 지점이 존재한다. 이러한 환경은 이성의 자율성과 전적으로 관련되어 있다.

그런데 난점이 하나 있다. 이는 우리가 저속한 유명세보다 진정한 유명세의 양상을 선택할 수 있다면 사실 문젯거리가 되지도 않을 터이다. 어떤 선택을 내릴 것인지 그 누가 망설이겠는가? 칸트에게는 그게 그렇게 되지 않는다. 두 종류의 유명세는 모두 철학적 가치를 드러내는 경향이 있는데, 그렇게 해서 하나의 유명세를 선택하게 되면 우리는 다른 것을 배제하게 되고, 그 결과 희생적 경제를 운영하게 된다. 이 모든 것을 아주 도식적으로 말하면, 우리가 더 저속한 유명세를 거부하게 되면 우리는 철학을 위해 하나의 아름답고 매혹적이고 환영받는 표상, 근사하고 기쁨을 줄 수 있는 글쓰기를 희생하는 것이다. 그러나 우리가 좀더 초월론적인 유명세를 희생한다면 우리는 이성의 개념과 자율성을 거부할 뿐 아니라 장래에 철학이 귀환할 가능성도 감소시킬 위험을 떠안는 셈이다. 여기에 결정 불가능성의 매듭이 존재한다. 어떻게 우리는 하나를 다른 종류의 유명세보다 우선해서 선택할 수 있는가? 자, 이제는 유명해지지 않는 일이 불가능하다는 사실에 유념하자. 철학은 곧 대중적이고 실제로 그것은 철학의 문제, 철학 내부의 통제 문제다. 칸트는 유명세를 선택하지 못하는 자기의 부적합성이 취향의 결핍을 의미한다고 적는다. 칸트의 해명이 근거를 두고 있으며, 한때 바라 마지않았으나 의심스럽기도 한 그 세련됨의 유혹을 극복해야만 했던 논증의 윤리학이 여기 존재한다. 수많은 아포리아적 주장과 주장의 철회를 겪고 난 뒤 칸트에게 진정으로 그리고 진짜로 대중적 인물, 즉 권위 있는 대부代父는 물어볼 것도 없이 천재Genius이다. 천재는 기이할 정도로 큰 유명세를 차지한다. 다음 인물들의 무시 못할 유명세는 여기서 나온다. 아인슈타인, 렘브란트, 셰익스피어, 찰리 채플린, 모차르트(여기 빈칸에 공유 자산 목록을 채워보라)..

....

신호들이 중단되었어야만 했던 지점은 여기가 아니다. 천재는 그냥 지지될 수 있는 인물들이기보다 칸트가 『제3비판』[『판단력비판』]에서 이미 명시했듯 괴물성monstrocity의 표식을 품고 있는, 하나의 고통받고 또 말썽을 빚는 인물이다. 천재는 자연의 일탈로서, 순전한 단순성과 비범한 재능을 통해 천재성의 기입을 완수하는 과잉—하나의 설명 불가능한 자연적 힘—사이의 경계에 불편하게 걸터앉아 있다. 실제로 시적 천재는 정기적으로 후원받고 칭송되지만 칸트에 의해 종종 수상쩍고, 유치하며, 대책 없이 소외된 인물로 묘사된다. 시인은 고양된 상태와 저속함 사이에서 분열되고, 직관 내에서 개념을 산출하는 자율성과 어리석게도 세속적 존재 사이에서 치유 불가능하게 분리되어 철학을 해치는 오염물질로 기능한다. 그는 적어도 플라톤 이래 철학이 제공해온 추방통지문을 해석하고 극복하기 위해 노력해온 존재다. 천재로서의 시인은 끊임없이 위협을 가하면서 또 매혹시키고, 지식의 피안을 통해 철학자를 협박한다. 철학은 움츠린다. '시적 감수성poeticity'으로 인해 희롱을 당하고 그늘에 처하게 되는 철학은 그 '시적 감수성'을 배제하는 동시에 자기 안으로 포섭하면서 자신의 전제들에 위기를 초래해왔는데, 그 위기의 결과 이러한 전제들은 이제부터 대중적 시인의 기행들과 공유될 것이다. "그렇다면 역설적으로, 어쩌면 칸트 덕분에, 철학이나 문학 어느 것도 가능할 수 없고 오직 항구적 뒤죽박죽만이 스스로를 기록하려고 계속 노력할 따름이다……."[8]..........뒤섞임, 항구적 뒤죽박죽.......

....

위대한 가부장, 족장, 그 유일무이한 존재, 여전히 신만큼이나 유명하게 기억되는 아브라함, 우리의 조상인 그 아브라함은, 카프카가 상기시켜주듯, 우스꽝스러운 존재로 스스로를 개념화한 칸트와 결정적 모티프를 공유한다. 이렇게 아버지들을 폄하하는 일 혹은 역설적으로 그들의 말을 곧이곧대로 받아들이는 일은 무언가 불경스러움에 해당하는 듯 보일 수 있지만, 이는 내가 의도한 것도 행한 것도 아니다.(난 단지 옮겨 적을 뿐이다.) 그들은 자신들이 애써 오르고자 하는 바로 그 산 아래로 스스로를 끌어내린다. 좀더 정확히 말해, 로고스가 그들을 끌어내린다. 칸트는 자신의 신학 저작 한 곳에서 바보스러움으로의 전락에는 이성 그 자체가 책임이 있다고 말한다.[9]

형편없는 스타일과 볼품없는 외모의 문제는 아브라함에 대한 카프카의 우화에 영감을 주는데, 아브라함은 이제 아주 많은 우스꽝스러움의 가설들로 변환된다. 어쩔 수 없이 세상의 비웃음을 촉발하도록 처해졌기에 이렇게 아브라함을 우스꽝스러운 포즈로 재정립하는 일은 모종의 유명세의 출현과 씨름하게 된다. 텍스트는 그의 유명세에 저항하려고 애쓰는 동시에 유명세를 해명하고자 한다. 그 텍스트는 가부장의 정신적 궁핍geistige Armut과 그 궁핍이 확산시키는 무기력, 세상의 다양함을 볼 수 없는 무능력을 거명하면서 시작한다. 그러고는 몹시 화가 나서 마치 전능자와 겨룰 힘이라도 있다는 듯 그 텍스트 자체는 그 인물, 그 원형 인간을 불러내고 호출해 텍스트적 필요를 위해 다른 아브라함의 가능성을 창조한다.("난 또다른 아브라함을 생각해낼 수 있다."[10]) 여기서 '나'가 염두에 두는 아브라함은 즉각적으로 희생의 요구를 충족시킬 준비가 되어 있지만, 정작 임무 수행 명령을 받았을 때는 얼어붙는다. 이 아브라함은 요컨대 수행적 필연성을 촉발시키는 성서의 진술적 발화 앞에서 머뭇거린다. "그는 집안의 질서를 잡았다." 성서의 서사는 이 집의 존재, 즉 그에게 질서를 잡으라고 했던 그 집의 존재를 무시할 수 없다.(성서는 아브라함이 가정을 청결하게 가꾸도록 하는 데는 그다지 중요성을 두지 않는다. 카프카는 어떤 담벼락에서 그 이야기를 읽어냈다.)[11] 우화는 아브라함이 얼마간 재산을 가졌다고 주장한다. 그는 집이 있었고 나아가 그 집은 질서가 잡혀야 했다. 존재의 집 혹은 작은 영지로서 그 집은 이미 아브라함을 봉쇄했고, 그에게 세속의 구체적 재산을 부여했으며, 미리 규정된 일상에 해당하는 일을 마련해주었다. 그는 이 집에 결박되었다. 그 집은 다른, 더 높은 명령들이 들려오는 것은 물론 명령을 따르기도 전에 질서가 잡혀야만 했다. 집에 묶인 이 아브라함, "분명코 가부장이나 심지어 중고의류 도매상이 되는 일도 없었을 법한" 그 사람은 웨이터처럼 민첩하게 부름에 답할 준비가 되어 있었지만 그 일을 완수할 수는 없었다. "왜냐하면 그는 필수불가결한 존재여서 그 집에서 벗어날 수가 없었기 때문이다. 집안이 그를 필요로 했고, 집안에는 항시 무언가 정리해야 할 이러저러한 것들이 있었으며, 집은 결코 준비가 되어 있지 않았기 때문이다."(41쪽) 희생이라는 이슈는 준비성, 재산의 포기를 함축한다. 카프카가 피력한 우려는 희생 이전의 것이다. 부름이 있을 때 한 집안은 어떻게 준비할 수 있는가? 한 집안은 부름을 받아들일 수 있도록 준비되어 있을 필요가 있다. 그 부름을 받아들이게 되면 집주인은 벽난로보다 더 내밀한 외부로 인도될 것이다. 부름과 집안의 질서 간의 연관관계는 무엇인가? 이는 가택연금의 상태를 암시한다. 그는 집을 떠나지 않을 것이며, 창문을 뛰어넘어 떠나지도 않을 것이다. 뛰어넘음, 아브라함의 비약이라는 다른 이슈가 있긴 하지만 이는 실제로 벌어졌던 일 같지는 않다.

서술자의 말에 따르면, 아브라함이 처한 이 문제는 그가 이미 집을, 무언가 기댈 것을, 무언가 남겨두어야 할 것을 소유했다는 점이다. "그가 집을 갖지 않았더라면 어디서 자기 아들을 키웠을 것이며 어느 서까래에다 희생에 쓰일 칼을 꽂아두었을까?" 좀더 대중적이고 좀더 궁핍해진 아브라함보다 훨씬 더 우아한 품격의 소유자임을 드러내는 이 아브라함은 궁핍한 아브라함의 대체자, 더 "진정한 아브라함"이 되지만, 그는 "더이상 논할 가치가 없는 오래된 이야깃거리"(43쪽)일 뿐이다. 그렇다면 우리는 왜 이를 논하는 것일까?

무언가 잠재울 수 없는 특별한 것이 이 오래된 이야기에 존재한다. 그것은 하나의 오래된 이야기로 계속 되풀이되면서 우리를 소환한다. 그런 반복이 부름을 받은 인물인 아브라함의 이야기, 그 근본 서사를 만들어낸다. 이 인물은 "시작부터 모든 것을 지니고 있었으며, 어린 시절부터 이를 위해 길러져왔다. 여기서 나는 비약을 볼 수 없다."(43쪽) 서술자는 도약이 실종된 논리를 제공한다. 만일 이 아브라함이 이미 모든 것을 지녔다면 그에게서 뭔가가 제거되어야만 하는바, "적어도 외견상으로는 이게 논리적이고 비약 없는 설명일 터이다."(43쪽) 키르케고르가 제기한 바 있는 저 유명한 믿음의 도약, 갑작스럽고 설명 불가능한 서사의 이탈이라는 소문은 어디에 있는가? 희생의 논리는 너무나 은밀해서 여기서 이해타산적 단순함이 될 수 없고, 예시적 방식으로 욥의 희생, 너무나 많은 것을 빼앗긴 욥의 희생과 닮아 있다. "자신들이 세우고 있었던 집에 머물다가 갑자기 모리아 산으로 올라가야만 했던 다른 아브라함들에게는 사정이 달랐다. 그들에게는 아들이 하나도 없었음에도 이미 아들을 희생해야만 했을 가능성이 있다. 이는 불가능한 일이고, 그래서 사라가 비웃을 이유는 충분했다."(43쪽) 그러나 사라[아브라함의 아내]의 웃음은 가능성들 가운데 가장 우스꽝스러운 경우를 겨냥하기보다 단지 이치에 맞게 도약을 만들어내는 데 실패한 불가능성들을 향할 뿐이다. 무엇이 이치에 맞는가? 채비를 채 갖추기도 전에, 다시 말해 집이 세워지기는커녕 준비도 되기 전에 부름을 받았던 아브라함들이 존재했던 것이다. 이들은 자신들이 지니고 있지 못했던 것을 포기할 준비가 되어 있었던 순수한 희생적 존재들이었다. 이런 희생은, 우화의 논리를 따르자면, 천상의 권세로 말미암아 누군가를 포기해야만 했던 아브라함의 희생보다도 더 위대하다. 이 아브라함들은 그들이 바칠 수 없는 것을 주었다. 그리하여 결코 주어진 적이 없음에도 이미, "갑자기" 인도되고 또 얼마간은 상환되어버린 그 선물을 사라는 비웃게 된다. 그녀는 그 선물의 희한한 허무함, 아무런 선물도 품지 않은 증여의 위험성과 교란을 비웃는다. 비웃음을 통해 그녀는 그 선물의 측정 불가능한 증여를 배가시키는데, 왜냐하면 프로이트와 낭시에 따르면 비웃음 '그 자체'가 선물이 될 수 있기 때문이다. 즉 증여Geschenk 혹은 선물Gabe이 단념Aufgabe이라는 포기행위에 내재하기 때문이다.[12] 비웃음을 통해 그녀는 이름붙일 수 없는 선물을 포기한다. 보들레르가 제공하는 해설문에 따르면 그녀의 비웃음은 악마 같은 여자의 비웃음이 될 터인바, 그 웃음은 한계들에 봉착한 집을 부수고 들어와 셈을 하고 있는 남자의 단단한 주판을 터뜨리고 부순다.(그녀는 웃음을 터뜨린다.)

서술자는 계속해서 "그러나 다른 아브라함Aber ein anderer Abraham을 보자"(43쪽)고 말하는데, 여기서 그러나를 뜻하는 아버aber, 그리고 아브라abra, 아바abba는 또다른 아버지, 즉 비약을 수용하며 뒤틀린 어긋남이라는 올가미를 통과하는 한 인물로 수렴한다. 이 다른 인물은 모든 일을 바로잡았고 "완전히 올바른 방향으로 희생을 행하고 싶어했으며 전체 사태에 대해 대체로 올바른 감각을 지니고 있었다."(43쪽) 그러나 [선택 증거] 현시의 불가능성, 설명의 완전한 부정성으로 인해 훼손되어버린 호명의 문제가 존재했다. 그는 사태에 대한 올바른 감각을 지녔지만 "자신이, 즉 추하고 늙은 남자인 그와 자신의 아이인 그 꾀죄죄한 젊은이가 선택된 인물이었다고 믿기 힘들었다. ……그는 자신이 선택된 인물이라는 것을 믿을 수만 있다면 올바른 정신으로 희생을 할 수 있을 터였다."(43쪽) 이 인물, 즉 그가 신의 존재를 믿지 않는 문제가 아니다. 아니, 그가 믿지 않은 것은 그 부름에 자신이 응하도록 호명된 것인지 여부이다. 그는 자기 자신이 목적지라는 것을 믿지 않는다. 그는 자신이 그 요청에 응답할 경우 그에게 부름이 도래하리라는 사실을 믿을 수가 없다. 이는 어쩌면 하나의 가로채기, 즉 신성한 소환전달 체계에 벌어진 잘못된 신원의 문제일 수도 있다. 실제로, 늙고 오직 자신의 추함만을 드러낼 뿐인 이 아브라함은 무엇보다도 변신을 두려워한다. "그는 아들을 동반한 아브라함으로 시작한 다음 도중에 돈키호테로 변하지 않을까 두려워한다."(43쪽) 그는 구도자의 희화화된 형상, 개연성 없는 사유의 영웅, 상상계 속에서 엄청나게 갈팡질팡하는 여행자로 변하게 될 것이다. 엎친 데 덮친 격으로 그는 문학으로 변모하게 될 수도 있었다. 다시 말해, 그는 끊임없이 세상을 분노케 하면서 신성한 것들을 발가벗겨 수색하는 문학이라는 권위로 자신을 변신시킬 수도 있었을 것이다. "만일 세상 사람들이 그 당시 아브라함을 바라볼 수 있었다면 분노로 들끓게 될 수도 있었을 터이다. 그러나 이 인물은 세상이 그를 보고 까무러치게 비웃을까봐 두려워한다."(43쪽) 아브라함에 대한 세상의 분노가 지닌 또다른 측면은 이 비웃음, 즉 자신을 멸종의 위협에 처하게 만들지 모를 '까무러치는 비웃음'에 놓여 있다. 카프카의 텍스트는 결국 『토템과 터부』의 또다른 버전을 제시하는바, 거기서 세속의 무리는 원초적 부친의 잔혹한 살해를 이루어내는 대신 엄청난 기세로 거세를 행하듯 조롱하는 태도로 비웃음으로써 자기 무리와 부친도 죽음에 이르게 할 수 있는 존재들로 등장한다. 우스꽝스러움이라는 비유는 성서 속 가부장의 위엄성을 전복하거나 거기에 이미 훼손되지 않은 채 존재했던 그 무엇을 드러낸다. 그것은 세계 최상급 마조히즘적 내성화, 즉 멸시당하고 야금야금 왜소화된 최초의 아버지를 또다른 형태로 내면화할 수 있는 바탕을 마련한다. 프로이트의 무리 역시 자신들의 내면화를 이루었다. 양심에 찔린 그들은 결국 회한 때문에 붕괴한다. 아니, 오히려 그들은 이제부터 회한과 부친의 곁을 떠나지 않게 되었으니, 부친에 대한 사랑은 태곳적 살해 이후 그 여파로 양가감정에 휩싸이는 순간에 도래했다. 그렇지만 그들의 아버지는 떨칠 수 없는 권위로 우뚝 서 있었다.

우리는 카프카의 서술자를 통해 우스꽝스러움이 대리행위와 노화의 위력을 지니고 있음을 알게 된다. 아브라함의 추레함이 그를 우스꽝스럽게 만드는 것만이 문제는 아니고, 더 핵심을 찌르자면 우스꽝스러움은 그의 나이듦과 추레함을 증가시키며 나아가 그의 아들의 가치를 훼손하기까지 한다. 우스꽝스러움은 신성한 부정否定의 위력과 뒤섞여 있으며, 따라서 비웃음으로 점철된 유명세 경합에는 미묘한 동어반복이 개입한다. “그러나 그가 두려워하는 것은 우스꽝스러움 그 자체가 아니고—비록 그는 그것도 물론 두려워하고 무엇보다도 비웃음에 가담하게 되는 것을 두려워하지만—오히려 대체로 이 우스꽝스러움으로 인해 자신이 더 늙고 더 추레해지며 그의 아들은 훨씬 더 너저분해져서, 진짜로 부름받기에는 너무도 가치가 떨어지는 존재가 되지 않을까 두려워한다.”(45쪽) 우스꽝스러움은 드러냄이다. 그것은 그를 노출시키고 그의 피부를 거의 잠식하며, 그를 더 늙고 더 추하게 만들며, 우스꽝스러움이 드러나는 순간 그를 변화시키고, 들여다보는 동안 흉하게 만들 것이다. 더구나 우스꽝스러움은 유전되기에 아들은 그 아버지의 추레함에, “그의 아들은 더 너저분해져서” 더럽혀지고 더 궁핍한 상태로 노출될 터이다. 부적절한 희생은 실제로 희생을 파괴하는 역할을 한다.(앞으로 보게 되듯, 신은 못 하지만 카프카는 성취하는 일이 있다. 바로 희생의 종언이다.) 아들인 이삭이 제물로 바쳐진다면 이삭은 정결한 희생양으로, 그 자체로 정결하고, 깔끔하게 잘려, 적절한 제물로 바쳐져야만 한다. 이 우화는 청결에 대한 성서적 집착의 이면을 문제삼으며, 제거될 수 없는 얼룩에 초점을 맞춘다. 즉 아브라함은 더러우며, 그의 아들은 더 더러울 수 있다는 가능성 말이다. 적절한 응답의 방식은 그 얼룩을 제거하는 일에 달려 있다. 하지만 그 얼룩은 지워질 수 없다는 게 밝혀진다. 상황이 이러하니 어떻게 아브라함이 목표를 이루겠는가? 우스꽝스러움은 유령처럼 그를 괴롭힌다.

아브라함은 곤경에 처한 자신의 처지를 깨닫는다. 그는 당연히 자신을 향하고 있는 부름에 응답해야 한다. 하지만, 부름에 답하기 위해 나설 때 그 부름이 마치 자신을 위해 계획되었던 것처럼 응답함으로써 우스꽝스러운 처지에 빠진다. 부름 이후에 도래하는 우스꽝스러움은 시간을 되돌림으로써 수신자에게 혐의를 씌우게 만드는데, 왜냐하면 이런 역전으로 인해 아브라함은 부름을 받지 못했다는, "진짜로 부름을 받지는"(44쪽) 못했다는 곤경에 처하기 때문이다. 우스꽝스러움에는 소환을 거둬들이게 만들고, 소환이 그릇되고 범위를 벗어났다고 재설정할 수 있게 하는 위력이 있다. 우스꽝스러움은 소환을 역전시키고 취소한다. 그렇게 함으로써 신은 이 아브라함에게 "진짜로" 소환을, "오직 너에게만 해당하는" 소환을 할 수 있었을 것이다.(다른 우화[카프카의 「법 앞에서」]에서 문지기가 시골에서 온 남자에게 "오직 너에게만 해당하는nur für Dich bestimmt"이라고 말하듯이 말이다.[13]) 이 아브라함이 바로 신이 점지한 인물, 신이 소환을 예정한 목적지였을 수도 있지만, 그 부름은 신성한 전송로에 우스꽝스러움이 일종의 악마처럼 끼어들 때 취소되어야 마땅했다. 그러나 우스꽝스러움은 수신자에게 하나의 변화를 만들어냈다. 그는 더이상 부름을 받은 인물과 동일인이 아닌 것이다. 아브라함은 소환에 응답하기까지는 우스꽝스럽지 않았다. 소환에 답하면서 그는 소환을 말소한다. "부름받지 못한 채 당도할 아브라함이라니!"(45쪽)

우화의 서술자는 사건의 흐름이 현대에 어떤 결과에 이르렀는지 가르쳐줄 유사 장면으로 전환하여, 한 학급의 얼간이가 자신의 이름이 졸업식 날 호명되는 것을 듣게 되는 한 장면을 예시한다. 학교에서 행하는 의식이 중단되었고, 학생 일동은 웃음으로 자지러진다. "이는 마치 한 해의 마지막에 최고의 학생이 경건하게 상을 받을 찰나, 최악의 학생이 잘못 알아듣는 실수를 저질러 정적 속에 불쑥 일어나 마지막 줄에 있는 자신의 더러운 책상으로부터 앞으로 나오는 바람에 전체 학급이 웃음보를 터뜨린 경우와 흡사하다."(45쪽) 얼간이 가운데서도 으뜸인 이 얼간이는 자신의 이름이 불리는 것을 듣고 그 부름이 자기를 지목한 것이라고 느꼈기에 진지한 시상식을 맞아 적절히 대처하게 된다. 그 얌전한 인물이 교육의 사형대, 그 최후의 행렬, 그 최악의 행렬로부터 도무지 납득되지는 않지만 상을 받기 위해 앞으로 나설 때, 명백히 기독교적인 순간이 발생하는 것을 목격할 수 있다. 그는 계층 차별의 순교자가 된다. 자신을 격하시키는 색다른 위계적 기준에 배신을 당한 채 그의 모자람은 만장일치로 터지는 비웃음을 자아낸다. 학급의 얼간이는 너무나 멍청해서 자신이 오늘 같은 날 불려나오는 영리한 인물일 리 없다는 것을 알지 못한다. 그는 펄쩍 뛰어올라서—여기서 마침내 도약이 나타난다—자신이 가늠할 수 없는 성적표에 의거해 최고의 학생에게 주어지는 상을 받으려 한다. 그가 아는 것이라고는 자신의 이름이 불렸다는 사실밖에 없다. 다시 한번, 이 변형된 아브라함은 부적절함과 관련된다. 더러운 그의 책상은 정돈된 적이 없었지만 그는 자기 이름이 불리는 소리를 듣는다. 얇게 내려앉은 혐오감이 아브라함을 뒤쫓는다. 아버지의 전철을 따라 소규모 먼지 폭풍이 피어오른다. 카프카가 집착하는 이 청결하지 못한 아버지라는 상수常數는, 더러운 아이나 못난 학생에게 비춰진 아버지의 모습을 드러내면서 왕년의 아우라 있는 근원으로 복귀한다. 거기에는 하나의 공유된 이마고를 점령해 그 이마고의 온전성을 깨뜨려버리는 하나의 사물, 즉 '그것' 자체가 존재한다. '그것'은 [아버지의] 오점을 포착해서, 그 권위의 가혹성을 감소시키지 않으면서도 그 권위의 얼굴을 불가피하게 훼손한다. 아니, 훨씬 더 많은 불안을 야기할 수 있는 힘을 권위에 부여한다. 신문지 위의 부스러기들, 더러운 침대시트들, 사진 속의 찢긴 자리. 바로 이런 존재의 병변들이 강조됨으로써 이미 아브라함은 흠집을 얻었던 것이다. 패배자의 자리인 그 뒷줄의 더러운 책상을 필두로, 시상식은 완벽하게 희생제의가 되고 출연자들은 구체화되어 격이 떨어졌다. 청각장애나 부적절한 호명이라는 제비뽑기—기형성—가 아니었다면 어떻게 때묻고 단정치 못한 한 명의 아브라함이 그 뒷줄에서 유래할 수 있었겠는가?

하나의 가능성이 상존한다. 즉 텍스트에 명시되듯, 오로지 벌을 주기 위해 그의 이름이 불렸을 가능성은 있다. 학부들 간의 경합은 서로 경합하는 교수들의 문제를 포함하기 마련인바, 만일 그가 자신의 귀를 믿을 수 있다면 어쩌면 선생의 이해력이 관건일 수도 있기 때문이다. "그리고 어쩌면 그는 아무런 잘못을 하지 않았을 수도 있다. 선생님의 생각이 최고의 학생에게 상을 주는 동시에 최악의 학생에게 벌을 내리는 것이었을 수도 있기 때문에 그의 이름은 진짜로 불렸을 수도 있다."(45쪽) 카프카는 그 위대한 책[성서]을 재시험하면서 보상의 가치, 처벌의 필요성을 대체하고 압축한다. 아브라함의 진실은 어떻게 시험되었는가? 이 테스트에는 두 부분이 존재한다. 성서에서는 아브라함의 복종이 시험되었다. 그는 테스트를 통과했고, 아들을 되찾았으며, 신을 자기편에 두게 되었다. 카프카의 우화에서 그 테스트는 학습되고 표준화되었음에도 불구하고 뒤죽박죽이 되어버려 테스트의 결과가 무용지물이 되었다. 그는 합격했는가? 떨어졌는가? 합격하기 위해 그는 항상 이미 떨어져야만 했던 건 아닌가? 아니면 자신은 합격했다고 생각했지만, 사라의 비웃음이 급우들의 합창으로 울려 퍼지며 커지는 바람에 실패한 건 아닌가? 원래는 유급이 될 상황이었는데 그가 뜻하지 않게 월반을 했던 것인가?[14]

자신의 능력들이 의문시된 이 작고 멍청하고 더러운 아브라함은 선생의 부름에, 즉 처벌을 뜻하는 호출이었으나 누가 최고의 학생으로 상을 받고 누가 최악으로 벌을 받는지 아무도 더이상 완전히 확신할 수 없는 부름에 응답한다. 우리가 아는 것이라고는 벌을 받고 상을 받은 사람들이 동일한 형상으로 몰락하며, 그들이 아버지라는 허구를 증명한다는 사실뿐이다. 여럿 가운데 가장 치켜세워지면서도 은밀하게 조롱받는 한 인물은 자신의 존재를 소환의 결정 불가능한 본성, 그 부름의 의미 혹은 전언, 그 의도와 가치의 결정 불가능성에 의존하고 있다. 자신의 이름에 답함으로써 그는 선생이 호명을 취소하건 말건 간에, 아니 심지어 그 차이를 인식하는 것이 자기 능력으로 할 수 있는 일이건 아니건 간에, 이미 자신을 희생한 셈이다. 그 최종 아이러니는 아브라함이 호명되긴 했으나 부름받지 못한 채 당도한다는 것이다. 그는 좌중의 비웃음이라는 트라우마에 상처 입은 망각 불가능한 근원으로서, 카프카에 의해 무자비한 치욕의 발현에 머리를 조아린 채 일관되게 자존감을 말소하는 인물로 평가받는다. 그는 그러한 잠재의식의 행위들에 볼모로 잡혀 있는바—그 행위들은 대체로 수동성의 문제, 즉 희생적 질서를 추종하는 문제다—그 행위들로 인해 완전히 우스꽝스러운 존재의 가장 적나라한 핵심에 근본적으로 노출될 위험에 처한다.

선생, 주인, 혹은 신은 그 소년, 아브라함, 우리의 부친을 궁핍하게 만드는 데 일정한 역할을 한다. 선생이 우리가 무언가를 깨닫길 바라는 것이라면, 카프카의 우화로부터 우리가 배우는 것은 시상식의 실패와 관련된다. 「시골 의사」의 경우처럼, 말소 불가능한 그 병변은 시상을 두고 벌어지는 싸움에서 표면화된다. [기독교에서 기름부음을 받는] 성유식anointment이 벌어지는 곳에는 항시 더러움의 얼룩이 존재한다. 아브라함의 소환은 헛짚은 성유식의 징표 못지않은 실패한 약속의 징후—카프카의 경우 약속은 초점을 벗어났다는 사실에 좌우되어 이루어진다—로서, 위계질서를 해체하고 학급의 기대를 전복한다.(왜 가장 형편없는 학생이 상을 전해받아야 하는가?) 그리하여 우수한 학생은 항상 최하위 학생에 의해 더렵혀지며, 그 최하위 학생은 새로운 성적 평가 방법을 통해 전화위복되어 가장 칭찬받을 만한 인물로 천거될 수도 있다. 그렇지만 특이성의 파손으로 옮겨갈 때 텍스트는 그 어느 지점에서도 하나의 변증법 혹은 계보학적 전환을 산출하지 않는다. 더 신성한 권위와 벌이는 은밀한 협상의 논리를 통해 불량 학생이 우량 학생으로 변환되지는 않는 것이다. 그는 오로지 한 사람의 패배자로서만 천상의 복권에 당첨될 뿐이다.

그 우화에서는 카프카가 사용하는 동시에gleichzeitig라는 용어, 즉 한꺼번에 상도 주고 벌도 주려는 선생의 동시적 소망에 많은 것이 달려 있다. 어떻게 동시성은 제도화되고 준수될 수 있는가? 신조차도 동시성을 실행할 수는 없고, 부름을 받는 이름이 정말로 아브라함의 이름이라면—우화는 이 의문부호를 둘러싸고 회전한다—그 이름을 두 번 불러야만 한다. 우리는 모세의 분절된 연설 패턴을 닮아서 더듬거리는 말투로 호출하는 목소리를 상상하기가 어렵다. 신의 음성은 명료한 것으로 알려졌지만 항상 그런 것은 아니고, 어딘가에서 목소리가 갈라지고 분리될 가능성은 신의 경우일지라도 충분히 존재한다. 카프카는 아브라함을 호출하는 목소리가 명료하지 않거나 쉰 것은 아닌지, 아니면 반대로 더할 나위 없이 날카롭게 울리는지 언급하지 않는다. 어떤 의미에서는 어느 쪽이든 상관없다. 첫번째 불렀을 때 신의 호출은 들리지 않았다. 전능한 신은 대체로 자신의 호출을 임기응변의 법칙들에 맞춰야만 하는데, 그 호출이 들려지기 위해서는 무엇보다 반복되어야만 한다. 호출이 이루어졌을 때 무엇이 뜻한 바가 될 수 있었는지 역시 두말할 필요 없이 반복되어야 한다. 이름이 불리면 의도는 철저히 독해 불가능한 것으로 남는다. 최상위 학생이 아브라함일 수도 있다. 그렇다, 어쩌면. 그러나 이 이야기, 이 오래된 이야기는 모든 재미를 잃었다고들 한다. 신도 선생도 그 이름을 호출하게 만든 의도에는 접근할 수 없는데, 왜냐하면 둘 다 하나의 이름에 제한되어 있고 동시적 계열화를 철저히 거부하는 그 이름의 단일성에 결박되어 있기 때문이다. 아무리 의도를 장악하더라도 결국 우리는 어느 것이 혹은 누가 호출되었는지 알 수 없다. 왜냐하면 하나의 이름을 발화하는 경우에조차 신은 "항상 또다른 아브라함을 떠올릴 수 있기Ich konnte mir einen anderen Abraham denken" 때문이다. 이름 그 자체는 동일성이나 차이로 환원될 수 없다. 두 개의 이름을 동시에 부르는 것이 불가능한 한에서, 유대/기독교를 사선(/) 하나로 묶는 절단처럼 호출의 의도는 분리되어야만 한다.

C. 칸트의 인간학:
"어리석지만 정직한"에 맞선 소송,
혹은 이교도는 우리 편Goys 'R' Us

칸트는 『실용적 관점에서 본 인간학』에서 정신의 일탈에 할애된 대목들을 소개하면서, 가장 조롱거리가 된 인물들에 초점을 맞추기 전에 하나의 포괄적 입장을 개진한다. 그는 "얼간이들, 백치들, 천치들, 우쭐대는 멍청이들, 바보들, 그리고 허풍선이들은 그 정도에 있어서만이 아니라 정신적 혼란의 특성에 있어서도 정신적으로 장애가 있는 인물들과 구별된다. 전자의 인물들은 혼란들 때문에 아직 정신병원 신세를 지지는 않는다."[15] 그 집단 초상화에는 우화 「법 앞에서」에 나오는 카프카의 시골뜨기처럼 정신병원의 입구에 위치한 임계 영역을 차지하는 인물들이 모두 포함된다. 그들은 그 기관 앞에, 즉 문 이전에 그리고 문 앞에 서 있지만, 경계선이 고정될 수 있는지 여부와 상관없이 그 기관과 이미 연관을 맺은 상태로 존재한다. 그들은 칸트가 "아직 아닌not yet"을 도입하는 바로 그 정도만큼 그 기관 앞에 상존한다. 즉 그들은 아직 그 기관에 속하지는 않지만 그 기관으로 가는 중인 것이다. 가는 중이기에 그들은 어쩌면 도착하지 못할 수도 있지만, 이미 그 기관의 관할구역에 위치한 셈이다. 그 기관에 "아직 아닌" 상태로 있는 한 그들이 '기관의 밖'을 점유한다고 확정적으로 말할 수는 없다.[16] 그들은 입장허가를 얻은 것도—아직 아닌—그렇다고 쫓겨난 것도 아닌 상태로 기관을 마주하며 그 앞에 존재한다. 그러나 정신병원에 수용되는 일을 피했다는 것은 그들이 완전히 이성의 지배 안에 들지는 않았다는 것, 즉 그들이 감금의 코드들을 결정하는 선택 시스템에 속하지 않는다는 것을 뜻한다. 이성과 광기의 중간 어디쯤, 그 혼란의 영역에서, 얼간이들, 백치들, 천치들 등은 칸트의 정신철학에 볼록거울을 비추고 있는 셈이다.

이러한 일탈적 인물들을 억누르는 일은 쉽지 않고, 칸트는 그들이 향하는 경로와 함의들을 통제하려고 노력하는 과정에서 살짝 미끄러진다. 이 인물들은 타자지만, 어쩌면 타자에 값하지 못할 수도 있다. 때때로 그들은 자기 그대로의 상태로 인식될 수조차 없는데, 어리석음에 관한 칸트의 명상이 알려주듯 비록 근본적으로 어리석다 해도 "불운을 겪음으로써 우리는 영리해지기"(5쪽) 때문이다. 한편 믿거나 말거나 책을 너무 읽는 바람에 멍청한 인물로 간주되는 사람들도 있다. 그들은 지나치게 공부를 많이 했다. 이 습관은 우리의 뇌를 태워버릴 수도 있다. 칸트는 약간 편향된 주석을 달아 걱정할 것 없다고 말하는데, 왜냐하면 장사치들이 지나치게 욕심을 부려 일하는 경우라면, 과도한 책읽기에 빠진 학습자들의 경우는 "그러한 지식의 과부하가 걸리지 못하도록 인간 본성 자체가 다음과 같은 수단을 통해 방지하기 때문이다. 즉 머리가 부서질 정도로 몰두했던 바로 그것들은 그 학습자에게 혐오감을 주고, 모든 것은 헛되기 마련이다."(24쪽 주 32) 정신은 혐오감에 의해 방어된다. 지식이 학습자를 제약해왔던 지점에서 무언가가 개입해 어리석어질 위협을 봉쇄한다. 혹은 어느 수준의 과도한 책읽기를 채우고 나면, 정신이 감내할 수 없고 또 정신을 놓여나게 만드는 그 무엇이 지식의 질서에 존재한다. 칸트는 이 방어적 개입을 "혐오"라고 부른다. 여기서 자연스럽고 은혜로운 에너지로 부각된 혐오는 과도한 학습과 지나친 읽기가 촉발한 것의 궁극적 결과, 즉 어리석음의 위험을 방지한다. 확정될 수 없는 것은 이 "아직"의 시점인데, 이 시점에 이르면 모든 것이 헛될 뿐이었다는 사실이 판명된다. 종결 가능한 혹은 종결 불가능한 읽기 연습의 정확히 어떤 지점에 어리석음이 자리잡는지는 결정 불가능하다. 애초부터 모든 일이 아무 소용없었을 가능성도 존재한다. 혐오는 과도함이 승하지 못하게 막으며, 하나의 텍스트를 끊임없이 꼼꼼히 읽음으로써 시시각각으로 더 멍청해지고 더 멍해지는 과도학습자를 지적으로 능가한다. 잉여의 문제가 제기되는 경우 자연은 혐오를 조제함으로써 균형을 회복한다. 이러한 혐오의 상술商術은 모종의 탐욕스러운 장사치들 주변에 자리잡고 있는바, 아직 충분히 주목받지 못한 한 주석을 통해 칸트에게 복귀할 것이다.

실제로 절제의 효과, 즉 되돌릴 수 없는 어리석음의 엄습에 대항하는 안전판 효과로서 칸트의 혐오라는 이 유명한 이슈는 아무런 호위나 설명도 없이 또다른 논증적 상황을 통해 현장에 도래한다. 하나의 사유에서 그다음 사유로 돌진하면서 칸트는 (혐오라는) 이 인식상의 참주僭主에 관해 다음과 같이 주장한다. "총명함이나 영리함 같은 특성들 가운데 어느 하나를 지닌 것처럼 단지 과시할 수 있을 뿐인 사람은 혐오스러운 존재다."[17] 우리로 하여금 영리함이나 총명함을 흉내내고 이 간지奸智를 의미심장한 방식으로 완수할 수 있게 만드는 일종의 모방 논리에 대해 우리는 잘 알지 못한다. 칸트의 입장에서 보면 우리는 그저 그러한 가장행위가 부자연스러운 중핵가치로서 혐오를 불러일으키며 하나의 구토제 구실을 할 수 있다는 것을 알게 될 뿐이다.[18] 이러한 혐오의 계기는 자연에 반하는 것으로서 술수, 가식, 꾸며내기와 조작하기의 진영에 안주하는 일이다. 영리함을 꾸며내는 일은 칸트에게 있어 취향에 대한 판단력을 지나친 불쾌감을 불러일으키는 정도까지 휘저어놓으며 반발심을 불러일으킨다. 그런데 우리는 얼마나 영리해야만 영리함을 꾸며낼 수 있는 것인가? 정신의 특성을 꾸며내는 문제를 다룸에 있어 왜 칸트는 인식능력의 재조정에 관한 모든 논의를 제쳐놓는 것일까? 칸트는 이러한 종류의 표리부동성—영리한 척하거나 총명하게 행동하는 일—을 "혐오스러운 주체"에 대한 비난과 결합시켜서, 그 참주에게 취향에 대한 판단력에서 시작되는 절차상의 흠결을 지닌 주체성을 귀속시킨다. 그 잘난 체하는 멍청이der Witzling 혹은 젠체하는 인물der Klugling은 뒷줄의 더러운 책상에 앉은 존재로서, 영리한 척 뽐내면서 어떤 들리지 않는 출석 점호에 답하려고 일어서는 인물이다.

혐오는 슬금슬금 엄습한다. 칸트는 우스꽝스러운 인물이 갖는 중요성을 노화에 연결하는데, 이는 『제1비판』[『순수이성비판』]에 부친 1787년판 서문에 나타난 바와 아주 흡사하다. 그 책의 맥락에서 칸트는 자신의 우스꽝스러운 태도와 형편없는 스타일을 나이 먹는 탓으로 돌리는 변명을 만들어낸 바 있다. 요컨대 그는 나이를 먹고 있었으며 그가 남겨놓은 스타일 덩어리를 말끔히 치울 시간이 없었다. 『실용적 관점에서 본 인간학』에서 우리는 우스꽝스러움이 "건전한 이성의 한계를 넘어선 일탈들 중 가장 경미한 사례"(4쪽)와 연관된다는 것을 알게 된다. 그 경미한 일탈은 본격 중대사에 이르는 일과 깊은 관련이 있는바, 그 시점에 이르면 우리는 내면의 은퇴 주거지, 다시 말해 "장난감 목마Steckenpferd"를 세울 수도 있다. 이 취향은 "사업을 하는 경우처럼 상상력이 만들어낸 피조물들creatures에 열심히 몰두하는 성향으로서 번잡한 한가로움처럼 정신이 단순히 유흥거리를 위해 추구하는 것이다."(4쪽) 부산스러운 수동성을 권장하는 일은 나이 먹는 존재들에게 자유로움의 흔적을 다시 붙잡게 하며, 어린 시절의 근심 없는 상태를 되살리게 해준다. 번잡한 여가의 세계는 미학적 경험의 근처에는 이르지만 거기에는 미달하는 것처럼 보인다. 그것은 연장자들에게 사심 없는 즐거움과 비슷한 그 무엇을 유발시키는데, 특히 재산깨나 있는 사람들에게 그러하다. "은퇴해 자리잡은, 나이 먹고 유복한 사람들에게는 자신들이 마치 다시 한번 근심 없는 어린 시절로 복귀라도 한 듯 이러한 정신상태가 늘 자신들의 활력을 약동하게 해주는 동요로서 건강할 뿐 아니라 또한 유쾌하기도 하다."(4쪽) 칸트의 논평은 가볍게 쾌락을 자극하면서 건강의 측면에 속하는 그 무엇에 초점이 맞춰진다. 그는 수동적 동요, 즉 그가 부유한 사람들 가운데 위치시킨 활력들이 균형을 잡는 영역에 관한 문서철을 펼치며, 여기서 장자크 루소의 도덕적 정직성을 상기시킨다.[19] 은퇴하고 부유한 이 늙은 사람들—사라는 비웃는다—은 집안을 정돈상태로 유지하며 은퇴계획을 실행한다. 이 늙은 족속은 이제 열심히 자신들의 상상 속 피조물들에 몰두한다. 그들은 환상 속의 사업을 운영하며, 중요한 통화를 하고, 다른 요청들에 응하고 있다. 이 모든 것은 허무로 빠지기 직전 상태에서 이루어진다. 비록 칸트는 이것이 건강하고 "또한 유쾌하다"고 선언하지만, 그는 신속히 쾌락을 멈추고 판단을 요청한다. "늘 자신들의 활력을 약동하게 해주는 동요로서 건강할 뿐 아니라 또한 유쾌하기도 하다. 하지만 그것은 동시에 또한 우스꽝스럽다. 너무나 우스꽝스러운 나머지 조롱을 당하는 인물은 스스럼없이 자신을 비웃을 수도 있다."(4쪽) 이런 상태로 초기 쾌락과 나중의 분주함을 반복하는 일은 손쉬운 미학적 자기포용을 상기시키고 쾌락원칙의 현세적 측면(이러한 사치스러운 일탈은 강요되었다는 특징이 없고 죽음 충동에 의해 촉발된 것도 아니며 장난감 목마 위에 즐겁게 올라탄 상태이다)으로 하강하는 것으로서, 어떻게 우리가 잉여의 최고점에서 순전히 목적 없는 합목적성의 인도를 받아 쾌락을 버리고 유행을 좇아 나서는지 보여준다. 그 모든 것은 허무와 다를 바 없고, 죽음을 앞에 두고 아이들의 놀이라는 계획된 소동을 벌이는 짓에 해당될 뿐이다.

칸트는 왜 이 목적의식 분명한 수동성이 자의식적으로 받아들여지는 경우조차 우스꽝스러움의 딱지를 받아야만 하는지에 관해 아주 엄밀하게 설명하지는 않고, 다만 그러한 형태의 노인성老人性 모방이 그 자체로 허구적 행동에 의존하는 것으로 드러난다는 점을 적시할 뿐이다. 우리는 마치 우리가 여전히 업무에 종사하는 것인 양 행동한다. 열심히 일하지만 상상 속 대상("피조물들")을 가지고 그렇게 하며 한 걸음 물러서서 관리한다. 이러한 종류의 마치 ~인 양als ob하는 활동은 그야말로 근거와 목표도 없고, 현실성과 목적도 없는바, 만일 우리가 그런 식으로 비교한다면—칸트는 원하지 않겠지만—시적 능력의 유희, 그 "수상하고 유치한" 시인의 주요 활동에 비견된다. 시 중심의 미학은 항상 우스꽝스러움에 서서히 근접하려는 위협을 가해왔다. 『유고집*Nachlass*』에서 칸트는 쾌락을 주는 것, 그가 미학에 근접한다고 규정한 것에 관한 사유를 제공한다. 아름다움은 나약한 자들과 어린이들을 위한 것이고, 미학은 나약한 자들을 증명과 논증의 엄밀함에 익숙해지게 만드는 한 방법으로서 아이의 컵 가장자리에 묻힌 꿀 한 숟가락이다.[20] 그러나 궁극적으로 우리가 성장하게 되면 꿀의 첨가는 과도해지며, 어떤 경우든 우리는 예술을 과학으로 대체하는 일을 이끌어내야만 한다. 결국에는 미학의 설탕 묻은 먹음직스러운 맛보다 과학의 씁쓸함과 노력을 더 선호해야 할 필요성이 정립되어왔다. 우리는 성장해 과학의 불쾌함, 그 고통스러운 씁쓸함을 더 좋아하는 법을 배우는바, 이는 나중에 프로이트에게 있어서 우리가 시금치를 좋아하게 되고, 끝내는 강압적으로 재촉받지 않아도 내면화된 초자아라는 쓰디쓴 알약을 삼키게 되는 과정과 아주 흡사하다. 과학은 나이가 들어감에 따라 요구되게 마련인 인공 감미료를 받아들일 수 없는 성실한 노동자들에게 아무런 연금수당도, 아무런 사회보장도 제공하지 않는다. 과학자로서의 철학자는 실제로 미학적 표상Darstellung을 포기함으로써 자신을 희화화하는데, 이 포기 행위는 개념적 정립의 명령에 의해 나중에 복구된다. 여기서 우리는 마치 실제로는 아무데로도 가지 않는 장난감 목마를 타는 일에 발이 묶인 것처럼 우리 자신을 반복할 위험에 처하게 되니, 이 문제를 다른 각도에서 살펴보자.

철학자에게 우스꽝스러운 것이 가하는 위협은 무엇일까? 부차적 측면에서 보면 우스꽝스러운 것은 단지 경미한 기형을 표상하며, 그래서 그것은 건전한 정신이 펼쳐지는 경계의 양편 어느 쪽으로도 움직일 수 있다. 우리는 벌금을 물지 않고도 혹은 법정이나 정신병원에 출석하지 않고도 우스꽝스러워지는 일에서 벗어날 수 있다. 그러나 주요 측면에서 보면, 우스꽝스러워지는 일은, 그리고 칸트의 텍스트가 집요하게 요구하는 추가사항들을 감안했을 때 우리가 우스꽝스러워짐을 아는 일은, 우리를 철학자로 못박거나 적어도 우리 현존재의 철학적 요소를 표적으로 삼는다. 우스꽝스러워짐은 이미 철학적 개입과 연루되는데, 왜냐하면 이는 우리 자신을 비웃는 행위를 뜻하기 때문이다. 「웃음의 본질L'Essence du rire」에서 보들레르는 (자신의 당나귀 등에 올라타고, 어린 시절로 회귀하며, 노년으로 전진하는) 자신의 추락을 비웃는 이러한 능력을 철학적 의식이 구성되는 계기로 정의한다. 폴 드 만이 아이러니로 해석한 것—철학자가 둘로 분리되어 자아가 붕괴되면서 시간을 촉진하는 일—은 한편에서는 멍청한 친구로, 다른 한편에서는 비틀거리는 자아를 조롱하는 인물로의 분리를 지칭하는 몰락을 통해 정립된다. 철학자가 몰락해 철학적 의식이라는 원초적 장면의 개막공연을 촉진할 때, 이는 아이러니한 의식의 이중 효과를 빚어낸다.(드 만은 몰락하는 몸, 조롱받는 엉덩이의 희화화에는 별다른 관심이 없는 반면, 칸트와 보들레르는 갑작스럽지만 불가피한 몸의 실수와 붕괴로 인해 몸이 중심을 잃고 비틀거리면서 위엄을 훼손하고 돌이킬 수 없이 무력화되는 방식에 의해 무너진다.) 주체는 몰락하는 자신을 비웃는다. 실제로 몰락은 주체가 정확하게도 자신을 비웃고 스스로를 조롱하며sich lacherlich machen, 그 결과 몰락함으로써 자신을 수행적으로 완성하는 방식을 통해 철학자가 되는 순간을 공표한다. 타자의 비웃음에 영향을 받고 또한 바로 그 타자로서 철학적 의식은 스스로를 우스꽝스럽게 만드는 구성적 계기를 통과함으로써 스스로를 이룩한다. 자아의 외부에 하나의 자리가 마련되고, 그 자리 너머에서는 분리되어 있는 자아가 관찰될 수 있는 하나의 거점이 취해지는 까닭에 한바탕 비웃음은 철학자와 비철학자를 구분한다. 그 순간은 자아와 자아 몰락의 역사를 무자비하게 촉진한다. 스스로를 비웃는 것은 의식의 갑작스러운 혼미상태로 인해 분리되었던 삶의 저편 혹은 저승에 있는 그 불가능한 위치로부터 사멸해가는 자신을 비웃는 일이다.

칸트는 로런스 스턴*을 인용하면서, 이러한 장난감 목마들을 길

* Lawrence Sterne. 18세기 영국 소설가로 주인공의 내면의식을 기록한 『트리스트럼 섄디 *Tristram Shandy*』라는 작품으로 유명하다. 스턴은 인간의 영혼에 해당하는 비유로 목마의 형상을 제시한다. 이때 여성에게는 목마가 없다는 사실을 유념할 필요가 있다.

가에서 서성이게 만들고 그동안 우리는 상상 속이 아닌 추격을 행하는 고속도로 위에서 속도를 내어 목마들을 추월하자고 말한다. 목마들은 해를 끼치지 않는다. 그런데 정말 그런가? 목마들은 "모르긴 몰라도" 옹호될 만한 가치가 있는데, 젊고 과도하게 바쁜 이들 역시 취미를 추구한다는 사실을 감안하면 특히 그러하다.("그러나 젊고 바쁜 사람들에게조차 이 취미로 하는 목마타기는 오락의 구실을 한다. 그리고 그들의 사소한 어리석음들은 아마도 현학자들에 적대적인 스턴의 옹호를 받을 만하다. '한 남자가 자신의 장난감 목마를 타고 평화롭고 평온하게 천하의 공도를 따라 달리면서 당신이나 내가 그의 뒤에 서 있게 강요하지 않는데, 그러니 보세요, 당신이나 내가 그것과 무슨 상관이 있겠습니까?'" 5쪽) 왜 칸트는 스턴에 올라타서 그들을, 초원으로 가버린 그들을 지나쳐가며 그들을 먼지더미 속에 내버려두어야만 할까? 철학의 고속도로가 유한성의 지대에 머뭇거리며 주로 상상력으로 피신하는 존재들을 위한 또하나의 시골길에 불과한 건 아니라고 우리는 어떻게 확신할 수 있는가? '철학적 삶'은 은퇴, 퇴장Entzug, 실용적 사업의 가치들에서 물러남을 뜻하지 않는가? 다시 말해, 철학적 삶은 항상 죽음과의 관계에 유념하는 스스로의 운명을, 그 운명을 강요받아 기입된 것이든(소크라테스) 운명에 반발하여 기입된 것이든(칸트, 니체) 받아들이는 것 아닌가?

칸트는 문학적 자료를 참조해 자신이 묘사했던 그 장면이 해가 되지 않는다는 결론을 도출한다. [철학에] 위협을 가하는 실용적 사업의 타자성을 판별하는 것은 문학이며, 실재의 영역에서 무시할 수 있는 것에 관해 철학을 위로하도록 마련되는 것도 문학이다. 그래서 칸트는 은퇴한 시인들이 유령의 태도로 실행하는 허구적 노력의 우회 가능성에 관한 진리를 말하기 위해 허구를 환기시킨다. 무엇이 실재하는 혹은 무언극화된 직업으로 통하는지, 무엇이 밀수품으로 간주되거나 점잖게 배제되며 심지어 비웃음의 대상이 될 수 있는지 결정할 권위와 국경순찰의 임무가 왜 스턴에게 부여되어야 하는가? 칸트가 멈춰 세우는 은퇴자들은 스스로를 비웃고 있다. 사심 없는 쾌락을 말없이 흉내내면서 그들은 상상적인 것과 건강한 관계를 맺고 있는 것이다. 칸트는 비웃지 않고 있으며, 쾌락이 좀더 수월하게 섭취될 수 있게 꿀이라는 첨가물을 제공할 수 없다. 칸트에게는 돈, 꿀이 다 떨어졌으며 시간도 고갈된다. 항시 스타일이 뒤떨어지는(칸트는 여전히 스타일에서 뒤떨어지고 있다) 칸트는 꿀 발린 논증 프레임과 함께 쾌락을 포기했기에 쾌락에 대해 인내심이 별로 없다. 실제로 그의 쾌락은 불쾌인 것이다. 더 사심에 차고 희생적으로—그야말로 당분희생적saccharoficial으로—칸트는 우스꽝스러운 것의 또다른 질서를 선택한다.

「인식 능력의 약점에 대해」라는 제목이 붙은 『실용적 관점에서 본 인간학』의 한 대목, 곧 얼간이obtusam caput의 경우와 멍청이stupiditas의 사례에 깃든 상대적 차이를 논하는 대목에서 칸트는 다음과 같이 발언한다. "이해력이 느린 정신이…… 반드시 유약한 정신은 아닌바, 이는 재빠른 이해력을 지닌 정신이 항상 심오하지는 않으며 때때로 아주 피상적인 것과 매한가지다."(5쪽) 이 훈계는 빠른 두뇌회전, 이해력의 속도, 즉 일반적으로 우리가 사는 근대의 고속 정신과 연결된 것으로 추정되는 그런 지성의 가치들을 정립할 때 우리가 근거로 삼는 그 기술 표준에 저항한다. 빠른 이해력을 뽐낼 수 있는 정신은 수지타산적 정신일 수 있으니, 이는 기계적 작업을 수행하는 데 기민성을 발휘한다. 이런 작업은 그러나 내면화되거나 고장나지 않고, 그것들이 생산하는 결과물의 측면에서 부드럽게 문제없이 돌아간다. 정신이 어떤 가늠하기 힘든 것 앞에서 멈추거나 역설의 효과에 걸려 난항을 겪음으로써, 작동을 그만두거나 정지당하지 않았던 경우에는 빠름이 느린 것이 될 수도 있다. 아브라함이 최악의 학습자였던 것으로 판명날 수도 있는 것이다.

칸트는 단순함simple-mindedness과 지성에 연결된 어리석음 사이의 구별을 도입한다. "단순한 자는 자기 정신 속에 많은 것을 취할 수 없는 인물이다. 그러나 그가 자신이 받아들인 것을 오해하지 않는 한 그 때문에 어리석은 것은 아니다."(5쪽) 따라서 어리석은 자는 더 광범위한 흡수능력을 보유하지만 흡수된 것을 곡해할 것이다. 이는 마치 어리석음이 정신의 좀더 내면지대에, 지성이 동원될 수 있는 장소 혹은 역할에 자리잡게 되는 것과 흡사하다. 내면성이라는 여백이 지성 능력을 함축하기 때문에 정당하고 공정한 평가의 문제가 작용한다. 포메라니아인Pomeranian, 즉 프로이센 출신 하인들을 두고 빈번히 언급되듯, 정당한 어법의 문제는 우리가 "정직하지만 어리석을" 수 있다는 통상의 견해와 함께 제기된다. 이는 "그릇되고 매우 통탄할 만한 표현"(6쪽)을 대표한다. 칸트는 정직(행동의 규범으로서 임무의 완수)이 실천이성의 소산이자 바로 그 실천이성이기 때문에 이 견해가 허위라고 주장한다. 그것은 통탄할 만한 일인데, "왜냐하면 모든 사람은 그런 일을 저지를 만큼 자기가 영리하다고 느낀다면 필시 부정을 저지를 것이며, 그가 부정을 저지르지 않는 이유는 단지 무능력의 소산이라고 전제하기 때문이다."(6쪽) 이 논점을 충분히 설명하기 위해 칸트는 "그는 화약을 발명하지도 않았고, 조국을 배반하지도 않을 것이며, 우두머리 마술사도 아니다"라는 격언을 상기시키는데, 이는 칸트의 주장에 따르면 인간 혐오의 태도를 반영한다. "요컨대 우리가 알고 있는 사람들의 선의를 가정하더라도 우리는 그들에 대해 확신할 수 없고 단지 무능력만을 확인할 뿐이라는 것이다. 그리하여 흄이 말하듯 위대한 술탄은 자신의 애첩을 호위병들의 덕성이 아니라 (흑인 거세자들인) 그들의 무능력에 의탁한다."(6쪽) 정직과 어리석음의 결합을 주장함으로써 인간성을 평가절하하고 실천이성에 모욕을 가하는 일은 형이상학적으로 옳지 않다. 정직이 무능력이나 급진화된 거세의 서사에 의존하게 둘 수는 없는 일이다.(흥미롭게도 흄을 전거로 든 이 주장은 흄의 저작 어디에서도 발견할 수 없고, 따라서 칸트의 애첩은 또다른 곳, 또다른 영역 혹은 거세 환상에서 유래한다. 이 경우 발기불능의 타자는 우스꽝스러운 은퇴자가 아니라 덕성을 흉내내지만 너무나 쇠약해서 다른 행동의 여지가 없는 여성화된 호위병으로, 그러기에 덕성이 이제껏 순수했다거나 실천이성의 한 결과였다고 말할 수는 없을 것이다.) 두말할 필요도 없이 그 사례는 철학자 칸트가 보기에 비록 일관성이 아주 없진 않지만 담론의 의도를 거스르는 일이다. 인류에 대한 모욕을 검열하는 바로 그 순간, 칸트는 인간성의 모욕에 관한 자신의 주장을 강화하며 흑인 거세자라는 형상에 이중의 노예상태를 등록시킨다.

스스로를 억압상태에 내맡기는 사람들이 전형적으로 구현하는 어리석음의 그늘로 칸트가 전진하게 되면서 이 급진화된 심층지형도undermap는 그의 손에서 계속 확장된다. 그는 사기꾼과 사기당한 자들 간의 관계를 정립해, 사기치는 인물—다른 사람을 사기치는 능력은 간계, 교활, 계략versutia, astutia에서 유래한다—을 사기당하는 자들과 대립시킨다. "이제 문제는 쉽사리 농락당할 수 있는 사람보다 사기꾼이 더 영리해야만 하는 것인지, 아니면 전자가 어리석은 인물인 것인지에 달려 있다. 악당들에게 손쉬운 먹잇감이 되기 때문에 진짜로 잘 믿는(신뢰하고, 신용을 주는) 인정 많은 인물은 때때로, 물론 아주 잘못된 방식이지만, 또한 바보라고 불린다."(6쪽) 사기당한 사람들은 빈털터리가 되지만 이미 하나의 계정을 개설한 셈이다. 그들은 협상의 제약들을 넘어 진실로 신뢰하는 인물들이다. 다시 말해 그들은 잉여를 다른 사람들에게 제공함으로써 신용과 신임을 부여한다. 신뢰한다는 것은 타자를 위해 외상장부에 기입된 기간제한을 풀어놓으며 외상으로 타자를 맞는 일인 반면, 사기친다는 것은 이미 계정을 철회했다는 것을 뜻한다. "한번 사기쳤던 사람을 내가 다시 신뢰하지 못하는 것은 옳고도 현명한 일이다. 왜냐하면 그는 원칙에 있어 타락한 것이기 때문이다. 그러나 바로 그 이유 때문에, 한 사람이 나를 속였기 때문에 다른 누구도 신뢰하지 않는 것은 인간혐오misanthropy다. 사기꾼이야말로 정말 바보인 것이다."(6쪽) 이것은 개별적인 것을 일반적인 것 아래 포섭하는 문제에 있어 하나의 막중한 거부행위desistance의 사례를 제공한다. 사기당한 특정한 사례는 별도의 상태로 있어야 하지, 그렇지 않다면 우리는 인간혐오론과 흡사한 그 무엇을 작성해야만 할 위험을 무릅쓰는 셈이다. 사기꾼이야말로 정말 바보라는 칸트의 선언은 도살장에 끌려온 양처럼 떠밀려서 제기된다. 그 선언은 사기를 당한 특정한 경험이 그래야만 했듯 그의 주장에서 고립되어 등장한다. 비록 아무도 신뢰하지 않고 외상도 주지 않는 사람의 입장을 사기꾼이 대체한 듯 보이지만, 칸트는 자신이 이 확언에 어떻게 도달했는지 아무런 증명이나 해명을 하지 않는다. 늘 속일 기회만을 노리는 사기꾼(결국 그가 사기당한 사람보다 더 영리한지 여부는 결정나지 않는다)은 그가 사기의 대상("사기당한 사기꾼")이 될 때 우스꽝스러워진다.

모범사례를 제공할 기회를 농락당했다는 듯 그 텍스트는 이 지점에서 하나의 거대한 주석으로 확장되는데, 이 주석에서 일반화하려는 경향적 충동은 잘 알려진 사기꾼 족속, 즉 유대인을 부당하게 대우하는 것으로 드러난다. 주석의 논리는 한번 꺾여 굴절되면서, 사기치려는 충동을 전체 족속에게 자연스러운 일로 만들거나 총체적으로 덮씌우는 행위를 경고한다. 그리고 그 과정에서 그렇게 행동하는 경우에 대한 증거를 좀더 역사적 규약들에 의거해 제시한다. 알레고리적으로 파헤쳐본다면, 그 대목에서 우리는 아브라함의 동포들이 이 경우 사기당한 사기꾼의 종합 형상, 즉 우스꽝스러운 것의 개념을 역사적으로 구현한 사례로 구성되는 것은 아닌지 질문을 던지게 된다. 칸트의 과잉 주석은 이 사람들을 골탕 먹이는 동시에 그들을 사기치기의 일반경제 내부에서 갱생시키거나 적어도 재배치하려고 애쓴다. 이때 이 사기치기의 일반경제는 "결코 이 사람들에게 공표된 저주의 증좌로 여겨질 수 없고 오히려 하나의 은혜로 간주되어야만 한다. 특히 개인 재산에 있어 그들의 부유함이 아마도 이제는 비슷한 규모의 다른 어떤 민족도 능가하기 때문이다."(23쪽 주 21) 저주의 결손처럼 보였던 것은 유대 민족에게 베풀어진 신용의 구조, 즉 주석의 판단에 따르면 이제 완숙단계에 이른 것으로 보이는, 신성한 권력이 승인한 역사적 신탁기금("은혜")으로 인해 그 대립물로 전화한다. 국가의 편견에 의해 홀대받았던 유대 민족은 그들의 제한된 공민적 한계에 일종의 경쟁력 있는 정념으로 대응했다. 이 정념은 이웃의 이교도들을 과도하게 "능가함"으로써, 그리고 칸트가 서술한 바로는 "심지어 서로를 능가함으로써"(22쪽 주 21) 그 최대치에 이른다. 사기치기와 능가하기의 인접성은 의문시되지 않은 채로 남지만, 그런 눈감음은 '우리'에게만이 아니라 그들 서로에게 사기를 치는 사기꾼들의 국가를 여유 있게 장악할 수 있도록 해준다. 이러한 수단들을 통해 사기치려는 충동은 자신들의 혈통을 늘리려는 유대인 교부들 간의 경합이라는 경쟁 프레임으로 경로 변경된다.

칸트는 전체 족속에게 부정적 속성을 귀속시키기는 불가능하다고 말하면서 발걸음을 떼지만, 결국에는 완곡어법의litotic 자유로운 스타일로 옮겨가 "전부 장사꾼들로 이루어진 전체 족속이라고 해서 이제 이런 사정이 달라질 수는 없다"라고 인정하기에 이른다. 비록 그가 유대인들을 단죄하는 일반성의 수사학을 계속해서 누그러뜨리긴 하지만 말이다. 주석의 그 취지를 기만하지 않기 위해 여기에 그 전문을 싣는다.

> 우리들 사이에서 살고 있는 유대인들은 유배생활을 겪은 이래 고리대금업 때문에 속임수에 아주 능한 존재라는 아주 근거 없지만은 않은 평판을 얻었다. 그러나 사실상 전체 족속이 사기꾼이라는 관점에서 생각하는 일은 이상한 듯하다. 그리고 분명코 전부 장사꾼들로 구성된 족속이라는 관점에서 생각하는 것 역시 마찬가지로 이상하다. 그들 가운데 대다수가 그들이 살고 있는 국가의 오래되고 확고한 편견 때문에 격리된 입장에 처해 아무런 명예로운 평판을 추구하지 않고, 자신들이 피난처로 삼고 있는 사람들을 능가함으

> 로써, 심지어 서로를 능가함으로써 얻는 이득이라는 수단을 통해, 그런 평판의 결핍을 보상받으려고 노력한다고 생각하는 일은 이상하다. 사회의 비생산적 구성원들, 전부 장사꾼들로 이루어진 전체 족속(예컨대 폴란드의 유대인)이라고 해서 이제 이런 사정이 달라질 수는 없다. 따라서 그들이 함께 살고 있는(그리고 그들과 성서를 일부 공유하고 있는) 우리들과 우리의 오래된 법령들이 승인한 그들과의 계약은, 아무리 그들이 장사꾼 기질을 우리와 거래하는 자신들 도덕성의 두말할 것 없는 핵심 원칙으로 삼는다 하더라도, 우리가 자기모순이라는 죄의식을 느끼지 않고는 폐기될 수 없다. 속임수와 정직이라는 측면에서 이 족속에게 설교하려는 부질없는 계획 대신 나는 차라리 이 희한한 상황(다시 말해, 전부 장사꾼들로 이루어진 족속)의 기원에 관한 내 생각들만 언급해두고자 한다. 부는 아주 오랜 시절부터 교역에 의해 인도로…… 지중해로…… 팔레스타인으로…… 〔기타 여러 곳으로〕 이전되었다. ……그래서 단일한 종교와 언어를 지닌 채 그들이 전 세계로 흩어진 일은 결코 이 사람들에게 공표된 저주의 증좌로 여겨질 수 없고 오히려 하나의 은혜로 간주되어야만 한다. 특히 개인 재산에 있어 그들의 부유함이 아마도 이제는 비슷한 규모의 다른 어떤 민족도 능가하기 때문이다.(22~23쪽 주 21)

나는 사기를 쳤다. 주석은 마땅한 대접을 받지 못했다. 칸트가 일시적으로 사기치기에서 능가하기로 전환할 때 수사적 오류로 인해 우리는 칸트가 자전적 요소autobiographeme로 미끄러져간 것은 아닌지 고려하게 된다. 칸트에게 사기를 친 것은 아니지만 그를 능가한 인물이 어떤 유대인인지 우리는 궁금하다. 확실치는 않지만 내게는 그런 예감이 든다. 감사함에 관해 니체가 파악한 바에 따르면, 그 예감은 우리를 모제스 멘델스존이라는 인물에게로, 즉 칸트가 스타일의 본질적 잉여를 상실함 없이 철학적 사색을 영위하는 그 능력에 대해 거듭 저돌적으로 고마움을 표시했던—칸트는 그에게 '감사의 태도*grat*titude'를 취한다—인물에게로 데려간다. 멘델스존이 아름다운 표상의 문제에 있어 칸트를 능가하게 되는 것은 아닐까? 칸트 자신은 딱 그만큼만 언급했다. 하지만 돌연한 주석이 달린 바로 이 지점을 통해 칸트 머릿속(혹은 저 아래쪽 끝)으로 들어가기는 불가능한데, 칸트의 언급은 성서에 나오는 족속("그들이 함께 살고 있는(그리고 그들과 성서를 일부 공유하고 있는) 우리들")에 관한 다른 주장들과 결코 그 족적이 일치하지 않기 때문이다.[21]

우리는 이 주석이 자기 논점을 세우는 데 근거로 삼은 논리를 어떻게 위반하며, 파격구문을 통해 애초에 진술한 것의 바로 그 반대주장을 입증하는 일로 어떻게 나아가는지 관찰하기 위한 목적으로만 그 주석을 읽을 수도 있다. 다시 말해, 애초의 시작은 하나의 수사적 방향으로 진행하면서 일반성에 대한 저항을 촉구하는데, 그러고 나서는 그 일반성의 정당한 필요성을 개괄하기 위해 스스로를 교란한다. 실제로 칸트는 "속임수와 정직이라는 측면에서 이 족속에게 설교"하지 않을 것이며 그것이 도덕성의 상거래임을 부인한다. 칸트는 그들과 "거래"할 수 없다. 언제부터 칸트가 설교자였는가? 왜 철학은 "우리"와 성서 일부를 공유하고 있는, 이러한 독서하지 않는 독자들 앞에서 설교하려는 왜곡된 욕망으로 후퇴하고 퇴보하는가? 주목받지 못한 형태로 그 주장은 인간혐오를 부추기는 "어리석지만 정직한" 통합체syntagm[통사적 관계를 가진 어구]에 대한 칸트의 논쟁으로부터 "영리하지만 사기꾼인" 비밀 통합체, 즉 인간혐오의 부차적 지점으로 방향을 전환했다. "그들"이라는 영리한 사기꾼들에게 공격받은 "우리"의 정직한 어리석음이라는 측면에서 하나의 은밀한 분열이 모습을 갖추기 시작한다. 실제로 이 이슈는 우리 모두가 사기꾼이 될 수도 있다는 두려움에 의해 조장된다. 다시 말해, 그 근본 주장에 따르면, 우리 모두는 유대인이 될 수 있는 셈이다.

칸트의 주석은 모순으로 점철되는데, 칸트 자신이 유죄로 판명나길 원치 않는 이 모순에 전체 주석의 핵심이 집중되어 있다. 그래서 처음엔 한 방향으로 나아가고자 하지만 나중에 그 의도는 폐기된다. 근거 없는 주장들이 제출되며, 이 주장들은 "우리가 자기모순이라는 죄의식을 느끼지 않"고도 주창될 수 있다는 명시된 희망을 중심으로 구성된다. 질문의 형태로 그러한 몇몇 주장을 거론해보겠다. 어떻게 우리는 "우리들 사이에서 살고 있는 팔레스타인 사람들"(칸트는 이 호칭에 관한 한 철저히 (반)유대적이다)을 인정할 수 있는가? 일반성을 약화시키는 일반성으로 시작하고 난 후에 그는 일반성이 일반적인 것의 특정한 장소, 즉 폴란드에 존재한다고 말한다. 불가능한 일반성(예컨대, 폴란드의 유대인)을 뒷받침하는 사례를 정하는 지시적 제스처에 동기를 부여하는 것은 무엇인가? 만일 이것이 모두에게 해당되지만 그들만을 분리시켜서 국지화하고 한정하는 사례를 필요로 하는 하나의 총체성을 세우는 것이라면, 이는 그들 모두에게 관련된 것이 될 수 없다. 실제로, "그들이 함께 살고 있는 우리"라는 것은 어떤 형태의 의문시되지 않은 일반성인가? 무엇이 그 "우리"를 근거짓고 정당화하는가? 칸트는 누가 혹은 어디에서 "그들이" 우리와 함께 (혹은 아래에) 있는지 판단하지 않고, 다만 그들이 빠르게 지구화되는 동시에 국지화되며 결국 "우리"의 허깨비 같은 안전을 보장해줄 뿐이라는 사실을 인정할 따름이다. 대충 이런 식이다. 유대인의 거주지라는 특정 사례는 칸트가 글을 쓰고 있는 것으로 보이는 장소인 쾨니히스베르크처럼 일관되게 탈국지화되고 만다. 통상적 지형도에 따르면 쾨니히스베르크는 폴란드에 있지도 독일에 있지도 않고, 그렇다고 프로이센에 있지도 않지만, 그럼에도 카프카적 의미에서, 칸트 자신이 '소수 문학'을 보증하는 일이 가능해 보인다는 면에서는 프로이센에 있기는 한 것이다.

결국 「나는 왜 이리도 반유대적인가Why I Am So Anti-Semitic」라는 제목을 표방할 수도 있었을 이 주석은 하나의 논리를 산출한다. 이 논리에 따르면 "우리"와 "그들"은 분리된 실체들로 증류될 수 있다. 아리안족과 셈족 간의 구별이 표시되는 것은 영리함과 어리석음의 가치들에, 비록 이 용어들 각각의 내부에 내적 균열들이 존재하기는 하지만, 최종적으로 그 기반을 두고 있다. 하나의 단순한 교차배열법이 하나와 나머지 것들의 관계에 영향을 끼치는 교차 혹은 이중교차를 재기입한다. 유대인들은 우리를 그리고 서로를 능가한다. 그들이 일종의 악의적 영리함이라는 급행로에 있는 반면, "우리"는 비록 그 모든 것에도 불구하고 정직함과 어리석음을 지속적으로 연관시키는 인간혐오의 습관에 의해 그늘져 있기는 하지만, 완전히 어리석지는 않을지언정 근본적으로 정직하다. 그 주석은 어떤 대가를 치르더라도 이 구별의 확고함을 장악하길 원한다.[22]

그런데 무언가가 그런 장악의 확실성을 불안정하게 한다. 우리가 그들과 공유하며 그들이 그 기원이기조차 한 그 무엇이 우리를 속여서 우리가 주장하려고 노력하는 도덕적 구별을 탈취한다. 만일 우리가 결박되어 있는 그 장소를 ×로 표시한다면, 그곳은 정말로 '그들이 곧 우리They 'R' Us'*인 장소, 즉 의미 있는 격리상태로 분리되기 이전에 문자들이 뒤섞여 있는 장소를 지칭할 수도 있다. 다시 말해 하나의 공통성commonality이, 어떠한 분리에도 선행하는 공동귀속의 기록이 존재하는 것이다. 이는 기록의 문제이며, 칸트는 우리와 그들 간의 분리에 선행하는 좀더 근원적 동일성을 진술하는 이 증언에 자리를 마련해준다. 근본적 동일성이 글에 기반을 두는 한 그것은 애초부터 차이의 필연성을 촉구하지만, 이는 칸트가 분노를 터뜨리는 총합적 귀화과정과 음울한 역사화로 귀착될 수 있는 그 무엇이 아니다. 이는 왜 칸트가 자기 사례를 제시하기 위해 두 가지 글쓰기 사례를 소개할 필요를 느끼는지 설명해줄 수 있다. 따라서 공통으로 숭배된 경

*여기서 'R'은 'are'의 약자. 'Toy's R Us'라는 유아용품 전문점을 패러디한 것이다.

전은 우리와 그들 간의 구별을 교란하지만 하나의 계약 아래 숨겨지는데, 이 계약은 모순없음이라는 이름하에 그 자체로는 폐기될 수 없다. 통합을 이루는 성서가 하나 존재할 것이고, 다른 한편—국가가 행사하는 수단의 측면—에서는 분리시키는 제약, 즉 존중되어야만 하는 하나의 구속력 있는 계약이 존재할 것이다. 그렇다면 두 텍스트, 즉 무엇보다도 우리가 곧 그들이었다고 명시된 텍스트와 우리가 그들은 아니지만 통합 가능성은 가능성과 불가능성으로 동시에 제도화될 필요가 있음을 보장하는 다른 텍스트가 있는 셈이다.

그다지 보증 효력이 없는 경전과 그 계약상의 부기附記에도 불구하고, 쟁차爭差가 잔존해 공유 가능한 도덕성을 무력화시킨다. "우리와 거래하는" 경우에 그들의 도덕성은 "두말할 것 없는" 열한번째의, 그러나 핵심적이고 단일한 계명을 요구한다. 그들의 유일한 계명은, "구매자는 주의할 것Let the buyer beware"이라고 쓰인다. 칸트는 이것을 믿고 있다. 그는 심지어 이 다른 도덕성에 투자도 했다. 그는 사기당하고 싶지 않으며 왜 그가 이 전부 사기꾼인 족속에게 불가피하게 사기를 당해야 하는지 이해하길 원한다. 기만, 배반, 혹은 속임수Betrug를 정직Ehrlichkeit과 연관시켜 훈계하려는 "부질없는 계획"에 매진하는 대신, 그는 가공의 역사 강의를 선호한다. 그러한 "부질없는 계획"을 실현하려는 충동은 우스꽝스러운 노력, 즉 여전히 황금 송아지를 숭배하는 사람들에게 도덕성을 투하하려는 헛된 시도에 해당될 것이다. 왜 공허함에 훈계를 하려는가? 그런 식으로 도모하는 것은 그가 마치 한 사람의 은퇴자라도 되어 중대한 행위를 헛되이 흉내내듯 처신할 준비가 되어 있다는 것을 뜻한다. 그들에게 말을 거는 대신 그는 스스로를 납득시키려 할 것이고, 이성과 역사에 의지할 것인바, 이 두 가지는 모자란다는 이유로 다시 계산되는 그 적자를 계상하는 데 있어 강력한 동맹자인 것이다. 그 최종적 모순은 그에 관한 많은 다른 사례가 존재하듯 칸트가 주석의 끄트머리에서 은혜로 전환시키는 저주와 관련이 있다. 이 사례에서 철학자가 언급하는 인물이 누구인지 혹은 자신의 논점을 주장하기 위해 전유하는 것이 누구의 관점인지, 그리고 무슨 목적 때문인지는 확실치 않다. 그 논점은 화해의 제스처라는 외양을 띠지만 실상 그렇지 않다. 왜냐하면 만일 유대인들이 자신들의 숙명적 부를 저주로 간주했다면, 이는 필시 그들이 돈을 은혜로 간주하지 않는다는 사실에 연유할 것이기 때문이다. 그렇게 간주한 사람은 바로 칸트이다.

* * *

무엇이 저주 혹은 은혜를 이루는가라는 문제를 결정 불가능하게 만드는 좀더 일반적 구조는 이러한 해명의 경제에 영향을 미쳤고 복잡한 희생의 정치학을 배치한다. 스타일이 없는 철학은 저주로 봐야 할까, 은혜로 봐야 할까? 낡고 더러운 존재의 얼룩을 지닌 카프카의 아브라함들은 저주받은 자들이나 축복받은 자들의 영역 중 어디에 속하는가? 혹은 원초적 아버지의 장엄한 수난과 불협화음을 일으키면서 오히려 그들은 똑같이 우스꽝스러운 양쪽을 동시에 형상하는 것인가? 역사적으로 말과 눈에서 삭제되어왔으나 "우리들 사이에서 살고 있는 팔레스타인 사람들"에 투사되어온 일정한 규모의 사기행위가 있는 것인가? 결국 신과 아브라함 사이에 이루어진 거래는 무엇이었는가? 아브라함이라는 인물을 위해 개설된 막대한 신용계정의 측면에서 본다면 누가 누구를 속인 것인가? 또 계약금은 어떻게 되나? 아브라함은 순전한 믿음에 의거해 외상으로 부름에 응답했다. 아무런 조건도 없었다.(사라는 비웃었다.) 이삭은 조용히 뒤를 따랐다. 잉여 타자—이것은 신과의 관계가 요구하는 것, 즉 제3자의 희생이다—를 바칠 채비가 되었을 때, 별안간 과제가 역전되고, 그는 아이를 거둘 수 있게 된다. 그리고 신은 그의 편이 된다. 카프카의 우화에서는 도전을 받아들이기 위해 나선 그 아브라함이 첫 출발부터 사기꾼이자 허풍쟁이였다. 그는 자기 자신의 이름이 불렸다고 단정함으로써 이미 신을 기만했다.(물론 그의 이름이 실제로 불렸을 수도 있지만 이는 주제넘은 추정, 즉 본질적 배반행위로서 자기가 '부름받은 자'라고 생각하는 허접한 자기기만의 상태를 바꾸는 데 아무 소용이 없다.) 그리고 전능한 자, 곧 신이 요구한 것은 그 노인이 포기하도록 명령받은 이상 무상으로 주어질 수 없다. 하지만 만일 신이 봉헌은 받아들였지만 대체자—아이 대신에 양("구매자는 주의할 것")—라는 관념은 받아들이지 않았다면, 다시 말해 만일 신이 교환가치, 교역, 무혈無血 자본(여기서 우리는 세상에는 항상 피가, 항상 얼룩과 때와 돈이 존재하며, 그것은 때로 타자의 타자, 이 경우엔 숫양의 피라는 사실을 알게 된다)의 순환이라는 제도화를 받아들이지 않았다면 어떻게 되었을까? 신은 속임수 경제, 즉 한계를 노정한 무한 채무의 갑작스러운 철회를 제도화한다. 경제가 존재하는 그 순간부터 속임수의 가능성, 그 얼룩이 존재한다.

왜 신은 아브라함과의 거래에 관여해 최상의 가치를 지닌 물건, 즉 추정 가능한 모든 가치를 뛰어넘는 것에 입찰을 했으며, 그것도 그저 대체와 홀로코스트(번제의 제물로 바쳐진 숫양)라는 행위를 통해 가치를 도입하기 위해 그리했는가? 신은 경제를 초월하는 존재라고 생각된다. 그렇지만 신은 자기 자신의 가치를 평가받길 원했다. 정산 불가능한 것을 요구하면서 그는 정산에 관여하고 싶어했다. 신은 무시할 수 없는 존재가 되길 요구했다. 외람된 말이지만, 이는 신의 서투른 일처리다. 그리하여 그들은 각자 서로의 허세를 불러낼 것이다. 그들은 담력 겨루기를 벌여 누가 제일 먼저 그만두는지 보고 생존자에게 판돈을 걸 것이다.(신이 경제에 결부된 이래 이는 신에게도 생존이 걸린 문제인데, 왜냐하면 신이 봉헌물보다 오래 살아남지 못했을 수도 있을 가능성, 자신의 생존을 보증할 원초적 아버지를 세우지 못했을 가능성도 있기 때문이며, 이런 측면에서 신은 항시 희생될 처지에 놓인 아브라함의 아들이자 창조물이다.)[23]

속임수의 경제는 시초부터 존재했는바, 이는 왜 사라가 비웃었는지를 설명해준다. 아브라함은 너무 늙었다. 그는 자손을 사취당했고, 번식을 할 수 없었다. 신은 한 가지 제안을 한다. 시간을 속여서 그들은 맏이를 낳는데, 아브라함은 머지않아 그를 사취당할 채비를 하게 된다. 신이 증여한 것으로 보이는 것을 신이 빼어가길 원한다면 어떻게 신이 사기꾼이 아닐 수 있겠는가? 박탈하고, 차례차례로 이루어지는 몰락의 원인이 되며, 또 그렇게 함으로써 (자기)소유의 바로 그 가능성을 조롱거리로 만드는 일이 신의 본질적 특성은 아닐 것인가?(불량채권junk bonds이 창궐한다. 나중에 아브라함은 소돔을 '전원 몰살'하라는 신과의 계약에서 속임수를 썼다. 그는 마을을 보존하기 위해 최소한의 의인에 이를 때까지 신과 흥정을 벌인다.)

카프카가 아브라함을 되돌려서 계열화하고 조롱에 복속시킨 이유는 소유의 바로 그 가능성, 신의 주도권으로 인해 약화된 그 가능성에 대해 심사숙고하려는 목적 때문이었다.(원초적 가부장의 계열화가 우스꽝스러운 이유는 계열화가 가부장의 특이성과 원조ur이자 시원Erz으로서의 안정성을 산산조각내기 때문이며, 또한 즉각적 복제로서의 계열화는 오직 신만이 할 수 있기에 자기가 번식하리라는, 다시 말해 변형되고 번창하리라는 약속에 그가 지체 없이 응하기 때문이다.) 어떻게 아브라함은 집을 얻을 수 있는가? 어떻게 그가 어떤 것을, 심지어 부름의 확실성까지 '소유'할 수 있는가? 다른 많은 아브라함들, 견제받는 아브라함들이 존재한다면 이는 기만의 개념이 그의 이름에 내재하기 때문이다. 자기 이름이 불리는 것을 듣는 한에서 그는 이미 전환을 수행했던 셈이고, 사기꾼으로서 그 부름에 응답한 것이기 때문이다. 부름에 응답할 수 있는 한에서 우리는 오직 사기꾼으로서만, 잘해봤자 우리 자신의 대체물, 우리 자신의 타자, 즉 부름을 받은 인물로서만 그렇게 할 수 있다. 어쨌든 부름에 응답하는 인물은 아직 부름을 받지 못했던 인물은 아닌 것이다.[24] 부름에 응답(당신은 그렇게 해야만 하며, 이는 '선택'의 문제가 아니다)함으로써 당신은 사기꾼이 된다. 당신은 당신이 메시아라고 진지하게 생각하는가? 당신이 메시아라 하더라도, 당신은 의문에 시달릴 것이고 그들이 당신을 십자가에 매달 때 의문을 던질 것이다. 전환은 시초에, 아브라함이 그 인물이 아브라함이라고, 바로 그 인물, 부름받은 유일한 인물이라고 생각할 때 벌어지고, 그 시점 이후로는 계속 대체의 법칙이 제도화될 것이다.(아브라함 대신에 아브라함—이는 매번 신이 그의 이름을 왜 "아브라함! 아브라함!"이라고 두 번 부르는지 설명해주기도 한다—이, 아브라함 대신에 이삭이, 이삭 대신에 숫양이 불리는 식으로) 다른 신들은 유일한 신이 대체한다. 라캉은 그것the Thing에 관한 사유에서 단일신적 신이 자신의 유일성—그가 유일한 신이라는 것—을 확증하지는 않지만 신들 가운데 최고이며 계열에서 분리되어야 마땅하다는 점을 상기시켜준다. 한편 영국의 경우 미친 척 꾸며대고 시골을 떠도는 계층의 사람을 가리켜 '아브라함맨Abraham-man'[거지들]이라 불렀던 것이 확장되어, 아브라함이란 이름이 사기를 친다는 개념으로도 함께 쓰이게 되었다. '아브라함 사칭'은 병에 걸린 것처럼 가장하는 일, 유능한 자아의 표상을 병약자로 대체하는 일이다.

글자의 차원에서 사기, 사칭, 속임수와 연관되어버린 원초적 아버지는 어떻게 프로이트가 『모세와 유일신교』에서 수행하는 종류의 정교한 계보학적 조사를 요청하는가? 다른 무엇보다도 그것은 사라의 죽음이라는 풀리지 않은 미스터리를 파고들 것이다. 비록 뒤에 남겨지는 바람에 사라는 모리아 산으로 가는 여정을 끝까지 함께하지 못하지만 말이다. 그녀의 노력에도 불구하고, 그녀가 할 수 있다고 생각한 그 모든 일에도 불구하고, 이삭은 희생제물이 되었고, 그녀는 상심에 빠져 사멸한다. 모르긴 몰라도 사라는 살해되었고, 아버지는 그 장면을 율법 앞에서 재연했다. 그러나 신과 분석상담중이었기에 그는 반복강박에 과감하게 빠져들지 못했고 이번엔 자신의 희생양을 풀어주었다. 아브라함이 치료되어 이삭을 제물로 바치지 않았다고 가정—비록 한 미드라시midrash 주석에 따르면 아들은 처형되었지만[25]—한다면, 어떻게 그리고 과연 이삭이 죽음에 근접한 경험에서 살아남았는지에 의문이 남는다. 어떻게 그가 정신병에 걸린 아버지, 다시 말해 만인의 원초적 아버지, 카프카의 아버지, 우리의 아버지, 그리고 나의 아버지를 이겨냈는지, 그것도 아니 특히 그들이 율법적 관계에 있을 때 어떻게 그럴 수 있었는지 말이다.

이삭은 트라우마적 반복의 형상이 되었다. 그는 자신의 아버지가 자기보다 먼저 땅을 팠던 땅에서 구덩이를 팠으며, 어머니 대지에 구멍을 내고 이미 아브라함의 표식이 붙은 구덩이들을 만들어냈다. 아들은 땅을 파서 텅 비워내면서 마치 무언극을 담당한 듯 구덩이를 재생산하는데, 그 무언극의 의미는 나중에 햄릿을 통해 서구의 의식에 각인된다. 이삭이 무엇을 '터득하게' 되었는지 우리는 여전히 알지 못하거나 알게 되는 일을 용인할 수 없다. 어찌됐든, 종국에 어떤 식으로든 존재감 있는 인물이 되었다 한들 이삭은 보잘것없는 패배자, 거의 희생될 뻔했던 아들로 판명났다. 그가 살아남았다고 확실하게 말할 수 없다. 우리는 이삭의 운명이, 거의 처형될 지경에 처할 뻔했던 도스토옙스키적 급속냉동 상태로 요약되지 않았더라면, 훨씬 더 합당한 대접을 받았을 것이라고 생각한다. 순교자의 위엄을 박탈당한 채, 신과 인간 사이의 유례없는 접촉을 확립하는 공을 빼앗김으로써, 이삭은 공허한 반복이라는 트라우마의 지대에서는 결코 발견되지 않을 진리의 보물을 찾기 위해 땅을 파며 살아갈 운명에 처해졌다. 연쇄 채굴자는 단검을 대체하며, 또다른 이야기, 알려지지 않은 아브라함의 또다른 이야기라는 해독 불가능한 상형문자를 가지고 대지에 구멍을 낸다. 그러나 또다른 아브라함이 존재했었을 수도 있고, 분명 존재해야 함에 틀림없다.[26]

그리하여 신은 의도와 행위 간의 균열을 도입한다. 아들을 봉헌하려는 아브라함의 의도는 행동에 의해 봉인될 필요가(혹은 구체적 소년에 의해 인준될 필요가) 없다. 의도가 곧 행위와 다름없는 것이다. 의도적 지향으로도 족하며, 어떤 주체 혹은 어떤 지성능력의 구성에 앞선 하나의 이름에 걸맞은 모종의 무감각만으로도 충분하다. 그렇다면 이삭의 침묵이 그의 지성과 공모의식을 폭로하지 않는 한 지성은 무대에 등장하지도 못한다.[27] 몽유병자의 의도는 행동과 다름없고, 따라서 행위 자체는 재협상과 수정이 가능하다. 재협상이 가능해지는 순간은 또한 인간 이삭이 대체 가능하거나 또는 이미 대리자로, 가치의 지표로 기능한다는 것을 뜻한다. 왜냐하면 이삭은 자기 본질에 있어 다른 무엇, 자기보다 더 위대한 그 무엇의 대리자로, 즉 아브라함의 특성 가운데 가장 칭송받는 면모를 가리키는 지리멸렬한 제유提喩synecdoche로 존재하기 때문이다. 대체 불가능한 동시에 대체 가능한 이삭은 충족될 수 없는 신의 요구를 가리키는 징표 역할을 하지만 신이 원하는 바로 그 '그것 자체thing itself'는 결코 아니다.(신은 이삭 본인이 아니라 아브라함—으로부터 그 무엇—을 원한다.) 그렇다고 아브라함이 "저를 거두어 가세요! 저를 제물로 바칩니다. 제 몸을 징표와 판돈으로 바꾸겠습니다"라고 말하는 것도 아니다. 자신을 봉헌하지 않음(그는 더럽고 쓸모가 없을 수도 있다)으로써 아브라함 또한 자기 자신보다 더 위대한 그 무엇을 바칠 태세를 갖춘다. 의도된 희생의 마지막 날 우리가 알게 되는 것은, 가치와 평가라는 함축된 위계질서를 고려했을 때 신이 액면가 밑으로 합의한다는 사실이다. 말하자면 신은 우리 현존재를 대표할 수 있도록 만들어져왔던 동물들에게 더이상 해를 끼치지 않고도 우리가 흥정할 수 있는 존재일 수 있다. 이 흥정은 신과의 협약이 될 터이다. 당신이 제 아들을 원하신다면 저는 숫양을 드리겠습니다. 그래도 만족하시겠습니까? 사라도 이삭도 그렇게 할 수 없었다. 이 책의 목적을 위해 여기서는 다만 인간의 희생을 중지—집행이 유예된 이삭—할 요량이었던 것처럼 보이는 일이 실제로는 희생과 대체를 영속화하는 하나의 구조를 도입했다는 점만 말하고자 한다. 마치 유대 종족은 언제라도 차액을 지불하기 위해 생겨났다는 듯이, 그리고 희생은 일단 요구된 다음에는 재설정되어 미뤄져서, 말하자면 아직 도래하지 않은 비용으로 지불된다는 듯이. 자신이 말할 수 없는 것을 알고 있는 이삭은 새로운 플롯을 준비하면서 낡은 이야기에 계속 구멍을 내고 있다.

* * *

이 모든 일에도 불구하고 가장 큰 기만은 자신들이 선민選民이라는 미망이 뿌리내리고 희망이 양분을 받았을 때 생겨났을 가능성이 있다. 이삭은 부름을 받기도 했고 아니기도 했다. 박해(그들이 당신을 쫓고 있다는 것을 아는 순간 당신은 이미 죽은 목숨이며, 당신은 관목숲에서 포획된 바로 그 숫양이다)보다 더 근본적으로 불분명한 일은 부름에 의해 기만당하는 일이다. 너무나 어리석어서 이름이 불렸는지 알지 못하기에 당신은 우스꽝스러워진다. 희생을 치르기 위해 올라갈 준비가 되어 있지만 마지막 순간 당신은 자리에 앉혀진다. 그들은 당신을 원치 않는다. 동물 한 마리가 목적을, 당신의 목적을 대신할 것이다. 이 부름은 당신이 바로 적임자라고, 선택받은 자라고 말했다. 당신은 그 호출에 응하기 위해 채비를 갖춘다. 당신은 함정에 빠진 것이다. 사기당한 사기꾼이다. 호출이 처벌로 구실할 터였는지 상으로 기능할 것이었는지는 더이상 알 수 없다. 당신의 아버지가 부름을 받았다. 당신은 모든 예상되는 잡음과 함께 그 부름을 물려받았다. 당신은 아버지의 짐을 물려받았지만 그 짐을 덜 수 있으리라고 생각했다. 암묵적 결탁 속에 당신은 아버지를 추종했다. 당신이 걷고 있을 때, 아버지가 당신을 포기하려고 준비하고 있을 때, 당신을 집에서 추방했던 이 부름이 은혜인지 저주인지 당신은 말할 수 없었고 그저 판단할 수 없었을 뿐이었다.

주

서론

1 Friedrich Schiller, *Jungfrau von Orleans* (act 3. sec 6) in *Werke Nationalausagbe*. ed. Julius Peterson and Hermann Schneider, 42 vols (Weimar: Böhlau, 1942), 9권 257쪽; Hannah Arendt and Karl Jaspers, *Correspondence, 1926-1969*. ed. Lotte Kohler and Hans Saner. trans. Robert Kimber and Rita Kimber (New York: Harcourt Brace, 1992), 439쪽; Alain Grosrichard, *The Sultan's Court: European Fantasis of the East*. trans. Liz Heron (London: Verso, 1998); Jacques Lacan, *The Seminar of Jacques Lacan*, bk. 7: *The Ethics of Psychoanalysis, 1959-1960*. ed. Jacques-Alain Miller. trans. Dennis Potter (New York: Norton, 1992). 아이히만의 입장이 지닌 순전한 어리석음에 대한 동일한 우려가 한나 아렌트와 메리 매카시의 글에서 논의된다. Between Friends. ed. *Carol Brightman* (New York: Harcourt Brace, 1995), 296~298쪽 참조. 이런 맥락에서 우리는 추가로 에른스트 카시러가 자신의 정치적 성찰인 『국가라는 신화*The Myth of the State*』(New Haven: Yale UP, 1946)에서 행한 발언들도 고려할 수 있겠다. "인간의 실제적이고 사회적인 삶에서 합리적 사유의 패배는 최종적이고 돌이킬 수 없는 듯하다. ……상상력 자체가 그 부조화 및 환상적이고 기괴한 요소들을 설명할 수 없는 것이다. 차라리 인간의 원原우둔성Urdummheit이 이러한 부조리와 모순에 책임이 있다. 이러한 '원초적 어리석음'이 없이는 어떤 신화도 가능하지 않다."(4쪽)

2 "땅에 질질 끌리는 돼지 머리를 한 검은 들소인 카토블레파스Catoblépas가 말을 걸 때 그[성 앙투안]는 깊이 마음이 동한다. '그 짐승의 어리석음이 맘에 들었다 sa stupidité m'attire'." Jonathan Culler, *Flaubert: The Uses of Uncertainty* (Ithaca: Cornell UP, 1985), 183쪽.

3 Friedrich Nietzsche, *Beyond Good and Evil: Prelude to a Philosophy of the Future*. trans. Walter Kaufmann (New York: Random House, 1989), 188절.[프리드리히 니체, 『선악의 저편 / 도덕의 계보』(니체 전집 14), 김정현 옮김(책세상, 2002) 참조]

4 같은 책, 228절.

5 근대에 어리석음이 차지하는 잠재적 중요성을 무시하지 않은 몇 안 되는 사람 가운데 하나가 쇼펜하우어였는데, 그에게 어리석음은 조야함과 마찬가지로 의지-지성 관계의 완벽한 역전을 의미했다. 「순수 과학에 있어 숭고와 순진함에 관해On the Sublime and the Naive in the Fine Sciences」에서 모제스 멘델스존은 얼굴 표정에 박혀 있는 듯한 어리석음을 설명하는 데 몇 대목을 할애한다. 얼굴이 각기 다른 수준의 어리석음을 내보인다는 것이다. "동작의 단순함이 생각 없음과 감각성의 결핍을 드러낸다면 그것은 '어리석음'으로 불리며, 거기에 무기력함이 동반된다면 우리는…… 바보스러움niais을 목격한다." *Philosophical Writings*. trans. Daniel O. Dahlstrom (Cambridge: Cambridge UP, 1997), 226~227쪽.

6 Friedrich Hölderlin, *Sämtliche Werke: Frankfurter Ausgabe*, 20 vols. ed. D. E. Sattler (Frankfurt am Main: Verlang Roter Stern, 1975), 4권 261, 336~340쪽, 5권 683~700쪽.

7 Reiner Maria Rilke, "Das Lied des Idioten," in *Werke*. 4 vols. ed. Manfred Engel et al (Frankfurt: Insel Verlag, 1996), 1권 327쪽; Richard Wright, haiku #579, in *Haiku: The Other World* (New York: Arcade Publishing, 1998), 132쪽; Joseph Conrad, *Tales of Unrest* (New York: Penguin, 1977), 57쪽.

8 Walter Benjamin, "Zwei Gedichte von Friedrich Hölderlin. 'Dichtermut'—Blödigkeit," in *Gesammelte Schriften*, 7 vols. ed. Rolf Tiedermann and Hermann Schweppenhauser (Frankfurt am Main: Suhrkamp Verlag, 1972), 전집2의 1권 105~126쪽. (영어 번역은 "Two Poems by Friedrich Hölderlin: 'The Poet's Courage' and 'Timidity,'" trans. Stanley Corngold, *Selected Writings*, 2 vols. ed. Michael Jennings (Cambridge: Harvard UP, 1996), 1권 18~36쪽. Gershom Scholem, *Walter Benjamin—die Geschichte einer Freundschaft* (Frankfurt am Main: Suhrkamp Verlag, 1975), 26쪽.

9 개인적 행위주체의 회피에 관해서는 Stanley Corngold, *Complex Pleasure: Forms of Feeling in German Literature* (Stanford: Stanford UP, 1998), 153쪽.

10 Bart Philipsen, "Herx aus Glas—Hölderlin, Rousseau und das 'blöde' Subjeckt der Moderne," in *Bild-Sprache: Texte zwischen Dichten und Denken*, ed. I. Lamberechts and J. Nowé (Louvain: Presses Universitaires, 1990), 177~194쪽; Michael Jennings, "Benjamin as a Reader of Hölderlin: The Origins of Benjamin's Theory of Literary Criticism," *German Quarterly Review* 56.4 (Nov. 1983), 544~562쪽. Corngold, *Complex Pleasure*, 150~170쪽; Friedrich Hölderlin, *Selected Verse*, trans. and ed. Michael Hamburger (London: Anvil Press Poetry, 1986), 238쪽.

11 Corngold, *Complex Pleasure*, 162쪽.

12 Wolfgang Pfeifer, *Etymologische Wörterbuch des Deutschen* (Berlin: Akademic-Verlag,

1989), "blöd(e)" 항목. 파이퍼는 그 용어가 "우둔한, 마음이 여린"이라는 뜻으로 사용된 시점을 16세기로 잡는다. 횔덜린에게도 이 용어는 분명히 이런 복합적 함의—명백히 단일한 가치가 아니라—를 지닌다.

13 Philipsen, "Herx aus Glas", 192쪽.[저자의 번역]

14 Corngold, *Complex Pleasure*, 168쪽. 상대적으로 안전한 입장으로 후퇴하면서 콘골드는 어리석음을 따옴표 안에 넣는다.

15 Benjamin, "Two Poems", 1권 22쪽.(앞으로 이 영역본을 인용할 때는 본문의 괄호 안에 표시)

16 Benjamin, "Zwei Gedichte", 전집2의 1권 125쪽.(앞으로 이 독일어 원문을 인용할 때는 본문의 괄호 안에 표시)

17 Hölderlin, *Sämtliche Werke*: "Drum! so wanle nur wehrlos / Fort durchs Leben, und sorge nicht!"("Dichtermut", 4권 261쪽); "Drum, mein Genius! tritt nur / Baar ins Leben, und sorge nicht!"("Blödigkeit", 5권 699쪽)

18 Pierre Alferi, "Un Accent de vérité," *Revue des Sciences Humaines: Maurice Blanchot* 253.1 (1999), 153~171쪽.

19 Henry James, *The Sacred Fount* (New York: New Directions, 1983), 17쪽.

20 Roland Barthes, "Barthes to the Third Power," trans. Matthew Ward and Richard Howard in *On Signs*, ed. Marshall Blonsky (Baltimore: Johns Hopkins UP, 1985), 189쪽.

21 다른 텍스트인 「이미지들Images」은 어리석음에 대한 바르트의 강박적 불안을 반복한다. "축구 경기장처럼 만들어진 언어 영역에는 피할 수 없는 두 개의 극단적 지점, 두 개의 목표가 있다. 어리석음이 한편에, 독해 불가능한 것이 다른 편에 있다. ……어리석음은 오류와 연계되지 않는다. 항상 의기양양한(즉 극복하기 어려운) 어리석음은 신비로운 힘으로 승리를 이끌어낸다. 어리석음은 그 적나라한 광휘에 있어 '현존재'이다. 이로부터 공포와 매혹, 시체가 주는 공포와 매혹이 나온다.(무엇의 시체인가? 아마도 진리의 시체, 죽은 것으로서의 진리다.) ……어리석음은 죽음처럼 무감각하게 '거기 존재한다.' 푸닥거리는 오직 어리석음을 '통째로', 바깥에서 대면하는 형식적 조작이 될 뿐이다. …… 여기서 나는 어리석음이 추동하는 동일한 공황상태로 돌아온다. 그게 나인가? 그건 타자인가? 그건 독해 불가능한(혹은 어리석은) 타자인가? 제한되고 무기력한 그 인물이 나이며, 이해하지 못하는 인물이 나인가?" Roland Barthes, *The Rustle of Language*, trans. Richard Howard (Berkeley: U of California P, 1989), 351~352쪽.

22 어리석음의 단단한 지점과 바위의 유사성은 거기서 끝나는데, 플로베르가 자연 사물을 끌어들인 일은 지성의 장악력을 상쇄하고 어리석음이 무기적 자연으로부터 그 단단한 속성을 빌려오게 만들기 위해 고안된 필사적 자구책이기 때문이다. 어리석음의 몇몇 형태에서만 볼 수 있는 투과 불가능한

무기력은 실제로 어리석음을 하나의 대상으로 해소하려는 모든 노력을 해체한다. 플로베르가 어리석음의 속성들을 파악하기 위해 신뢰하기 힘든 유비관계를 도입한다면 이는 지성의 한계를 드러내기 위해서다. "〔돌멩이나 산〕에 관한 사실들 또는 제기되는 문제들은 하나의 인간적 프로젝트나 담론이 초점을 제공하고 질문을 던지면서 그것들에 작용할 때에야 이해할 수 있다." Culler, *Flaubert*, 175쪽.

23 Gustave Flaubert, *Correspondance*, 9 vols. (Paris: Louis Conrad, 1926~1933), 2권 398쪽.(앞으로 이 글을 인용할 때는 본문의 괄호 안에 쪽수만 표기) [저자의 번역]

24 Culler, *Flaubert*, 176쪽.

25 Flaubert, *Correspondance*, 2권 485쪽. "알렉산드리아에서 선덜랜드 출신의 톰슨이란 한 작자가 폼페이 기둥의 이 미터쯤 되는 높이에 자기 이름을 새겼다. ……그 기둥을 톰슨이라는 이름 없이 보는 일은, 따라서 톰슨이란 작자를 떠올리지 않고 보기는 불가능하다."

26 Jacques Derrida, "An Idea of Flaubert: 'Plato's Letter,'" trans. Peter Starr, *Modern language Notes* 99.4 (Sept. 1984), 758~759쪽. Derrida, "Une idée de Flaubert: la Lettre de Platon," *Revue d'Histoire Littéraire de la France*, 4~5 (July-Oct. 1981), 666쪽.("플로베르에게 우매함bêtise은 언제나 기념비적이다. 비문으로 뒤덮인 석조 기념비의 크기와 맞먹는다.")

27 절친한 친구의 이름으로 장난을 치면서 에라스뮈스는 (평상시에 '모리아'라고 부르는) 자신의 『우신 예찬*Encomium Moriae*』을 토머스 모어에게 헌정한다. 그는 이 책을 토마스 모어의 집에서 썼다. 멍청하게 현명함morosophos에 관한 논의는 Desuderius Erasmus, *The Praise of Folly*, trans. Clarence H. Miller (New Haven: Yale UP, 1979), xiii쪽 참조.

28 Flaubert, *Correspondance*, 2권 243쪽.

29 Culler, *Flaubert*, 174쪽에서 재인용.

30 Jean Paul, "Von der Dumheit," *Werke*, pt. 2, ed. Norbert Miller, 4. vols. (Munich: Carl Hanser Verlag, 1974), 1권 266~275쪽.(앞으로 이 글을 인용할 때는 본문의 괄호 안에 쪽수만 표기)

31 같은 책, 1권 270쪽.

32 같은 곳.

33 같은 곳.

34 같은 책, 1권 269쪽.

35 같은 책, 1권 268쪽.

36 같은 책, 1권 267쪽.

37 같은 곳.

38 Jean Paul, "Siebenkäs," Werke, 2권 7~565쪽 참조.

39 Jean Paul, "Von der Dumheit", 1권 275쪽.

40 같은 곳.

41 같은 곳. [저자의 번역]

42 역시 Jean Paul, "Übungen im Denken," *Werke*, 1권 95쪽. [저자의 번역]

43 데리다의 최근 저작들은 책임의 미완성된 측면들을 다루는 데 할애되었다. Thomas Keenan, *Fables of Responsibility: Aberrations and Predicaments in Ethics and Politics* (Stanford: Stanford UP, 1997)와 Drucilla Cornell, *The Philosophy of the Limit: Justice and Legal Interpretation* (New York: Routledge, 1992)을 참조할 것.

44 Emmanuel Levinas, "Responsibility of the Other," *Ethics and Infinity: Conversations with Philippe Nemo*. trans. Richard A. Cohen (Pittsburgh: Duquesne UP, 1985), 93~101쪽 참조. 책임에 대한 레비나스의 읽기는 1982년에 벌어진 사브라와 카틸라에서의 학살[1982년 레바논 기독교 민병대가 팔레스타인과 레바논의 시아파 사람들을 공격해 3500명에 이르는 민간인을 학살한 사건]에 관한 논의에 나오는 중대한 정치적 사건을 지칭한다. 레비나스의 "Ethics and Politics," trans. Jonathan Romney in *The Levinas Reader*. ed. Seán Hand (Oxford: Blackwell, 1989), 289~297쪽도 참조할 것.

45 Gilles Deleuze, *Difference and Repetition*. trans. Paul Patton (New York: Columbia UP, 1994). 프랑스어 원본은 *Différence et Répetition* (Paris: Presses Universitaires de France, 1969). (앞으로 이 글을 인용할 때는 본문의 괄호 안에 쪽수만 표기) [우리말 번역은 『차이와 반복』, 김상환 옮김(민음사 2004) 참조]

46 Deleuze, *Différence et Répetition*, 196쪽.

47 Robert Musil, "The Ruminations of a Slow-Witted Mind," in *Precision and Soul: Essays and Addresses*. ed. and trans. Burton Pike and David S. Luft (Chicago: U of Chicago P, 1978), 224쪽.

48 Arnold I. Davidson, "1933~1934: Thoughts on National Socialism," *Critical Inquiry* 17 (Autumn 1990), 35~45쪽.

49 Musil, "Ruminations", 224쪽.

50 Jean-Francois Lyotard, "The Tomb of the Intellectual," *Political Writings*. trans. Bill Readings and Kevin Paul Geiman (Minneapolis: U of Minnesota P, 1993) 참조. 지식인, 빅브라더, 그리고 다른 전문가들에 대한 리오타르의 공격은 대체로 정치학에서 이들이 참칭하는 권위와 관련 있다. "'지식인'의 책무는 보편적 주체라는 (공유된) 관념과 분리할 수 없다."(3쪽) 서문의 논평에서 빌 레딩스는 보편에 이르기 위해 특수와 결별한 지식인이 특정한 한 개인이 아니라 만인을 위해 발언하는 우주의 시민이라고 주장한다. "모더니즘적 생물체인 지식인은 추상을 통해 역사를 합리화하고, 주체의 해방을 자기실현으로 보는 하나의 거대담론을 주조한다. 역사의 종언은 따라서 인류의 해방인바, 본질적으로 무지에서의 해방(계몽주의), 본질적으로 자유 시장에서 물질적 요구의 제공

가능성(자본주의), 또는 본질적으로 노동행위(즉 마르크스주의)를 뜻한다. 실제 사건들은 단지 이러한 자기실현 서사의 진보에 관한 메타담론적 성찰에 원재료가 될 뿐이다.”(xxii쪽)

주체의 ‘죽음’ 이후, 즉 계몽주의적 자유주의의 실패 이후 지식의 정당성에 초래된 위기에 관해서는 Chantal Mouffe, “Deconstruction, Pragmatism and the Politics of Democracy,” in *Deconstruction and Pragmatism*. ed, Chantal Mouffe (New York: Routledge, 1996), i~x쪽 및 *The Return of the Political* (New York: Verso, 1993) 참조. [우리말 번역은 샹탈 무페, 『정치적인 것의 귀환』, 이보경 옮김 (후마니타스, 2007) 참조]

51 Stanley Cavell, *Pursuits of Happiness: The Hollywood Comedy of Remarriage* (Cambridge: Harvard UP, 1981), 42쪽.

52 Theodor W. Adorno, *Minima Moralia: Reflexionen aus den beschädigten Leben* (Frankfurt am Main: Suhrkamp, 1993), 263쪽. [우리말 번역은 『미니마 모랄리아』, 김유동 옮김(길, 2005) 참조]

53 Jean Améry, *Radical Humanism: Selected Essays*. trans. and ed. Sidney Rosenfeld and Stella F. Rosenfeld (Bloomington: Indiana UP, 1984), 136쪽. 또한 같은 저자의 *At the Mind's Limit: Contemplations by a Survivor on Auschwitz and Its Realities*. trans. Sidney Rosenfeld and Stella F. Rosenfeld (Bloomington: Indiana UP, 1998) 도 참조. 역사와 망상(“지식의 영역에 속하지 않는” 것)의 관계에 관해서는 앙리 베르그송의 『물질과 기억』에 대해 논한 Eduardo Cadava, *Words of Light: These on the Photography of History* (Princeton: Princeton UP, 1997), 95~97쪽을 참조할 것.

54 『옥스퍼드 영어사전』에 따르면, 얼간이dope는 “어리석은 인물, 천치, 바보”이며, 미국 속어로는 “마약을 섭취하거나 약물에 중독된 인물”이다.

55 Paul de Man, *The Rhetoric of Romanticism* (New York: Columbia UP, 1984), viii쪽. “다양한 개인들을 융합시키는 데 실패했음을 보여주는 아주 분명한 증거는 어느 정도 멜랑콜리한 광경이다.” *Blindness and Insight: Essays in the Rhetoric of Contemporary Criticism*, 2nd rev. ed. (Minneapolis: U of Minnesota P, 1983)의 서문에서 폴 드 만은 자기점검의 멜랑콜리한 실천을 부인否認의 형태로 확립한다. “나는 회고적 자기성찰에 빠져 시원찮은 영화들을 잊어버릴 때와 같이 기민하게 내가 집필한 것들을 무자비하게 망각하지는 않는다. 비록 시원찮은 영화의 경우처럼 때때로 어떤 장면들이나 문구들이 회귀해 죄의식을 조장하는 양심처럼 나를 사로잡기는 하지만 말이다. 우리가 재생의 기꺼움을 느꼈다고 상상할 때, 분명 그러한 변화가 실제로 벌어졌는지 혹은 우리가 조금 다른 형태로 이전의 풀리지 않는 강박들을 다시 진술하고 있는 것인지는 결코 알 수 없다.”(xii쪽)

56 Thomas Pynchon, *Slow Learner* (New York: Little, Brown, 1984), 3쪽. (앞으로 이 글을 인용할 때는 본문의 괄호 안에 쪽수만 표기) [우리말 번역은 『느리게 배우는 사람』, 박인찬 옮김(창비, 2014) 참조]

"나는 예전에……"[저자의 일기]

1 Deleuze, *Différence et Répétition*, 43~44쪽.

2 Samuel Beckett, *Samuel Beckett: The Complete Short Prose, 1929-1989*. ed. S. E. Gontarski (New York: Grove Press, 1995), 189쪽.

1 어리석음의 문제

1 이 점에 있어 헤겔이 셸링을 어떻게 전유했는지에 관한 설득력 있는 논의로는 Marc Froment-Meurice, "Du Pareil au même," in *De la bêtise et des bêtes* (*Le Temps de la réflexion* 특별호) ed. J. B. Pontalis (Paris: Gallimard, 1988), 127~158쪽.

2 Max Horkheimer and Theodor W. Adorno, "The Genesis of Stupidity," *Dialectic of Enlightenment*. trans. John Cumming (New York: Continuum, 1986), 157, 257쪽. "우둔함은 하나의 성흔聖痕", 일종의 상처의 기념비다. "그러한 상처들은 기형을 만든다. 그것들은 성실하고 유능한 성격을 형성할 수도 있지만 우둔함도 배태할 수 있다. 다시 말해, 인성 발달이 중단될 경우 병리학적 결함이나 맹목과 무기력의 증상으로서 우둔함을 초래할 수 있고, 신체 내부에 암세포를 증식시킬 경우엔 악의, 분노, 그리고 광신의 형태로 나타난다."(257~258쪽) 결국 어리석은 자의 상처 난 신체는 돌같이 단단해져서 움직일 수 없이 딱딱하게 변한다. "우둔함은 하나의 성흔이다"라는 문구는 호르크하이머와 아도르노가 쓴 *Dialektik der Aufklärung: Philosophische Fragmente*. ed. Rolf Tiedermann (Frankfurt am Main: Suhrkamp, 1972), 296~297쪽에 나오는 말이다.[우리말 번역은 『계몽의 변증법』, 김유동 옮김(문학과지성사, 2001) 참조]

3 Lacan, *Ethics of Psychoanalysis*, 1959~1960, 107쪽.

4 Gustave Flaubert, *Le Dictionnaire des ideés reçues* (Paris: A. G. Nizer, 1990), 246쪽. 영어본은 *Flaubert's Dictinary of Accepted Ideas*. trans. Jacques Barzun (Norfolk: New Directions, 1954), 47쪽.

5 「읽기의 윤리학을 향해: 레비나스와 미국문학Towards an Ethics of Reading: Levinas and American Literature」(University of California at Berkeley, 2001, 박사학위논문)에서 패텔은 역사적으로 당연시되는 노예의 어리석음이 주는 양면적 수수께끼에 대해 논한다. 한편에서 보면, 온전한 인간 취급을 받지 못한 노예는 훈육 불가능한 것Bildungsunfähig으로 간주되었지만, 다른 한편에서 노예에게 읽기와 쓰기를 가르치는 일을 금하는 법들은 이 주장을 거스르는 듯하다. 자기 자신들의 불안을 투사함으로써 노예 소유주들은 문자해득력이 갖는 위험성을 노예들에게 거꾸로 굴절시켰는데, 노예들은 적절한 내면화과정 없이도 언어의 작동기제를 배울 수 있었지만 대신 고통받는 의식에 노출되어야만 했다. 표면적으로만 보면, 프레더릭 더글러스는 이 보호라는 후견의 논리를 전유했던 듯하다. "나는 때때로 책읽기를 배우는 일이 축복이라기보다 저주였다고 느끼곤 했다. ……고통스러운 순간들에 나는 내

동료 노예들의 어리석음이 부러웠다." 이는 순전히 수사적 전유인데, 왜냐하면 이런 절망의 호소가 노예제로부터 탈출하는 자신의 출판된 이야기(『프레더릭 더글러스의 생애 이야기*Narrative of the Life of Frederick Douglass*』)에 등장하기 때문이다. Shireen R. K. Patell, "Towards an Ethics of Reading," 179쪽에서 재인용.

6 Francois Hartog, "Bêtise grecques," in *De la bêtise et des bêtes* (*Le Temps de la réflexion* 특별호) ed. J. B. Pontalis (Paris: Gallimard, 1988), 63쪽.

7 Martin Heidegger, "Schöpferische Landschaft: Warum bleiben wir in der Provinz?," *Aus der Erfahrung des Denkens, 1910-1976* (Frankfurt am Main: Vittorio Klostermann, 1983), 9~15쪽. 이 짧은 논설은 1933년 베를린 대학이 하이데거에게 두번째로 교수 자리를 제안하는 바람에 쓰였다. 베를린 방송국 라디오 프로그램의 일부로 방송된 이 글은 게재 허락도 받지 않고 1962년에 처음 출판되었다.(Guido Schneeberger, *Nachlese zu Heidegger* (Bern, 1962), 216~218쪽) 1934년 3월 2일, 이 글은 나치당 소식지 『데어 알레마네*Der Allemanne*』에 수정 없이 게재된 적이 있다. 하이데거가 베를린 대학의 제안을 거부한 일을 주제로 삼는 이 텍스트는 자신의 일(노동)이 본질적으로 상호개방 관계에 있는 풍경의 가능성과 연계되어 있다고 주장한다. "이 노동만이 이 산더미 같은 일을 처리하기 위한 공간을 개방한다. 이 노동의 진행과정은 그 시골풍경에서 벌어지는 일과 관련되어 있다."(10쪽) 주요 논점은 충성심의 이름으로 명시되는데, 이는 도시민보다 농민을 우월한 위치에 놓는다. 그러한 충성심은 종종 침묵을 통해 표현되고 하이데거가 시골에 머물기로 작정하는 결심을 돕는다. 그는 신문에서 베를린 대학의 교수직 제안에 대한 소식을 접했다는 일흔다섯 살 먹은 농부 친구를 방문한 일을 되짚어본다. 그가 뭐라고 얘기할까? 하이데거는 궁금해한다. 농부는 맑은 눈으로 하이데거를 쳐다보면서 진심으로 신뢰하며 사려 깊은 손길을 하이데거의 어깨에 얹고는 거의 알아보기 힘들게 머리를 흔든다. 이 유사 몸짓의 의미는 "아닐세!"이다. (저널리즘의 세계 대 농부의 다 안다는 듯한 침묵의 세계를 포함하는) 두 세계들 간의 전쟁에서 하이데거가 윤곽을 그려낸 이데올로기적으로 점철된 진정성의 중압감을 넘어서면, 하이데거가 최종 결정에 이르게 되는 방식은 『존재와 시간』에서 보여준 결정의 지평에 반해서 이해될 필요가 있다. 이 책의 목적에서 보면, 결정적 계기가 도시 및 도시와 언어, 지능, 미디어, 제도 간의 관계와 대비되어 생겨난다는 점만을 언급하는 것으로 족할 듯하다. 농민적 존재의 진정한 충성심은 (비록 다른 곳에서는 말하지만) 여기서의 단호한 말없음, 언어의 내핍, 비유동성, 그리고 과학과 학문에 대한 심오한 저항 내지는 우둔함에 그 뿌리를 두고 있다. 요컨대 특정한 형태의 공언할 수 없는 우둔함, 신실한 어리석음이 하이데거를 지탱시키면서 그의 작업을 가능하게 만들고 그의 자리를 결정한다.

8 하이데거는 1933에서 1934년에 걸친 정치적 투신을 언급하면서 자신의

일생에서 저지른 가장 커다란 어리석음에 관해 개인적 소회를 남겼다. 이에 대해서는 하인리히 페체트Heinrich W. Petzet가 쓴 *Martin Heidegger, Erhart Jastner, Briefwechsel, 1953-1974*. ed. Heinrich W. Petzet (Frankfurt am Main: Insel Verlag, 1986)의 서문에서 재인용.(10쪽) Philippe Lacoue-Labarthes, "Heidegger's Affair," *Heidegger, Art, and Politics: The Fiction of the Political*. trans. Chris Turner (Oxford: Blackwell, 1990), 12쪽도 참조할 것.

9 어리석음을 명시적으로 드러내는 프랑스어 단어는 물론 bête[동물/바보/우매한]로서, 멍청함을 동물의 야수성에 얽어맨다. 이것이 얼마나 동물들에게 몹쓸 일인가는 당신이 꼭 채식주의자나 동물권리옹호자가 아니더라도 알 수 있다. 오직 인간만이 우매할 수 있거나 우매하다고 서술될 수 있다.

10 Friedrich Schlegel, *Friedrich Schlegel's "Lucinde" and the Fragments*. trans. Peter Firchow (Minneapolis: U of Minnesota P, 1971) 277쪽.

11 Henri Michaux, "Bonheur bête," in *La Nuit remue*. Froment-Meurice, "Du Pareil au même," 127쪽에서 재인용.

12 Louis Birner, "The Shlemiel and the Shlep: A Psychoanalytic Note on Two Masochistic Styles," *Modern Psychoanalysis* 9.2 (1984), 180쪽. 이 글은 천치simpleton, 재수없는 인물hard-luck, 타고난 못난이born loser의 독특한 자질들에 관한 에세이로서 강요된 수동성과 부적합성의 현시를 다루는 데도 일정한 분량을 할애한다. 마조히스트는 "얼뜨기나 천치의 태도와 역할을 자신의 마조히즘을 가리기 위한 신경증적 방패막이로 이용"(179쪽)하는 것으로 드러난다. 정신의 무력함과 유사-부적합성은 어머니와 같이 있으려는 방도이다. "분석가는 얼뜨기와 천치에 주의해야 한다. 그들은 어머니와의 오래된 관계를 염원하는 영악한 조작자들이다."(187쪽)

13 프로망뫼리스는 어리석음이 충족감의 형이상학과 맺는 관계에 관해 자기 논지에서 설득력 있는 주장을 펼친다. Froment-Meurice, "Du Pareil au même," 127~158쪽.

14 Jean-Marie Goulemot, "Philosophie des Lumières au Royamue de la Nuit," in *De la bêtise et des bêtes* (*Le Temps de la réflexion* 특별호) ed. J. B. Pontalis (Paris: Gallimard, 1988), 102쪽. 이 에세이의 제목에 걸맞게 우리는 계몽주의 시대의 우매함의 형상으로 모차르트의 파파게노Papageno[오페라 〈마술피리〉에 나오는 인물로, 이루지 못한 사랑 때문에 자살을 감행하다가 요정들의 도움으로 그만두게 된다. 자살이 무의미함을 깨닫게 만드는 이른바 '파파게노 효과'는 이 인물에게서 유래한다]를 지목할 수도 있는데, 그는 반인반수이자 '밤의 여왕'의 동료로 주인공 타미노Tamino의 계몽 시험에 가담해 편견, 거짓행동, 목숨에 대한 두려움 등 어리석음의 주요 특징들을 줄기차게 드러내 보여준다.

15 Jean-Luc Nancy, "Fragments de la bêtise," in *De la bêtise et des bêtes*, 16쪽. [저자의 번역] 어리석음을 중시하는 기독교 정신에 관한 낭시의 논의는 영리한 것으로

간주되는 인물들에 대한 경멸의 역사를 자리매김할 하나의 맥락을 제공하는데, 다시 말해 이들은 명민하면서도 사악하고 젠체하는 작자들로서 곤경을 자초하는 것으로 드러나며 역사적으로 표적이 되어온 약삭빠른 인물들이다. 그들의 지배적 성향과 그 성향의 피할 수 없는 결과라는 측면에서 보면, 영리해지는 일은 전통적으로 지식의 가치를 숭상하는 것으로 생각되는 자리에서도 어리석은 짓이다. 지능을 인종과 (감히 말하자면 영리하게?) 연결시키는 해석으로는 Sander L. Gilman, *Smart Jews: The Construction of the Image of Jewish Superior Intelligence* (Lincoln: U of Nebraska P, 1996) 참조. 1994년 『뉴욕 타임스』에 실린 데리다에 관한 기사는 저명한 하버드 대학 교수가 왜 그랬는지 여전히 해명이 필요한 형태로 학생들이 해체론을 이해하기 위해서는 진짜로 영리해야만 한다는 사실에 대해 탄식하는 글을 인용한다. 이 사실은 해체론을 대학에 도입하는 일의 부정적 효과로 제시된다. 대학이 어리석음의 반대 진영에 속한다고 추정할 만한 아무런 근거가 없다는 내 입장이 지금쯤은 명확할 것으로 생각한다. 그렇지만 어리석음은 아무 편도 들지 않는다는 점을 지적하는 일이 중요하다. 반대로 지능이 언제나 어리석음에 대립될 수 있는 것은 아니지만 어리석음의 명시적 증상은 될 수 있다.

서부 지역에서는 로런스 리클스Lawrence A. Rickels가 『뱀파이어 강의*The Vampire Lectures*』(U of Minnesota P, 1999)의 서문(xiv~xv쪽)에서 캘리포니아 주의 토착 교육법에 대해 "신이나 개처럼 멍청하고 잊을 수 없는 것"이라고 갈파한다. 청소년기의 해석학에 대한 그의 다음 논평도 참조할 것. "청소년들에게 이미 알고 있는 것을 알려주고 그들이 자기만족을 느끼며 그 상태에 머물게 하라."

16 Nancy, "Fragments de la bêtise," 16쪽.

17 Nicholas de Cusa, *Opera omnia: Issu et autoritate Academiae Litterarum Heidelbergnsis ad codem fidem edita*, 17 vols. to date (Hamburg: Meiner, 1959~), 1권 88쪽 16~20행. [저자의 번역] 앞으로 이 문헌을 인용할 때는 본문의 괄호 안에 권, 절(있을 경우), 쪽, 행을 밝힌다. 그의 *Devisione dei*, 6권 51절 4~8행과 6권 67절 7~8행을 볼 것.

18 Jasper Hopkins, *Nicholas de Cusa on Learned Ignorance: A Translation and an Appraisal of "De docta ignorantia"* (Minneapolis: Arther J. Banning, 1981), 4쪽.

19 재스퍼 홉킨스는 『박식한 무지』가 제목을 이론적으로 확정할 수 없게 만들 요량으로 여러 번의 번역 작업을 거쳤다고 말한다. 홉킨스에 따르면, 폴 윌퍼트는 '학습된 무지Die belehrte Unwissenheit'가 좀더 정확한 번역이라고 주장한다. 역시 홉킨스에 따르면, 반대로 에리히 모이텐은 제목을 '학습된 무식 Die gelehrte Nicht-Wissen'으로 바로잡는다. 홉킨스의 입장은 이렇다. "윌퍼트는 니콜라우스가 논하는 무지가 현학이나 지혜로운 무지(즉 잘 모르는 사람에게 현학과 지혜 같은 것을 선사하려는 무지)라기보다, 단지 습득되어온바 한계에

대한 인정(즉 이는 학습되어온 무지로서 자신의 무지함을 깨닫게 된 인물이 이제 학습받지 못한 상태로 남아 있지 않고 학습된 인물에 속하게 되는 상황)이라고 본다. 『박식한 무지』의 강조점이 무지를 깨닫게 하는 방식인 교육에 놓여 있으며 니콜라우스가 박식한 무지를 갖춘 인물을 현학자라고 간주하지 않는다는 점에서 월퍼트의 주장은 확실히 옳다. ……그렇지만 1권의 1절(4쪽 16~17행: "자기가 무지하다는 사실을 깨닫게 될수록 그 사람은 더 많은 학식을 갖추게 될 것이다")에 따르면 니콜라우스 역시 때때로 '박식한 무지'를 무지의 소유자를 현명하게 만드는 무지로 이해한다는 사실 또한 분명하다. 실제로 『박식한 무지에 대한 옹호』의 2권(9~10쪽)에서 소크라테스는 자신이 모른다는 사실을 알고 있다는 바로 그 이유에서 현자로 거론된다."(같은 책, 2~3쪽)

20 Jean-Jacques Rousseau, *The Confessions*. trans. J. M. Cohen (New York: Penguin, 1953), 112쪽. (앞으로 이 글을 인용할 때는 본문의 괄호 안에 쪽수만 표기) 프랑스어 원문은 *Les Confessions*, in *Oeuvres completes*. ed. Marcel Raymond and Bernard Gagnebin. 5 vols. (Paris: Gallimard, 1959), 1권 1~656쪽. (이 글의 인용 역시 본문의 괄호 안에 표시) [우리말 번역은 『루소의 고백록』, 이용철 옮김(나남, 2014) 참조]

21 Rousseau, *Les Confessions*, 1권 113쪽.

22 『독서의 알레고리*Allegories of Reading: Figural Language in Rousseau, Nietzsche, Rilke, and Proust*』(New Haven: Yale UP, 1979)에서 폴 드 만은 이렇게 적는다. "루소가 진정으로 원했던 것은 리본도 마리옹도 아니었고 그가 실제로 얻게 된 공개적 폭로의 장면이다."(285쪽) 연극적 인물을 동원해 드 만은 계속해서 이렇게 말한다. "이 욕망은 진실로 수치스럽다. 왜냐하면 이 욕망은 루소의 체면을 세우기 위해서나 마리옹에 대한 그의 욕망을 위해서가 아니라, 그저 자신의 수치를 드러낼 하나의 무대를 마련하기 위해 그녀가 파멸했다고 시사하기 때문이다."(286쪽) [우리말 번역은 『독서의 알레고리』, 이창남 옮김(문학과지성사, 2010) 참조]

23 Robert Musil, "Sheep, as Seen in Another Light," *Posthumous Papers of a Living Author*. trans. Peter Wortsman (Hygiene: Eridanos, 1987), 21~22쪽. (앞으로 이 글을 인용할 때는 본문의 괄호 안에 쪽수만 표기) [우리말 번역은 『생전 유고 / 어리석음에 대하여』, 신지영 옮김(워크룸프레스, 2015) 참조]

24 Francois Hartog, "Bêtises grecques," 52쪽 참조.

25 J. E. Erdmann, *Ernste Spiele: Vorträge, theils neu, theils längst vergessen* (Berlin: Verlag von Whilhelm Hertz, 1875), 319쪽.

26 같은 곳. [저자의 번역]

27 니체에 있어 면역 결핍의 논리와 가치에 대해 나는 다음 글에서 논의한 바 있다. "Queens of the Night," *Finitude's Score: Essays for the End of the Millenium* (Lincoln: U of Nebraska P, 1994), 41~61쪽.

28 Werner Hamacher, "Working through Working," trans. Matthew T. Hartman, *Modernism/Modernity* 3.1 (1996), 23~35쪽.

29 Wolfgang Fritz Haug, ed. *Historisch-Kritisches Wörterbuch des Marxismus*, 4 vols. (Hamburg: Argument, 1995), 2권 859쪽. "폭력과 경제를 제외하면 결국 우둔함이 역사 동인의 자리를 차지한다."(앞으로 이 글을 인용할 때는 본문의 괄호 안에 쪽수만 표기) 마르크스주의 문헌에서 우둔함Dummheit이 차지하는 역사적 중요성에 관해 내게 논평해준 로버트 코언 교수에게 감사한다.

30 Karl Marx and Friedrich Engels, *Marx-Engels Werke*. 4. vols. (Berlin: Dietz, 1956~), 2권 861쪽.

31 Stephen J. Gould, *The Mismeasure of Man* (New York: Norton, 1981) 참조. 굴드는 과학적 인종주의에 대항한 싸움을 벌인다. 지능 테스트와 그 테스트의 최초 시행자들, 즉 "미국의 다인자발현설polygeny과 머리계측법craniometry"에 대한 신랄한 비판을 위해 과학적 태도의 역사를 끌어들이면서 굴드는 한 대목에서 콩도르세를 인용한다. "〔그들은〕 자연을 정치적 불평등이라는 범죄의 공범으로 만든다."(21쪽) 그는 또한 레옹스 마누브리에, 즉 폴 브로카의 두개학자 carniologist의 우리에 갇힌 비결정론적 검은 양의 형상을 상기시키는데, 그는 여성의 작은 뇌에 관한 브로카의 데이터를 두고 이렇게 논평한다. "여성은 자신들의 재능과 졸업장을 과시했다. 그들은 또한 철학적 권위들도 들먹였다. 그러나 그들은 콩도르세나 존 스튜어트 밀에게 알려지지 않았던 숫자들에 의해 반박되었다. 이 숫자들은 커다란 망치처럼 가련한 여성들을 내리쳤고, 뒤이어 몇몇 교부의 가장 여성혐오적 독설보다 더 격렬한 논평과 조롱이 따라왔다. 신학자들은 여성에게 영혼이 있는지 의문을 던졌다. 몇 세기 후 몇몇 과학자는 여성들에게 인간의 지능을 부여하길 거부할 태세였다."(26쪽) 굴드의 애초 주장은 "두개학이 19세기에 했던 역할을 20세기에는 지능 테스트가 떠맡았다. 20세기에는 지능(혹은 적어도 지능의 지배적 부분)이 하나의 단일하고, 본유적이며 유전될 수 있고 측정 가능한 사물이라고 가정된다"(25쪽)라는 것이다. 그는 정신 테스트에 대한 이러한 접근법의 두 가지 요소를 폐기한다. 즉 미국식 생산품으로서 IQ 등급의 유전적 판형 및 요인 분석이라는 수학적 기법에 의해 지능을 단일한 실체로 물화하는 주장을 폐기한다.

32 Jean-Michel Kantor, "Bêtes et savants," *De la bêtise et des bêtes*, 225쪽. 굴드, 스피어만, 젠슨 및 여타 사회생리학자들의 작업은 칸토르의 글(223~231쪽)에서 자세하게 다뤄진다. 「천치의 이민과 번식 예방하기Preventing Immigration and Propagation of Morons」라는 제목이 붙은 『인간에 대한 오해*The Mismeasure of Man*』의 한 장에서 굴드는 고더드H. H. Goddard의 영향력 있는 저작들에 대해 논평한다. 고더드의 저작에는 *The Kallikak Family: A Study in the Heredity of Feeble-mindedness* (New York: Macmillan, 1912); "The Binet Tests in Relation to Immigration," *Journal of Psycho-Asthenics* 18 (1913), 105~107쪽; "Mental Tests and

the Immigrant," *Journal of Delinquency* 2 (1917), 30~32쪽이 포함된다. 삽입어구로 제시된 발언에서 굴드는 다음과 같이 적는다. "(나는 객관적 설명이어야 할 대목에 편견어린 무의식적 진술들이 끼어드는 것을 보고 거듭 놀라게 된다. 평균적 이민자들이 정상상태 아래에 있거나 적어도 명백히 정상이 아니라는 진술에 주목할 필요가 있는데, 이는 고더드가 미리 전제할 것이 아니라 시험해야 할 명제다.)"(165쪽) 고더드가 어떻게 비네 테스트Binet test[아동 지능 검사법의 일종]의 연구결과들을 이민자들 가운데 "소수자들이 가하는 위협"(168쪽)을 제시할 요량으로 조작하는지 여기 그 사례를 제시한다. "(이민자들 가운데 선택된) 네 그룹을 시험한 비네 테스트는 놀랄 만한 결과에 이르렀다. 유대인의 83퍼센트, 헝가리인의 80퍼센트, 이탈리아인의 79퍼센트, 그리고 러시아인의 87퍼센트가 정신박약이었다. 요컨대 비네 분류 등급에서 12세 이하의 지능으로 나타났다. 고더드 자신도 깜짝 놀랐다. '어떤 국민의 5분의 4가 천치라는 사실을 어느 누가 믿을 수 있을까? 그 데이터에 관한 앞선 평가들에서 도출된 결과는 너무 충격적이고 받아들이기 힘들어서 그 자체로는 유효성이 심히 의심된다.' ……혹시 해석자들이 그 테스트를 제대로 설명하지 못한 것일까? 그러나 유대인들은 이디시어를 쓰는 한 심리학자가 테스트했지만 다른 그룹보다 더 높게 나오지 않았다. 결국 고더드는 테스트를 가지고 장난을 쳐서, 몇몇 사항을 누락했으며, 수치를 40에서 50퍼센트로 낮춰 잡았지만, 여전히 충격에서 헤어나오지 못했다."(166쪽) 굴드는 계속해서 그 테스트의 한층 더 터무니없는 몇몇 차원을 폭로하며 실험들이 취해진 조건들에 대해 설명한다. 배에서 금방 내린 이민자들은 종종 인간 이하의 조건에서 몇 달 동안 끔찍한 항해를 마치고 반쯤 허기진 채 겁에 질리고 어리둥절해 도착했던 것이다. 자유의 여신 양이 베푸는 환영의 제스처를 맞이한 그들은 숙소로 인도되어 긴 테스트를 거치게 되었던 것이다. 어쩌면 이것이 왜 카프카가 『아메리카*Amerika*』에서 이 여신을 빛나는 횃불이 아니라 위협적인 칼을 쥔 인물로 상상하는지 그 이유를 설명해준다.

2 어리석음의 정치학

1 "Postmodernism of 1920s: Robert Musil, Writer and Philosopher for Our Time." 1995년 12월 1~2일 뉴욕 대학에서 열린 학술대회.

2 Robert Musil, "The Germans as Symptoms," *Precision and Soul: Essays and Addresses*. ed. and trans. Burton Pike and David S. Luft (Chicago: U of Chicago P, 1978), 156쪽. 독일어 원본은 *Schriftenreihe "Ausblicke"* (Vienna: Berman-Fischer Verlag, 1937).

3 Robert Musil, "The Serious Writer in Our Time," *Precision and Soul*, 253쪽.

4 같은 글, 254쪽.

5 Robert Musil, "The Ruminations of a Slow-Witted Mind," *Precision and Soul*, 214~215쪽. ["어쩌고저쩌고 지껄여대는blahblahblah"은 저자의 삽입]

6 Musil, "Serious Writer," 260쪽.

7 Immanuel Kant, *Anthropologie in pragmatischer Hinsicht*, in *Immanuel Kant Werkausgabe*. ed. Wilhelm Weischedel. 12 vols. (Frankfurt am Main: Suhrkamp, 1982), 12권 516쪽. "지혜가 없는 판단력의 결핍은 우둔함이다. 동일한 결핍이 지혜를 동반하면 어리석음이다."[우리말 번역은 『실용적 관점에서의 인간학』, 백종현 옮김(아카넷, 2014) 참조]

8 Robert Musil, "On Stupidity," *Precision and Soul*, 268쪽. (앞으로 이 글을 인용할 때는 본문의 괄호 안에 쪽수만 표기) 독일어 원문은 "무엇이 근본적으로 우둔함인가?Was ist eigentlich Dummheit?"이다.

9 Jerry Meyer and John P. Holms, eds. *Bite-Size Einstein* (New York: St. Martin's, 1996), 38쪽에서 재인용.

10 Schiller, *Jungfrau von Orleans*, 3막 6장.

11 Nancy, "Fragments de la bêtise," 23쪽.

12 Lacan, *Ethics of Psychoanalysis*, 308쪽.

13 Kant, *Anthropologie*, 12권 470쪽. "여성, 성직자들, 유대인들은 술을 먹지 말거나 적어도 취한 모양새로 비치지 않게 조심해야 한다. 왜냐하면 그들의 공민적 지위가 허약하기에 절제할 필요가 있기 때문이다(그러기 위해 맑은 정신이 요구된다)." 영역판 63쪽.

14 Michel de Montaigne, *Complete Essays of Montaigne*. trans. Donald M. Frame (Stanford: Stanford UP, 1965), 37~39쪽. [우리말 번역은 『몽테뉴의 수상록』, 손우성 옮김(동서문화사, 2007) 참조]

15 Friedrich Nietzsche, *The Gay Science: With a Prelude in Rhymes and an Appendix of Songs*. trans. Walter Kaufmann(New York: Random House, 1974), 131쪽. 무질과 알프레트 되블린에게 나타난 무지의 역사에 관한 원고에서 베른트 휘파우프 Bernd Hüppauf는 무질이 니체의 호전성에 빚지고 있음을 논한다. (「회의론 이후의 문학Literatur nach der Skepsis」) [니체 저작의 우리말 번역은 『즐거운 학문 / 메시나에서의 전원시 / 유고』, 홍사현 옮김(책세상, 2005) 참조]

16 Charles Baudelaire, *Intimate Journals*. trans. Christopher Isherwood (San Francisco, City Lights, 1983), 112쪽.

17 Paul Valéry, *Monsieur Teste*. trans. Jackson Matthews (Princeton: Princeton UP, 1989), 30쪽. Valéry, *Monsieur Teste* (Paris: Gallimard, 1972), 49쪽도 참조.

18 전혀 다른 맥락에서 조르조 아감벤은 존재의 막무가내성whateverness을 다룬다. Giorgio Agamben, *The Comming Community*. trans. Michael Hardt (Minneapolis: U of Minnesota P, 1993) 참조. [우리말 번역은 『도래하는 공동체』, 이경진 옮김(꾸리에, 2014) 참조]

19 나는 어린 시절 니체의 이 발언을「거리로 나서기: 소문의 여신을 보라Hitting the Streets: Ecce Fama」(『유한성의 악보*Finitude's Score*』, 81쪽)에서 다룬 적이 있다.

3 시험의 수사학

1 Jacques Derrida, "Psyché, invention de l'autre" in *Psyché: Inventions de l'autre* (Paris: Galilée, 1987), 11~61쪽.

2 드 만식 기계와 인식의 해결 불가능한 아포리아에 대한 더 자세한 논의로는 제프리 베닝턴이 원형수행 기계의 맹목적 수행을 발전시킨 과정을 참조할 것. Geoffrey Bennington, "Abberations: De Man (and) the Machine," in *Reading de Man Reading*. ed, Lindsay Waters and Wlad Godzich (Minneapolis: U of Minnesota P, 1989), 209~233쪽. Rodoplphe Gasché, "'Setzung und Ubersetzung': Notes on Paul de Man," *Diacritics* 11 (1981), 36~57쪽. 또한 드 만의 『눈멂과 통찰』에 부친 편집자의 서문도 참조할 것. "드 만의 수사학적 탐구는 텍스트의 유한성을 인정하고 그 텍스트의 수사적 기제를 불러내는 데 놓여 있다."(xxvii쪽)

3 De Man, *Allegories of Reading*, 3, 16쪽.(앞으로 이 글을 인용할 때는 본문의 괄호 안에 쪽수만 표기)

4 Cynthia Chase, "Trappings of an Education," in *Responses: On Paul de Man's Wartime Journalism*. ed Werner Hamacher, Neil Hertz, and Thomas Keenan (Lincoln: U of Nebraska P, 1989), 44~80쪽. 지시행위의 파괴된 궤적들에 관해서는 Andrzej Warminski, "Allegories of Reference," in Paul de Man, *Aesthetic Ideology*, ed. Andrzej Warminski (Minneapolis: U of Minnesota P, 1996), 1~33쪽과 Cathy Caruth, *Unclaimed Experience* (Baltimore: Johns Hopkins UP, 1996), 79~91쪽 참조. 『미학 이데올로기』에 부친 서문의「엄밀성의 과잉Excess of Rigor」 대목에서 워민스키는 드 만의 1982년 세미나「칸트에서 헤겔까지의 미학이론 Aesthetic Theory from Kant to Hegel」의 모두발언을 인용한다. 이 글은 드 만이 비판철학을 그 아래에 분류하는 시험하기testing의 인식적·수행적 기준들을 지목하는데, "'이 시험은 다양한 범주들을 인식론적 진리와 허위에 의거해 테스트하는 일과 연관되어 있다. 따라서 비판철학은 여기서 인식론의 문제들이라는 관점에서 범주들을 테스트하는 작업이다.'"(23쪽 주 21)

5 Chase, "Trappings of an Education," 48쪽.

6 같은 글, 43쪽.

7 De Man, *Rhetoric of Romanticism*, 285쪽.

8 같은 책, 287쪽.

9 Chase, "Trappings of an Education," 54쪽.

10 De Man, *Rhetoric of Romanticism*, 282쪽. de Man, *Aesthetic Ideology*, 36쪽.

11 Barbara Johnson, *The Critical Difference: Essays in the Contemporary Rhetoric of*

Reading (Baltimore: Johns Hopkins UP, 1980), 97쪽.(앞으로 이 글을 인용할 때는 본문의 괄호 안에 쪽수만 표기)

12 Hans-Jost Frey, "Undecidability," trans. Robert Livingston, in *The Lessons of Paul de Man*. ed. Peter Brooks, Shoshana Felman, and J. Hillis Miller. *Yale French Studies* 69 (1985) 특집호, 132~133쪽.

13 E. S. Burt, "Development in Character: Reading and Interpretation in 'The Children's Punishment' and 'The Broken Comb,'" in *The Lessons of Paul de Man*. ed. Peter Brooks, Shoshana Felman, and J. Hillis Miller. *Yale French Studies* 69 (1985) 특집호, 192~210쪽.(앞으로 이 글을 인용할 때는 본문의 괄호 안에 쪽수만 표기)

14 아리스토텔레스에 관해서 하이데거는, 그 철학자가 태어나고, 집필했으며, 사망했다는 사실을 기록하는 것만으로 충분하다고 단호하게 말한다. Hannah Arendt, "Heidegger at Eighty," in *Heidegger and Modern Philosophy*. ed. Michael Murray (New Haven: Yale UP, 1978), 297쪽.

15 De Man, *Blindness and Insight*, 207쪽.

16 벤야민에 나타난 알레고리와 알 수 없는 것 간의 음울한 관계에 대한 빈틈없는 논의로는 Christopher Fynsk, *Language and Relation ... That There is Language* (Stanford: Stanford UP, 1996) 참조.

17 Tom Cohen, *Ideology and Inscription: "Cultural Studies" after Benjamin, de Man, and Bakhtin* (Cambridge: Cambridge UP, 1998), 224쪽.(앞으로 이 글을 인용할 때는 본문의 괄호 안에 쪽수만 표기)

18 Walter Benjamin, *The Origin of German Tragic Drama*, trans. John Osborne (Lomdon: NLB, 1977), 233쪽.[우리말 번역은 『독일 비애극의 원천』, 최성만·김유동 옮김(한길사, 2009) 및 조만영 옮김(새물결, 2008) 참조]

19 같은 책, 176쪽.

20 Paul de Man, *The Resistance to Theory*. ed. Wlad Godzich (Minneapolis: U of Minnesota P, 1986), 76쪽.[우리말 번역은 『이론에 대한 저항』, 황성필 옮김(동문선, 2008) 참조]

21 Emmanuel Levinas, "The Trace of the Other," trans. Alphonso Lungis, in *Deconstruction in Context*. ed. Mark C. Taylor (Chicago: U of Chicago P, 1986), 356쪽.

22 Benjamin, *The Origin of German Tragic Drama*, 183쪽.

23 언제나 알레고리적인 애도의 차원과 드 만의 "진실한 '애도'"에 관한 논의로는 Jacques Derrida, *Mémoires: For Paul de Man*. rev. ed. trans. Cecile Lindsay, Jonathan Culler, Eduardo Cadava, and Peggy Kamuf (New York: Columbia UP, 1989), 3~39쪽 참조.

24 Benjamin, *The Origin of German Tragic Drama*, 116쪽.

25 같은 책, 113쪽.

26 De Man, *Blindness and Insight*, 191쪽.
27 Michael MacDonald, "Rigorous Mortis: Allegory and the End of Hermeneutics," *Studies in the Literary Imagination* 28.2 (Fall 1995), 108쪽. 알레고리에 관한 벤야민, 드 만, 레비나스의 사유는 이 에세이에서 자세하고 설득력 있게 다뤄진다.
28 Benjamin, *The Origin of German Tragic Drama*, 167쪽.
29 De Man, *Allegories of Reading*, 75쪽.
30 Rodolphe Gasché, "In-Difference to Philosophy: de Man on Kant and Hegel, and Nietzsche," in *Reading de Man Reading*. ed, Lindsay Waters and Wlad Godzich (Minneapolis: U of Minnesota P, 1989), 267쪽.
31 차이연쇄in-difference의 멍청이들 가운데 하나로 드 만을 분류하는 일은 얼핏 보기에는 심각한 비난이다. 가셰가 주장하듯, 철학의 목적은 인지적 주체의 기능이며, 이 주체에 대해 그는 전통을 좇아서 다음과 같이 정의하기 때문이다. "이 주체의 가능성은 차이를 전제하며, 무엇의 전체가 되는 바로 그것과 차이 관계에 있는 전체가 이 주체의 목적이다. ……철학은…… 차이의 수수께끼와 관련 있다고 말해야만 한다."("In-Difference", 260쪽) 다시 말해 드 만의 사유는 최초의 헤겔적 찢김, 경이로움thaumazein의 효과를 경험한 적이 없다. "철학적 물음은 경이로움, 즉 놀라움, 경탄에서 시작된다. 실제로 경이의 상태에서 인간은 헤겔이 『미학』의 어느 한 대목에서 지적하듯 즉자卽者와 즉자에 대한 그의 가장 기본적이고 순전히 실용적인 관계로부터 물러선다. 경이로움에서 인간은 '자연과 자신의 특이성으로부터 찢겨 나와 이제 사물 속에서 보편적이고 내재적이며 항구적인 요소를 찾고 목격한다.'"(260) G. W. F. Hegel, *Aesthetics: Lectures on Fine Art*. trans. T. M. Knox. 2 vols. (Oxford: Clarendon, 1975), 1권 134쪽. 마비상태와 철학의 경이에 대해서는 또한 Stanley Cavell, *Must We Mean What We Say?* (Cambridge: Cambridge UP, 1976)도 참조.
32 Gasché, "In-Difference to Philosophy," 287쪽.(앞으로 이 글을 인용할 때는 본문의 괄호 안에 쪽수만 표기)
33 가셰의 글 마지막 문장은 이렇다. "이런 의미에서 〔드 만의 읽기는〕 '차이가 있고', 아무런 논지도 제시하지 않음으로써 나름의 논지를 펼 정도로 별종이다. 아무런 차이도 만들지 않을 정도로 특이하지만, 어쩌면 그렇게 완전한 무감각상태에서 철학적 차이에 대해 엄청난 도전을 하는 셈이다."(293쪽)
34 Paul de Man, "Phenomenality and Materiality in Kant," in *Hermeneutics: Questions and Prospects*. eds. Gary Shapiro and Anthony Sica (Amherst: U of Massachusetts P, 1984), 135쪽.(앞으로 이 글을 인용할 때는 본문의 괄호 안에 쪽수만 표기)
35 De Man, "Kant's Materialism," *Aesthetic Ideology*, 127~128쪽.
36 칸트의 현상성과 물질성에 관한 데리다의 논의는 *Mémoires*, 91~153쪽. 또한 이런 맥락에서 맥도널드가 「사후 경직Rigorous Mortis」에서 차이différance의

관점에서 물질성과 기입행위, 알레고리와 글쓰기의 화해에 대해 논한 바도 참고할 것.(10~11쪽)

37 Rodolphe Gasché, *The Wild Card of Reading: On Paul de Man* (Cambridge: Harvard UP, 1998), 1~2쪽.(앞으로 이 글을 인용할 때는 본문의 괄호 안에 쪽수만 표기)

38 Werner Hamacher, "LECTIO: de Man's Imperative," trans. Susan Berstein, in *Reading de Man Reading*. ed, Lindsay Waters and Wlad Godzich (Minneapolis: U of Minnesota P, 1989), 171쪽.(앞으로 이 글을 인용할 때는 본문의 괄호 안에 쪽수만 표기)

39 Carol Jacobs, "*Allegories of Reading* Paul de Man," in *Reading de Man Reading*. ed, Lindsay Waters and Wlad Godzich (Minneapolis: U of Minnesota P, 1989), 108쪽.

40 Chase, "Trappings of Education," 48쪽.

41 Shoshana Felman, "After the Apocalypse: Paul de Man and the Fall to Silence," in Shosana Felman and Dori Laub, *Testimony: Crisis of Witnessing in Literature, Psychoanalysis, and History* (New York: Routledge, 1992), 120쪽.

42 Hamacher, "LECTIO," 174쪽.

43 Thomas Pepper, *Singularities: Extremes of Theory in the Twentieth Century* (Cambridge: Cambridge UP, 1997), 141쪽.

44 De Man, "The Concept of Irony," *Aesthetic Ideology*, 181쪽.(앞으로 이 글을 인용할 때는 본문의 괄호 안에 쪽수만 표기)

45 같은 글, 181쪽. Friedrich Schlegel, *Kritische Friedrich Schlegel Ausgabe*. ed. Ernst Behler. 35 vols. (Paderborn: Verlag Ferdinand Schoningh, 1967), 2권 364쪽에서 부분 인용.

46 De Man, "The Concept of Irony," 183쪽에서 재인용.

47 Hamacher, "LECTIO," 199쪽.

48 수행적 행위와 거장의 연주에 대해서는 Susan Bernstein, *Virtuosity of the Nineteenth Century: Performing Music and Language in Heine, Liszt, and Baudelaire* (Stanford: Stanford UP, 1998) 참조.

49 De Man, *Resistance to Theory*, 16쪽.

50 Wayne Booth, *A Rhetoric of Irony* (Chicago: U of Chicago P, 1974), 59쪽 주 14. 에른스트 벨러를 인용하면서 사이러스 햄린은 낭만적 아이러니에서 에이론의 위상에 대해 논평하는데, 이는 "정신의 현대적 태도를 반영하는" 것으로 보이며, "거기서 저자는 자기 작품에서 벗어난다. 그러한 태도 혹은 행동 양식은 궁극적으로 에이론으로서의 소크라테스의 역할에서 유래한다. 에이론으로서의 소크라테스는 플라톤의 대화편뿐 아니라 이런 유형의 희극적 인물이 나오는 다른 계기들, 즉 아리스토파네스의 희곡들 혹은 테오프라스토스가 쓴

성품론에서도 공히 확인할 수 있다. Cyrus Hamlin, *Hermeneutics of Form: Romantic Poetic in Theory and Practice* (New Haven: Henry R. Schwab, 1998), 290쪽.

51 Booth, *Rhetoric of Irony*, 59쪽.

52 슐레겔의 『아테네움 단상』 53번. De Man, "Concept of Irony," 176쪽 주 17에서 재인용.[저자의 번역]

53 같은 글, 177쪽에서 재인용.

54 같은 글, 170~171쪽에서 재인용.

55 드 만의 초벌번역은 같은 책 171쪽 주 11 참조.

56 Johann Wolfgang von Goethe, "Parabase," *Goethes Werke*, Hamburg edition. ed. Erich Trunz. 14 vols. (Hamburg: C. Wegner, 1974), 1권 358쪽. 영어 번역은 *Goethe: Selected Poems*. trans. Christopher Middleton (Boston: Suhrkamp/Insels, 1983), 155쪽. 시의 주장의 요지를 포착하고 괴테가 전달하는 충격효과를 강조하는 두 가지 구어 영어번역을 제시해보겠다. 1. "Always changing, holding tight; / Near and far and far and near; / Now in one shape, now another / I am here to astonish you." 2. "Always changing, grasping itself firmly; / Close and distant, distant and close; / Choosing a form, then transforming it; / I have come to surprise you." [우리말 번역은 『괴테 시 전집』, 전영애 옮김(민음사, 2009) 참조]

57 De Man, "Concept of Irony," 178쪽. 『미학 이데올로기』 일러두기(163쪽)에 따르면, 1977년 오하이오 주립대학에서 있었던 강연의 녹음테이프에서 「아이러니 개념」을 채록하고 편집했으며 주석도 달았던 탐 키넌Tom Keenan은 "프루스트의 텍스트에는 '행위의 주체인 여성은 없다Ce n'était pas elle qui était le sujet de l'action'라고 쓰여 있으며 '수사학자rhétoriciens' 대신 '문법학자grammairiens'가 있다"(178쪽 주 19)라고 지적한다. Marcel Proust, *À la recherche du temps perdu*. 3 vols. (Paris: Gallimard, 1954), 3권 153쪽.

58 같은 글, 180쪽에서 재인용.

59 같은 글, 180~181쪽에서 재인용.

60 같은 글, 181쪽에서 재인용.

61 여기서 드 만은 독자에게 슐레겔의 『리체움*Lyceum*』 단상 42번을 참조하길 권한다. *Kritische Ausgabe*, 2권 151쪽.

62 De Man, "Concept of Irony," 182쪽.

63 같은 글, 183쪽. Benjamin, *Gesammelte Schriften*, 1권 86쪽에서 부분 인용.

64 아이러니를 방지하기 위해 역사를 이용하는 문제에 관한 드 만의 일반화는 아주 유용하다. 그렇지만 키르케고르의 이력이 드 만이 포용하는 것보다, 그리고 그가 역사의 문제를 예언, 희생, 아이러니에 연관시키는 것보다 훨씬 더 복잡하다는 점은 지적해두어야겠다. 이 문제는 슐레겔의 에세이 「이해 불가능성에 관해」의 후반부와 관련해서만이 아니라 현안으로 떠오른 사안에 관한 드 만 자신의 어조

변화와 솔직히 말하자면 니체 저작의 예언적 차원의 측면에서도 다시 한번 제기되어야만 하는 문제이다. 역사의 전환점에 관해 논하면서 키르케고르는 비극적 영웅—새로움을 위해 투쟁하며 그가 소멸하는 실재성으로 보는 것을 파괴하기 위해 분투하지만, "자신의 임무는 파괴보다는 새로움을 진전시키고 이를 통해 과거를 간접적으로 파괴함으로써…… 낡은 것을 극복해야만 하는"(200쪽) 인물—으로부터 새로움을 지니지 못한 아이러니 주체로 옮겨간다. "어떤 의미에서 아이러니스트는 분명 예언자인데, 왜냐하면 그는 현안으로 떠오른 무언가, 그러나 자신은 알지 못하는 그 무언가를 끊임없이 상기시키기 때문이다. 그는 예언자이지만 그의 위상과 위치는 예언자와 정반대이다. 예언자는 자기 시대와 어깨를 겯고 걸으며 자신의 입장을 통해 무엇이 도래할지 일별한다. ……그러나 아이러니스트는 자기 시대와 발걸음을 맞추지 않으며 등을 돌려서 맞선다. 도래할 미래는 그에게 감춰져 있고 등 뒤에 놓여 있지만, 그가 그렇게 적대적으로 맞서는 현실은 그가 파괴해야 할 대상이기에 자신의 이글거리는 눈길을 여기에 겨냥한다. ……아이러니스트는 또한 세상의 논리가 요구하는 희생자인데, 엄밀한 의미에서 아이러니스트가 항상 희생자로 요구되기 때문이라기보다 세계정신을 위해 복무하는 그의 열정이 그를 소진시키기 때문이다. 그렇기에 여기서 우리는 무한하고 절대적인 부정성으로서의 아이러니 개념을 얻게 된다. 오직 부정하기만 일삼기에 아이러니는 부정성이다. 아이러니가 부정을 통해 지향하는 것이 아직 존재하지 않는 초월론적 그 무엇이기에 아이러니는 무한하다. 아이러니는 아무것도 설립하지 않는데, 왜냐하면 설립되어야 할 것이 아이러니의 배후에 존재하기 때문이다. ……어느 정도까지는 모든 세계사의 전환점 역시 이런 식으로 구성되며, 세계 역사에서 이런 구성 형태를 추적하는 일이 역사적 관심 없이 이루어지기는 분명 힘들 것이다."(Søren Kierkegaard, *The Concept of Irony, with Continual Reference to Socrates*. ed. and trans. Howard V. Hong and Edna H. Hong (Princeton: Princeton UP, 1989), 260~261쪽)

65 Ernst Behler, "Introduction" to *Friedrich Schlegel: Dialogue on Poetry and Literary Aphorisms* (University Park: Pennsylvania State UP, 1968) 참조. "예술가, 아니 정확히 말해 시인은 예전에는 신비주의자와 사제가 취했던 비범한 위치를 차지한다. ……프리드리히 슐레겔 같은 낭만주의 작가들은 이미 의식의 사유 밑에 자리잡고 있는 무의식을 상정했다. 『대화』에서 슐레겔은 이러한 원칙을 시 혹은 천상의 시의 일부라고 불렀는데, 이 천상의 시는 우리 안에 살아 있는 '창조적 정신의 불꽃'으로서 '은밀한 힘으로 불타오르길 그치지 않는다.' 다른 곳에서는 인간에 내재하는 무의식적이지만 창조적 힘을 '인간 내부의 무의식적 천재성' 혹은 '본능' 혹은 '창조적 직관'으로 불렀다."(16쪽)

66 Eckhard Schumaher, "Die Ironie de Unverständlichkeit. Zur Problematisierung von Lesen und Verstehen bei Johan Hamann, friedrich Schlegel, Jacques Derrida,

and Paul de Man" (Ph. D. diss. Fakultät fur Linguistik und Literaturwissenschaft, University of Bielefeld, 1996), 193쪽에서 재인용.

67 같은 곳에서 재인용.[저자의 번역]

68 Schlegel, *Kritische Ausgabe*, 2권 366쪽.[저자의 번역] 슐레겔은 "『아테네움』 초창기 시절의 글 가운데 가장 각광받은 텍스트"를 이해 불가능성의 한 사례로 간략하게 논의하지만 굳이 해명하지는 않는다. Heinz Hartel, "'Athenaeum'-Polemiken," *Debatten und Kontroversen: Literarische Auseiandersetzungen in Deutschland am Ende des 18. Jahrhunderts*. vol. 2, ed. Hans-Dieter Dahnke and Bernd Leister (Berlin: Aufbau-Verlag,1989), 286쪽 참조.

69 Carl Schmitt, *Politische Romantik* (Munich: Duncker und Humblot, 1925), 113쪽. [저자의 번역]

70 낭시가 자기 사유의 강력한 공동체적 지향을 슐레겔과 바타유에게, 그 둘을 굳이 연결시키지 않고 의탁했다는 점은 특별히 언급해야만 할 것이다. 그럼에도 그들은 낭시의 정치적이고 철학적인 성찰들에 힘입어 본문에서 설득력 있게 공존한다. Nancy, "'Literary Communism,'" *The Inoperative Community*. ed. and trans. Peter Connor (Minneapolis: U of Minnesota P, 1991), 71~81쪽.[우리말 번역은 『밝힐 수 없는 공동체 / 마주한 공동체』, 박준상 옮김(문학과지성사, 2005) 참조]

71 "Romantik alas Lebens-und Schreibform" in *Deutsche Literaturgeschichte*. ed. Wolfgang Beutin et al. (Stuttgart: J. B. Metzlersche Verlagsbuchhandlung, 1992), 177쪽.[저자의 번역] 이 책의 편집자들은 계속해서 이렇게 말한다. "그 소설〔『루친데』〕의 에로틱한 대목들보다 더 스캔들을 불러일으킨 것은 슐레겔과 그의 친구들이 자신들의 삶에서 소설이 '자유연애'로 예찬했던 것을 실행하려고 시도했다는 사실이었다. 다름 아닌 슐레겔 형제를 둘러싼 이 초기 낭만주의자들은 바로 이 새로운 형태의 공동 주거방식을 실험했고, 예컨대 실러가 「인간의 존엄」과 「여성의 존엄」 같은 시에서 환기하는 중산층의 관습들에 얽매일 필요를 느끼지 못했던 사람들이었다. 일상생활의 환경에서조차 그들은 반反부르주아적이고 보헤미안적인 실존을 영위하고자 했다."

72 Friedrich Schlegel, *Sämmtliche Werke*, zweite *Original-Ausgabe*, 15 vols. (Wien: Klang, 1846), 15권 56쪽.(앞으로 이 글을 인용할 때는 본문의 괄호 안에 쪽수만 표기)

73 Schlegel, *Kritische Ausgabe*, 2권 531쪽.

74 같은 곳.[저자의 번역]

75 같은 곳.[저자의 번역]

76 여기에 필적하는 관점으로는, 낭만적 아이러니 형식에서 언어의 소실과 시적 직관의 항상 파편적인 특성에 관한 벨러의 논의를 참조할 것. "슐레겔에 따르면

아이러니는 이상과 현실의 영원한 갈등을 반영한다. 아이러니는 '완벽한 소통의 필요성과 불가능성'(Schlegel, *Lyceum*, 1797)에 대한 예술가의 깨달음에서 연유한다. ……시적 성취의 불가피한 미완결성에 대한 자각은 나아가 문학비평으로 이어진다."(Behler, "Introduction," 18쪽)

77 지적 동아리에서는 어느 정도 당연하게도 상당히 많은 우호적 지원사격이 있었다. 아우구스트 슐레겔, 슐라이어마허, 그리고 노발리스 간에 오간 편지들을 보면 프리드리히 슐레겔의 절친들과 형이 그의 텍스트들에 대해 느꼈던 어려움에 관한 많은 증거가 있는데, 그들도 그 텍스트들을 부분적으로는 도무지…… 이해할 수 없다고 보았던 것이다. 이해 불가능성에 관한 슐레겔의 저작을 둘러싼 내적이고 외적인 차원의 어려움이 갖는 함의에 대해서는 슐라이어마허가 상세하게 논한다. 그렇지만 나에게는 자기 절친의 작업을 이해할 수 없어서 슐라이어마허가 느끼는 극명한 자괴감에 대해 프리드리히가 반응한 것이 가장 놀랍다. 친구를 위로하고 납득시키기 위해 프리드리히는 몰이해에 바탕을 둔 우정에 관한 이론을 하나 만들어낸다. 슐레겔은 몰이해가 전적으로 개인의 영역과 관련되어 있다고 강조한다. 슐라이어마허와의 개인적 관계에 있어 그는 부단히 "영원한 차이, 분리, 몰이해에 관해 인식하는 일"(1789년 7월 3일 슐라이어마허에게 보낸 슐레겔의 편지. Schlegel, *Kritische Ausgabe*, 24권 140쪽)이 필요함을 역설한다. 단상들에 관해 이해하지 못하는 슐라이어마허의 반응에 답하면서 슐레겔은 친구에게 공감을 표시한다. "네가 단상들을 즉각 이해하지 못했다는 사실이 내게는 놀랍지 않다. 특히 네가 전체를 이해하지 않고도 개별 단상들을 이해할 수 있다고 생각하기 때문에 더욱 그렇다. 네가 단상들을 이해 못했어도 괜찮고, 더구나 네가 명증하다고 믿는 얼마 안 되는 대목들도 다시 혼란스러워졌다고 하니 더할 나위 없다."(1799년 9월 13일 슐라이어마허에게 보낸 슐레겔의 편지. Friedrich Schleiermacher, *Kritische Gedmatausgabe*, pt. 5, ed. Hans-Joachim Birkener et al. 5 vols. to date. [Berlin: De Gruyter, 1980~], 3권 180쪽)

78 이 주장은 더 나아가서 이해에 관해 분노를 얻게 되는 순간 그가 느끼는 일일 복용량의 고통을 표출한다. "나는 매일 이 일을 고통스레 마주한다. 이해하기가 주는 분노die Wut des Verstehens로 인해 의미가 통하는 일이 가로막힌다." (Schleiermacher, *Über die Religion. Reden an die Gebildeten unter ihren Verächten* [Stuttgart: Reclam, 1969], 96쪽) 슐라이어마허는 "이해의 족쇄"뿐 아니라 놀랍고 초자연적인 것에 대한 젊은 감수성을 지닌 인물들의 열망, 즉 종교의 최초 발흥을 결정하는 은밀한 예감을 두고 이 족쇄에 근거해 설명하는 조언자들 Verständigen을 대체로 반대한다. [우리말 번역은 『종교론』, 최신한 옮김 (대한기독교서회, 2002) 참조]

79 Schlegel, *"Lucinde" and the Fragments*, 6쪽.

80 같은 책, 3~4쪽에서 재인용.

81 같은 책, 8쪽.

82 Peter Tracy Connor, *Georges Bataille and the Sin of Mysticism* (Baltimore: Johns Hopkins UP, 2000), 156쪽.(앞으로 이 글을 인용할 때는 본문의 괄호 안에 쪽수만 표기) 바타유의 『내적 경험』, 특히 그의 에세이 「장폴 사르트르: 새로운 신비주의자」(31~38쪽)와 관련한 코너의 논의도 참조할 것.

83 Schlegel, *Kritische Ausgabe*, 2권 539쪽.[저자의 번역]

84 같은 곳.[저자의 번역]

85 같은 책, 2권 540쪽에서 재인용.

86 같은 책, 2권 536쪽.[저자의 번역]

87 "'이해 불가능성'과 예언, 아이러니와 파토스 간의 양가적 관계"에 관해서는 Karl Heinz Bohrer, *Das absolute Prasens: Die Semantik athetischer Zeit* (Frankfurt am Main: Suhrkamp Verlag, 1994), 20쪽 참조.

88 Schlegel, *Kritische Ausgabe*, 2권 538쪽.[저자의 번역]

89 De Man, *Allegories of Reading*, 301쪽.

90 Pepper, *Singularities*, 145쪽. 페퍼는 아이러니가 텍스트에 남기는 실패한 투사에 대해 단호하게 논평한다.

91 Hamacher, "LECTIO," 199쪽.

92 Pepper, *Singularities*, 153쪽.

93 드 만의 저작에 나타난 아이러니의 구조에 관한 명철한 논의로는 페퍼를 참조할 것. 같은 책, 88~172쪽.

94 같은 책, 106쪽.

95 Benjamin, *Origin of German Tragic Drama*, 233쪽.

96 Friedrich Schlegel, *Zur Philosophie II*, no 95, *Kritische Ausgabe*, 16권 96쪽.[저자의 번역]

97 *Premises: Essays on Philosophy and Literature from Kant to Celan*. trans. Peter Fenves (Cambridge: Harvard UP, 1996)에서 베르너 하마허는 이렇게 쓴다. "지성이 스스로를 이해한다면, 지성은 이미 스스로가 출발점으로 삼은 낭패감, 놀라움, 경이로움, 그리고 엿듣기를 망각해버린 셈이 된다."(10쪽) 슐레겔의 용어와 관련해 나는 진정한 언어의 토대에 놓여 있는 바로 그 힘이 망각되었을 수 있다고, 즉 어리석음이라고 덧붙이고 싶다. 하마허는 계속 주장한다. "이해는 오로지 지성의 이 두 가지 불가능성—한마디로 말해 해석학적 [이데아] 현현 parousia의 자기정립과 탈정립—오직 이것들 사이에서만 가능하며, 따라서 오직 자기설정의 움직임이 또다른 지성에 의해 항상 폭로되고 다시 한번 해제될 때, 그리하여 오로지 지성의 위치가 이 비설정되고 근거를 상실한 '사이'에서 스스로를 폐기할 때만 가능하다."(10~11쪽) 이해를 부추기는 아포리아는 이해 불가능한 상태로 남으며, "그래서 이러한 이해의 심연을 통해 이해 자체도 이해 불가능해진다."(10쪽)

98 Friedrich Schlegel, *Tranzendentalphilosophie* (Jean, 1800~1801), *Kritische Ausgabe*, 12권 102쪽.[저자의 번역] 강의 텍스트는 학생의 노트에 바탕을 두고 재구성되었기 때문에 정확한 문구인지 완전히 신뢰하기는 힘들다.("신뢰할 수 없는 한 학생의 기록Aufzeichnungen eines nicht zu ermittlenden Hörers") Schumacher, "Die Ironie der Unverständlichkeit," 195쪽과 Jean-Jacques Anstett's intoduction in *Kritische Ausgabe*, 12권 xxi쪽도 참조할 것.

99 Schumacher, "Die Ironie der Unverständlichkeit," 195쪽에서 재인용.[저자의 번역] 이 문장은 "전적으로 완벽한 그리고 완전한 이해, 하지만"이라고 번역될 수도 있다.

키르케고르 위성

1 Kierkegaard, *Concept of Irony*, 286쪽.(앞으로 이 글을 인용할 때는 본문의 괄호 안에 쪽수만 표기)

4 백치의 실종과 귀환

1 Joseph Frank, *Dostoevsky: The Miraculous Years, 1865–1871* (Princeton: Princeton UP, 1995), 249쪽에서 재인용.(앞으로 이 글을 인용할 때는 본문의 괄호 안에 쪽수만 표기)

2 Fyodor Dostoevsky, *The Idiot*. trans. David Magarshack (New York: Bantam, 1955), 597쪽.(앞으로 이 글을 인용할 때는 본문의 괄호 안에 쪽수만 표기)[우리말 번역은 『백치』, 김근식 옮김(열린책들, 2000) 참조]

3 Walter Benjamin, "Der Idiot," in *Gesammelte Schriften*. 4권 277쪽.[저자의 번역]

4 Frank, *Dostoevsky*, 6쪽.

5 같은 책, 305쪽에서 재인용.

6 Avrahm Yarmolinsky, *Dostoevsky: Works and Days* (New York: Funk and Wagnalls, 1971), 262쪽에 있는 "독일의 '순전한 바보reiner tor'에 해당하는 러시아의 맞상대들"에 관한 논의 참조.

7 Walter Benjamin, "Der Idiot," 239쪽. "이 소설이 증언하는 불멸의 삶." "그러나 불멸하는 것은 다양한 형태로 존재하는 육신, 에너지, 개인, 정신이다."

8 같은 곳. "괴테가 에커만과의 대화에서 활력의 불멸성에 대해 말했던 것은 이런 취지였는데, 이에 따르면 자연은 우리가 하나의 활력을 빼앗길 경우 우리에게 활력의 새로운 전망을 주어야만 한다." "불멸의 삶은 망각이 불가능하다." "불멸의 삶은 기념비나 추모비 없이도, 심지어 어떠한 증언 없이도 망각이 불가능한 삶이다. 그 삶은 결단코 망각될 수 없다."

9 Frank, *Dostoevsky*, 274쪽에서 재인용.

10 Anthony J. Cascardi, *The Bounds of Reason: Cervantes, Dostoevsky, Flaubert* (New York: Columbia UP, 1986), 37쪽.(앞으로 이 글을 인용할 때는 본문의 괄호 안에 쪽수만 표기)

11 Miguel de Cervantes, *Don Quixote*. trans. Samuel Putnam (New York: Modern Library, 1949) 1권 1장.

12 Cascardi, *Bounds of Reason*, 37쪽.

13 공작은 로고진을 방문한 자리에서 엄청난 복제품 그림에 놀라움을 금치 못하며 (209~214쪽) 해외에서 원본을 보았던 경험을 얘기한다.(만일 공작이 복제품에 대해 논평한다면 이는 의심할 바 없이 홀바인의 그림을 처음 본 일—누구 것인지 모르고 보았기에 단지 최초의 관람일 가능성이 있다—이 충격을 주었기 때문이다. 다시 말해 소설은 공작이 무언가 보았다는 주장을 하지는 않지만, 도스토옙스키처럼 그는 마치 자신이 본 것이 초월이 약속되어 있었던 '진짜' 시체라도 된다는 듯 얼어붙은 상태로 쳐다본다.)

제3자인 이폴리트는 '해명'을 하는 과정에서 홀바인의 그림에 대해 논평한다. "로고진의 집에 있는 그림은 아름다움에 관해 아무런 할말이 없었다. 그 그림에는 인간의 시체가 적나라하게 묘사되어 있을 뿐이었다. 십자가에 매달리기 전에 받았을 끝없는 고통, 상처, 고문, 십자가를 지고 가거나 넘어졌을 때 가해졌던 보초의 채찍질과 사람들의 구타, 마침내는 (내 계산에 의하면 적어도) 여섯 시간 동안 계속되었던 십자가의 고통을 다 참아낸 사람의 시체였다. 사실 그 표정은 방금 십자가에서 내려진 인간의 얼굴이었다. 아직까지도 많은 생기와 온기가 느껴지는 얼굴이었다. 또한 신체의 어떤 부분은 아직 사후경직이 오지 않아 죽은 자의 얼굴에는 지금까지도 그가 고통을 느끼는 듯한 표정이 엿보였다.(화가는 이 순간을 매우 훌륭하게 포착했다.) 그러나 그 얼굴은 조금도 피할 수가 없었다. 그가 누구였든 그러한 고통을 겪고 난 뒤 인간의 시신은 정말로 그래야만 한다는 듯, 그곳에는 하나의 엄연한 자연이 있었다. ……이 그림 속 얼굴은 구타를 당해 무섭게 일그러져 있었고, 지독한 피멍이 들어 퉁퉁 부어올라 있었으며, 두 눈이 감기지 않은 채 동공은 곁눈질을 하고 있고, 커다랗고 허연 흰자위는 어떤 생기 없는 유리 같은 광채를 내고 있었다."(391~392쪽)

카스카디는 이폴리트의 말에 내재된 문제들에 대해 이렇게 논평한다. "육체적 고통으로 인해 그리스도의 신성함이 의심받는 지경에 이르렀다고 볼 충분한 근거가 있다. 그의 고통을 상징적인 것으로 치부하지 않고 진짜로 받아들이는 일은, 그리스도가 자신이 신이라면 왜 십자가에서 내려오지 못했는가라고 의문을 던지는 회의론자들의 논박을 되풀이하게 만들 수 있다. 자연의 힘에 의해 파괴된 신-인간의 몸을 보는 일은 그의 신성을 주장하는 입장에 의문을 촉발하게 만들 수 있다."(Cascardi, *Bounds of Reason*, 150쪽)

14 G. P. Fedotov, *The Russian Religious Mind*. 2 vols. (Cambridge: Harvard UP, 1946), 1권 130쪽. 1권의 4장 「러시아 신성포기론Russian Kenoticism」도 참조할 것.

15 Ernst Bernst, *Nitzsches Ideen zur Geschichte des Christentums und der Kirche* (Leiden: n.p.,1956), 98쪽.

16 나는 우리의 어리석은 신체에 관한 그런 주장들이 진보적이지 않을 수 있다는 사실을 알고 있다. 차별철폐행동Positive Action, 긍정선택운동Positive Choices, 그리고 우리가 행위의 주체임을 알고, 우리 몸과 자아를 책임지며 가동하고 긍정할 수 있으며, 희생자가 되길 멈추고 수동성을 떨쳐버릴 수 있다는 희망으로부터 생겨나는 것과 같은 비슷한 종류의 권한 증진 운동들의 맥락에서 보면 특히 그러하다. 가망 없이 터무니없는 건강증진 용어와 모든 에이즈 축약어 (에이즈치료제AZT, 에이즈합병증ARC, 에이즈치료시약DDI, 에이즈바이러스 HIV 등), 즉 20세기 후반에 나온 극히 피폐해지고, 기술화된 용어들에 직면해서 우리가 무방비상태에 있음을 상기시켜주는 마크 도티의 애도어린 회고록만 봐도 이는 금방 알 수 있다. 그 회고록의 일부는 상처 입은 신체, 이 경우 "바이러스성 활동"에 노출된 지식의 간계에 대해 언급한다. 바이러스성 활동이라는 표현은 의사들이 불가사의한 증상의 치료는 둘째 치고 뭐라고 불러야 할지 모르거나 어떻게 설명해야 할지조차 모를 때 체계적으로 쓰는 말이다. 참을 수 없이 특이한 상태에 처한 신체를 두고 단지 처방약만으로 대응하며 어리석음이라는 엄연한 사실을 부정하면서 신체를 안다고 주장하는 사람, 즉 긴장감을 중단시키는 사람—고문자에서 치유자에 이르기까지—은 누구든지 의미 있는 윤리적 균형감각이라는 정치적 딜레마에 얽매이게 되었다. "오랜 질병에는 아무런 위안이 없다. 긴 질병은 우리를 무지함 속에 가둔다. 모든 에이즈의 사례는 독특하다. 감염자는 자기만의 독특한 에이즈를 앓고 있는 것이다. 어떤 일이 닥칠지 알 수 없고, 조짐이 천천히 나타나기 시작하면서— 압축적으로 회고해보면 지금은 아주 급박하게 진행되지만—병의 존재를 드러낼 때 숨을 죽이는 수밖에 다른 도리가 없다."(Mark Doty, *Heaven's Coast: A Memoir* [New Haven: HarperCollins, 1996], 204쪽) 질병의 진행과정은 그 무엇("병")의 존재를 드러내게 될 것인 반면, 그 상태에 대한 앎이 우리 곁에 오는 현재 순간이 도티에 의해 확인 가능하게 존재한 적은 없다.

줄리아 갤러리Galleria Giulia에서 1998년 4월 15일 전시한 티티나 마젤리 Titina Maselli의 최근 그림들을 설명하는 한 카탈로그에서, 에이즈에 대한 철학적 성찰(*At Odds with AIDS* [Stanford: Stanford UP, 1996])로 잘 알려진 알렉산더 가르시아 뒤트만Alexander Garcia Düttmann은 다음과 같이 시작되는 탐 캐리Tom Carey의 시에 대해 논평한다. "다른 누군가의 애완동물을 보듯 내 몸을 쳐다본다 / 그 몸은 내 말초 시각에 살아 있다 / 그 가련하고 멍청한 존재는 보지도, 말하지도, 듣지도 못한다 / 몸은 앓고, 부풀고, 눈물 흘린다." 이른바 건강한 신체조차, 아니 특히 그런 몸일수록, 완전히 살아 있는 것은 아니어서, 데니스 쿠퍼Dennis Cooper의 『뛰놀다*Frisk*』(New York: Grove Press, 1991) 에서처럼 멍청하게 뒤쫓을 뿐이다. "대개 나는 내 몸에 주의를 기울이지 않는다. 꾸준히 움직이면서 그냥 거기 있을 뿐이다. 몸을 씻고, 먹고, 자위하고, 배변을 하는 게 전부다. 섹스를 하는 동안에도 몸을 그렇게 많이 움직이지 않는다. 나는 다른 사람들 몸에 더 관심이 많다. 내 몸은 그저 머리와 손이 시키는 대로 따라갈 뿐이다. 트레일러처럼."(50쪽)

17 그런 고통의 강렬함과 도스토옙스키의 관계는 더 많은 성찰을 요구한다. 멸시당한 인물들의 마조히즘적 반응들에 관해서는 예컨대 『상처받은 사람들』에 나오는 어린 넬리Nellie의 묘사를 참조하라. "모멸을 당했던" 터라 그녀는 "이 아리송한 행동, 우리 모두에 있는 이 불신에 찬 행동으로 자기 상처를 덧나게 하려고 일부러 애쓴다. 마치 그녀가 자기만의 상처를, 이렇게 말해도 된다면 이 고통의 이기심으로 즐긴다는 듯이 말이다. 이러한 고통의 심화와 고통 속의 축제를 나는 이해할 수 있다. 이는 운명에 짓눌리고 불의감에 속상해하는 멸시당하고 상처받은 많은 이들의 즐거움인 것이다."(Frank, *Bounds of Reason*, 323쪽에서 재인용)

18 Alex de Jonge, *Dostoevsky and the Age of Intensity* (New York: St. Martin's, 1975), 145쪽.

19 시와 사상사에서 간질병의 위상에 대한 자세한 연구는 Marie-Therese Sutterman, *Dostoïevski et Flaubert: Écritures de l'épilepsie* (Paris: Presses Universitaires de France, 1993) 참조. 간질병과 시간감각에 관한 뛰어난 분석으로는 Kimura Bin, *Ecrits de psychopathologies phenomenologique* (Paris Presses Universitaires de France, 1992) 참조. 이 분석은 루트비히 빈스방거Ludwig Binswanger의 현존재 분석에 바탕을 두고 있다. 키무라 빈이 "아무도 그 실체를 모른다"(58쪽)—여전히 수수께끼다—라고 서술한 간질병은 여기서 생중사의 상태, 즉 주체를 가장 극단적 착란과 파괴과정으로 몰아가는 신성병神聖病morbus sacer에 가장 근접한 상태로 이해된다. 간질병 에피소드는 빈에 의해 다른 모든 불안의 위기를 결정하는 근원불안Urangst으로 자리매김된다. 그는 간질병 에피소드가 소개하는 시간감각의 혼돈, 그가 "분리 불가능하고 즉각적 현재로"(92쪽)의 시간감각 환원이라 부르는 증상을 분석한다. 「시간과 불안Le Temps et l'angoisse」에서 빈은 분노에 찬 의무감, 다른 사람들에 대한 고조된 의무감을 드러내는 상처받은 인물들의 윤리적 형성에 초점을 맞춘다. Ludwig Binswanger, *Über Ideenflucht* (Zürich: Orell Füssli, 1933)과 H. Tellenbach, "Zur Phänomenologie der Verschränkung von Anfallsleiden und Wesensänderung beim Epileptiker," *Jahrbuch de Psychologie, Psychotherapie, und medizinischer Anthropologie* 14:57 (1996), 그리고 V. E. von Gesattel, "Störungen des Werdens und des Zeiterlebens im Rahmen psychiatrischer Erkankungen," in *Prolegomena einer medizinischen Anthropologie* (Berlin: Springer Verlag, 1954) 참조.

20 Jean-Luc Nancy, *Birth to Presence*. trans. Brian Holmes et al. (Stanford: Stanford UP, 1993), 193쪽.(앞으로 이 글을 인용할 때는 본문의 괄호 안에 쪽수만 표기)

21 우리는 낭시가 근원적 상처의 향수어린 전리품들을 환기한다고 상상하기 쉬운데, 그런 환기 뒤에는 오직 순차적 복제품 혹은 히스테리성 모방의 증강만이

따라올 뿐이다. 그 애끊는 그리스도의 시체가 주는 근원적 정신성과 결코 부합할 수 없는 끊임없는 겹겹의 상처만이 이어질 것이다. 때로 낭시의 명제들은 피가 뜻깊게 흐르고 모종의 의미를 가졌던 한 시대로 우리를 다시 연결시켜줄 과거의 상태와 역사에 대한 갈망을 바타유와 공유하는 듯한 경향을 드러낸다. 헤겔의 경우와 마찬가지로 그 시절엔 (예를 하나 들자면) 의미를 창출한다는 이유로 전쟁이 여전히 벌어지곤 했던 것이다. 그러나 낭시는 바타유의 수많은 해석이 지향했던 향수어린 편향들을 경멸한다. 이런 추정이 터무니없지 않다면, 그리스도의 시체를 지시대상으로 삼는 일은 이 텍스트에서 낭시의 통찰이나 의중의 일부가 아니다. 비록 그러한 움직임이나 경향의 조짐이 있는 것을 부인하기는 어느 정도 힘들지만 말이다.

하나의 상처에, 특히 그 상처가 히스테리성 흉내내기에 민감하게 반응할 경우, 본원적이라고 할 수 있는 것은 무엇일까? 낭시의 개입이 갖는 심각성은 항상 상실된 연속성과 그 축약된 회귀의 재출현과 연관되어왔다. 다시 말해 낭시는 상처받음의 불분명한 역사성을 서구적 피투성—다른 곳에서 그가 "우리의 역사"라고 부른 것—의 관점에서 읽어내며, 늘 그렇듯이 그의 작업은 서구적 사유가 거듭해서 근거 삼아온 애매성들에 에누리 없이 굴복한다. 군사적 전략이나 은유를 고집한다면 굴복은 바람직한 일은 아닐 것이다. 여기서 굴복은 수용, 즉 뚜렷하게 경계태도가 수동적으로 변하는 현상을 뜻하며, 이 수동성은 망각과 형이상학으로 침윤된 세계에서 일정한 수의 포섭과 회상을 그것들이 차지했거나 여전히 차지해온 가치들의 재정립 없이 요구한다. 우리에게는 프로메테우스, 필록테테스[그리스 신화에 나오는 활의 명수로, 헤라클레스의 활과 화살을 받았으나 그의 죽은 자리를 발설하는 바람에 다리에 치명상을 입는 인물], 피셔 킹[아서왕 전설의 퍼시벌 이야기에 나오는 성배 보관자], 그리고 카프카의 「시골의사」의 갑작스러운 상처처럼 치유되지 않는 상처들의 원형과 관련된 다른 종류의 상처들도 존재한다는 점을 명심할 필요가 있다. 데리다는 '코르푸스Corpus'[신체와 언어의 다발을 동시에 뜻하는 라틴어]에 관한 언급을 또다른 관점에서 논의한다. *Le toucher, Jean-Luc Nancy* (Paris: Galilée, 2000).

22 Jean-Luc Nancy, "La douleur existe, elle est injustifiable," *Revue d'éthique et de théologie morale* 95 (Dec. 1995), 91~96쪽. [저자의 번역]

23 같은 글, 95쪽.

24 같은 곳.

25 같은 곳.

26 같은 곳.

27 같은 글, 96쪽.

28 Elaine Scarry, *The Body in Pain: The Making and Unmaking of the World* (New York: Oxford UP, 1985)에서 일레인 스캐리는 이렇게 쓴다. "육체의 고통은 언어에 단순히 저항하기보다 언어를 적극적으로 폐기한다. 언어 이전의 상태, 언어가

습득되기 이전에 인간이 내는 소리와 외침으로 즉각 전환되는 것이다."(4쪽) 유비적 증명과 언어에의 저항, 즉 통증의 공유 불가능성에 대한 그녀의 논의도 참조할 것.(5~20쪽) 언어와 질병의 특질에 대한 설득력 있는 논의로는 Susan Sontag, *Illness as Metaphor* and *AIDS and Its Metaphors* (New York: Doubleday, 1990) 참조.

29 Slavoj Žižek, *The Metastasis of Enjoyment: Six Essays on Woman and Causality* (London: Verso, 1994), 171쪽 이하.

30 Suttermann, *Dostoevski et Flaubert* 참조.

31 "한스 홀바인이 그린 이 그림은 비인간적 고통을 겪고 나서 그의 신체가 십자가에서 내려진 뒤 부패하기 시작한 상태의 예수 그리스도를 묘사한다. 부어오른 그의 얼굴은 피로 물든 상처로 가득했고, 쳐다보기가 끔찍했다.

그 그림은 표도르 미하일로비치에게 치명적 충격을 안겼다. 그는 놀라서 얼어붙은 듯 그림 앞에 서 있었다. 나는 그림을 쳐다볼 엄두가 나지 않았다. 내게는 너무나 고통스러웠고 내 병약한 상태로는 특히 그러했다. 그래서 나는 방으로 들어갔다. 십오 분에서 이십 분쯤 지난 다음에 다시 나왔더니 그가 아직도 그림 앞 아까와 같은 자리에 붙박여 있는 걸 발견했다. 그의 격앙된 얼굴에는 일말의 두려움이 서려 있었다. 난 그 두려운 표정을 간질병 발작이 시작되는 처음 순간에 한 번 이상 목격했던 적이 있다.

조심스레 나는 남편의 팔을 잡고 다른 방으로 데려가 의자에 앉히고는 금방이라도 발작이 시작되지나 않을까 하며 기다렸다. 다행히도 그런 일은 벌어지지 않았다."(Anna Dostoevsky, *Dostoevsky: Reminiscences*. trans. and ed. Beatrice Stillman [New York: Liveright, 1975], 133~134쪽)

32 Michel Foucault, *Madness and Civilization: A History of Insanity in the Age of Reason*. trans. Richard Howard (New York: Pantheon Books, 1965), ix쪽. 내가 보기에 이 저작은 일관되게도 저평가되었다. 신역사주의의 재평가는 단지 이 책이 경시되었다는 사실을 강조했을 뿐이다.[우리말 번역은 『광기의 역사』, 이규현 옮김(나남, 2003) 참조]

33 서양철학의 신체공포증 경향에 관해서는 엘리자베스 그로스Elizabeth Grosz의 상세한 논의를 참조할 것. *Volatile Bodies: Toward a Corporeal Feminism* (Bloomington: Indiana UP, 1994). 시간을 거슬러서는 자기동일화할 수 없기 때문에 "알려질" 수 없는 실체로 몸을 파악하는 스피노자의 언급이 야기하는 혼란들에 대해서도 주목할 것. "몸은 '진리'나 '진정한 본성'을 갖지 않는다."(Moira Gartens, "Towards a Feminist Philosophy of the Body," in *Crossing Boundaries: Feminism and the Critique of Knowledge*. ed. Barbara Caine, Elizabeth Grosz, and Marie de Lepervanche [Sidney: Allen and Unwin, 1988], 68~69쪽)

34 "저들은 당신을 금치산자로 묶어두려는 거예요. 말이 되는 얘긴가요? 당신의 재산뿐 아니라 자유의지까지 묶어두려는 거지요. 우리를 네발 달린 짐승과

구별해주는 그 두 가지 요소를 박탈하려는 음모지요!" 그렇지만 결국, "의사는 공작의 집을 나서면서 레베제프에게 공작 같은 사람을 금치산자로 만든다면 누가 보호자 역할을 맡겠느냐고 말했다."(*The Idiot*, 570~571쪽)

35 "어쨌든 적어도 몇 시간이 흐른 뒤에 문이 열리고 사람들이 들어왔을 때 살인자는 완전히 의식을 잃고 열병을 앓고 있었다. 공작은 꼼짝 않고 조용히 곁에 앉아 환자의 비명소리와 헛소리가 터져 나올 때마다 떨리는 손을 황급히 뻗어 그의 머리와 뺨을 어루만져 달래주듯 쓰다듬었다."(같은 책, 594쪽)

36 Friedrich Hölderlin, "Andenken" (Remembrance) in *Hymns and Fragments*. trans. Richard Sieburth (Princeton: Princeton UP, 1984), 106~109쪽 참조. 또한 이 시에 대한 하이데거의 읽기도 참조할 것. *Erauterungen zu Holderlin's Dichtung* (Frankfurt am Mein: Vittorio Klostermann, 1971), 78~151쪽. 이 책에서 하이데거는 갈색 여인들이라는 형상으로 포착된 외국인에 발이 걸려 넘어진다. 이 형상은 친근하고도 부적절하며, 독창적이고도 도용된 "토착 외국인"으로 간주될 수 있다.

37 Jacques Derrida, "Eating Well," trans. Peter Connor and Avital Ronell, in *Points*. ed, Elisabeth Weber (Stanford: Stanford UP, 1995), 260쪽 참조. 선물의 증여 및 시간과의 관계에 대해서는 Derrida, *Given Time I: Counterfeit Money*. trans. Peggy Kamuf (Chicago: U of Chicago P, 1992) 참조. 이 글에서 증여하다geben와 용서하다vergenben, 그리고 선물don과 용서pardon 간의 연계가 확립된다.

38 도스토옙스키와 (『도덕의 계보』 및 다른 책에 나오는) 니체의 제안을 하이데거의 사유와 연결시키면 흥미로울 것이다. 하이데거는 『사유란 무엇인가?*What is Called Thinking?*』(trans. J Glenn Gray and Fred D. Wieck [New York: Harper & Row, 1968])에서 사유Thinking를 감사Thanking와 연결시킨다. 사유자-감사자의 잘 알려진 경건함 덕분에 분명 그는 백치의 먼 친척으로 자리잡는다. 백치성에 대한 다른 형상화들, 예컨대 하트 크레인의 시 「백치」가 제시하는 형상화의 경우 백치는 순수한 성찰의 자리를 점한다.

39 Derrida, "'Counterfeit Money' II: Gift and Countergift, Excuse and Forgiveness (Baudelaire and the Story of the Dedication)," in *Given Time*, 108~172쪽 참조. 더구나 보들레르의 텍스트에서 친구에 대한 서술자의 혐오는 그의 어리석음이라는 사실에 초점이 맞춰진다. 보들레르와 시간에 대한 최근의 논의로는 Ulrich Baer, *Remnants of Song: Trauma and the Experience of Modernity in Charles Baudelaire and Paul Celan* (Stanford: Stanford UP, 2000)과 Elyssa Marder, *Dead Time* (Stanford: Stanford UP, 2001) 참조.

40 뉴욕 대학의 도이체스 하우스에서 1997년 10월에 열린 환대에 관한 세미나. 이방인의 형상은 블랑쇼와 레비나스의 저작에서 다뤄졌고 낭시("L'intrus," *Dedale* 9~10 (1999), 440~450쪽)에 의해 통렬하게 재논의되었다.

41 Friedrich Schiller, "Über naive und sentimentalische Dichtung," in *Schillers Werke*

und Brief. ed, Otto Dann et al. 12 vols. (Frankfurt: Deutsche Klassiker Verlag, 1992), 8권 706~811쪽.

42 "대답 도중에 그는 정말로 오랫동안, 그러니까 사 년 남짓 러시아를 떠나 있었다고 밝혔다. 그가 외국으로 나갔던 이유는 병 때문이기도 했는데, 그 병은 이상한 신경질환으로 갑자기 덜덜 떨기도 하고 경련을 일으키기도 하는 간질병 또는 무도병舞蹈病이었다고 했다. 그의 말을 들으면서 검은 행색의 사내는 여러 차례 웃음 지었으며 '이제 다 나은 거요?'라는 물음에 금발의 청년이 '아뇨, 아직 다 치료되지 않았어요'라고 답하자 티나게 웃기 시작했다. '이런, 헛되이 돈만 낭비하고 온 게 틀림없군요. 내 생각엔 러시아가 더 믿을 만한 것 같던데'라고 검은 행색의 청년이 빈정거리며 대꾸했다."(*The Idiot*, 4~5쪽)

43 좀더 정확히 말하면 그는 『고린도전서』의 명령, 사도의 속성을 떠올린다. "우리는 그리스도를 위하여 바보가 되었고"(4장 10절). [성서 한글 번역은 '공동번역 성서' 참조] 아우뮐러는 그리스도를 위한 바보의 장르를 여러 사람 가운데 도스토옙스키와 게르하르트 하우프트만에게서 읽어냈다. Jacqueline Aumüller, *Narren um Christi willen: Eine Studie zu Tradition und Typologie des "Narren in Christo" und dessen Auspragung bei Gerhart Hauptmann* (Munich: Tuduv, 1993) 참조.

44 또 한 번의 웃음 폭발에 대해서는 낭시의 언급을 참조할 것. ("Laughter, Presence," *Birth to Presence*, 383쪽) "웃음은 따라서 현존도 부재도 아니다. 웃음은 사라져가는 현재를 제공하는 일이다."

45 "청년은 그렇게 대답하고 이제 모든 것을 다 안다는 이 만물박사를 뚫어져라 골똘히 바라보았다.

그런 만물박사들은 사회의 어느 계층에서나 종종, 심지어 아주 빈번하게 만나볼 수 있는 양반들이다. 이들은 모르는 게 없고, 호기심에 가득찬 자기들의 지혜와 능력을 주체할 수 없을 정도로 한곳에 집중한다. 물론 이들이 집중하는 곳에는 오늘날 어느 사상가가 말했듯 삶에서 더 중요하게 여겨지는 관심과 견해가 결핍되어 있는 게 사실이다. 따라서 '모르는 게 없다'는 말은 상당히 한정된 맥락에서 이해되어야 할 터이다. 요컨대 누가 어디서 근무를 하는데 그가 누구와 아는 사이이고, 재산은 얼마나 있으며, 그가 어느 지방의 지사 노릇을 했으며, 누구와 결혼을 했고, 부인은 지참금을 어느 정도 가져왔는지, 누구와 사촌형제지간인지, 또 육촌은 누구인지 따위의 맥락을 뜻하는 것이었다.
이 만물박사들은 팔꿈치가 다 해진 옷을 입고 다니며, 한 달에 17루블을 받는 월급쟁이인 경우가 허다하다. 만물박사에게 신상을 털린 사람들은 자기들이 왜 이들의 흥밋거리가 되었는지 짐작조차 못한다. 하지만 이러한 흥밋거리에 몰두하는 만물박사들은 자기들의 지식이 완전한 학문에 버금간다는 위안을 느끼며 자존심을 세우고, 심지어 고상한 정신의 만족까지 느끼는 것이다. 정말로 그 지식은 매혹적인 학문이다."(*The Idiot*, 6쪽)

46 "우리나라의 작가, 학자, 지도자 가운데 이런 피고로프가 얼마나 많이 있었던가! 나는 '있었다'고 말했지만, 물론 지금도 그런 인간들은 부지기수로 깔려 있을 것이다."(같은 책, 449쪽)

47 소설이 다루는 또 한 명의 병자인 이폴리트는 글쓰기 장면을 제공하는 한편으로 질병과 색다른 화해를 시도한다. 상주하는 허무주의자인 그는 육체의 쇠락을 단순하고 무의식적으로 받아들이는 일을 혐오한다. 도스토옙스키는 심지어 그가 "자신의 바로 그 쇠락에서 엄청난 만족"을 느낀다고 적시하는데, 이는 절대적 파괴에 결박된 의기양양한 나르시시즘을 뜻하는 듯하다. "잘 들어라, 인간에게는 자신의 왜소함과 무력함을 깨닫게 만든 수치심에 한계가 있는 법이다. 그런 한계를 넘어서면 인간은 자기의 바로 그 전락에서 엄청난 만족을 느끼기 시작한다. ……내가 잡아먹히게 되었으니 고맙다는 말을 요구하지 말고 나를 그냥 잡아먹으면 안 되는 것일까? 내가 두 주일을 기다리고 싶지 않다고 해서 전능한 누군가가 정말로 자존심이 상하는 것일까? 나는 그렇게 믿지 않는다. 이렇게 상상하는 편이 더 정확할 것이다. 어떤 우주의 조화를 위해 매일 많은 생물체들이 희생되지 않으면 나머지 다른 세계가 유지될 수 없듯, 삶의 가감의 법칙을 위해…… 아니면 그 어떤 대조나 그밖의 것을 위해 나의 하찮은 삶, 즉 인류를 구성하는 한 원자의 삶이 필요했던 것이라고.(물론 이런 상상이 그다지 훌륭한 생각은 못 된다는 점을 지적해야만 한다.) 그렇다고 치자. ……이 모든 것은 불가능하고 부당하다. ……나는 이런 삶을 원하지 않는다! 내가 태어나지 않을 권리를 가졌다면 이런 조소어린 삶의 조건 아래서 존재하길 거부했을 것이다. 그러나 나에게 이미 죽을 날짜가 잡혀 있더라도 죽을 수 있는 권리는 여전히 내게 있다. 이는 무슨 대단한 권력도 아니고, 대단한 반항도 아니다."(같은 책, 401~402쪽)

48 오해를 미리 막기 위해 이 대목들에 명시된 성차의 문제는 다루지 않기로 한다. 보바리 부인은 [다리를] 벌렸고, 미쉬킨은 (그녀를) 취하지만, 그다음엔 거꾸로 그가 수정授精된다 등등의 이야기.

49 Jean-Paul Sartre, *L'idiot de la familie: Gustave Flaubert de 1821 à 1857* (Paris: Editions Gallimard, 1971), 612쪽.

50 같은 책, 17쪽.[저자의 번역]

51 같은 책, 17~18쪽.[저자의 번역]

52 나는 『마약 전쟁*Crack Wars: Literature, Addiction, Mania*』(Lincoln: U of Nebraska P, 1992)에서 플로베르가 자기 형의 이름으로, 즉 아버지와 공유하고 아킬레스건에 위치한 그 이름[귀스타브 플로베르의 아버지와 큰형의 이름은 똑같이 아실Achille(즉 '아킬레스')이며 모두 외과의사였다]으로 수술을 집도하는 중이었다는 것을 증명하고자 했다. 텍스트상의 절단을 수행하는 형제-부자지간의 이름은 아실(아킬레스)이다.

53 Gustave Flaubert, *Madame Bovary. trans. Lowell Blair* (Toronto: Bantam, 1981), 156쪽.

54 Ronell, *Crack Wars*, 140~144쪽 참조.

55 Suttermann, *Dostoevski et Flaubert*, 199쪽에서 재인용.

56 Sigmund Freud, *The Standard Edition of the Complete Psychological Works of Sigmund Freud*. ed. James Strachey and Anna Freud. 26 vols. (London: Hogarth Press, 1964), 21권 180쪽.(앞으로 이 글을 인용할 때는 본문의 괄호 안에 쪽수만 표기)

57 *On the Drive* [특집호 *Umbr(a): A Journal of the Unconscious* 1 (1997)]에 실린 조안 콥젝Joan Copjec의 머리말은 "몸에 이르는 새로운 길을 만들고자 하는 희망" (13쪽)을 피력한다. 그녀는 프로이트의 충동drive 이론에 대해 이렇게 쓴다. 충동 이론은 "기표나 육체 어느 것도 희생시키지 않고 변형력 있는 몽타주를 통해 그 둘을 통합하는 이론이다. 충동은 우리가 우리의 신체적 존재에 눈뜨게 만드는 요구의 일종이다. 이 자각이 동물에서처럼 본능을 거치는 것이 아니라 충동을 통해 이루어지기 때문에 우리의 신체 존재는 우리가 사는 물리적 환경과 어긋난 상태로 있게 된다. 우리 몸은 생물학과 싸움을 벌인다. ……육화에 관한 엄청난 양의 책은 몸과 몸의 자기억제된 운명에 대한 거의 완전한 무지, 몸의 충동들이 갖는 서로 다른 변천들 간의 구별에 무지함을 증명했다."(13쪽) 그녀의 목표는 "몸을 발생시키는 것—충동—에 몸을 재부착하는 데 도움을 주는 것이며 몸에 삶을 돌려주는 것이다."(13쪽) 몸에 대한 대부분의 논의가 시체운반용 부대에 담기듯, 이는 하나의 역설적 효과를 낸다. 이에 앞서 라캉은 좀더 일반적으로 "그 중요성이 이제껏 주목받지 못해온 듯한 한 논점, 다시 말해 프로이트의 기획은 전체 세계가 우리에게 재진입하도록 부추겼다는 것, 세계를 제자리에 돌려놓았다는 것, 요컨대 어떤 다른 곳이 아니라 우리 몸에 돌려놓았다는 관점" (*Ethics of Psychoanalysis, 1959-1960*, 92쪽)에 대해 말한다.

58 R. Bouchard, J. Lorillous, C. Guedeney, and D. Kipman, "L'Epilepsie essentielle de l'enfant," in *Psychiatrie de l'enfant* (Paris: Presses Universitaire de France, 1975), 117쪽.[저자의 번역]

59 스트레이치는 1897년 12월 22일 빌헬름 플리스에게 보낸 프로이트의 편지에서 자위행위가 "원초적 중독으로서, 나중의 모든 중독은 그 대체물"이 된다고 지적한다.(Freud, 1950a, Letter 79, *Complete Works*, 21권 193쪽 주 1)

60 들뢰즈는 자신을 상징적으로 폐기한 세계에 공격적이고 환각적으로 귀환하는 아버지에 관해 논의한다. 아버지의 공격적 귀환은 마조히즘적 상황을 교란한다. *Coldness and Cruelty: Masochism* (New York: Zone Books, 1989), 40쪽 참조.

61 Jean Genet, "Une Lecture des Frères Karamazov," *Nouvelle Revue française* 405 (1986), 69쪽.

62 Suttermann, *Dostoevski et Flaubert*, 131쪽.

63 Bruce Fink, "Desire and Drive," *Umbr(a)* 1 (1997), 36, 48쪽. 브루스 핑크는 욕망이 죽은 신체, 기표에 의해 굴욕당해 덧쓰인 신체와 관련된다는 자크알랭 밀레의 관점을 고찰한다.("Donc," unpublished seminar, 1993~1994). Fink,

"Commentary on Lacan's Text," in *Reading Seminar I and II: Lacan's Return to Freud*. ed, Bruce Fink, Richard Feldstein, and Marie Jaanus (Albany: SUNY P, 1996), 422~427쪽.

64 Jacques Lacan, "De la psychoanalyse dans ses rapports avec la réalité," *Scilicet* 1 (1968), 58쪽.

65 Deleuze, *Coldness and Cruelty*, 40쪽.(앞으로 이 글을 인용할 때는 본문의 괄호 안에 쪽수만 표기)

66 같은 책, 16쪽에서 재인용.

67 같은 책, 38쪽에서 재인용.

워즈워스 위성

1 Geoffrey Hartman, *The Unremarkable Wordsworth* (Minneapolis: U of Minnesota P, 1987), 116쪽.

2 William Wordsworth, "Preface to Lyrical Ballads, with Pastoral and Other Poems (1802)," in *William Wordsworth: The Poems*. ed. John O. Hayden. 2 vols. (New Haven: Yale UP, 1977), 1권 872쪽.(앞으로 이 글을 인용할 때는 본문의 괄호 안에 쪽수만 표기)

3 워즈워스는 작가를 독자에 묶어두는 암묵적 계약에 관해 쓰고 있는데, 이 경우엔 그가 이 계약을 위반한 것으로 보일 수도 있다. "운문으로 글을 쓰는 행위를 통해 저자는 그 연계의 어떤 잘 알려진 습관들을 만족시킬 것이라는 형식상의 약속을 하는 것으로 여겨진다. 어떤 부류의 사상과 표현이 이 책에서 확인되는지뿐 아니라 다른 것들은 조심스럽게 배제되었다고 저자는 독자에게 알려야 한다. ……저자가 운문으로 글을 씀으로써 현재 시대에 독자에게 하는 그 약속의 정확한 의미를 결정하는 일을 나는 떠맡지 않을 것이다. 그러나 다른 사람들에게는 자발적으로 계약한 약속의 조건들을 내가 완수하지 못한 것으로 보이리라는 점에 대해 나는 확신한다. ……그들은 시를 찾아 주위를 둘러볼 것이고 어떤 종種에 속하는 예의바름을 통해 이러한 시도들이 그 명칭을 주장할 수 있게 허용되는지 묻도록 유도될 것이다."(1권 868~869쪽)

4 Hartman, *The Unremarkable Wordsworth*, 9쪽.

5 Thomas Poole, "John Walford," *Bath and Bristol Magazine*; or *Western Miscellany* 2 (1883), 168~179쪽.(앞으로 이 글을 인용할 때는 본문의 괄호 안에 쪽수만 표기)

6 명사 "옷가지들"의 축자적 반복에 있어 비유적 의미의 탈락에 관해서는 Cynthia Chase, "The Accidents of Disfiguration: Limits to Literal and Figurative Reading of Wordsworth's 'Books,'" *Decomposing Figures: Rhetorical Readings in the Romantic Tradition* (Baltimore: Johns Hopkins UP, 1986), 16쪽 참조.

7 Alan J. Bewell, "Wordsworth's Primal Scene: Retrospective Tales of Idiots, Wild Children and Savages," *English Literary History* 50.2 (Summer 1983), 339쪽에서 재인용.

8 Poole, "John Walford," 173쪽.

9 Patric Campbell, *Wordsworth and Coleridge: Lyrical Ballads* (Houndmill: Macmillan, 1991), 20쪽에서 재인용. 캠벨은 계속해서 다음과 같이 주장한다. "그 열세 달 동안 체계적이고 진심을 들여 만들고 1797년 6월 친구들을 맞이하기 위해 문을 뛰어넘은 콜리지가 도입한 창조적 공생이라는 관념은 이미 스티븐 패리시로부터 공격을 받는 중이었다. 패리시는 '시에 적합한 언어'에 관한 견해의 '근본적 차이'가 그들 사이에 존재했다는 콜리지의 회고적 주장을 진지하게 받아들인 최초의 인물이었다.(사우디에게 보낸 1802년 7월 13일자 편지) 패리시에게 나중의 논의에서도 거듭 강조되는 핵심 어구는 '복화술'로서, 이 용어는 콜리지의 부정적 형용구이다."(20쪽)

10 Gordon K. Thomas, "Letters: 'Christabel,' 'The Idiot Boy,' and ParaPhrasia," *Encylia* 58 (1981), 64쪽에서 재인용.

11 De Man, *Rhetoric of Romanticism*, 73쪽.

12 Hartman, *Unremarkable Wordsworth*, 9쪽.

13 Wordsworth to John Wilson, June 7, 1802, in *The Letters of William and Dorothy Wordsworth*, 2nd ed., ed. Ernest de Selincourt, rev. Chester L. Sahver, 8 vols. (Oxford: Oxford UP, 1967), 1권 357쪽.(앞으로 이 글을 인용할 때는 본문의 괄호 안에 쪽수만 표기)

14 William Wordsworth, "Preface to the Edition of 1814," *The Excursion*, in *The Poetical Works*. ed. Thomas Hutchinson, rev. Ernest de Selincourt (Oxford: Oxford UP, 1969), 590쪽 40~41행.

15 Wordsworth, *The Poems*, 1권 946쪽 각주.

16 Thomas, "Letters," 64쪽.

17 William Wordsworth, *The Fourteen-Book Prelude*. ed. W. J. B. Owen (Ithaca: Cornell UP, 1985) 14권 270쪽 400~408행.(앞으로 이 글을 인용할 때는 본문의 괄호 안에 쪽수만 표기)

18 Hartman, *Unremarkable Wordsworth*, 13쪽.

19 Robert Southey, "Review of Willima Wordsworth and S. T. Coleridge, 'Lyrical Ballads' [excerpt]," reprinted in *Romanticism: An Anthology*. ed. Duncan Wu (Oxford: Oxford UP, 1994), 607쪽.(앞으로 이 글을 인용할 때는 본문의 괄호 안에 쪽수만 표기)

20 Duncan Wu, "Looking for Johnny: Wordsworth's 'The Idiot Boy,'" *Charles Lamb Bulletin* 88 (1973), 166~176쪽.

21 William Wordsworth, "The Recluse," in *The Poems*, 1권 697쪽.

22 William Wordsworth, "Preface to the Edition of 1814," *The Excursion*, in *The Poetical Works*, 734쪽.

23 Samuel Taylor Coleridge, *Biographia Literaria*. ed. James Engell and W. Jackson

Bate. 2 vols. in 1 (Princeton: Princeton UP, 1983), 2권 158~159쪽.(앞으로 이 글을 인용할 때는 본문의 괄호 안에 쪽수만 표기)

24 Ross Woodman, "The Idiot Boy as Healer," in *Romanticism and Children's Literature in Nineteenth-Century England*. ed. James Holt McGavran Jr. (Athens: U of Georgia P, 1991), 76쪽. *Biographia Literaria*, 1권 304쪽에서 부분 인용.

25 Hartman, *Unremarkable Wordsworth*, xxv쪽. 이 흥미로운 주제에 관해 지대한 관심을 표명하는 하트만은 워즈워스의 시적 창작을 잠재적 시험 기술의 문제로 파악한다. "각 시는 상상력에 대한 혹은 세계가 어디에 알맞게 조응하는지에 관한 새로운 시험이 된다. 그러나 그러한 시험은 불가피하게 상대적이고 일시적이며 워즈워스에게는 유아기와 청소년기의 잠재된 기억들을 열어준다. 이 시간의 복잡성은 신고전주의 운문이라는 호박琥珀장식 속에 고정될 수 없는 아주 미묘한 회오리를 품고 있는 시적 도구를 형성한다. 이런 정신이 깃든 시는 자기반응하며, 글을 쓰려는 시도를 무력하게 만들고 워즈워스가 자신의 자기이해를 수정하도록 압박하는 '맹목적 사유'도 형성한다."(xxv쪽)

26 Willima Wordsworth, "Tintern Abbey," ll. 84, in *Poetical Works*, 164쪽.

27 Wordsworth, "Preface to the Edition of 1814," *The Excursion*, in *The Poetical Works*, 734~735쪽.

28 Coleridge, *Biographia Literaria*, 2권 48쪽. "……소년의 백치성과 엄마의 어리석음이 아주 기막히게 균형을 맞추기 때문에 일반 독자에게는 일상에서 작용하는 모성애에 관한 분석적 제시가 아니라 나이든 노망의 맹목성에 대한 우스꽝스러운 풍자희극을 선사한다." 콜리지로서는 모성의 영역이 엄정하게 분석되길 바랐을 것이다.

29 Wordsworth to Thomas De Quincy, March 6, 1804, in *Letters*, 1권 368쪽.

30 Woodman, "Idiot Boy as Healer," 81쪽 참조.

31 William Wordsworth, *The Excursion*, 1권 963행, in *The Poems*, 2권 49쪽.(앞으로 이 글을 인용할 때는 본문의 괄호 안에 쪽수만 표기)

32 *Shelley's Poetry and Prose*. ed. Donald H. Reiman and Sharon B. Powers (New York: Norton, 1977), 71쪽에서 재인용.

33 Wordsworth to Wilson, *Letters*, 1권 357쪽. Woodman, "Idiot Boy as Healer," 79쪽도 참조할 것.

34 John Locke, *An Essay Concerning Human Understanding*. ed. Peter H. Nidditch (Oxford: Clarendon, 1975) 1권 2부 27장.(앞으로 이 글을 인용할 때는 본문의 괄호 안에 쪽수만 표기)

35 예컨대, 이 주제에 관한 앨런 비웰의 논문 참조. 이 논문에서는 로크의 『인간 지성에 관한 에세이』가 "인간 기억의 조건들에 관한 경험론적 담론에서 핵심 역할을 하는, 한 무리의 특권적 인식론 주체들—백치가 그 일원을 이루는—의 집단"이라는 측면에서 다루어진다. Alan J. Bewell, "Wordsworth's Primal Scene," 327쪽.

36 같은 곳.

37 Etienne de Condillac, *Treatise on the Sensations*. trans. Geraldine Carr (Los Angeles: U of Southern California, 1930), xix쪽. (앞으로 이 글을 인용할 때는 본문의 괄호 안에 쪽수만 표기)

38 Bewell, "Wordsworth's Primal Scene," 328쪽.

39 Adam Ferguson, *Essays on the History of Civil Society* (Edinburgh: A. Milar and T. Caddell, 1767), 4쪽. 사회과학자들의 당혹감에 관한 비웰의 논의도 참조할 것. "Wordsworth's Primal Scene," 328쪽.

40 Lord Monboddo, *Ancient Metaphysics*, 3 vols. (London, 1799), 3권 57쪽. Bewell, "Wordsworth's Primal Scene," 329쪽.

41 Bewell, "Wordsworth's Primal Scene," 329~330쪽.

42 Daniel Defoe, *Mere Nature Delineated: or a Body Without a Soul....* (London, 1726), 4쪽. (앞으로 이 글을 인용할 때는 본문의 괄호 안에 쪽수만 표기) Bewell, "Wordsworth's Primal Scene," 330쪽.

43 니체의 동물들에 관한 하이데거 논설의 관점에서 니체의 동물지학zoography을 다룬 논의로는 내 책 *Finitude's Score: Essays for the End of Millenium* (Lincoln: U of Nebraska P, 1994), 63~82쪽 참조.

44 Jacques Lacan, *The Seminar of Jacques Lacan: Book VII. The Ethics of Psychoanalysis, 1959-1960*. ed. Jacques-alain Miller, trans. Dennis Potter (New York: Norton, 1992) 참조. "다시 말해 인간이 요구하는 것, 요구할 수밖에 없는 것은 실재하는 무언가를 박탈당하는 일이다."(150쪽)

45 De Man, *Rhetoric of Romanticism*, 75쪽 참조.

46 잭 스틸링거Jack Stillinger는 『서정 담시집』의 각주에서 인용된다. (Wordsworth, *The Poems*, 1권 946쪽 각주) 이 시 화자의 마비상태, 시적 사실을 마주한 그의 완전한 어리석음은 시적 행위가 황홀경의, 과도한 상태로서, 도래의 공간이 없는 하나의 공간을 지칭한다는 것을 말하는 또다른 방식이다. 시적 행위는 파국적이며(라쿠라바르트의 하이데거 읽기를 보라), "존재에 있는, 무(심연)로 진행하는 와중에 있는 하나의 전복과 맺는 전복적 관계"(Philippe Lacoue-Labarthe, *Poetry as Experience*. trans. Andrea Tarnowski [Stanford: Stanford UP, 1999], 67쪽)이다. 이런 의미에서 시는 예술, 즉 미메시스를 교란하는 작용을 한다. 시는 미메시스의 교란인 것이다. 시적인 것은 감지 가능한 것의 한계를 탐구하는 일이지 재현하는 일이 아니다. 재현은 시가 이미 존재하는 것을 기록하기 위해 노력한다고 말하는 방식에 불과할 수 있다. 백치 소년을 테이프에 포착하려(따라잡으려) 하는 서술자는 계속 진행할 아무런 근거도 갖지 못한다. 등장과 실종의 과정에서 백치는 재현될 수 없으며 그의 비밀 장소까지 추적될 수는 없지만 교란되어야 한다. 아니 미메시스의 교란을 표시한다. 전체 시는 시가 전제하는 미메시스가 기록되는 난해한 음역대들을 연주하는 것으로 여겨질 수도 있다.

47 니체의 "어쩌면"에 관한 데리다의 논의도 참조할 것. *Politics of Friendship*. trans. George Collins (London; Verso, 1997), 26~48쪽.

48 Lacoue-Labarthe, *Poetry as Experience*, 19쪽.

49 같은 책, 18쪽.

50 De Man, *Rhetoric of Romanticism*, 71쪽.

51 워즈워스의 직독직해자들과 모방자들, 그리고 어떻게 우리가 "우리가 발견한 오독誤讀을 모방하는지"에 관한 논의로는 Chase, "Accidents of Disfiguration," 29쪽 참조.

칸트 위성

1 Søren Kierkegaard, "Fear and Trembling" and "The Sickness unto Death," trans. Walter Lowrie (Princeton: Princeton UP, 1981), 35쪽.[우리말 번역은 『공포와 전율』, 임춘갑 옮김(치우, 2011) 참조]

2 Franz Kafka, "Abraham," in *Parables and Paradoxes* (New York: Schocken, 1958).

3 Jean-Luc Nancy, *Le Discours de la syncope* (Paris: Aubier-Flammarion, 1976).

4 Jean-Luc Nancy, "Logodaedalus (Kant écrivain)," *Poétique* 21 (1975), 42쪽. 칸트의 형편없는 문체 문제에 관해 논의하면서 빌리 괴첼Willi Goetschel은 이를 교태와 아이러니라는 관념에 연결시킨다. *Kant als Schriftsteller* (Wien: Passage Verlag, 1990) 참조.

5 Immanuel Kant, preface to the second edition, *The Critique of Pure Reason*. trans. and ed. Paul Guyer and Allen W. Wood (Cambridge: Cambridge UP, 1998), 106~124쪽.

6 Nancy, *Le Discours de la syncope*, 42쪽.[저자의 번역]

7 Jean-Luc Nancy, "Literary Communism," in *The Inoperative Community*. ed. Peter Connor (Minneapolis: U of Minnesota P, 1991), 71~81쪽.

8 Nancy, "Logodaedalus," 51쪽.

9 Immanuel Kant, *Lectures on Philosophical Theology*. trans. Allen W. Wood and Gertrude M. Clark (Ithaca: Cornell UP, 1978), 117쪽.

10 Kafka, "Abraham," 40쪽.(앞으로 이 글을 인용할 때는 본문의 괄호 안에 쪽수만 표기)

11 성서는 아브라함이 외출하기 전에 방을 정돈하지 않게 만들지만 키르케고르는 방을 정돈하게끔 한다. "이른 아침이었고 아브라함의 집에는 모든 면에서 여행을 떠날 채비가 되어 있었다."(Søren Kierkegaard, "Exordium," in *Fear and Trembling/Repetition*. trans. and ed. Howard V. Hong and Edna H. Hong [Princeton: Princeton UP, 1983], 14쪽)

12 프로이트와 '증여'에 관한 그의 분석에 대해서는 *Jokes and Their Relation to the Unconscious*, in *The Standard Edition of Complete Psychological Works of Sigmund*

Freud. ed. James Strachey and Anna Freud. 26 vols (London: Hogarth, 1964), 8권 166쪽 참조. 선물과 웃음의 연관성에 대해서는 Jean-Luc Nancy, "Laughter, Presence," in *Birth to Presence*. trans. Brian Holmes et al. (Stanford: Stanford UP, 1993). "웃음은 따라서 현존도 부재도 아니다. 웃음은 현존을 그 고유한 실종 속에서 선물하는 것이다. 웃음은 주어지는 것이 아니라 증여된다."(383쪽)

13 Franz Kafka, "Before the Law," *Parables*, 64~65쪽.

14 Kafka, "Die Prufung (The Test)," in *Parables and Paradoxes*, 180쪽도 참조할 것. ("'잠깐만' 하고 그는 말했다. '그건 그냥 테스트야. 대답을 하지 않은 사람은 누구나 통과했지.'")

15 Immanuel Kant, "The Classification of Mental Disorders," in *Anthropology from a Pragmatic Point of View*. trans. Charles T. Sullivan (Doylestown: Doylestown Foundation, 1964), 3쪽.(앞으로 이 글을 인용할 때는 본문의 괄호 안에 쪽수만 표기)

16 『실용적 관점에서 본 인간학』을 프랑스어로 옮긴 사람이 푸코였다는 사실을 명시하는 일은 자못 흥미롭다. *Anthropologie du point de vue pragmatique*. trans. Michel Foucault (Paris: J. Vrin, 1979) 참조.

17 Kant, "The Classification of Mental Disorders," 5쪽. 원문: "이러한 특성들을 크게 과시할 수 있는 인물은…… 혐오스러운 주체이다." Kant, *Anthropologie im Pragmatischer Hinsicht*, in *Immanuel Kants Werkausgabe*, 12권 516쪽.

18 칸트의 혐오 모티프에 관한 더 자세한 논의로는 Derrida, "Economimesis," trans. R. Klein in *The Ghost of Theology: Readings of Kant and Hegel* (*Diacritics* 특집호 11.2 [summer 1981]), 3~25쪽 참조. 칸트의 구역질Ekel이라는 용어 사용에 관한 논의로는 Winfried Menninghaus, "Zwischen Uberwaltigung und Wiederstand: Macht und Gewalt in Longins und Kants Theorien det Erhabenen," *Poetica: Zeitschrift fur Sprach- und Literaturwissenschaft* 23.1~2 (1991), 1~19쪽.

19 『제3비판』에서 칸트는 웅장한 대지를 스케치하면서 그러한 아름다움에 항시 뒤따르는 일꾼들과 노동자들을 "선량한 루소처럼auf gut Rouseauistich" 떠올린다. Kant, *Kritik der Urteilskraft*, in *Immanuel Kants Werkausgabe*, 10권 116쪽.

20 Ak XVI, 1753. Nancy, *Le Discours de la syncope*, 44쪽 주 69에서 재인용.

21 데리다는 "Interpretations at War: Kant, the Jew, the German," trans. Moshe Ron, *New Literary History* 22 (1991), 39~95쪽에서 이 주석에 대해 칸트의 (철학적) 친유대론philosemitism이라는 맥락에서 논의한다. "프로테스탄티즘에서 물려받은 것이 아주 분명한 칸트의 사유는 하나의 심오한 유대주의로 아주 재빠르게 해석되었다. 그가 모세 같은 인물[휠덜린은 칸트를 일컬어 '자기 민족의 모세'라고 했다]로 칭송되었다는 사실과 헤겔이 그에게서 수치스러운 유대인을 보았다는 사실 모두 기억될 필요가 있다. ……『실용적 관점에서 본 인간학』이 적어도 하나의 분명한 반反유대주의(글자 그대로는

반팔레스타인주의) 주석을 담고 있다는 점이 칸트의 유사類似유대주의와 부합할 수 없는 것은 아니다. 게다가 반유대주의가 부합할 수 없는 것이 무엇이겠는가? 이는 끔찍한 질문인데, 왜냐하면 이 질문이 유대인들, 즉 자신들을 그렇게 부르는 이들뿐 아니라 비유대인들과 반유대주의자들 및 반유대주의자가 아닌 사람들, 나아가 어쩌면 친유대론자들도 겨냥하고 있기 때문이다."(69쪽)

22 칸트와 유대인에 관해서는 Sander L. Gilman, *Smart Jews: The Construction of the Image of Jewish Intelligence* (Lincoln: U of Nebraska P, 1996), 15쪽 참조. 칸트 철학에서 언어가 행하는 역할에 대한 꼼꼼한 논의로는 Peter Fenves, "Introduction," in *Raising the Tone of Philosophy: Late Essays of Immanuel Kant, Transformative Critique by Jacques Derrida*. ed. Peter Fenves (Baltimore: Johns Hopkins UP, 1993), 1~48쪽.

23 그러한 원초성 기능의 역전은 횔덜린의 작품에서 신에 대한 시인의 관계를 나타내는 대표 특성이다. 부름에 응답하는 인물인 시인은 신을 존재하게 만들거나 시간 속에서 그리고 미래로서 신의 존재를 지상에 세운다. 부름받은 자에 의존하는 신의 모습은 신성한 존재의 구성에 연약함이 내재되어 있음을 의미한다.

24 카프카의 우화 「시험」에서 하인은 이렇게 주장한다. "핵심은 내가 봉사하도록 부름받지 않았다는 것, 다른 사람들은 부름을 받았지만 나보다 더 노력하지 않았다는 사실, 실제로는 어쩌면 그들은 부름을 받고자 하는 욕망을 느끼지도 못했을 수 있는 반면, 나는 적어도 때때로 그 부름을 강력하게 느꼈다는 점이다."(*Parables and Paradoxes*, 181쪽) 시험은 『성城』에서 K의 처지처럼 부름을 받았는지 여부에 달려 있다. K의 드라마는 아무런 자격도 없이 부름받음이라는 시련을 중심으로 펼쳐지며, 그에게 자격을 부여하는 전화통화에서 실체화된다.

25 샬롬 슈피겔Shalom Spiegel은 *The Last Trial: On the Legends and Lore of the Command to Abraham to Offer Isaac as a Sacrifice: The Akedah*. trans. Judah Goldin (Woodstock: jewish Lights, 1993)에서 랍비 전통이 모리아 산에서—모든 의도와 목적에도 불구하고 홀로—내려온 아브라함의 수수께끼를 다루었던 방식을 설명한다.("이에 아브라함이 젊은이들[한글 성경 개역개정판에 따르면 "그의 종들"]에게로 돌아가서……." 『창세기』 22장 19절) 슈피겔은 이삭이 상처를 입었거나 실제로 아브라함에게 살해되었음을 고려하는 해석, 즉 초기 랍비 논평에 등장하기 시작했던 바로 그 해석이 얼마나 중요했는지 증명한다. 12세기에 이르러 아브라함 이븐 에즈라Abraham Ibn Ezra는 이 해석에 대항해 그 구절을 옹호할 필요를 느꼈다. "그리하여 아브라함은 돌아왔다.—이삭은 언급되지 않는다. ……그러나 아브라함이 이삭을 살해해 그를 내버려두었으며 나중에 이삭이 부활했다고 주장하는 사람은 성서에 어긋나게 말하는 자이다."(Spiegel, *The Last Trial*, 8쪽에서 재인용)

26 또다른 아브라함의 예를 들어보자. 상상 속의 아버지와 현실의 아버지 간의 공모관계를 드러내는 인물, 즉 박탈하고 거세하는 인물들로서 라캉에 따르면 위대한 번식자Great Fucker의 지위로 격상된 인물의 예를 들어보자.("만일 우리가 아버지를 포함시킬 정도로 충분히 우리 자신에게 잔인하다면, 이는 아마도 우리가 이 아버지에 대해 비난할 것이 많기 때문이다. ……현실의 아버지가 아니라 〔박탈의 경험과 연관된 인물인〕 이 상상 속의 아버지야말로 신의 계시적 이미지의 토대를 이룬다. 그래서 최종적으로 초자아의 기능은 최후의 관점에서 보면 신에 대한 증오, 즉 신이 일을 그르쳤다는 비난이다.") 결론적으로 말하면, "문제가 되는 것은 주체가 아주 단순하게도 자기 아버지가 백치거나 도둑 혹은 경우에 따라서는 아주 약골 혹은 프로이트의 사례에서처럼 일상적으로 하나의 늙고 고루한 인물이라는 것을 알게 되는 순간이다." 아니면 아브라함의 사례처럼.(Lacan, *The Ethics of Psychoanalysis*, 307~308쪽)

27 『죽음의 증여*Donner la mort*』(Paris: Galilée, 1999)에서 데리다는 아브라함, 즉 침묵과 비밀에 갇힌 인물, 그에 대해서 아무런 것도 안다고 주장할 수 없는 인물에 의해 우리에게 전수된 돌이킬 수 없는 유산에 관해 서술한다. "우리는 그것을 재해석하지 못한다. 왜냐하면 더이상 앎의 문제가 아니기 때문에 그렇다."(책 홍보물에서 인용)

아비탈 로넬 연보

1952~ 4월 15일. 체코 프라하에서 태어난다. 부모는 이스라엘 외교관이었다. 네 살 때인 1956년 뉴욕으로 이주한다. 뉴저지 주에 있는 유명한 사립학교인 러트거스 예비학교에 다니다가 1970년 졸업한다. 유대계 이주민으로서 인종차별과 반유대주의를 경험한다.

1973~ 미들베리 대학을 졸업하고 학사학위를 취득한다. 베를린 자유대학에 유학하여 야콥 타우베스와 한스게오르크 가다머가 운영하던 해석학연구소에서 수학한다.

1979 스탠리 콘골드의 지도 아래 프린스턴 대학 독일학과에서 박사학위를 받는다. 6월 23일 페터 손디에 관한 학술대회에서 평생 스승이 될 자크 데리다와 만난다. 데리다에게 도전적인 질문을 던졌고 이에 데리다가 이름을 묻자 "형이상학Metaphysics"이라고 대답한 일화는 매우 유명하다.

1980~ 데리다의 에세이 「장르의 법칙」을 『크리티컬 인쿼리*Critical Inquiry*』 지에 영어로 번역해 게재하면서 데리다 저술의 영어 번역자로 이름을 올린다. 이듬해부터 훔볼트 재단의 연구원으로 3년 동안 베를린에서 지낸다. 데리다, 엘렌 식수, 폴 드 만 등의 학자들과 교류한다. 폴 드 만과의

관계에 대해서는 이 책의 3장에서 저자 스스로 간략하게 밝히고 있다.

1984~ 버지니아 대학에서 잠시 교편을 잡았으나 대륙철학을 가르친다는 이유로, 또 여자 교수가 늘 학교 체육시설에 나와 운동을 하는 것이 교수의 품위에 위배된다는 이유로 해고된다. 이후 리버사이드와 버클리에 있는 캘리포니아 대학의 독문학과와 비교문학과에서 1995년까지 재직하면서 필리프 라쿠라바르트, 장뤽 낭시, 주디스 버틀러 등과 함께 연구한다. 버클리에 머무는 동안 캐시 애커 등의 작가들과 교류하며 행위예술가로도 활동했고, 사설 라디오채널을 통해 지역문화운동과 페미니즘에 헌신한다.

1986 괴테의 글쓰기가 갖는 영향력에 관한 첫 저서 『받아쓰기: 신들린 글쓰기 *Dictations: The Haunted Writing*』를 출간한다. 폴 드 만에 관한 데리다의 저서 『폴 드 만을 위한 회고 *Memoires: For Paul de Man*』를 영어로 번역한다.

1989 '전화'라는 통신수단을 매개로 하여, 하이데거의 기술론에서 비롯되는 근대 서양 사유의 윤리성에 대한 비판을 수행한 『전화번호부: 기술, 정신분열증, 전자 연설 *The Telephone Book: Technology, Schizophrenia, Electric Speech*』을 출간한다. 데리다의 저서 『타자의 귀 *The Ear of the Other*』를 영어로 번역한다.

1992 '마약'을 키워드로 삼아 서양 문화가 어떻게 창조적 문학을 약물중독과 정신병의 사례로 억압해왔는지 살펴본 『마약 전쟁: 문학, 중독, 조증 *Crack Wars: Literature, Addiction, Mania*』을 출간한다.

1994 『유한성의 악보: 밀레니엄의 종말에 관한 에세이 *Finitude's Score: Essays for the End of the Millennium*』를 출간하다. 이 책은 TV

토크쇼에서부터 조지 부시의 연설에 이르기까지 종말론의 궤적을 추적하여 미국 문명의 억압성을 비판했다.

1995~ 10년 넘는 서부생활을 마치고 동부로 학교를 옮겨 뉴욕 대학 독문학과과 비교문학과에 자리잡아 현재까지 재직중이다. 1997년부터 2005년까지 독문학과 학과장을 역임한다. 뉴욕 대학에서 '문학과 철학'을 주제로 데리다와 한 학기, 파리에서 식수와 한 학기를 공동으로 가르치는 일을 수년간 계속한다.

2002 대표작 『어리석음*Stupidity*』 출간. 이 책은 서구 지성사에서 '어리석음'이 철학적·문화적으로 주변화된 존재들을 일컫는 개념으로 정립되어온 과정을 계보학적으로 추적하여 해체한다. 이성을 중심에 둔 서구 사상이 어리석음이라는 범주 아래 다양한 대안적 사유들을 포섭해온 과정을 비판했다.

2005 『테스트 충동*The Test Drive*』 출간. 이 책은 『전화번호부』에서 개진했던, 과학과 기술의 형식을 통해 인간의 잠재성을 박탈해온 서구 문명에 대한 신랄한 비판을 집대성한다. 시험과 테스트가 인간 정신의 협소화에 이바지해온 과정을 추적한다.

2006~ 정신분석학, 해체론, 페미니즘을 비롯한 다양한 이론의 이론성에 관해 성찰한 인터뷰 모음집 『아메리칸 필로*American Philo*』가 프랑스에서 출간된다.[영어판은 『투쟁하는 이론*Fighting Theory*』(2010)] 대담자는 정신분석학자이자 철학자인 안 뒤푸르망텔이다.
프린스턴 대학의 초청을 받아 휴머니티 센터에서 세미나를 개최한다. 수년간 유럽대학원European Graduate School에서 현대 사상가들과 여름방학 동안 여는 세미나에 정기적으로 참여해왔다.

2008 제자인 다이앤 데이비스의 편집으로 논문 선집인 『위버리더*ÜberReader*』를 간행한다. 이 책은 그동안 출판된 로넬의 저서 중에서 대표적인 논문들을 선별하여 독본의 형태로 만든 것으로, 철학자로서 로넬의 위상이 정립되었음을 나타낸다.

2009 파리 퐁피두센터에서 '아비탈 로넬에 따르면'이라는 제목의 컨퍼런스가 개최된다. 베르너 헤르초크, 주디스 버틀러, 낭시 등이 대담에 참여했다. 다이앤 데이비스의 주도로 로넬의 사유를 소개해 정리한 책 『로넬 읽기*Reading Ronell*』가 발간된다. 낭시, 버틀러, 베르너 하마허 등이 필진으로 참여했다.

2012~ 기독교 및 이슬람교의 근본주의 세력들이 서로 다른 정치적 입장에도 불구하고 공유하는 동일 정신구조를 날카롭게 파헤친 『패배한 자식들: 정치학과 권위*Loser Sons: Politics and Authority*』를 출간하여 문명비판의 사유를 지속한다. 미국 비교문학회 연례 학술대회에서 기조연설을 한다. 뉴욕 대학에서 운영하는 '트라우마와 폭력에 대한 초학제적 연구 프로그램'의 책임자로 있다. 최근에는 유럽대학원의 여름학기에서 정기적으로 강연하고 있고, 페미니즘과 이슬람 문제 등에 관해 연구를 계속하고 있다. 데리다와 폴 드 만 이후 해체론 철학을 가장 활발히 연구하는 학자로 손꼽힌다.

해설

사유의 영점零點

강우성

철학과 문학의 경계에서

우리 학계에는 철학자가 아니라 자크 데리다의 영어 번역자로 먼저 알려진 아비탈 로넬은 1952년 프라하에서 태어났다. 베를린 자유대학에서 야콥 타우베스에게 해석학을 공부하면서 연구자로 입문한 후 미국 프린스턴 대학에서 독일학 연구로 박사학위를 받았다. 캘리포니아 대학(버클리)의 비교문학과에 자리를 잡은 이후 데리다의 철학을 미국에 소개하고 폴 드 만을 비롯한 해체론자들과 교류했다. 로넬은 현재 뉴욕 대학 독문과와 비교문학과의 종신교수로 재직하면서 해체철학을 문화현상의 분석에 적극 활용하고, 특유의 페미니즘 시각에 기반을 둔 독특한 철학서들을 펴내어 학계의 이단아로 불리고 있다.

로넬의 저작들은 '철학'의 범주에 포괄하기 힘들 정도로 다양한 문제와 현상에 폭넓고 깊은 관심을 기울인 연구서들로 평가받는다. 괴테의 글쓰기가 갖는 영향력을 논한 『받아쓰기: 신들린 글쓰기』(1986), 하이데거의 기술론을 '전화'라는 통신수단을 매개로 확장하여 근대 서양 사유의 윤리성에 대한 비판을 수행한 『전화번호부: 기술, 정신분열증, 전자 연설』(1989), 그리고 '마약'을 키워드로 삼아 서양문화가 어떻게 창조적 문학을 약물중독과 정신병의 사례로 억압해왔는지 살펴본 『마약 전쟁: 문학, 중독, 조증』(1992)은 로넬이 지닌 사유의 폭을 단적으로 드러내는 사례들이라 할 수 있다.

21세기를 앞둔 1994년에는 『유한성의 악보: 밀레니엄의 종말에 관한 에세이』를 통해 TV 토크쇼에서 조지 부시의 연설에 이르기까지 종말론의 궤적을 추적하여 미국 문명의 억압성을 비판했고, 이후 이성을 중심에 둔 서구 사상이 '어리석음'이라는 범주 아래 다양한 대안적 사유들을 포섭해온 과정을 『어리석음』(2002)에서 치밀하게 분석했으며, 이러한 '해체적 문화비판'은 과학과 기술의 형식을 통해 인간의 잠재성을 박탈해온 서구문명에 대한 신랄한 비판서인 『테스트 충동』(2005)에서 집대성된다. 또한 최근에는 정신분석학, 해체론, 페미니즘을 비롯한 다양한 이론의 이론성에 관해 성찰한 인터뷰 모음집 『아메리칸 필로』(2006)와 기독교 및 이슬람교의 근본주의 세력들이 각기 대립되는 정치적 입장에도 불구하고 동일한 정신구조의 산물임을 날카롭게 파헤치는 『패배한 자식들: 정치학과 권위』(2012)를 출간하여 문명비판의 사유를 지속하고 있다.

이처럼 로넬의 사유와 글쓰기는 철학과 문학을 넘나들며 그 경계를 적극 활용하는 방식을 취하고 있다. 그녀의 저작에 자주 등장하는 인물들이 철학자에 한정되지 않고 서양문학의 고전 작가들을 두루 포함하는 폭넓은 범위에 걸쳐 있는 것도 우연은 아니다. 철학자의 경우에도 형이상학자들보다 니체와 데리다를 비롯한 '해체' 성향의 인물들이 즐겨 거론되고, 고전 작가들 가운데서도 카프카와 루소처럼 유독 철학적 사유와 관련이 깊은 작가들이 주목을 받는 일이 많다. 더구나 『유한성의 악보』나 『테스트 충동』 같은 문제작들은 철학이 이제껏 그다지 관심을 기울이지 않았던 사회·문화 현상들(예컨대 마약, 전화, TV, 테스트, 에이즈, 전쟁 등)을 폭넓게 다루고 있지만 이른바 '문화연구'나 '미디어연구' 같은 범주로 분류하기 힘들다.

그런 까닭에 전문 철학 저술을 염두에 두었거나 반대로 흥미로운 대중문화 분석을 기대했던 독자들의 기대는 쉽게 배반당한다. 한마디로 말해 로넬의 책들은 독서를 더디게 만들고 손쉬운 사유를 허락하지 않는다. 장르나 문체에 구애받지 않기에 읽으면서 체계적 논리를 판별하기가 수월치 않고, 사유 과정의 도약과 파격을 함께 따라가지 못한다면 이해의 공백과 마주치는 순간을 피하기 어렵다. 철학적 명상, 문학비평, 에세이가 구분 불가능하게 뒤섞여 있을 뿐 아니라 자전적 이야기도 끼어들고, 음악, 미술, 사진 자료들이 갑자기 등장하여 독자를 혼란에 빠뜨린다. 『전화번호부』와 『어리석음』이 그 단적인 사례라 할 수 있다. 특히 전자는 책의 구성 자체가 실제 전화번호부와 유사한 형태로 만들어져 대학 출판부에서 나온 책이라고 믿기 힘들 정도다. 두 개의 서로 다른 서술이 한 권에 묶여 있는 데리다의 『조종弔鐘 *Glas*』을 상기시키는 이 책은 전화에 관한 은유와 상징이 책의 내용과 형식상 묘한 결합을 이루어내면서 분류 불가능한 글쓰기의 표본이 되었다. 저자인 로넬은 마치 실험영화의 감독처럼 다양한 각도에서 신선한 앵글로 사유의 과정을 카메라에 담아내듯 종횡무진하여 독자들의 '책'에 대한 관념을 해체한다.

이 책 『어리석음』은 조금 다른 각도에서 사유의 파격을 수행한다. 표면적 구성원리로 보자면, 횔덜린, 무질, 슐레겔, 루소 등 기왕에 '어리석음'에 관해 논한 서양의 다양한 저작을 새롭게 읽는 형식을 띠고 있으나 연대기적 순서나 주제상의 공통점에 따라 묶여 있지는 않다. 순차적 읽기를 통해서는 어리석음의 정치성을 새롭게 부각시키려는 의도 이외에 명시된 주제의식을 찾기 힘들다. 동시에 핀천, 도스토옙스키, 워즈워스의 작품들에 대한 정밀한 독해가 더해지고, 칸트, 키르케고르, 워즈워스에 대한 명상은 '위성satellite'이라는 명칭 아래 별도의 지면을 차지하고 있다. 그뿐 아니라 각 장의 중간중간 로넬 자신의 실존체험과 관련된 지극히 사적인 이야기들이 간단없이 여담처럼 삽입된다. 특히 폴 드 만과의 착종된 학문적 인연이나 자신의 투병기, 그리고 미국의 강단에서 여성 학자로 활동한다는 것의 의미를 묻는 에세이들은 이 책이 어떤 특정한 주제(어리석음)에 관한 글쓰기인 동시에 글쓰기 자체의 의미를 묻는 글쓰기를 지향한다는 점을 깨닫게 해준다. 어리석음은 무엇인가에 대한 해답을 기대했던 독자들은 어느덧 스스로의 어리석음을 돌아보는 일이 이 책을 읽는 가장 바람직한 태도임을 느끼게 된다.

로넬은 한 인터뷰에서 『어리석음』이 서양의 형이상학적 사유가 기반을 둔 '안다고 가정된 주체sujet supposé savoir'를 해체하고 그러한 사유가 전제하는 '일종의 초월론적 어리석음a kind of transcendental stupidity'의 구조를 탐구하는 책이라고 규정한다. 합리적 지식을 통해 세상 만물에 대한 이성적 인식에 이를 수 있다는 서양철학의 뿌리깊은 주체 관념(데카르트의 코기토)이 사실은 그 주체가 배제한 '아무것도 알지 못함', 즉 무지無知 내지는 어리석음에 의존해 있다는 것이다. 한마디로 말해, 서양철학은 '안다고 가정된 주체'가 무지와 어리석음을 '오류error'로 통제해온 자기망각의 역사인 셈이다. 로넬이 타깃으로 삼는 대상은 이와 같이 무반성적 지성의 폭력으로 점철된 서양철학의 의존적 사유구조이며, 그 사유구조에 내재된 폭력성이다. 따라서 진정한 철학적 앎은 지식 주체의 확실성에 대한 의심이며 "타자 앞에서 나는 어리석다I am stupid before the other"라는 지혜에서 시작된다.

서양철학의 사유에 내재된 '초월론적 어리석음'의 구조에 대해 로넬이 전방위적으로 펼치는 비판을 일목요연하게 판별하는 일은 쉽지 않고 어쩌면 그녀의 저술 의도를 벗어난 '어리석은' 일이 될 수도 있다. 그러나 이 난해하고 때로는 난삽한 책의 옮긴이로서 우리말 독자들을 위해 어리석음을 감수하고 최소한의 정리를 감행해보고자 한다. 독자들에게 좀더 접근하기 쉬운 번역을 제공하지 못한 채무를 조금이라도 갚아보자는 뜻이 가장 크지만, 저자의 고통어린 사유가 주는 결실을 독자들이 차근차근 따라가기보다 개략적으로 이해하는 데 그치지 말았으면 하는 나름의 바람도 한몫을 했다. 어려운 사유일수록 더 명료한 전달이 필요하다는 금언에 이의를 달 생각은 추호도 없지만, 때로는 명료한 정리가 창조적 사유에 방해가 된다는 점을 상기하고 싶었기 때문이다. 로넬의 글은 물론 특정 독자들만을 대상으로 한 전문연구서가 아니지만, 그렇다고 일반 독자들도 충분히 소화할 수 있는 교양서와는 분명히 다르다.

어리석음의 사유

이 책을 추동하는 근본정서 같은 것이 있을 리는 없지만, 적어도 인간이라면 누구나 느끼게 마련인 하나의 공통된 감각으로부터 저자가 출발하고 있다는 사실을 찾기는 어렵지 않다. 로넬에게 어리석음은 어찌할 도리 없는 근대의 꼬리표의 일종으로서, 한마디로 말해 '우리의 증상our symptom'이다. 어리석음은 (안다고 가정된) 주체가 처한 근원적 모멸humiliation의 상황을 표시하며 우리와 동거하고 있는 '일상적 삶의 트라우마everyday life trauma'이다. 어리석음은 우리의 삶을 속속들이 지배하는 근본적 상징이면서도 쉽사리 표상되기를 거부하는 그 무엇이다. 우리는 모두 어리석음의 산물이지만 어리석다는 사실은 우리에게 인식되지 않는다. 이러한 근본성 때문에 로넬에게 어리석음은 무엇보다도 특정한 감정의 상태를 가리키거나 특수한 부류의 존재에게서만 감지할 수 있는 현상이 아니다. 따라서 어리석음은 트라우마의 작용처럼 우리 실존의 근본구조이며, 특정한 지식에 대한 무지가 아니라 우리의 어리석음에 대한 무지야말로 가장 근원적 무지를 이룬다. 어리석음의 초월론적 구조란 바로 이를 지칭한다.

우리가 어리석은 존재인 것은 우리가 우리의 어리석음을 모르기 때문이다. 그렇지만 이로 인해 인간이 곧 실존적 무지를 본질로 하는 존재가 되는 것은 아니다. 로넬이 보기에 어리석음이 무엇인지 근본적으로 알 수 없는 인간의 처지는 모든 앎의 기반이 된다. 어리석음의 불가지성에 대한 깨달음이야말로 지혜로 나갈 수 있는 유일한 출구인 셈이다. 어떤 독자는 이쯤에서 로넬이 마치 공자孔子의 가르침이라도 설파하려는 것은 아닌지 의심을 가질 수도 있겠다. 로넬에게 어리석음의 초월론적 구조란 인간이 벗어날 수 없는 '업보'라는 뜻도 아니고 정신적 수행을 통해 진리로 깨쳐 나아가는 과정의 가장 밑바닥 단계를 의미하지도 않는다. 로넬이 말하는 어리석음은 마치 우리의 몸에 들어와 우리를 구성하고 있으나 우리가 알지 못하는 가장 이질적 존재, 우리 삶을 구성하는 근원적 공백空白, 그러나 결핍缺乏은 아닌 일종의 휴지休止caesura를 지칭한다. 결핍이 아닌 이유는 이 공백이 결코 부정否定의 형태로 표상되지 않기 때문이다. 로넬은 어리석음이 결핍이 아니라 차라리 (라캉이 말하는) '그것das Ding'에 가깝다고 말한다. 즉 그것 없이는 어떠한 앎도 사유도 삶도 가능하지 않은 그 무엇인 셈이다. 그녀에 따르면 서양철학은 이 근원의 어리석음을 공백으로 사유하지 못하고 특정한 표상으로 억압해온 역사의 산물이라는 점에서 단호하게 해체의 대상이 된다. 이 책이 어리석음에 '관한' 사유가 아니라 어리석음'의' 사유인 까닭은 바로 여기에 있다.

그렇다면 어리석음의 사유는 어떻게 가능한가. 이 책에서 로넬은 다소 엉뚱한 대답을 내놓는다. 어리석음의 사유는 어리석음에 '관한' 사유를 통해서만 가능하다. 로넬에게 공백으로서의 어리석음을 사유하는 길은 우리가 지금껏 어리석음을 무엇으로 (잘못) 표상해왔는지 추적하는 작업을 통하지 않고서는 불가능하다. 어리석음에 관한 철학적 사유의 어리석음을 깨닫는 일이야말로 어리석음의 사유로 가는 유일한 방도인 것이다. 이는 일종의 아포리아가 아닐 수 없다. 명시되어 있지는 않지만 이 책의 주조음이 니체에 대한 참조, 데리다의 해체적 사유에 대한 참조로 점철되어 있는 것은 바로 이 때문이다. 로넬에게는 서양철학이 전제하는 진리 관념의 허구성을 비판한 니체와 그의 사유를 이어받아 해체의 사유를 실천한 데리다야말로 가장 어리석은 인물의 전형이고 어리석음의 사유를 실천한 진짜 사상가이다.

이렇게 이 책을 감싸고 있는 니체와 데리다의 유령을 감지한다면, 『어리석음』이 왜 다양한 사상가, 작가, 이론가에 대한 일련의 비판적 성찰로 구성되어 있는지 짐작하기가 한결 수월할 것이다. 크게 나누어보면 이 책은 세 가지 측면에서 어리석음을 성찰한다. 첫째, 하이데거, 루소, 키르케고르, 슐레겔, 칸트, 프로이트, 그리고 폴 드 만에 이르는 어리석음에 대한 철학적(존재론적이고 인식론적인) 사유의 계보 및 그 한계에 대한 비판. 둘째, 횔덜린, 핀천, 무질, 도스토옙스키, 워즈워스를 통해 어리석음을 미학적 범주로 다루는 사유의 흐름에 대한 비판. 셋째, '여성'이자 '철학자'인 로넬 자신의 심리적이고 신체적인 어리석음에 대한 고백과 '타자'에 대한 어리석음의 윤리 모색. 물론 이 세 차원의 작업은 철학 논증의 형식을 띠고 있지 않으며 변증법의 길을 따르지도 않는다. 그래서 칸트나 드 만, 루소를 거론하는 대목을 읽다보면, 때때로 독자들은 불현듯 로넬의 서술이 마치 프로이트식의 정신분석을 수행하는 것 같은 느낌을 받을 수도 있다. 또한 아브라함과 이삭의 이야기가 여러 차례 다양한 형태로 변주되어 의미심장한 파장을 빚어내며, 유대성Jewishness과 나치즘의 인종차별 욕망 간의 착종된 문제가 뒤틀린 철학적 어리석음의 사례로 도마에 오르기도 한다.

일목요연한 구성원리 없이 다소 혼란스럽게 배치된 『어리석음』의 서술 구조를 이렇게 구별짓는다고 해도 로넬의 궁극적 입장이 무엇인지 파악하기는 여전히 불가능하다. 사실 번역을 진행하는 동안 가장 절망스러웠던 순간은 미묘한 아이러니와 도무지 관습적이지 않은 문체를 어감 살려 옮겨야 했던 때가 아니라, 아무리 해도 뚜렷하게 포착되지 않고 때로는 상충되는 듯한 저자의 모호한 입장에 고개를 갸웃거려야 했던 시점이었다. 예컨대 신의 약속을 철석같이 믿은 구약의 아브라함을 '거룩한 어리석음sacred stupidity'의 예로 거론하며 그의 부인인 사라의 '비웃음'을 부각시키는 대목과 카프카가 아브라함의 어리석음을 패러디한 사례를 병치할 때, 비판의 정확한 초점이 아브라함이라는 인물에 놓이는 것인지 약속을 어긴 신의 어리석음을 질타하는 데 있는 것인지 아리송해진다. 또한 당대의 정치적 어리석음에 대항한 슐레겔의 '이해 불가능성'을 옹호하는 듯한 대목과 이를 자신의 모호한 정치적 입장에 대한 이론적 정당화의 수단으로 삼은 드 만을 비판하는 지점은 어떻게 연결해야 할지도 난감해진다.

칸트의 경우는 또 어떤가. 이루지 못한 작가되기의 미학적 욕망이 실패한 결과 칸트의 철학이 엄밀한 철학적 글쓰기를 고집하는 어리석음의 고전적 사례가 되었다고 거론하는 로넬의 입장이 글쓰기 일반에 대한 철학의 어리석음을 비판한 것이라면, 이는 그녀가 비판했던 드 만의 해체작업과 상통하는 것 아닌가. 이런 혼란은 워즈워스와 도스토옙스키의 '백치' 인물들을 분석하는 대목에서도 가시지 않는다. 미쉬킨 공작과 백치 소년은 아브라함처럼 타인과의 약속에 대한 순전한 믿음에 기반을 둔 '거룩한 어리석음'의 사례로 다루어지는 한편, 약속의 이행 불가능성을 알고 있었던 아브라함보다도 더 순수하게 어리석음을 구현하는 형상들로 그려진다. 그렇기 때문에 읽기에 따라서는 미쉬킨과 백치 소년을 저자가 염두에 두고 있는 대안적 어리석음의 경우로 오해하기 십상이다. 그러나 패러디나 아이러니보다는 공감과 연민의 대상인 것은 맞지만, 이 둘이 과연 저자가 철학적 어리석음을 비판할 때 준거점으로 삼고자 하는 대상인지는 분명치 않다. 무엇보다도 이들은 벗어나기 힘든 신체적·정신적 장애를 겪고 있으며, 나아가 어리석음의 사유를 구현하는 인물도 아니기 때문이다.

그렇다면 로넬이 어리석음에 관한 철학적·문학적 표상들에 관한 비판적 검토로부터 추구하는 어리석음의 사유는 그 원형을 어디에서 찾을 수 있을까. 매우 조심스럽게 판단해본다면, 두 가지 논점을 거론할 수 있을 듯하다. 하나는 철학적 사유를 다루되 '철학자'는 아니며, 여성적 실존에 결박되어 있지만 엄밀한 의미에서 '여성'은 아닌 로넬 자신의 형상화이다. 다른 하나는 미쉬킨 공작이나 백치 소년의 형상 그 자체가 아니라 이러한 어리석음을 형상화하는 문학적 글쓰기의 가능성이다. 어떤 면에서 이 두 논점은 '글쓰기'라는 행위를 통해 이 책의 처음과 끝을 관통해 긴밀하게 연결되어 있다고 해도 과언이 아니다. 이를 여성의 신체와 문학적 글쓰기라고 명명해보자.

이 둘은 몇 가지 공통되는 특징을 보여준다. 첫째, 어리석음에 관한 (근본적으로 어리석은) 철학적 사유에서 여성과 백치 인물들은 대표적인 무지의 표상으로 간주되어왔다. 둘째, 이들이 겪는 신체장애(질병, 말더듬, 간질, 정신박약, 달거리 등)는 어리석음의 가시적 표지로 기능해왔을 뿐 아니라 보이지 않는 어리석음(무지, 학습부진, 지적 순진성, 이해 불가능성, 유대성)을 억압하는 유력한 통로로 구실해왔다. 셋째, 칸트와 키르케고르의 사례가 증명하듯 철학의 어리석음은 문학을 비롯한 창조적 글쓰기 일반을 (여성적) 어리석음이 기거하는 상징적 영역으로 억압해왔다. 이런 식의 읽기가 가능하다면, 『어리석음』이 추구하는 궁극적 입장은 어리석음을 무지의 표상으로 억압하며 성립한 서양철학의 사유 일반에 대한 정치적 비판인 동시에 철학적 논증의 타자로 배제되어 온 문학적 글쓰기의 가능성에 대한 옹호라고 집약할 수 있을 터이다. 철학은 무지와 창조적 글쓰기를 어리석은 타자로 정립함으로써 자신의 근원적 어리석음을 망각해온 역사와 다를 바 없다. 다시 한번, 이 책을 감싸고 있는 니체와 데리다의 유령이 확연해지지 않는가. 『어리석음』은 어리석음에 관한 해체의 작업인 동시에 창조적 글쓰기에서 어리석음의 사유를 찾는 수행으로서, 우리의 사유가 바탕을 두어야 할 근본지점, 그 영점零點을 보여준다.

번역의 어려움

거듭된 고민 끝에 '어리석음'으로 옮긴 영어의 stupidity는 번역하는 과정에서 크게 두 가지 어려움을 안겨주었다. 하나는 stupidity와 유사한 뜻으로 쓰일 수 있는 여러 가지 미묘하게 다른 용어들이 동시에 등장한다는 난점이었고, 다른 하나는 저자도 인정하듯 영어의 stupidity에 해당하는 다른 언어의 용법들을 구분하는 문제였다. 여기에 보태어, 이 어감 차이를 우리말에서 쓰이는 적절한 말로 살려서 옮기는 작업에는 별도의 어려움이 있었다. 전자의 경우 특히 dumb과 idiotic을 stupid와 구별하는 일이 가장 어려웠다. 일관성을 위해 stupid는 '어리석은'으로, dumb은 '멍청한'으로, idiotic과 idiocy는 간혹 예외는 있지만 대체로 각각 '백치의'와 '백치성'으로 통일했다.(이와 비슷한 뜻으로 쓰이는 다른 단어들이 나올 때는 우리말에 있는 유사한 단어들, 즉 얼간이, 천치, 얼뜨기, 바보, 멍충이 등으로 그때그때 바꾸었다.) 동물적 뉘앙스가 들어 있는 프랑스어 bétise는 고심 끝에 '우매함'으로, 독일어의 Dummheit는 '우둔함'으로 옮겼는데, 어감의 차이라기보다는 영어의 '어리석음'과 구분하고 발음의 유사성을 살리기 위한 고육지책이었다.

다루고 있는 텍스트의 다양한 언어분포를 고려하는 작업에 비하면 용어 번역의 어려움은 사실 큰 고민거리가 못 되었다. 프랑스어와 독일어 텍스트를 본문에 직접 인용하는 일이 허다했고, 도스토옙스키는 러시아 원문의 뉘앙스를 단순화한 영어번역 텍스트를 사용했다. 프랑스어와 독일어 본문 인용은 저자가 직접 영어로 번역한 대목들도 있고 영어로 번역된 텍스트를 그대로 가져온 경우도 많았다. 번역자 나름으로 몇 가지 원칙을 세워 이 문제를 해결했으나 저자의 뜻이 제대로 전달된 것인지 장담할 수는 없다.

첫째, 우리말 번역도 없고 영어 번역도 없어서 저자가 직접 영어로 번역한 사례(사르트르 및 2차 문헌들)나 영어 번역은 있고 우리말 번역은 없을 때(가령 키르케고르, 드 만)는 원문을 찾아 대조는 했으나 최대한 원저자의 뜻을 존중해 우리말로 옮겼다. 해당 문헌을 프랑스어나 독일어에서 우리말로 직접 옮긴 번역서가 존재할 때(가령 루소, 하이데거, 칸트)에는 그것을 참조하여 저자의 영어 번역이나 인용을 수정했다. 둘째, 도스토옙스키의 『백치』는 러시아어를 우리말로 옮긴 텍스트를 놓고 영어 번역과 다른 부분을 구분한 뒤 러시아어 전공자에게 최종 감수를 받아 원문의 문맥에 맞게 우리말로 고쳐 옮겼다. 특히 로넬이 인용하는 영어 번역이 대중을 대상으로 한 까닭에 러시아 원문을 왜곡한 부분이 많아 이 책에 우리말로 번역된 부분은 본문의 영어 인용과 여러 대목에서 다르게 읽힐 수 있다는 점을 고려하기 바란다. 셋째, 분량이 많지는 않지만 횔덜린과 워즈워스 시 번역의 경우 해당 텍스트를 우리말로 옮긴 번역서를 참고하되 전공연구자에게 자문을 구해서 옮겼다. 이 과정에서 도움을 주신 분들께 감사드린다.

시작이 반이라고 생각했으나 막상 번역을 시작하고 나니 이 방대한 저술을 우리말로 옮길 생각을 했다는 것을 뒤늦게 후회한 적이 많았다. 약속했던 기한을 넘긴 것은 물론이다. 인내를 가지고 기다려준 문학동네 인문팀, 특히 지원을 아끼지 않은 김영옥, 고원효 님께 고마움을 표한다. 그러나 즐거움도 없지 않았다. 책의 저자인 로넬 교수는 어려움에 봉착했을 때마다 해결사 역할과 격려를 아끼지 않았으며 우리 독자들을 위해 한국어판 서문도 새로 써주었다. 이 자리를 빌려 감사의 마음을 전한다. 늘 학문의 후원자인 부모님과 아내를 비롯한 가족들에게는 어떻게 고마움을 표해도 부족할 것 같다. 그리고 낯설고 외로운 이국땅에서 변변치 않은 아빠의 주부 노릇과 잔소리를 감내하며 번역하는 내내 친구가 되어준 아들 종현에게 누구보다 고마운 마음을 가득 전한다.

찾아보기

인명/주제어

작품/저술

어리석음

초판 1쇄 ¦ 2015년 10월 30일
초판 2쇄 ¦ 2017년 3월 20일

지은이 ¦ 아비탈 로넬
옮긴이 ¦ 강우성
펴낸이 ¦ 염현숙

기획 ¦ 고원효
책임편집 ¦ 김영옥
편집 ¦ 송지선 허정은 고원효
디자인 ¦ 슬기와 민
저작권 ¦ 한문숙 김지영
마케팅 ¦ 이연실 김도윤 양서연
홍보 ¦ 김희숙 김상만 이천희
제작 ¦ 강신은 김동욱 임현식
제작처 ¦ 영신사

펴낸곳 ¦ (주)문학동네
출판등록 ¦ 1993년 10월 22일 제406-2003-000045호
주소 ¦ 10881 경기도 파주시 회동길 210
전자우편 ¦ editor@munhak.com
대표전화 ¦ 031-955-8888
팩스 ¦ 031-955-8855
문의전화 ¦ 031-955-1933(마케팅) | 031-955-1905(편집)
문학동네 카페 ¦ http://cafe.naver.com/mhdn

ISBN 978-89-546-3828-9 93100

이 저서는 2007년 정부(교육과학
기술부)의 재원으로 한국연구재단의
지원을 받아 수행된 연구입니다.
(NRF-2007-361-AL0016)

이 도서의 국립중앙도서관 출판예정
도서목록(CIP)은 서지정보유통지원시스템
홈페이지(http://seoji.nl.go.kr)와
국가자료공동목록시스템
(http://www.nl.go.kr/kolisnet)에서
이용하실 수 있습니다.
(CIP 제어번호: CIP2015029452)

www.munhak.com

문학동네 인문 라이브러리

세상은 언제나 인문의 시대였다.
삶이 고된 시대에 인문 정신이 수면 위로 떠올랐을 뿐.
'문학동네 인문 라이브러리'는 인문 정신이 켜켜이 쌓인 사유의 서고書庫다.
오늘의 삶과 어제의 사유를 잇는 상상의 고리이자
동시대를 이끄는 지성의 집합소다.
살아 움직이는 유기체적 지식을 지향하고, 앎과 실천이 일치하는
건강한 지성 윤리를 추구한다.

1 ¦ **증여의 수수께끼** | 모리스 고들리에 ¦ 지음 | 오창현 ¦ 옮김
2 ¦ **진리와 방법 1** | 한스게오르크 가다머 ¦ 지음 | 이길우 외 ¦ 옮김
3 ¦ **진리와 방법 2** | 한스게오르크 가다머 ¦ 지음 | 임홍배 ¦ 옮김
4 ¦ **역사—끝에서 두번째 세계** | 지그프리트 크라카우어 ¦ 지음 | 김정아 ¦ 옮김
5 ¦ **죽어가는 자의 고독** | 노르베르트 엘리아스 ¦ 지음 | 김수정 ¦ 옮김
6 ¦ **루됭의 마귀들림** | 미셸 드 세르토 ¦ 지음 | 이충민 ¦ 옮김
7 ¦ **저자로서의 인류학자** | 클리퍼드 기어츠 ¦ 지음 | 김병화 ¦ 옮김
8 ¦ **검은 피부, 하얀 가면** | 프란츠 파농 ¦ 지음 | 노서경 ¦ 옮김
9 ¦ **전사자 숭배—국가라는 종교의 희생제물** | 조지 L. 모스 ¦ 지음 | 오윤성 ¦ 옮김
10 ¦ **어리석음** | 아비탈 로넬 ¦ 지음 | 강우성 ¦ 옮김
11 ¦ **기록시스템 1800·1900** | 프리드리히 키틀러 ¦ 지음 | 윤원화 ¦ 옮김

근간 ¦ **일상의 발명 1—실행의 기술** | 미셸 드 세르토 ¦ 지음 | 신지은 ¦ 옮김
일상의 발명 2—주거하기, 요리하기 | 미셸 드 세르토 외 ¦ 지음 | 신지은 ¦ 옮김
타자의 자리—종교사와 신비주의 | 미셸 드 세르토 ¦ 지음 | 이성재·이충민 ¦ 옮김
근대의 관찰들 | 니클라스 루만 ¦ 지음 | 김건우 ¦ 옮김
부족의 시대 | 미셸 마페졸리 ¦ 지음 | 박정호·신지은 ¦ 옮김
자유의 발명 1700~1789/이성의 상징 1789 | 장 스타로뱅스키 ¦ 지음 | 이충훈 ¦ 옮김
살과 돌—서구 문명의 육체와 도시 | 리처드 세넷 ¦ 지음 | 임동근 ¦ 옮김